BKI Baukosten 2018 Altbau

2 6. SEP. 2018

Statistische Kostenkennwerte für Positionen

raumbüro architektur
Matthias Seiberlich, Dipl.-Ing. (FH)
Von-Essen-Str. 60
D-22081 Hamburg
T. 040 59 456 117, info@raumbuero.com

BKI Baukosten 2018 Altbau:
Statistische Kostenkennwerte für Positionen

BKI Baukosteninformationszentrum (Hrsg.)
Stuttgart: BKI, 2018

Mitarbeit:
Hannes Spielbauer (Geschäftsführer)
Klaus-Peter Ruland (Prokurist)
Michael Blank
Annette Dyckmans
Brigitte Kleinmann
Wolfgang Mandl
Thomas Schmid
Jeannette Wähner

Fachautoren:
Robert Fetzer
Jörn Luther
Wolfgang Mandl
Thomas Schmid
Andreas Wagner

Layout, Satz:
Hans-Peter Freund
Thomas Fütterer

Fachliche Begleitung:
Beirat Baukosteninformationszentrum
Stephan Weber (Vorsitzender)
Markus Lehrmann (stellv. Vorsitzender)
Prof. Dr. Bert Bielefeld
Markus Fehrs
Andrea Geister-Herbolzheimer
Oliver Heiss
Prof. Dr. Wolfdietrich Kalusche
Martin Müller

Alle Rechte vorbehalten.
© Baukosteninformationszentrum Deutscher Architektenkammern GmbH

Anschrift:
Seelbergstraße 4, 70372 Stuttgart
Kundenbetreuung: (0711) 954 854-0
Baukosten-Hotline: (0711) 954 854-41
Telefax: (0711) 954 854-54
info@bki.de, www.bki.de

Für etwaige Fehler, Irrtümer usw. kann der Herausgeber keine Verantwortung übernehmen.

Vorwort

Für eine exakte Kostenplanung im Altbau greifen Architektur- und Planungsbüros auf Baupreise und Positionsdaten zurück. Nur auf Basis eines Mengengerüstes zu den Altbau-Leistungen mit korrespondierenden Baupreisen lassen sich genaue Kostenpläne erstellen. Diesen Kostenermittlungen kommt zudem seitens der Bauherren und Auftraggeber eine entscheidende Bedeutung zu. Zudem gelten im Altbau durch die besonderen Rahmenbedingungen zusätzliche Einflüsse auf die Baukosten, z. B. Denkmalschutz-Anforderungen, beengter Bauraum und Kleinmengen.

Wertvolle Erfahrungswerte für Altbau-Positionen und –Baupreise liegen in Form von abgerechneten Bauleistungen (Abrechnungs-LVs) oder Kostenfeststellungen in den Architekturbüros vor. Oft fehlt jedoch die Zeit, diese qualifiziert zu dokumentieren, um sie für Folgeprojekte zu verwenden. Diese Dienstleistung erbringt das BKI mit der Bereitstellung aktueller Baukosten-Fachinformationen.

Das Fachbuch „Baukosten Altbau Positionen" erscheint jährlich und beinhaltet für 45 Altbau-Leistungsbereiche von Fachverbänden geprüfte Ausschreibungstexte für die regelkonforme Ausschreibung nach VOB/C. Die Leistungsbereiche umfassen typische Altbau-Leistungen aus den Bereichen Rohbau, Ausbau, Gebäudetechnik und Freianlagen. Jede der über 2.000 Positionen enthält wichtige Baupreis-Angaben 2018 mit Preisspannen des marktüblichen Preisniveaus. Für die Planung der Ausführungszeiten ist jeder Position auch die übliche Ausführungsdauer zugeordnet – eine wichtige Zusatzinformation für das Projektmanagement.

Am Anfang jedes Leistungsbereiches befindet sich eine Kurzübersicht zu den Positionen, mit Kurztext und Brutto- und Nettopreisen. Die jeweilige Positionsnummer referenziert auf den ausführlichen Langtext mit allen relevanten VOB/C erforderlichen Leistungsbeschreibungen.

Alle Kostenangaben wurden auf den Bundesdurchschnitt normiert, mit den integrierten BKI-Regionalfaktoren können die Anwender diese Werte an den jeweiligen Stadt- bzw. Landkreis anpassen.

Die Fachbuchreihe BKI Baukosten Altbau 2018 (Statistische Kostenkennwerte) besteht aus den zwei Teilen:
BKI Baukosten Gebäude Altbau 2018
BKI Baukosten Positionen Altbau 2018

Der Dank des BKI gilt allen Architektinnen und Architekten, die Daten und Unterlagen zur Verfügung stellen. Sie profitieren von der Dokumentationsarbeit des BKI und unterstützen nebenbei den eigenen Berufsstand. Die in Buchform veröffentlichten Architekten-Projekte bilden eine fundierte und anschauliche Dokumentation gebauter Architektur, die sich zur Kostenermittlung von Folgeobjekten und zu Akquisitionszwecken hervorragend eignet.

Zur Pflege der Baukostendatenbank sucht BKI weitere Altbau-Objekte aus allen Bundesländern. Bewerbungsbögen zur Objekt-Veröffentlichung werden im Internet unter www.bki.de/projekt-veroeffentlichung zur Verfügung gestellt. Auch die Bereitstellung von Leistungsverzeichnissen mit Positionen und Vergabepreisen ist jetzt möglich, weitere Informationen dazu finden Sie unter www.bki.de/lv-daten. BKI berät Sie gerne auch persönlich über alle Möglichkeiten, Objektdaten zu veröffentlichen. Für die Lieferung von Daten erhalten Sie eine Vergütung und weitere Vorteile.

Besonderer Dank gilt abschließend auch dem BKI-Beirat, der mit seinem Expertenwissen aus der Architektenpraxis, den Architekten- und Ingenieurkammern, Normausschüssen und Universitäten zum Gelingen der BKI-Fachinformationen beiträgt.

Wir wünschen allen Anwendern des Fachbuchs viel Erfolg in allen Phasen der Kostenplanung und vor allem eine große Übereinstimmung zwischen geplanten und realisierten Baukosten im Sinne zufriedener Bauherren.

Hannes Spielbauer	Klaus-Peter Ruland
Geschäftsführer	Prokurist

Baukosteninformationszentrum
Deutscher Architektenkammern GmbH
Stuttgart, im September 2018

Inhalt

Benutzerhinweise

	Seite
Einführung	11
Benutzerhinweise	11
Neue BKI Altbau-Dokumentationen 2017-2018	
Erläuterungen der Seitentypen (Musterseiten)	
Statistische Kostenkennwerte Positionen	22
Häufig gestellte Fragen	
Fragen zur Flächenberechnung	24
Fragen zur Wohnflächenberechnung	25
Fragen zur Kostengruppenzuordnung	26
Fragen zu Kosteneinflussfaktoren	27
Fragen zur Handhabung der von BKI herausgegebenen Bücher	28
Fragen zu weiteren BKI Produkten	30
Abkürzungsverzeichnis	32
Gliederung in Leistungsbereiche nach STLB-Bau	34

Kostenkennwerte für die Positionen der Leistungsbereiche (LB)

A Rohbau

		Seite
300	Sicherheitseinrichtungen, Baustelleneinrichtungen	36
301	Gerüstarbeiten	44
302	Erdarbeiten	52
308	Wasserhaltungsarbeiten	64
309	Entwässerungskanalarbeiten	68
310	Drän- und Versickerarbeiten	88
312	Mauerarbeiten	92
313	Betonarbeiten	116
314	Natur-, Betonwerksteinarbeiten	146
316	Zimmer- und Holzbauarbeiten	160
318	Abdichtungsarbeiten	180
320	Dachdeckungsarbeiten	200
321	Dachabdichtungsarbeiten	236
322	Klempnerarbeiten	248

B Ausbau

		Seite
323	Putz- und Stuckarbeiten, Wärmedämmsysteme	268
324	Fliesen- und Plattenarbeiten	298
325	Estricharbeiten	308
326	Fenster, Außentüren	320
327	Tischlerarbeiten	338
328	Parkett-, Holzpflasterarbeiten	352
329	Beschlagarbeiten	358
330	Rollladenarbeiten	368
331	Metallbauarbeiten	374
332	Verglasungsarbeiten	388
333	Baureinigungsarbeiten	396
334	Maler- und Lackierarbeiten - Beschichtungen	402
336	Bodenbelagarbeiten	426
337	Tapezierarbeiten	436
338	Vorgehängte hinterlüftete Fassaden	442
339	Trockenbauarbeiten	446

C	**Gebäudetechnik**	
340	Wärmeversorgungsanlagen - Betriebseinrichtungen	464
341	Wärmeversorgungsanlagen - Leitungen, Armaturen, Heizflächen	474
342	Gas- und Wasseranlagen - Leitungen, Armaturen	480
344	Abwasseranlagen - Leitungen, Abläufe, Armaturen	484
345	Gas-, Wasser- und Entwässerungsanlagen - Ausstattung, Elemente, Fertigbäder	490
347	Dämm- und Brandschutzarbeiten an technischen Anlagen	500
358	Leuchten und Lampen	508
369	Aufzüge	512
D	**Freianlagen**	
303	Landschaftsbauarbeiten	520
304	Landschaftsbauarbeiten - Pflanzen	542
380	Straßen, Wege, Plätze	552
E	**Abbruch und Instandsetzung**	
381	Betonerhaltungsarbeiten	584
384	Abbruch- und Rückbauarbeiten	600
386	Nachträgliche Querschnittsabdichtung in Mauerwerk	636
387	Abfallentsorgung, Verwertung und Beseitigung	650
F	**Barrierefreies Bauen**	
	Positionsverweise Barrierefreies Bauen	656
G	**Brandschutz**	
	Positionsverweise Brandschutz	664
Anhang		
	Regionalfaktoren Deutschland und Österreich	668
	Stichwortverzeichnis der Positionen	674

Bei der Prüfung der von BKI erstellten Mustertexte haben folgende Fachverbände mitgewirkt:

Bauwirtschaft Baden-Württemberg e.V.
Bauwirtschaft Baden-Württemberg e.V.
Geschäftsstelle: 70178 Stuttgart; Hohenzollernstraße 25;
www.bauwirtschaft-bw.de

Die Bauwirtschaft Baden-Württemberg e.V. ist ein gemeinsamer Verband von Baugewerbe und Bauindustrie in Baden-Württemberg mit rund 1.500 Mitgliedsbetrieben und etwa 40.000 Beschäftigten, die hauptsächlich in den Sparten Hochbau, Tief- und Straßenbau sowie Ausbau tätig sind. Der Verband vertritt die Interessen seiner Mitglieder gegenüber Politik, Verwaltung und Öffentlichkeit. Er setzt sich auf Landes- und Gemeindeebene für die notwendigen Rahmenbedingungen des Bauens ein und engagiert sich für eine bedarfsgerechte Investitionspolitik. Außerdem ist die Bauwirtschaft Baden-Württemberg Mitglied bei den Spitzenverbänden der Bauwirtschaft in Berlin. Dadurch hat unser Verband auch bundesweit Einfluss auf wichtige Entscheidungen in der Wirtschafts- und Tarifpolitik. Enge Vernetzungen gibt es zudem mit zahlreichen Partnerverbänden im In- und Ausland, etwa in der Schweiz und Frankreich.

Bundesverband Metall
Vereinigung Deutscher Metallhandwerke
45138 Essen; Huttropstraße 58
www.metallhandwerk.de

Rund 40.000 kleine und mittlere Unternehmen, 28.000 Lehrlinge, 500.000 Mitarbeiter und fast 60 Milliarden € Umsatz: Das ist Metallhandwerk in Deutschland. Nicht nur zahlenmäßig und als Arbeitgeber ist das Metallhandwerk unverzichtbar. Metallhandwerk steht für die ganze Vielfalt metallverarbeitender Unternehmen, die unser Industrieland braucht: Maschinenbau, Werkzeugbau, Metall- und Stahlkonstruktionen im Hoch- und Tiefbau, Klimaschutz und Mobilität, öffentliche Infrastruktur und modernes Wohnen. Metallbetriebe – vom Bronzegießer über den Metalldesigner bis zum Hightech-Unternehmen – finden wir überall, wo produziert, gebaut und gewohnt wird. Als Künstler und Konstrukteur, von der Planung bis zur Ausführung oder vernetzt mit Partnerbetrieben lösen Metallhandwerker die kleinen und großen Probleme ihrer Kunden. Exportweltmeister Deutschland? Nicht ohne das Metallhandwerk. Der Bundesverband Metall vertritt die berufsständischen Interessen seiner Landesverbände sowie deren Innungen mit den darin freiwillig organisierten Mitgliedsbetrieben.

Zentralverband des Deutschen Dachdeckerhandwerks
50968 Köln; Fritz-Reuter-Straße 1
www.dachdecker.de

Der Zentralverband des Deutschen Dachdeckerhandwerks e.V. ist der Arbeitgeberverband des Dachdeckerhandwerks in Deutschland. Er repräsentiert 16 Landesverbände mit 200 Innungen und ca. 7.055 Innungsbetrieben. Der Verband vertritt die Interessen des Dachdeckerhandwerks gegenüber Politik, Verwaltung und Öffentlichkeit und steht seinen Mitgliedern mit zahlreichen Beratungsleistungen zur Seite. Der Zentralverband ist Verfasser der Fachregeln des Deutschen Dachdeckerhandwerks, den anerkannten Regeln der Technik. Über die Spitzenverbände des Handwerks hat der ZVDH außerdem Einfluss auf wichtige Entscheidungen in der Wirtschafts- und Tarifpolitik.

Bundesinnung für das Gerüstbauer-Handwerk
51107 Köln; Rösrather Straße 645
www.geruestbauhandwerk.de

Bundesinnung und Bundesverband Gerüstbau sind die Fachorganisationen des Gerüstbauerhandwerks mit drei Schwerpunktbereichen:
– Als Standesorganisation verbessern sie die Rahmenbedingungen für das Gerüstbauerhandwerk. Ergebnisse: 1978 Verordnung zum Geprüften Gerüstbau-Kolonnenführer, 1988 Aufnahme der DIN 18451 in Teil C der VOB, 1991 Ausbildungsberuf Gerüstbauer/Gerüstbauerin, 1998 Meisterberuf (Vollhandwerk), ab 2006 eigenes Fachregelwerk.
– Als Arbeitgebervertretung schließen sie Tarifverträge ab.
– Als Serviceorganisationen unterstützen Bundesverband und Bundesinnung jeden einzelnen Mitgliedsbetrieb in all seinen betrieblichen Belangen. Für Betriebsinhaber und Mitarbeiter werden Seminare vom Vertragsrecht bis zur Technik angeboten. Regelmäßige Verbandsmitteilungen informieren über rechtliche; fachliche und sonstige Neuerungen. Rahmenvereinbarungen verhelfen zu Preisvorteilen z. B. beim Kraftfahrzeugkauf und bieten exklusiv Berufskleidung.

Fachverband der Stuckateure für Ausbau und Fassade Baden-Württemberg
70599 Stuttgart; Wollgrasweg 23
www.stuck-verband.de

Der Fachverband der Stuckateure für Ausbau und Fassade (SAF) ist Wirtschafts- und Arbeitgeberverband der Stuckateure in Baden-Württemberg und vertritt auf Landes- und Kreisebene die Interessen der Mitgliedsinnungen und deren insgesamt über 1000 Mitglieder gegenüber Öffentlichkeit, Verwaltung und Politik. Der SAF leitet als Bildungsdienstleister das Kompetenzzentrum für Ausbau und Fassade in Verbindung mit dem Bundesverband. Der SAF verfasst die Branchenregeln für die Arbeitsfelder Wärmedämmung, Innen- und Außenputz, Trockenbau, Schimmelsanierung, Restaurierung und Stuck z. B. mit den Richtlinien zu den Themen Sockel-, Fensteranschlüsse oder auch Luftdichtheit und berät seine Mitglieder in vielfältiger Weise. Architekten und Ausschreibende erhalten telefonische Auskünfte z. B. über die Branchenregelungen, Standards sowie Aufmaß und Abrechnungsbestimmungen.

Holzbau Deutschland - Bund Deutscher Zimmermeister
im Zentralverband des Deutschen Baugewerbes
Kronenstraße 55-58
10117 Berlin
www.holzbau-deutschland.de

Als Berufsorganisation des Zimmererhandwerks setzt sich Holzbau Deutschland - Bund Deutscher Zimmermeister im Zentralverband des Deutschen Baugewerbes für einen leistungsstarken und wettbewerbsfähigen Holzbau in Deutschland ein. Holzbau Deutschland vertritt den Berufsstand zusammen mit seinen 17 Landesverbänden nach außen. Er fördert und unterstützt die Mitgliedsbetriebe in der Verbandsorganisation in ihrer fachlichen Praxis. Das erfolgt mit verschiedenen Aktivitäten in den vier Haupthandlungsfeldern „Marketing und Öffentlichkeitsarbeit", „Technik und Umwelt", „Betriebswirtschaft und Unternehmensführung" sowie „Aus- und Weiterbildung".

Landesinnung des Gebäudereiniger-Handwerks Baden-Württemberg
Fachverband Gebäudedienste Baden-Württemberg e.V.
Zettachring 8A
70567 Stuttgart
www.gebaeudereiniger-bw.de; info@gebaeudereiniger-bw.de

Die Landesinnung des Gebäudereiniger-Handwerks ist Ansprechpartner für Tarif- und Vergabefragen (Mustertexte etc.) und vermittelt ö.b.u.v. Sachverständige. Auf der Homepage filtert der Service "Suche Betrieb für..." spezialisierte Betriebe für die gewünschte/n Leistung/en.

Der Qualitätsverbund Gebäudedienste bescheinigt innungsgeprüfte Fachkompetenz: Seit das Gebäudereiniger-Handwerk zulassungsfrei ist, erleichtert das „QV-Zertifikat" das Auffinden qualifizierter Meisterbetriebe und garantiert die Meistereigenschaft, eine Eingangsschulung zum nachhaltigen Wirtschaften und die kontinuierliche Weiterbildung! Bundesweit sind ca. 890 qv-zertifizierte Betriebe registriert: www.qv-gebaeudedienste.de

Im Fachforum bei www.qv-gebaeudedienste.de sind die Teilnehmer der Wissensplattform für Fachfragen zu Gebäudereinigung/-diensten/-management vernetzt. Durch das automatische Informationssystem sind sie stets auf neuestem fachlichen Stand.

Die Fachakademie für Gebäudemanagement und Dienstleistungen organisiert neutrale Vergabeseminare und Weiterbildungen. Die innungsakkreditierten FA-Zertifikate sind weithin anerkannt: Zertifiziert werden: Gepr. Vorarbeiter (FA), Gepr. Objektleiter (FA), Gepr. Service-Manager (FA), Fachwirt Gebäudemanagement (FA). www.fachakademie.de

Zentralverband Sanitär Heizung Klima (ZVSHK)
Rathausallee 6
53757 St. Augustin

Der Zentralverband Sanitär Heizung Klima vertritt als Arbeitsgeber- und Wirtschaftsverband nach dem Gesetz zur Ordnung des Handwerks (HwO) 50.000 Unternehmen des Bauhandwerks mit rund 271.000 Beschäftigten und 37.000 Lehrverhältnissen. Dabei stützt er sich auf 17 Landesorganisationen mit 389 Innungen, in denen rund 3.000 Unternehmer ehrenamtlich tätig sind. Er ist damit der größte nationale Verband in der EU für die Planung, den Bau und die Unterhaltung gebäudetechnischer Anlagen. Als Rationalisierungsverband schließt er die Förderung, Prüfung und Durchführung von Normungs-, Typisierungs- und Spezialvorhaben ein. Insoweit ist er anhörungspflichtig und beim Deutschen Bundestag akkreditiert.

Deutsche Gesellschaft für Garten- und Landschaftskultur
Landesverband Hamburg / Schleswig-Holstein e.V.
DGGL
Wartburgstraße 42
10823 Berlin
www.DGGL.org

Die Deutsche Gesellschaft für Gartenkunst und Landschaftskultur e.V. (DGGL) ist ein gemeinnütziger Verein der in allen Bundesländern aktiv ist, die Bundesgeschäftsstelle ist in Berlin.

Die DGGL wurde 1887 in Dresden gegründet, um die Belange der Freiraum- und Landschaftsgestaltung gegenüber Politik und Öffentlichkeit zu vertreten, die fachliche Weiterentwicklung von Ausbildung und Beruf zu fördern sowie die Planungs- und Ausführungstechniken und Methoden zu verbessern.

Die DGGL steht allen an der Freiraumentwicklung und an der Erhaltung von (historischen) Freiräumen interessierten Menschen offen, namentlich sind dieses Garten- und Landschaftsarchitekten, Ingenieure und Gutachter, öffentliche Grünverwaltungen, Garten- und Landschaftsbaubetriebe, Baumschulen und Gärtnereien, Produzenten von Baustoffen und Ausstattungen sowie Laien. Gemeinsam mit Partnerorganisationen in an grenzenden Ländern ist die DGGL auch auf europäischer Ebene tätig.

Deutscher Abbruchverband e.V. (DA)
Oberländer Ufer 180-182
50968 Köln-Marienburg
www.deutscher-abbruchverband.de

Der Deutsche Abbruchverband e.V. (DA) ist seit 60 Jahren der Wirtschafts- und Arbeitgeberverband der Abbruchbranche. Der DA vertritt bundesweit mehr als 500 qualifizierte Fachbetriebe. Allein die Mitgliedsbetriebe des Deutschen Abbruchverbandes kommen auf ein geschätztes Abbruchvolumen von ungefähr 2 Mrd. € per anno. Die Gesamtbranche bewältigt ca. 250 Millionen Tonnen Baustellenabfälle pro Jahr. Der DA vertritt die Interessen der Abbruchbranche gegenüber Politik, Verwaltung und Öffentlichkeit.

Die Entwicklung der Abbruchbranche von einem eher gering geschätzten Gewerbe zu einem hochtechnisierten Industriezweig wurde vom DA maßgeblich mitgestaltet.

Im Jahre 2003 wurde ein 3-jähriger gewerblicher Ausbildungsberuf für den Abbruch geschaffen, der „Bauwerksmechaniker für Abbruch und Betontrenntechnik"; 2004 wurde das RAL-Gütezeichen Abbrucharbeiten etabliert, um besonders qualifizierte Abbruchbetriebe auch nach außen kennzeichnen zu können. Ein weiterer Meilenstein der Verbandsarbeit war die Aufnahme des Abbruchgewerks als technische Norm ATV DIN 18459 in die VOB/C im Jahre 2006.

Der DA ist Veranstalter der alljährlichen „Fachtagung Abbruch" in Berlin, Europas größter Fachtagung zu diesem Thema.

Deutscher Holz- und Bautenschutzverband e.V.
Hans-Willy-Mertens-Straße 2
50858 Köln
www.dhbv.de

Der Deutsche Holz- und Bautenschutzverband e.V. - DHBV - ist ein Zusammenschluss qualifizierter Fachleute, die in der Bauwerkserhaltung, der Denkmalpflege und im Neubau tätig sind.

Der Verband wurde im Jahr 1950 gegründet und vertritt seitdem bundesweit die im Holz- und Bautenschutz tätigen Berufsgruppen.

Der DHBV ist Mitglied in den Zentralverbänden des Deutschen Baugewerbes (ZDB) und des Deutschen Handwerks (ZDH) und ist in zahlreichen Normungsausschüssen und Gremien (DIN, WTA, GAEB) die Stimme der Branche.

Die Kernaufgaben des DHBV sind die Ausbildung des beruflichen Nachwuchses, die Weiterbildung von Fachkräften sowie die Qualifizierung seiner Mitglieder. Wichtige Ergebnisse der Arbeit des DHBV sind die Ausbildung „Handwerkskammergeprüfte(r) Holz- und Bautenschutztechniker/in (2000), der zweijährige Ausbildungsberuf „Fachkraft für Holz- und Bautenschutzarbeiten", der dreijährige „Ausbildungsberuf Holz- und Bautenschützer/in" (beide 2007) und der Meister für Holz- und Bautenschutz (2011).

Als Bundesverband repräsentiert der DHBV 10 Landesverbände. Deren Mitglieder bietet er praktische Unterstützung, fachliche Beratung und verbessert dadurch nachhaltig die Qualität in der Bauausführung. Durch die Verleihung von Qualitätszertifikaten, Präsentation geprüfter Fachfirmen und Sachverständige im Internet und Vermittlung von DHBV Fachfirmen und Sachverständigen unterstützt der Verband zudem Bauherren bei der Suche nach geprüfter Fachkompetenz.

Bundesverband Farbe Gestaltung Bautenschutz
Bundesinnungsverband des deutschen Maler- und Lackiererhandwerks
60486 Frankfurt a.M.; Gräfstraße 79
www.farbe.de

Der Bundesverband Farbe Gestaltung Bautenschutz vertritt als Arbeitgeber -, Wirtschafts- und Technischer Verband die Interessen des Maler-Lackiererhandwerks. Er stützt sich auf ein beachtliches Fundament: Rund 41.881 kleinere und mittlere Betriebe mit 196.500 Beschäftigten, davon 22.287 Lehrlinge arbeiten in der Branche. Zur Wahrnehmung der berufsständischen Interessen sind dem Verband 17 Landesverbände sowie deren 360 Innungen mit den darin freiwillig organisierten Mitgliedsbetrieben angeschlossen. Das Leistungsangebot des modernen Handwerksberufes Maler und Lackierer umfasst u. a. Tätigkeiten wie: Oberflächenbehandlung von mineralischen Untergründen, Metall, Holz und Kunststoffen mit Beschichtungsstoffen, WDVS-Arbeiten, Betonflächeninstandsetzung, Trockenbau, Innenraumgestaltung, Korrosionsschutz- und Brandschutzbeschichtungen. Der Bundesverband betreut u. a. den Bundesausschuss Farbe und Sachwertschutz, dem Herausgeber der Technischen Richtlinien für Maler- und Lackiererarbeiten.

Die Mitwirkung der Fachverbände beinhaltet ausschließlich die fachliche Prüfung der Mustertexte. Die veröffentlichten Positionspreise werden nicht von den Fachverbänden geprüft. Grundlage der Positionspreise ist die BKI-Baukostendatenbank.

BKI bedankt sich bei den Fachverbanden für die erfolgreiche Zusammenarbeit. Das Prüfen der Mustertexte stellt einen wertvollen Beitrag zur Verbesserung der fachlichen Kommunikation beim Bauablauf zwischen planenden und ausführenden Berufen dar.

Einführung

Dieses Fachbuch wendet sich an Architekten, Ingenieure, Sachverständige und sonstige Fachleute, die mit Kostenermittlungen von Hochbaumaßnahmen befasst sind. Es enthält statistische Kostenkennwerte für „Positionen", geordnet nach den Leistungsbereichen nach StLB. Neben den Mittelwerten sind auch Von-Bis-Werte und Minimal-Maximal-Werte angegeben. Bei den Von-Bis-Werten handelt es sich um mit der Standardabweichung berechnete Bandbreiten, wobei Werte über dem Mittelwerte und Werte unter dem Mittelwert getrennt betrachtet werden. Der Mittelwert muss deshalb nicht zwingend in der Mitte der Bandbreite liegen.

Durch Übernahme der BKI Regionalfaktoren in die Datenbank wurde es möglich, die Objekte und damit auch deren Positionspreise auch hinsichtlich des Bauortes zu bewerten. Für statistische Auswertungen rechnet BKI so, als ob das Objekt nicht am Bauort, sondern in einer mit dem Bundesdurchschnitt identischen Region gebaut worden wäre.

Die regional bedingten Kosteneinflussfaktoren sind somit aus den hier veröffentlichten Positionspreisen herausgerechnet. Das soll aber nicht darüber hinwegtäuschen, dass Positionspreise vielfältigen Einflussfaktoren unterliegen, von denen die regionalen meist nicht die bestimmenden sind.

Alle Kennwerte basieren auf der Analyse vergebener und abgerechneter Bauleistungen. In Teilbereichen, z. B. bei den Leistungen zur nachträglichen Dämmung, sind die Daten auch auf Basis einzelner statistisch belegten Positionen plausibel hergeleitet worden.

Dieses Fachbuch erscheint jährlich neu, so dass der Benutzer stets aktuelle Kostenkennwerte zur Hand hat.

Benutzerhinweise

1. Definitionen
Als Positionen werden in dieser Veröffentlichung Leistungsbeschreibungen für Bauleistungen mit den zugehörigen Texten, Mengen, Preisen und sonstigen Angaben bezeichnet. Positionstexte sind ausführliche Leistungsbeschreibungen von Bauleistungen (Langtexte) oder Kurzfassungen davon (Kurztexte). Einheitspreise sind die Preise für Bauleistungen pro definierter Einheit, Gesamtpreise sind die Preise für die Gesamtmenge einer einzelnen Bauleistung. BKI dokumentiert und veröffentlicht ausschließlich Preise abgerechneter Bauleistungen, die insofern endgültig und keinen weiteren Veränderungen durch Verhandlungen, Preisanpassungen etc. unterworfen sind.

2. Kostenstand und Mehrwertsteuer
Kostenstand aller Kennwerte ist das 2.Quartal 2018. Alle Kostenkennwerte werden in brutto und netto angegeben. Die Angabe aller Kostenkennwerte dieser Veröffentlichung erfolgt in Euro. Die vorliegenden Kostenkennwerte sind Orientierungswerte. Sie können nicht als Richtwerte im Sinne einer verpflichtenden Obergrenze angewendet werden.

3. Datengrundlage
Grundlage der Tabellen sind statistische Analysen vergebener und abgerechneter Bauvorhaben. Die Daten wurden mit größtmöglicher Sorgfalt vom BKI bzw. seinen Dokumentationsstellen erhoben. Dies entbindet den Benutzer aber nicht davon, angesichts der vielfältigen Kosteneinflussfaktoren die genannten Orientierungswerte eigenverantwortlich zu prüfen und entsprechend dem jeweiligen Verwendungszweck anzupassen. Für die Richtigkeit der im Rahmen einer Kostenermittlung eingesetzten Werte können daher weder Herausgeber noch Verlag eine Haftung übernehmen.

4. Anwendungsbereiche
Die Kostenkennwerte sind als Orientierungswerte konzipiert; sie können bei Kostenberechnungen und Kostenanschlägen angewendet werden. Die formalen Mindestanforderungen hinsichtlich der Darstellung der Ergebnisse einer Kostenermittlung sind in DIN 276:2008-12 unter Ziffer 3 Grundsätze der Kostenplanung festgelegt.

Die Anwendung des Positions-Verfahrens bei Kostenermittlungen setzt voraus, dass genügend Planungsinformationen vorhanden sind, um Qualitäten und Mengen von Positionen ermitteln zu können.

5. Geltungsbereiche
Die genannten Kostenkennwerte spiegeln in etwa das durchschnittliche Baukostenniveau in Deutschland wider. Die Geltungsbereiche der Tabellenwerte sind fließend. Die „von-/ bis-Werte" markieren weder nach oben noch nach unten absolute Grenzwerte. Auch die Minimal-Maximal-Werte sind nur als Minimum und Maximum der in der Stichprobe enthaltenen Werte zu verstehen. Das schließt nicht aus, dass diese Werte in der Praxis unter- oder überschritten werden können.

6. Preise
Die Preise wurden mit der Standardabweichung ermittelt, ein statistisches Verfahren, das aus dem kompletten Spektrum der Preisbeispiele einen wahrscheinlichen Mittelbereich errechnet. Um dem Umstand Rechnung zu tragen, dass Abweichungen vom Mittelwert nach oben bei Baupreisen wahrscheinlicher sind als nach unten, wurde die Standardabweichung für Preise oberhalb des Mittelwertes getrennt von denen unterhalb des Mittelwertes ermittelt. Das Verfahren findet auch in anderen BKI Publikationen Anwendung und ist im Fachbuch „BKI Baukosten Gebäude, Statistische Kostenkennwerte (Teil 1)" näher beschrieben.

7. Kosteneinflüsse
In den Streubereichen (von-/bis-Werte) der Kostenkennwerte spiegeln sich die vielfältigen Kosteneinflüsse aus Nutzung, Markt, Gebäudegeometrie, Ausführungsstandard, Projektgröße etc. wider. Die Orientierungswerte können daher nicht schematisch übernommen werden, sondern müssen entsprechend den spezifischen Planungsbedingungen überprüft und ggf. angepasst werden. Mögliche Einflüsse, die eine Anpassung der Orientierungswerte erforderlich machen, können sein:
– besondere Nutzungsanforderungen,
– Standortbedingungen (Erschließung, Immission, Topographie, Bodenbeschaffenheit),
– Bauwerksgeometrie (Grundrissform, Geschosszahlen, Geschosshöhen, Dachform, Dachaufbauten),
– Bauwerksqualität (gestalterische, funktionale und konstruktive Besonderheiten),
– Quantität (Positionsmengen),
– Baumarkt (Zeit, regionaler Baumarkt, Vergabeart).

8. Mustertexte
BKI hat für die meisten Leistungsbereiche produktneutrale Positionsmustertexte verfasst. Die Mustertexte wurden auf der Grundlage der zahlreichen Positionstexte der BKI Baudatenbank verfasst. Die Fachautoren haben die relevanten Textteile zusammengetragen und einen einheitlichen praxistauglichen Ausschreibungstext daraus gebildet. Viele Mustertexte wurden darüber hinaus von Fachverbänden der Bauberufe geprüft. Die prüfenden Fachverbände werden in den Fußzeilen der entsprechenden Seiten und zusammenfassend auf Seite 6-10 genannt.

Durch die Zusammenarbeit mit den Fachverbänden ist es gelungen, auch für ausführende Firmen eindeutig formulierte Positionsmustertexte herauszugeben.

Einheitliche und praxistaugliche Positionsmustertexte in Verbindung mit Kostenangaben aus fertig gestellten Projekten sind für alle am Bau Beteiligten eine sinnvolle Unterstützung bei der täglichen Arbeit.

Den kooperierenden Fachverbänden gilt unser Dank. Sie unterstützen durch diese Zusammenarbeit die Kommunikation im Baubereich zwischen planenden und ausführenden Berufen.

9. Ausführungsdauer
In dieser Veröffentlichung ist die Angabe der Ausführungsdauer pro Leistungsposition. Diese wurde aus Literatur recherchiert und dann über unsere Baupreisdokumentation fachkundig angepasst. Die Ausführungsdauer ist somit kein Wert welcher sich aus konkreter Dokumentation ergibt, sondern einer der über Plausibilität ermittelt wurde. Er soll eine Orientierung für die Dauer der Arbeitsleistung auf der Baustelle und in Verrechnung mit Ausführungsmengen die Grundlage für die Termin-planung schaffen.

10. Normierung der Daten
Grundlage der BKI Regionalfaktoren, die auch der Normierung der Baukosten der dokumentierten Objekte auf Bundesniveau zu Grunde liegen, sind Daten aus der amtliche Bautätigkeitsstatistik der statistischen Landesämter.

Zu allen deutschen Land- und Stadtkreisen sind Angaben aus der Bautätigkeitsstatistik der statistischen Landesämter zum Bauvolumen (m³ BRI) und Angaben zu den veranschlagten Baukosten (in €) erhältlich.

Diese Informationen stammen aus statistischen Meldebögen, die mit jedem Bauantrag vom Antragsteller abzugeben sind.

Während die Angaben zum Brutto-Rauminhalt als sehr verlässlich eingestuft werden können, da in diesem Bereich kaum Änderungen während der Bauzeit zu erwarten sind, müssen die Angaben zu den Baukosten als Prognosen eingestuft werden. Schließlich stehen die Baukosten beim Einreichen des Bauantrages noch nicht fest. Es ist jedoch davon auszugehen, dass durch die Vielzahl der Datensätze und gleiche Vorgehensweise bei der Baukostennennung brauchbare Durchschnittswerte entstehen. Zusätzlich wurden von BKI Verfahren entwickelt, um die Daten prüfen und Plausibilitätsprüfungen unterziehen zu können.

Aus den Kosten und Mengenabgaben lassen sich durchschnittliche Herstellungskosten von Bauwerken pro Brutto-Rauminhalt und Land- oder Stadtkreis berechnen. Diese Berechnungen hat BKI durchgeführt und aus den Ergebnissen einen bundesdeutschen Mittelwert gebildet. Anhand des Mittelwertes lassen sich die einzelnen Land- und Stadtkreise prozentual einordnen. (Diese Prozentwerte wurden die Grundlage der BKI Deutschlandkarte mit „Regionalfaktoren für Deutschland und Europa"). Anhand dieser Daten lässt sich jedes Objekt der BKI Datenbank normieren, d.h. so berechnen, als ob es nicht an seinem speziellen Bauort gebaut worden wäre, sondern an einem Bauort, der bezüglich seines Regionalfaktors genau dem Bundesdurchschnitt entspricht.

Für den Anwender bedeutet die regionale Normierung der Daten auf einen Bundesdurchschnitt, dass einzelne Kostenkennwerte oder das Ergebnis einer Kostenermittlung mit dem Regionalfaktor des Standorts des geplanten Objekts zu multiplizieren ist. Die landkreisbezogenen Regionalfaktoren finden sich im Anhang des Buchs.

11. Urheberrechte

Alle Objektinformationen und die daraus abgeleiteten Auswertungen (Statistiken) sind urheberrechtlich geschützt. Die Urheberrechte liegen bei den jeweiligen Büros, Personen bzw. beim BKI.

Es ist ausschließlich eine Anwendung der Daten im Rahmen der praktischen Kostenplanung im Hochbau zugelassen. Für eine anderweitige Nutzung oder weiterführende Auswertungen behält sich das BKI alle Rechte vor.

Neue BKI Dokumentationen 2017-2018

Fotopräsentation der Objekte

1300-0232 Bürogebäude (57 AP) - Effizienzhaus ~66%
Erweiterungen; Büro- und Verwaltungsgebäude
⌂ Martin Faßauer Bürogemeinschaft Baukomplex
Leipzig

3200-0024 Notfall- u. Diagnostikzentrum, Eingangshalle
Ohne Gebäudeartenzuordnung
⌂ Reichardt + Partner Architekten
Hamburg

4100-0180 Gymnasium (6 Klassen, 150 Schüler)
Erweiterungen; Schulen
⌂ CLEMENS FROSCH DIPL.-ING. ARCHITEKT
Pappenheim

4100-0184 Grundschule (9 Klassen, 173 Schüler), Hort
Erweiterungen; Schulen
⌂ acollage architektur urbanistik
Hamburg

4200-0033 Ausbildungsstätte Abbundhalle
Erweiterungen; Schulen
⌂ BAS Architekten GmbH
Bad Segeberg

4400-0276 Kindertagesstätte, Entwässerungsarbeiten
Instandsetzungen; Nichtwohngebäude
⌂ heine l reichold architekten Partnerschafts-
gesellschaft mbB, Lichtenstein

Fotopräsentation der Objekte

4400-0295 Kindertagesstätte, Nebenräume (40 Kinder)
Erweiterungen; Kindergärten
⌂ KILTZ KAZMAIER ARCHITEKTEN
Kirchheim unter Teck

5200-0013 Freibad
Ohne Gebäudeartenzuordnung
⌂ Kauffmann Theilig & Partner Freie Architekten BDA
Ostfildern

6100-1286 Mehrfamilienhaus, Dachgeschoss
Erweiterungen; Wohngebäude: Dachausbau
⌂ rundzwei Architekten
Berlin

6100-1293 Einfamilienhaus
Umbauten; Ein- und Zweifamilienhäuser
⌂ .rott .schirmer .partner
Großburgwedel

6100-1308 Dreizimmerwohnung
Modernisierungen; Wohngebäude vor 1945
⌂ Mannott + Mannott Dipl. Ingenieure, Architekten
Hamburg

6100-1329 Reihenendhaus
Modernisierungen; Ein- und Zweifamilienhäuser vor 1945
⌂ AMUNT Nagel Theissen Architekten und
Designer PartG mbB, Stuttgart

Fotopräsentation der Objekte

6100-1346 Wohnung, Dachaufstockung
Erweiterungen; Wohngebäude: Aufstockung
⌂ Stefan Giers Architekt und Stadtplaner
  München

6100-1372 Mehrfamilienhaus (12 WE) - Effizienzhaus 70
Umbauten; Mehrfamilienhäuser
⌂ rutsch+rutsch architektur+szenografie
  Schwerin

6400-0092 Familienzentrum
Umbauten; Gebäude anderer Art
⌂ °pha Architekten BDA Banniza, Hermann,
  Öchsner PartGmbB, Potsdam

9100-0125 Bürgerheim, Gaststätte, Veranstaltungsraum
Ohne Gebäudeartenzuordnung
⌂ Büro ArchitektenGrundRiss Gerhard Ringler
  Landsberg am Lech

9100-0132 Kirche
Instandsetzungen; Nichtwohngebäude
⌂ Architektur- und Ingenieurbüro Jörg Sauer
  Hildesheim

9100-0138 Veranstaltungsraum, ehem. Friedhofskapelle
Instandsetzungen mit Restaurierungsarbeiten
⌂ Atelier Donsbach
  Hamburg

Fotopräsentation der Objekte

9100-0154 Fluchttreppe
Erweiterungen; Gebäude anderer Art
⌂ BERGHAUS ARCHITEKTEN
Düsseldorf

Erläuterungen

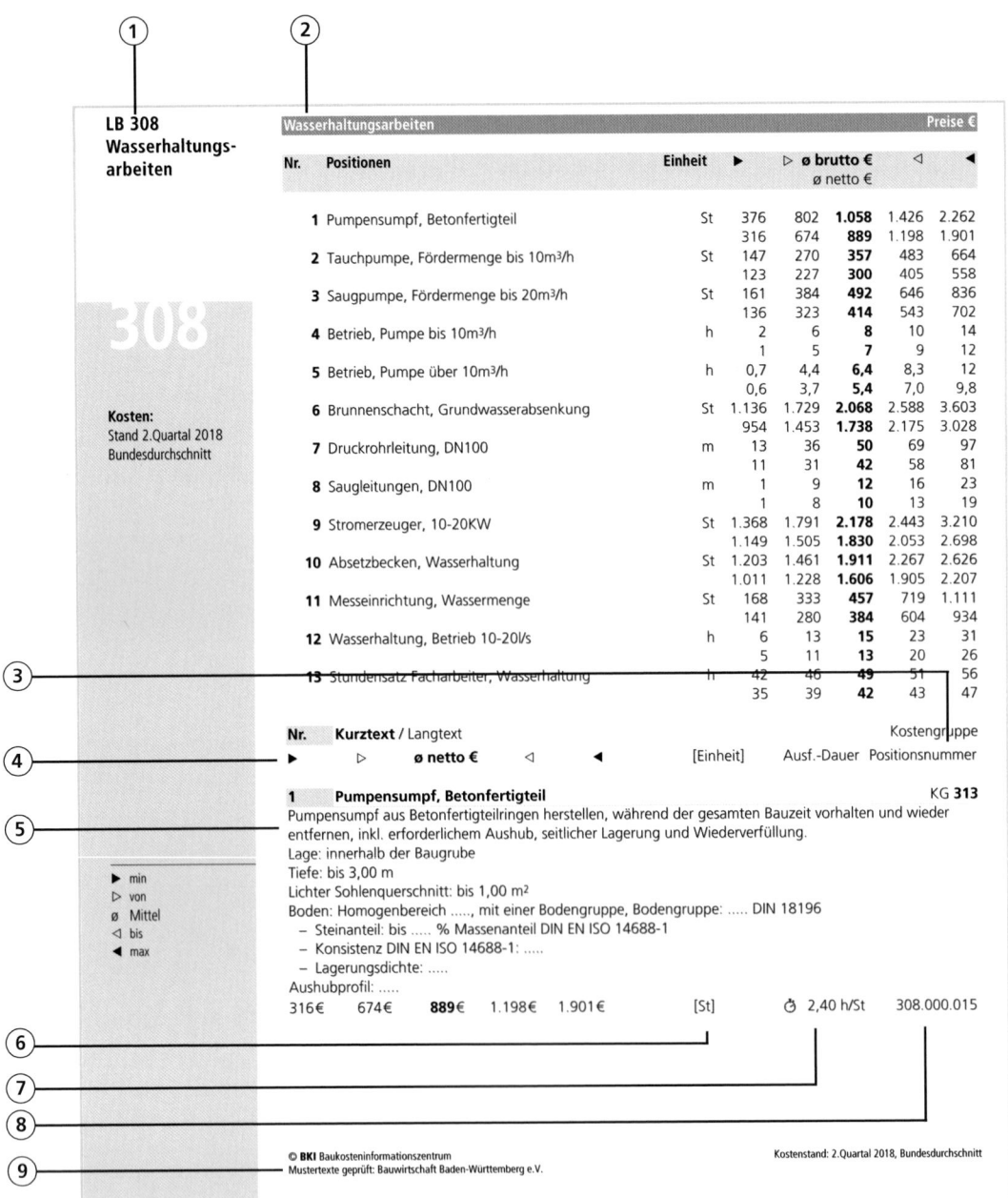

Erläuterung nebenstehender Tabelle

Alle Kostenkennwerte werden mit und ohne Mehrwertsteuer dargestellt. Kostenstand: 2.Quartal 2018. Kosten und Kostenkennwerte wurden umgerechnet auf den Bundesdurchschnitt.

①
Leistungsbereichs-Titel

②
Datentabelle mit Angabe:
- der Bauleistungen als Kurztext
- der Einheit
- Minimal-Wert, Von-Wert, Mittel-Wert, Bis-Wert und Maximal-Wert
Angaben jeweils mit MwSt. (1. Zeile) und ohne MwSt. (2. Zeile).
Gerundete Werte bis 10€ Nettosumme.
Die Ordnungsziffer verweist auf den zugehörigen Langtext.

③
Kostengruppen nach DIN 276. Die Angaben sind bei der Anwendung zu prüfen, da diese teilweise auf Positionsebene nicht zweifelsfrei zugeordnet werden können.

④
Ordnungsziffer für den Bezug zur Datentabelle. Mit A bezifferte Positionen sind Beschreibungen für die entsprechende Folgeposition.

⑤
Mustertexte als produktneutraler Positionstext für die Ausschreibung. Die durch Fettdruck hervorgehobenen bzw. mit Punktierung gekennzeichneten Textpassagen müssen in der Ausschreibung ausgewählt bzw. eingetragen werden um eindeutig kalkulierbar zu sein.

⑥
Abrechnungseinheit der Leistungspositionen

⑦
Ausführungsdauer der Leistung pro Stunde für die Terminplanung

⑧
Positionsnummer als ID-Kennung für das Auffinden des Datensatzes in elektronischen Medien

⑨
Name des prüfenden Fachverbandes, Anschriften siehe Seite 6-10

Häufig gestellte Fragen

Fragen zur Flächenberechnung (DIN 277):

1. Wie wird die BGF berechnet?

Die Brutto-Grundfläche ist die Summe der Grundflächen aller Grundrissebenen. Nicht dazu gehören die Grundflächen von nicht nutzbaren Dachflächen (Kriechböden) und von konstruktiv bedingten Hohlräumen (z. B. über abgehängter Decke).
(DIN 277 : 2016-01)
Bei den Gebäudearten Dachausbau und Aufstockung nur bezogen auf die Grundrissebene des Dachs. Weitere Erläuterungen im BKI Bildkommentar DIN 276 / DIN 277 (Ausgabe 2016).

2. Gehört der Keller bzw. eine Tiefgarage mit zur BGF?

Ja, im Gegensatz zur Geschossfläche nach § 20 Baunutzungsverordnung (Bau NVo) gehört auch der Keller bzw. die Tiefgarage zur BGF.

3. Wie werden Luftgeschosse (z.B. Züblinhaus) nach DIN 277 berechnet?

Die Rauminhalte der Luftgeschosse zählen zum Regelfall der Raumumschließung (R) BRI (R). Die Grundflächen der untersten Ebene der Luftgeschosse und Stege, Treppen, Galerien etc. innerhalb der Luftgeschosse zählen zur Brutto-Grundfläche BGF (R). Vorsicht ist vor allem bei Kostenermittlungen mit Kostenkennwerten des Brutto-Rauminhalts geboten.

4. Welchen Flächen ist die Garage zuzurechnen?

Die Stellplatzflächen von Garagen werden zur Nutzungsfläche gezählt, die Fahrbahn ist Verkehrsfläche.

5. Wird die Diele oder ein Flur zur Nutzungsfläche gezählt?

Normalerweise nicht, da eine Diele oder ein Flur zur Verkehrsfläche gezählt wird. Wenn die Diele aber als Wohnraum genutzt werden kann, z. B. als Essplatz, wird sie zur Nutzungsfläche gezählt.

6. Zählt eine nicht umschlossene oder nicht überdeckte Terrasse einer Sporthalle, die als Eingang und Fluchtweg dient, zur Nutzungsfläche?

Die Terrasse ist nicht Bestandteil der Grundflächen des Bauwerks nach DIN 277. Sie bildet daher keine BGF und damit auch keine Nutzungsfläche. Die Funktion als Eingang oder Fluchtweg ändert daran nichts.

7. Zählt eine Außentreppe zum Keller zur BGF?	Wenn die Treppe allseitig umschlossen ist, z. B. mit einem Geländer, ist sie als Verkehrsfläche zu werten. Nach DIN 277 : 2016-01 gilt: Grundflächen und Rauminhalte sind nach ihrer Zugehörigkeit zu den folgenden Bereichen getrennt zu ermitteln: Regelfall der Raumumschließung (R): Räume und Grundflächen, die Nutzungen der Netto-Raumfläche entsprechend Tabelle 1 aufweisen und die bei allen Begrenzungsflächen des Raums (Boden, Decke, Wand) vollständig umschlossen sind. Dazu gehören nicht nur Innenräume, die von der Witterung geschützt sind, sondern auch solche allseitig umschlossenen Räume, die über Öffnungen mit dem Außenklima verbunden sind; Sonderfall der Raumumschließung (S): Räume und Grundflächen, die Nutzungen der Netto-Raumfläche entsprechend Tabelle 1 aufweisen und mit dem Bauwerk konstruktiv verbunden sind, jedoch nicht bei allen Begrenzungsflächen des Raums (Boden, Decke, Wand) vollständig umschlossen sind (z. B. Loggien, Balkone, Terrassen auf Flachdächern, unterbaute Innenhöfe, Eingangsbereiche, Außentreppen). Die Außentreppe stellt also demnach einen Sonderfall der Raumumschließung (S) dar. Wenn die Treppe allerdings über einen Tiefgarten ins UG führt, wird sie zu den Außenanlagen gezählt. Sie bildet dann keine BGF. Die Kosten für den Tiefgarten mit Treppe sind bei den Außenanlagen zu erfassen.
8. Ist eine Abstellkammer mit Heizung eine Technikfläche?	Es kommt auf die überwiegende Nutzung an. Wenn über 50% der Kammer zum Abstellen genutzt werden können, wird sie als Abstellraum gezählt. Es kann also Gebäude ohne Technikfläche geben.
9. Ist die NUF gleich der Wohnfläche?	Nein, die DIN 277 kennt den Begriff Wohnfläche nicht. Zur Nutzungsfläche gehören grundsätzlich keine Verkehrsflächen, während bei der Wohnfläche zumindest die Verkehrsflächen innerhalb der Wohnung hinzugerechnet werden. Die Abweichungen sind dadurch meistens nicht unerheblich.

Fragen zur Wohnflächenberechnung (WoFIV):

10. Wird ein Hobbyraum im Keller zur Wohnfläche gezählt?	Wenn der Hobbyraum nicht innerhalb der Wohnung liegt, wird er nicht zur Wohnfläche gezählt. Beim Einfamilienhaus gilt: Das ganze Haus stellt die Wohnung dar. Der Hobbyraum liegt also innerhalb der Wohnung und wird mitgezählt, wenn er die Qualitäten eines Aufenthaltsraums nach LBO aufweist.

11. Wird eine Diele oder ein Flur zur Wohnfläche gezählt?	Wenn die Diele oder der Flur in der Wohnung liegt ja, ansonsten nicht.
12. In welchem Umfang sind Balkone oder Terrassen bei der Wohnfläche zu rechnen?	Balkone und Terrassen werden von BKI zu einem Viertel zur Wohnfläche gerechnet. Die Anrechnung zur Hälfte wird nicht verwendet, da sie in der WoFIV als Ausnahme definiert ist.
13. Zählt eine Empore/Galerie im Zimmer als eigene Wohnfläche oder Nutzungsfläche?	Wenn es sich um ein unlösbar mit dem Baukörper verbundenes Bauteil handelt, zählt die Empore mit. Anders beim nachträglich eingebauten Hochbett, das zählt zum Mobiliar. Für die verbleibende Höhe über der Empore ist die 1 bis 2m Regel nach WoFIV anzuwenden: „Die Grundflächen von Räumen und Raumteilen mit einer lichten Höhe von mindestens zwei Metern sind vollständig, von Räumen und Raumteilen mit einer lichten Höhe von mindestens einem Meter und weniger als zwei Metern sind zur Hälfte anzurechnen."

Fragen zur Kostengruppenzuordnung (DIN 276):

14. Wo werden Abbruchkosten zugeordnet?	Abbruchkosten ganzer Gebäude im Sinne von „Bebaubarkeit des Grundstücks herstellen" werden der KG 212 Abbruchmaßnahmen zugeordnet. Abbruchkosten einzelner Bauteile, insbesondere bei Sanierungen werden den jeweiligen Kostengruppen der 2. oder 3. Ebene (Wände, Decken, Dächer) zugeordnet. Analog gilt dies auch für die Kostengruppen 400 und 500. Wo diese Aufteilung nicht möglich ist, werden die Abbruchkosten der KG 394 Abbruchmaßnahmen zugeordnet, weil z.B. die Abbruchkosten verschiedenster Bauteile pauschal abgerechnet wurden.
15. Wo muss ich die Kosten des Aushubs für Abwasser- oder Wasserleitungen zuordnen?	Diese Kosten werden nach dem Verursacherprinzip der jeweiligen Kostengruppe zugeordnet Aushub für Abwasserleitungen: KG 411 Aushub für Wasserleitungen: KG 412 Aushub für Brennstoffversorgung: KG 421 Aushub für Heizleitungen: KG 422 Aushub für Elektroleitungen: KG 444 etc., sofern der Aushub unterhalb des Gebäudes anfällt. Die Kosten des Aushubs für Abwasser- oder Wasserleitungen in den Außenanlagen gehören zu KG 540 ff, die Kosten des Aushubs für Abwasser- oder Wasserleitungen innerhalb der Erschließungsfläche in KG 220 ff oder KG 230 ff

16. Wie werden Eigenleistungen bewertet?

Nach DIN 276 : 2008-12, gilt:
3.3.6 Wiederverwendete Teile, Eigenleistungen
Der Wert von vorhandener Bausubstanz und wiederverwendeter Teile müssen bei den betreffenden Kostengruppen gesondert ausgewiesen werden.
3.3.7 Der Wert von Eigenleistungen ist bei den betreffenden Kostengruppen gesondert auszuweisen. Für Eigenleistungen sind die Personal- und Sachkosten einzusetzen, die für entsprechende Unternehmerleistungen entstehen würden.
Nach HOAI §4 (2) gilt: Als anrechenbare Kosten nach Absatz 2 gelten ortsübliche Preise, wenn der Auftraggeber:
- selbst Lieferungen oder Leistungen übernimmt
- von bauausführenden Unternehmern oder von Lieferanten sonst nicht übliche Vergünstigungen erhält
- Lieferungen oder Leistungen in Gegenrechnung ausführt oder
- vorhandene oder vorbeschaffte Baustoffe oder Bauteile einbauen lässt.

Fragen zu Kosteneinflussfaktoren:

17. Gibt es beim BKI Regionalfaktoren?

Der Anhang dieser Ausgabe enthält eine Liste der Regionalfaktoren aller deutschen Land- und Stadtkreise. Die Faktoren wurden auf Grundlage von Daten aus den statistischen Landesämtern gebildet, die wiederum aus den Angaben der Antragsteller von Bauanträgen entstammen. Die Regionalfaktoren werden von BKI zusätzlich als farbiges Poster im DIN A1 Format angeboten.
Die Faktoren geben Aufschluss darüber, inwiefern die Baukosten in einer bestimmten Region Deutschlands teurer oder günstiger liegen als im Bundesdurchschnitt. Sie können dazu verwendet werden, die BKI Baukosten an das besondere Baupreisniveau einer Region anzupassen.
Die Angaben wurden durch Untersuchungen des BKI weitgehend verifiziert. Dennoch können Abweichungen zu den angegebenen Werten entstehen. In Grenznähe zu einem Land-Stadtkreis mit anderen Baupreisfaktoren sollte dessen Baupreisniveau mit berücksichtigt werden, da die Übergänge zwischen den Land-Stadtkreisen fließend sind. Die Besonderheiten des Einzelfalls können ebenfalls zu Abweichungen führen.

18. Welchen Einfluss hat die Konjunktur auf die Baukosten?

Der Einfluss der Konjunktur auf die Baukosten wird häufig überschätzt. Er ist meist geringer als der anderer Kosteneinflussfaktoren. BKI Untersuchungen haben ergeben, dass die Baukosten bei mittlerer Konjunktur manchmal höher sind als bei hoher Konjunktur.

Fragen zur Handhabung der von BKI herausgegebenen Bücher:

19. Ist die MwSt. in den Kostenkennwerten enthalten?

Bei allen Kostenkennwerten in „BKI Baukosten" ist die gültige MwSt. enthalten (zum Zeitpunkt der Herausgabe 19%). In „BKI Baukosten Positionen Neubau, Statistische Kostenkennwerte" und „BKI Baukosten Positionen Altbau, Statistische Kostenkennwerte" werden die Kostenkennwerte, wie bei Positionspreisen üblich, zusätzlich ohne MwSt. dargestellt. Kostenstand und MwSt. wird auf jeder Seite als Fußzeile angegeben.

20. Hat das Baujahr der Objekte einen Einfluss auf die angegebenen Kosten?

Nein, alle Kosten wurden über den Baupreisindex auf einen einheitlichen zum Zeitpunkt der Herausgabe aktuellen Kostenstand umgerechnet. Der Kostenstand wird auf jeder Seite als Fußzeile angegeben. Allenfalls sind Korrekturen zwischen dem Kostenstand zum Zeitpunkt der Herausgabe und dem aktuellen Kostenstand durchzuführen.

21. Wo finde ich weitere Informationen zu den einzelnen Objekten einer Gebäudeart?

Alle Objekte einer Gebäudeart sind einzeln mit Kurzbeschreibung, Angabe der BGF und anderer wichtiger Kostenfaktoren aufgeführt. Die Objektdokumentationen sind veröffentlicht in den Fachbüchern „Objektdaten".

22. Was mache ich, wenn ich keine passende Gebäudeart finde?

In aller Regel findet man verwandte Gebäudearten, deren Kostenkennwerte der 2. Ebene (Grobelemente) wegen ähnlicher Konstruktionsart übernommen werden können.

23.	Wo findet man Kostenkennwerte für Abbruch?	Im Fachbuch „BKI Baukosten Gebäude Altbau - Statistische Kostenkennwerte" gibt es Ausführungsarten zu Abbruch und Demontagearbeiten. Im Fachbuch „BKI Baukosten Positionen Altbau - Statistische Kostenkennwerte" gibt es Mustertexte für Teilleistungen zu „LB 384 - Abbruch und Rückbauarbeiten". Im Fachbuch „BKI Baupreise kompakt Altbau" gibt es Positionspreise und Kurztexte zu „LB 384 - Abbruch und Rückbauarbeiten". Die Mustertexte für Teilleistungen zu „LB 384 - Abbruch und Rückbauarbeiten" und deren Positionspreise sind auch auf der CD BKI Positionen und im BKI Kostenplaner enthalten.
24.	Warum ist die Summe der Kostenkennwerte in der Kostengruppen (KG) 310-390 nicht gleich dem Kostenkennwert der KG 300, aber bei der KG 400 ist eine Summenbildung möglich?	In den Kostengruppen 310-390 ändern sich die Einheiten (310 Baugrube gemessen in m³, 320 Gründung gemessen in m²); eine Addition der Kostenkennwerte ist nicht möglich. In den Kostengruppen 410-490 ist die Bezugsgröße immer BGF, dadurch ist eine Addition prinzipiell möglich.
25.	Manchmal stimmt die Summe der Kostenkennwerte der 2. Ebene der Kostengruppe 400 trotzdem nicht mit dem Kostenkennwert der 1. Ebene überein; warum nicht?	Die Anzahl der Objekte, die auf der 1. Ebene dokumentiert werden, kann von der Anzahl der Objekte der 2. Ebene abweichen. Dann weichen auch die Kostenkennwerte voneinander ab, da es sich um unterschiedliche Stichproben handelt. Es fallen auch nicht bei allen Objekten Kosten in jeder Kostengruppe an (Beispiel KG 461 Aufzugsanlagen).
26.	Baupreise im Ausland	BKI dokumentiert nur Objekte aus Deutschland. Anhand von Daten der Eurostat-Datenbank „New Cronos" lassen sich jedoch überschlägige Umrechnungen in die meisten Staaten des europäischen Auslandes vornehmen. Die Werte sind Bestandteil des Posters „BKI Regionalfaktoren 2018".
27.	Nutzungskosten, Lebenszykluskosten	Seit 2010 bringt BKI in Zusammenarbeit mit dem Institut für Bauökonomie der Universität Stuttgart ein Fachbuch mit Nutzungskosten ausgewählter Objekte heraus. Die Reihe wird kontinuierlich erweitert. Das Fachbuch Nutzungskosten Gebäude 2017/2018 fasst einzelne Objekte zu statistischen Auswertungen zusammen.
28.	Lohn und Materialkosten	BKI dokumentiert Baukosten nicht getrennt nach Lohn- und Materialanteil.

Abkürzungsverzeichnis

Einheiten
µm	Mikrometer
m	Meter
m²	Quadratmeter
m³	Kubikmeter
cm	Zentimeter
cm²	Quadratzentimeter
cm³	Kubikzentimeter
dm	Dezimeter
dm²	Quadratdezimeter
dm³	Kubikdezimeter
d	Tage
dB	Dezibel
DPr	Proctordichte
h	Stunde
Hz	Hertz
kg	Kilogramm
kN	Kilonewton
kW	Kilowatt
kWel	elektrische Leistung in Kilowatt
kWth	thermische Leistung in Kilowatt
l	Liter
min	Minute
mm	Millimeter
mm²	Quadratmillimeter
mm³	Kubikmillimeter
MN	Meganewton
N	Newton
psch	Pauschal
s	Sekunde
St	Stück
t	Tonnen
W	Watt
°	Grad
%	Prozent

Kombinierte Einheiten
h/[Einheit]	Stunde pro [Einheit] = Ausführungsdauer
mh	Meter pro Stunde
md	Meter pro Tag
mWo	Meter pro Woche
mMt	Meter pro Monat
ma	Meter pro Jahr
m²d	Quadratmeter pro Tag
m²Wo	Quadratmeter pro Woche
m²Mt	Quadratmeter pro Monat
m³d	Kubikmeter pro Tag
m³Wo	Kubikmeter pro Woche
m³Mt	Kubikmeter pro Monat
Sth	Stück pro Stunde
Std	Stück pro Tag
StWo	Stück pro Woche

Kombinierte Einheiten
StMt	Stück pro Monat
td	Tonne pro Tag
tWo	Tonne pro Woche
tMt	Tonne pro Monat

Mengenangaben
A	Fläche
B	Breite
D	Durchmesser
d	Dicke
H	Höhe
k	k-Wert
L	Länge
lw	lichte Weite
T	Tiefe
U	u-Wert
V	Volumen

Rechenzeichen
<	kleiner
>	größer
<=	kleiner gleich
>=	größer gleich
-	bis

Abkürzungen
AN	Auftragnehmer
AG	Auftraggeber
AP	Arbeitsplätze
APP	Appartement
BB	BB-Schloss=Buntbartschloss
BSH	Brettschichtholz
CaSi	Calciumsilikat
CG	Schaumglas
Cu	Kupfer
DD	DD-Lack=Polyurethan-Lack
DN	Durchmesser, Nennweite (DN80)
DF	Dünnformat
DG	Dachgeschoss
DK	Dreh-/Kipp(-flügel)
DHH	Doppelhaushälfte
EG	Erdgeschoss
ELW	Einliegerwohnung
EnEV	Energieeinsparverordnung
ETW	Etagenwohnung
EPS	expandierter Polystyrolschaum
ESG	Einscheiben-Sicherheitsglas
FFB	Fertigfußboden
F90-A	Feuerwiderstandsklasse 90min
GK	Gipskarton
GKB	Gipskarton-Bauplatten

Abkürzungsverzeichnis

Abkürzungen

GKF	Gipskarton-Feuerschutz
GKI	Gipskarton - imprägniert
GKL	Güteklasse
GK1	Geotechnische Kategorie 1 DIN 4020
Gl	Glieder (Heizkörper)
Gl24h	Festigkeitsklasse
Hlz	Hochlochziegel
HDF	hochdichte Faserplatte
HT-Rohr	Hochtemperaturrohr
i.L.	im Lichten
i.M.	im Mittel
KG	Kellergeschoss
KG	Kunststoff Grundleitung
KFZ	Kraftfahrzeug
KITA	Kindertagesstätte
KMz	Klinkermaureziegel
KS	Kalksandstein
KSK	kaltselbstklebend
KSL	Kalksandstein-Lochstein
KSV	Kalksandstein-Vollstein
KSVm	Kalksandstein-Vormauerwerk
KVH	Konstruktionsvollholz
LAR	Leitungsanlagen-Richtlinie
LED	Leuchtdiode
LHlz	Leichthochlochziegel
LK	Lastklasse
LM	Leichtmetall / Leichtmörtel
LZR	Luftzwischenraum (Isolierglas)
MDS	mineralische Dichtschlämme
MF	Mineralfaser
MG	Mörtelgruppe
MLAR	Master-Leitungsanlagen-Richtlinie
MW	Mauerwerk / Mineralwolle / Maulweite (Zargen)
Mz	Mauerziegel
NF	Normalformat / Nut und Feder
NM	Normalmauermörtel
NH	Nadelholz
NUF	Nutzungsfläche
OG	Obergeschoss
OK	Oberkante
OS	Oberflächenschutzschicht
OSB	Oriented Strand Board, Spanplatte
PC	Polycarbonat
PE	Polyethylen
PE-HD	Polyethylen, hohe Dichte
PES	Polyester
PIR	Polyisocyanurat
PMMA	Polymethylmetacrylat
PP	Polypropylen
PS	Polystyrol

Abkürzungen

PU / PUR	Polyurethan
PVC	Polyvinylchlorid
PVC-U	Polyvinylchlorid-Hart
PV	Polyestervlies
PYE	Elastomerbitumen
PYP	Plastomerbitumen
PZ	Profilzylinder
RCL	Recycling
RD	rauchdicht
RH	Reihenhaus
RRM	Rohbaurichtmaß
RS	Rauchschutz (Türen)
RW	Regenwasser
RWA	Rauch-Wärme-Abzug
SFK	Steindruckfestigkeitsklasse
SML	Gusseisen-Abwasserrohr
Stb	Stahlbeton
StD	Stammdurchmesser
STP	Stellplatz
Stg	Steigung
TG	Tiefgarage
T-RS	Rauchschutztür
TSD	Trittschalldämmung
T30	Tür mit Feuerwiderstand 30min
UK	Unterkante
UK	Unterkonstruktion
VK	Vorderkante
VMz	Vormauerziegel
VSG	Verbund-Sicherheitsglas
V2A	Edelstahl
V4A	Edelstahl
WD-Putz	Wärmedämmvputzsystem
WDVS	Wärmedämmverbundsystem
WE	Wohneinheit
WF	Holzweichfaser
WK	Einbruch-Widerstandsklasse
WLG	Wärmeleitgruppe
WLs	Wärmeleitstufe
WU	wasserundurchlässig (Beton)
XPS	extrudierter Polystyrol
Z	Zuschnitt
ZTV	zusätzl. techn. Vertragsbedingungen

Gliederung in Leistungsbereiche nach STLB-Bau

Als Beispiel für eine ausführungsorientierte Ergänzung der Kostengliederung werden im Folgenden die Leistungsbereiche des Standardleistungsbuches für das Bauwesen in einer Übersicht dargestellt.

000 Sicherheitseinrichtungen, Baustelleneinrichtungen	040 Wärmeversorgungsanlagen - Betriebseinrichtungen
001 Gerüstarbeiten	041 Wärmeversorgungsanlagen - Leitungen, Armaturen, Heizflächen
002 Erdarbeiten	042 Gas- und Wasseranlagen - Leitungen, Armaturen
003 Landschaftsbauarbeiten	043 Druckrohrleitungen für Gas, Wasser und Abwasser
004 Landschaftsbauarbeiten -Pflanzen	044 Abwasseranlagen - Leitungen, Abläufe, Armaturen
005 Brunnenbauarbeiten und Aufschlussbohrungen	045 Gas-, Wasser- und Entwässerungsanlagen - Ausstattung, Elemente, Fertigbäder
006 Spezialtiefbauarbeiten	
007 Untertagebauarbeiten	046 Gas-, Wasser- und Entwässerungsanlagen - Betriebseinrichtungen
008 Wasserhaltungsarbeiten	
009 Entwässerungskanalarbeiten	047 Dämm- und Brandschutzarbeiten an technischen Anlagen
010 Drän- und Versickerarbeiten	
011 Abscheider- und Kleinkläranlagen	049 Feuerlöschanlagen, Feuerlöschgeräte
012 Mauerarbeiten	050 Blitzschutz- / Erdungsanlagen, Überspannungsschutz
013 Betonarbeiten	051 Kabelleitungstiefbauarbeiten
014 Natur-, Betonwerksteinarbeiten	052 Mittelspannungsanlagen
016 Zimmer- und Holzbauarbeiten	053 Niederspannungsanlagen - Kabel/Leitungen, Verlegesysteme, Installationsgeräte
017 Stahlbauarbeiten	
018 Abdichtungsarbeiten	054 Niederspannungsanlagen - Verteilersysteme und Einbaugeräte
020 Dachdeckungsarbeiten	
021 Dachabdichtungsarbeiten	055 Ersatzstromversorgungsanlagen
022 Klempnerarbeiten	057 Gebäudesystemtechnik
023 Putz- und Stuckarbeiten, Wärmedämmsysteme	058 Leuchten und Lampen
024 Fliesen- und Plattenarbeiten	059 Sicherheitsbeleuchtungsanlagen
025 Estricharbeiten	060 Elektroakustische Anlagen, Sprechanlagen, Personenrufanlagen
026 Fenster, Außentüren	
027 Tischlerarbeiten	061 Kommunikationsnetze
028 Parkett-, Holzpflasterarbeiten	062 Kommunikationsanlagen
029 Beschlagarbeiten	063 Gefahrenmeldeanlagen
030 Rollladenarbeiten	064 Zutrittskontroll-, Zeiterfassungssysteme
031 Metallbauarbeiten	069 Aufzüge
032 Verglasungsarbeiten	070 Gebäudeautomation
033 Baureinigungsarbeiten	075 Raumlufttechnische Anlagen
034 Maler- und Lackierarbeiten - Beschichtungen	078 Kälteanlagen für raumlufttechnische Anlagen
035 Korrosionsschutzarbeiten an Stahlbauten	080 Straßen, Wege, Plätze
036 Bodenbelagarbeiten	081 Betonerhaltungsarbeiten
037 Tapezierarbeiten	082 Bekämpfender Holzschutz
038 Vorgehängte hinterlüftete Fassaden	083 Sanierungsarbeiten an schadstoffhaltigen Bauteilen
039 Trockenbauarbeiten	084 Abbruch- und Rückbauarbeiten
	085 Rohrvortriebsarbeiten
	087 Abfallentsorgung, Verwertung und Beseitigung
	090 Baulogistik
	091 Stundenlohnarbeiten
	096 Bauarbeiten an Bahnübergängen
	097 Bauarbeiten an Gleisen und Weichen
	098 Witterungsschutzmaßnahmen

Die BKI-Gliederung des vorliegenden Fachbuchs orientiert sich am Standardleistungsbuch für das Bauwesen. Die Nummern der Leistungsbereiche werden jedoch beim Altbau mit 3xx gekennzeichnet.

A Rohbau

Titel des Leistungsbereichs	LB-Nr.
Sicherheitseinrichtungen, Baustelleneinrichtungen	300
Gerüstarbeiten	301
Erdarbeiten	302
Wasserhaltungsarbeiten	308
Entwässerungskanalarbeiten	309
Drän- und Versickerarbeiten	310
Mauerarbeiten	312
Betonarbeiten	313
Naturwerkstein-, Betonwerksteinarbeiten	314
Zimmer- und Holzbauarbeiten	316
Abdichtungsarbeiten	318
Dachdeckungsarbeiten	320
Dachabdichtungsarbeiten	321
Klempnerarbeiten	322

LB 300 Sicherheitseinrichtungen, Baustelleneinrichtungen

Kosten: Stand 2. Quartal 2018 Bundesdurchschnitt

- ▶ min
- ▷ von
- ø Mittel
- ◁ bis
- ◀ max

Sicherheitseinrichtungen, Baustelleneinrichtungen — Preise €

Nr.	Positionen	Einheit	▶	▷	ø brutto € / ø netto €	◁	◀
1	Bauzaun, Höhe 2,00m	m	6 / 5	10 / 8	**11** / **9**	13 / 11	18 / 15
2	Bauzaun umsetzen	m	2 / 2	4 / 3	**5** / **4**	5 / 5	9 / 7
3	Tür, Bauzaun	St	74 / 62	121 / 102	**144** / **121**	150 / 126	177 / 149
4	Baustraße	m²	8 / 7	12 / 10	**14** / **12**	17 / 14	22 / 19
5	Bauwasseranschluss, 3 Zapfstellen	St	202 / 169	343 / 288	**433** / **364**	576 / 484	857 / 720
6	Bauwasseranschluss heranführen	m	19 / 16	32 / 27	**34** / **29**	41 / 34	61 / 51
7	Baustromanschluss	St	443 / 372	714 / 600	**855** / **718**	1.059 / 890	1.491 / 1.253
8	Baustrom, Zuleitung	m	5 / 5	10 / 8	**11** / **9**	13 / 11	16 / 14
9	Baustromverteiler	St	134 / 113	265 / 223	**333** / **280**	415 / 349	581 / 488
10	WC-Kabine	St	108 / 91	215 / 181	**255** / **215**	304 / 255	421 / 353
11	Mobilkran	h	127 / 107	164 / 138	**181** / **152**	187 / 157	239 / 201
12	Baustellenaufzug, bis 800kg Nutzlast	St	1.586 / 1.333	2.073 / 1.742	**2.328** / **1.956**	2.778 / 2.335	3.347 / 2.812
13	Bautreppe, Holz	St	194 / 163	427 / 359	**556** / **467**	693 / 583	1.022 / 859
14	Seitenschutz, Treppe	m	8 / 6	14 / 12	**17** / **14**	19 / 16	24 / 20
15	Absturzsicherung, Seitenschutz	m	8 / 7	15 / 12	**17** / **15**	22 / 18	31 / 26
16	Bautür, Stahlblech	St	88 / 74	150 / 126	**180** / **151**	237 / 199	371 / 312
17	Schutzabdeckung, Boden, Holzplatten	m²	8 / 6	13 / 11	**16** / **13**	18 / 15	23 / 19
18	Schutzwand, Folienbespannung	m²	16 / 14	23 / 20	**26** / **22**	32 / 27	45 / 38
19	Schutzwand, Holz beplankt	m²	35 / 29	53 / 45	**61** / **51**	92 / 77	125 / 105
20	Witterungsschutz, Fensteröffnung	m²	4 / 3	12 / 10	**15** / **13**	21 / 18	30 / 25
21	Schutzabdeckung, Bauplane	m²	2 / 2	6 / 5	**7** / **6**	10 / 8	15 / 13
22	Bauschuttcontainer, gemischter Bauschutt	St	355 / 298	490 / 412	**541** / **455**	609 / 511	748 / 628
23	Bauschuttcontainer, Holzabfälle	St	213 / 179	263 / 221	**294** / **247**	309 / 260	348 / 292
24	Bauschuttcontainer, sortierter Bauschutt	St	212 / 178	326 / 274	**377** / **317**	498 / 418	668 / 562

© BKI Baukosteninformationszentrum; Erläuterungen zu den Tabellen siehe Seite 22
Mustertexte geprüft: Bauwirtschaft Baden-Württemberg e.V.

Kostenstand: 2. Quartal 2018, Bundesdurchschnitt

Sicherheitseinrichtungen, Baustelleneinrichtungen — Preise €

Nr.	Positionen	Einheit	▶	▷ ø brutto € / ø netto €	◁	◀
25	Deponiegebühr, gemischter Bauschutt	m³	44 / 37	68 / 57	**73** / **62**	88 / 74	118 / 99
26	Bauschild, Grundplatte	St	1.064 / 894	1.896 / 1.593	**2.194** / **1.844**	2.876 / 2.417	4.038 / 3.393
27	Schuttabwurfschacht, ca. 60cm	m	14 / 12	22 / 18	**24** / **20**	30 / 25	39 / 33
28	Schuttabwurfschacht, bis 8,00m	St	144 / 121	277 / 233	**300** / **252**	318 / 267	506 / 425

Nr.	Kurztext / Langtext					[Einheit]	Ausf.-Dauer	Kostengruppe Positionsnummer
▶	▷	ø netto €	◁	◀				

1 Bauzaun, Höhe 2,00m — KG **391**
Bauzaun, als Schutzzaun auf unbefestigtem waagrechtem Untergrund, aufstellen, vorhalten und beseitigen. Ausführung als Absperrung gegen unbefugtes Betreten. Türen und Tore werden gesondert vergütet.
Bauart: .....
Zaunhöhe: 2,00 m
Vorhaltedauer: 4 Wochen

| 5 € | 8 € | **9 €** | 11 € | 15 € | [m] | ⏱ 0,18 h/m | 300.000.076 |

2 Bauzaun umsetzen — KG **391**
Bauzaun inkl. Tore und Türen umsetzen.
Bauart: wie vor beschrieben
Türen / Tore: ..... St
Umsetzweg: bis ..... m

| 2 € | 3 € | **4 €** | 5 € | 7 € | [m] | ⏱ 0,10 h/m | 300.000.077 |

3 Tür, Bauzaun — KG **391**
Behelfsmäßige Tür im Bauzaun abschließbar, einbauen, vorhalten und beseitigen.
Ausführung: .....
Bodenabstand: 20 cm
Türhöhe: 2,30 m
Öffnungsbreite: 1,20 m
Vorhaltedauer: ..... Wochen

| 62 € | 102 € | **121 €** | 126 € | 149 € | [St] | ⏱ 1,00 h/St | 300.000.078 |

4 Baustraße — KG **391**
Verkehrsfläche, temporär, in Geländehöhe für Baustellenverkehr herstellen, nach Aufforderung durch die Bauleitung wieder beseitigen, Ausführung nach Wahl des Auftragnehmers, tragfähig für Baustellenverkehr.
Wegbreite: bis 2,50 m

| 7 € | 10 € | **12 €** | 14 € | 19 € | [m²] | ⏱ 0,18 h/m² | 300.000.079 |

LB 300 Sicherheitseinrichtungen, Baustelleneinrichtungen

Nr.	Kurztext / Langtext					Kostengruppe
▶	▷	ø netto €	◁	◀	[Einheit]	Ausf.-Dauer Positionsnummer

5 Bauwasseranschluss, 3 Zapfstellen KG **391**

Bauwasseranschluss herstellen und für die gesamte Bauzeit vorhalten, für die Verwendung von Dritten, inkl. Beantragung beim zuständigen Versorgungsunternehmen. Abbau auf Anweisung durch die Bauleitung. Die Abrechnung an die beteiligten Firmen erfolgt über Zwischenzähler.
Zapfstellen: 3 St
Vorhaltedauer: ..... Wochen

| 169€ | 288€ | **364€** | 484€ | 720€ | [St] | ⏱ 2,40 h/St | 300.000.080 |

6 Bauwasseranschluss heranführen KG **391**

Provisorische Anschlussleitung für Bauwasser, vom öffentlichen Anschlusspunkt lt. Baustelleneinrichtungsplan bis zum bauseitigen Bauwasserverteiler heranführen, inkl. notwendiger Erdarbeiten und Abdeckung der Leitung im öffentlichen Bereich. Leistung bestehend aus Herstellung der Leitung, Vorhalten und Beseitigung; Vergütung einer evtl. erforderlichen Begleitheizung nach gesonderter Position.
Öffentlicher Bereich: **Fußgänger / Kraftverkehr / ohne Anforderung / .....**
Leitungsgröße: DN32
Boden: Homogenbereich 1, mit einer Bodengruppe, Bodengruppe: ..... DIN 18196
  – Steinanteil: bis ..... % Massenanteil DIN EN ISO 14688-1
  – Konsistenz DIN EN ISO 14688-1: .....
  – Lagerungsdichte: .....
Vorhaltedauer: ..... Wochen

| 16€ | 27€ | **29€** | 34€ | 51€ | [m] | ⏱ 2,20 h/m | 300.000.081 |

7 Baustromanschluss KG **391**

Baustrom-Hauptanschluss herstellen, vor- und unterhalten; Anfangszählerstand mit der Bauleitung feststellen und schriftlich protokollieren, vor Abbau den Zähler-Endstand wie vor beschrieben festhalten.
Ausstattung: Zwischenzähler, Schuko- und Drehstromsteckdosen in ausreichender Anzahl, FI-Schutzschalter und Sicherungen
Zuleitung: bis 50 m
Vorhaltedauer: ..... Wochen

| 372€ | 600€ | **718€** | 890€ | 1.253€ | [St] | ⏱ 5,00 h/St | 300.000.082 |

8 Baustrom, Zuleitung KG **391**

Zuleitung zum Baustrom-Hauptanschluss, mit gummigeschützter Anschlussleitung, herstellen, vor- und unterhalten, auf Anordnung der Bauleitung abbauen.
Leistung: .... A (Ampere)
Zuleitung: bis 50 m
Vorhaltedauer: ..... Wochen

| 5€ | 8€ | **9€** | 11€ | 14€ | [m] | ⏱ 0,10 h/m | 300.000.083 |

9 Baustromverteiler KG **391**

Baustromverteiler liefern, aufstellen und über die gesamte Bauzeit vorhalten.
Ausstattung: .....
Vorhaltedauer: ..... Wochen

| 113€ | 223€ | **280€** | 349€ | 488€ | [St] | ⏱ 7,00 h/St | 300.000.084 |

Kosten:
Stand 2.Quartal 2018
Bundesdurchschnitt

▶ min
▷ von
ø Mittel
◁ bis
◀ max

Nr.	Kurztext / Langtext						Kostengruppe	
▶	▷	ø netto €	◁	◀	[Einheit]	Ausf.-Dauer	Positionsnummer	

10 WC-Kabine KG 391

WC-Kabine liefern, vorhalten, wöchentlich reinigen. Toiletteneinheit für alle Gewerke mit je 1 WC-Sitz, inkl. aller Verbrauchsmaterialien etc.

Vorhaltedauer: ..... Wochen

| 91€ | 181€ | **215€** | 255€ | 353€ | [St] | ⏱ 2,00 h/St | 300.000.085 |

11 Mobilkran KG 391

Mobilkran bereitstellen, betreiben und abbauen. Abrechnung nach festgestellten Betriebsstunden. Leistung inkl. An- und Abfahrt, sowie Betriebspersonal.
Hakenhöhe/Hubhöhe: .....
max. Traglast: .....
max. Ausladung: .....

| 107€ | 138€ | **152€** | 157€ | 201€ | [h] | ⏱ 1,00 h/h | 300.000.086 |

12 Baustellenaufzug, bis 800kg Nutzlast KG 391

Baustellenaufzug für Personen und Material, bis 800kg Nutzlast, liefern, aufstellen und wieder räumen.
Förderhöhe: bis ca. 16,00 m
Befestigung: .....
Haltestellen: ..... Stück
Fahrkorbfläche: ca. 2,00 m²
Vorhaltedauer: ..... Wochen

| 1.333€ | 1.742€ | **1.956€** | 2.335€ | 2.812€ | [St] | ⏱ 14,00 h/St | 300.000.087 |

13 Bautreppe, Holz KG 391

Bautreppe BGR113 herstellen, vorhalten und wieder demontieren, zweiläufig, über mehrere Geschosse, mit Podesten.
Konstruktion: .....
Nutzung: **für den Bauverkehr / für öffentliche Nutzung**
Geschosshöhe: bis 3,00 m
Treppenbreite: mind. 0,90 m
Steigungen: .....
Geländer: zweiseitig an Treppe und dreiseitig an Podesten
Vorhaltedauer: ..... Wochen

| 163€ | 359€ | **467€** | 583€ | 859€ | [St] | ⏱ 6,20 h/St | 300.000.088 |

14 Seitenschutz, Treppe KG 391

Behelfsmäßiger Seitenschutz BGR113, bestehend aus Geländer- und Zwischenholm, einschl. Vorhaltung und Rückbau, montiert an freiliegenden Treppenläufen und -podesten zur Absturzsicherung. Die Konstruktion ist so auszuführen, dass die im Bereich der Schutzeinrichtung tätigen Gewerke nicht behindert werden.
Vorhaltedauer: ..... Wochen

| 6€ | 12€ | **14€** | 16€ | 20€ | [m] | ⏱ 0,10 h/m | 300.000.089 |

15 Absturzsicherung, Seitenschutz KG 391

Behelfsmäßiger Seitenschutz entsprechend BGI 807, einschl. Vorhaltung und Rückbau, montiert an freiliegenden Treppenläufen und -podesten zur Absturzsicherung. Die Konstruktion ist so auszuführen, dass die im Bereich der Schutzeinrichtung tätigen Gewerke nicht behindert werden.
Vorhaltedauer: ..... Wochen

| 7€ | 12€ | **15€** | 18€ | 26€ | [m] | ⏱ 0,10 h/m | 300.000.074 |

LB 300 Sicherheitseinrichtungen, Baustelleneinrichtungen

Kosten:
Stand 2.Quartal 2018
Bundesdurchschnitt

Nr.	Kurztext / Langtext				[Einheit]	Ausf.-Dauer	Kostengruppe Positionsnummer
▶	▷	ø netto €	◁	◀			

16 Bautür, Stahlblech KG **391**
Bautür an bauseitigen Öffnungen, montieren und wieder demontieren, bestehend aus Stahlblechkonstruktion, abschließbar mit Schloss und Drückergarnitur und vorgerüstet für bauseitige Profilzylinder.
Abmessung: 1,26 x 2,26 m
Vorhaltedauer: ..... Wochen

| 74€ | 126€ | **151€** | 199€ | 312€ | [St] | ⏱ 0,50 h/St | 300.000.090 |

17 Schutzabdeckung, Boden, Holzplatten KG **397**
Böden vollflächig abdecken, mehrlagig, unterseitig mit Lage zur Verhinderung von Kondenswasser, oberseitig mit Lage aus Holzplatten mit Nut-Feder-Verbindung. Während der Vorhaltedauer verrutschsicher befestigen und nach Aufforderung durch die Bauleitung wieder entfernen.
Vorhaltedauer: ..... Wochen

| 6€ | 11€ | **13€** | 15€ | 19€ | [m²] | ⏱ 0,16 h/m² | 300.000.091 |

18 Schutzwand, Folienbespannung KG **397**
Staubschutzwand als Folienschutzwand im Gebäude, einschl. Vorhalten und wieder Beseitigen, diverse Raumhöhen, bestehend aus Trag- und Unterkonstruktion aus Holz, Bespannung mit verstärkter Gitterfolie, Anschlüsse an umfassende Massivbauteile zusätzlich abgeklebt.
Geschosshöhe: ..... (max. ..... m)
Einzelgröße: mind. ..... m²
Foliendicke: mind. 0,5 mm
Vorhaltedauer: ..... Wochen

| 14€ | 20€ | **22€** | 27€ | 38€ | [m²] | ⏱ 0,30 h/m² | 300.000.092 |

19 Schutzwand, Holz beplankt KG **397**
Bauschutzwand im Gebäude, als Einbruch-, Staub- und Sichtschutz, einschl. Vorhalten und wieder Beseitigen, für diverse Raumhöhen, bestehend aus Holzkonstruktion beidseitig beplankt mit Holzwerkstoffplatten, Anschlüsse an umfassende Bauteile zusätzlich abgeklebt.
Geschosshöhe: ..... (max. ..... m)
Plattendicke: mind. 15 mm
Vorhaltedauer: ..... Wochen

| 29€ | 45€ | **51€** | 77€ | 105€ | [m²] | ⏱ 0,80 h/m² | 300.000.093 |

20 Witterungsschutz, Fensteröffnung KG **397**
Öffnungen in Fassade behelfsmäßig schließen, als Witterungsschutz, mittels Holzunterkonstruktion mit PE-Folienbespannung. Die Konstruktion ist auf Anweisung der Bauleitung kurz vor Einbau der Fassaden- / Fensterelemente wieder zu demontieren und zu entsorgen.
Foliendicke: 0,5 mm
Vorhaltedauer: ..... Wochen

| 3€ | 10€ | **13€** | 18€ | 25€ | [m²] | ⏱ 0,35 h/m² | 300.000.094 |

21 Schutzabdeckung, Bauplane KG **397**
Schutzplanen als Wetterschutz für Bauteile, Schutzgerüste, offene Dächer u. dgl.; nach Bedarf sturmsicher anbringen. Aufmaß nach Fläche abgedeckter Bauteilfläche.
Planendicke: ..... mm
Vorhaltedauer: ..... Wochen

| 2€ | 5€ | **6€** | 8€ | 13€ | [m²] | ⏱ 0,10 h/m² | 300.000.095 |

▶ min
▷ von
ø Mittel
◁ bis
◀ max

Nr.	Kurztext / Langtext					Kostengruppe		
▶	▷	ø netto €	◁	◀	[Einheit]	Ausf.-Dauer	Positionsnummer	

22 Bauschuttcontainer, gemischter Bauschutt — KG **391**

Bauschuttcontainer (bzw. Absetzmulde) für gemischten Bauschutt, aufstellen, vorhalten und abfahren, entsprechend den Vorschriften für Bauschutt- und Abfallbeseitigung.
Bau- und Abbruchabfälle aus: .....
Abfallschlüssel nach AVV: .....
Material: nicht schadstoffbelastet, Zuordnung Z 0 (uneingeschränkte Deponierung)
Fahrtweg zur Deponie: ca. ..... km
Abrechnung des Sortierschutts getrennt, nach Vorlage der Wiegescheine bzw. Rechnungen.
Volumen: 7.00 m³

| 298€ | 412€ | **455€** | 511€ | 628€ | [St] | – | 300.000.096 |

23 Bauschuttcontainer, Holzabfälle — KG **391**

Bauschuttcontainer (bzw. Absetzmulde) für Holzabfälle, aufstellen, vorhalten und abfahren. Sortiermulde entspr. Vorschriften für Bauschutt- und Abfallbeseitigung. Abrechnung des Sortierschutts getrennt, nach Vorlage der Wiegescheine bzw. Rechnungen.
Volumen: 7m³

| 179€ | 221€ | **247€** | 260€ | 292€ | [St] | – | 300.000.097 |

24 Bauschuttcontainer, sortierter Bauschutt — KG **391**

Bauschuttcontainer (bzw. Absetzmulde) für sortierten Bauschutt, aufstellen, vorhalten und abfahren, entsprechend den Vorschriften für Bauschutt- und Abfallbeseitigung.
Bau- und Abbruchabfälle aus: Beton, Ziegel, Fliesen und Keramik
Abfallschlüssel nach AVV: 170101 Beton/ -02 Ziegel /-03 .....
Material: nicht schadstoffbelastet, Zuordnung Z 0 (uneingeschränkter Deponierung)
Fahrtweg zur Deponie: ca. ...... km
Abrechnung des Sortierschutts getrennt, nach Vorlage der Wiegescheine bzw. Rechnungen.
Volumen: 7,00 m³

| 178€ | 274€ | **317€** | 418€ | 562€ | [St] | – | 300.000.098 |

25 Deponiegebühr, gemischter Bauschutt — KG **391**

Deponiegebühren für Entsorgung durch AN, Abrechnung nach Wiegekarte. Entsorgung des Materials auf einer Deponie nach Wahl des Auftragnehmers.
Bau- und Abbruchabfälle aus: AVV .....
Material nicht schadstoffbelastet, Zuordnung Z 0 (uneingeschränkte Deponierung).

| 37€ | 57€ | **62€** | 74€ | 99€ | [m³] | – | 300.000.099 |

26 Bauschild, Grundplatte — KG **391**

Bauschild, mittig geteilt, eine Hälfte des Bauschildes für die Firmenschilder der Gewerke, andere Hälfte für räumliche Darstellung und Auflistung Bauherr / Fachplaner / Architekt.
Bauschild bestehend aus:
– stabilem Fundament
– Unterkonstruktion geeignet für Bauschild-Montage ca. 2,00 m über OK Gelände, sturmsicher befestigt, Oberfläche beschichtet
– Beschriftung Bauschild (jeweils mit Nennung von Namen, Anschrift, Telefon): Objektbezeichnung, Bauherr, Architekt, Bauleitung, Tragwerksplanung, Fachplaner für Gebäudetechnik, Fachplaner für Freianlagen, Bodengutachter, Sonderingenieure
– zusätzliche räumliche Darstellung der Baumaßnahme, nach Vorlage des Architekten
– Layout: dunkle Buchstaben auf beschichtetem Grund, Gestaltung nach Absprache mit dem AG/Architekten, Layout-Vorlage erstellt durch den AN

LB 300 Sicherheitseinrichtungen, Baustelleneinrichtungen

Kosten:
Stand 2.Quartal 2018
Bundesdurchschnitt

Nr.	Kurztext / Langtext				[Einheit]	Ausf.-Dauer	Kostengruppe Positionsnummer
▶	▷	ø netto €	◁	◀			

Bauschildgrundplatte (B x H): ..... x ..... m
Oberfläche: fertig beschichtet
Farbe: .....
Vorhaltedauer: ..... Wochen

| 894 € | 1.593 € | **1.844 €** | 2.417 € | 3.393 € | [St] | ⏱ 15,00 h/St | 300.000.100 |

27   Schuttabwurfschacht, ca. 60cm   KG **391**
Schuttrutsche, staubdicht über Schuttcontainer montieren und wieder demontieren. Abrechnung je Höhenmeter erstellter Schuttrohr-Anlage.
Durchmesser: ca. 60 cm
Einbauort: außerhalb des Gebäudes
Grundvorhaltedauer: ..... Wochen

| 12 € | 18 € | **20 €** | 25 € | 33 € | [m] | ⏱ 0,40 h/m | 300.000.101 |

28   Schuttabwurfschacht, bis 8,00m   KG **391**
Schuttrutsche, staubdicht über Schuttcontainer montieren und wieder demontieren. Abrechnung je Stück Schuttrohr-Anlage.
Durchmesser: ca. 60 cm
Einbauort: außerhalb des Gebäudes
Höhe der Anlage: 4,00 bis 8,00 m
Grundvorhaltedauer: ..... Wochen

| 121 € | 233 € | **252 €** | 267 € | 425 € | [St] | ⏱ 4,00 h/St | 300.000.102 |

▶ min
▷ von
ø Mittel
◁ bis
◀ max

| 300 |
| 301 |
| 302 |
| 308 |
| 309 |
| 310 |
| 312 |
| 313 |
| 314 |
| 316 |
| 318 |
| 320 |
| 321 |
| 322 |

LB 301 Gerüstarbeiten

Kosten: Stand 2.Quartal 2018, Bundesdurchschnitt

▶ min
▷ von
ø Mittel
◁ bis
◀ max

Nr.	Positionen	Einheit	▶	▷	ø brutto € ø netto €	◁	◀
1	Fassadengerüst, LK 3, SW06	m²	5,2 4,4	6,4 5,4	**7,1** **6,0**	7,6 6,4	9,2 7,8
2	Fassadengerüst, LK 4, SW09	m²	6,3 5,3	8,3 7,0	**9,0** **7,5**	11 9,5	16 13
3	Fassadengerüst, LK 5, SW09	m²	7,4 6,3	12 9,8	**15** **13**	15 13	23 19
4	Fassadengerüst, Gebrauchsüberlassung	m²Wo	0,2 0,2	0,2 0,2	**0,3** **0,2**	0,4 0,3	0,6 0,5
5	Gerüst umsetzen	m²	4 3	6 5	**7** **6**	9 8	15 12
6	Standfläche herstellen Hilfsgründung	m	4 3	7 6	**9** **8**	12 10	16 13
7	Abstützung, freistehendes Gerüst	m²	1 1	3 3	**4** **3**	6 5	8 7
8	Standgerüst, innen	m²	5 5	8 6	**9** **7**	11 9	16 13
9	Raumgerüst, Lastklasse 3	m³	4 3	6 5	**7** **6**	8 7	10 9
10	Raumgerüst, Gebrauchsüberlassung	m³Wo	0,1 0,1	0,2 0,2	**0,3** **0,2**	0,3 0,3	0,4 0,4
11	Fahrbares Gerüst, Lastklasse 2-3	St	120 101	235 198	**289** **243**	434 365	757 636
12	Gerüstverbreiterung, bis 30cm	m	4,1 3,5	7,4 6,2	**8,9** **7,5**	11 9,6	18 15
13	Gerüstverbreiterung, bis 70cm	m	7,8 6,6	11 8,9	**12** **9,7**	15 13	21 18
14	Gebrauchsüberlassung Gerüstverbreiterung	mWo	0,2 0,2	0,8 0,6	**0,9** **0,7**	1,8 1,6	3,3 2,8
15	Arbeitsgerüst Erweiterung Dachfanggerüst	m	6 5	11 9	**13** **11**	15 13	21 17
16	Dachfanggerüst, Gebrauchsüberlassung	mWo	0,1 0,1	0,3 0,2	**0,3** **0,3**	0,5 0,4	0,9 0,7
17	Überbrückung, Gerüst	m	12 10	21 17	**26** **21**	32 27	48 41
18	Überbrückung, Gebrauchsüberlassung	mWo	0,1 0,1	0,7 0,6	**0,9** **0,8**	1,2 1,0	2,5 2,1
19	Seitenschutz, Arbeitsgerüst	m	2 1	5 4	**7** **6**	13 11	22 18
20	Materialaufzug, bis 500kg	St	– –	1.401 1.178	**1.726** **1.450**	2.191 1.841	– –
21	Gerüstanker	St	12 10	21 18	**24** **20**	27 22	41 34
22	Gerüstplane, Wetterschutzplane	m²	2 2	3 2	**3** **3**	4 3	5 4
23	Gerüstbekleidung, Staubschutznetz/Schutzgewebe	m²	1,0 0,8	2,0 1,7	**2,6** **2,2**	3,2 2,7	4,9 4,1
24	Auffangnetz	m²	3 2	6 5	**7** **6**	9 7	13 11

© BKI Baukosteninformationszentrum; Erläuterungen zu den Tabellen siehe Seite 22
Mustertexte geprüft: Bundesinnung für das Gerüstbauer-Handwerk

Gerüstarbeiten — Preise €

Nr.	Positionen	Einheit	▶	▷ ø brutto € / ø netto €	◁	◀
25	Auffangnetz, Gebrauchsüberlassung	m²Wo	<0,1	0,1 **0,1**	0,2	0,3
			<0,1	0,1 **0,1**	0,2	0,2
26	Stundensatz Facharbeiter, Gerüstbau	h	37	51 **55**	58	71
			31	43 **47**	49	59
27	Stundensatz Helfer, Gerüstbau	h	25	37 **43**	49	61
			21	31 **36**	41	52

Nr.	Kurztext / Langtext					Kostengruppe
▶	▷ ø netto € ◁ ◀			[Einheit]	Ausf.-Dauer	Positionsnummer

A 1 Fassadengerüst
Beschreibung für Pos. **1-3**

Arbeitsgerüst DIN EN 12811-1 als längenorientiertes Standgerüst aus vorgefertigten Bauteilen nach DIN EN 12810 mit durchlaufenden Gerüstlagen und Verankerung am Gebäude, auf tragfähiger Standfläche.
Grundeinsatzzeit: 4 Wochen

1 Fassadengerüst, LK 3, SW06   KG **392**
Wie Ausführungsbeschreibung A 1
Einsatz für: .....
Lastklasse: 3 (2,0 kN/m²)
Breitenklasse: SW06 (Mindestbelagbreite 0,60 m)
Höhenklasse: H1
Verankerungsgrund: .....
Standfläche: **eben / geneigt** .....°
Abstand Belag zum Bauwerk: .....
Gebäudeabmessung / Aufbauhöhe: .....
4€   5€   **6**€   6€   8€   [m²]   ⏱ 0,10 h/m²   301.000.002

2 Fassadengerüst, LK 4, SW09   KG **392**
Wie Ausführungsbeschreibung A 1
Einsatz für: .....
Lastklasse: 4 (3,0 kN/m²)
Breitenklasse: SW09 (Mindestbelagbreite 0,90 m)
Höhenklasse: H1
Verankerungsgrund: .....
Standfläche: **eben / geneigt** .....°
Abstand Belag zum Bauwerk: .....
Gebäudeabmessung / Aufbauhöhe: .....
5€   7€   **8**€   10€   13€   [m²]   ⏱ 0,12 h/m²   301.000.003

LB 301
Gerüstarbeiten

Kosten:
Stand 2.Quartal 2018
Bundesdurchschnitt

▶ min
▷ von
ø Mittel
◁ bis
◀ max

Nr.	Kurztext / Langtext							Kostengruppe
▶	▷	ø netto €	◁	◀	[Einheit]	Ausf.-Dauer	Positionsnummer	

3   Fassadengerüst, LK 5, SW09 — KG **392**
Wie Ausführungsbeschreibung A 1
Einsatz für: …..
Lastklasse: 5 (4,5 kN/m²)
Breitenklasse: SW09 (Mindestbelagbreite 0,90 m)
Höhenklasse: H1
Verankerungsgrund: …..
Standfläche: **eben / geneigt …..°**
Abstand Belag zum Bauwerk: …..
Gebäudeabmessung / Aufbauhöhe: …..

▶	▷	ø	◁	◀	Einheit	Dauer	Nr.
6 €	10 €	**13 €**	13 €	19 €	[m²]	⏱ 0,14 h/m²	301.000.004

4   Fassadengerüst, Gebrauchsüberlassung — KG **392**
Gebrauchsüberlassung Fassadengerüst, über die Grundeinsatzzeit hinaus, für weitere ….. Woche(n).
Gerüstart: …..
Last- und Breitenklasse: …..

| 0,2 € | 0,2 € | **0,2 €** | 0,3 € | 0,5 € | [m²Wo] | – | 301.000.008 |

5   Gerüst umsetzen — KG **392**
Arbeitsgerüst wie beschrieben umsetzen, längenorientiertes Standgerüst.
Umsetzarbeit: im Ganzen / in ….. Abschnitten
Transportweg: i.M. ….. m
Arbeitsgerüst umsetzen, längenorientiertes Standgerüst aus vorgefertigten Bauteilen.
Umsetzarbeit: **im Ganzen / in ….. Abschnitten**
Transportweg: i. M. ….. m
Beschreibung Gerüst: **abgetreppt / durchlaufend**
Lastklasse: 3 (2,0 kN/m²)
Breitenklasse: SW06 (Mindestbelagbreite 0,60 m)
Höhenklasse: H1
Verankerung: am Gebäude
Verankerungsgrund: …..
Abstand Belag zum Bauwerk: …..
Standfläche: **eben / geneigt …..°**
Gebäudeabmessung / Aufbauhöhe: …..

| 3 € | 5 € | **6 €** | 8 € | 12 € | [m²] | ⏱ 0,16 h/m² | 301.000.032 |

6   Standfläche herstellen Hilfsgründung — KG **392**
Unterbau für beschriebenes Gerüst, zur Herstellung einer belastbaren Standfläche.
Standfläche: …..
Neigung: eben
Breite Gerüst: …..

| 3 € | 6 € | **8 €** | 10 € | 13 € | [m] | ⏱ 0,05 h/m | 301.000.042 |

Nr.	Kurztext / Langtext							Kostengruppe
▶	▷	ø netto €	◁	◀	[Einheit]	Ausf.-Dauer	Positionsnummer

7 Abstützung, freistehendes Gerüst KG **392**

Freistehendes Gerüst ohne Verankerung am Bauwerk, Ausführung mit Abstützung oder Stützgerüst, gemäß statischer Berechnung, Freiraum für Abstützung oder Stützgerüste umlaufend vorhanden, Standfläche waagrecht auf Gelände über Lastverteiler belastbar. Der Tragfähigkeits- und Standsicherheitsnachweis wird gesondert vergütet.
Gerüstart: .....
Last- und Breitenklasse: .....
Grundeinsatzzeit: 4 Wochen
Stütze: **Abstützung / Stützgerüst**

| 1€ | 3€ | **3€** | 5€ | 7€ | [m²] | ⏱ 0,07 h/m² | 301.000.054 |

8 Standgerüst, innen KG **392**

Arbeitsgerüst als längenorientiertes Standgerüst aus vorgefertigten Bauteilen, im Innenraum, einschl. Demontage, auf tragfähiger, ebener Standfläche, Arbeitsfläche durchlaufend, mit Seitenschutz.
Grundeinsatzzeit: 4 Wochen
Einsatz für: .....
Lastklasse: 3 (2,0 kN/m²)
Breitenklasse: .....
Höhenklasse: H1
Anzahl der Gerüstlagen: .....
Verankerung: am Gebäude
Verankerungsgrund: .....
Abstand Belag zum Bauwerk: .....
Standfläche: **eben / geneigt .....°**
Gebäudeabmessung / Aufbauhöhe: .....
Angeb. System: .....

| 5€ | 6€ | **7€** | 9€ | 13€ | [m²] | ⏱ 0,12 h/m² | 301.000.005 |

9 Raumgerüst, Lastklasse 3 KG **392**

Arbeitsgerüst als flächenorientiertes Standgerüst, aus vorgefertigten Bauteilen, auf tragfähiger Standfläche, mit einer Arbeitslage durchlaufend, mit Seitenschutz.
Grundeinsatzzeit: 4 Wochen
Einsatzort: **innerhalb / außerhalb**
des Gebäudes
Lastklasse: 3 (2,0 kN/m²)
Höhenklasse: H1
Anzahl der Gerüstlagen: .....
Seitenschutz: **einseitig / zweiseitig / umlaufend**
Verankerung: am Gebäude
Verankerungsgrund: .....
Abstand Belag zum Bauwerk: .....
Standfläche: **eben / geneigt .....°**
Grundfläche / Aufbauhöhe: .....
Angeb. System: .....

| 3€ | 5€ | **6€** | 7€ | 9€ | [m³] | ⏱ 0,13 h/m³ | 301.000.022 |

300
301
302
308
309
310
312
313
314
316
318
320
321
322

LB 301
Gerüstarbeiten

Kosten:
Stand 2.Quartal 2018
Bundesdurchschnitt

Nr.	Kurztext / Langtext				[Einheit]	Ausf.-Dauer	Kostengruppe Positionsnummer
▶	▷	ø netto €	◁	◀			

10 Raumgerüst, Gebrauchsüberlassung — KG **392**
Gebrauchsüberlassung des Raumgerüsts über die Grundeinsatzzeit hinaus, für weitere ..... Woche(n).
Gerüstart: .....
Lastklasse: .....

| 0,1 € | 0,2 € | **0,2 €** | 0,3 € | 0,4 € | [m³Wo] | – | 301.000.048 |

11 Fahrbares Gerüst, Lastklasse 2-3 — KG **392**
Fahrbares Gerüst nach DIN 4420-3 als Arbeitsgerüst mit einer Arbeitslage, Seitenschutz und Zugang, Standflächen eben, einschl. Abbau.
Grundeinsatzzeit: 4 Wochen
Lastklasse: 3 (2,0 kN/m²)
Aufbauhöhe: ..... (geeignet für Arbeitshöhe bis .... m)
Aufstellort: innerhalb des Gebäudes

| 101 € | 198 € | **243 €** | 365 € | 636 € | [St] | ⏱ 2,20 h/St | 301.000.006 |

A 2 Gerüstverbreiterung — Beschreibung für Pos. **12-13**
Gerüstverbreiterung des Arbeitsgerüsts, mit Systemteilen, einschl. der notwendigen Beläge, Seitenschutz, notwendigen Absteifungen, Zugänge und Sicherungen sowie Verstärkung der Anker.
Grundeinsatzzeit: 4 Wochen

12 Gerüstverbreiterung, bis 30cm — KG **392**
Wie Ausführungsbeschreibung A 2
Gerüstart / Lastklasse: .....
Verbreiterung: bis 0,30 m
Einbauhöhe: .....

| 3 € | 6 € | **7 €** | 10 € | 15 € | [m] | ⏱ 0,12 h/m | 301.000.046 |

13 Gerüstverbreiterung, bis 70cm — KG **329**
Wie Ausführungsbeschreibung A 2
Gerüstart / Lastklasse: .....
Verbreiterung: bis 0,30 bis 0,70 m
Einbauhöhe: .....

| 7 € | 9 € | **10 €** | 13 € | 18 € | [m] | ⏱ 0,14 h/m | 301.000.009 |

14 Gebrauchsüberlassung Gerüstverbreiterung — KG **392**
Gebrauchsüberlassung der Gerüstverbreiterung, über die Grundeinsatzzeit hinaus, für weitere ..... Woche(n).
Auskragung: .....
Gerüstart / Lastklasse: .....

| 0,2 € | 0,6 € | **0,7 €** | 1,6 € | 2,8 € | [mWo] | – | 301.000.010 |

▶ min
▷ von
ø Mittel
◁ bis
◀ max

15 Arbeitsgerüst Erweiterung Dachfanggerüst — KG **392**
Erweiterung des Fassadengerüsts zum Dachfanggerüst DIN 4420-1, Ausbau der obersten Gerüstlage mit Systemteilen.
Dachüberstand Breite: .....
Schutzwand mit Fanglage aus: **Geflecht / Schutznetz**
Grundeinsatzzeit: 4 Wochen
Gerüstart / Lastklasse: .....

| 5 € | 9 € | **11 €** | 13 € | 17 € | [m] | ⏱ 0,16 h/m | 301.000.011 |

Nr.	Kurztext / Langtext				[Einheit]	Ausf.-Dauer	Kostengruppe Positionsnummer
▶	▷ ø netto €	◁	◀				

16 Dachfanggerüst, Gebrauchsüberlassung KG **392**
Gebrauchsüberlassung des Dachfanggerüsts, über die Grundeinsatzzeit hinaus, für weitere ..... Woche(n).
Ausführung: .....
Gerüstart / Lastklasse: .....

| 0,1€ | 0,2€ | **0,3€** | 0,4€ | 0,7€ | [mWo] | – | 301.000.021 |

17 Überbrückung, Gerüst KG **392**
Überbrückung in Gerüst, einschl. Gerüstbelag und Seitenschutz.
Grundeinsatzzeit: 4 Wochen
Gerüstart / Lastklasse: .....
Überbrückter Zwischenraum: .....
Höhe über Standfläche: .....
Einbauort: über **Eingang / Durchfahrt**

| 10€ | 17€ | **21€** | 27€ | 41€ | [m] | ⏱ 0,50 h/m | 301.000.015 |

18 Überbrückung, Gebrauchsüberlassung KG **392**
Gebrauchsüberlassung der Gerüstüberbrückung, über die Grundeinsatzzeit hinaus, für weitere ..... Woche(n).
Gerüstart / Lastklasse: .....

| 0,1€ | 0,6€ | **0,8€** | 1,0€ | 2,1€ | [mWo] | – | 301.000.016 |

19 Seitenschutz, Arbeitsgerüst KG **392**
Zusätzlicher Seitenschutz im Arbeitsgerüst, aus Systemteilen, Einbau bei einem Abstand von mehr als 0,30m zwischen Belag und Bauwerk..
Einbau: **wandseitig / .....**
Grundeinsatzzeit: 4 Wochen
Ausführung: **mit Geländer, Zwischenholm und Bordbrett / ohne Bordbrett**
Lagenanzahl: .....

| 1€ | 4€ | **6€** | 11€ | 18€ | [m] | ⏱ 0,05 h/m | 301.000.055 |

20 Materialaufzug, bis 500kg KG **391**
Materialaufzug aufstellen, gebrauchsüberlassen und entfernen.
Grundeinsatzzeit: 4 Wochen
Nutzlast: ..... (bis 500 kg)
Entladestellen: **2,00** m / ..... m
Förderhöhe: .....

| –€ | 1.178€ | **1.450€** | 1.841€ | –€ | [St] | ⏱ 12,00 h/St | 301.000.018 |

21 Gerüstanker KG **392**
Ein- und Ausbau von besonderen Verankerungselementen / Sondergerüstankern zur Verankerung des Gerüsts bei WDVS-Fassaden.
Verankerungsgrund: **einschaliges Mauerwerk (Vollstein) / .....**
Grundeinsatzzeit: ..... Wochen

| 10€ | 18€ | **20€** | 22€ | 34€ | [St] | ⏱ 0,10 h/St | 301.000.027 |

LB 301
Gerüstarbeiten

Nr.	Kurztext / Langtext					Kostengruppe
▶ ▷	ø netto €	◁ ◀		[Einheit]	Ausf.-Dauer	Positionsnummer

Kosten:
Stand 2.Quartal 2018
Bundesdurchschnitt

▶ min
▷ von
ø Mittel
◁ bis
◀ max

---

22 Gerüstplane, Wetterschutzplane KG **392**

Bekleidung von Gerüsten mit Plane aus wetterfester, UV-stabilisierter, gitterverstärkter PE-Folie, als vollflächige Gerüstbekleidung, montieren, gebrauchsüberlassen, sowie wieder demontieren.
Grundeinsatzzeit: 4 Wochen
Nutzung: .....
Reißkraft: .....
Hinweis: Zu beachten ist, dass die ggf. notwendige zusätzliche statische Berechnung für das bekleidete Gerüst, zu den besondere Leistung gehört.

2€   2€   **3**€   3€   4€   [m²]   ⏱ 0,08 h/m²   301.000.050

---

23 Gerüstbekleidung, Staubschutznetz/Schutzgewebe KG **392**

Bekleidung von Gerüsten als vollflächige Gerüstbekleidung montieren, gebrauchsüberlassen, sowie wieder demontieren.
Grundeinsatzzeit: 4 Wochen
Bekleidung: **Staubschutznetz / Schutzgewebe**
Funktion: .....

0,8€   1,7€   **2,2**€   2,7€   4,1€   [m²]   ⏱ 0,04 h/m²   301.000.017

---

24 Auffangnetz KG **392**

Schutznetz als Auffangnetz, für horizontalen Gebrauch, montieren, gebrauchsüberlassen, sowie wieder demontieren.
Grundeinsatzzeit: 4 Wochen
Befestigung: .....
Spannweite: .....
Einbauhöhe: .....
Bruchlast: 30 kN
Maschenweite: ca. 100 x 100 mm
Klasse: A2

2€   5€   **6**€   7€   11€   [m²]   ⏱ 0,10 h/m²   301.000.001

---

25 Auffangnetz, Gebrauchsüberlassung KG **392**

Gebrauchsüberlassung des Auffangnetzes, über die Grundeinsatzzeit hinaus, für weitere ..... Woche(n).
Art / Ausführung: .....

<0,1€   0,1€   **0,1**€   0,2€   0,2€   [m²Wo]   –   301.000.051

---

26 Stundensatz Facharbeiter, Gerüstbau KG **392**

Stundenlohnarbeiten für Kolonnenführer, Gerüstbauer, Facharbeiter und Gleichgestellte. Leistung nach besonderer Anordnung der Bauüberwachung. Anmeldung und Nachweis gemäß VOB/B.

31€   43€   **47**€   49€   59€   [h]   ⏱ 1,00 h/h   301.000.052

---

27 Stundensatz Helfer, Gerüstbau

Stundenlohnarbeiten für Werker, Helfer und Gleichgestellte (z. B. Baufachwerker, Helfer, Hilfsmonteure, Ungelernte, Angelernte). Leistung nach besonderer Anordnung der Bauüberwachung. Anmeldung und Nachweis gemäß VOB/B.

21€   31€   **36**€   41€   52€   [h]   ⏱ 1,00 h/h   301.000.053

300
301
302
308
309
310
312
313
314
316
318
320
321
322

LB 302 Erdarbeiten

Erdarbeiten — Preise €

Kosten: Stand 2. Quartal 2018, Bundesdurchschnitt

- ▶ min
- ▷ von
- ø Mittel
- ◁ bis
- ◀ max

Nr.	Positionen	Einheit	▶	▷	ø brutto € ø netto €	◁	◀
1	Baugelände freimachen	m²	7 6	9 8	**10** **9**	11 9	13 11
2	Büsche, Kleingehölze roden	m²	6 5	8 7	**9** **7**	10 8	12 10
3	Wurzelstock roden, bis 50cm	St	58 49	77 65	**83** **70**	91 77	108 91
4	Oberboden abtragen, lagern, 30cm	m²	3 2	4 3	**4** **4**	5 5	8 7
5	Aushub Schlitzgraben/Suchgraben	m³	91 76	117 99	**132** **111**	149 125	177 149
6	Aufbruch, Schwarzdecken, entsorgen	m²	8 6	13 11	**16** **13**	18 15	22 19
7	Gehwegplatten ausbauen, lagern	m²	5 4	7 6	**8** **7**	9 7	14 12
8	Gehwegplatten ausbauen, lagern	m²	4 4	6 5	**7** **6**	9 8	13 11
9	Oberboden abtragen, entsorgen, 30cm	m³	10 8	15 13	**18** **16**	20 17	23 19
10	Baugrubenaushub, bis 3,50m, lagern, GK1	m³	9 8	13 11	**15** **13**	17 14	21 18
11	Baugrubenaushub, bis 3,50m, entsorgen, GK1	m³	29 24	35 29	**41** **35**	51 42	58 48
12	Baugrubenaushub, Fels, bis 3,50m, lagern, GK1	m³	21 17	44 37	**46** **39**	55 46	68 58
13	Fundamentaushub, bis 1,75m, entsorgen, GK1	m³	32 27	38 32	**40** **34**	44 37	54 46
14	Fundamentaushub, bis 1,75m, lagern, GK1	m³	24 20	28 23	**29** **24**	38 32	41 34
15	Einzelfundamentaushub, bis 1,75m, lagern, GK1	m³	25 21	32 27	**34** **29**	42 35	45 38
16	Streifenfundamentaushub, bis 1,25m, lagern, GK1	m³	20 17	26 22	**33** **28**	34 28	41 34
17	Streifenfundamentaushub, bis 1,25m, entsorgen, GK1	m³	23 20	33 28	**38** **32**	42 35	49 41
18	Kabelgraben ausheben, bis 1,25m, entsorgen, GK1	m³	22 19	27 23	**30** **26**	32 27	35 29
19	Kabelgraben ausheben, bis 1,25m, lagern, GK1	m³	18 15	19 16	**25** **21**	28 24	32 27
20	Fundament-/Grabenaushub, Handaushub, bis 1,25m	m³	61 51	88 74	**101** **85**	111 93	131 110
21	Bodenaustausch, Liefermaterial	m³	32 27	40 33	**43** **36**	53 44	67 57
22	Tragschicht, Kies	m³	52 43	64 54	**66** **56**	83 70	111 94
23	Sichern von Leitungen/Kabeln	m	14 12	23 20	**27** **23**	31 26	39 33
24	Planum, Baugrube	m²	0,5 0,4	1,1 0,9	**1,3** **1,1**	1,8 1,5	2,9 2,5

© **BKI** Baukosteninformationszentrum; Erläuterungen zu den Tabellen siehe Seite 22
Mustertexte geprüft: Bauwirtschaft Baden-Württemberg e.V.

Kostenstand: 2. Quartal 2018, Bundesdurchschnitt

Erdarbeiten — Preise €

Nr.	Positionen	Einheit	▶	▷ ø brutto € / ø netto €	◁	◀
25	Planum, Wege/Fahrstraßen, verdichten	m²	0,6 / 0,5	1,3 / 1,1	**1,5** / **1,2**	1,8 / 1,5	2,9 / 2,5
26	Lastplattendruckversuch, Baugrube	St	161 / 135	219 / 184	**241** / **203**	268 / 225	340 / 285
27	Trennlage, Bodenplatte, Folie	m²	1 / 1	2 / 1	**2** / **2**	2 / 2	3 / 2
28	Rohrgräben/Fundamente verfüllen, Lagermaterial	m³	14 / 12	32 / 27	**36** / **30**	42 / 35	54 / 45
29	Rohrgräben/Fundamente verfüllen, Liefermaterial	m³	28 / 24	36 / 30	**39** / **33**	48 / 40	59 / 49
30	Arbeitsräume verfüllen, verdichten, Liefermaterial	m³	30 / 25	40 / 34	**44** / **37**	49 / 41	58 / 49
31	Aushub lagernd, entsorgen	m³	19 / 16	25 / 21	**28** / **23**	34 / 29	43 / 36
32	Baugrube sichern, Folienabdeckung	m²	2 / 1	2 / 2	**3** / **2**	3 / 3	4 / 4
33	Kabelschutzrohr	m	3 / 2	4 / 3	**5** / **4**	6 / 5	8 / 7
34	Zugdraht für Kabelschutzrohr	m	0,3 / 0,3	0,8 / 0,7	**1,0** / **0,8**	1,0 / 0,9	1,4 / 1,2
35	Warnband, Leitungsgräben	m	0,7 / 0,6	1,0 / 0,9	**1,1** / **1,0**	1,3 / 1,1	1,7 / 1,4
36	Stundensatz Facharbeiter, Erdbau	h	49 / 41	56 / 47	**56** / **47**	59 / 50	65 / 55
37	Stundensatz Helfer, Erdbau	h	42 / 35	47 / 39	**49** / **41**	51 / 43	55 / 46

Nr.	Kurztext / Langtext				[Einheit]	Ausf.-Dauer	Kostengruppe / Positionsnummer
▶	▷ ø netto € ◁ ◀						

1 Baugelände freimachen — KG **214**

Freimachen des Baufeldes und sonstiger benötigter Flächen von Gestrüpp, Sträuchern und Bäumen bis 15cm mittleren Durchmessers, sowie Abbruch von Fundamenten und Betonresten bis 1,00m³, inkl. Abfuhr und vorschriftsmäßiger Entsorgung des anfallenden Materials auf Deponie nach Wahl des Auftragnehmers.

6€   8€   **9**€   9€   11€   [m²]   ⏱ 0,10 h/m²   302.000.003

2 Büsche, Kleingehölze roden — KG **214**

Büsche und Kleingehölze roden, Holzteile häckseln und innerhalb des Baugeländes verteilen. Abrechnung nach m² bewachsener Fläche.
Bewuchs: Büsche und kleinwüchsige Bäume
Abmessung: Breite bis 1,00 m, Höhe bis ca. 1,50 m
Standort Pflanzen: direkte Zufahrt, ungehindertes Fällen möglich
Gelände: **eben / leicht geneigt / steil**

5€   7€   **7**€   8€   10€   [m²]   ⏱ 0,08 h/m²   302.001.083

LB 302 Erdarbeiten

Kosten:
Stand 2.Quartal 2018
Bundesdurchschnitt

	Nr.	Kurztext / Langtext				[Einheit]	Ausf.-Dauer	Kostengruppe Positionsnummer
▶	▷	ø netto €	◁	◀				

3 — Wurzelstock roden, bis 50cm — KG 214
Wurzelstöcke gefällter Bäume roden, Material wird Eigentum des Auftragnehmers und ist zu beseitigen.
Stammdurchmesser: bis 50 cm (an Schnittstelle)

| 49€ | 65€ | **70€** | 77€ | 91€ | [St] | ⏱ 1,00 h/St | 302.001.096 |

4 — Oberboden abtragen, lagern, 30cm — KG 311
Oberboden, profilgerecht abtragen, laden, fördern und lagern.
Bodenzuordnung lt.: Aufstellung / Bericht / gemeinsamer Feststellung
Bodengruppen: ..... DIN 18915
Gesamtabtragstiefe: bis 30 cm
Förderweg: bis ..... km
Mengenermittlung nach Aufmaß an der Entnahmestelle.

| 2€ | 3€ | **4€** | 5€ | 7€ | [m²] | ⏱ 0,06 h/m² | 302.000.010 |

5 — Aushub Schlitzgraben/Suchgraben — KG 311
Boden für Suchgraben ausheben, zur Freilegung von Kabeln und Rohrleitungen, einschl. Verbau, Handaushub ist einzukalkulieren, Aushub seitlich lagern, wieder verfüllen und verdichten. Laden und Abfuhr von überschüssigem Boden nach getrennter Position.
Aushubtiefe: bis 1,75 m
Sohlenbreite: bis 0,80 m
Sohlenlänge: bis 4,00 m
Bodeneigenschaften und Kennwerte: .....

| 76€ | 99€ | **111€** | 125€ | 149€ | [m³] | ⏱ 1,20 h/m³ | 302.000.007 |

6 — Aufbruch, Schwarzdecken, entsorgen — KG 212
Bituminös befestigte Flächen inkl. Unterbau aus Kies oder Schotter streifenförmig aufbrechen, anfallenden Schutt laden, abfahren und entsorgen; einschl. Deponiegebühren. Leistung inkl. exakter Schneidearbeiten des Belages.
Belagstärke: bis 15 cm
Streifenbreite: ca. 70-100 cm

| 6€ | 11€ | **13€** | 15€ | 19€ | [m²] | ⏱ 0,20 h/m² | 302.000.008 |

7 — Gehwegplatten ausbauen, lagern — KG 212
Gehwegplatten aus Betonwerkstein im Sandbett aufnehmen, Platten reinigen, laden, fördern und zur Wiederverwendung bauseitig lagern.
Belagdicke: 8 cm
Förderweg: bis 50 m

| 4€ | 6€ | **7€** | 7€ | 12€ | [m²] | ⏱ 0,14 h/m² | 302.001.084 |

8 — Gehwegplatten ausbauen, lagern — KG 212
Gehwegplatten aus Betonwerkstein im Sandbett ausbauen, Platten reinigen, laden, fördern und zur Wiederverwendung bauseitig lagern.
Format: bis 50 x 50 cm
Belagdicke: 8 cm
Förderweg: bis 50 m

| 4€ | 5€ | **6€** | 8€ | 11€ | [m²] | ⏱ 0,17 h/m² | 302.001.112 |

▶ min
▷ von
ø Mittel
◁ bis
◀ max

Nr.	Kurztext / Langtext						Kostengruppe	
▶	▷	ø netto €	◁	◀	[Einheit]	Ausf.-Dauer	Positionsnummer	

9 **Oberboden abtragen, entsorgen, 30cm** KG **214**
Oberboden, profilgerecht lösen, fördern und laden, mit LKW des AN zur Verwertungsanlage abfahren.
Bodenzuordnung lt.: Aufstellung / Bericht / gemeinsamer Feststellung
Bodengruppen: ..... DIN 18196
Gesamtabtragstiefe i.M.: 30 cm
Aushub: nicht schadstoffbelastet
Zuordnung: Z .....
Verwertungsanlage (Bezeichnung/Ort) .....
Förderweg: bis ..... km
Verwertungsgebühren werden vom AN übernommen.
Mengenermittlung nach Aufmaß an der Entnahmestelle.

| 8€ | 13€ | **16**€ | 17€ | 19€ | [m³] | ⏱ 0,20 h/m³ | 302.001.098 |

10 **Baugrubenaushub, bis 3,50m, lagern, GK1** KG **311**
Boden der Baugrube profilgerecht lösen, fördern und auf der Baustelle lagern.
Gesamtbreite: ..... m
Gesamtlänge: ..... m
Gesamtabtragstiefe: bis 3,50 m
Förderweg: ..... m
Baumaßnahmen der Geotechnischen Kategorie 1 DIN 4020.
Homogenbereich: 1
Homogenbereich 1 oben: ..... m
Homogenbereich 1 unten: ..... m
Anzahl der Bodengruppen: ..... St
Bodengruppen DIN 18196: .....
Massenanteile der Steine DIN EN ISO 14688-1: über ..... % bis ..... %
Massenanteile der Blöcke DIN EN ISO 14688-1: über ..... % bis ..... %
Konsistenz DIN EN ISO 14688-1: .....
Lagerungsdichte: .....
Homogenbereiche lt.: .....
Mengenermittlung nach Aufmaß an der Entnahmestelle.

| 8€ | 11€ | **13**€ | 14€ | 18€ | [m³] | ⏱ 0,12 h/m³ | 302.001.099 |

LB 302
Erdarbeiten

	Nr.	Kurztext / Langtext				Kostengruppe
▶ ▷		ø netto € ◁ ◀			[Einheit]	Ausf.-Dauer Positionsnummer

11 Baugrubenaushub, bis 3,50m, entsorgen, GK1 KG **311**

Boden der Baugrube profilgerecht lösen, fördern und laden, mit LKW des AN zur Verwertungsanlage abfahren.
Gesamtbreite: ..... m
Gesamtlänge: ..... m
Gesamtabtragstiefe: bis 3,50 m
Förderweg: ..... m
Baumaßnahmen der Geotechnischen Kategorie 1 DIN 4020.
Homogenbereich: 1
Homogenbereich 1 oben: ..... m
Homogenbereich 1 unten: ..... m
Anzahl der Bodengruppen: ..... St
Bodengruppen DIN 18196: .....
Massenanteile der Steine DIN EN ISO 14688-1: über ..... % bis ..... %
Massenanteile der Blöcke DIN EN ISO 14688-1: über ..... % bis ..... %
Konsistenz DIN EN ISO 14688-1: .....
Lagerungsdichte: .....
Homogenbereiche lt.: .....
Abrechnung: **nach Verdrängung / auf Nachweisrapport / Wiegescheine der Deponie**

24 €   29 €   **35** €   42 €   48 €   [m³]   ⏱ 0,14 h/m³   302.001.100

12 Baugrubenaushub, Fels, bis 3,50m, lagern, GK1 KG **311**

Felsigen Boden der Baugrube lockern, profilgerecht lösen und seitlich lagern. Abrechnung nach dem gelösten Boden, auch außerhalb des Profils.
Aushubtiefe: bis 3,50 m
Gesamtbreite: ..... m
Gesamtlänge: ..... m
Förderweg: ..... m
Mengenermittlung nach Aufmaß an der Entnahmestelle.
Baumaßnahmen der Geotechnischen Kategorie 1 DIN 4020.
Homogenbereich: 1
Homogenbereich 1 oben: ..... m
Homogenbereich 1 unten: ..... m
Anzahl Gesteinsarten: .....
Gesteinsarten: .....
Veränderlichkeit DIN EN ISO 14689-1: .....
Geologische Struktur DIN EN ISO 14689-1: .....
Abstand Trennflächen DIN EN ISO 14689-1: .....
Trennflächen, Gesteinskörperform: .....
Fallrichtung Trennflächen: .....°
Fallwinkel Trennflächen: .....°
Homogenbereiche lt.: .....
Mengenermittlung nach Aufmaß an der Entnahmestelle.

17 €   37 €   **39** €   46 €   58 €   [m³]   ⏱ 0,45 h/m³   302.001.101

Kosten:
Stand 2.Quartal 2018
Bundesdurchschnitt

▶ min
▷ von
ø Mittel
◁ bis
◀ max

Nr.	Kurztext / Langtext						Kostengruppe	
▶	▷	ø netto €	◁	◀	[Einheit]	Ausf.-Dauer	Positionsnummer	

13 Fundamentaushub, bis 1,75m, entsorgen, GK1 KG **322**

Boden Einzelfundament / Streifenfundament, lösen, fördern, laden und mit LKW des AN zur Verwertungsanlage abfahren.
Gesamtbreite: ..... m
Gesamtlänge: ..... m
Gesamtabtragstiefe: bis 1,75 m
Förderweg: ..... m
Baumaßnahmen der Geotechnischen Kategorie 1 DIN 4020.
Homogenbereich: 1
Homogenbereich 1 oben: ..... m
Homogenbereich 1 unten: ..... m
Anzahl der Bodengruppen: ..... St
Bodengruppen DIN 18196: .....
Massenanteile der Steine DIN EN ISO 14688-1: über ..... % bis ..... %
Massenanteile der Blöcke DIN EN ISO 14688-1: über ..... % bis ..... %
Konsistenz DIN EN ISO 14688-1: .....
Lagerungsdichte: .....
Homogenbereiche lt.: .....
Abrechnung: **nach Verdrängung / auf Nachweisrapport / Wiegescheine der Deponie**

| 27€ | 32€ | **34€** | 37€ | 46€ | [m³] | ⏱ 0,42 h/m³ | 302.001.103 |

14 Fundamentaushub, bis 1,75m, lagern, GK1 KG **322**

Aushub Einzel- und Streifenfundament, Boden maschinell lösen, laden, fördern und auf Baustelle lagern, für Wiedereinbau; Fundamentsohle durch Handschachtung planieren.
Gesamtbreite: ..... m
Gesamtlänge: ..... m
Gesamtabtragstiefe: bis 1,75 m
Förderweg: ..... m
Baumaßnahmen der Geotechnischen Kategorie 1 DIN 4020.
Homogenbereich: 1
Homogenbereich 1 oben: ..... m
Homogenbereich 1 unten: ..... m
Anzahl der Bodengruppen: ..... St
Bodengruppen DIN 18196: .....
Massenanteile der Steine DIN EN ISO 14688-1: über ..... % bis ..... %
Massenanteile der Blöcke DIN EN ISO 14688-1: über ..... % bis ..... %
Konsistenz DIN EN ISO 14688-1: .....
Lagerungsdichte: .....
Homogenbereiche lt.: .....
Mengenermittlung nach Aufmaß an der Entnahmestelle.

| 20€ | 23€ | **24€** | 32€ | 34€ | [m³] | ⏱ 0,44 h/m³ | 302.001.102 |

**LB 302
Erdarbeiten**

Nr.	Kurztext / Langtext						Kostengruppe
▶	▷	ø netto €	◁	◀	[Einheit]	Ausf.-Dauer	Positionsnummer

Kosten:
Stand 2.Quartal 2018
Bundesdurchschnitt

15 Einzelfundamentaushub, bis 1,75m, lagern, GK1 KG **322**

Aushub Einzelfundament, Boden maschinell lösen, laden, fördern und auf Baustelle lagern, für Wiedereinbau; Fundamentsohle durch Handschachtung planieren.
Gesamtbreite: ..... m
Gesamtlänge: ..... m
Gesamtabtragstiefe: bis 1,75 m
Förderweg: ..... m
Baumaßnahmen der Geotechnischen Kategorie 1 DIN 4020.
Homogenbereich: 1
Homogenbereich 1 oben: ..... m
Homogenbereich 1 unten: ..... m
Anzahl der Bodengruppen: ..... St
Bodengruppen DIN 18196: .....
Massenanteile der Steine DIN EN ISO 14688-1: über ..... % bis ..... %
Massenanteile der Blöcke DIN EN ISO 14688-1: über ..... % bis ..... %
Konsistenz DIN EN ISO 14688-1: .....
Lagerungsdichte: .....
Homogenbereiche lt.: .....
Mengenermittlung nach Aufmaß an der Entnahmestelle.

21€   27€   **29**€   35€   38€   [m³]   ⏱ 0,37 h/m³   302.001.104

16 Streifenfundamentaushub, bis 1,25m, lagern, GK1 KG **322**

Aushub Streifenfundament, Boden maschinell lösen, laden, fördern und auf Baustelle lagern, für Wiedereinbau; Fundamentsohle durch Handschachtung planieren.
Gesamtbreite: ..... m
Gesamtlänge: ..... m
Gesamtabtragstiefe: bis 1,25 m
Förderweg: ..... m
Baumaßnahmen der Geotechnischen Kategorie 1 DIN 4020.
Homogenbereich: 1
Homogenbereich 1 oben: ..... m
Homogenbereich 1 unten: ..... m
Anzahl der Bodengruppen: ..... St
Bodengruppen DIN 18196: .....
Massenanteile der Steine DIN EN ISO 14688-1: über ..... % bis ..... %
Massenanteile der Blöcke DIN EN ISO 14688-1: über ..... % bis ..... %
Konsistenz DIN EN ISO 14688-1: .....
Lagerungsdichte: .....
Homogenbereiche lt.: .....
Mengenermittlung nach Aufmaß an der Entnahmestelle.

17€   22€   **28**€   28€   34€   [m³]   ⏱ 0,35 h/m³   302.001.106

▶ min
▷ von
ø Mittel
◁ bis
◀ max

Nr.	Kurztext / Langtext							Kostengruppe	
▶	▷	ø netto €	◁	◀		[Einheit]	Ausf.-Dauer	Positionsnummer	

17 Streifenfundamentaushub, bis 1,25m, entsorgen, GK1 KG **322**
Boden für Streifenfundament, lösen, fördern, laden und mit LKW des AN zur Verwertungsanlage abfahren.
Gesamtbreite: ..... m
Gesamtlänge: ..... m
Gesamtabtragstiefe: bis 1,25 m
Förderweg: ..... m
Baumaßnahmen der Geotechnischen Kategorie 1 DIN 4020.
Homogenbereich: 1
Homogenbereich 1 oben: ..... m
Homogenbereich 1 unten: ..... m
Anzahl der Bodengruppen: ..... St
Bodengruppen DIN 18196: .....
Massenanteile der Steine DIN EN ISO 14688-1: über ..... % bis ..... %
Massenanteile der Blöcke DIN EN ISO 14688-1: über ..... % bis ..... %
Konsistenz DIN EN ISO 14688-1: .....
Lagerungsdichte: .....
Homogenbereiche lt.: .....
Abrechnung: nach Verdrängung / auf Nachweisrapport / Wiegescheine der Deponie
20€   28€   **32**€   35€   41€   [m³]   ⏱ 0,35 h/m³   302.001.107

18 Kabelgraben ausheben, bis 1,25m, entsorgen, GK1 KG **411**
Boden für, Kabelgraben profilgerecht lösen, Aushub ist zu entsorgen.
Gesamtabtragstiefe: bis 1,25 m
Sohlenbreite: bis 50 cm
Förderweg: ..... m
Baumaßnahmen der Geotechnischen Kategorie 1 DIN 4020.
Homogenbereich: 1
Homogenbereich 1 oben: ..... m
Homogenbereich 1 unten: ..... m
Anzahl der Bodengruppen: ..... St
Bodengruppen DIN 18196: .....
Massenanteile der Steine DIN EN ISO 14688-1: über ..... % bis ..... %
Massenanteile der Blöcke DIN EN ISO 14688-1: über ..... % bis ..... %
Konsistenz DIN EN ISO 14688-1: .....
Lagerungsdichte: .....
Homogenbereiche lt.: .....
Abrechnung: nach Verdrängung / auf Nachweisrapport / Wiegescheine der Deponie
19€   23€   **26**€   27€   29€   [m³]   ⏱ 0,32 h/m³   302.001.109

LB 302
Erdarbeiten

	Nr.	Kurztext / Langtext					Kostengruppe
▶	▷	ø netto €	◁	◀	[Einheit]	Ausf.-Dauer	Positionsnummer

19 Kabelgraben ausheben, bis 1,25m, lagern, GK1 KG **411**

Boden für Kabelgraben profilgerecht lösen, Aushub seitlich lagern, Gefälle gemäß Entwässerungsplanung.
Gesamtabtragstiefe: bis 1,25 m
Sohlenbreite: bis 50 cm
Förderweg: ..... m
Baumaßnahmen der Geotechnischen Kategorie 1 DIN 4020.
Homogenbereich: 1
Homogenbereich 1 oben: ..... m
Homogenbereich 1 unten: ..... m
Anzahl der Bodengruppen: ..... St
Bodengruppen DIN 18196: .....
Massenanteile der Steine DIN EN ISO 14688-1: über ..... % bis ..... %
Massenanteile der Blöcke DIN EN ISO 14688-1: über ..... % bis ..... %
Konsistenz DIN EN ISO 14688-1: .....
Lagerungsdichte: .....
Homogenbereiche lt.: .....
Mengenermittlung nach Aufmaß an der Entnahmestelle.

| 15€ | 16€ | **21**€ | 24€ | 27€ | [m³] | ⏱ 0,32 h/m³ | 302.001.108 |

Kosten:
Stand 2.Quartal 2018
Bundesdurchschnitt

20 Fundament-/Grabenaushub, Handaushub, bis 1,25m KG **322**

Handaushub von Gräben/Fundamente, Aushubmaterial seitlich lagern, der Feinabtrag ist gemäß Entwässerungs- / Fundamentplänen auszuführen, einschl. aller Nebenarbeiten.
Baumaßnahmen der Geotechnischen Kategorie 1 DIN 4020.
Homogenbereich: 1
Homogenbereich 1 oben: 0 m
Homogenbereich 1 unten: 1,25 m
Anzahl der Bodengruppen: ..... St
Bodengruppen DIN 18196: .....
Massenanteile der Steine DIN EN ISO 14688-1: über ..... % bis ..... %
Massenanteile der Blöcke DIN EN ISO 14688-1: über ..... % bis ..... %
Konsistenz DIN EN ISO 14688-1: .....
Lagerungsdichte: .....
Gesamtabtragstiefe: bis 1,25 m
Aushubprofil: .....
Aushubbreite: .....
Förderweg: 50 m
Mengenermittlung nach Aufmaß an der Entnahmestelle.

| 51€ | 74€ | **85**€ | 93€ | 110€ | [m³] | ⏱ 1,60 h/m³ | 302.000.017 |

▶ min
▷ von
ø Mittel
◁ bis
◀ max

21 Bodenaustausch, Liefermaterial KG **321**

Austauschen von nicht tragfähigem Boden im Aushubbereich. Aushub und Entsorgung des nicht brauchbaren Bodenmaterials, inkl. Deponiegebühre. Lieferung und Einbau von tragfähigem, gut verdichtbarem Ersatzmaterial, inkl. Verdichtung in Lagen bis 30cm.
Neuboden: z. B. kornabgestufter Kiessand (Bodengruppe GW/GU)
Verdichtung: 103% Proctordichte
Aushubtiefe: .....
Austauschfläche: .....
Geländeprofil: .....

| 27€ | 33€ | **36**€ | 44€ | 57€ | [m³] | ⏱ 0,25 h/m³ | 302.000.022 |

Nr.	Kurztext / Langtext						Kostengruppe	
▶	▷	ø netto €	◁	◀	[Einheit]	Ausf.-Dauer	Positionsnummer	

22 Tragschicht, Kies — KG 326
Tragschicht, kapillarbrechend, unter Bodenplatte oder Fundament, schichtweise einbringen und verdichten.
Material: .....
Schichtdicke i.M: .....
Körnung: .....
Sieblinie: .....
Proctordichte: 103%
Abweichung von Sollhöhe: +/-2 cm

43€	54€	**56€**	70€	94€	[m³]	⏱ 0,30 h/m³	302.001.090

23 Sichern von Leitungen/Kabeln — KG 541
Kabelbündel aus Elektrokabel / Entwässerungsleitung aus Steinzeugrohr / ....., sichern und spannungsfrei unterstützen.
Kabel- / Leitungsdurchmesser: ..... mm
Einzellängen: über 5 bis 10 m
Höhenlage der Kabel- / Leitungsachse unter Gelände: bis 1,25 m

12€	20€	**23€**	26€	33€	[m]	⏱ 0,25 h/m	302.001.097

24 Planum, Baugrube — KG 311
Planum in Baugrube herstellen, Ausführung nach ZTVT-StB 95.
Zulässige Abweichung von Sollhöhe: +/-2 cm

0,4€	0,9€	**1,1€**	1,5€	2,5€	[m²]	⏱ 0,02 h/m²	302.000.021

25 Planum, Wege/Fahrstraßen, verdichten — KG 520
Planum von Verkehrsflächen herstellen, einschl. Verdichten; Planum als einwandfreie Trassierung für den Belagsunterbau in den erforderlichen Gefällen nach Regelschnitten, Abrechnung nach Belagsfläche.
zulässige Abweichung von Sollhöhe: +/-2 cm
Elastizitätsmodul: mind. 45 MN/m²

0,5€	1,1€	**1,2€**	1,5€	2,5€	[m²]	⏱ 0,02 h/m²	302.000.035

26 Lastplattendruckversuch, Baugrube — KG 319
Lastplattendruckversuch zum Nachweis der geforderten Verdichtung des Bodens; Durchführung und Auswertung sowie Gerätestellung erfolgt durch ein neutrales Prüflabor nach Wahl des Auftragnehmers. Abrechnung je Versuch, inkl. aller Geräte, Honorare und Nebenkosten.

135€	184€	**203€**	225€	285€	[St]	⏱ 2,20 h/St	302.000.027

27 Trennlage, Bodenplatte, Folie — KG 329
PE-Folie, in zwei Lagen, Überlappung 25cm, unter Bodenplatte.
Folien-Dicke: je 0,4 mm
Angeb. Fabrikat: .....

1€	1€	**2€**	2€	2€	[m²]	⏱ 0,03 h/m²	302.000.030

LB 302 Erdarbeiten

Nr.	Kurztext / Langtext					[Einheit]	Ausf.-Dauer	Kostengruppe Positionsnummer
▶	▷	ø netto €	◁	◀				

Kosten:
Stand 2.Quartal 2018
Bundesdurchschnitt

▶ min
▷ von
ø Mittel
◁ bis
◀ max

---

28 Rohrgräben/Fundamente verfüllen, Lagermaterial   KG **311**
Verfüllen von Fundamenten und Leitungen, schichtweise, inkl. Verdichten.
Einbaumaterial: gelagerter Boden
Verdichtungsgrad DPr: mind. 97%
Einbauort: .....
Einbauhöhe: ..... m
Förderweg: bis 50 m

| 12 € | 27 € | **30 €** | 35 € | 45 € | [m³] | ⏱ 0,25 h/m³ | 302.000.023 |

29 Rohrgräben/Fundamente verfüllen, Liefermaterial   KG **311**
Verfüllen von Fundamenten und Leitungen, schichtweise, inkl. Verdichten.
Einbaumaterial: Lieferboden
Verdichtungsgrad DPr: mind. 97%
Einbauort: .....
Einbauhöhe: ..... m
Förderweg: bis 50 m

| 24 € | 30 € | **33 €** | 40 € | 49 € | [m³] | ⏱ 0,28 h/m³ | 302.000.026 |

30 Arbeitsräume verfüllen, verdichten, Liefermaterial   KG **311**
Verfüllen von Graben-Arbeitsräumen, mit anzulieferndem Bodenmaterial, schichtweise; einschl. Verdichten.
Verdichtungsgrad DPr: mind. 97%
Einbauhöhe: ..... m
Förderweg: bis 50 m

| 25 € | 34 € | **37 €** | 41 € | 49 € | [m³] | ⏱ 0,30 h/m³ | 302.000.024 |

31 Aushub lagernd, entsorgen   KG **311**
Überschüssigen Aushub, bauseits gelagert, laden, abfahren und entsorgen, auf Deponie nach Wahl des Auftragnehmers, inkl. Deponiegebühren.
Bodengruppen: ..... DIN 18196
Aushub: nicht schadstoffbelastet
Zuordnung: Z 0.
Verwertungsanlage (Bezeichnung/Ort): .....
Verwertungsgebühren werden vom AN übernommen
Abrechnung: **nach Verdrängung / auf Nachweisrapport / Wiegescheine der Deponie**

| 16 € | 21 € | **23 €** | 29 € | 36 € | [m³] | ⏱ 0,05 h/m³ | 302.000.018 |

32 Baugrube sichern, Folienabdeckung   KG **312**
Baugrubenwände (Böschungen) während der Bauzeit mit Planen abdecken, Planen gegen Witterung sichern und bis zum Auffüllen des Arbeitsraums bzw. Abschluss der Verbauarbeiten unterhalten und nach Aufforderung Folie aufnehmen und entsorgen, inkl. Entsorgungsgebühr.

| 1 € | 2 € | **2 €** | 3 € | 4 € | [m²] | ⏱ 0,05 h/m² | 302.000.042 |

Nr.	Kurztext / Langtext				[Einheit]	Ausf.-Dauer	Kostengruppe Positionsnummer
▶	▷	ø netto €	◁	◀			

33 Kabelschutzrohr — KG **444**

Kabelschutzrohr, in Graben, verbunden mit Doppelsteckmuffen.
Werkstoff: PVC
Rohrgröße: DN100
Verlegung in: Erdreich
Ausführung: ....
Muffen: .....
Angeb. Fabrikat: .....

| 2 € | 3 € | **4 €** | 5 € | 7 € | [m] | 0,22 h/m | 302.001.087 |

34 Zugdraht für Kabelschutzrohr — KG **444**

Zugdraht für Kabelschutzrohr.
Kabelschutzrohr: .....

| 0,3 € | 0,7 € | **0,8 €** | 0,9 € | 1,2 € | [m] | 0,02 h/m | 302.001.088 |

35 Warnband, Leitungsgräben — KG **444**

Trassen-Warnband aus Verbundfolie, alterungs- und kältebeständig, farbecht und dauerhaft lesbar, im Zuge der Grabenverfüllung über Leitung verlegen.
Größe: ..... mm
Farbe: .....
Art der Leitung: .....
Angeb. Fabrikat: .....

| 0,6 € | 0,9 € | **1,0 €** | 1,1 € | 1,4 € | [m] | 0,03 h/m | 302.000.051 |

36 Stundensatz Facharbeiter, Erdbau

Stundenlohnarbeiten für Facharbeiter, Spezialfacharbeiter, Vorarbeiter und jeweils Gleichgestellte. Leistung nach besonderer Anordnung der Bauüberwachung. Anmeldung und Nachweis gemäß VOB/B.

| 41 € | 47 € | **47 €** | 50 € | 55 € | [h] | 1,00 h/h | 302.001.110 |

37 Stundensatz Helfer, Erdbau

Stundenlohnarbeiten für Werker, Fachwerker und jeweils Gleichgestellte. Leistung nach besonderer Anordnung der Bauüberwachung. Anmeldung und Nachweis gemäß VOB/B.

| 35 € | 39 € | **41 €** | 43 € | 46 € | [h] | 1,00 h/h | 302.001.111 |

LB 308 Wasserhaltungsarbeiten

Kosten: Stand 2.Quartal 2018, Bundesdurchschnitt

Wasserhaltungsarbeiten — Preise €

Nr.	Positionen	Einheit	▶ min	▷ von	ø brutto € / ø netto €	◁ bis	◀ max
1	Pumpensumpf, Betonfertigteil	St	376 / 316	802 / 674	**1.058** / **889**	1.426 / 1.198	2.262 / 1.901
2	Tauchpumpe, Fördermenge bis 10m³/h	St	147 / 123	270 / 227	**357** / **300**	483 / 405	664 / 558
3	Saugpumpe, Fördermenge bis 20m³/h	St	161 / 136	384 / 323	**492** / **414**	646 / 543	836 / 702
4	Betrieb, Pumpe bis 10m³/h	h	2 / 1	6 / 5	**8** / **7**	10 / 9	14 / 12
5	Betrieb, Pumpe über 10m³/h	h	0,7 / 0,6	4,4 / 3,7	**6,4** / **5,4**	8,3 / 7,0	12 / 9,8
6	Brunnenschacht, Grundwasserabsenkung	St	1.136 / 954	1.729 / 1.453	**2.068** / **1.738**	2.588 / 2.175	3.603 / 3.028
7	Druckrohrleitung, DN100	m	13 / 11	36 / 31	**50** / **42**	69 / 58	97 / 81
8	Saugleitungen, DN100	m	1 / 1	9 / 8	**12** / **10**	16 / 13	23 / 19
9	Stromerzeuger, 10-20KW	St	1.368 / 1.149	1.791 / 1.505	**2.178** / **1.830**	2.443 / 2.053	3.210 / 2.698
10	Absetzbecken, Wasserhaltung	St	1.203 / 1.011	1.461 / 1.228	**1.911** / **1.606**	2.267 / 1.905	2.626 / 2.207
11	Messeinrichtung, Wassermenge	St	168 / 141	333 / 280	**457** / **384**	719 / 604	1.111 / 934
12	Wasserhaltung, Betrieb 10-20l/s	h	6 / 5	13 / 11	**15** / **13**	23 / 20	31 / 26
13	Stundensatz Facharbeiter, Wasserhaltung	h	42 / 35	46 / 39	**49** / **42**	51 / 43	56 / 47

Nr.	Kurztext / Langtext					Kostengruppe
▶	▷	ø netto €	◁	◀	[Einheit]	Ausf.-Dauer Positionsnummer

1 Pumpensumpf, Betonfertigteil   KG 313

Pumpensumpf aus Betonfertigteilringen herstellen, während der gesamten Bauzeit vorhalten und wieder entfernen, inkl. erforderlichem Aushub, seitlicher Lagerung und Wiederverfüllung.
Lage: innerhalb der Baugrube
Tiefe: bis 3,00 m
Lichter Sohlenquerschnitt: bis 1,00 m²
Boden: Homogenbereich ....., mit einer Bodengruppe, Bodengruppe: ..... DIN 18196
– Steinanteil: bis ..... % Massenanteil DIN EN ISO 14688-1
– Konsistenz DIN EN ISO 14688-1: .....
– Lagerungsdichte: .....
Aushubprofil: .....

316 €   674 €   **889** €   1.198 €   1.901 €   [St]   ⏱ 2,40 h/St   308.000.015

© BKI Baukosteninformationszentrum; Erläuterungen zu den Tabellen siehe Seite 22
Mustertexte geprüft: Bauwirtschaft Baden-Württemberg e.V.

Kostenstand: 2.Quartal 2018, Bundesdurchschnitt

Nr.	Kurztext / Langtext							Kostengruppe
▶	▷	ø netto €	◁	◀	[Einheit]	Ausf.-Dauer	Positionsnummer

2 Tauchpumpe, Fördermenge bis 10m³/h KG **313**
Tauchpumpe in Pumpensumpf und Schwimmer einbauen, an Entwässerungsschläuche anschließen, vorhalten, betreiben und entfernen.
Fördermenge: 10m³/h
Förderhöhe: bis 5,00 m
Vorhaltedauer: ..... Wochen

| 123€ | 227€ | **300**€ | 405€ | 558€ | [St] | ⏱ 2,00 h/St | 308.000.016 |

3 Saugpumpe, Fördermenge bis 20m³/h KG **313**
Saugpumpe, an Saugleitung und Druckleitungsschläuche anschließen, vorhalten und wieder entfernen.
Fördermenge: bis 20 m³/h
Förderhöhe: bis 5,00 m
Vorhaltedauer: ..... Wochen

| 136€ | 323€ | **414**€ | 543€ | 702€ | [St] | ⏱ 2,00 h/St | 308.000.018 |

4 Betrieb, Pumpe bis 10m³/h KG **313**
Tauchpumpe betreiben, elektrischer Antrieb.
Förderhöhe: bis
Förderhöhe: bis 5,00 m
Fördermenge: bis 10 m³/h

| 1€ | 5€ | **7**€ | 9€ | 12€ | [h] | ⏱ 1,00 h/h | 308.000.017 |

5 Betrieb, Pumpe über 10m³/h KG **313**
Tauchpumpe betreiben, elektrischer Antrieb.
Förderhöhe: bis
Förderhöhe: bis 5,00 m
Fördermenge: bis 20 m³/h

| 0,6€ | 3,7€ | **5,4**€ | 7,0€ | 9,8€ | [h] | ⏱ 1,00 h/h | 308.000.019 |

6 Brunnenschacht, Grundwasserabsenkung KG **313**
Absenkung des Grundwasserspiegels, mittels Bohrungen samt Brunneneinbauten:
– Abteufen der verrohrten Brunnenbohrung, einschl. Ziehen der Bohrrohre, das Bohrgut ist abzutransportieren
– anfallendes Bohrwasser ableiten und klären; Klarspülen der verrohrten Bohrlöcher
– Filterrohre mit Schlitzbrückenlochung und stufenloser Verbindung
– Filterkiespackung als Ummantelung und Sohlschichtung entsprechend dem vorhandenen Boden
– inkl. Grundvorhaltung; weitere Vorhaltung nach getrennter Position
– nach Vorhaltung gesamte Anlage wieder abbauen, inkl. Verfüllen der Bohrlöcher
Bodenart: Sand
Bohrlochlänge: 3,00 m
Bohrlochdurchmesser: 600 mm
Grundvorhaltedauer: ..... Wochen
Geländeprofil: .....

| 954€ | 1.453€ | **1.738**€ | 2.175€ | 3.028€ | [St] | ⏱ 12,00 h/St | 308.000.020 |

LB 308 Wasserhaltungsarbeiten

Kosten:
Stand 2.Quartal 2018
Bundesdurchschnitt

▶ min
▷ von
ø Mittel
◁ bis
◀ max

Nr.	Kurztext / Langtext					[Einheit]	Ausf.-Dauer	Kostengruppe Positionsnummer
▶	▷	ø netto €	◁	◀				

7 Druckrohrleitung, DN100 KG **311**
Druckrohrleitung betriebsfertig herstellen, vorhalten und wieder entfernen, inkl. aller notwendigen Formstücke, Anschlüsse und Armaturen.
Vorhaltedauer: ..... Wochen
Nenngröße: DN100

| 11 € | 31 € | **42 €** | 58 € | 81 € | [m] | ⏱ 0,35 h/m | 308.000.021 |

8 Saugleitungen, DN100 KG **313**
Saugschläuche betriebsfertig herstellen, vorhalten und wieder entfernen, inkl. aller notwendigen Formstücke, Anschlüsse und Armaturen.
Vorhaltedauer: ..... Wochen
Nenngröße: DN100

| 1 € | 8 € | **10 €** | 13 € | 19 € | [m] | ⏱ 0,12 h/m | 308.000.022 |

9 Stromerzeuger, 10-20KW KG **313**
Stromaggregat für Betrieb von Wasserpumpen, aufstellen, betreiben und wieder abbauen, inkl. Betriebsstoffe und Aufsichtspersonal, Betrieb nach gesonderter Abrechnung.
Leistung: 10-20 / ..... kVA

| 1.149 € | 1.505 € | **1.830 €** | 2.053 € | 2.698 € | [St] | ⏱ 15,00 h/St | 308.000.023 |

10 Absetzbecken, Wasserhaltung KG **313**
Absetzbecken für Reinigung von abgepumptem Grund- und Tagwassers, aufbauen und wieder abbauen; inkl. Messeinrichtung und Feststellen des geförderten Wassers.
Durchflussmenge: ..... l/sec

| 1.011 € | 1.228 € | **1.606 €** | 1.905 € | 2.207 € | [St] | ⏱ 12,00 h/St | 308.000.024 |

11 Messeinrichtung, Wassermenge KG **313**
Messeinrichtung liefern und an die Abflussöffnung montieren, vor Einleitung ins öffentliche Entwässerungsnetz. Leistung inkl. wöchentlicher Protokollierung des abgepumpten Wassers.
Vorhaltedauer: ..... Wochen

| 141 € | 280 € | **384 €** | 604 € | 934 € | [St] | – | 308.000.025 |

12 Wasserhaltung, Betrieb 10-20l/s KG **313**
Wasserhaltung mit Pumpe, inkl. Betriebs- und Energiekosten.
Durchflussmenge: 10-20 l/s

| 5 € | 11 € | **13 €** | 20 € | 26 € | [h] | ⏱ 1,00 h/h | 308.000.026 |

13 Stundensatz Facharbeiter, Wasserhaltung
Stundenlohnarbeiten für Facharbeiter, Spezialfacharbeiter, Vorarbeiter und jeweils Gleichgestellte.
Leistung nach besonderer Anordnung der Bauüberwachung. Anmeldung und Nachweis gemäß VOB/B.

| 35 € | 39 € | **42 €** | 43 € | 47 € | [h] | ⏱ 1,00 h/h | 308.000.027 |

| 300 |
| 301 |
| 302 |
| **308** |
| 309 |
| 310 |
| 312 |
| 313 |
| 314 |
| 316 |
| 318 |
| 320 |
| 321 |
| 322 |

LB 309 Entwässerungskanalarbeiten

Kosten:
Stand 2.Quartal 2018
Bundesdurchschnitt

▶ min
▷ von
ø Mittel
◁ bis
◀ max

Entwässerungskanalarbeiten

Preise €

Nr.	Positionen	Einheit	▶	▷ ø brutto € / ø netto €		◁	◀
1	Aushub, Suchgraben	m	26 / 22	33 / 28	**36** / **30**	41 / 35	50 / 42
2	Asphalt schneiden	m	9 / 7	10 / 9	**11** / **9**	12 / 10	13 / 11
3	Aufbruch, Gehwegfläche	m²	13 / 11	20 / 17	**21** / **18**	25 / 21	32 / 27
4	Aushub, Rohrgraben, lösen, wiederverfüllen	m³	18 / 15	25 / 21	**28** / **24**	31 / 26	35 / 30
5	Abwasserleitung abbrechen, bis DN100	m	3 / 3	5 / 4	**5** / **4**	7 / 6	10 / 9
6	Abwasserleitung abbrechen, bis DN150	m	6 / 5	9 / 8	**11** / **9**	12 / 10	15 / 13
7	Gussrohrleitung abbrechen, bis DN100	m	5 / 4	10 / 9	**14** / **11**	21 / 18	32 / 26
8	Verbau, Rohrgräben	m²	4 / 3	9 / 7	**11** / **9**	13 / 11	18 / 15
9	Handaushub, Rohrgraben	m³	46 / 38	53 / 45	**54** / **46**	59 / 49	74 / 62
10	Boden entsorgen	m³	20 / 17	35 / 29	**39** / **33**	50 / 42	67 / 56
11	Rohrgrabenaushub, GK1, bis 1,00m, lagern	m³	23 / 19	31 / 26	**36** / **30**	39 / 32	45 / 38
12	Rohrbettung, Sand 0/8mm	m³	28 / 24	38 / 32	**41** / **35**	48 / 41	66 / 55
13	Rohrumfüllung, Kies 0/32mm	m³	30 / 25	41 / 34	**46** / **39**	56 / 47	72 / 61
14	Grabenverfüllung, Liefermaterial	m³	36 / 30	45 / 37	**48** / **40**	50 / 42	57 / 48
15	Anschluss, Abwasser, Kanalnetz	St	193 / 162	277 / 233	**315** / **265**	393 / 331	560 / 471
16	Abwasserleitung, Steinzeugrohre, DN100	m	31 / 26	38 / 32	**40** / **34**	46 / 39	58 / 49
17	Abwasserleitung, Steinzeugrohre, DN150	m	37 / 31	45 / 38	**50** / **42**	55 / 46	63 / 53
18	Abwasserleitung, Steinzeugrohre, DN200	m	42 / 35	54 / 45	**63** / **53**	65 / 55	71 / 60
19	Formstück, Steinzeugrohr, DN100, Bogen	St	24 / 20	26 / 22	**28** / **23**	31 / 26	35 / 30
20	Formstück, Steinzeugrohr, DN150, Bogen	St	31 / 26	38 / 32	**40** / **34**	51 / 42	69 / 58
21	Formstück, Steinzeugrohr, DN200, Bogen	St	66 / 55	80 / 67	**81** / **68**	86 / 72	98 / 82
22	Formstück, Steinzeugrohr, DN100, Abzweige	St	27 / 23	39 / 33	**44** / **37**	48 / 40	57 / 48
23	Formstück, Steinzeugrohr, DN150, Abzweige	St	28 / 24	48 / 40	**57** / **48**	65 / 55	86 / 73
24	Formstück, Steinzeugrohr, DN200, Abzweige	St	69 / 58	77 / 65	**79** / **67**	87 / 73	97 / 81

© **BKI** Baukosteninformationszentrum; Erläuterungen zu den Tabellen siehe Seite 22
Mustertexte geprüft: Bauwirtschaft Baden-Württemberg e.V.

Kostenstand: 2.Quartal 2018, Bundesdurchschnitt

Entwässerungskanalarbeiten — Preise €

Nr.	Positionen	Einheit	▶	▷ ø brutto € ø netto €	◁	◀
25	Übergangsstück, Steinzeug, bis 125/150	St	22 19	32 27	**37** **31**	44 37	55 46
26	Übergangsstück, Steinzeug, DN150/200	St	40 34	59 50	**62** **53**	69 58	81 68
27	Abwasserleitung, Steinzeug, DN100, inkl. Bettung	m	33 28	40 33	**44** **37**	49 41	58 49
28	Abwasserleitung, Steinzeug, DN150/200, inkl. Bettung	m	50 42	59 50	**60** **50**	60 51	69 58
29	Abwasserleitung, PVC-U, DN100/125, inkl. Bettung	m	17 14	24 20	**26** **21**	29 25	41 35
30	Abwasserkanal, PVC-U, DN150/200, inkl. Bettung	m	23 19	33 28	**38** **32**	53 44	83 70
31	Abwasserleitung, PVC-U, DN100	m	12 10	18 15	**20** **17**	22 19	28 24
32	Abwasserleitung, PVC-U, DN125	m	13 11	21 18	**23** **19**	28 24	38 32
33	Abwasserleitung, PVC-U, DN150	m	17 14	24 20	**27** **23**	33 28	48 40
34	Abwasserleitung, PVC-U, DN200	m	19 16	32 27	**38** **32**	47 40	69 58
35	Formstück, PVC-U, DN100	St	5 4	11 9	**13** **11**	17 15	27 23
36	Formstück, PVC-U, DN150	St	8 7	16 13	**19** **16**	26 22	42 35
37	Formstück, PVC-U, DN100, Bogen	St	7,4 6,2	12 9,9	**13** **11**	16 13	21 17
38	Formstück, PVC-U, DN125, Bogen	St	8,8 7,4	13 11	**14** **12**	18 15	25 21
39	Formstück, PVC-U, DN150, Bogen	St	9,5 8,0	14 11	**15** **13**	20 17	31 26
40	Formstück, PVC-U, DN200, Bogen	m	12 9,7	21 18	**25** **21**	29 25	41 34
41	Übergang, PVC-U auf Steinzeug/Beton	St	24 21	36 30	**42** **35**	53 44	73 62
42	Übergang, PE/PVC/Steinzeug auf Guss	St	20 17	30 25	**35** **29**	42 35	52 44
43	Abwasserleitung, SML-Rohre, DN100	m	32 27	45 38	**49** **41**	61 52	87 73
44	Abwasserleitung, SML-Rohre, DN125	m	34 28	60 51	**61** **51**	70 59	90 76
45	Abwasserleitung, SML-Rohre, DN150	m	41 35	60 51	**75** **63**	78 66	94 79
46	Formstück, SML, Bogen	St	15 12	23 19	**25** **21**	35 29	51 43
47	Formstück, SML, Abzweig	St	20 17	26 21	**28** **24**	32 27	39 33

LB 309 Entwässerungskanalarbeiten

Entwässerungskanalarbeiten — Preise €

Kosten: Stand 2. Quartal 2018, Bundesdurchschnitt

Legende:
- ▶ min
- ▷ von
- ø Mittel
- ◁ bis
- ◀ max

Nr.	Positionen	Einheit	▶	▷	ø brutto € / ø netto €	◁	◀
48	Abwasserleitung, PP-Rohre, DN100/DN125	m	15 / 13	19 / 16	**21** / **18**	23 / 19	26 / 22
49	Abwasserleitung, HD-PE-Rohre, DN125/DN150	m	16 / 13	20 / 17	**21** / **18**	26 / 21	32 / 27
50	Abwasserleitung, HD-PE-Rohre, DN150/DN200	m	17 / 14	23 / 19	**27** / **22**	31 / 26	37 / 31
51	Dichtheitsprüfung, Grundleitung	m	3 / 2	7 / 6	**9** / **7**	16 / 13	27 / 23
52	Straßenablauf, Polymerbeton	St	233 / 196	295 / 248	**324** / **272**	377 / 317	448 / 377
53	Rohrdurchführung, Faserzementrohr	St	192 / 161	376 / 316	**433** / **364**	497 / 418	748 / 628
54	Dichtsatz, Rohrdurchführung	St	181 / 152	286 / 240	**354** / **297**	383 / 322	642 / 539
55	Bodenablauf, Gusseisen	St	160 / 134	234 / 196	**272** / **229**	325 / 273	429 / 360
56	Reinigungsrohr, Putzstück, DN100	St	88 / 74	102 / 86	**109** / **92**	128 / 107	154 / 130
57	Absperreinrichtung, Kanal, Gusseisen	St	296 / 248	395 / 332	**423** / **356**	549 / 462	730 / 613
58	Rückstaudoppelverschluss, bis DN125, PVC-U	St	160 / 135	280 / 235	**338** / **284**	371 / 312	529 / 444
59	Rückstaudoppelverschluss, DN150, PVC	St	201 / 169	296 / 249	**349** / **293**	402 / 337	527 / 443
60	Erdaushub, Schacht, 2,50m	m³	29 / 25	45 / 38	**49** / **42**	60 / 51	82 / 69
61	Schachtsohle, Kontrollschacht, Beton	St	346 / 290	467 / 393	**542** / **455**	626 / 526	780 / 656
62	Schachtringe, Kontrollschacht, 25cm	St	101 / 85	120 / 101	**127** / **107**	144 / 121	184 / 155
63	Schachtringe, Kontrollschacht, 50cm	St	118 / 99	164 / 137	**179** / **151**	198 / 166	242 / 204
64	Konus, Kontrollschacht	St	107 / 90	152 / 128	**164** / **138**	198 / 166	271 / 228
65	Anschluss, Schacht, Steinzeug-/PVC-Kanal	St	125 / 105	224 / 188	**247** / **207**	285 / 239	510 / 429
66	Schachtdeckel	St	126 / 106	197 / 166	**228** / **191**	310 / 260	487 / 409
67	Schachtdeckel, Klasse C250	St	179 / 151	214 / 179	**233** / **196**	264 / 222	304 / 256
68	Schachtdeckel, Klasse D400	St	208 / 175	290 / 244	**330** / **277**	376 / 316	448 / 376
69	Schachtabdeckung anpassen	St	75 / 63	142 / 120	**177** / **148**	214 / 180	344 / 289
70	Kontrollschacht komplett, 3,00m	St	762 / 640	1.142 / 959	**1.303** / **1.095**	1.577 / 1.325	2.157 / 1.813
71	Entwässerungsrinne, Beton, DN100	m	125 / 105	161 / 135	**172** / **144**	196 / 165	249 / 210

© BKI Baukosteninformationszentrum; Erläuterungen zu den Tabellen siehe Seite 22
Mustertexte geprüft: Bauwirtschaft Baden-Württemberg e.V.

Entwässerungskanalarbeiten — Preise €

Nr.	Positionen	Einheit	▶	▷	ø brutto € ø netto €	◁	◀
72	Entwässerungsrinne, Klasse A15/B125, Beton, DN100	m	102	132	**144**	166	208
			86	111	**121**	140	175
73	Entwässerungsrinne, Klasse C250, Beton	m	116	154	**172**	198	240
			97	129	**144**	167	202
74	Entwässerungsrinne, Klasse D400, Beton	m	141	192	**219**	276	469
			119	161	**184**	232	394
75	Entwässerungsrinne, Abdeckung Guss, D400	m	71	87	**91**	104	122
			59	73	**77**	87	102
76	Kanalreinigung, Hochdruckspülgerät	m	3	7	**7**	12	19
			3	6	**6**	10	16
77	Kanalprüfung, Kamera	m	3	5	**6**	7	9
			2	4	**5**	6	7
78	Stundensatz Facharbeiter, Kanalarbeiten	h	53	56	**58**	59	65
			45	47	**48**	50	54
79	Stundensatz Helfer, Kanalarbeiten	h	39	45	**49**	50	55
			33	38	**41**	42	46

Nr.	Kurztext / Langtext					Kostengruppe	
▶	▷	ø netto €	◁	◀	[Einheit]	Ausf.-Dauer	Positionsnummer

1 Aushub, Suchgraben — KG **541**
Boden für Suchgraben ausheben, zur Freilegung von Kabeln und Rohrleitungen, einschl. Verbau, Handaushub ist einzukalkulieren; Aushub seitlich lagern, wieder verfüllen und verdichten. Laden und Abfuhr von überschüssigem Boden nach getrennter Position.
Aushubtiefe: bis 1,75 m
Sohlenbreite: bis 0,80 m
Sohlenlänge: bis 4,00 m
Boden: Homogenbereich 1, mit einer Bodengruppe, Bodengruppe: ..... DIN 18196
 – Steinanteil: bis ..... % Massenanteil DIN EN ISO 14688-1
 – Konsistenz DIN EN ISO 14688-1: .....
 – Lagerungsdichte: .....

| 22€ | 28€ | **30€** | 35€ | 42€ | [m] | ⏱ 0,80 h/m | 309.001.086 |

2 Asphalt schneiden — KG **221**
Befestigte Asphalt-Flächen streifenförmig schneiden.
Belagstärke: ca. 150 mm

| 7€ | 9€ | **9€** | 10€ | 11€ | [m] | ⏱ 0,16 h/m | 309.000.002 |

3 Aufbruch, Gehwegfläche — KG **221**
Bituminös befestigte Flächen streifenförmig aufbrechen, inkl. Unterbau aus Kies/Schotter, anfallendes Material laden, abfahren und entsorgen, einschl. exakter Schneidearbeiten des Belages. Inkl. Deponiegebühren.
Belagstärke: bis 15 cm
Streifenbreite: ca. 70-100 cm

| 11€ | 17€ | **18€** | 21€ | 27€ | [m²] | ⏱ 0,40 h/m² | 309.000.003 |

LB 309 Entwässerungskanalarbeiten

Nr.	Kurztext / Langtext					Kostengruppe
▶	▷ ø netto € ◁ ◀				[Einheit]	Ausf.-Dauer Positionsnummer

4 Aushub, Rohrgraben, lösen, wiederverfüllen — KG 541

Boden für Rohrgräben, Entwässerunskanäle DIN EN 1610 profilgerecht lösen, laden, fördern und lagern, seitlich gelagerten Aushub nach Verlegen der Rohrleitung wieder aufnehmen und lagenweise verfüllen, inkl. verdichten.
Aushubtiefe / Einbauhöhe: bis 1,00 m
Boden: Homogenbereich 1, mit einer Bodengruppe, Bodengruppe: ..... DIN 18196
– Steinanteil: bis .... % Massenanteil DIN EN ISO 14688-1
– Konsistenz DIN EN ISO 14688-1: .....
– Lagerungsdichte: .....
Aushubprofil: .....
Sohlenbreite: .....
Verfüllen Verdichtungsgrad: .....
Förderweg: bis 50 m

▶	▷	ø	◁	◀	[Einheit]	Ausf.-Dauer	Pos.
15€	21€	**24€**	26€	30€	[m³]	0,35 h/m³	309.000.004

5 Abwasserleitung abbrechen, bis DN100 — KG 594

Abbruch von **Kunststoff-/ Keramikrohrleitungen** einschl. Befestigungen, lösen, laden, fördern und auf der Baustelle lagern, vorbereitet zur Abfuhr auf Deponie. Abzubrechende Bauteile entspr. Ortsbegehung und beiliegenden Plänen. Abbruch von Hand oder mit Gerät, abgebrochene Stoffe aufnehmen und im Behälter des AN lagern, Schuttrutsche wird bauseits gestellt. Leistung inkl. Transport und Deponiekosten. Die Entsorgung sämtlicher Abfälle hat unter Erfüllung der abfallrechtlichen Deklarations-, Nachweis- und Dokumentationspflicht zu erfolgen.
Belagstärke: bis 15 cm
Ausbauort: .....-geschoss
Entfernung zur Entnahmestelle: bis 50 m
Anmerkung: Die Regelungen der VOB, Teil C insbesondere der DIN 18299 und der DIN 18459 sind bei der Leistungsbeschreibung zu beachten.

3€	4€	**4€**	6€	9€	[m]	0,16 h/m	309.001.083

6 Abwasserleitung abbrechen, bis DN150 — KG 594

Abbruch **Kunststoff-/ Keramikrohr**, über DN100 bis DN150, lösen, laden, fördern und auf der Baustelle lagern, vorbereitet zur Abfuhr auf Deponie. Abzubrechende Bauteile entspr. Ortsbegehung und beiliegenden Plänen. Abbruch von Hand oder mit geeignetem Gerät, abgebrochene Stoffe aufnehmen und im Behälter des AN lagern, Schuttrutsche wird bauseits gestellt. Leistung inkl. Transport und Deponiekosten. Die Entsorgung sämtlicher Abfälle hat unter Erfüllung der abfallrechtlichen Deklarations-, Nachweis- und Dokumentationspflicht zu erfolgen.
Belagstärke: bis 15 cm
Ausbauort: .....-geschoss
Entfernung zur Entnahmestelle: bis 50 m
Anmerkung: Die Regelungen der VOB, Teil C insbesondere der DIN 18299 und der DIN 18459 sind bei der Leistungsbeschreibung zu beachten.

5€	8€	**9€**	10€	13€	[m]	0,18 h/m	309.001.084

Kosten: Stand 2.Quartal 2018 Bundesdurchschnitt

▶ min
▷ von
ø Mittel
◁ bis
◀ max

Nr.	Kurztext / Langtext					Kostengruppe		
▶	▷	ø netto €	◁	◀	[Einheit]	Ausf.-Dauer	Positionsnummer

7 Gussrohrleitung abbrechen, bis DN100 KG **594**

Abbruch Gussrohrleitung bis DN100, inkl. Befestigung und Formstücke, lösen, laden, fördern und im Behälter des AN lagern, vorbereitet zur Abfuhr. Abzubrechende Bauteile entspr. Ortsbegehung und beiliegenden Plänen. Abbruch von Hand oder mit geeignetem Gerät. Leistung inkl. Transport und Deponiekosten. Die Entsorgung sämtlicher Abfälle hat unter Erfüllung der abfallrechtlichen Deklarations-, Nachweis- und Dokumentationspflicht zu erfolgen.
Belagstärke: bis 15 cm
Ausbauort: .....-geschoss
Entfernung zur Entnahmestelle: bis 50 m
Anmerkung: Die Regelungen der VOB, Teil C insbesondere der DIN 18299 und der DIN 18459 sind bei der Leistungsbeschreibung zu beachten.

| 4€ | 9€ | **11**€ | 18€ | 26€ | [m] | ⏱ 0,18 h/m | 309.001.085 |

8 Verbau, Rohrgräben KG **541**

Verbau für Rohrgräben herstellen, vorhalten und wieder entfernen.
Grabentiefe: bis 3,50 m
Lichte Breite: ..... m
Vorhaltezeit: ..... Wochen

| 3€ | 7€ | **9**€ | 11€ | 15€ | [m²] | ⏱ 0,20 h/m² | 309.000.005 |

9 Handaushub, Rohrgraben KG **541**

Handaushub von **Rohrgräben / Fundamenten / Vertiefungen**, Aushubmaterial seitlich lagern, Feinabtrag profilgerecht gemäß Entwässerungs- oder Fundamentplänen, einschl. aller Nebenarbeiten.
Aushubtiefe: bis 1,25 m
Lichte Breite: ..... m
Boden: Homogenbereich 1, mit einer Bodengruppe, Bodengruppe: ..... DIN 18196
  – Steinanteil: bis ..... % Massenanteil DIN EN ISO 14688-1
  – Konsistenz DIN EN ISO 14688-1: .....
  – Lagerungsdichte: .....
Bauteil: .....

| 38€ | 45€ | **46**€ | 49€ | 62€ | [m³] | ⏱ 1,20 h/m³ | 309.000.006 |

10 Boden entsorgen KG **541**

Überschüssigen, seitlich gelagerten Boden laden, abfahren und entsorgen, inkl. Deponiegebühren.
Abrechnung: **nach Verdrängung / auf Nachweisrapport / Wiegescheine**
Bodengruppen: ..... DIN 18196
Zuordnung Aushub: Z 0, nicht schadstoffbelastet

| 17€ | 29€ | **33**€ | 42€ | 56€ | [m³] | ⏱ 0,15 h/m³ | 309.000.008 |

LB 309 Entwässerungskanalarbeiten

Nr.	Kurztext / Langtext						Kostengruppe
▶	▷ ø netto € ◁ ◀				[Einheit]	Ausf.-Dauer	Positionsnummer

Kosten:
Stand 2.Quartal 2018
Bundesdurchschnitt

11 Rohrgrabenaushub, GK1, bis 1,00m, lagern KG **411**

Boden für Rohrgraben- und Schachtaushub profilgerecht lösen, laden, fördern und lagern, Gefälle gemäß Entwässerungsplanung.
Gesamtabtragstiefe: bis 1,00 m
Sohlenbreite: .....
Förderweg: ..... m
Baumaßnahmen der Geotechnischen Kategorie 1 DIN 4020.
Homogenbereich: 1
Homogenbereich 1 oben: ..... m
Homogenbereich 1 unten: ..... m
Anzahl der Bodengruppen: ..... St
Bodengruppen DIN 18196: .....
Massenanteile der Steine DIN EN ISO 14688-1: über ..... % bis ..... %
Massenanteile der Blöcke DIN EN ISO 14688-1: über ..... % bis ..... %
Konsistenz DIN EN ISO 14688-1: .....
Lagerungsdichte: .....
Homogenbereiche lt.: .....
Mengenermittlung nach Aufmaß an der Entnahmestelle.

| 19 € | 26 € | **30 €** | 32 € | 38 € | [m³] | ⏱ 0,32 h/m³ | 302.000.069 |

12 Rohrbettung, Sand 0/8mm KG **541**

Grabensohle profilgerecht füllen, zur Einbettung verlegter Rohrleitungen, mit anzulieferndem Material.
Einbauhöhe bis 0,30 m
Bettungsmaterial: Sand
Körnung: 0/8
Verdichtungsgrad DPr: mind. 97%

| 24 € | 32 € | **35 €** | 41 € | 55 € | [m³] | ⏱ 0,30 h/m³ | 309.000.010 |

13 Rohrumfüllung, Kies 0/32mm KG **541**

Verfüllen von Gräben oder Arbeitsräumen von Rohrleitungen, mit Liefermaterial.
Einbaumaterial: Kies 0/32
Verdichtungsgrad DPr: mind. 97%
Einbauhöhe: **Gräben bis 1,00m / Arbeitsräume von Rohrleitungen bis 1,25m**

| 25 € | 34 € | **39 €** | 47 € | 61 € | [m³] | ⏱ 0,30 h/m³ | 309.000.011 |

14 Grabenverfüllung, Liefermaterial KG **541**

Verfüllen von Gräben oder Arbeitsräumen von Rohrleitungen, mit Liefermaterial.
Einbaumaterial: Boden
Verdichtungsgrad DPr: mind. 97%
Einbauhöhe: .....

| 30 € | 37 € | **40 €** | 42 € | 48 € | [m³] | ⏱ 0,30 h/m³ | 309.000.012 |

▶ min
▷ von
ø Mittel
◁ bis
◀ max

Nr.	Kurztext / Langtext						Kostengruppe
▶	▷	ø netto €	◁	◀	[Einheit]	Ausf.-Dauer	Positionsnummer

15   Anschluss, Abwasser, Kanalnetz   KG 541

Abwasseranschluss an den vorhandenen Anschlusskanal, mit erforderlichen Dichtungs- und Anschluss-
materialien; einschl. erforderlicher Erdaushubarbeiten, Wiederverfüllung, Wiederherstellung des Belags,
sowie Absicherungen und Nebenarbeiten, nach Vorgaben des Tiefbauamts.
Kanalnennweite: DN.....
Kanallage/Tiefe: .....
Oberflächenbelag: .....
Boden: Homogenbereich 1, mit einer Bodengruppe, Bodengruppe: ..... DIN 18196
  – Steinanteil: bis ..... % Massenanteil DIN EN ISO 14688-1
  – Konsistenz DIN EN ISO 14688-1: .....
  – Lagerungsdichte: .....

| 162€ | 233€ | **265€** | 331€ | 471€ | [St] | ⏱ 2,40 h/St | 309.000.013 |

A 1   Abwasserleitung, Steinzeugrohre   Beschreibung für Pos. 16-18

Abwasserkanal aus Steinzeugrohren, Rohrverbindung mit Steckmuffe nach Verbindungssystem F, in vorhan-
denen Graben mit Verbau und Aussteifungen; Rohrbettung, Form- und Verbindungsstücke werden gesondert
vergütet.
Scheiteldruckkraft: FN 34
Grabentiefe: bis 4,00 m
Angeb. Fabrikat: .....

16   Abwasserleitung, Steinzeugrohre, DN100   KG 541

Wie Ausführungsbeschreibung A 1
Nennweite: DN100

| 26€ | 32€ | **34€** | 39€ | 49€ | [m] | ⏱ 0,30 h/m | 309.000.015 |

17   Abwasserleitung, Steinzeugrohre, DN150   KG 541

Wie Ausführungsbeschreibung A 1
Nennweite: DN150

| 31€ | 38€ | **42€** | 46€ | 53€ | [m] | ⏱ 0,40 h/m | 309.000.016 |

18   Abwasserleitung, Steinzeugrohre, DN200   KG 541

Wie Ausführungsbeschreibung A 1
Nennweite: DN200

| 35€ | 45€ | **53€** | 55€ | 60€ | [m] | ⏱ 0,50 h/m | 309.000.017 |

A 2   Formstück, Steinzeugrohr, Bogen   Beschreibung für Pos. 19-21

Form- und Verbindungsstücke von Steinzeugrohren der Abwasserleitungen.
Formteil: Bogen mit Steckmuffe
Angeb. Fabrikat: .....

19   Formstück, Steinzeugrohr, DN100, Bogen   KG 541

Wie Ausführungsbeschreibung A 2
Nennweite: DN100
Bogenwinkel: 45°

| 20€ | 22€ | **23€** | 26€ | 30€ | [St] | ⏱ 0,30 h/St | 309.000.066 |

LB 309 Entwässerungskanalarbeiten

Kosten:
Stand 2.Quartal 2018
Bundesdurchschnitt

▶ min
▷ von
ø Mittel
◁ bis
◀ max

Nr.	Kurztext / Langtext				[Einheit]	Ausf.-Dauer	Kostengruppe Positionsnummer
▶	▷	ø netto €	◁	◀			

20 — Formstück, Steinzeugrohr, DN150, Bogen — KG 541
Wie Ausführungsbeschreibung A 2
Nennweite: DN150
Bogenwinkel: 45°

| 26€ | 32€ | **34€** | 42€ | 58€ | [St] | ⏱ 0,40 h/St | 309.000.068 |

21 — Formstück, Steinzeugrohr, DN200, Bogen — KG 541
Wie Ausführungsbeschreibung A 2
Nennweite: DN200
Bogenwinkel: 45°

| 55€ | 67€ | **68€** | 72€ | 82€ | [St] | ⏱ 0,50 h/St | 309.000.069 |

A 3 — Formstück, Steinzeugrohr, Abzweige — Beschreibung für Pos. 22-24
Form- und Verbindungsstücke von Steinzeugrohren der Abwasserleitungen.
Formteil: Abzweig mit Steckmuffe
Angeb. Fabrikat: .....

22 — Formstück, Steinzeugrohr, DN100, Abzweige — KG 541
Wie Ausführungsbeschreibung A 3
Nennweite: DN100

| 23€ | 33€ | **37€** | 40€ | 48€ | [St] | ⏱ 0,30 h/St | 309.000.070 |

23 — Formstück, Steinzeugrohr, DN150, Abzweige — KG 541
Wie Ausführungsbeschreibung A 3
Nennweite: DN150

| 24€ | 40€ | **48€** | 55€ | 73€ | [St] | ⏱ 0,35 h/St | 309.000.072 |

24 — Formstück, Steinzeugrohr, DN200, Abzweige — KG 541
Wie Ausführungsbeschreibung A 3
Nennweite: DN200

| 58€ | 65€ | **67€** | 73€ | 81€ | [St] | ⏱ 0,40 h/St | 309.000.073 |

25 — Übergangsstück, Steinzeug, bis 125/150 — KG 541
Übergangsstück für Steinzeugrohre von Abwasserleitungen, mit Steckmuffe.
Übergang: DN125 nach DN150
Angeb. Fabrikat: .....

| 19€ | 27€ | **31€** | 37€ | 46€ | [St] | ⏱ 0,25 h/St | 309.000.021 |

26 — Übergangsstück, Steinzeug, DN150/200 — KG 541
Übergangsstück für Steinzeugrohre von Abwasserleitungen, mit Steckmuffe.
Übergang: DN150 nach DN200
Angeb. Fabrikat: .....

| 34€ | 50€ | **53€** | 58€ | 68€ | [St] | ⏱ 0,30 h/St | 309.000.022 |

Nr.	Kurztext / Langtext						Kostengruppe	
▶	▷	ø netto €	◁	◀	[Einheit]	Ausf.-Dauer	Positionsnummer	

27 Abwasserleitung, Steinzeug, DN100, inkl. Bettung — KG **541**

Abwasserkanal aus Steinzeugrohren, Rohrverbindung mit Steckmuffe, auf vorhandener Sohle, inkl. unterer Rohrbettung aus gebrochenen Stoffen und oberer Rohrbettung aus Sand.
Nennweite: DN100
Scheiteldruckkraft: FN
Baulänge: ..... m
Rohrverbinder: Typ **F / E / F**
Bettungsschicht unten: mind. 15 cm
Grabentiefe: 1,00 bis 1,25 m
Angeb. Fabrikat: .....

| 28€ | 33€ | **37**€ | 41€ | 49€ | [m] | ⏱ 0,30 h/m | 309.000.074 |

28 Abwasserleitung, Steinzeug, DN150/200, inkl. Bettung — KG **541**

Abwasserkanal aus Steinzeugrohren, Rohrverbindung mit Steckmuffe, auf vorhandener Sohle, inkl. unterer Rohrbettung aus gebrochenen Stoffen und oberer Rohrbettung aus Sand.
Nennweite: **DN150 / DN200**
Scheiteldruckkraft: FN .....
Baulänge: ..... m
Rohrverbinder: Typ **F / E / F**
Bettungsschicht unten: mind. 15 cm
Grabentiefe: 1,00 bis 1,25 m
Angeb. Fabrikat: .....

| 42€ | 50€ | **50**€ | 51€ | 58€ | [m] | ⏱ 0,35 h/m | 309.000.075 |

29 Abwasserleitung, PVC-U, DN100/125, inkl. Bettung — KG **541**

Abwasserleitung aus PVC-U-Rohren, 100% recycelbar, mit Mehrlippendichtung, Rohrverbindung mit Steckmuffe, einschl. Schweiß- oder Klebe- sowie Dichtungsmaterial, auf vorhandener Sohle, inkl. unterer Rohrbettung aus gebrochenen Stoffen und oberer Rohrbettung aus Sand.
Nennweite: **DN100 / DN125**
Steifigkeitsklasse: SN 8 kN/m²
Bettungsschicht unten: mind. 15 cm
Grabentiefe: 1,00 bis 1,25 m
Angeb. Fabrikat: .....

| 14€ | 20€ | **21**€ | 25€ | 35€ | [m] | ⏱ 0,25 h/m | 309.000.052 |

30 Abwasserkanal, PVC-U, DN150/200, inkl. Bettung — KG **541**

Abwasserleitung aus PVC-U-Rohren, 100% recycelbar, mit Mehrlippendichtung, Rohrverbindung mit Steckmuffe, einschl. Schweiß- oder Klebe- sowie Dichtungsmaterial, auf vorhandener Sohle, inkl. unterer Rohrbettung aus gebrochenen Stoffen und oberer Rohrbettung aus Sand.
Nennweite: **DN150 / DN200**
Steifigkeitsklasse: SN 8 kN/m²
Bettungsschicht unten: mind. 15 cm
Grabentiefe: 1,00 bis 1,25 m
Angeb. Fabrikat: .....

| 19€ | 28€ | **32**€ | 44€ | 70€ | [m] | ⏱ 0,30 h/m | 309.000.076 |

LB 309 Entwässerungskanalarbeiten

Kosten:
Stand 2.Quartal 2018
Bundesdurchschnitt

▶ min
▷ von
ø Mittel
◁ bis
◀ max

Nr.	Kurztext / Langtext						Kostengruppe	
▶	▷ ø netto €	◁	◀		[Einheit]	Ausf.-Dauer	Positionsnummer	

A 4 Abwasserleitung, PVC-U, Tiefe bis 2m Beschreibung für Pos. **31-34**
Abwasserleitung aus PVC-U-Rohren, 100% recycelbar, mit Mehrlippendichtung, Rohrverbindung mit Steckmuffe, einschl. Schweiß- oder Klebe- sowie Dichtungsmaterial, in vorhandenem Graben auf bauseitig eingebrachtem Sand oder Feinkies.
Steifigkeitsklasse: SN 8 kN/m²
Grabentiefe: bis 2,00 m
Angeb. Fabrikat: .....

31 Abwasserleitung, PVC-U, DN100 KG **541**
Wie Ausführungsbeschreibung A 4
Nennweite: DN100
10€   15€   **17€**   19€   24€   [m]   ⏱ 0,25 h/m   309.000.024

32 Abwasserleitung, PVC-U, DN125 KG **541**
Wie Ausführungsbeschreibung A 4
Nennweite: DN125
11€   18€   **19€**   24€   32€   [m]   ⏱ 0,27 h/m   309.000.064

33 Abwasserleitung, PVC-U, DN150 KG **541**
Wie Ausführungsbeschreibung A 4
Nennweite: DN150
14€   20€   **23€**   28€   40€   [m]   ⏱ 0,30 h/m   309.000.025

34 Abwasserleitung, PVC-U, DN200 KG **541**
Wie Ausführungsbeschreibung A 4
Nennweite: DN200
16€   27€   **32€**   40€   58€   [m]   ⏱ 0,35 h/m   309.000.065

35 Formstück, PVC-U, DN100 KG **541**
Form- und Verbindungsstück von PVC-U-Rohren der Abwasserleitungen, mit Steckmuffe.
Formteil: .....
Nennweite: DN100
Angeb. Fabrikat: .....
4€   9€   **11€**   15€   23€   [St]   ⏱ 0,20 h/St   309.000.026

36 Formstück, PVC-U, DN150 KG **541**
Form- und Verbindungsstücke von PVC-U-Rohren der Abwasserleitungen, mit Steckmuffe.
Formteil: .....
Nennweite: DN150
Angeb. Fabrikat: .....
7€   13€   **16€**   22€   35€   [St]   ⏱ 0,22 h/St   309.000.027

Nr.	Kurztext / Langtext							Kostengruppe
▶	▷	ø netto €	◁	◀	[Einheit]	Ausf.-Dauer	Positionsnummer

A 5 Formstück, PVC-U, Bogen   Beschreibung für Pos. **37-40**

Form- und Verbindungsstücke von PVC-U-Rohren der Abwasserleitungen, mit Steckmuffe.
Formteil: Bogen
Angeb. Fabrikat: .....

37 Formstück, PVC-U, DN100, Bogen   KG **541**
Wie Ausführungsbeschreibung A 5
Nennweite: DN100
Bogenwinkel: 45°

| 6€ | 10€ | **11€** | 13€ | 17€ | [St] | 0,20 h/St | 309.000.077 |

38 Formstück, PVC-U, DN125, Bogen   KG **541**
Wie Ausführungsbeschreibung A 5
Nennweite: DN125
Bogenwinkel: 45°

| 7€ | 11€ | **12€** | 15€ | 21€ | [St] | 0,23 h/St | 309.000.078 |

39 Formstück, PVC-U, DN150, Bogen   KG **541**
Wie Ausführungsbeschreibung A 5
Nennweite: DN150
Bogenwinkel: 45°

| 8€ | 11€ | **13€** | 17€ | 26€ | [St] | 0,26 h/St | 309.000.079 |

40 Formstück, PVC-U, DN200, Bogen   KG **541**
Wie Ausführungsbeschreibung A 5
Nennweite: DN200
Bogenwinkel: 45°

| 10€ | 18€ | **21€** | 25€ | 34€ | [m] | 0,30 h/m | 309.000.080 |

41 Übergang, PVC-U auf Steinzeug/Beton   KG **541**
Übergangsstücke von PVC-U-Rohren der Abwasserleitungen auf Steinzeug- oder Betonrohre.
Nennweite: DN..... nach DN.....
Anschlussrohre: .....
Angeb. Fabrikat: .....

| 21€ | 30€ | **35€** | 44€ | 62€ | [St] | 0,30 h/St | 309.000.028 |

42 Übergang, PE/PVC/Steinzeug auf Guss   KG **541**
Übergangsstück von Abwasserleitungen auf Gussrohre.
Übergang von: .....
Nennweite: DN100 nach DN100
Angeb. Fabrikat: .....

| 17€ | 25€ | **29€** | 35€ | 44€ | [St] | 0,30 h/St | 309.000.029 |

LB 309 Entwässerungskanalarbeiten

Nr.	**Kurztext** / Langtext	Kostengruppe
▶ ▷ **ø netto €** ◁ ◀	[Einheit] Ausf.-Dauer Positionsnummer	

A 6 Abwasserleitung, SML-Rohre — Beschreibung für Pos. **43-45**

Entwässerungskanalleitung aus muffenlosen Rohren aus duktilem Gusseisen (SML), inkl. Pass-, Form- und Verbindungsstücken, innen mit Teer-Epoxidharzbeschichtung, außen grundiert; Verbindung mit Gummimanschette und Spannhülse aus nichtrostendem Stahl. Auflager in nichtbindigem Boden, in vorhandenem Graben mit Verbau und Aussteifungen.
Baulänge: 6,00 m
Rohrauskleidung: Mörtel MG III
Rohraußenschutz: mit Zementmörtelumhüllung
Auflagerwinkel: 90°
Grabentiefe: bis 1,75 m
Angeb. Fabrikat: .....

Kosten:
Stand 2.Quartal 2018
Bundesdurchschnitt

43 Abwasserleitung, SML-Rohre, DN100 KG **541**
Wie Ausführungsbeschreibung A 6
Nennweite: DN100
27€   38€   **41**€   52€   73€   [m]   ⏱ 0,32 h/m   309.000.030

44 Abwasserleitung, SML-Rohre, DN125 KG **541**
Wie Ausführungsbeschreibung A 6
Nennweite: DN125
28€   51€   **51**€   59€   76€   [m]   ⏱ 0,42 h/m   309.000.081

45 Abwasserleitung, SML-Rohre, DN150 KG **541**
Wie Ausführungsbeschreibung A 6
Nennweite: DN150
35€   51€   **63**€   66€   79€   [m]   ⏱ 0,50 h/m   309.000.031

46 Formstück, SML, Bogen KG **541**
Form- und Verbindungsstücke von SML-Rohren der Abwasserleitungen.
Formteil: Bogen
Bogenwinkel: 45°
Nennweite: .....
Angeb. Fabrikat: .....
12€   19€   **21**€   29€   43€   [St]   ⏱ 0,20 h/St   309.000.032

47 Formstück, SML, Abzweig KG **541**
Abzweig von SML-Rohren der Abwasserleitungen.
Nennweite: .....
Angeb. Fabrikat: .....
17€   21€   **24**€   27€   33€   [St]   ⏱ 0,25 h/St   309.000.084

▶ min
▷ von
ø Mittel
◁ bis
◀ max

Nr.	Kurztext / Langtext					Kostengruppe	
▶	▷	ø netto €	◁	◀	[Einheit]	Ausf.-Dauer	Positionsnummer

48 Abwasserleitung, PP-Rohre, DN100/DN125 — KG **541**

Abwasserleitung aus PP-Rohren, mit Mehrlippendichtung, Rohrverbindung mit Steckmuffe, einschl. Schweiß- oder Klebe- sowie Dichtungsmaterial, in vorhandenem Graben auf bauseitig eingebrachtem Sand oder Feinkies; Form- und Verbindungsstücke werden gesondert vergütet.

Nennweite: **DN100 / DN125**
Steifigkeitsklasse: SN 10 kN/m²
Grabentiefe: bis 2,00 m
Angeb. Fabrikat: .....

| 13 € | 16 € | **18 €** | 19 € | 22 € | [m] | ⏱ 0,23 h/m | 309.000.062 |

49 Abwasserleitung, HD-PE-Rohre, DN125/DN150 — KG **541**

Abwasserleitung aus HD-PE-Rohren, mit Mehrlippendichtung, Rohrverbindung mit Steckmuffe, einschl. Schweiß- oder Klebe- sowie Dichtungsmaterial, in vorhandenem Graben auf bauseitig eingebrachtem Sand oder Feinkies; Form- und Verbindungsstücke werden gesondert vergütet.

Nennweite: **DN125 / DN150**
Steifigkeitsklasse: SN 8 kN/m²
Grabentiefe: bis 2,00 m
Angeb. Fabrikat: .....

| 13 € | 17 € | **18 €** | 21 € | 27 € | [m] | ⏱ 0,25 h/m | 309.000.049 |

50 Abwasserleitung, HD-PE-Rohre, DN150/DN200 — KG **541**

Abwasserleitung aus HD-PE-Rohren, mit Mehrlippendichtung, Rohrverbindung mit Steckmuffe, einschl. Schweiß- oder Klebe- sowie Dichtungsmaterial, in vorhandenem Graben auf bauseitig eingebrachtem Sand oder Feinkies; Form- und Verbindungsstücke werden gesondert vergütet.

Nennweite: **DN150 / DN200**
Steifigkeitsklasse: SN 8 kN/m²
Grabentiefe: bis 2,00 m
Angeb. Fabrikat: .....

| 14 € | 19 € | **22 €** | 26 € | 31 € | [m] | ⏱ 0,35 h/m | 309.000.085 |

51 Dichtheitsprüfung, Grundleitung — KG **541**

Dichtheitsprüfung von neu verlegten Grundleitungen, einschl. aller notwendigen Gerätschaften, Aufstellung eines Protokolls der Prüfung, sowie schadlose Entfernung aller Gerätschaften nach der Prüfung; Dokumentation der Prüfung per Prüfprotokoll.

Nennweite Grundleitungen: DN.....
Prüfung: .....

| 2 € | 6 € | **7 €** | 13 € | 23 € | [m] | ⏱ 6,00 h/m | 309.000.063 |

52 Straßenablauf, Polymerbeton — KG **541**

Straßenablauf als Einlaufkastenkombination, mit Wasserspiegelgefälle, bestehend aus:
 – Oberteil aus Polymerbeton P, anthrazitschwarz
 – Abdeckrost und Kantenschutz aus GFK
 – Unterteil aus Polymerbeton P, mit Schlammeimer aus Kunststoff

Nennweite: DN100
Abmessungen (L x B): 50 x 15 cm
Belastungsklasse: .....
Angeb. Fabrikat: .....

| 196 € | 248 € | **272 €** | 317 € | 377 € | [St] | ⏱ 0,30 h/St | 309.000.036 |

LB 309 Entwässerungskanalarbeiten

Kosten:
Stand 2.Quartal 2018
Bundesdurchschnitt

▶ min
▷ von
ø Mittel
◁ bis
◀ max

Nr.	Kurztext / Langtext					[Einheit]	Ausf.-Dauer	Kostengruppe Positionsnummer
▶	▷	ø netto €	◁	◀				

53 Rohrdurchführung, Faserzementrohr — KG **411**

Außenwand-Durchführung als Futterrohr aus Faserzement, gegen drückendes Wasser, für Medienrohr, mit Los- und Festflansch einseitig zum Einklemmen der Abdichtung.
Wandaufbau: Beton
Wanddicke: **25 / 30** cm
Baulänge: über 200 bis 300 mm
Nennweite: DN.....
Angeb. Fabrikat: .....

| 161 € | 316 € | **364 €** | 418 € | 628 € | [St] | ⌚ 1,00 h/St | 309.000.034 |

54 Dichtsatz, Rohrdurchführung — KG **411**

Abdichten des Ringraums durch Dichtring aus Elastomeren (EPDM).
Werkstoff: Stahl verzinkt
Bauteil: .....

| 152 € | 240 € | **297 €** | 322 € | 539 € | [St] | ⌚ 0,35 h/St | 309.000.035 |

55 Bodenablauf, Gusseisen — KG **411**

Bodenablauf aus Gusseisen, Gehäuse asphaltiert:
  – mit angeformtem Geruchverschluss und Klebeflansch, sowie mit Reinigungsöffnung
  – Eimer aus PE-hart, mit Schutzdeckel
  – Stegrost aus nichtrostendem Stahl mit Aufsatzstück
  – Einlauf in Schalung einbauen, an die vorhandene Grundleitung anschließen und in der Bodenplatte vergießen
Stutzenneigung: 1,5°
Bauhöhe: 180 mm
Anschluss: DN100
Klasse: K 3
Rost: 171 x 171 mm, H= 300 mm
Angeb. Fabrikat: .....

| 134 € | 196 € | **229 €** | 273 € | 360 € | [St] | ⌚ 0,30 h/St | 309.000.037 |

56 Reinigungsrohr, Putzstück, DN100 — KG **541**

Putzstück für Steinzeugleitungen, aus Guss, in Kontrollschacht, inkl. Eindichten und Betonbettung mit Zementglattstrich.
Nennweite: DN100
Angeb. Fabrikat: .....

| 74 € | 86 € | **92 €** | 107 € | 130 € | [St] | ⌚ 0,30 h/St | 309.000.023 |

57 Absperreinrichtung, Kanal, Gusseisen — KG **541**

Absperreinrichtung aus Gusseisen für Grundleitungsrohr, manuell nutzbar, einschl. Einbau aller Komponenten.
Nennweite: DN100
Angeb. Fabrikat: .....

| 248 € | 332 € | **356 €** | 462 € | 613 € | [St] | ⌚ 0,70 h/St | 309.000.058 |

Nr.	Kurztext / Langtext					Kostengruppe		
▶	▷	ø netto €	◁	◀	[Einheit]	Ausf.-Dauer	Positionsnummer	

58 Rückstaudoppelverschluss, bis DN125, PVC-U KG 541

Rückstau-Doppelverschluss für fäkalienfreies Abwasser, mit automatischen Rückstauklappen und Handbetätigung, mit Reinigungsöffnung, für den Einsatz in horizontaler, abwasserführender Leitung, einschl. Anschluss.
Werkstoff: PVC-U
Nennweite: DN125
Einsatzbereich: Typ .....
Angeb. Fabrikat: .....

| 135 € | 235 € | **284 €** | 312 € | 444 € | [St] | ⏱ 0,60 h/St | 309.000.060 |

59 Rückstaudoppelverschluss, DN150, PVC KG 541

Rückstau-Doppelverschluss für fäkalienfreies Abwasser, mit automatischen Rückstauklappen und Handbetätigung, mit Reinigungsöffnung, für den Einsatz in horizontaler, abwasserführender Leitung, einschl. Anschluss.
Werkstoff: PVC-U
Nennweite: DN150
Einsatzbereich: Typ .....
Angeb. Fabrikat: .....

| 169 € | 249 € | **293 €** | 337 € | 443 € | [St] | ⏱ 1,50 h/St | 309.000.088 |

60 Erdaushub, Schacht, 2,50m KG 541

Aushub und Wiederverfüllen von Schachtgruben, im Außenbereich, Boden der Schächte profilgerecht ausheben, Aushub seitlich lagern, nach Versetzen und Abdichten des Schachtes mit Aushubmaterial wiederverfüllen und verdichten; einschl. Verbau, zusätzlicher Vertiefungen, Planieren der Grubensohle sowie Laden und Abfahren von überschüssigem Aushubmaterial; Deponiegebühren auf Nachweis nach Wiegeschein.
Aushubtiefe: 2,50 m
Aushub-Grundfläche: für DN1.000
Boden: Homogenbereich 1, mit einer Bodengruppe, Bodengruppe: ..... DIN 18196
– Steinanteil: bis ..... % Massenanteil DIN EN ISO 14688-1
– Konsistenz DIN EN ISO 14688-1: .....
– Lagerungsdichte: .....
Verdichtung Schachtsohle DPr: 95%
Verdichtung Verfüllung DPr: 100%
Förderweg: bis 50 m
Geländeprofil: .....

| 25 € | 38 € | **42 €** | 51 € | 69 € | [m³] | ⏱ 0,90 h/m³ | 309.000.038 |

61 Schachtsohle, Kontrollschacht, Beton KG 541

Schachtunterteile für Kontrollschächte und Durchlaufschächte, aus wasserdichtem Beton:
– Erstellen eines Schachtfutters, Schachtsohle geglättet
– Sohle und Sohlgerinne mit Steinzeughalbschalen ohne Muffe auskleiden, in Mörtel MG III mit Trasszusatz
– Verfugen beim Herstellen der Auskleidung
– einschl. aller erforderlichen Baustoffe, sowie Schalung
– Ecken und Kanten abrunden und glätten
Nennweite: DN1.000
Anschlüsse: DN.....

| 290 € | 393 € | **455 €** | 526 € | 656 € | [St] | ⏱ 1,80 h/St | 309.000.039 |

© **BKI** Baukosteninformationszentrum; Erläuterungen zu den Tabellen siehe Seite 22
Mustertexte geprüft: Bauwirtschaft Baden-Württemberg e.V.

Kostenstand: 2.Quartal 2018, Bundesdurchschnitt

LB 309 Entwässerungskanalarbeiten

Kosten:
Stand 2.Quartal 2018
Bundesdurchschnitt

▶ min
▷ von
ø Mittel
◁ bis
◀ max

Nr.	Kurztext / Langtext					[Einheit]	Ausf.-Dauer	Kostengruppe Positionsnummer
▶	▷	ø netto €	◁	◀				
62	**Schachtringe, Kontrollschacht, 25cm**							KG **541**
	Schachtring als Betonfertigteil, mit Steigeisen. Bauhöhe: 25 cm Nennweite: DN1.000 Form: E, mit beidseitigem Steg Steigmaß: 250 mm							
	85€	101€	**107**€	121€	155€	[St]	⏱ 0,60 h/St	309.000.040
63	**Schachtringe, Kontrollschacht, 50cm**							KG **541**
	Schachtring als Betonfertigteil, mit Steigeisen. Bauhöhe: 50 cm Nennweite: DN1.000 Form: E, mit beidseitigem Steg Steigmaß: 250 mm							
	99€	137€	**151**€	166€	204€	[St]	⏱ 0,70 h/St	309.000.041
64	**Konus, Kontrollschacht**							KG **541**
	Schachthals (Konus) für Kontrollschacht, als Betonfertigteil mit verstärkter Wand, für Gleitringdichtung, inkl. Steigeisen. Wanddicke: 120 mm Nennweite: DN1.000/625							
	90€	128€	**138**€	166€	228€	[St]	⏱ 1,90 h/St	309.000.042
65	**Anschluss, Schacht, Steinzeug-/PVC-Kanal**							KG **541**
	Anschluss der Abwasserkanalleitung an Abwasser-Sammelschacht aus Beton. Kanalleitung: ..... Nennweite: DN							
	105€	188€	**207**€	239€	429€	[St]	⏱ 1,95 h/St	309.000.033
66	**Schachtdeckel**							KG **541**
	Schachtabdeckung mit rundem Rahmen, höhengerecht in Mörtel (MG III) versetzen. Deckel: mit Lüftungsöffnungen Klasse: ..... Form: 500 A Angeb. Fabrikat:							
	106€	166€	**191**€	260€	409€	[St]	⏱ 0,20 h/St	309.000.043
67	**Schachtdeckel, Klasse C250**							KG **541**
	Schachtabdeckung mit rundem Rahmen, Deckel aus Gusseisen mit Lüftungsöffnungen und Betonfüllung, mit dämpfender Einlage, verschließbar, mit Schmutzfänger F, höhengerecht in Mörtel MG III versetzen. Klasse: C 250 Form: DN600 Angeb. Fabrikat:							
	151€	179€	**196**€	222€	256€	[St]	⏱ 0,25 h/St	309.000.044

Nr.	Kurztext / Langtext							Kostengruppe
▶	▷	ø netto €	◁	◀	[Einheit]	Ausf.-Dauer	Positionsnummer	

68 Schachtdeckel, Klasse D400 KG **541**
Schachtabdeckung mit rundem Rahmen, Deckel aus Gusseisen mit Lüftungsöffnungen und Betonfüllung, mit dämpfender Einlage, verschließbar, mit Schmutzfänger F, höhengerecht in Mörtel MG III versetzen.
Klasse: D 400
Form: DN600
Angeb. Fabrikat: .....

| 175€ | 244€ | **277**€ | 316€ | 376€ | [St] | ⏱ 0,35 h/St | 309.000.045 |

69 Schachtabdeckung anpassen KG **541**
Bestehende Schachtabdeckung von Revisions- und Kontrollschächten an neue Höhe anpassen.
Anpassungshöhe: bis 0,50 m

| 63€ | 120€ | **148**€ | 180€ | 289€ | [St] | ⏱ 2,40 h/St | 309.000.046 |

70 Kontrollschacht komplett, 3,00m KG **541**
Kontrollschacht als komplette Leistung, rund, aus Fertigteilen, ohne Deckel:
 – Schachtunterteil aus Ortbeton
 – Bodenplatte aus Beton
 – Wand aus Beton, Unterteil mind. 25 cm hoch (über Rohrscheitel)
 – Auftritt in Höhe des Rohrscheitels
 – Schachtoberteil aus Betonfertigteilen, bestehend aus Schachtringen, Schachthals und Auflagerring
 – Fugendichtung Falz mit Mörtel MG III und Dichtstoff
 – Außenwände mit Voranstrich und zwei Deckanstrichen aus Bitumenemulsion
 – Schachtkörper mit Steigeisen
 – Schachtsohle mit Gerinne gerade, Auskleidung Gerinne und Auftritt mit Halbschalen und Klinkerriemchen
Nennweite: DN1.000
Betongüte: C20/25
Dicke Bodenplatte: mind. 20 cm
Wanddicke: .....
Steigmaß Steigeisen: 333 mm
Schachttiefe: bis 3,00 m
Angeb. Fabrikat: .....

| 640€ | 959€ | **1.095**€ | 1.325€ | 1.813€ | [St] | ⏱ 12,00 h/St | 309.000.047 |

71 Entwässerungsrinne, Beton, DN100 KG **541**
Entwässerungsrinne für Regenwasser als Kastenrinne, mit Kantenschutz aus verzinktem Stahl sowie End- und Anfangsteil, inkl. Abgang und Abdeckung mit schraublos arretiertem Stegrost aus verzinktem Stahl, verlegt auf bauseitiges Betonauflager, mit seitlicher Verfüllung.
Rinne: Beton
Nennweite: DN100
Klasse: .....
Verfüllung: .....
Rinnensohle: mit Eigengefälle
Abgang: .....
Schlitzweite Rost: 8 bis 18 mm
Angeb. Fabrikat: .....

| 105€ | 135€ | **144**€ | 165€ | 210€ | [m] | ⏱ 0,50 h/m | 309.000.048 |

LB 309 Entwässerungskanalarbeiten

Kosten:
Stand 2.Quartal 2018
Bundesdurchschnitt

▶ min
▷ von
ø Mittel
◁ bis
◀ max

Nr.	Kurztext / Langtext					[Einheit]	Ausf.-Dauer	Kostengruppe Positionsnummer
▶	▷	ø netto €	◁	◀				

72 — Entwässerungsrinne, Klasse A15/B125, Beton, DN100 — KG 541

Entwässerungsrinne für Regenwasser als Kastenrinne, mit Kantenschutz aus verzinktem Stahl sowie End- und Anfangsteil, inkl. Abgang und Abdeckung mit schraublos arretiertem Stegrost aus verzinktem Stahl; verlegt auf bauseitiges Betonauflager, mit seitlicher Verfüllung.
Rinne: Beton
Nennweite: DN100
Klasse: **A15 / B125**
Verfüllung: .....
Rinnensohle: mit Eigengefälle
Abgang: .....
Schlitzweite Rost: 8 bis 18 mm
Angeb. Fabrikat: .....

| 86 € | 111 € | **121** € | 140 € | 175 € | [m] | ⏱ 0,50 h/m | 309.000.050 |

73 — Entwässerungsrinne, Klasse C250, Beton — KG 541

Entwässerungsrinne für Regenwasser als Kastenrinne, mit Kantenschutz aus verzinktem Stahl sowie End- und Anfangsteil, inkl. Abgang und Abdeckung mit schraublos arretiertem Stegrost aus verzinktem Stahl; verlegt auf bauseitiges Betonauflager, mit seitlicher Verfüllung.
Rinne: Beton
Nennweite: DN100
Klasse: C250
Verfüllung: .....
Rinnensohle: mit Eigengefälle
Abgang: .....
Schlitzweite Rost: 8 bis 18 mm
Angeb. Fabrikat: .....

| 97 € | 129 € | **144** € | 167 € | 202 € | [m] | ⏱ 0,50 h/m | 309.000.053 |

74 — Entwässerungsrinne, Klasse D400, Beton — KG 541

Entwässerungsrinne für Regenwasser als Kastenrinne, mit Kantenschutz aus verzinktem Stahl sowie End- und Anfangsteil, inkl. Abgang und Abdeckung mit schraublos arretiertem Stegrost aus verzinktem Stahl; verlegt auf bauseitiges Betonauflager, mit seitlicher Verfüllung.
Rinne: Beton
Rinnengröße: .....
Klasse: D 400
Verfüllung: .....
Rinnensohle: mit Eigengefälle
Abgang: .....
Schlitzweite Rost: 8 bis 18 mm
Angeb. Fabrikat: .....

| 119 € | 161 € | **184** € | 232 € | 394 € | [m] | ⏱ 0,60 h/m | 309.000.054 |

75 — Entwässerungsrinne, Abdeckung Guss, D400 — KG 541

Abdeckung für Entwässerungsrinne aus Stahlguss, schraublos arretiert. Passend zu System.
Nennweite: .....
Klasse: D 400
Ausführung: Stegrost
Angeb. Fabrikat: .....

| 59 € | 73 € | **77** € | 87 € | 102 € | [m] | ⏱ 0,18 h/m | 309.000.051 |

Nr.	Kurztext / Langtext						Kostengruppe	
▶	▷	ø netto €	◁	◀	[Einheit]	Ausf.-Dauer	Positionsnummer	

76 Kanalreinigung, Hochdruckspülgerät — KG 541

Hindernis in Abwasser-Grundleitung beseitigen und Grundleitung zwischen zwei Prüfpunkten mit Hochdruckspülgerät durchspülen, einschl. aller erforderlichen Gerätschaften, Aufstellung eines Protokolls über Beseitigung und Spülung, sowie schadloses Entfernen der Gerätschaften nach der Prüfung.

| 3€ | 6€ | **6€** | 10€ | 16€ | [m] | ⏱ 0,10 h/m | 309.000.057 |

77 Kanalprüfung, Kamera — KG 541

Kameraprüfung der neu verlegten Grundleitungen, mit Video-Aufzeichnung, inkl. Dokumentieren und Einmessen der Beschädigungen (Muffenversätze, Durchwurzelung, Einmündungen, Verstopfungen, Risse, Brüche, u.dgl.) der Grundleitungen und Aufstellen eines Video- und Prüfprotokolls, sowie Übergeben der Unterlagen in einfacher Ausführung. Leistung einschl. aller erforderlichen Gerätschaften, Aufstellung eines Prüfprotokolls, sowie schadloses Entfernen der Gerätschaften nach der Prüfung.
Grundleitungen: DN200

| 2€ | 4€ | **5€** | 6€ | 7€ | [m] | ⏱ 0,10 h/m | 309.000.059 |

78 Stundensatz Facharbeiter, Kanalarbeiten

Stundenlohnarbeiten für Facharbeiter, Spezialfacharbeiter, Vorarbeiter und jeweils Gleichgestellte. Leistung nach besonderer Anordnung der Bauüberwachung. Anmeldung und Nachweis gemäß VOB/B.

| 45€ | 47€ | **48€** | 50€ | 54€ | [h] | ⏱ 1,00 h/h | 309.000.089 |

79 Stundensatz Helfer, Kanalarbeiten

Stundenlohnarbeiten für Werker, Fachwerker und jeweils Gleichgestellte. Leistung nach besonderer Anordnung der Bauüberwachung. Anmeldung und Nachweis gemäß VOB/B.

| 33€ | 38€ | **41€** | 42€ | 46€ | [h] | ⏱ 1,00 h/h | 309.000.090 |

LB 310 Drän- und Versickerarbeiten

Kosten: Stand 2.Quartal 2018, Bundesdurchschnitt

- ▶ min
- ▷ von
- ø Mittel
- ◁ bis
- ◀ max

Preise €

Nr.	Positionen	Einheit	▶	▷ ø brutto €		◁	◀
				ø netto €			
1	Handaushub Drängraben 0,40/0,50	m³	52	64	**69**	72	80
			44	54	**58**	61	67
2	Dränleitung, PVC-U, DN100	m	5,8	8,9	**10**	12	16
			4,9	7,5	**8,6**	10	14
3	Dränleitung, PVC-U, DN125	m	6,7	9,2	**11**	14	17
			5,6	7,8	**9,3**	12	15
4	Dränleitung, PVC-U, DN150	m	7,7	11	**14**	18	19
			6,5	8,9	**12**	15	16
5	Formstück, Dränleitung, Bogen	St	8	14	**16**	19	25
			7	11	**13**	16	21
6	Formstück, Dränleitung, Abzweig	St	9	16	**19**	22	29
			7	13	**16**	19	25
7	Formstück, Dränleitung, Verschlussstück	St	5	9	**10**	14	22
			4	7	**8**	12	19
8	Anschluss, Dränleitung/Schacht	St	145	235	**258**	317	447
			122	197	**217**	267	376
9	Spülschacht PP, DN300	St	161	191	**213**	224	250
			135	160	**179**	188	210
10	Schachtaufsetzrohr, PP, DN315	St	64	113	**117**	137	179
			54	95	**98**	115	150
11	Sickerpackung, Kiessand, Leitungen	m³	38	50	**55**	62	79
			32	42	**46**	52	67
12	Sickerpackung, Kies, Leitungen	m³	33	48	**52**	58	73
			28	40	**44**	49	62
13	Filterschicht, Geotextil, Leitungen	m	4	5	**5**	6	7
			3	4	**4**	5	6
14	Filter-/Dränageschicht, Vlies/Noppenbahn, Wand	m²	10	14	**16**	18	26
			8	12	**13**	15	22
15	Sickerschicht, Perimeter-Dämmplatte, vlieskaschiert, Wand	m²	13	14	**15**	16	18
			11	12	**12**	13	15

Nr.	Kurztext / Langtext					Kostengruppe
▶	▷ ø netto € ◁	◀	[Einheit]	Ausf.-Dauer	Positionsnummer

1 Handaushub Drängraben 0,40/0,50 — KG **327**

Handaushub Boden für Drängraben, Boden laden, fördern und seitlich lagern, Material anschließend wieder verfüllen und verdichten.
Entfernung zur Entnahmestelle: bis 1,00 m
Aushubtiefe: bis 0,40 m
Breite: bis 0,50 m
Boden: Homogenbereich 1, mit einer Bodengruppe, Bodengruppe: ..... DIN 18196
 – Steinanteil: bis ..... % Massenanteil DIN EN ISO 14688-1
 – Konsistenz DIN EN ISO 14688-1: .....
 – Lagerungsdichte: .....

44 €   54 €   **58** €   61 €   67 €   [m³]   ⏱ 1,40 h/m³   310.000.030

© BKI Baukosteninformationszentrum; Erläuterungen zu den Tabellen siehe Seite 22
Mustertexte geprüft: Bauwirtschaft Baden-Württemberg e.V.

Nr.	Kurztext / Langtext					[Einheit]	Ausf.-Dauer	Kostengruppe Positionsnummer
▶	▷	ø netto €	◁	◀				

A 1 Dränleitung, PVC-U
Beschreibung für Pos. **2-4**

Dränleitung aus PVC-Stangenrohren für Gebäudedränage mit Doppelsteckmuffen.
Dränrohr: PVC-U
Typ/Form: Form A
Wassereintrittsfläche: 80 cm²/m
Schlitzbreite: ..... mm
Angeb. Fabrikat: .....

2 Dränleitung, PVC-U, DN100
KG **327**

Wie Ausführungsbeschreibung A 1
Nennweite: DN100

| 5€ | 8€ | **9**€ | 10€ | 14€ | [m] | 0,10 h/m | 310.000.035 |

3 Dränleitung, PVC-U, DN125
KG **327**

Wie Ausführungsbeschreibung A 1
Nennweite: DN125

| 6€ | 8€ | **9**€ | 12€ | 15€ | [m] | 0,11 h/m | 310.000.036 |

4 Dränleitung, PVC-U, DN150
KG **327**

Wie Ausführungsbeschreibung A 1
Nennweite: DN150

| 6€ | 9€ | **12**€ | 15€ | 16€ | [m] | 0,12 h/m | 310.000.037 |

5 Formstück, Dränleitung, Bogen
KG **327**

Form- und Verbindungsstücke für Dränageleitung, aus PVC-U Stangendränrohren, mit Steckmuffe.
Formteil: Bogen.....°
Nennweite: DN.....
Rohrtyp: .....
Angeb. Fabrikat: .....

| 7€ | 11€ | **13**€ | 16€ | 21€ | [St] | 0,20 h/St | 310.000.038 |

6 Formstück, Dränleitung, Abzweig
KG **327**

Form- und Verbindungsstücke für Dränageleitung, aus PVC-U Stangendränrohren, mit Steckmuffe.
Formteil: Abzweig
Nennweite: DN.....
Winkel: ..... °
Rohrtyp: .....
Angeb. Fabrikat: .....

| 7€ | 13€ | **16**€ | 19€ | 25€ | [St] | 0,20 h/St | 310.000.039 |

7 Formstück, Dränleitung, Verschlussstück
KG **327**

Form- und Verbindungsstücke für Dränageleitung, aus PVC-U Stangendränrohren.
Formteil: Verschlussstück
Nennweite: DN.....
Rohrtyp: .....
Angeb. Fabrikat: .....

| 4€ | 7€ | **8**€ | 12€ | 19€ | [St] | 0,14 h/St | 310.000.040 |

LB 310 Drän- und Versickerarbeiten

Kosten:
Stand 2.Quartal 2018
Bundesdurchschnitt

▶ min
▷ von
ø Mittel
◁ bis
◀ max

Nr.	Kurztext / Langtext					[Einheit]	Ausf.-Dauer	Kostengruppe Positionsnummer
▶	▷	ø netto €	◁	◀				

8 Anschluss, Dränleitung/Schacht — KG 327

Anschluss von Dränleitung aus PVC-U an vorhandenen Sickerschacht aus Betonringen, einschl. aller erforderlichen Dichtungs- und Anschlussmaterialien. Aushub- und Verfüllarbeiten in gesonderter Position.
Nennweite: DN.....
Schachtgröße: DN1500

| 122€ | 197€ | **217€** | 267€ | 376€ | [St] | ⏱ 1,50 h/St | 310.000.019 |

9 Spülschacht PP, DN300 — KG 327

Spül- und Kontrollschacht aus Polypropylen, aufgehend, für Dränage, mit 3 Anschlüssen für Dränleitung, 1 PP-Abdeckung mit Arretierung, 1 Blindstopfen, sowie mit Sandfang; Einbau an Richtungswechsel und Tiefpunkt der Dränage-Ringleitung.
Nutz-Höhe: ca. 0,80 m
Spülrohrgröße: DN300
Anschlüsse: DN200
Blindstopfen: DN200
Angeb. Fabrikat: .....

| 135€ | 160€ | **179€** | 188€ | 210€ | [St] | ⏱ 0,30 h/St | 310.000.011 |

10 Schachtaufsetzrohr, PP, DN315 — KG 327

Schachtaufsetzrohr oder Schachtverlängerung aus Polypropylen, zur Verlängerung des Kontrollschachts DN315.
Aufstockhöhe: ..... m

| 54€ | 95€ | **98€** | 115€ | 150€ | [St] | ⏱ 0,30 h/St | 310.000.012 |

11 Sickerpackung, Kiessand, Leitungen — KG 327

Sickerpackung aus Kiessand für Ummantelung der Dränleitung, zwischen Fundamenten, inkl. Verdichten.
Nennweite: DN.....
Sieblinie: .....
Vergütung: nach m³ / Lieferschein

| 32€ | 42€ | **46€** | 52€ | 67€ | [m³] | ⏱ 0,30 h/m³ | 310.000.005 |

12 Sickerpackung, Kies, Leitungen — KG 327

Sickerpackung für Ummantelung der Dränleitung, zwischen Fundamenten, inkl. Verdichten.
Nennweite: DN.....
Material: Kies 8/16 mm
Vergütung: nach m³ / Lieferschein

| 28€ | 40€ | **44€** | 49€ | 62€ | [m³] | ⏱ 0,30 h/m³ | 310.000.033 |

13 Filterschicht, Geotextil, Leitungen — KG 327

Filterschicht aus Geotextil für Dränleitungen.
Material: Geotextil
Öffnungsweite: .....
Leitung: DN.....
Angeb. Fabrikat: .....

| 3€ | 4€ | **4€** | 5€ | 6€ | [m] | ⏱ 0,02 h/m | 310.000.034 |

© BKI Bausteninformationszentrum; Erläuterungen zu den Tabellen siehe Seite 22
Mustertexte geprüft: Bauwirtschaft Baden-Württemberg e.V.

Kostenstand: 2.Quartal 2018, Bundesdurchschnitt

Nr.	Kurztext / Langtext				[Einheit]	Ausf.-Dauer	Kostengruppe Positionsnummer
▶	▷	ø netto €	◁	◀			

14 Filter-/Dränageschicht, Vlies/Noppenbahn, Wand — KG **335**

Dränage-, Schutz- und Filterschicht aus Kunststoffnoppenbahn mit Vlies und Gleitfolie, auf Bauwerksabdichtung.
Angeb. Fabrikat: .....

| 8€ | 12€ | **13**€ | 15€ | 22€ | [m²] | ⏱ 0,12 h/m² | 310.000.041 |

15 Sickerschicht, Perimeter-Dämmplatte, vlieskaschiert, Wand — KG **335**

Sickerschicht vor Außenwand, aus druckstabilen Polystyrol-Platten, profiliert, mit Vlieskaschierung, Einbau dicht gestoßen, punktförmig auf senkrechte Bauwerksabdichtung kleben, Einstand in Kiesfilterschicht mind. 30cm.
Plattenmaterial: EPS
Nennwert Wärmeleitfähigkeit: 0,034 W/mK
Dränleistung: <0,3 l/(s x m)
Kante: umlaufend Stufenfalz
Anwendung: PW und Dränge DIN 4095
Für Einbauhöhe: **bis 4,00** m / **über 4,00** m
Plattendicke: **50 / 60 / 80 /** ..... mm
Angeb. Fabrikat: .....

| 11€ | 12€ | **12**€ | 13€ | 15€ | [m²] | ⏱ 0,10 h/m² | 310.000.042 |

LB 312 Mauerarbeiten

Mauerarbeiten — Preise €

Kosten: Stand 2.Quartal 2018, Bundesdurchschnitt

▶ min
▷ von
ø Mittel
◁ bis
◀ max

Nr.	Positionen	Einheit	▶	▷	ø brutto € ø netto €	◁	◀
1	Fundamentmauerwerk abbrechen, entsorgen	m³	118 99	138 116	**184** **155**	221 186	236 198
2	Streifenfundamente abbrechen, entsorgen	m	35 30	45 38	**56** **47**	67 57	73 61
3	Kellerboden abbrechen, Ziegel	m²	11 9	19 16	**24** **20**	29 24	39 32
4	Verblendmauerwerk, abbrechen	m²	40 34	45 38	**50** **42**	60 50	63 53
5	Außenmauerwerk abbrechen, Ziegel 36,5cm	m³	100 84	205 172	**228** **192**	274 230	188 158
6	Ziegelpflaster abbrechen, Außenbereich	m²	13 11	15 13	**19** **16**	23 19	24 21
7	Innenwand abbrechen, Gipswandbauplatte, 10cm	m²	25 21	29 24	**36** **30**	43 36	47 40
8	Innenmauerwerk abbrechen, Porenbeton, 17,5cm	m²	17 14	35 29	**44** **37**	52 44	63 53
9	Innenmauerwerk abbrechen, 11,5cm	m²	17 14	25 21	**31** **26**	37 31	48 40
10	Innenmauerwerk abbrechen, 24cm	m²	18 15	34 28	**42** **35**	51 42	59 49
11	Fachwerksausfachung abbrechen, Mauerwerk	m²	19 16	33 28	**39** **33**	46 39	56 47
12	Deckengewölbe abbrechen, Steine	m²	75 63	89 75	**111** **93**	133 112	145 121
13	Sandfüllung ausbauen, Gewölbedecke	m²	7 6	13 11	**16** **13**	19 16	23 19
14	Decke abbrechen, Kappendecke	m²	48 41	64 54	**80** **68**	96 81	159 133
15	Decke abbrechen, Ziegelhohlkörper	m²	29 24	37 31	**46** **39**	56 47	62 52
16	Decke abbrechen, Stb-Hohldielen	m²	34 29	41 34	**50** **42**	59 50	64 53
17	Ziegelboden reinigen, Besen	m²	8 7	10 9	**13** **11**	15 13	17 14
18	Ziegelfassade reinigen, Wasser	m²	1 1,0	4 3,5	**5** **4,4**	6 5,2	9 7,2
19	Klinkerfassade reinigen, absäuern	m²	6 5	7 6	**9** **8**	11 9	12 10
20	Klinkermauerwerk reinigen, Dampfstrahlen	m²	5 5	10 9	**13** **11**	16 13	18 15
21	Verblendmauerwerk reinigen, Rotationsverfahren	m²	5 4	7 6	**9** **7**	10 8	11 9
22	Verblendmauerwerk imprägnieren	m²	4 3	6 5	**8** **6**	9 8	11 9
23	Verblendmauerwerk hydrophobieren	m²	5 5	9 7	**11** **9**	13 11	19 16
24	Mauerwerk hydrophobieren, außen	m²	7 6	11 10	**14** **12**	17 14	20 17

© **BKI** Baukosteninformationszentrum; Erläuterungen zu den Tabellen siehe Seite 22
Mustertexte geprüft: Bauwirtschaft Baden-Württemberg e.V.

Kostenstand: 2.Quartal 2018, Bundesdurchschnitt

Mauerarbeiten — Preise €

Nr.	Positionen	Einheit	▶	▷ ø brutto € ø netto €	◁	◀
25	Mauerwerk vorbehandeln, Steinverfestiger	m²	7 6	12 10	**15** **13**	18 15	20 17
26	Algenbeseitigung, Mauerwerk	m²	8 7	9 7	**11** **9**	13 11	14 12
27	Graffiti-Schutz, Mauerwerk	m²	15 13	22 18	**27** **23**	33 28	43 36
28	Kellerfußboden, Rollschicht überarbeiten	m²	20 17	23 19	**29** **24**	35 29	37 31
29	Kellerfußboden, Klinkerbelag überarbeiten	m²	17 15	21 17	**26** **22**	31 26	32 27
30	Mauerwerksfugen erneuern, außen	m²	18 15	24 20	**31** **26**	39 33	51 43
31	Außenmauerwerk ausbessern, bis 25cm	m²	58 48	70 59	**87** **73**	105 88	111 93
32	Außenmauerwerk ausbessern, bis 50cm	m²	105 88	135 114	**159** **134**	188 158	199 167
33	Außenmauerwerk, Fehlstellen reparieren	m²	119 100	140 117	**175** **147**	220 185	231 194
34	Schlitz herstellen, Mauerwerk, 5x3cm	m	4,1 3,5	6,5 5,5	**8,1** **6,8**	9,8 8,2	11 9,1
35	Schlitz herstellen, Mauerwerk, 10x5cm	m	5,1 4,3	9,3 7,8	**11** **9,2**	13 11	14 11
36	Schlitz herstellen, Mauerwerk, 30x10cm	m	10 8,7	20 16	**24** **21**	29 25	35 29
37	Schlitz herstellen, Mauerwerk, 30x15cm	m	11 9,5	31 26	**36** **31**	44 37	48 40
38	Schlitz schließen, Mauerwerk, 5x3cm	m	3,5 3,0	5,1 4,3	**6,4** **5,4**	7,7 6,5	11 8,9
39	Schlitz schließen, Mauerwerk, 10x5cm	m	5,5 4,6	8,3 7,0	**10** **8,7**	12 10	17 14
40	Schlitz schließen, Mauerwerk, 30x10cm	m	10 8,7	15 12	**19** **16**	22 19	31 26
41	Schlitz schließen, gedämmt, Mauerwerk, 10x5cm	m	6,0 5,0	11 9,1	**14** **11**	16 14	21 18
42	Schlitz schließen, gedämmt, Mauerwerk, 30x15cm	m	20 17	27 23	**32** **27**	38 32	48 40
43	Putzträger, Schlitz, Metall verzinkt	m²	23 19	27 23	**32** **27**	38 32	49 41
44	Sturzauflager stemmen, bis 15cm	St	26 22	34 29	**40** **34**	51 42	54 46
45	Sturzauflager stemmen, bis 30cm	St	43 36	51 43	**60** **51**	76 63	83 69
46	Fensteröffnung ausbrechen, bis 40cm	m²	68 57	83 70	**104** **87**	125 105	131 110
47	Fensteröffnung ausbrechen, bis 60cm	m²	99 83	129 109	**152** **128**	187 157	198 166
48	Türöffnung ausbrechen, Mauerwerk bis 15cm	m²	35 29	56 47	**66** **55**	79 66	116 97

© **BKI** Baukosteninformationszentrum; Erläuterungen zu den Tabellen siehe Seite 22
Mustertexte geprüft: Bauwirtschaft Baden-Württemberg e.V.

LB 312 Mauerarbeiten

Mauerarbeiten — Preise €

Nr.	Positionen	Einheit	▶	▷ ø brutto € / ø netto €	◁	◀
97	Außenwand, LHlz 36,5cm, tragend	m²	107	128 / **137**	156	182
			90	108 / **115**	131	153
98	Außenwand, KS L-R 17,5cm, tragend	m²	56	67 / **71**	80	101
			47	56 / **60**	67	85
99	Außenwand, KS L-R 24cm, tragend	m²	63	79 / **88**	97	117
			53	67 / **74**	81	99
100	Öffnung überdecken, Ziegelsturz	m	22	33 / **34**	42	54
			18	27 / **29**	36	46
101	Öffnung überdecken; KS-Sturz, 17,5cm	m	26	35 / **38**	50	71
			22	30 / **32**	42	59
102	Öffnung überdecken, Betonsturz, 24cm	m	32	50 / **57**	70	94
			27	42 / **48**	59	79
103	Stundensatz Facharbeiter, Mauerarbeiten	h	49	55 / **58**	61	70
			42	47 / **48**	51	59
104	Stundensatz Werker / Helfer, Mauerarbeiten	h	42	49 / **52**	55	60
			35	41 / **44**	46	50

Kosten:
Stand 2.Quartal 2018
Bundesdurchschnitt

▶ min
▷ von
ø Mittel
◁ bis
◀ max

Nr.	Kurztext / Langtext		ø netto €			[Einheit]	Ausf.-Dauer	Kostengruppe Positionsnummer
	▶	▷	ø netto €	◁	◀			

1 Fundamentmauerwerk abbrechen, entsorgen KG **394**
Fundamentmauerwerk aus Mauerziegeln mit Mörtel abbrechen und Bauschutt entsorgen.
Mauerwerk: .....
Abmessungen: ..... mm
Ziegelart: .....
99 €   116 €   **155 €**   186 €   198 €   [m³]   ⏱ 1,80 h/m³   312.000.133

2 Streifenfundamente abbrechen, entsorgen KG **394**
Streifenfundamente aus Mauerwerk und Mörtel abbrechen und Bauschutt entsorgen.
Mauerwerk: .....
Mörtel: .....
Fundamentdicke: ..... m
Fundamenthöhe: ..... m
30 €   38 €   **47 €**   57 €   61 €   [m]   ⏱ 0,90 h/m   312.000.134

3 Kellerboden abbrechen, Ziegel KG **394**
Kellerboden aus Ziegelsteinen abbrechen und Bauschutt entsorgen.
Ziegelsteine: .....
Dicke: ..... cm
Bettung: ..... cm
9 €   16 €   **20 €**   24 €   32 €   [m²]   ⏱ 0,35 h/m²   312.000.135

Nr.	Kurztext / Langtext					Kostengruppe	
▶	▷	ø netto €	◁	◀	[Einheit]	Ausf.-Dauer	Positionsnummer

4 Verblendmauerwerk, abbrechen — KG 394
Verblendmauerwerk aus Mauerwerkssteinen abbrechen und Bauschutt entsorgen.
Mauerwerk: .....
Dicke: ..... cm
Verankerung: .....
Höhe über Gelände bis: ..... m

| 34€ | 38€ | **42€** | 50€ | 53€ | [m²] | ⏱ 0,85 h/m² | 312.000.136 |

5 Außenmauerwerk abbrechen, Ziegel 36,5cm — KG 394
Außenwand aus verputztem Ziegelmauerwerk abbrechen und Bauschutt entsorgen.
Wanddicke: 36,5 cm, mit beidseitigem Putz
Format: .....
Verfugung: .....
Höhe über Gelände bis: ..... m

| 84€ | 172€ | **192€** | 230€ | 158€ | [m³] | ⏱ 2,15 h/m³ | 312.000.137 |

6 Ziegelpflaster abbrechen, Außenbereich — KG 394
Ziegelpflaster im Außenbereich abbrechen und Bauschutt entsorgen.
Einbauort: .....
Verlegeart: .....
Bettung: ..... cm

| 11€ | 13€ | **16€** | 19€ | 21€ | [m²] | ⏱ 0,30 h/m² | 312.000.138 |

7 Innenwand abbrechen, Gipswandbauplatte, 10cm — KG 394
Innenwand aus Gipsdiele, abbrechen und Bauschutt entsorgen.
Wanddicke: 10 cm
Wandhöhe: ..... m

| 21€ | 24€ | **30€** | 36€ | 40€ | [m²] | ⏱ 0,25 h/m² | 312.000.139 |

8 Innenmauerwerk abbrechen, Porenbeton, 17,5cm — KG 394
Innenwand aus Porenbeton abbrechen und Bauschutt entsorgen.
Wanddicke: bis 17,5 cm
Wandhöhe: ..... m

| 14€ | 29€ | **37€** | 44€ | 53€ | [m²] | ⏱ 0,50 h/m² | 312.000.140 |

9 Innenmauerwerk abbrechen, 11,5cm — KG 394
Innenwand aus beidseitig verputztem Mauerwerk abbrechen und Bauschutt entsorgen.
Mauerwerk: 11,5 cm
Mauerwerk aus: .....
Wandhöhe: ..... m

| 14€ | 21€ | **26€** | 31€ | 40€ | [m²] | ⏱ 0,50 h/m² | 312.000.141 |

LB 312 Mauerarbeiten

Kosten:
Stand 2.Quartal 2018
Bundesdurchschnitt

▶ min
▷ von
ø Mittel
◁ bis
◀ max

Nr.	Kurztext / Langtext				[Einheit]	Kostengruppe	
▶	▷ ø netto € ◁ ◀					Ausf.-Dauer	Positionsnummer

10 Innenmauerwerk abbrechen, 24cm — KG **394**
Innenwand aus beidseitig verputztem Mauerwerk abbrechen und Bauschutt entsorgen. Leistung einschl. örtlicher Abfangung mit Stütze und Träger.
Wanddicke: bis 24 cm
Mauerwerk aus: .....
Wandhöhe: ..... m

| 15€ | 28€ | **35€** | 42€ | 49€ | [m²] | ⏱ 0,50 h/m² | 312.000.142 |

11 Fachwerksausfachung abbrechen, Mauerwerk — KG **394**
Fachwerkausfachung aus Mauerwerk abbrechen, Fachwerkbalken reinigen und Bauschutt entsorgen.
Abbruchort: .....
Wanddicke: ..... cm
Bekleidung: .....
Fachwerkausfachung aus: .....
Wandhöhe: ..... m

| 16€ | 28€ | **33€** | 39€ | 47€ | [m²] | ⏱ 0,55 h/m² | 312.000.144 |

12 Deckengewölbe abbrechen, Steine — KG **394**
Deckengewölbe aus Steinen abbrechen und wieder verwendungsfähige Steine aussortieren, reinigen und gekennzeichnet lagern. Sicherung der angrenzenden Bauteile vor Beschädigung und Bauschutt entsorgen.
Konstruktionsart: .....
Deckenstärke: bis 0,25 m
Steine: .....
Raumhöhe: .....
Spannweite: .....
Lagerweg: ..... m

| 63€ | 75€ | **93€** | 112€ | 121€ | [m²] | ⏱ 1,70 h/m² | 312.000.145 |

13 Sandfüllung ausbauen, Gewölbedecke — KG **394**
Sandfüllung über Gewölbedecke ausbauen und Bauschutt entsorgen.
Schichtdicke: i. M. 8 cm

| 6€ | 11€ | **13€** | 16€ | 19€ | [m²] | ⏱ 0,20 h/m² | 312.000.146 |

14 Decke abbrechen, Kappendecke — KG **394**
Preußische Kappendecke abbrechen und Bauschutt entsorgen. Leistung inkl. Sicherung der angrenzenden Bauteile vor Beschädigung.
Deckenstärke: bis 25 cm
Steine: .....
Raumhöhe: .....
Spannweite: .....

| 41€ | 54€ | **68€** | 81€ | 133€ | [m²] | ⏱ 1,70 h/m² | 312.000.147 |

15 Decke abbrechen, Ziegelhohlkörper — KG **394**
Ziegelhohlkörperdecke einschl. Aufbeton abbrechen und Bauschutt entsorgen. Leistung einschl. Sicherung der angrenzenden Bauteile vor Beschädigung.
Deckenstärke: 21 cm

| 24€ | 31€ | **39€** | 47€ | 52€ | [m²] | ⏱ 0,70 h/m² | 312.000.148 |

Nr.	Kurztext / Langtext							Kostengruppe
▶	▷	ø netto €	◁	◀		[Einheit]	Ausf.-Dauer	Positionsnummer

16   Decke abbrechen, Stb-Hohldielen   KG **394**

Stahlbeton-Hohldielen-Decke einschl. Aufbeton abbrechen und Bauschutt entsorgen. Leistung einschl. Sicherung der angrenzenden Bauteile während der Abbruchzeit.
Deckenstärke: 15 cm
Raumhöhe: .....
Spannweite: .....

| 29€ | 34€ | **42**€ | 50€ | 53€ | [m²] | ⏱ 0,70 h/m² | 312.000.149 |

17   Ziegelboden reinigen, Besen   KG **395**

Bodenflächen aus Ziegelsteinen mit Stahlbesen reinigen und Entsorgung der Reinigungsrückstände.
Fugenausbildung: .....
Höhe über Gelände bis: .....

| 7€ | 9€ | **11**€ | 13€ | 14€ | [m²] | ⏱ 0,25 h/m² | 312.000.151 |

18   Ziegelfassade reinigen, Wasser   KG **395**

Fassade aus gebrannten Ziegeln mit Wasser ohne Zusätze reinigen.
Höhe über Gelände bis: .....

| 1,0€ | 3,5€ | **4,4**€ | 5,2€ | 7,2€ | [m²] | ⏱ 0,08 h/m² | 312.000.152 |

19   Klinkerfassade reinigen, absäuern   KG **395**

Klinkerfassade absäuern und abschließend nachwaschen.
Höhe über Gelände bis: .....

| 5€ | 6€ | **8**€ | 9€ | 10€ | [m²] | ⏱ 0,20 h/m² | 312.000.153 |

20   Klinkermauerwerk reinigen, Dampfstrahlen   KG **395**

Klinkermauerwerk durch Dampfstrahlen reinigen, einschl. Entsorgung des Reinigungs- und Restmaterials.
Höhe über Gelände bis: .....
Hinweis: Das Sammeln von Reinigungs- und Restmaterial, Behandeln oder Trennen sowie Einleitung oder die Entsorgung von Sonderabfall ist gesondert auszuschreiben. Lokale Vorgaben sind vor der Ausschreibung abzuklären.

| 5€ | 9€ | **11**€ | 13€ | 15€ | [m²] | ⏱ 0,15 h/m² | 312.000.154 |

21   Verblendmauerwerk reinigen, Rotationsverfahren   KG **395**

Verblendmauerwerk durch Wirbelrotationsverfahren reinigen, einschl. der Reinigungs- und Reststoffe entsorgen.
Höhe über Gelände bis: .....
Hinweis: Das Sammeln von Reinigungs- und Restmaterial, Behandeln oder Trennen sowie Einleitung oder die Entsorgung von Sonderabfall ist gesondert auszuschreiben. Lokale Vorgaben sind vor der Ausschreibung abzuklären.

| 4€ | 6€ | **7**€ | 8€ | 9€ | [m²] | ⏱ 0,12 h/m² | 312.000.156 |

22   Verblendmauerwerk imprägnieren   KG **395**

Verblendmauerwerk im Sprühverfahren zur Reduzierung der Wasseraufnahme imprägnieren.
Auftragsmenge: ..... l/m²
Format: .....
Verfugung: .....
Höhe über Gelände bis: .....
Angeb. Fabrikat: .....

| 3€ | 5€ | **6**€ | 8€ | 9€ | [m²] | ⏱ 0,10 h/m² | 312.000.159 |

LB 312
Mauerarbeiten

	Nr.	Kurztext / Langtext					Kostengruppe
▶	▷	ø netto €	◁	◀	[Einheit]	Ausf.-Dauer	Positionsnummer

23 Verblendmauerwerk hydrophobieren — KG **395**
Hydrophobierung von Verblendmauerwerk mit Verfugung als Oberflächenschutz.
Auftragsmenge: ..... l/m²
Format: .....
Verfugung: .....
Angeb. Fabrikat: .....

| 5€ | 7€ | **9€** | 11€ | 16€ | [m²] | ⏱ 0,15 h/m² | 312.000.160 |

24 Mauerwerk hydrophobieren, außen — KG **395**
Hydrophobierung von Außenmauerwerk mit Verfugung als Oberflächenschutz.
Auftragsmenge: ..... l/m²
Format: .....
Verfugung: .....
Höhe über Gelände bis: .....
Angeb. Fabrikat: .....

| 6€ | 10€ | **12€** | 14€ | 17€ | [m²] | ⏱ 0,15 h/m² | 312.000.161 |

25 Mauerwerk vorbehandeln, Steinverfestiger — KG **395**
Mauerwerk mit Steinverfestiger, ohne hydrophobierende Zusätze, vorbehandeln.
Auftragsmenge: ..... g/m²
Höhe über Gelände bis: .....
Angeb. Fabrikat: .....

| 6€ | 10€ | **13€** | 15€ | 17€ | [m²] | ⏱ 0,15 h/m² | 312.000.162 |

26 Algenbeseitigung, Mauerwerk — KG **395**
Schimmel- und Algenbehandlung durch chemische Behandlung und abbürsten, einschl. nachreinigen.
Verbrauch: ..... l/m²
Angeb. Fabrikat: .....

| 7€ | 7€ | **9€** | 11€ | 12€ | [m²] | ⏱ 0,18 h/m² | 312.000.163 |

27 Graffiti-Schutz, Mauerwerk — KG **395**
Graffiti-Schutz auf Mauerwerk in mehreren Arbeitsgängen.
Mauerwerksart: .....
Beschichtungsart: **temporär / permanent**
Beschichtungssystem: .....
Verbrauchsmengen: .....
Höhe über Gelände bis: .....
Angeb. Fabrikat: .....

| 13€ | 18€ | **23€** | 28€ | 36€ | [m²] | ⏱ 0,18 h/m² | 312.000.164 |

28 Kellerfußboden, Rollschicht überarbeiten — KG **395**
Kellerfußboden aus Ziegelsteinen als Rollschicht ausbauen, reinigen, lagern und wieder einbauen.
Die Unebenheiten in der Bettung sind auszugleichen und die Fugen zu verfüllen.
Ziegelformat: ..... cm
Bettung: ..... cm
Lagerweg: ..... m

| 17€ | 19€ | **24€** | 29€ | 31€ | [m²] | ⏱ 0,50 h/m² | 312.000.165 |

Kosten:
Stand 2.Quartal 2018
Bundesdurchschnitt

▶ min
▷ von
ø Mittel
◁ bis
◀ max

Nr.	Kurztext / Langtext						Kostengruppe	
▶	▷	ø netto €	◁	◀	[Einheit]	Ausf.-Dauer	Positionsnummer	

29 Kellerfußboden, Klinkerbelag überarbeiten — KG 395

Kellerfußboden aus Klinkern ausbauen, reinigen, seitlich lagern und wieder einbauen. Unebenheiten der Bettung ausgleichen und Fugen verfüllen.
Ziegelformat: ..... cm
Bettung: ..... cm
Lagerweg: ..... m

| 15 € | 17 € | **22 €** | 26 € | 27 € | [m²] | ⏱ 0,50 h/m² | 312.000.166 |

30 Mauerwerksfugen erneuern, außen — KG 395

Außenmauerwerksfugen in Teilbereichen erneuern und Bauschutt entsorgen. Lose Teile entfernen, Fugen reinigen und verfüllen sowie Flächen reinigen.
Mauerwerksart: .....
Fugenmörtel: .....
Höhe über Gelände bis: ..... m
Flächenanteil: ..... %

| 15 € | 20 € | **26 €** | 33 € | 43 € | [m²] | ⏱ 0,45 h/m² | 312.000.168 |

31 Außenmauerwerk ausbessern, bis 25cm — KG 395

Außenmauerwerk aus Ziegel durch Austausch einzelner Steine ausbessern. Die neuen Ziegel passend zum bestehenden Mauerwerk. Leistung einschl. Vorspritzen der ausgebesserten Fläche mit Zementmörtel.
Wanddicke: bis 25 cm
Höhe über Gelände bis: .....
Fehlstellenanteil: .....

| 48 € | 59 € | **73 €** | 88 € | 93 € | [m²] | ⏱ 1,20 h/m² | 312.000.169 |

32 Außenmauerwerk ausbessern, bis 50cm — KG 395

Außenmauerwerk aus Ziegel durch Austausch einzelner Steine ausbessern. Die neuen Ziegel passend zum bestehenden Mauerwerk. Leistung einschl. Vorspritzen der ausgebesserten Fläche mit Zementmörtel.
Wanddicke: bis 50 cm
Höhe über Gelände bis: .....
Fehlstellenanteil: .....

| 88 € | 114 € | **134 €** | 158 € | 167 € | [m²] | ⏱ 1,20 h/m² | 312.000.170 |

33 Außenmauerwerk, Fehlstellen reparieren — KG 395

Ausbrüche und Fehlstellen in Mauerwerk aus Mauerziegeln mit Trasskalkmörtel vermauern und verfugen.
Ausbruchtief: bis 30 cm
Mauerziegel: Mz 12-2,0
Fugenausbildung: .....
Fehlstellenanteil: ..... %
Einbauort: .....

| 100 € | 117 € | **147 €** | 185 € | 194 € | [m²] | ⏱ 3,00 h/m² | 312.000.172 |

LB 312 Mauerarbeiten

Nr.	Kurztext / Langtext					[Einheit]	Ausf.-Dauer	Kostengruppe Positionsnummer
▶	▷	ø netto €	◁	◀				

A 1 Schlitz herstellen, Mauerwerk — Beschreibung für Pos. **34-37**
Schlitz in verputztem Mauerwerk nachträglich herstellen und Bauschutt entsorgen.
Druckfestigkeitsklasse: bis Mz 12 N/mm²
Wanddicke: .....
Lage: .....

34 Schlitz herstellen, Mauerwerk, 5x3cm — KG **394**
Wie Ausführungsbeschreibung A 1
Breite: bis 5 cm
Tiefe: bis 3 cm
3€   5€   **7€**   8€   9€   [m]   ⏱ 0,15 h/m   312.000.173

35 Schlitz herstellen, Mauerwerk, 10x5cm — KG **394**
Wie Ausführungsbeschreibung A 1
Breite: bis 10 cm
Tiefe: bis 5 cm
4€   8€   **9€**   11€   11€   [m]   ⏱ 0,15 h/m   312.000.174

36 Schlitz herstellen, Mauerwerk, 30x10cm — KG **394**
Wie Ausführungsbeschreibung A 1
Breite: bis 30 cm
Tiefe: bis 10 cm
9€   16€   **21€**   25€   29€   [m]   ⏱ 0,20 h/m   312.000.175

37 Schlitz herstellen, Mauerwerk, 30x15cm — KG **394**
Wie Ausführungsbeschreibung A 1
Breite: bis 30 cm
Tiefe: bis 15 cm
10€   26€   **31€**   37€   40€   [m]   ⏱ 0,20 h/m   312.000.176

A 2 Schlitz schließen, Mauerwerk — Beschreibung für Pos. **38-42**
Schlitz in verputztem Mauerwerk schließen und Wandfläche mit bündigem Anschluss verputzen. Der Bauschutt ist zu entsorgen und die Oberfläche ist an den Putzbestand anzugleichen.
Lage: .....
Bestandsputz: .....

38 Schlitz schließen, Mauerwerk, 5x3cm — KG **395**
Wie Ausführungsbeschreibung A 2
Breite: bis 5 cm
Tiefe: bis 3 cm
3€   4€   **5€**   6€   9€   [m]   ⏱ 0,08 h/m   312.000.177

39 Schlitz schließen, Mauerwerk, 10x5cm — KG **395**
Wie Ausführungsbeschreibung A 2
Breite: bis 10 cm
Tiefe: bis 5 cm
5€   7€   **9€**   10€   14€   [m]   ⏱ 0,08 h/m   312.000.178

Kosten:
Stand 2.Quartal 2018
Bundesdurchschnitt

▶ min
▷ von
ø Mittel
◁ bis
◀ max

Nr.	Kurztext / Langtext							Kostengruppe
▶	▷	ø netto €	◁	◀	[Einheit]	Ausf.-Dauer	Positionsnummer

40 Schlitz schließen, Mauerwerk, 30x10cm — KG **395**
Wie Ausführungsbeschreibung A 2
Breite: bis 30 cm
Tiefe: bis 10 cm

| 9€ | 12€ | **16€** | 19€ | 26€ | [m] | ⏱ 0,08 h/m | 312.000.179 |

41 Schlitz schließen, gedämmt, Mauerwerk, 10x5cm — KG **395**
Wie Ausführungsbeschreibung A 2
Dämmung: .....
Breite: bis 10 cm
Tiefe: bis 5 cm

| 5€ | 9€ | **11€** | 14€ | 18€ | [m] | ⏱ 0,08 h/m | 312.000.180 |

42 Schlitz schließen, gedämmt, Mauerwerk, 30x15cm — KG **395**
Wie Ausführungsbeschreibung A 2
Dämmung: .....
Breite: bis 30 cm
Tiefe: bis 15 cm

| 17€ | 23€ | **27€** | 32€ | 40€ | [m] | ⏱ 0,08 h/m | 312.000.181 |

43 Putzträger, Schlitz, Metall verzinkt — KG **395**
Putzträger über Schlitz in Mauerwerk aus verzinktem Rippenstreckmetall.
Breite: .....
Lage: .....

| 19€ | 23€ | **27€** | 32€ | 41€ | [m²] | ⏱ 0,15 h/m² | 312.000.182 |

A 3 Sturzauflager stemmen — Beschreibung für Pos. **44-45**
Sturzauflager für Träger oder Sturz stemmen, Auflagerflächen mit Mörtel abgleichen und Bauschutt entsorgen. Leistung einschl. Abstütz- und Sicherungsmaßnahmen der Mauerwerkswand.

44 Sturzauflager stemmen, bis 15cm — KG **395**
Wie Ausführungsbeschreibung A 3
Sturzauflager für Träger oder Sturz stemmen, Auflagerflächen mit Mörtel abgleichen und Bauschutt entsorgen. Leistung einschl. Abstütz- und Sicherungsmaßnahmen der Mauerwerkswand.
Auflagerlänge: bis 240 mm
Auflagerhöhe: bis 220 mm
Wanddicke: bis 15 cm
Abstützung: .....
Sicherung: .....
Hinweis: Umfangreiche Abstütz- und Sicherungsmaßnahmen sind gesondert auszuschreiben.

| 22€ | 29€ | **34€** | 42€ | 46€ | [St] | ⏱ 0,45 h/St | 312.000.183 |

LB 312 Mauerarbeiten

Nr.	Kurztext / Langtext							Kostengruppe
▶	▷	ø netto €	◁	◀		[Einheit]	Ausf.-Dauer	Positionsnummer

Kosten:
Stand 2.Quartal 2018
Bundesdurchschnitt

▶ min
▷ von
ø Mittel
◁ bis
◀ max

---

45 Sturzauflager stemmen, bis 30cm — KG **395**

Wie Ausführungsbeschreibung A 3
Sturzauflager für Träger oder Sturz stemmen, Auflagerflächen mit Mörtel abgleichen und Bauschutt entsorgen. Leistung einschl. Abstütz- und Sicherungsmaßnahmen der Mauerwerkswand.
Auflagerlänge: bis 240 mm
Auflagerhöhe: bis 220 mm
Wanddicke: bis 30 cm
Abstützung: .....
Sicherung: .....
Hinweis: Umfangreiche Abstütz- und Sicherungsmaßnahmen sind gesondert auszuschreiben.

36€   43€   **51€**   63€   69€   [St]   ⏱ 0,55 h/St   312.000.184

---

46 Fensteröffnung ausbrechen, bis 40cm — KG **394**

Fensteröffnung im Ziegelaußenmauerwerk ausbrechen Bauschutt entsorgen. Leistung einschl. Abstütz- und Sicherungsmaßnahmen sowie Einschneiden des vorhandenen Wandputzes vor Abbruch.
Größe: bis 1,0 m²
Wanddicke: bis 40 cm
Abstützung: .....
Sicherung: .....
Hinweis: Umfangreiche Abstütz- und Sicherungsmaßnahmen sind gesondert auszuschreiben.

57€   70€   **87€**   105€   110€   [m²]   ⏱ 2,00 h/m²   312.000.186

---

47 Fensteröffnung ausbrechen, bis 60cm — KG **394**

Fensteröffnung im Ziegelaußenmauerwerk ausbrechen Bauschutt entsorgen. Leistung einschl. Abstütz- und Sicherungsmaßnahmen sowie Einschneiden des vorhandenen Wandputzes vor Abbruch.
Größe: bis 1,5 m²
Wanddicke: bis 60 cm
Abstützung: .....
Sicherung: .....
Hinweis: Umfangreiche Abstütz- und Sicherungsmaßnahmen sind gesondert auszuschreiben.

83€   109€   **128€**   157€   166€   [m²]   ⏱ 2,00 h/m²   312.000.187

---

48 Türöffnung ausbrechen, Mauerwerk bis 15cm — KG **394**

Türöffnung in Wänden aus Ziegelmauerwerk, beidseitig geputzt, ausbrechen und Bauschutt entsorgen. Leistung einschl. Abstütz- und Sicherungsmaßnahmen sowie Einschneiden des vorhandenen Wandputzes vor Abbruch.
Durchbruchgröße: bis 2,5 m²
Wanddicke: bis 15 cm
Abstützung: .....
Sicherung: .....
Hinweis: Umfangreiche Abstütz- und Sicherungsmaßnahmen sind gesondert auszuschreiben.

29€   47€   **55€**   66€   97€   [m²]   ⏱ 0,85 h/m²   312.000.188

Nr.	Kurztext / Langtext							Kostengruppe
▶	▷	ø netto €	◁	◀	[Einheit]	Ausf.-Dauer	Positionsnummer

49   **Türöffnung ausbrechen, Mauerwerk bis 30cm**   KG **394**

Türöffnung in Wänden aus Ziegelmauerwerk, beidseitig geputzt, ausbrechen und Bauschutt entsorgen. Leistung einschl. Abstütz- und Sicherungsmaßnahmen sowie Einschneiden des vorhandenen Wandputzes vor Abbruch.
Durchbruchsgröße: bis 2,5 m²
Wanddicke: bis 30 cm
Abstützung: .....
Sicherung: .....
Hinweis: Umfangreiche Abstütz- und Sicherungsmaßnahmen sind gesondert auszuschreiben.

| 43€ | 74€ | **93€** | 112€ | 136€ | [m²] | ⏱ 0,85 h/m² | 312.000.189 |

50   **Türöffnung ausbrechen, Mauerwerk bis 60cm**   KG **394**

Türöffnung in Wänden aus Ziegelmauerwerk, beidseitig geputzt, ausbrechen und Bauschutt entsorgen. Leistung einschl. Abstütz- und Sicherungsmaßnahmen sowie Einschneiden des vorhandenen Wandputzes vor Abbruch.
Durchbruchsgröße: bis 2,5 m²
Wanddicke: bis 60 cm
Abstützung: .....
Sicherung: .....
Hinweis: Umfangreiche Abstütz- und Sicherungsmaßnahmen sind gesondert auszuschreiben.

| 93€ | 104€ | **130€** | 156€ | 188€ | [m²] | ⏱ 1,50 h/m² | 312.000.190 |

51   **Fensteröffnung schließen, AW bis 30cm**   KG **395**

Fensteröffnung mit Mauerziegeln schließen, inkl. Verzahnung mit dem vorhandenen Mauerwerk.
Steinart: .....
Wärmedurchgangskoeffizient: .....
Format: .....
Mörtelklasse: .....
Größe: bis 1,0 m²
Wanddicke: bis 30 cm

| 55€ | 77€ | **97€** | 116€ | 138€ | [m²] | ⏱ 2,30 h/m² | 312.000.191 |

52   **Fensteröffnung schließen, AW bis 60cm**   KG **395**

Fensteröffnung mit Mauerziegeln schließen, inkl. Verzahnung mit dem vorhandenen Mauerwerk.
Steinart: .....
Wärmedurchgangskoeffizient: .....
Format: .....
Mörtelklasse: .....
Größe: bis 1,0 m²
Wanddicke: bis 60 cm

| 92€ | 120€ | **141€** | 169€ | 207€ | [m²] | ⏱ 2,50 h/m² | 312.000.192 |

LB 312 Mauerarbeiten

Nr.	Kurztext / Langtext					[Einheit]	Ausf.-Dauer	Kostengruppe Positionsnummer
▶	▷	ø netto €	◁	◀				

53 Türöffnung schließen, IW bis 15cm — KG 395
Türöffnung in Innenwand mit Hochlochziegeln schließen, inkl. Verzahnung mit dem vorhandenen Mauerwerk.
Steinart: .....
Format: .....
Mörtelklasse: .....
Größe: bis 1,00 x 2,10 m
Wanddicke: bis 15 cm

| 44€ | 50€ | **63€** | 75€ | 83€ | [m²] | ⏱ 1,00 h/m² | 312.000.193 |

54 Türöffnung schließen, IW bis 30cm — KG 395
Türöffnung in Innenwand mit Hochlochziegeln schließen, inkl. Verzahnung mit dem vorhandenen Mauerwerk.
Steinart: .....
Format: .....
Mörtelklasse: .....
Größe: bis 1,00 x 2,10 m
Wanddicke: bis 30 cm

| 58€ | 73€ | **92€** | 110€ | 128€ | [m²] | ⏱ 1,00 h/m² | 312.000.194 |

A 4 Wanddurchbruch, Dicke 20cm — Beschreibung für Pos. 55-58
Wanddurchbruch im Mauerwerk nachträglich herstellen und Bauschutt entsorgen. Vorhandenen Putz vorher durch Einschneiden trennen.
Druckfestigkeitsklasse: Mz bis 12 N/mm²
Wanddicke: bis 20 cm

55 Wanddurchbruch, bis 100cm², 20cm — KG 394
Wie Ausführungsbeschreibung A 4
Lochquerschnitt: bis 100 cm²

| 9€ | 12€ | **16€** | 19€ | 26€ | [St] | ⏱ 0,35 h/St | 312.000.195 |

56 Wanddurchbruch, bis 500cm², 20cm — KG 394
Wie Ausführungsbeschreibung A 4
Lochquerschnitt: 100 bis 500 cm²

| 14€ | 19€ | **23€** | 28€ | 30€ | [St] | ⏱ 0,50 h/St | 312.000.196 |

57 Wanddurchbruch, bis 1.000cm², 20cm — KG 394
Wie Ausführungsbeschreibung A 4
Lochquerschnitt: 500 bis 1.000 cm²

| 15€ | 26€ | **32€** | 38€ | 45€ | [St] | ⏱ 0,75 h/St | 312.000.197 |

58 Wanddurchbruch, bis 2.500cm², 20cm — KG 394
Wie Ausführungsbeschreibung A 4
Lochquerschnitt: 1.000 bis 2.500 cm²

| 21€ | 34€ | **43€** | 52€ | 66€ | [St] | ⏱ 0,90 h/St | 312.000.198 |

Kosten: Stand 2.Quartal 2018 Bundesdurchschnitt

▶ min
▷ von
ø Mittel
◁ bis
◀ max

Nr.	Kurztext / Langtext					Kostengruppe		
▶	▷	ø netto €	◁	◀	[Einheit]	Ausf.-Dauer	Positionsnummer	

A 5 Wanddurchbruch, Dicke 40cm Beschreibung für Pos. **59-62**
Wanddurchbruch im Mauerwerk nachträglich herstellen und Bauschutt entsorgen. Vorhandenen Putz vorher durch Einschneiden trennen.
Druckfestigkeitsklasse: Mz bis 12 N/mm²
Wanddicke: bis 40 cm

59   Wanddurchbruch, bis 100cm², 40cm   KG **394**
Wie Ausführungsbeschreibung A 5
Lochquerschnitt: bis 100 cm²
16€   20€   **24**€   29€   58€   [St]   ⊘ 0,50 h/St   312.000.199

60   Wanddurchbruch, bis 500cm², 40cm   KG **394**
Wie Ausführungsbeschreibung A 5
Lochquerschnitt: 100 bis 500 cm²
22€   27€   **33**€   40€   71€   [St]   ⊘ 0,75 h/St   312.000.200

61   Wanddurchbruch, bis 1.000cm², 40cm   KG **394**
Wie Ausführungsbeschreibung A 5
Lochquerschnitt: 500 bis 1.000 cm²
24€   39€   **48**€   58€   92€   [St]   ⊘ 1,10 h/St   312.000.201

62   Wanddurchbruch, bis 2.500cm², 40cm   KG **394**
Wie Ausführungsbeschreibung A 5
Lochquerschnitt: 1.000 bis 2.500 cm²
44€   53€   **66**€   79€   100€   [St]   ⊘ 1,40 h/St   312.000.202

A 6 Wanddurchbruch schließen, Dicke 20cm   Beschreibung für Pos. **63-66**
Wanddurchbruch im Mauerwerk mit Mörtel und Steinmaterial schließen. Flächen bündig mit dem Mauerwerk abgleichen und Bauschutt entsorgen.
Wanddicke: bis 20 cm
Ziegelart: .....

63   Wanddurchbruch schließen, bis 100cm², 20cm   KG **395**
Wie Ausführungsbeschreibung A 6
Lochquerschnitt: bis 100 cm²
10€   15€   **19**€   22€   28€   [St]   ⊘ 0,25 h/St   312.000.203

64   Wanddurchbruch schließen, bis 500cm², 20cm   KG **395**
Wie Ausführungsbeschreibung A 6
Lochquerschnitt: 100 bis 500 cm²
16€   20€   **26**€   31€   37€   [St]   ⊘ 0,50 h/St   312.000.204

65   Wanddurchbruch schließen, bis 1.000cm², 20cm   KG **395**
Wie Ausführungsbeschreibung A 6
Lochquerschnitt: 500 bis 1.000 cm²
24€   33€   **41**€   49€   66€   [St]   ⊘ 0,75 h/St   312.000.205

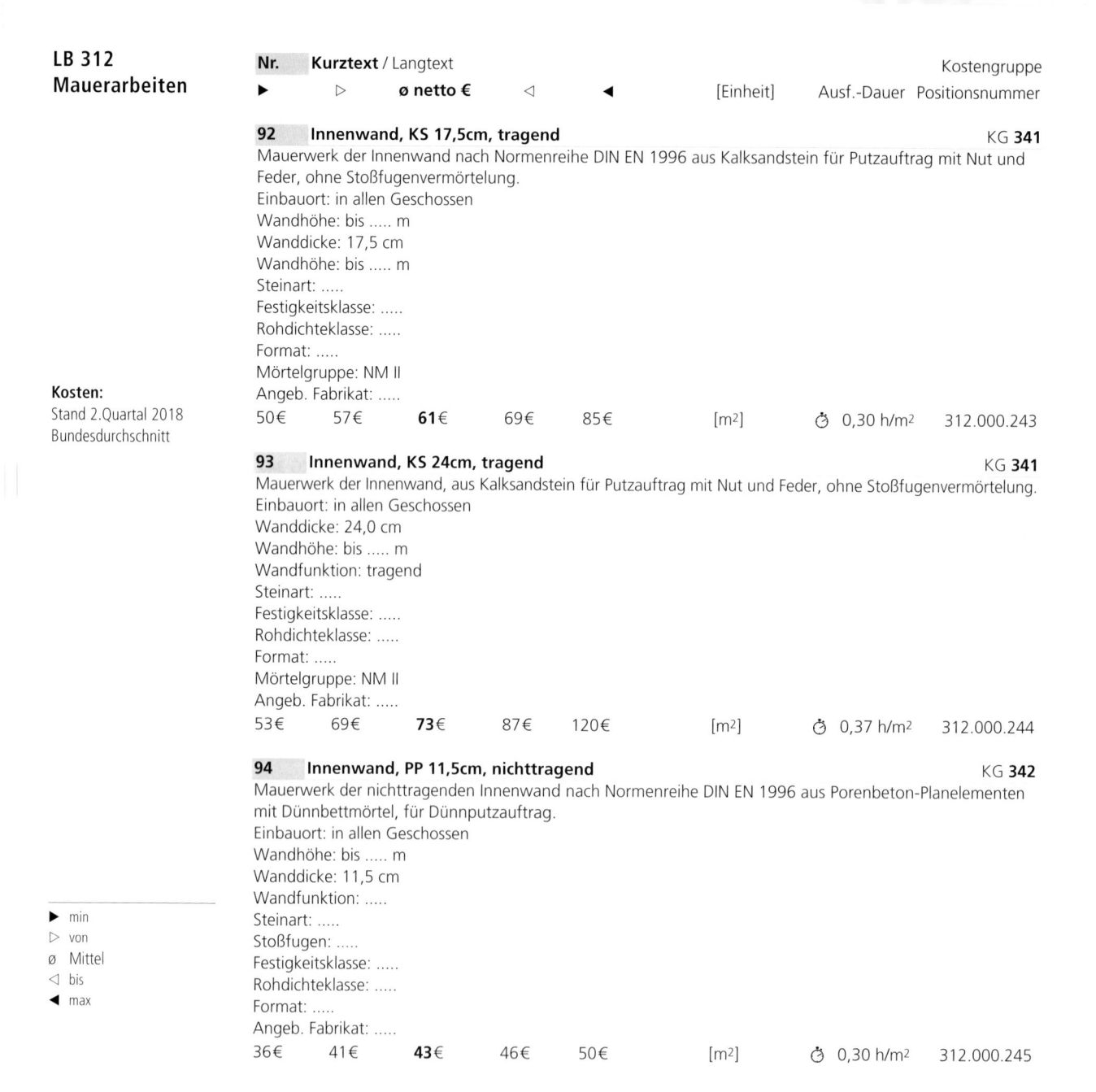

LB 312 Mauerarbeiten

Kosten:
Stand 2.Quartal 2018
Bundesdurchschnitt

Nr.	Kurztext / Langtext						Kostengruppe
▶	▷	ø netto €	◁	◀	[Einheit]	Ausf.-Dauer	Positionsnummer

92 Innenwand, KS 17,5cm, tragend KG **341**
Mauerwerk der Innenwand nach Normenreihe DIN EN 1996 aus Kalksandstein für Putzauftrag mit Nut und Feder, ohne Stoßfugenvermörtelung.
Einbauort: in allen Geschossen
Wandhöhe: bis ..... m
Wanddicke: 17,5 cm
Wandhöhe: bis ..... m
Steinart: .....
Festigkeitsklasse: .....
Rohdichteklasse: .....
Format: .....
Mörtelgruppe: NM II
Angeb. Fabrikat: .....
50€   57€   **61**€   69€   85€   [m²]   ⏱ 0,30 h/m²   312.000.243

93 Innenwand, KS 24cm, tragend KG **341**
Mauerwerk der Innenwand, aus Kalksandstein für Putzauftrag mit Nut und Feder, ohne Stoßfugenvermörtelung.
Einbauort: in allen Geschossen
Wanddicke: 24,0 cm
Wandhöhe: bis ..... m
Wandfunktion: tragend
Steinart: .....
Festigkeitsklasse: .....
Rohdichteklasse: .....
Format: .....
Mörtelgruppe: NM II
Angeb. Fabrikat: .....
53€   69€   **73**€   87€   120€   [m²]   ⏱ 0,37 h/m²   312.000.244

94 Innenwand, PP 11,5cm, nichttragend KG **342**
Mauerwerk der nichttragenden Innenwand nach Normenreihe DIN EN 1996 aus Porenbeton-Planelementen mit Dünnbettmörtel, für Dünnputzauftrag.
Einbauort: in allen Geschossen
Wandhöhe: bis ..... m
Wanddicke: 11,5 cm
Wandfunktion: .....
Steinart: .....
Stoßfugen: .....
Festigkeitsklasse: .....
Rohdichteklasse: .....
Format: .....
Angeb. Fabrikat: .....
36€   41€   **43**€   46€   50€   [m²]   ⏱ 0,30 h/m²   312.000.245

▶ min
▷ von
ø Mittel
◁ bis
◀ max

Nr.	Kurztext / Langtext					Kostengruppe	
▶	▷	ø netto €	◁	◀	[Einheit]	Ausf.-Dauer	Positionsnummer

95   Innenwand, PP 24cm, tragend   KG **341**

Mauerwerk der nichttragenden Innenwand nach Normenreihe DIN EN 1996 aus Porenbeton-Planelementen mit Dünnbettmörtel, für Dünnputzauftrag.
Einbauort: in allen Geschossen
Wandhöhe: bis ..... m
Wanddicke: 24,0 cm
Wandfunktion: .....
Steinart: .....
Stoßfugen: .....
Festigkeitsklasse: .....
Rohdichteklasse: .....
Format: .....
Angeb. Fabrikat: .....

| 55 € | 62 € | **65** € | 66 € | 73 € | [m²] | ⏱ 0,35 h/m² | 312.000.246 |

96   Ausmauerung, Fachwerk 11,5cm   KG **342**

Mauerwerk als Ausmauerung von Holzfachwerk, aus Hochlochziegeln, mit Stoßfugenvermörtelung, inkl. Maueranker und Anschließen an Gebälk (in jeder 4. Lagerfuge).
Einbauort: in allen Geschossen
Geschosshöhe: bis 3,00 m
Wanddicke: 11,5 cm
Steinart: Hlz
Festigkeitsklasse: .....
Rohdichteklasse: .....
Format: .....
Mörtelgruppe: NM III
Nennwert der Wärmeleitfähigkeit: .....
Verband: .....
Fugenausbildung: .....
Feldbreite: 600 bis 800 mm
Angeb. Fabrikat: .....

| 52 € | 73 € | **82** € | 101 € | 139 € | [m²] | ⏱ 0,85 h/m² | 312.000.247 |

97   Außenwand, LHlz 36,5cm, tragend   KG **331**

Außenwand als Mauerwerk aus Hochlochziegel mit Nut und Feder für Putzauftrag mit Dünnbettmörtel und ohne Stoßfugenvermörtelung.
Wanddicke: 36,5 cm
Stein: LHlz 8/0,8
Format: 12DF
Mörtel: LM 21
Wärmeleitrechenwert: 0,18 W/(mK)
Einbauort: .....
Wandhöhen: bis 3,0 m

| 90 € | 108 € | **115** € | 131 € | 153 € | [m²] | ⏱ 0,90 h/m² | 312.000.248 |

LB 312
Mauerarbeiten

Kosten:
Stand 2.Quartal 2018
Bundesdurchschnitt

▶ min
▷ von
ø Mittel
◁ bis
◀ max

Nr.	Kurztext / Langtext						Kostengruppe
▶	▷	ø netto €	◁	◀	[Einheit]	Ausf.-Dauer	Positionsnummer

98   Außenwand, KS L-R 17,5cm, tragend   KG **331**
Mauerwerk der tragenden Außenwand aus Kalksandstein KS L-R, für zweischaliges, hinterlüftetes Mauerwerk, für einseitigen Putzauftrag, ohne Stoßfugenvermörtelung, Steine mit Nut und Feder. Drahtanker in gesonderter Position.
Wandfunktion: **Hintermauerung / Tragschale**
Wanddicke: 17,5 cm
Steinart: KS L-R
Festigkeitsklasse: 12 N/mm²
Rohdichteklasse: 1,6 kg/dm³
Format: 12 DF (373 x 175 x 248 mm)
Mörtelgruppe: Dünnbettmörtel DM
Einbauort: in allen Geschossen
Angeb. Fabrikat: .....

47€   56€   **60€**   67€   85€   [m²]   ⏱ 0,50 h/m²   312.000.236

99   Außenwand, KS L-R 24cm, tragend   KG **331**
Mauerwerk der tragenden Außenwand aus Kalksandstein KS L-R, für zweischaliges, hinterlüftetes Mauerwerk, für einseitigen Putzauftrag, ohne Stoßfugenvermörtelung, Steine mit Nut und Feder. Drahtanker in gesonderter Position.
Wandfunktion: **Hintermauerung / Tragschale**
Wanddicke: 24,0 cm
Steinart: KS L-R
Festigkeitsklasse: 12 N/mm²
Rohdichteklasse: 1,8 kg/dm³
Format: 4 DF (240 x 240 x 248 mm)
Mörtelgruppe: Dünnbettmörtel DM
Einbauort: in allen Geschossen
Angeb. Fabrikat: .....

53€   67€   **74€**   81€   99€   [m²]   ⏱ 0,60 h/m²   312.000.237

100   Öffnung überdecken, Ziegelsturz   KG **342**
Öffnung in Ziegelmauerwerk mit Ziegelflachstürzen überdecken, 2 Stürze nebeneinander, gemäß Statik.
Sturzquerschnitt: Dicke 115 mm, Höhe 113 mm
Lichte Öffnungsweite: .....
Angeb. Fabrikat: .....

18€   27€   **29€**   36€   46€   [m]   ⏱ 0,25 h/m   312.000.238

101   Öffnung überdecken; KS-Sturz, 17,5cm   KG **341**
Öffnung mit Kalksandsteinsturz überdecken, tragend, gemäß Statik.
Wanddicke: 17,5 cm
Sturzquerschnitt: .....
Lichte Öffnungsweite: .....
Angeb. Fabrikat: .....

22€   30€   **32€**   42€   59€   [m]   ⏱ 0,30 h/m   312.000.239

Nr.	Kurztext / Langtext							Kostengruppe
▶	▷	ø netto €	◁	◀	[Einheit]	Ausf.-Dauer	Positionsnummer

102 Öffnung überdecken, Betonsturz, 24cm KG **341**
Fertigteilsturz aus Stahlbeton, bewehrt, über Öffnung in Mauerwerkswand, gemäß Statik.
Wanddicke: .....
Sturzquerschnitt: Dicke 240 mm, Höhe 238 mm
Lichte Öffnungsweite: .....
Oberfläche: für bauseitiges Verputzen
Kanten: scharfkantig
Angeb. Fabrikat: .....

| 27€ | 42€ | **48**€ | 59€ | 79€ | [m] | ⏱ 0,35 h/m | 312.000.240 |

103 Stundensatz Facharbeiter, Mauerarbeiten
Stundenlohnarbeiten für Facharbeiter, Spezialfacharbeiter, Vorarbeiter und jeweils Gleichgestellte.
Leistung nach besonderer Anordnung des Auftraggebers. Nachweis und Anmeldung gemäß VOB/B.

| 42€ | 47€ | **48**€ | 51€ | 59€ | [h] | ⏱ 1,00 h/h | 312.000.249 |

104 Stundensatz Werker / Helfer, Mauerarbeiten
Stundenlohnarbeiten für Werker, Fachwerker und jeweils Gleichgestellte. Leistung nach besonderer
Anordnung des Auftraggebers. Nachweis und Anmeldung gemäß VOB/B.

| 35€ | 41€ | **44**€ | 46€ | 50€ | [h] | ⏱ 1,00 h/h | 312.000.250 |

LB 313
Betonarbeiten

313

Kosten:
Stand 2.Quartal 2018
Bundesdurchschnitt

▶ min
▷ von
ø Mittel
◁ bis
◀ max

Betonarbeiten — Preise €

Nr.	Positionen	Einheit	▶	▷ ø brutto € / ø netto €		◁	◀
1	Fundament abbrechen, Stahlbeton	m³	75	113	**151**	181	212
			63	95	**127**	152	178
2	Bodenplatte abbrechen, Beton	m³	85	118	**158**	189	233
			72	99	**133**	159	196
3	Bodenplatte abbrechen, Stahlbeton	m³	112	172	**215**	258	287
			94	144	**180**	216	241
4	Außentreppenstufen abbrechen, Beton	St	134	162	**187**	209	230
			113	137	**157**	176	193
5	Kelleraußenwände abbrechen, Beton	m³	174	210	**242**	271	298
			146	177	**203**	228	250
6	Kelleraußenwände abbrechen, Stahlbeton	m³	190	230	**264**	296	325
			160	193	**222**	248	273
7	Balkon abbrechen, Stb, bis 3,00x1,50m	St	321	388	**446**	500	549
			270	326	**375**	420	461
8	Außenwände abbrechen, Stahlbeton	m³	185	224	**257**	288	317
			156	188	**216**	242	266
9	Innenwände abbrechen, Stb. bis 15cm	m³	170	205	**235**	264	290
			142	172	**198**	222	243
10	Innenwände abbrechen, Stb. bis 25cm	m³	188	227	**261**	293	321
			158	191	**220**	246	270
11	Türöffnung ausbrechen, Stb, 1,00x2,10m	St	150	181	**208**	233	256
			126	152	**175**	196	215
12	Stahlbetonstützen abbrechen	m³	249	300	**345**	387	425
			209	252	**290**	325	357
13	Geschossdecke abbrechen, Stahlbeton 25cm	m³	184	228	**262**	302	341
			154	192	**221**	254	287
14	Geschossdecke abbrechen, Stahlbeton 25cm	m²	47	79	**88**	105	141
			39	66	**74**	88	119
15	Geschossdecke abbrechen, Hohldielen 25cm	m²	35	43	**50**	56	67
			29	36	**42**	47	56
16	Stahlbetontreppe abbrechen	St	503	608	**699**	782	845
			423	511	**587**	657	710
17	Wandschlitze, Beton, 10x5cm	m	25	32	**36**	41	45
			21	27	**31**	34	38
18	Wanddurchbrüche, Stb, 20x20cm, 24cm	St	61	74	**85**	95	105
			51	62	**71**	80	88
19	Deckendurchbruch, Stb, herstellen 30x10, 20cm	St	39	47	**54**	60	67
			32	39	**45**	51	56
20	Deckendurchbruch, Stb, herstellen 20x20, 20cm	St	40	48	**55**	62	69
			34	40	**47**	52	58
21	Deckendurchbruch, Stb, herstellen 50x20, 20cm	St	61	73	**84**	94	105
			51	62	**71**	79	88
22	Deckendurchbruch, Stb, schließen 30x10, 20cm	St	16	19	**22**	24	28
			13	16	**18**	21	24
23	Deckendurchbruch, Stb, schließen 20x20, 20cm	St	17	20	**23**	26	30
			14	17	**19**	22	25
24	Deckendurchbruch, Stb, schließen 50x20, 20cm	St	31	38	**43**	48	56
			26	32	**36**	41	47

© **BKI** Baukosteninformationszentrum; Erläuterungen zu den Tabellen siehe Seite 22
Mustertexte geprüft: Bauwirtschaft Baden-Württemberg e.V.

Kostenstand: 2.Quartal 2018, Bundesdurchschnitt

Betonarbeiten — Preise €

Nr.	Positionen	Einheit	▶	▷ ø brutto € / ø netto €	◁	◀
25	Deckendurchbruch, Stb, schließen 50x50, 24cm	St	50 / 42	61 / 51	**70** / **58**	78 / 66	88 / 74
26	Kernbohrung, Stb, Durchmesser 10-50mm	m	97 / 81	117 / 98	**135** / **113**	151 / 127	165 / 139
27	Kernbohrung, Stb, Durchmesser 55-80mm	m	123 / 103	149 / 125	**171** / **143**	191 / 161	210 / 176
28	Kernbohrung, Stb, Durchmesser 115-130mm	m	137 / 115	166 / 139	**190** / **160**	213 / 179	234 / 197
29	Kernbohrung, Stb, Durchmesser 140-160mm	m	163 / 137	197 / 165	**226** / **190**	253 / 213	278 / 234
30	Kernbohrung, Stb, Durchmesser 170-180mm	m	178 / 149	215 / 181	**247** / **208**	277 / 232	304 / 255
31	Kernbohrung, Stb, Durchmesser 200-220mm	m	203 / 171	246 / 207	**283** / **238**	317 / 266	348 / 292
32	Kernbohrung, Stb, Durchmesser 230-250mm	m	227 / 191	275 / 231	**316** / **265**	354 / 297	388 / 326
33	Kernbohrung, Stb, Durchmesser 280-300mm	m	258 / 217	312 / 262	**359** / **302**	402 / 338	441 / 371
34	Kernbohrung, schräg, Mehrpreis	St	14 / 12	17 / 15	**20** / **17**	22 / 19	25 / 21
35	Kernbohrung, Stahlschnitte, 16-28mm	St	3 / 2	3 / 3	**4** / **3**	4 / 4	5 / 5
36	Kernbohrung, Stahlschnitte	cm²	4 / 3	4 / 4	**5** / **4**	6 / 5	7 / 6
37	Betonschneidearbeiten, bis 43cm	m	104 / 88	126 / 106	**145** / **122**	162 / 136	178 / 150
38	Betonschneidearbeiten, bis 90cm	m	219 / 184	264 / 222	**304** / **255**	340 / 286	374 / 314
39	Baustelleneinrichtung Bohr-/Sägearbeiten	psch	200 / 168	242 / 203	**278** / **234**	311 / 262	375 / 315
40	Bohreinrichtung geschossweise umsetzen	psch	51 / 43	62 / 52	**71** / **60**	80 / 67	96 / 81
41	Bohreinrichtung gebäudeweise umsetzen	psch	71 / 59	85 / 72	**98** / **82**	110 / 92	137 / 115
42	Unterzug C20/25, Stb, 20x40cm	m	22 / 18	26 / 22	**30** / **25**	33 / 28	39 / 33
43	Überzug C20/25, Stb, 24x40cm	m	25 / 21	30 / 25	**35** / **29**	39 / 33	45 / 38
44	Kniestock C20/25, Stb, 24x35cm	m	27 / 23	33 / 28	**38** / **32**	43 / 36	49 / 42
45	Ringanker C20/25, Stb, 24x24cm	m	28 / 24	34 / 29	**39** / **33**	44 / 37	51 / 43
46	Deckendämmung, Mehrschichtplatte, MW 50	m²	42 / 36	48 / 40	**55** / **46**	62 / 52	68 / 57
47	Deckendämmung, Mehrschichtplatte, MW 100	m²	52 / 43	58 / 49	**67** / **56**	75 / 63	82 / 69
48	Deckendämmung, GF+PIR 50	m²	51 / 43	57 / 48	**66** / **55**	74 / 62	81 / 68

© **BKI** Baukosteninformationszentrum; Erläuterungen zu den Tabellen siehe Seite 22
Mustertexte geprüft: Bauwirtschaft Baden-Württemberg e.V.

Kostenstand: 2.Quartal 2018, Bundesdurchschnitt

LB 313
Betonarbeiten

Betonarbeiten — Preise €

Nr.	Positionen	Einheit	▶ min	▷ von	ø brutto € / ø netto €	◁ bis	◀ max
49	Deckendämmung, GF+PIR 70	m²	58	65	**75**	84	92
			48	55	**63**	70	77
50	Deckendämmung, GF+PIR 90	m²	66	75	**86**	97	106
			56	63	**73**	81	89
51	Deckendämmung, PIR 60, Vlies	m²	33	37	**43**	48	56
			28	31	**36**	40	47
52	Deckendämmung, PIR 100, Vlies	m²	41	46	**53**	60	69
			34	39	**45**	50	58
53	Wanddämmung, Mineralplatten 10mm	m²	25	29	**33**	37	43
			21	24	**28**	31	36
54	Wanddämmung, Mineralplatten 30mm	m²	32	37	**42**	47	55
			27	31	**35**	40	46
55	Wanddämmung, Mineralplatten 50mm	m²	35	40	**45**	51	59
			29	33	**38**	43	50
56	Wanddämmung, Mineralplatten 80mm	m²	34	38	**52**	58	68
			29	32	**44**	49	57
57	Wanddämmung, Mineralplatten 100mm	m²	44	49	**57**	64	74
			37	42	**48**	54	62
58	Laibungen, Mineralplatten	m	16	20	**23**	25	31
			14	17	**19**	21	26
59	Wanddämmung, GK-Bekleidung, MW 80	m²	34	38	**44**	49	57
			28	32	**37**	41	48
60	Wanddämmung, GK-Bekleidung, MW 100	m²	36	41	**47**	53	61
			31	35	**40**	45	52
61	Wanddämmung, WD-Putzsystem, 50mm	m²	45	50	**58**	65	74
			37	42	**49**	54	62
62	Wanddämmung, WD-Putzsystem, 75mm	m²	52	58	**67**	75	86
			43	49	**56**	63	72
63	Laibungen, WD-Putz 50mm	m	17	20	**23**	25	29
			15	17	**19**	21	25
64	Laibungen, WD-Putz 75mm	m	23	26	**30**	34	39
			19	22	**25**	28	33
65	Dachbodendämmung, MW 035, 100mm	m²	13	15	**17**	19	23
			11	12	**14**	16	19
66	Dachbodendämmung, MW 035, 200mm	m²	24	27	**31**	35	41
			20	23	**26**	29	34
67	Dachbodendämmung, MW 035, 100mm, kaschiert	m²	26	30	**34**	38	44
			22	25	**29**	32	37
68	Dachbodendämmung, MW 035, 200mm, kaschiert	m²	51	58	**67**	75	82
			43	49	**56**	63	69
69	Dachbodendämmung, WF 045, 80mm	m²	26	30	**34**	38	44
			22	25	**29**	32	37
70	Dachbodendämmung, EPS 040, 180mm	m²	21	23	**27**	30	35
			17	20	**23**	25	29
71	Dachbodendämmung, PUR 024, 80mm, kaschiert	m²	40	45	**52**	58	67
			34	38	**44**	49	57
72	Dachbodendämmung, MW 040, 180mm, Spanplatte	m²	54	62	**71**	79	92
			46	52	**59**	67	77

Kosten:
Stand 2.Quartal 2018
Bundesdurchschnitt

▶ min
▷ von
ø Mittel
◁ bis
◀ max

© **BKI** Baukosteninformationszentrum; Erläuterungen zu den Tabellen siehe Seite 22
Mustertexte geprüft: Bauwirtschaft Baden-Württemberg e.V.

Kostenstand: 2.Quartal 2018, Bundesdurchschnitt

Betonarbeiten — Preise €

Nr.	Positionen	Einheit	▶	▷ ø brutto € / ø netto €		◁	◀
73	Dachbodendämmung, EPS 040, 80mm, Spanplatte	m²	40	45	**51**	58	67
			33	38	**43**	48	56
74	Dachbodendämmung, EPS 035, 100mm, Spanplatte	m²	42	47	**54**	61	70
			35	40	**45**	51	59
75	Dachbodendämmung, EPS 032, 200mm, Spanplatte	m²	52	59	**68**	76	83
			44	49	**57**	64	70
76	Dachbodendämmung, EPS 032, 240mm, Spanplatte	m²	57	64	**74**	82	91
			48	54	**62**	69	76
77	Dachbodendämmung, EPS 032, 260mm, Spanplatte	m²	60	67	**77**	87	95
			50	57	**65**	73	80
78	Dachbodendämmung, PUR 024, 80mm, Spanplatte	m²	58	65	**75**	84	92
			48	55	**63**	70	77
79	Dachbodendämmung, EPS 032,160mm, OSB-Platte	m²	45	51	**59**	66	75
			38	43	**49**	55	63
80	Dachbodendämmung, WF 045, 100mm, OSB-Platte	m²	43	48	**55**	62	71
			36	40	**47**	52	60
81	Balkonflächen untersuchen	m²	2	3	**3**	4	4
			2	3	**3**	3	4
82	Fugendichtmasse entfernen	m	8	9	**11**	12	14
			6	8	**9**	10	12
83	Fugenbänder, komprimiert, entfernen	m	4	4	**5**	6	7
			3	4	**4**	5	6
84	Betonflächen reinigen	m²	0,6	0,7	**0,9**	1,0	1,2
			0,5	0,6	**0,7**	0,8	1,0
85	Fugenflanken säubern	m	2	3	**3**	4	4
			2	2	**3**	3	4
86	Fugen aufschneiden	m	10	12	**13**	15	18
			8	10	**11**	13	15
87	Fugen, Kanten als Fase	m	3	4	**4**	5	6
			3	3	**4**	4	5
88	Fugenflanken spachteln	m	9	10	**12**	13	16
			7	9	**10**	11	13
89	Fugenrand spachteln	m	5	5	**6**	7	9
			4	5	**5**	6	7
90	Fugenflanken, Korrosionsschutz	m	1	2	**2**	2	2
			1	1	**2**	2	2
91	Fugen, elast. Abdichtung, verkleinern	m	7	8	**9**	10	13
			6	7	**8**	9	11
92	Fugen, verkleinern	m	19	23	**26**	30	36
			16	19	**22**	25	30
93	Fugenflanken vorbereiten	m	2	3	**3**	4	4
			2	2	**3**	3	4
94	Fugenflanken vorstreichen	m	2	2	**3**	3	4
			2	2	**2**	3	3
95	Fugen hinterfüllen	m	3	3	**4**	4	5
			2	3	**3**	4	4
96	Fugen, Folie einlegen	m	1	1	**1**	2	2
			0,9	1,0	**1,2**	1,3	1,6

LB 313 Betonarbeiten

Betonarbeiten — Preise €

Nr.	Positionen	Einheit	▶ min	▷ von	ø brutto € / ø netto €	◁ bis	◀ max
97	Fugenabdichtung, elastisch PUR, 20x10, 1K	m	7,7 / 6,5	9,3 / 7,8	**11** / **9,0**	12 / 10	14 / 12
98	Fugenabdichtung, elastisch PUR, 20x10, 2K	m	8,7 / 7,3	10 / 8,8	**12** / **10**	13 / 11	16 / 14
99	Fugenabdichtung, elastisch PUR, 35x15, 2K	m	12 / 10	15 / 13	**17** / **14**	19 / 16	23 / 20
100	Fugenabdichtung, Komprimierband, 20mm	m	16 / 13	19 / 16	**22** / **19**	25 / 21	30 / 25
101	Fugenabdichtung abdecken, Alu, 30x50mm	m	24 / 20	29 / 24	**33** / **28**	37 / 31	43 / 36
102	Fugenabdichtung abdecken, Alu, 40x70mm	m	26 / 22	32 / 27	**37** / **31**	41 / 35	48 / 40
103	Unterfangung, Fundament	m³	279 / 234	487 / 409	**558** / **469**	810 / 681	1.201 / 1.009
104	Schalung, Fundament, verloren	m²	35 / 30	45 / 38	**49** / **41**	55 / 46	76 / 64
105	Schalung, Fundament, rau	m²	21 / 18	38 / 32	**44** / **37**	51 / 43	67 / 56
106	Fundament, Ortbeton, bewehrt	m³	151 / 127	194 / 163	**208** / **175**	265 / 222	408 / 343
107	Fundament, Ortbeton, unbewehrt	m³	137 / 115	160 / 135	**168** / **141**	186 / 157	225 / 189
108	Fundament, Ortbeton, unbewehrt, Schalung	m³	146 / 123	248 / 209	**285** / **239**	329 / 276	449 / 377
109	Trennlage, PE-Folie	m²	1 / 1	2 / 2	**3** / **2**	4 / 3	6 / 5
110	Bodenplatte, Stahlbeton C25/30, bis 35cm	m³	151 / 126	192 / 161	**211** / **177**	234 / 196	287 / 241
111	Wand, Stahlbeton C25/30, 30cm, Schalung	m²	137 / 115	149 / 126	**156** / **131**	161 / 135	177 / 149
112	Decke, Beton C25/30, bis 24cm, Schalung	m²	77 / 64	93 / 78	**95** / **80**	102 / 85	115 / 96
113	Betonstahlmatten, B500	t	1.341 / 1.127	1.824 / 1.533	**2.054** / **1.726**	2.343 / 1.969	2.959 / 2.487
114	Betonstabstahl, B500B	t	1.550 / 1.302	1.979 / 1.663	**2.218** / **1.864**	2.683 / 2.254	3.434 / 2.886
115	Kleineisenteile, Baustahl S235JR	kg	3 / 2	6 / 5	**8** / **7**	10 / 9	15 / 13
116	Stundensatz Facharbeiter, Betonbau	h	44 / 37	53 / 44	**56** / **47**	57 / 48	62 / 52

Kosten: Stand 2. Quartal 2018 Bundesdurchschnitt

▶ min
▷ von
ø Mittel
◁ bis
◀ max

Nr.	Kurztext / Langtext						Kostengruppe
▶	▷	ø netto €	◁	◀	[Einheit]	Ausf.-Dauer	Positionsnummer

1 Fundament abbrechen, Stahlbeton KG **394**

Fundamente aus Stahlbeton innerhalb von Gebäuden abbrechen und entsorgen. Abbruch teilweise in Handarbeit und verschiedenen Abmessungen. In den Einheitspreis sind die Abstütz- und Sicherungsmaßnahmen einzukalkulieren.
Abmessungen: .....
Hinweis: Umfangreiche Abstütz- und Sicherungsmaßnahmen sind gesondert auszuschreiben.

| 63€ | 95€ | **127€** | 152€ | 178€ | [m³] | 2,80 h/m³ | 313.000.163 |

2 Bodenplatte abbrechen, Beton KG **394**

Bodenplatte aus Beton, unbewehrt, abbrechen und entsorgen.
Bauteildicke: .....

| 72€ | 99€ | **133€** | 159€ | 196€ | [m³] | 2,60 h/m³ | 313.000.164 |

3 Bodenplatte abbrechen, Stahlbeton KG **394**

Bodenplatte aus Stahlbeton, abbrechen und entsorgen.
Bauteildicke: .....

| 94€ | 144€ | **180€** | 216€ | 241€ | [m³] | 3,00 h/m³ | 313.000.165 |

4 Außentreppenstufen abbrechen, Beton KG **594**

Außentreppenstufen aus Beton einschl. Unterbau abbrechen und Bauschutt entsorgen.
Treppenbreite: bis 2,0 m
Stufenabmessung: .....
Stufenanzahl: .....

| 113€ | 137€ | **157€** | 176€ | 193€ | [St] | 4,00 h/St | 313.000.166 |

5 Kelleraußenwände abbrechen, Beton KG **394**

Kelleraußenwände aus unbewehrtem Beton, in verschiedenen Dicken abbrechen und Bauschutt entsorgen. In den Einheitspreis sind die Abstütz- und Sicherungsmaßnahmen einzukalkulieren.
Wanddicke 1: ..... cm
Fläche ca. ..... m²
Wanddicke 2: ..... cm
Fläche: ca. ..... m²
Hinweis: Umfangreiche Abstütz- und Sicherungsmaßnahmen sind gesondert auszuschreiben.

| 146€ | 177€ | **203€** | 228€ | 250€ | [m³] | 4,00 h/m³ | 313.000.167 |

6 Kelleraußenwände abbrechen, Stahlbeton KG **394**

Kelleraußenwände aus Stahlbeton, in verschiedenen Dicken abbrechen, Bauschutt entsorgen. In den Einheitspreis sind statisch alle evtl. erforderlichen Abstütz- und Sicherungsmaßnahmen einzukalkulieren.
Wanddicke 1: ..... cm
Fläche ca. ..... m²
Wanddicke 2: ..... cm
Fläche: ca. ..... m²
Hinweis: Umfangreiche Abstütz- und Sicherungsmaßnahmen sind gesondert auszuschreiben.

| 160€ | 193€ | **222€** | 248€ | 273€ | [m³] | 4,50 h/m³ | 313.000.168 |

LB 313
Betonarbeiten

Nr.	Kurztext / Langtext						Kostengruppe
▶	▷	ø netto €	◁	◀	[Einheit]	Ausf.-Dauer	Positionsnummer

7 Balkon abbrechen, Stb, bis 3,00x1,50m KG **394**
Balkon aus Stahlbetonplatte mit Brüstungswänden aus Stahlbeton abbrechen und Bauschutt entsorgen.
In den Einheitspreis sind die Abstütz- und Sicherungsmaßnahmen einzukalkulieren.
Größe: 3,00 x 1,50 m
Brüstungshöhe: ..... m
Höhe über Gelände: ..... m
Hinweis: Umfangreiche Abstütz- und Sicherungsmaßnahmen sind gesondert auszuschreiben.
270€   326€   **375€**   420€   461€   [St]   ⏱ 5,80 h/St   313.000.169

8 Außenwände abbrechen, Stahlbeton KG **394**
Außenwände aus Stahlbeton, in verschiedenen Dicken abbrechen und Bauschutt entsorgen. In den Einheitspreis sind die Abstütz- und Sicherungsmaßnahmen einzukalkulieren.
Wanddicke: ..... cm
Höhe über Gelände: ..... m
Hinweis: Umfangreiche Abstütz- und Sicherungsmaßnahmen sind gesondert auszuschreiben.
156€   188€   **216€**   242€   266€   [m³]   ⏱ 4,20 h/m³   313.000.170

9 Innenwände abbrechen, Stb. bis 15cm KG **394**
Innenwände aus Stahlbeton, nicht tragend, abbrechen und Bauschutt entsorgen. In den Einheitspreis sind die Abstütz- und Sicherungsmaßnahmen einzukalkulieren.
Wanddicke: bis 15 cm
Hinweis: Umfangreiche Abstütz- und Sicherungsmaßnahmen sind gesondert auszuschreiben.
142€   172€   **198€**   222€   243€   [m³]   ⏱ 4,80 h/m³   313.000.171

10 Innenwände abbrechen, Stb. bis 25cm KG **394**
Innenwände aus Stahlbeton, tragend, abbrechen und Bauschutt entsorgen. In den Einheitspreis sind die Abstütz- und Sicherungsmaßnahmen einzukalkulieren.
Wanddicke: 16 bis 25 cm
Hinweis: Umfangreiche Abstütz- und Sicherungsmaßnahmen sind gesondert auszuschreiben.
158€   191€   **220€**   246€   270€   [m³]   ⏱ 4,60 h/m³   313.000.172

11 Türöffnung ausbrechen, Stb, 1,00x2,10m KG **394**
Türöffnung in Wänden aus Stahlbeton ausbrechen und Bauschutt entsorgen. In den Einheitspreis sind die Abstütz- und Sicherungsmaßnahmen einzukalkulieren.
Durchbruchsgröße: 1,00 x 2,10 m
Wanddicke: bis 40 cm
Betongüte: .....
Hinweis: Umfangreiche Abstütz- und Sicherungsmaßnahmen sind gesondert auszuschreiben.
126€   152€   **175€**   196€   215€   [St]   ⏱ 2,50 h/St   313.000.173

12 Stahlbetonstützen abbrechen KG **394**
Stahlbetonstützen verschiedener Querschnitte abbrechen und Bauschutt entsorgen. In den Einheitspreis sind die Abstütz- und Sicherungsmaßnahmen einzukalkulieren.
Abbruchort: .....
Querschnitte: ....
Hinweis: Umfangreiche Abstütz- und Sicherungsmaßnahmen sind gesondert auszuschreiben.
209€   252€   **290€**   325€   357€   [m³]   ⏱ 5,80 h/m³   313.000.174

Kosten:
Stand 2.Quartal 2018
Bundesdurchschnitt

▶ min
▷ von
ø Mittel
◁ bis
◀ max

Nr.	Kurztext / Langtext				[Einheit]	Ausf.-Dauer	Kostengruppe Positionsnummer
▶	▷	ø netto €	◁	◀			

13   **Geschossdecke abbrechen, Stahlbeton 25cm**   KG **394**

Geschossdecken aus Stahlbeton abbrechen und Bauschutt entsorgen. In den Einheitspreis sind die Abstütz- und Sicherungsmaßnahmen einzukalkulieren.
Deckendicke: bis 25 cm
Abbruchort: .....
Hinweis: Umfangreiche Abstütz- und Sicherungsmaßnahmen sind gesondert auszuschreiben.

| 154€ | 192€ | **221€** | 254€ | 287€ | [m³] | ⏱ 3,80 h/m³ | 313.000.175 |

14   **Geschossdecke abbrechen, Stahlbeton 25cm**   KG **394**

Geschossdecken aus Stahlbeton abbrechen und Bauschutt entsorgen. In den Einheitspreis sind die Abstütz- und Sicherungsmaßnahmen einzukalkulieren.
Deckendicke: bis 25 cm
Abbruchort: .....
Hinweis: Umfangreiche Abstütz- und Sicherungsmaßnahmen sind gesondert auszuschreiben.

| 39€ | 66€ | **74€** | 88€ | 119€ | [m²] | ⏱ 3,80 h/m² | 313.000.275 |

15   **Geschossdecke abbrechen, Hohldielen 25cm**   KG **394**

Geschossdecken aus Stahlbeton-Hohldielen abbrechen und Bauschutt entsorgen. In den Einheitspreis sind die Abstütz- und Sicherungsmaßnahmen einzukalkulieren.
Deckendicke: bis 25 cm
Abbruchort: .....
Hinweis: Umfangreiche Abstütz- und Sicherungsmaßnahmen sind gesondert auszuschreiben.

| 29€ | 36€ | **42€** | 47€ | 56€ | [m²] | ⏱ 3,80 h/m² | 313.000.176 |

16   **Stahlbetontreppe abbrechen**   KG **394**

Stahlbetontreppen, eingeschossig, je Geschoss 1 bis 2 Läufe, ohne Podestabbruch, abbrechen und Bauschutt entsorgen. In den Einheitspreis sind die Abstütz- und Sicherungsmaßnahmen einzukalkulieren.
Stufenanzahl: ..... St
Steigungsverhältnis: 27/18 cm
Läufe: **1 / 2** St, mit Stahlbeton-Podest
Podest: Größe ..... x ..... m
Dicke: ca. ..... m
Laufbreite: ..... m
Abbruchort: .....
Hinweis: Umfangreiche Abstütz- und Sicherungsmaßnahmen sind gesondert auszuschreiben.

| 423€ | 511€ | **587€** | 657€ | 710€ | [St] | ⏱ 12,00 h/St | 313.000.178 |

17   **Wandschlitze, Beton, 10x5cm**   KG **395**

Wandschlitze in unbewehrtem Beton herstellen, verschiedene Längen, nach Leitungsverlegung mit Beton schließen. Leistung mit Entsorgung des Bauschutts.
Schlitzgröße: bis 10 x 5 cm

| 21€ | 27€ | **31€** | 34€ | 38€ | [m] | ⏱ 0,40 h/m | 313.000.179 |

LB 313
Betonarbeiten

	Nr.	Kurztext / Langtext				[Einheit]	Ausf.-Dauer	Kostengruppe Positionsnummer
	▶	▷ ø netto € ◁ ◀						

18 — Wanddurchbrüche, Stb, 20x20cm, 24cm — KG 395
Wanddurchbrüche in Stahlbeton herstellen, nach Leitungsverlegung mit Beton verschließen. Leistung mit Entsorgung des Bauschutts.
Öffnung: 20 x 20 cm
Wanddicke: bis 24 cm

| 51€ | 62€ | **71€** | 80€ | 88€ | [St] | ⏱ 1,20 h/St | 313.000.180 |

A 1 — Deckendurchbruch, Stb, herstellen — Beschreibung für Pos. **19-21**
Deckendurchbruch in Stahlbetondecke nachträglich herstellen und Bauschutt entsorgen. In den Einheitspreis sind die Abstütz- und Sicherungsmaßnahmen einzukalkulieren.
Deckendicke: bis 20 cm
Hinweis: Umfangreiche Abstütz- und Sicherungsmaßnahmen sind gesondert auszuschreiben.

19 — Deckendurchbruch, Stb, herstellen 30x10, 20cm — KG 395
Wie Ausführungsbeschreibung A 1
Größe: bis 30 x 10 cm

| 32€ | 39€ | **45€** | 51€ | 56€ | [St] | ⏱ 0,90 h/St | 313.000.181 |

20 — Deckendurchbruch, Stb, herstellen 20x20, 20cm — KG 395
Wie Ausführungsbeschreibung A 1
Größe: bis 20 x 20 cm

| 34€ | 40€ | **47€** | 52€ | 58€ | [St] | ⏱ 0,90 h/St | 313.000.182 |

21 — Deckendurchbruch, Stb, herstellen 50x20, 20cm — KG 395
Wie Ausführungsbeschreibung A 1
Größe: bis 50 x 20 cm

| 51€ | 62€ | **71€** | 79€ | 88€ | [St] | ⏱ 1,50 h/St | 313.000.183 |

A 2 — Deckendurchbruch, Stb, schließen — Beschreibung für Pos. **22-25**
Deckendurchbruch in Stahlbetondecke nach Leitungsverlegung mit Beton schließen. Leistung einschl. der erforderlichen Schalung und Angleichen der Oberflächen und Ränder.
Deckendicke: bis 20 cm

22 — Deckendurchbruch, Stb, schließen 30x10, 20cm — KG 395
Wie Ausführungsbeschreibung A 2
Größe: bis 30 x 10 cm

| 13€ | 16€ | **18€** | 21€ | 24€ | [St] | ⏱ 0,25 h/St | 313.000.184 |

23 — Deckendurchbruch, Stb, schließen 20x20, 20cm — KG 395
Wie Ausführungsbeschreibung A 2
Größe: bis 20 x 20 cm

| 14€ | 17€ | **19€** | 22€ | 25€ | [St] | ⏱ 0,25 h/St | 313.000.185 |

24 — Deckendurchbruch, Stb, schließen 50x20, 20cm — KG 395
Wie Ausführungsbeschreibung A 2
Größe: bis 50 x 20 cm

| 26€ | 32€ | **36€** | 41€ | 47€ | [St] | ⏱ 0,50 h/St | 313.000.186 |

Kosten:
Stand 2.Quartal 2018
Bundesdurchschnitt

▶ min
▷ von
ø Mittel
◁ bis
◀ max

Nr.	Kurztext / Langtext						Kostengruppe
▶	▷	ø netto €	◁	◀	[Einheit]	Ausf.-Dauer	Positionsnummer

25 Deckendurchbruch, Stb, schließen 50x50, 24cm KG **395**
Wie Ausführungsbeschreibung A 2
Größe: bis 50 x 50 cm

| 42€ | 51€ | **58€** | 66€ | 74€ | [St] | ⏱ 0,70 h/St | 313.000.187 |

A 3   Kernbohrung, Stahlbeton Beschreibung für Pos. **26-33**
Kernbohrung in Stahlbetonbauteilen inkl. Bauschuttentsorgung.
Bauteil: .....
Lage: .....

26 Kernbohrung, Stb, Durchmesser 10-50mm KG **399**
Wie Ausführungsbeschreibung A 3
Durchmesser: 10-50 mm

| 81€ | 98€ | **113€** | 127€ | 139€ | [m] | ⏱ 1,70 h/m | 313.000.188 |

27 Kernbohrung, Stb, Durchmesser 55-80mm KG **399**
Wie Ausführungsbeschreibung A 3
Durchmesser: 55-80 mm

| 103€ | 125€ | **143€** | 161€ | 176€ | [m] | ⏱ 2,10 h/m | 313.000.189 |

28 Kernbohrung, Stb, Durchmesser 115-130mm KG **399**
Wie Ausführungsbeschreibung A 3
Durchmesser: 115-130 mm

| 115€ | 139€ | **160€** | 179€ | 197€ | [m] | ⏱ 2,50 h/m | 313.000.190 |

29 Kernbohrung, Stb, Durchmesser 140-160mm KG **399**
Wie Ausführungsbeschreibung A 3
Durchmesser: 140-160 mm

| 137€ | 165€ | **190€** | 213€ | 234€ | [m] | ⏱ 2,90 h/m | 313.000.191 |

30 Kernbohrung, Stb, Durchmesser 170-180mm KG **399**
Wie Ausführungsbeschreibung A 3
Durchmesser: 170-180 mm

| 149€ | 181€ | **208€** | 232€ | 255€ | [m] | ⏱ 3,30 h/m | 313.000.192 |

31 Kernbohrung, Stb, Durchmesser 200-220mm KG **399**
Wie Ausführungsbeschreibung A 3
Durchmesser: 200-220 mm

| 171€ | 207€ | **238€** | 266€ | 292€ | [m] | ⏱ 3,70 h/m | 313.000.193 |

32 Kernbohrung, Stb, Durchmesser 230-250mm KG **399**
Wie Ausführungsbeschreibung A 3
Durchmesser: 230-250 mm

| 191€ | 231€ | **265€** | 297€ | 326€ | [m] | ⏱ 4,20 h/m | 313.000.194 |

LB 313
Betonarbeiten

Nr.	Kurztext / Langtext				[Einheit]	Ausf.-Dauer	Kostengruppe Positionsnummer
▶	▷	ø netto €	◁	◀			

33 Kernbohrung, Stb, Durchmesser 280-300mm KG **399**
Wie Ausführungsbeschreibung A 3
Durchmesser: 280-300 mm
| 217€ | 262€ | **302€** | 338€ | 371€ | [m] | ⏱ 4,70 h/m | 313.000.195 |

34 Kernbohrung, schräg, Mehrpreis KG **399**
Mehrpreis für Kernbohrungen in schräger oder senkrechter Richtung.
| 12€ | 15€ | **17€** | 19€ | 21€ | [St] | ⏱ 0,20 h/St | 313.000.196 |

35 Kernbohrung, Stahlschnitte, 16-28mm KG **399**
Schnitte des Stabstahls als Mehrpreis zu Kernbohrungen.
Stahldurchmesser: 16-28 mm
| 2€ | 3€ | **3€** | 4€ | 5€ | [St] | ⏱ 0,05 h/St | 313.000.197 |

36 Kernbohrung, Stahlschnitte KG **399**
Stahlschnitte als Mehrpreis zu Kernbohrungen.
Stahldurchmesser: .....
| 3€ | 4€ | **4€** | 5€ | 6€ | [cm²] | ⏱ 0,07 h/cm² | 313.000.198 |

37 Betonschneidearbeiten, bis 43cm KG **399**
Betonschnitte in Stahlbetonbauteilen.
Ausführung: einseitig
Schnitttiefe: bis 43 cm
Bauteil: .....
Lage: .....
| 88€ | 106€ | **122€** | 136€ | 150€ | [m] | ⏱ 1,70 h/m | 313.000.199 |

38 Betonschneidearbeiten, bis 90cm KG **399**
Betonschnitte in Stahlbetonbauteilen.
Ausführung: einseitig
Schnitttiefe: bis 90 cm
Bauteil: .....
Lage: .....
| 184€ | 222€ | **255€** | 286€ | 314€ | [m] | ⏱ 4,20 h/m | 313.000.200 |

39 Baustelleneinrichtung Bohr-/Sägearbeiten KG **399**
Einrichten und Räumen der Baustelle für Betonbohr- und -sägearbeiten.
Vorhaltezeit: .....
| 168€ | 203€ | **234€** | 262€ | 315€ | [psch] | ⏱ 1,50 h/psch | 313.000.201 |

40 Bohreinrichtung geschossweise umsetzen KG **399**
Geschossweises Umsetzen der Bohreinrichtung.
| 43€ | 52€ | **60€** | 67€ | 81€ | [psch] | ⏱ 1,25 h/psch | 313.000.202 |

Kosten:
Stand 2.Quartal 2018
Bundesdurchschnitt

▶ min
▷ von
ø Mittel
◁ bis
◀ max

Nr.	Kurztext / Langtext							Kostengruppe	
▶	▷	ø netto €	◁	◀		[Einheit]	Ausf.-Dauer	Positionsnummer	

41 Bohreinrichtung gebäudeweise umsetzen — KG **399**
Umsetzen der Bohreinrichtung in anderes Gebäude.
Entfernung: .....
Ausführungsort: .....

| 59€ | 72€ | **82€** | 92€ | 115€ | | [psch] | ⏱ 1,35 h/psch | 313.000.203 |

42 Unterzug C20/25, Stb, 20x40cm — KG **395**
Unterzug aus Stahlbeton im Innenbereich von Gebäuden nachträglich herstellen, auf vorhandene Auflager.
Schalung, Randdämmung und Bewehrung in gesonderter Position.
Beton: C20/25
Querschnitt: 20 x 40 cm
Einbauort: .....

| 18€ | 22€ | **25€** | 28€ | 33€ | | [m] | ⏱ 0,20 h/m | 313.000.204 |

43 Überzug C20/25, Stb, 24x40cm — KG **395**
Überzug aus Stahlbeton im Innenbereich von Gebäuden nachträglich herstellen, auf vorhandene Auflager.
Schalung, Randdämmung und Bewehrung in gesonderter Position.
Beton: C20/25
Querschnitt: bis 24 x 40 cm
Einbauort: .....

| 21€ | 25€ | **29€** | 33€ | 38€ | | [m] | ⏱ 0,25 h/m | 313.000.205 |

44 Kniestock C20/25, Stb, 24x35cm — KG **395**
Kniestock aus Stahlbeton im Innenbereich von Gebäuden nachträglich herstellen, als Widerlager für den Dachstuhl, inkl. Verankerung und Abschrägung der Oberseite. Schalung und Bewehrung in gesonderter Position.
Beton: C20/25
Querschnitt: bis 24 x 35 cm
Einbauort: .....

| 23€ | 28€ | **32€** | 36€ | 42€ | | [m] | ⏱ 0,30 h/m | 313.000.206 |

45 Ringanker C20/25, Stb, 24x24cm — KG **395**
Ringanker aus Stahlbeton, nachträglich einbauen. Schalung und Bewehrung in gesonderter Position.
Beton: C20/25
Querschnitt: 24 x 24 cm
Bewehrung: .....
Einbauort: .....

| 24€ | 29€ | **33€** | 37€ | 43€ | | [m] | ⏱ 0,25 h/m | 313.000.207 |

LB 313
Betonarbeiten

Nr.	Kurztext / Langtext						Kostengruppe	
▶	▷	ø netto €	◁	◀	[Einheit]	Ausf.-Dauer	Positionsnummer	

A 4 Deckendämmung, Mehrschichtplatte, MW — Beschreibung für Pos. **46-47**

Deckendämmung von Stahlbetondecken, nachträglich auf Unterseite, dreischichtige Mehrschichtplatten. Platten aus magnesitgebundenen Holzwolle-Leichtbauplatten mit Mineralwollkern.
Befestigung: Schrauben und Dübel
Anzahl: 6 St/m²
Wärmeleitfähigkeit des Gesamtsystems: mind. 0,085 W/(mK)
Ausführung Kante: .....
Brandverhalten: Klasse A2
Angeb. Fabrikat: .....

Kosten:
Stand 2.Quartal 2018
Bundesdurchschnitt

46 Deckendämmung, Mehrschichtplatte, MW 50 — KG **353**
Wie Ausführungsbeschreibung A 4
Plattendicke: 50 mm
36 €   40 €   **46 €**   52 €   57 €   [m²]   ⏱ 0,40 h/m²   313.000.208

47 Deckendämmung, Mehrschichtplatte, MW 100 — KG **353**
Wie Ausführungsbeschreibung A 4
Plattendicke: 100 mm
43 €   49 €   **56 €**   63 €   69 €   [m²]   ⏱ 0,45 h/m²   313.000.209

A 5 Deckendämmung, GF+PIR — Beschreibung für Pos. **48-50**

Deckendämmung von Stahlbetondecken, nachträglich auf Unterseite geklebt, Mehrschichtplatten mit Kern aus Polyurethan und Gipsfaserplattenbekleidung. Befestigung: Schrauben und Dübel
Anzahl: ..... St/m²
Beplankung: Gipsfaserplatte Typ .....
Dicke: ..... mm
Dämmkern: PIR
Wärmeleitfähigkeit: 0,024 W/(mK)
Ausführung Kante: umlaufend Nut und Feder
Angeb. Fabrikat: .....

48 Deckendämmung, GF+PIR 50 — KG **353**
Wie Ausführungsbeschreibung A 5
Dicke: 50 mm
43 €   48 €   **55 €**   62 €   68 €   [m²]   ⏱ 0,45 h/m²   313.000.215

▶ min
▷ von
ø Mittel
◁ bis
◀ max

49 Deckendämmung, GF+PIR 70 — KG **353**
Wie Ausführungsbeschreibung A 5
Dicke: 70 mm
48 €   55 €   **63 €**   70 €   77 €   [m²]   ⏱ 0,45 h/m²   313.000.216

50 Deckendämmung, GF+PIR 90 — KG **353**
Wie Ausführungsbeschreibung A 5
Dicke: 90 mm
56 €   63 €   **73 €**   81 €   89 €   [m²]   ⏱ 0,45 h/m²   313.000.217

Nr.	Kurztext / Langtext					[Einheit]	Ausf.-Dauer	Kostengruppe Positionsnummer
▶	▷	ø netto €	◁	◀				

51 Deckendämmung, PIR 60, Vlies KG **353**
Deckendämmung von Stahlbetondecken, nachträglich auf Unterseite geklebt und punktuell befestigt mit Kralle in Nut, aus Polyurethanplatten mit Vliesoberfläche, Platten mit Nut und Feder.
Dämmstoff: PIR
Dicke: 60 mm
Nennwert der Wärmeleitfähigkeit: 0,027 W/(mK)
Anzahl Krallen: ..... St/m²
Angeb. Fabrikat: .....

| 28€ | 31€ | **36€** | 40€ | 47€ | [m²] | ⏱ 0,45 h/m² | 313.000.218 |

52 Deckendämmung, PIR 100, Vlies KG **353**
Deckendämmung von Stahlbetondecken, nachträglich auf Unterseite geklebt und punktuell befestigt mit Kralle in Nut, aus Polyurethanplatten mit Vliesoberfläche, Platten mit Nut und Feder.
Dämmstoff: PIR
Dicke: 100 mm
Nennwert der Wärmeleitfähigkeit: 0,027 W/(mK)
Anzahl Krallen: ..... St/m²
Angeb. Fabrikat: .....

| 34€ | 39€ | **45€** | 50€ | 58€ | [m²] | ⏱ 0,45 h/m² | 313.000.219 |

A 6 Wanddämmung, Mineralplatten Beschreibung für Pos. **53-57**
Innenwandbekleidung aus Mineraldämmplatten mit Kleber aus Leichtmörtel auf Betonwänden.
Wärmeleitfähigkeit: 0,045 W/(mK)
Brandverhalten: Klasse A
Rohdichte: 115 kg/m³
Sorbtionsfeuchte: .....
Wasserdampfdiffussion: .....
Wasseraufnahme: .....
Angeb. Fabrikat: .....

53 Wanddämmung, Mineralplatten 10mm KG **336**
Wie Ausführungsbeschreibung A 6
Plattendicke: 10 mm

| 21€ | 24€ | **28€** | 31€ | 36€ | [m²] | ⏱ 0,25 h/m² | 313.000.220 |

54 Wanddämmung, Mineralplatten 30mm KG **336**
Wie Ausführungsbeschreibung A 6
Plattendicke: 30 mm

| 27€ | 31€ | **35€** | 40€ | 46€ | [m²] | ⏱ 0,25 h/m² | 313.000.221 |

55 Wanddämmung, Mineralplatten 50mm KG **336**
Wie Ausführungsbeschreibung A 6
Plattendicke: 50 mm

| 29€ | 33€ | **38€** | 43€ | 50€ | [m²] | ⏱ 0,25 h/m² | 313.000.222 |

© **BKI** Baukosteninformationszentrum; Erläuterungen zu den Tabellen siehe Seite 22
Mustertexte geprüft: Bauwirtschaft Baden-Württemberg e.V.

Kostenstand: 2.Quartal 2018, Bundesdurchschnitt

LB 313
Betonarbeiten

Nr.	Kurztext / Langtext					Kostengruppe	
▶	▷ ø netto € ◁ ◀				[Einheit]	Ausf.-Dauer	Positionsnummer

56 Wanddämmung, Mineralplatten 80mm   KG **336**
Wie Ausführungsbeschreibung A 6
Plattendicke: 80 mm

| 29€ | 32€ | **44€** | 49€ | 57€ | [m²] | ⏱ 0,30 h/m² | 313.000.223 |

57 Wanddämmung, Mineralplatten 100mm   KG **336**
Wie Ausführungsbeschreibung A 6
Plattendicke: 100 mm

| 37€ | 42€ | **48€** | 54€ | 62€ | [m²] | ⏱ 0,30 h/m² | 313.000.224 |

58 Laibungen, Mineralplatten   KG **336**
Laibungsflächen von Betonwänden an Fenster und Türen aus Mineraldämmplatten.
Dämmung: 20 mm
Laibungstiefe: bis 250 mm

| 14€ | 17€ | **19€** | 21€ | 26€ | [m] | ⏱ 0,20 h/m | 313.000.225 |

59 Wanddämmung, GK-Bekleidung, MW 80   KG **336**
Gipsplattenbekleidung mit Wärmedämmlage und Dampfsperre einschl. Unterkonstruktion aus Metallprofilen auf Betonwänden einschl. Randanschlüsse an Bauteile.
Metallprofile: CW/UW 100/50(40)/06
Dämmung: Mineralwolle MW
Typ: Wl-zk/zg
Dicke: 80mm
Nennwert der Wärmeleitfähigkeit: 0,032 W/(mK)
Dampfsperre: .....
Beplankung: Gipsplatte Typ A, einlagig,
Dicke: 12,5 mm
Oberflächenqualität: Q2
Kantenausbildung: .....
Angeb. Fabrikat: .....

| 28€ | 32€ | **37€** | 41€ | 48€ | [m²] | ⏱ 0,40 h/m² | 313.000.226 |

60 Wanddämmung, GK-Bekleidung, MW 100   KG **336**
Gipsplattenbekleidung mit Wärmedämmlage und Dampfsperre einschl. Unterkonstruktion aus Metallprofilen auf Betonwänden einschl. Randanschlüsse an Bauteile.
Metallprofile: CW/UW 100/50(40)/06
Dämmung: Mineralwolle MW
Typ: Wl-zk/zg
Dicke: 100mm
Nennwert der Wärmeleitfähigkeit: 0,032 W/(mK)
Dampfsperre: .....
Beplankung: Gipsplatte Typ A, einlagig
Dicke: 12,5 mm
Oberflächenqualität: Q2
Kantenausbildung: .....
Angeb. Fabrikat: .....

| 31€ | 35€ | **40€** | 45€ | 52€ | [m²] | ⏱ 0,40 h/m² | 313.000.227 |

Kosten:
Stand 2.Quartal 2018
Bundesdurchschnitt

▶ min
▷ von
ø Mittel
◁ bis
◀ max

Nr.	Kurztext / Langtext				[Einheit]	Ausf.-Dauer	Kostengruppe Positionsnummer
▶	▷ ø netto € ◁ ◀						

61 Wanddämmung, WD-Putzsystem, 50mm — KG 336
Wärmedämmputzsystem aus Unterputz und Kratzputz an Betonwänden im Innenbereich auf Außenwänden.
Putzgrund: Spritzbewurf, voll deckend
Unterputz: T (Wärmedämmputzmörtel)
Nennwert der Wärmeleitfähigkeit: T1 (070)
Dämmputz 30 mm, glatt abgezogen
Oberputz: .....
Struktur: Kratzputz
Gesamtdicke: 50 mm
Farbton: weiß
Angeb. Fabrikat: .....

| 37 € | 42 € | **49 €** | 54 € | 62 € | [m²] | ⏱ 0,60 h/m² | 313.000.228 |

62 Wanddämmung, WD-Putzsystem, 75mm — KG 336
Wärmedämmputzsystem aus Unterputz mit Gewebe und Kratzputz an Betonwänden im Innenbereich auf Außenwänden.
Putzgrund: Spritzbewurf, voll deckend
Unterputz: T (Wärmedämmputzmörtel)
Nennwert der Wärmeleitfähigkeit: T1 (070)
Dämmputz 50 mm, glatt abgezogen
Oberputz: .....
Struktur: Kratzputz
Gesamtdicke: 75 mm
Farbton: weiß
Angeb. Fabrikat: .....

| 43 € | 49 € | **56 €** | 63 € | 72 € | [m²] | ⏱ 0,65 h/m² | 313.000.229 |

63 Laibungen, WD-Putz 50mm — KG 336
Wärmedämmputzsystem aus Unterputz und Kratzputz an Laibungen im Innenbereich auf Betonwänden.
Gesamtdicke: 50 mm
Laibungstiefe: bis 250 mm

| 15 € | 17 € | **19 €** | 21 € | 25 € | [m] | ⏱ 0,35 h/m | 313.000.230 |

64 Laibungen, WD-Putz 75mm — KG 336
Wärmedämmputzsystem aus Unterputz und Kratzputz mit Gewebe an Laibungen im Innenbereich auf Betonwänden.
Gesamtdicke: 75 mm
Laibungstiefe: bis 250 mm

| 19 € | 22 € | **25 €** | 28 € | 33 € | [m] | ⏱ 0,40 h/m | 313.000.231 |

LB 313
Betonarbeiten

Nr.	Kurztext / Langtext						Kostengruppe
▶	▷	ø netto €	◁	◀	[Einheit]	Ausf.-Dauer	Positionsnummer

65 Dachbodendämmung, MW 035, 100mm — KG **363**
Dachbodendämmung aus Mineralfaserplatten, als nachträgliche Dämmung auf Massivdecke.
Untergrund: Stahlbetondecke
Dämmstoff: Mineralwolle MW
Anwendungsgebiet: DEO
Druckbelastbarkeit: .....
Nennwert der Wärmeleitfähigkeit: 0,035 W/(mK)
Brandverhalten: Klasse A1
Dämmschichtdicke: 100 mm
Ausführung Stoß: .....
Angeb. Fabrikat: .....

| 11 € | 12 € | **14 €** | 16 € | 19 € | [m²] | ⏱ 0,15 h/m² | 313.000.232 |

66 Dachbodendämmung, MW 035, 200mm — KG **363**
Dachbodendämmung aus Mineralfaserplatten, als nachträgliche Dämmung auf Massivdecke.
Untergrund: Stahlbetondecke
Dämmstoff: Mineralwolle MW
Anwendungsgebiet: DEO
Druckbelastbarkeit: .....
Nennwert der Wärmeleitfähigkeit: 0,035 W/(mK)
Brandverhalten: Klasse A1
Dämmschichtdicke: 200 mm
Ausführung Stoß: .....
Angeb. Fabrikat: .....

| 20 € | 23 € | **26 €** | 29 € | 34 € | [m²] | ⏱ 0,15 h/m² | 313.000.233 |

67 Dachbodendämmung, MW 035, 100mm, kaschiert — KG **363**
Dachbodendämmung aus Mineralwolle mit kaschierter Oberfläche aus fadenverstärktem Glasvlies, als Unterlage für begehbare Platten, zur nachträglichen Dämmung auf Massivdecke.
Untergrund: Stahlbetondecke
Dämmstoff: Mineralwolle MW
Anwendungsgebiet: DAD
Druckbelastbarkeit: .....
Nennwert der Wärmeleitfähigkeit: 0,035 W/(mK)
Brandverhalten: Klasse A1
Dämmschichtdicke: 100 mm
Ausführung Stoß: .....
Angeb. Fabrikat: .....

| 22 € | 25 € | **29 €** | 32 € | 37 € | [m²] | ⏱ 0,15 h/m² | 313.000.234 |

Kosten:
Stand 2.Quartal 2018
Bundesdurchschnitt

▶ min
▷ von
ø Mittel
◁ bis
◀ max

Nr.	**Kurztext** / Langtext							Kostengruppe	
▶	▷	ø netto €	◁	◀		[Einheit]	Ausf.-Dauer	Positionsnummer	

68   Dachbodendämmung, MW 035, 200mm, kaschiert   KG 363

Dachbodendämmung aus Mineralwolle mit kaschierter Oberfläche aus fadenverstärktem Glasvlies, als Unterlage für begehbare Platten, zur nachträglichen Dämmung auf Massivdecke.
Untergrund: Stahlbetondecke
Dämmstoff: Mineralwolle MW
Anwendungsgebiet: DAD
Druckbelastbarkeit: .....
Nennwert der Wärmeleitfähigkeit: 0,035 W/(mK)
Brandverhalten: Klasse A1
Dämmschichtdicke: 200 mm
Verlegung: zweilagig, versetzt
Angeb. Fabrikat: .....

43 €	49 €	56 €	63 €	69 €		[m²]	⏱ 0,15 h/m²	313.000.235

69   Dachbodendämmung, WF 045, 80mm   KG 363

Dachbodendämmung aus Holzweichfaserelementen, als nachträgliche Dämmung auf Massivdecke.
Untergrund: Stahlbetondecke
Dämmstoff: WF
Anwendungsgebiet: DEO
Druckbelastbarkeit: .....
Nennwert der Wärmeleitfähigkeit: 0,045 W/(mK)
Brandverhalten: Klasse B2
Dämmschichtdicke: 80 mm
Ausführung Stoß: .....
Angeb. Fabrikat: .....

22 €	25 €	29 €	32 €	37 €		[m²]	⏱ 0,15 h/m²	313.000.236

70   Dachbodendämmung, EPS 040, 180mm   KG 363

Dachbodendämmung aus Polystyrol-Hartschaum, als nachträgliche Dämmung auf Massivdecke.
Untergrund: Stahlbetondecke
Dämmstoff: EPS
Anwendungsgebiet: DEO
Druckbelastbarkeit: .....
Nennwert der Wärmeleitfähigkeit: 0,040 W/(mK)
Brandverhalten: Klasse B1
Dämmschichtdicke: 180 mm
Ausführung Stoß: .....
Angeb. Fabrikat: .....

17 €	20 €	23 €	25 €	29 €		[m²]	⏱ 0,12 h/m²	313.000.237

LB 313
Betonarbeiten

	Nr.	Kurztext / Langtext				Kostengruppe	
	▶	▷ ø netto € ◁ ◀			[Einheit]	Ausf.-Dauer	Positionsnummer

71 Dachbodendämmung, PUR 024, 80mm, kaschiert   KG **363**

Dachbodendämmung aus Polyurethan-Hartschaum kaschiert mit Aluminiumfolie, als nachträgliche Dämmung auf Massivdecke.
Untergrund: Stahlbetondecke
Dämmstoff: PUR, Nut und Feder
Anwendungsgebiet: DEO
Druckbelastbarkeit: .....
Nennwert der Wärmeleitfähigkeit: 0,024 W/(mK)
Brandverhalten: Klasse B2
Anzahl der Lagen: einlagig
Anwendung: DZ
Dämmschichtdicke: 80 mm
Angeb. Fabrikat: .....

34€   38€   **44€**   49€   57€   [m²]   ⏱ 0,15 h/m²   313.000.238

72 Dachbodendämmung, MW 040, 180mm, Spanplatte   KG **363**

Dachbodendämmung mit begehbaren Verbundelementen aus Mineralwolle und Spanplatten, an Stößen verleimt, als nachträgliche Dämmung auf Massivdecke.
Decke: Stahlbetondecke
Dämmstoff: Mineralwolle MW
Anwendungsgebiet: **DAD / DEO**
Druckfestigkeit: .....
Nennwert der Wärmeleitfähigkeit: 0,040 W/(mK)
Anzahl der Lagen: einlagig
Dämmschichtdicke: 180 mm
Beplankung: Holz-Spanplatte P3
Verwendung: innen
Feuchtbereich, Emission: E1
Dicke: 19 mm
Ausführung Stoß: .....
Elementdicke: 200 mm
Angeb. Fabrikat: .....

46€   52€   **59€**   67€   77€   [m²]   ⏱ 0,20 h/m²   313.000.239

Kosten:
Stand 2.Quartal 2018
Bundesdurchschnitt

▶ min
▷ von
ø Mittel
◁ bis
◀ max

Nr.	Kurztext / Langtext						Kostengruppe	
▶	▷	ø netto €	◁	◀	[Einheit]	Ausf.-Dauer	Positionsnummer	

73 **Dachbodendämmung, EPS 040, 80mm, Spanplatte**   KG **363**

Dachbodendämmung mit Verbundelementen aus Polystyrol-Hartschaum und Spanplatte, als nachträgliche Dämmung auf Massivdecke.
Untergrund: Stahlbetondecke
Material: EPS
Anwendungsgebiet: **DAD / DEO**
Druckfestigkeit: .....
Nennwert der Wärmeleitfähigkeit: 0,040 W/(mK)
Dämmschichtdicke: 80 mm
Beplankung: Holz-Spanplatte P3
Verwendung: innen
Feuchtbereich, Emission: E1
Dicke: 19 mm
Ausführung Stoß: Nut und Feder
Gesamtaufbau: 99 mm
Angeb. Fabrikat: .....

| 33 € | 38 € | **43** € | 48 € | 56 € | [m²] | ⏱ 0,15 h/m² | 313.000.240 |

74 **Dachbodendämmung, EPS 035, 100mm, Spanplatte**   KG **363**

Dachbodendämmung mit Verbundelementen aus Polystyrol-Hartschaum mit Spanplatte, als nachträgliche Dämmung auf Massivdecke.
Untergrund: Stahlbetondecke
Anwendungsgebiet: DAD
Druckbelastbarkeit: .....
Material: EPS, Nut und Feder
Nennwert der Wärmeleitfähigkeit: 0,035 W/(mK)
Brandverhalten: Klasse B1
Anzahl der Lagen: einlagig
Dämmschichtdicke: 100 mm
Emission Spanplatte: E1
Dicke: 19 mm
Elementdicke: 119 mm
Angeb. Fabrikat: .....

| 35 € | 40 € | **45** € | 51 € | 59 € | [m²] | ⏱ 0,15 h/m² | 313.000.241 |

LB 313 Betonarbeiten

| Nr. | Kurztext / Langtext | | ø netto € | | | [Einheit] | Ausf.-Dauer | Kostengruppe Positionsnummer |

Kosten:
Stand 2.Quartal 2018
Bundesdurchschnitt

A 7 Dachbodendämmung, EPS 032, Spanplatte — Beschreibung für Pos. **75-77**

Dachbodendämmung mit Verbundelementen aus Polystyrol-Hartschaum mit Spanplatte, als nachträgliche Dämmung auf Massivdecke.
Untergrund: Stahlbetondecke
Anwendungsgebiet: DAD
Druckbelastbarkeit: .....
Material: EPS, Nut und Feder
Wärmeleitstufe: 0,032 W/(mK)
Brandverhalten: Klasse B1
Emission Spanplatte: E1
Plattenformat: .....
Angeb. Fabrikat: .....

75 Dachbodendämmung, EPS 032, 200mm, Spanplatte KG **363**
Wie Ausführungsbeschreibung A 7
Dämmschichtdicke: 200 mm
Dicke: 19 mm
Gesamtaufbau: 219 mm

| 44€ | 49€ | **57€** | 64€ | 70€ | [m²] | 0,20 h/m² | 313.000.242 |

76 Dachbodendämmung, EPS 032, 240mm, Spanplatte KG **363**
Wie Ausführungsbeschreibung A 7
Dämmschichtdicke: 240 mm
Dicke: 21 mm
Gesamtaufbau: 241 mm

| 48€ | 54€ | **62€** | 69€ | 76€ | [m²] | 0,22 h/m² | 313.000.243 |

77 Dachbodendämmung, EPS 032, 260mm, Spanplatte KG **363**
Wie Ausführungsbeschreibung A 7
Dämmschichtdicke: 260 mm
Dicke: 19 mm
Elementdicke: 259 mm

| 50€ | 57€ | **65€** | 73€ | 80€ | [m²] | 0,22 h/m² | 313.000.244 |

▶ min
▷ von
ø Mittel
◁ bis
◀ max

Nr.	Kurztext / Langtext						Kostengruppe	
▶	▷	ø netto €	◁	◀	[Einheit]	Ausf.-Dauer	Positionsnummer	

78 Dachbodendämmung, PUR 024, 80mm, Spanplatte — KG **363**

Dachbodendämmung mit Verbundelementen aus Polyurethanhartschaum mit verleimter Holzspanplatte und integrierter Dampfsperre, als nachträgliche Dämmung auf Massivdecke.
Untergrund: Stahlbetondecke
Anwendungsgebiet: DAD
Druckbelastbarkeit: .....
Dämmstoff: PUR, Nut und Feder
Wärmeleitstufe: 0,024 W/(mK)
Brandverhalten: Klasse B2
Anzahl der Lagen: einlagig
Dämmschichtdicke: 80 mm
Spanplatte: V100 E1
Dicke: 16 mm
Elementdicke: 136 mm
Angeb. Fabrikat: .....

▶	▷	ø netto €	◁	◀	[Einheit]	Ausf.-Dauer	Positionsnummer
48€	55€	63€	70€	77€	[m²]	0,17 h/m²	313.000.245

79 Dachbodendämmung, EPS 032, 160mm, OSB-Platte — KG **363**

Dachbodendämmung mit Verbundelementen aus Polyurethanhartschaum mit OSB-Platte, als nachträgliche Dämmung auf Massivdecke.
Untergrund: Stahlbetondecke
Anwendungsgebiet: DAD
Druckbelastbarkeit: .....
Material: EPS, Nut und Feder
Wärmeleitstufe: 0,032 W/(mK)
Brandverhalten: B1
Dämmschichtdicke: 160 mm
Emission Spanplatte: E1
Dicke: 15 mm
Gesamtaufbau: 175 mm
Plattenformat: .....
Angeb. Fabrikat: .....

38€	43€	49€	55€	63€	[m²]	0,20 h/m²	313.000.246

80 Dachbodendämmung, WF 045, 100mm, OSB-Platte — KG **363**

Dachbodendämmung mit Verbundelementen aus Holzweichfaser mit OSB-Holzwerkstoffplatte, als nachträgliche Dämmung auf Massivdecke.
Untergrund: Stahlbetondecke
Anwendungsgebiet: DAD
Druckbelastbarkeit: .....
Dämmstoff: WF
Nennwert der Wärmeleitfähigkeit: 0,040 W/(mK)
Brandverhalten: B2
Dämmschichtdicke: 100 mm
Dicke OSB: 15 mm
Elementdicke: 115 mm
Angeb. Fabrikat: .....

36€	40€	47€	52€	60€	[m²]	0,17 h/m²	313.000.247

300
301
302
308
309
310
312
313
314
316
318
320
321
322

LB 313
Betonarbeiten

Kosten:
Stand 2.Quartal 2018
Bundesdurchschnitt

▶ min
▷ von
ø Mittel
◁ bis
◀ max

Nr.	Kurztext / Langtext							Kostengruppe
▶	▷	ø netto €	◁	◀	[Einheit]	Ausf.-Dauer	Positionsnummer	

81 Balkonflächen untersuchen — KG 395
Balkonflächen durch Abklopfen nach Schad- und Hohlstellen untersuchen und Schadstellen markieren.

| 2€ | 3€ | **3€** | 3€ | 4€ | [m²] | ⏱ 0,07 h/m² | 313.000.274 |

82 Fugendichtmasse entfernen — KG 395
Fugendichtmasse in Betonbauteilfuge einschl. Hinterfüllung entfernen und Fugen reinigen sowie Baurestmassen und Schutt entsorgen.
Fugenbreite: bis 35 mm
Bauteil: .....
Material: .....

| 6€ | 8€ | **9€** | 10€ | 12€ | [m] | ⏱ 0,15 h/m | 313.000.248 |

83 Fugenbänder, komprimiert, entfernen — KG 395
Fugenbänder in Betonbauteilfuge, vorkomprimiert, entfernen und entsorgen.
Fugenbreite: bis 20 mm
Bauteil: .....
Material: .....

| 3€ | 4€ | **4€** | 5€ | 6€ | [m] | ⏱ 0,05 h/m | 313.000.249 |

84 Betonflächen reinigen — KG 395
Betonflächen von grobem Schmutz für Verfugung reinigen, inkl. Entsorgung des anfallenden Bauschutts.
Bauteil: .....
Verschmutzung: .....

| 0,5€ | 0,6€ | **0,7€** | 0,8€ | 1,0€ | [m²] | ⏱ 0,01 h/m² | 313.000.250 |

85 Fugenflanken säubern — KG 395
Fugenflanken zur restlosen Entfernung der vorherigen Füllmasse mit Trennschleifer und Lösungsmittel bearbeiten.
Bauteil: .....
Art des alten Dichtstoffes: .....
Fugenbreite: .....
Fugentiefe: .....

| 2€ | 2€ | **3€** | 3€ | 4€ | [m] | ⏱ 0,03 h/m | 313.000.251 |

86 Fugen aufschneiden — KG 395
Fugenquerschnitt zum Abdichten mit Dichtungsmassen aufschneiden.
Bauteil: .....
Schnittbreite: 10 mm pro Seite
Schnitttiefe: .....

| 8€ | 10€ | **11€** | 13€ | 15€ | [m] | ⏱ 0,18 h/m | 313.000.252 |

87 Fugen, Kanten als Fase — KG 395
Kantenausbildung der Fugen als Fase beidseitig mit mind. 10mm Schenkellänge.
Bauteil: .....
Untergrund: Beton

| 3€ | 3€ | **4€** | 4€ | 5€ | [m] | ⏱ 0,07 h/m | 313.000.253 |

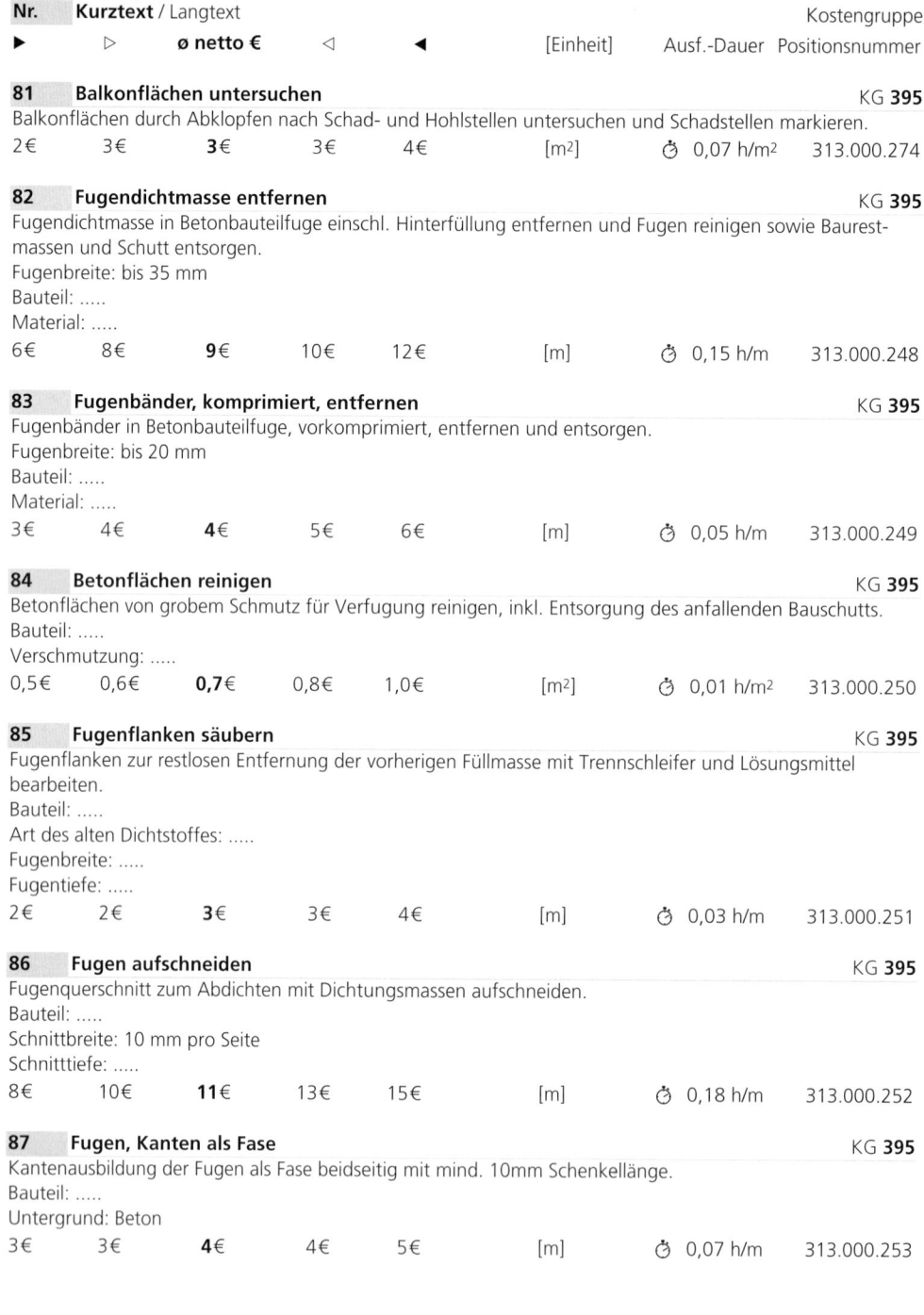

Nr.	Kurztext / Langtext				[Einheit]	Ausf.-Dauer	Kostengruppe Positionsnummer
▶	▷ ø netto € ◁ ◀						

88 Fugenflanken spachteln — KG **395**
Fugenflanken säubern und beidseitig mit kunststoffmodifiziertem Zementmörtel spachteln und glätten.
Fugentiefe: bis 12 cm
Untergrund: .....
Spachtelung Dicke bis: ..... cm

| 7€ | 9€ | **10€** | 11€ | 13€ | [m] | ⏱ 0,12 h/m | 313.000.254 |

89 Fugenrand spachteln — KG **395**
Fugenrand säubern und beidseitig mit kunststoffmodifiziertem Zementmörtel spachteln und glätten.
Breite: bis 10 cm
Untergrund: .....
Spachtelung Dicke bis: ..... cm

| 4€ | 5€ | **5€** | 6€ | 7€ | [m] | ⏱ 0,05 h/m | 313.000.255 |

90 Fugenflanken, Korrosionsschutz — KG **395**
Beschichtung der Fugenflanken zum Korrosionsschutz der Bewehrung.
Bauteil: .....
Beschichtung: .....
Tiefe am Bauteilrand: 20-30 mm
Angeb. Fabrikat: .....

| 1€ | 1€ | **2€** | 2€ | 2€ | [m] | ⏱ 0,02 h/m | 313.000.256 |

91 Fugen, elast. Abdichtung, verkleinern — KG **395**
Fugenflanken mit Reparaturmörtel auf den erforderlichen Querschnitt für elastische Dichtungsmassen reprofilieren. Leistung einschl. Schalung.
Altes Fugenmaß: .....
Neues Fugenmaß: .....
Reparaturmörtel: .....
Bauteil: .....
Reprofilierungsdicke bis: ..... cm
Angeb. Fabrikat: .....

| 6€ | 7€ | **8€** | 9€ | 11€ | [m] | ⏱ 0,13 h/m | 313.000.257 |

92 Fugen, verkleinern — KG **395**
Fugenflanken mit Reparaturmörtel auf erforderlichen Querschnitt für elastische Dichtungsmassen in Teilflächen reprofilieren. Leistung einschl. Schalung.
Altes Fugenmaß: .....
Neues Fugenmaß: .....
Reparaturmörtel: .....
Bauteil: .....
Reprofilierungsdicke bis: ..... cm
Angeb. Fabrikat: .....

| 16€ | 19€ | **22€** | 25€ | 30€ | [m] | ⏱ 0,23 h/m | 313.000.258 |

LB 313
Betonarbeiten

Kosten:
Stand 2.Quartal 2018
Bundesdurchschnitt

▶ min
▷ von
ø Mittel
◁ bis
◀ max

Nr.	Kurztext / Langtext					[Einheit]	Ausf.-Dauer	Kostengruppe Positionsnummer
▶	▷	ø netto €	◁	◀				

93 Fugenflanken vorbereiten   KG **395**
Fugenflanken restlos von Verunreinigungen, Anstrichen, Versiegelungen bzw. Imprägnierungen befreien, inkl. Prüfung des Untergrunds auf ausreichende Festigkeit.
Bauteil: .....
Bearbeitungsart: .....

| 2€ | 2€ | **3**€ | 3€ | 4€ | [m] | ⏱ 0,06 h/m | 313.000.259 |

94 Fugenflanken vorstreichen   KG **395**
Voranstrich der Fugenflanken für Fugenabdichtung.
Bauteil: .....
Untergrund: Beton
Abdichtung: .....
Fabrikat: .....

| 2€ | 2€ | **2**€ | 3€ | 3€ | [m] | ⏱ 0,04 h/m | 313.000.260 |

95 Fugen hinterfüllen   KG **395**
Fugen mit rundem, geschlossenzelligem Schaumstoff hinterfüllen.
Bauteil: .....
Fugenbreite: bis 35 mm
Angeb. Fabrikat: .....

| 2€ | 3€ | **3**€ | 4€ | 4€ | [m] | ⏱ 0,04 h/m | 313.000.261 |

96 Fugen, Folie einlegen   KG **395**
Polyethylenfolie zur Verhinderung der Dreipunktehaftung, einlegen.
Bauteil: .....
Fugenbreite: .....

| 0,9€ | 1,0€ | **1,2€** | 1,3€ | 1,6€ | [m] | ⏱ 0,02 h/m | 313.000.262 |

A 8 Fugenabdichtung, elastisch PUR   Beschreibung für Pos. **97-99**
Fugenabdichtung mit elastischen Dichtstoffen inkl. Abglätten.
Bauteil: .....
Fugenart: .....
Farbe: .....
Angeb. Fabrikat: .....

97 Fugenabdichtung, elastisch PUR, 20x10, 1K   KG **395**
Wie Ausführungsbeschreibung A 8
Dichtstoff: PUR, einkomponentig
Querschnitt: bis 20 x 10 mm

| 6€ | 8€ | **9**€ | 10€ | 12€ | [m] | ⏱ 0,08 h/m | 313.000.263 |

98 Fugenabdichtung, elastisch PUR, 20x10, 2K   KG **395**
Wie Ausführungsbeschreibung A 8
Dichtstoff: PUR, zweikomponentig
Querschnitt: bis 20 x 10 mm

| 7€ | 9€ | **10**€ | 11€ | 14€ | [m] | ⏱ 0,09 h/m | 313.000.265 |

Nr.	Kurztext / Langtext	[Einheit]	Kostengruppe
▶ ▷ ø netto € ◁ ◀		Ausf.-Dauer	Positionsnummer

99 Fugenabdichtung, elastisch PUR, 35x15, 2K — KG 395

Wie Ausführungsbeschreibung A 8
Dichtstoff: PUR, zweikomponentig
Querschnitt: bis 35 x 15 mm

| 10€ | 13€ | **14€** | 16€ | 20€ | [m] | ⏱ 0,13 h/m | 313.000.266 |

100 Fugenabdichtung, Komprimierband, 20mm — KG 395

Fugenabdichtung mit vorkomprimierten Bändern zwischen Betonbauteilen.
Raumgewicht: .....
Fugenbreite: bis 20 mm
Bauteil: .....
Fugenart: .....
Angeb. Fabrikat: .....

| 13€ | 16€ | **19€** | 21€ | 25€ | [m] | ⏱ 0,10 h/m | 313.000.267 |

101 Fugenabdichtung abdecken, Alu, 30x50mm — KG 395

Fugenabdeckung aus Aluminiumhohlprofil zum Schutz vor Beschädigung, inkl. Unterkonstruktion mit Haltern.
Fugenbreite: 30 mm
Breite Abdeckung: 50 mm
Oberfläche: eloxiert
Farbe: .....
Bauteil: .....
Angeb. Fabrikat: .....

| 20€ | 24€ | **28€** | 31€ | 36€ | [m] | ⏱ 0,40 h/m | 313.000.268 |

102 Fugenabdichtung abdecken, Alu, 40x70mm — KG 395

Fugenabdeckung aus Aluminiumhohlprofil zum Schutz vor Beschädigung, inkl. Unterkonstruktion mit Haltern.
Fugenbreite: 40 mm
Breite Abdeckung: 70 mm
Oberfläche: eloxiert
Farbe: .....
Bauteil: .....
Angeb. Fabrikat: .....

| 22€ | 27€ | **31€** | 35€ | 40€ | [m] | ⏱ 0,40 h/m | 313.000.269 |

103 Unterfangung, Fundament — KG 393

Unterfangung von Fundamenten aus Stahlbeton gemäß beigelegten bautechnischen Unterlagen / siehe DIN 4123 Abs. 4/, abschnittsweise, inkl. Mehraufwand beim Erdaushub durch das Anlegen von Stichgräben oder Schächten (Menge ist beim Baugrubenaushub erfasst), einschl. Arbeitsraumsicherung und Schalung, Bewehrung in gesonderter Position.
Festigkeitsklasse: C16/20
Expositionsklasse: XC2/XF1
Unterfangungsdicke: bis 0,50 m
Unterfangungshöhe: bis 1,50 m
Breite Stichgräben: ca.1,25 m
Hinweis: Nach der VOB müssen Beton, Schalung und Bewehrung getrennt ausgeschrieben werden.

| 234€ | 409€ | **469€** | 681€ | 1.009€ | [m³] | ⏱ 6,60 h/m³ | 313.000.276 |

LB 313
Betonarbeiten

Nr.	Kurztext / Langtext						Kostengruppe
▶	▷	ø netto €	◁	◀	[Einheit]	Ausf.-Dauer	Positionsnummer

104 Schalung, Fundament, verloren — KG 322
Schalung, rau, für Einzel- und Streifenfundamente, Fundamentplatten und sonstige Abschalungen im Gründungsbereich, als verlorene Schalung. Ausführung nach Wahl des AN.
Bauteil: .....
Gewählte Schalung: .....

| 30€ | 38€ | **41**€ | 46€ | 64€ | [m²] | ⏱ 0,60 h/m² | 313.000.277 |

105 Schalung, Fundament, rau — KG 322
Schalung, rau, für Einzel- und Streifenfundamente, Fundamentplatten und sonstige Abschalungen im Gründungsbereich, Ausführung nach Wahl des AN.
Bauteil: .....
Gewählte Schalung: .....

| 18€ | 32€ | **37**€ | 43€ | 56€ | [m²] | ⏱ 0,60 h/m² | 313.000.278 |

106 Fundament, Ortbeton, bewehrt — KG 322
Bewehrtes Fundament aus Ortbeton, unter GOK, auf Sauberkeitsschicht bzw. Unterbeton betoniert, Schalung und Bewehrung in gesonderten Positionen.
Festigkeitsklasse: C25/30
Expositionsklasse: XC2/XA1
Feuchtigkeitsklasse: WF
Fundamentabmessung: .....
Tiefe: bis 1,00 m
Hinweis: Nach der VOB müssen Beton, Schalung und Bewehrung getrennt ausgeschrieben werden.

| 127€ | 163€ | **175**€ | 222€ | 343€ | [m³] | ⏱ 0,80 h/m³ | 313.000.279 |

107 Fundament, Ortbeton, unbewehrt — KG 322
Unbewehrtes Fundament aus Ortbeton, unter GOK, ohne Anforderung an Frostsicherheit, als Auffüllbeton bei Abtreppungen, Unterbeton, Tiefgründungen, Vertiefungen etc., Schalung in gesonderter Position.
Festigkeitsklasse: C8/10
Expositionsklasse: X0
Feuchtigkeitsklasse: WF

| 115€ | 135€ | **141**€ | 157€ | 189€ | [m³] | ⏱ 0,75 h/m³ | 313.000.280 |

108 Fundament, Ortbeton, unbewehrt, Schalung — KG 322
Fundament aus Stahlbeton, unter GOK, aus Ortbeton einschl. Schalung, Schalung rau, für Einzel- und Streifenfundamente, Fundamentplatte und Abschalungen im Gründungsbereich, nach Wahl des AN, Bewehrung in gesonderter Position.
Festigkeitsklasse: C25/30
Expositionsklasse: XC2/XA1
Feuchtigkeitsklasse: WF
Fundamentabmessung: .....
Hinweis: Nach der VOB müssen Beton, Schalung und Bewehrung getrennt ausgeschrieben werden.

| 123€ | 209€ | **239**€ | 276€ | 377€ | [m³] | ⏱ 2,10 h/m³ | 313.000.281 |

Kosten:
Stand 2.Quartal 2018
Bundesdurchschnitt

▶ min
▷ von
ø Mittel
◁ bis
◀ max

Nr.	Kurztext / Langtext							Kostengruppe
▶	▷	ø netto €	◁	◀	[Einheit]	Ausf.-Dauer	Positionsnummer

109 Trennlage, PE-Folie KG **326**
Trennlage aus PE-Folie, Stoßüberlappung ca. 15 cm, Stöße gegen Verschieben sichern.
Foliendicke: 0,2 mm
Untergrund: .....
Angeb. Fabrikat: .....

| 1€ | 2€ | **2€** | 3€ | 5€ | [m²] | ⏱ 0,02 h/m² | 313.000.282 |

110 Bodenplatte, Stahlbeton C25/30, bis 35cm KG **324**
Bodenplatte bewehrt, Ortbeton, unter GOK, ohne Frost, schwacher chem. Angriff; Schalung und Bewehrung in gesonderter Position.
Festigkeitsklasse: C25/30
Expositionsklasse: XC2/XA1
Feuchtigkeitsklasse: WF
Plattendicke: ..... cm
Untergrund: waagrecht
Oberfläche: waagrecht

| 126€ | 161€ | **177€** | 196€ | 241€ | [m³] | ⏱ 0,80 h/m³ | 313.000.283 |

111 Wand, Stahlbeton C25/30, 30cm, Schalung KG **331**
Außenwand aus Stahlbeton, aus Ortbeton und Schalung, Betonfläche nicht sichtbar bleibend; Bewehrung in gesonderter Position.
Festigkeitsklasse: C25/30
Expositionsklasse: XC4/XF1
Feuchtigkeitsklasse: WF
Wanddicke: 25-30 cm
Wandhöhe: bis 3,00 m
Oberfläche, Schalhaut: rau
Hinweis: Nach VOB, Teil C müssen Beton, Schalung und Bewehrung getrennt ausgeschrieben werden.

| 115€ | 126€ | **131€** | 135€ | 149€ | [m²] | ⏱ 0,85 h/m² | 313.000.284 |

112 Decke, Beton C25/30, bis 24cm, Schalung KG **351**
Decke aus Stahlbeton, Ortbeton und Schalung. Bewehrung in gesonderten Positionen.
Festigkeitsklasse: C25/30
Expositionsklasse: XC1
Betonoberfläche: .....
Deckenaufsicht: ohne Gefälle
Deckenstärke: 18-24 cm
Hinweis: Nach VOB, Teil C müssen Beton, Schalung und Bewehrung getrennt ausgeschrieben werden.

| 64€ | 78€ | **80€** | 85€ | 96€ | [m²] | ⏱ 0,80 h/m² | 313.000.285 |

113 Betonstahlmatten, B500 KG **351**
Bewehrung aus Betonstahlmatten, in unterschiedlichen Mattenabmessungen, einschl. Zwischenlagerung auf der Baustelle, Zuschnitt nach Schneideskizzen und Schneiden von Aussparungen.
Betonstahl: **B500A / B500B**
Lieferform: **Lagermatte / Listenmatte**

| 1.127€ | 1.533€ | **1.726€** | 1.969€ | 2.487€ | [t] | ⏱ 0,02 h/t | 313.000.292 |

LB 313
Betonarbeiten

Nr.	Kurztext / Langtext						Kostengruppe	
▶	▷	ø netto €	◁	◀	[Einheit]	Ausf.-Dauer	Positionsnummer	

114 Betonstabstahl, B500B KG **351**
Bewehrung aus Betonstabstahl, in unterschiedlichen Durchmessern, gem. Bewehrungsplänen, Biege- und Stahllisten der Tragwerksplanung, einschl. aller erforderlichen Anpassungsarbeiten.
Betonstabstahl: B500B

| 1.302 € | 1.663 € | **1.864** € | 2.254 € | 2.886 € | [t] | ⏱ 0,03 h/t | 313.000.291 |

115 Kleineisenteile, Baustahl S235JR KG **351**
Kleineisenteile, inkl. Montage, Einzelteile bis 30 kg, gem. beiliegender Stahlliste; einschl. Rostschutzgrundierung und Verschweißung.
Baustahl: S 235 JR
Bauteil: .....
Abmessungen: .....

| 2 € | 5 € | **7** € | 9 € | 13 € | [kg] | ⏱ 0,03 h/kg | 313.000.288 |

116 Stundensatz Facharbeiter, Betonbau
Stundenlohnarbeiten für Facharbeiter, Spezialfacharbeiter, Vorarbeiter, und jeweils Gleichgestellte (Lohngruppen 3-5). Leistung nach besonderer Anordnung der Bauüberwachung. Anmeldung und Nachweis gemäß VOB/B.

| 37 € | 44 € | **47** € | 48 € | 52 € | [h] | ⏱ 1,00 h/h | 313.000.289 |

Kosten:
Stand 2.Quartal 2018
Bundesdurchschnitt

▶ min
▷ von
ø Mittel
◁ bis
◀ max

| 300 |
| 301 |
| 302 |
| 308 |
| 309 |
| 310 |
| 312 |
| **313** |
| 314 |
| 316 |
| 318 |
| 320 |
| 321 |
| 322 |

LB 314 Natur-, Betonwerksteinarbeiten

Kosten: Stand 2. Quartal 2018, Bundesdurchschnitt

Preise €

Nr.	Positionen	Einheit	▶ min	▷ von	ø brutto € / ø netto €	◁ bis	◀ max
1	Natursteinbelag abbrechen, Mörtelbett	m²	10 / 9	16 / 13	**19** / **16**	23 / 19	35 / 30
2	Natursteinbelag abbrechen, Unterbeton	m²	22 / 19	28 / 24	**35** / **29**	42 / 36	46 / 39
3	Natursteinbelag aufnehmen/lagern	m²	21 / 17	25 / 21	**31** / **26**	37 / 31	39 / 33
4	Naturstein-Treppenbelag abbrechen	m	21 / 17	25 / 21	**30** / **25**	37 / 31	40 / 33
5	Trittstufe abbrechen, Naturstein	St	49 / 41	65 / 55	**74** / **62**	91 / 77	98 / 82
6	Sockelleiste ausbauen/lagern, Naturstein	m	6 / 5	7 / 6	**9** / **7**	10 / 9	11 / 9
7	Sockelleiste abbrechen, Naturstein	m	5 / 4	6 / 5	**7** / **6**	9 / 8	9 / 8
8	Natursteinbekleidung abbrechen	m²	29 / 25	37 / 31	**44** / **37**	53 / 45	57 / 48
9	Fensterbank abbrechen, Naturstein außen	m	10 / 8	12 / 10	**14** / **12**	17 / 14	18 / 15
10	Fensterbank abbrechen, Naturstein, innen	St	11 / 9	17 / 14	**21** / **17**	23 / 19	36 / 30
11	Natursteinblockstufen, ausbauen/lagern	St	40 / 33	47 / 39	**57** / **48**	69 / 58	74 / 62
12	Betonwerksteinplatten abbrechen	m²	11 / 10	13 / 11	**17** / **14**	20 / 17	21 / 18
13	Betonwerksteinbelag abbrechen	m²	14 / 12	19 / 16	**24** / **20**	28 / 23	30 / 25
14	Betonwerksteinplatten aufnehmen, lagern	m²	9 / 7	15 / 12	**19** / **16**	22 / 18	23 / 19
15	Sockelbekleidung abbrechen, Betonwerkstein	m²	5 / 4	5 / 5	**7** / **6**	8 / 7	9 / 7
16	Treppenbelag abbrechen, Betonwerkstein	m	23 / 19	29 / 24	**36** / **30**	43 / 37	47 / 39
17	Außenbelag, Naturstein, kleinteiliges Pflaster	m²	88 / 74	137 / 115	**162** / **137**	186 / 156	261 / 220
18	Terrassenbelag aufnehmen, Betonwerkstein	m²	9 / 7	13 / 11	**17** / **14**	20 / 17	21 / 18
19	Podestbelag abbrechen, Betonwerkstein	m²	17 / 14	20 / 17	**25** / **21**	30 / 25	32 / 27
20	Fensterbank abbrechen, Betonwerkstein, innen	m	10 / 9	12 / 10	**15** / **12**	18 / 15	18 / 15
21	Natursteinbelag reinigen	m²	9 / 8	11 / 9	**13** / **11**	16 / 14	17 / 14
22	Natursteinflächen ausbessern	m²	20 / 17	24 / 21	**29** / **25**	36 / 30	38 / 32
23	Natursteinoberflächen schleifen	m²	44 / 37	50 / 42	**61** / **51**	75 / 63	80 / 67
24	Natursteinflächen festigen	m²	10 / 8	12 / 10	**15** / **12**	18 / 15	19 / 16

▶ min ▷ von ø Mittel ◁ bis ◀ max

© BKI Baukosteninformationszentrum; Erläuterungen zu den Tabellen siehe Seite 22

Natur-, Betonwerksteinarbeiten — Preise €

Nr.	Positionen	Einheit	▶	▷	ø brutto € ø netto €	◁	◀
25	Sandsteinoberfläche scharrieren	m²	77 65	85 72	**104** **87**	125 105	135 114
26	Betonwerkstein schleifen	m²	18 15	22 19	**27** **22**	32 27	35 29
27	Außenbelag, Betonwerksteinplatten	m²	67 56	85 71	**91** **77**	94 79	109 91
28	Außenbelag, Naturstein, Pflaster	m²	81 68	123 104	**129** **108**	135 113	165 139
29	Außenbelag, Pflasterstreifen	m	22 19	30 25	**34** **28**	35 30	56 47
30	Mauerabdeckung, Natursteinplatten	m	84 71	100 84	**115** **97**	117 98	133 112
31	Fensterbank, Betonwerkstein, innen	m	37 31	50 42	**54** **46**	63 53	89 75
32	Treppe, Blockstufe, Naturstein	m	124 104	182 153	**208** **175**	263 221	365 306
33	Treppe, Blockstufe, Betonwerkstein	m	95 80	145 122	**168** **141**	205 172	285 239
34	Treppe, Winkelstufe, 1,00m	St	100 84	133 112	**160** **135**	177 149	223 187
35	Treppenbelag, Tritt-/Setzstufe	m	106 89	138 116	**143** **120**	173 145	229 193
36	Aufmerksamkeitsstreifen, Stufenkante	m	– –	43 36	**49** **41**	61 51	– –
37	Sockel, Natursteinplatten	m	19 16	25 21	**27** **23**	32 27	40 34
38	Innenbelag, Naturstein	m²	121 101	174 146	**195** **164**	218 183	276 232
39	Innenbelag, Betonwerkstein	m²	75 63	99 83	**106** **89**	132 111	182 153
40	Oberfläche, laserstrukturiert, Mehrpreis	m²	– –	32 27	**38** **32**	52 44	– –
41	Ausklinkung, Plattenbelag	St	12 11	15 13	**17** **14**	18 15	22 19
42	Schrägschnitte, Plattenbelag	m	10 8	15 13	**19** **16**	20 17	24 20
43	Fries, Plattenbelag	m	34 28	53 45	**56** **47**	67 56	85 71
44	Trenn-/Anschlagschiene, Messing	m	18 15	33 28	**35** **30**	40 33	51 43
45	Fugenabdichtung, elastisch, Silikon	m	6 5	8 6	**8** **7**	10 9	15 12
46	Trittschalldämmung, Randstreifen, MW	m²	9 7	12 10	**13** **11**	15 13	19 16
47	Erstreinigung, Bodenbelag	m²	3 3	5 4	**6** **5**	7 6	10 8

LB 314
Natur-, Betonwerksteinarbeiten

Kosten:
Stand 2.Quartal 2018
Bundesdurchschnitt

Preise €

Nr.	Positionen	Einheit	▶	▷ ø brutto € / ø netto €		◁	◀
48	Leitsystem, Rippenfliese/Begleitstreifen, Edelstahl, 200mm	m	–	139 / 117	**163** / **137**	204 / 171	–
49	Leitsystem, Rippenfliese/Begleitstreifen, Edelstahl, 400mm	m	–	173 / 145	**203** / **171**	254 / 214	–
50	Aufmerksamkeitsfeld, 600/600, Noppenfliesen, Edelstahl	St	–	220 / 185	**259** / **217**	323 / 272	–
51	Aufmerksamkeitsfeld, 1.200/1.200, Noppenfliesen, Edelstahl	St	–	613 / 515	**722** / **606**	902 / 758	–
52	Stundensatz Facharbeiter, Natursteinarbeiten	h	51 / 43	59 / 50	**62** / **52**	65 / 54	71 / 60
53	Stundensatz Helfer, Natursteinarbeiten	h	46 / 39	53 / 45	**54** / **45**	57 / 48	64 / 54

Nr.	Kurztext / Langtext					[Einheit]	Ausf.-Dauer	Kostengruppe Positionsnummer
▶	▷	ø netto €	◁	◀				

1 Natursteinbelag abbrechen, Mörtelbett KG **394**
Plattenbelag aus Naturwerkstein, einschl. Mörtelbett abbrechen und entsorgen.
Gesamtaufbau: ca. 6 cm

| 9€ | 13€ | **16€** | 19€ | 30€ | [m²] | ⏱ 0,20 h/m² | 314.000.055 |

2 Natursteinbelag abbrechen, Unterbeton KG **394**
Plattenbelag aus Naturwerkstein, einschl. Unterbeton abbrechen und entsorgen.
Gesamtaufbau: ca. 15 cm

| 19€ | 24€ | **29€** | 36€ | 39€ | [m²] | ⏱ 1,00 h/m² | 314.000.056 |

3 Natursteinbelag aufnehmen/lagern KG **395**
Bodenbelag aus Naturwerksteinplatten ausbauen, reinigen und zur Wiederverwendung lagern. Leistung einschl. Entfernen der Mörtelreste und Reinigen der Rückseiten.
Material: .....
Format: .....
Plattendicke: .....
Ausbauort: .....
Lagerweg: ..... m

| 17€ | 21€ | **26€** | 31€ | 33€ | [m²] | ⏱ 0,60 h/m² | 314.000.057 |

4 Naturstein-Treppenbelag abbrechen KG **394**
Treppenbelag auf Tritt- und Setzstufen mit ganzen Platten aus Naturwerkstein mit Mörtelbett bis auf den Rohbetonkern abbrechen und entsorgen. Der Untergrund ist von Mörtelresten zu reinigen.
Konstruktionsdicke: ca. 6 cm
Steigungsverhältnis: ..... cm
Laufbreite: bis 1,30 m

| 17€ | 21€ | **25€** | 31€ | 33€ | [m] | ⏱ 0,75 h/m | 314.000.058 |

▶ min
▷ von
ø Mittel
◁ bis
◀ max

Nr.	Kurztext / Langtext					Kostengruppe	
▶	▷	ø netto €	◁	◀	[Einheit]	Ausf.-Dauer	Positionsnummer

5 — Trittstufe abbrechen, Naturstein — KG 394
Trittstufe aus Naturwerkstein abbrechen und entsorgen. Die Auflagerfläche ist zu reinigen.
Stufenlänge: bis 1,30 m
Stufenbreite: bis 30 cm
Plattendicke: .....

| 41 € | 55 € | 62 € | 77 € | 82 € | [St] | 1,20 h/St | 314.000.059 |

6 — Sockelleiste ausbauen/lagern, Naturstein — KG 394
Natursteinsockelleisten an Innen- und Außentreppen ausbauen und zur Wiederverwendung lagern. Leistung einschl. Entfernen der Mörtelreste und Reinigen der Rückseiten.
Ausbauort: .....
Höhe: .....
Lagerweg: ..... m

| 5 € | 6 € | 7 € | 9 € | 9 € | [m] | 0,15 h/m | 314.000.060 |

7 — Sockelleiste abbrechen, Naturstein — KG 394
Natursteinsockelleisten an Innen- und Außentreppen entfernen und entsorgen.
Ausbauort: .....
Höhe: .....

| 4 € | 5 € | 6 € | 8 € | 8 € | [m] | 0,12 h/m | 314.000.061 |

8 — Natursteinbekleidung abbrechen — KG 394
Fassadenbekleidung aus Natursteinplatten abbrechen und entsorgen.
Bekleidung: .....
Plattendicke: bis 50 mm
Befestigung: .....

| 25 € | 31 € | 37 € | 45 € | 48 € | [m²] | 0,70 h/m² | 314.000.062 |

9 — Fensterbank abbrechen, Naturstein außen — KG 394
Fensterbank aus Naturwerkstein im Außenbereich abbrechen und entsorgen. Auflagefläche für neue Fensterbank vorbereiten.
Material: .....
Dicke: 3 cm
Breite: bis 30 cm
Länge: ..... m

| 8 € | 10 € | 12 € | 14 € | 15 € | [m] | 0,25 h/m | 314.000.063 |

10 — Fensterbank abbrechen, Naturstein, innen — KG 394
Fensterbank aus Naturwerkstein im Innenbereich ausbauen und entsorgen. Auflagefläche für neue Fensterbank vorbereiten.
Material: .....
Dicke: ..... cm
Breite: ..... cm
Länge: ..... m

| 9 € | 14 € | 17 € | 19 € | 30 € | [St] | 0,30 h/St | 314.000.064 |

LB 314 Natur-, Betonwerksteinarbeiten

Nr.	Kurztext / Langtext				[Einheit]	Ausf.-Dauer	Kostengruppe Positionsnummer
▶	▷ ø netto € ◁ ◀						

11 Natursteinblockstufen, ausbauen/lagern — KG **394**
Natursteinblockstufen von Innen- und Außentreppen ausbauen und zur Wiederverwendung lagern.
Die rückseitigen Mörtelreste sind zu entfernen und zu reinigen.
Länge: bis 1,20 m
Breite: .....
Höhe: .....
Ausbauort: .....
Lagerweg: ..... m

| 33€ | 39€ | **48€** | 58€ | 62€ | [St] | ⏱ 1,05 h/St | 314.000.065 |

12 Betonwerksteinplatten abbrechen — KG **394**
Betonwerksteinplatten, im Sand- oder Splittbett, abbrechen und entsorgen.
Plattengröße: bis 50 x 50 x 5 cm

| 10€ | 11€ | **14€** | 17€ | 18€ | [m²] | ⏱ 0,20 h/m² | 314.000.066 |

13 Betonwerksteinbelag abbrechen — KG **394**
Bodenbelag aus Betonwerksteinplatten mit Mörtelbett, einschl. Estrich bis auf Rohdecke abbrechen.
Untergrund reinigen und Bauschutt entsorgen.
Konstruktionsdicke: bis 12 cm
Ausbauort: ......

| 12€ | 16€ | **20€** | 23€ | 25€ | [m²] | ⏱ 0,30 h/m² | 314.000.070 |

14 Betonwerksteinplatten aufnehmen, lagern — KG **394**
Betonwerksteinplatten, Bettung in Sand, aufnehmen, Rückseiten reinigen und zur Wiederverwendung lagern.
Plattengröße (L x B x D): 40 x 40 x 5 cm
Lagerweg: ..... m

| 7€ | 12€ | **16€** | 18€ | 19€ | [m²] | ⏱ 0,25 h/m² | 314.000.067 |

15 Sockelbekleidung abbrechen, Betonwerkstein — KG **394**
Sockelbekleidung aus Betonwerkstein, im Mörtelbett verlegt, abbrechen.
Untergrund reinigen und Bauschutt entsorgen.
Gesamtaufbau: bis 60 mm
Ausbauort: ......

| 4€ | 5€ | **6€** | 7€ | 7€ | [m²] | ⏱ 0,12 h/m² | 314.000.071 |

16 Treppenbelag abbrechen, Betonwerkstein — KG **394**
Betonwerkstein Treppenbelag aus Tritt- und Setzstufen komplett bis OK Rohdecke abbrechen. Belag im Mörtelbett verlegt, einschl. Estrich, TSD und Trennlagen. Untergrund reinigen und Bauschutt entsorgen.
Gesamtaufbau: bis 8 cm
Steigungsverhältnis: **17,5 / 28 cm**
Laufbreite: ..... m

| 19€ | 24€ | **30€** | 37€ | 39€ | [m] | ⏱ 0,60 h/m | 314.000.068 |

Kosten:
Stand 2.Quartal 2018
Bundesdurchschnitt

▶ min
▷ von
ø Mittel
◁ bis
◀ max

Nr.	Kurztext / Langtext							Kostengruppe
▶	▷	ø netto €	◁	◀	[Einheit]	Ausf.-Dauer	Positionsnummer	

17 **Außenbelag, Naturstein, kleinteiliges Pflaster**   KG **521**
Pflasterbelag aus Naturstein-Pflaster, im Außenbereich, in Zementmörtel, in Reihen verlegt, Fugen versetzt, inkl. Anpassarbeit an begrenzende Bauteile.
Untergrund: **eben / geneigt**
Steinmaterial: **Basalt / Granit**
Nennabmessung: 50 x 50 mm
Klasse: **T1 / T2**
Steindicke: ca. 50 mm Beständigkeit gegen Frost-Tau-Wechsel: beständig F1
Fugenbreite: ca. 10 mm
Fugenfüllung: **Mörtel / Sand**
Oberfläche: trittsicher rau
Einbauort: Bereich Gehweg
Angebotener Stein: .....
74€   115€   **137**€   156€   220€   [m²]   ⏱ 1,60 h/m²   314.000.085

18 **Terrassenbelag aufnehmen, Betonwerkstein**   KG **394**
Terrassenbelag aus Betonwerksteinplatten in Splitt verlegt, ausbauen, lagern. Platten reinigen und Bauschutt entsorgen.
Plattengröße: **40 x 40 cm / 40 x 80 cm**
Plattendicke: 50 mm
Ausbauort: .....
Lagerweg: ..... m
7€   11€   **14**€   17€   18€   [m²]   ⏱ 0,20 h/m²   314.000.072

19 **Podestbelag abbrechen, Betonwerkstein**   KG **394**
Podestbelag aus Betonwerksteinplatten mit Mörtelbett, bis auf Rohdecke abbrechen. Untergrund reinigen und Bauschutt entsorgen.
Konstruktionsdicke: bis 5 cm
14€   17€   **21**€   25€   27€   [m²]   ⏱ 0,30 h/m²   314.000.069

20 **Fensterbank abbrechen, Betonwerkstein, innen**   KG **394**
Fensterbank aus Betonwerkstein im Innenbereich ausbauen und Bauschutt entsorgen.
9€   10€   **12**€   15€   15€   [m]   ⏱ 0,20 h/m   314.000.073

21 **Natursteinbelag reinigen**   KG **395**
Vorhandene Wachs- und Schmutzschichten von Natursteinbelägen entfernen.
Belag: ......
Reinigungsart: .....
8€   9€   **11**€   14€   14€   [m²]   ⏱ 0,20 h/m²   314.000.075

22 **Natursteinflächen ausbessern**   KG **395**
Sandsteinflächen mit Restaurationsgrund unterlegen.
Fehlstellentiefe: größer 20 mm
Flächengrößen: .....
17€   21€   **25**€   30€   32€   [m²]   ⏱ 0,32 h/m²   314.000.076

LB 314
Natur-, Betonwerksteinarbeiten

Kosten:
Stand 2.Quartal 2018
Bundesdurchschnitt

Nr.	Kurztext / Langtext				[Einheit]	Ausf.-Dauer	Kostengruppe Positionsnummer
▶	▷ ø netto €	◁	◀				

23 Natursteinoberflächen schleifen — KG 395
Ausgebesserte Naturwerksteinoberflächen schleifen und den bestehenden Oberflächen angleichen.
Art des Werkstücks: .....
Material: .....

| 37 € | 42 € | **51 €** | 63 € | 67 € | [m²] | ⏱ 0,84 h/m² | 314.000.077 |

24 Natursteinflächen festigen — KG 395
Steinfestigung trockener Natursteinflächen.
Bauteil: .....
Natursteinart: .....
Flächengröße: .....
Festiger: Kieselsäureester
Angeb. Fabrikat: .....

| 8 € | 10 € | **12 €** | 15 € | 16 € | [m²] | ⏱ 0,19 h/m² | 314.000.078 |

25 Sandsteinoberfläche scharrieren — KG 395
Sandsteinoberflächen durch Scharrieren bearbeiten und an Bestandsflächen anpassen.

| 65 € | 72 € | **87 €** | 105 € | 114 € | [m²] | ⏱ 2,00 h/m² | 314.000.079 |

26 Betonwerkstein schleifen — KG 395
Betonwerksteinfläche zum Glätten schleifen.
Bauteil: .....

| 15 € | 19 € | **22 €** | 27 € | 29 € | [m²] | ⏱ 0,30 h/m² | 314.000.081 |

27 Außenbelag, Betonwerksteinplatten — KG 520
Plattenbelag aus Betonwerkstein, im Außenbereich, inkl. Unterbau auf bauseitiger Abdichtung, mit Kreuzfuge.
Untergrund: eben
Unterbau: Splittbett
Plattenmaterial: Betonwerkstein
Vorsatzschale: .....
Plattenabmessung: 300 x 300 mm
Plattendicke: .....
Fugenbreite: ca. 15 mm
Fuge: mit Splitt gefüllt
Oberfläche: .....
Angeb. Fabrikat: .....

| 56 € | 71 € | **77 €** | 79 € | 91 € | [m²] | ⏱ 0,70 h/m² | 314.000.098 |

▶ min
▷ von
ø Mittel
◁ bis
◀ max

Nr.	**Kurztext** / Langtext					Kostengruppe	
▶	▷	**ø netto €**	◁	◀	[Einheit]	Ausf.-Dauer	Positionsnummer

28   Außenbelag, Naturstein, Pflaster — KG **520**

Pflasterbelag aus Naturstein-Pflaster, im Außenbereich, in Natursteinsplitt, in Reihen verlegt, Fugen versetzt, inkl. Anpassarbeit an begrenzende Bauteile.
Untergrund: **eben / geneigt**
Steinmaterial: **Basalt / Granit**
Nennabmessung: 160 x 160-220 mm
Klasse: **T1 / T2**
Steindicke: ca. 160 mm
Fugenbreite: ca. 15 mm
Beständigkeit gegen Frost-Tau-Wechsel: beständig F1
Fugenfüllung: Feinsplitt
Oberfläche: trittsicher rau
Einbauort: **Parkplätze / Kraftfahrzeug-Nutzung**
Angebotener Stein: .....

| 68€ | 104€ | **108**€ | 113€ | 139€ | [m²] | ⏱ 0,80 h/m² | 314.000.086 |

29   Außenbelag, Pflasterstreifen — KG **520**

Pflasterstreifen aus Naturstein-Pflaster, im Außenbereich, in Beton, mit einseitiger Rückenstütze, streifenförmig verlegt, Fugen versetzt, inkl. Anpassarbeit an begrenzende Bauteile.
Untergrund: **eben / geneigt**
Steinmaterial: **Basalt / Granit**
Nennabmessung: 160 x 160-220 mm
Klasse: **T1 / T2**
Beständigkeit gegen Frost-Tau-Wechsel: beständig F1
Steindicke: ca. 160 mm
Fugenbreite: ca. 20 mm
Fugenfüllung: Zementmörtel
Oberfläche: trittsicher rau
Einbauort: **Rasenpflaster-Einfassung / Kraftfahrzeug-Nutzung**
Angebotener Stein: .....

| 19€ | 25€ | **28**€ | 30€ | 47€ | [m] | ⏱ 0,35 h/m | 314.000.087 |

30   Mauerabdeckung, Natursteinplatten — KG **533**

Mauerabdeckung aus Natursteinplatten mit Tropfkante, im Außenbereich auf gescheibter Mauerkrone, Platten im Zementmörtel, inkl. Verfugung und Anpassarbeiten an begrenzende Bauteile.
Einbauort: Stahlbetonwand, 24cm
Untergrund: eben
Plattenmaterial: .....
Plattenabmessung (L x B): ..... x ..... mm
Plattendicke: ca. 30 mm
Kantenausbildung: scharfkantig
Fugenbreite: ca. 5 mm
Oberfläche: .....
Angeb. Fabrikat: .....

| 71€ | 84€ | **97**€ | 98€ | 112€ | [m] | ⏱ 0,20 h/m | 314.000.099 |

LB 314 Natur-, Betonwerksteinarbeiten

Kosten:
Stand 2.Quartal 2018
Bundesdurchschnitt

▶ min
▷ von
ø Mittel
◁ bis
◀ max

Nr.	Kurztext / Langtext				[Einheit]	Ausf.-Dauer	Kostengruppe Positionsnummer
▶	▷	ø netto €	◁	◀			

31 Fensterbank, Betonwerkstein, innen — KG 334

Fensterbank aus Betonwerkstein, innen, in Mörtelbett mit Toleranzausgleich, Fensterbank über Rohwand auskragend, mit stumpfem Anschluss an bauseitigen Fensterrahmen. Verfugung in gesonderter Position.
Betonsteindicke: 50 mm
Breite: bis 250 mm
Auskragung: ca. 50 mm
Steinausführung: .....
Oberfläche: .....
Kantenausbildung: .....
Angeb. Fabrikat: .....

| 31 € | 42 € | **46 €** | 53 € | 75 € | [m] | 0,42 h/m | 314.000.100 |

32 Treppe, Blockstufe, Naturstein — KG 534

Treppenstufe, massive Naturwerkstein-Blockstufe im Außenbereich, auf gescheibtem Untergrund aus Stahlbeton in Zementmörtel, inkl. Verfugung und Toleranzausgleich.
Steinart: .....
Farbe / Textur: .....
Steinbruch: .....
Stufenabmessung: 1.200 x 350 mm
Stufenhöhe: 160 mm
Oberfläche: **sägerau / geschliffen / poliert**
Kantenausbildung: **gefast / scharfkantig**
Einbauort: bauseitiger Stahlbetonuntergrund
Angebotener Stein: .....
Steinbruch des angebotenen Materials: .....

| 104 € | 153 € | **175 €** | 221 € | 306 € | [m] | 0,60 h/m | 314.000.089 |

33 Treppe, Blockstufe, Betonwerkstein — KG 534

Treppenstufe als massive Blockstufe aus Betonwerkstein, im Außenbereich, Oberseite gescheibt, in Zementmörtel, inkl. Verfugung und Toleranzausgleich.
Steinart: Betonwerkstein, mit Natursteinvorlage
Vorlage: ......
Farbe / Textur: .....
Lieferant: .....
Dicke Vorlage: ca. 20 mm
Stufenabmessung: 1.200 x 350 mm
Stufenhöhe: 160 mm
Oberfläche: rutschsicher, mind. R11
Kantenausbildung: **gefast / scharfkantig**
Einbauort: bauseitiger Stahlbetonuntergrund

| 80 € | 122 € | **141 €** | 172 € | 239 € | [m] | 0,60 h/m | 314.000.090 |

Nr.	Kurztext / Langtext						Kostengruppe	
▶	▷	ø netto €	◁	◀	[Einheit]	Ausf.-Dauer	Positionsnummer	

34 **Treppe, Winkelstufe, 1,00m**   KG **534**

Treppenstufe als Winkelstufe, auf bauseitigen, ebenen und gescheibten Stahlbetonuntergrund, in Zementmörtel, inkl. Verfugung und Toleranzausgleich.
Steinart: **Naturwerkstein aus ..... / Betonwerkstein, einschichtig** bzw. **mit Natursteinvorlage**
Farbe / Textur: .....
Steinbruch / Lieferant: .....
Stufenabmessung: 1.000 x 290 x 175 mm
Materialdicke: 40 mm
Oberfläche: .....
Kantenausbildung: **gefast / scharfkantig**
Einbauort: **Außen- / Innenbereich**
Angebotener Stein: .....
Steinbruch des angebotenen Materials: .....

| 84 € | 112 € | **135** € | 149 € | 187 € | [St] | 0,55 h/St | 314.000.091 |

35 **Treppenbelag, Tritt-/Setzstufe**   KG **352**

Treppenstufe als Tritt- und Setzstufe, auf bauseitigen, ebenen und gescheibten Stahlbetonuntergrund, Stufen vollflächig verlegt in Zementmörtel, Trittstufe ca. 20mm überkragend, Setzstufe stumpf gestoßen, inkl. Verfugung und Toleranzausgleich.
Einbauort: .....
Steinart: **Naturwerkstein aus ..... / Betonwerkstein, einschichtig**
Stufenabmessung (L x T x H): 1.000 x 290 x 175 mm
Materialdicke: Trittstufe 30 mm, Setzstufe 20 mm
Oberfläche / Farbe: .....
Kantenausbildung: .....
Angeb. Fabrikat: .....

| 89 € | 116 € | **120** € | 145 € | 193 € | [m] | 0,60 h/m | 314.000.101 |

36 **Aufmerksamkeitsstreifen, Stufenkante**   KG **352**

Rutschsicherer Aufmerksamkeitsstreifen als taktiles Erkennungsmerkmal gemäß DIN 18025 auf Natursteinbelag mit geklebten Einzelrippen, im Kontrast zu Belag.
Anwendungsbereich: Treppen
Ausführungsort: .....
Ausführung: dreireihig
Untergrund: .....
Material: Kunststoffrippen, Polyurethan
Höhe: ..... mm
Format (L x B): ..... x ..... mm
Abstand von Vorderkante: ..... mm
Farbe: .....
Angeb. Fabrikat: .....

| – € | 36 € | **41** € | 51 € | – € | [m] | 0,35 h/m | 314.000.092 |

300
301
302
308
309
310
312
313
314
316
318
320
321
322

LB 314 Natur-, Betonwerksteinarbeiten

Kosten:
Stand 2.Quartal 2018
Bundesdurchschnitt

▶ min
▷ von
ø Mittel
◁ bis
◀ max

Nr.	Kurztext / Langtext ▶ ▷ ø netto € ◁ ◀					[Einheit]	Ausf.-Dauer	Kostengruppe Positionsnummer

37 Sockel, Natursteinplatten — KG 352
Sockelbekleidung aus Naturwerksteinplatten, auf Dünnbettmörtel, im Innenbereich, Fugenanordnung abgestimmt mit Flächenbelag, inkl. Verfugung der Stoßfugen.
Untergrund: verputzte Wandfläche
Sockel: vorstehend
Steinart: Magmatisches Gestein - **Granit / Basalt / .....**
Sockelabmessung: ..... x ..... mm
Plattendicke: 10-15 mm
Oberfläche: .....
Kanten: .....
Angeb. Fabrikat: .....

▶	▷	ø	◁	◀	[Einheit]	Ausf.-Dauer	Pos.-Nr.
16€	21€	**23€**	27€	34€	[m]	0,25 h/m	314.000.102

38 Innenbelag, Naturstein — KG 352
Plattenbelag aus Naturstein, im Innenbereich, auf Mörtel im Verband, mit auf den Belag abgestimmter Verfugung.
Untergrund: Estrich
Plattenmaterial: .....
Plattenabmessung: 400 x 150 mm
Plattendicke: 15-20 mm
Fugenbreite: ca. 5 mm
Mörtel: .....
Verband: .....
Oberfläche: .....
Kanten: scharfkantig
Angeb. Fabrikat: .....

▶	▷	ø	◁	◀	[Einheit]	Ausf.-Dauer	Pos.-Nr.
101€	146€	**164€**	183€	232€	[m²]	1,10 h/m²	314.000.103

39 Innenbelag, Betonwerkstein — KG 352
Plattenbelag aus Betonwerkstein, im Innenbereich, auf Mörtelbett im Verband, mit auf den Belag abgestimmter Verfugung.
Untergrund: Estrich
Plattenausführung: naturgrau
Zuschläge: .....
Plattenabmessung: ...... mm
Plattendicke: ..... mm
Fugenbreite: ca. 5 mm
Verband: .....
Oberfläche: .....
Kanten: .....
Angeb. Fabrikat: .....

▶	▷	ø	◁	◀	[Einheit]	Ausf.-Dauer	Pos.-Nr.
63€	83€	**89€**	111€	153€	[m²]	1,10 h/m²	314.000.104

40 Oberfläche, laserstrukturiert, Mehrpreis — KG 352
Mehrkosten bei Natursteinbelägen für Oberflächenstrukturgestaltung mit Laser.
Anforderung: R10

▶	▷	ø	◁	◀	[Einheit]	Ausf.-Dauer	Pos.-Nr.
–€	27€	**32€**	44€	–€	[m²]	0,10 h/m²	314.000.093

Nr.	Kurztext / Langtext					Kostengruppe	
▶	▷	ø netto €	◁	◀	[Einheit]	Ausf.-Dauer	Positionsnummer

41 Ausklinkung, Plattenbelag — KG 352
Ausklinkung in Naturstein- oder Betonwerksteinbelag.
Größe Ausklinkung: .....
Steinart: .....
Belagdicke: .....

| 11€ | 13€ | **14€** | 15€ | 19€ | [St] | ⏱ 0,18 h/St | 314.000.105 |

42 Schrägschnitte, Plattenbelag — KG 352
Schrägschnitte der Plattenbeläge aus Natursteinplatten, in allen Winkeln.
Schnittwinkel: .....
Steinart: .....
Plattendicke: .....

| 8€ | 13€ | **16€** | 17€ | 20€ | [m] | ⏱ 0,40 h/m | 314.000.106 |

43 Fries, Plattenbelag — KG 352
Friesplatten für Steinplattenbelag, im Innenbereich, Belag im Dünnbett verlegt, inkl. Verfugung.
Einbauort: .....
Untergrund: Estrich
Plattengröße (B x L): ..... x ..... mm
Plattendicke: 20 mm
Material: .....
Oberfläche: .....
Kantenausbildung: .....

| 28€ | 45€ | **47€** | 56€ | 71€ | [m] | ⏱ 0,40 h/m | 314.000.107 |

44 Trenn-/Anschlagschiene, Messing — KG 352
Metall-Trennschiene in Werkstein-Bodenbelag, im Innenbereich, inkl. Toleranzausgleich.
Untergrund: Estrich
Material: Messing-Winkelprofil
Abmessung: 40 x 4 x 4 mm
Schenkelhöhe: ..... mm
Oberfläche: **matt / glänzend poliert**
Einbauort: Material-Übergang
Anker: .....
Belag: .....
Angeb. Fabrikat: .....

| 15€ | 28€ | **30€** | 33€ | 43€ | [m] | ⏱ 0,12 h/m | 314.000.108 |

45 Fugenabdichtung, elastisch, Silikon — KG 352
Elastische Verfugung mit Silikon-Dichtstoff, inkl. notwendiger Flankenvorbehandlung an den Anschlussflächen, sowie Hinterlegen der Fugenhohlräume mit geeignetem Hinterstopfmaterial, Fuge glatt gestrichen.
Fugenfarbe: nach Bemusterung
Angeb. Fabrikat: .....

| 5€ | 6€ | **7€** | 9€ | 12€ | [m] | ⏱ 0,05 h/m | 314.000.109 |

LB 314 Natur-, Betonwerksteinarbeiten

Nr.	Kurztext / Langtext		ø netto €			[Einheit]	Ausf.-Dauer	Kostengruppe Positionsnummer

46 Trittschalldämmung, Randstreifen, MW KG **352**
Trittschalldämmung aus Mineralwolle, einlagig, dicht gestoßen, mit Randdämmstreifen und Abdeckung mit Trennlage aus PE-Folie.
Untergrund: Betonrohboden
Dämmstoff: MW-TSD
Anwendung: DES-sh
Bemessungsdicke: 25 mm
Steifigkeit: 13 MN/m²
Brandverhalten: A1
Randstreifen: 12 x 150 mm
Trennlage: PE, 0,4 mm
Angeb. Fabrikat: .....

| 7€ | 10€ | **11€** | 13€ | 16€ | [m²] | 0,60 h/m² | 314.000.110 |

47 Erstreinigung, Bodenbelag KG **352**
Erstreinigung und Erstpflege des Naturwerksteinbelags, abgestimmt auf benötigte Oberflächeneigenschaften, die Arbeiten sind innerhalb einer Woche auszuführen, nach Aufforderung durch die Bauleitung des Architekten.
Steinart: .....
Rutschsicherheit: **R9 / R11**
Belastung: **Zementschleier / Bauschmutz**
Angeb. Fabrikat: .....

| 3€ | 4€ | **5€** | 6€ | 8€ | [m²] | 0,25 h/m² | 314.000.111 |

A 1 Leitsystem, Rippenfliese/Begleitstreifen, Edelstahl Beschreibung für Pos. 48-49
Bodenindikatoren als taktiles Blindenleitsystem aus Rippenfliesen mit abgeschrägten Begleitstreifen aus Noppenfliesen, in Edelstahl, im Innenbereich, auf Natursteinbelag.
Einbauort: .....
Untergrund: ....
Natursteinbelag: .....
Dicke: bis 12 mm

48 Leitsystem, Rippenfliese/Begleitstreifen, Edelstahl, 200mm KG **352**
Wie Ausführungsbeschreibung A 1
Fliesenabmessung: ca. 200 x 600 mm
Rippenanzahl: 3

| –€ | 117€ | **137€** | 171€ | –€ | [m] | 0,27 h/m | 314.000.094 |

49 Leitsystem, Rippenfliese/Begleitstreifen, Edelstahl, 400mm KG **352**
Wie Ausführungsbeschreibung A 1
Fliesenabmessung: ca. 400 x 600 mm
Rippenanzahl: 3

| –€ | 145€ | **171€** | 214€ | –€ | [m] | 0,30 h/m | 314.000.095 |

Kosten:
Stand 2.Quartal 2018
Bundesdurchschnitt

▶ min
▷ von
ø Mittel
◁ bis
◀ max

Nr.	Kurztext / Langtext							Kostengruppe
▶	▷	ø netto €	◁	◀	[Einheit]	Ausf.-Dauer	Positionsnummer

A 2 — Aufmerksamkeitsfeld, Noppenfliesen, Edelstahl   Beschreibung für Pos. **50-51**

Bodenindikatoren als taktiles Aufmerksamkeitsfeld aus Noppenfliesen mit abgeschrägten Begleitsteifen, in Edelstahl, im Innenbereich, auf Natursteinbelag.
Einbauort: …..
Untergrund: ….
Natursteinbelag: …..
Dicke: bis 12 mm

50 — Aufmerksamkeitsfeld, 600/600, Noppenfliesen, Edelstahl   KG 352
Wie Ausführungsbeschreibung A 2
Fliesenabmessung: 4 St, ca. 300 x 300 mm
Feldfläche: 600 x 600 mm

| –€ | 185€ | **217€** | 272€ | –€ | [St] | ⏱ 0,35 h/St | 314.000.096 |

51 — Aufmerksamkeitsfeld, 1.200/1.200, Noppenfliesen, Edelstahl   KG 352
Wie Ausführungsbeschreibung A 2
Fliesenabmessung: 16 St, ca. 300 x 300 mm
Feldfläche: 1.200 x 1.200 mm

| –€ | 515€ | **606€** | 758€ | –€ | [St] | ⏱ 1,20 h/St | 314.000.097 |

52 — Stundensatz Facharbeiter, Natursteinarbeiten
Stundenlohnarbeiten für Vorarbeiter, Facharbeiter und Gleichgestellte (z. B. Spezialbaufacharbeiter, Baufacharbeiter, Obermonteure, Monteure, Gesellen, Maschinenführer, Fahrer und ähnliche Fachkräfte). Leistung nach besonderer Anordnung der Bauüberwachung. Anmeldung und Nachweis gemäß VOB/B.

| 43€ | 50€ | **52€** | 54€ | 60€ | [h] | ⏱ 1,00 h/h | 314.000.112 |

53 — Stundensatz Helfer, Natursteinarbeiten
Stundenlohnarbeiten für Werker, Helfer und Gleichgestellte (z. B. Baufachwerker, Helfer, Hilfsmonteure, Ungelernte, Angelernte). Leistung nach besonderer Anordnung der Bauüberwachung. Anmeldung und Nachweis gemäß VOB/B.

| 39€ | 45€ | **45€** | 48€ | 54€ | [h] | ⏱ 1,00 h/h | 314.000.113 |

LB 316 Zimmer- und Holzbauarbeiten

Preise €

Kosten: Stand 2.Quartal 2018, Bundesdurchschnitt

▶ min
▷ von
ø Mittel
◁ bis
◀ max

Nr.	Positionen	Einheit	▶	▷ ø brutto € / ø netto €		◁	◀
1	Schutzabdeckung, armierte Baufolie	m²	5	6	**6**	6	10
			4	5	**5**	5	8
2	Wandbekleidung entfernen, Holz	m²	7	9	**11**	13	23
			6	8	**9**	11	19
3	Deckenbekleidung entfernen, Holz	m²	13	16	**20**	26	51
			11	14	**17**	22	43
4	Außenwandbekleidung entfernen, Holz	m²	14	16	**20**	24	26
			12	14	**16**	20	22
5	Wanddämmung entfernen, MW	m²	4	7	**9**	11	13
			4	6	**7**	9	11
6	Zwischensparrendämmung entfernen, MW	m²	4	7	**9**	11	15
			4	6	**8**	9	13
7	Lattentrennwand demontieren	m²	6	11	**14**	16	25
			5	9	**12**	14	21
8	Dachflächenfenster entfernen	St	34	65	**79**	95	109
			29	54	**66**	80	92
9	Holzständerwand abbauen	m²	15	18	**21**	26	28
			13	15	**18**	22	23
10	Holztreppe abbauen	St	115	155	**187**	230	363
			96	131	**157**	194	305
11	Bodeneinschubtreppe ausbauen	St	43	49	**61**	77	100
			36	41	**52**	65	84
12	Holztrittstufe entfernen	m²	15	18	**22**	27	29
			13	15	**18**	23	24
13	Holzleiter abbauen	St	8	10	**12**	14	15
			7	8	**10**	12	13
14	Holzhandlauf entfernen	m	6	8	**10**	12	14
			5	7	**8**	10	12
15	Holzfußboden entfernen, Bodenbretter	m²	6	8	**10**	12	22
			5	7	**9**	10	18
16	Holzfußboden entfernen, Bretter/Lagerhölzer	m²	8	11	**13**	16	27
			7	9	**11**	13	23
17	Fußbodenbretter aufnehmen/lagern	m²	9	12	**14**	17	26
			8	10	**12**	15	22
18	Spanplattenboden ausbauen	m²	11	15	**19**	23	34
			10	13	**16**	19	28
19	Schüttung entfernen, Lagerhölzer	m²	7	9	**11**	13	14
			6	7	**9**	11	12
20	Schüttung entfernen, Holzbalkendecke	m²	8	16	**20**	24	29
			7	13	**17**	20	25
21	Fehlboden entfernen	m²	10	12	**14**	17	26
			8	10	**12**	15	21
22	Deckenbalken ausbauen	m	6	10	**12**	14	20
			5	8	**10**	12	17
23	Unterzug ausbauen, Holz	m	9	10	**13**	16	20
			8	9	**11**	13	17
24	Holzbalkendecke ausbauen	m²	35	59	**73**	88	98
			29	50	**62**	74	82

© BKI Baukosteninformationszentrum; Erläuterungen zu den Tabellen siehe Seite 22
Mustertexte geprüft: Holzbau Deutschland - Bund Deutscher Zimmermeister

Kostenstand: 2.Quartal 2018, Bundesdurchschnitt

Zimmer- und Holzbauarbeiten — Preise €

Nr.	Positionen	Einheit	▶	▷	ø brutto € ø netto €	◁	◀
25	Dachstuhlhölzer ausbauen	m	7	13	**16**	19	26
			6	11	**13**	16	22
26	Dachlattung entfernen	m²	3	5	**6**	7	9
			2	4	**5**	6	8
27	Dachschalung/Dachpappe entfernen	m²	5	9	**11**	14	21
			4	8	**10**	12	18
28	Giebelgesims entfernen	m	6	7	**8**	10	10
			5	5	**7**	8	9
29	Sparren aufdoppeln	m	5	8	**10**	12	19
			5	7	**8**	10	16
30	Zwischensparrendämmung, MW 035, 100mm	m²	14	16	**20**	24	27
			12	13	**17**	20	22
31	Zwischensparrendämmung, MW 035, 120mm	m²	16	19	**23**	28	31
			14	16	**20**	24	26
32	Zwischensparrendämmung, MW 035, 140mm	m²	18	20	**25**	30	34
			15	17	**21**	25	28
33	Zwischensparrendämmung, MW 032, 100mm	m²	16	18	**23**	27	30
			13	15	**19**	23	26
34	Zwischensparrendämmung, MW 032, 120mm	m²	19	22	**26**	32	36
			16	18	**22**	27	30
35	Zwischensparrendämmung, MW 032, 140mm	m²	21	24	**30**	36	40
			18	20	**25**	30	34
36	Einblasdämmung, Zellulose 040, bis 140mm	m²	13	16	**17**	23	29
			11	13	**14**	19	25
37	Einblasdämmung, Zellulose 040, bis 200mm	m²	14	19	**21**	25	34
			11	16	**18**	21	28
38	Einblasdämmung, Zellulose 040, bis 240mm	m²	23	26	**27**	28	33
			19	22	**22**	24	27
39	MW-Dämmung, Spitzboden, 160mm	m²	12	14	**17**	20	21
			10	12	**14**	17	18
40	MW-Dämmung, Holzbalkendecke, 120mm	m²	15	18	**21**	25	27
			13	15	**18**	21	23
41	MW/Spanplatte, Holzdecke, 240mm	m²	71	82	**96**	113	121
			60	69	**80**	95	101
42	Bauschnittholz C24, Nadelholz, trocken	m³	391	473	**507**	571	734
			328	398	**426**	480	617
43	Konstruktionsvollholz KVH®, MH®, sichtbar Nadelholz	m³	478	574	**614**	756	979
			401	482	**516**	636	823
44	Brettschichtholz, GL24h, Nadelholz, gehobelt	m³	745	877	**943**	1.032	1.189
			626	737	**792**	867	999
45	Abbinden/Aufstellen, Bauschnittholz, Dach	m	7	11	**13**	16	23
			6	10	**11**	14	19
46	Abbinden/Aufstellen, Konstruktionsvollholz, Decken	m	8	13	**15**	19	29
			7	11	**12**	16	25
47	Abbund, Kehl-/Gratsparren	m	8	14	**17**	20	26
			7	12	**14**	17	22

© **BKI** Baukosteninformationszentrum; Erläuterungen zu den Tabellen siehe Seite 22
Mustertexte geprüft: Holzbau Deutschland - Bund Deutscher Zimmermeister

Kostenstand: 2.Quartal 2018, Bundesdurchschnitt

LB 316
Zimmer- und Holzbauarbeiten

Zimmer- und Holzbauarbeiten — Preise €

Nr.	Positionen	Einheit	▶ min	▷ von	ø brutto € / ø netto €	◁ bis	◀ max
48	Hobeln, Bauschnittholz	m	3	5	**5**	7	10
			3	4	**4**	6	8
49	Schrägschnitte, Bauschnittholz	m	3	7	**9**	11	15
			3	6	**7**	9	13
50	Holzschutz, Flächen, farblos	m²	0,5	3,4	**4,9**	7,1	12
			0,4	2,9	**4,1**	6,0	10,0
51	Schalung, Nadelholz, gefast, gehobelt	m²	23	33	**37**	46	67
			19	28	**31**	39	57
52	Schalung, Rauspund, genagelt	m²	19	24	**27**	31	44
			16	21	**22**	26	37
53	Schalung, OSB/4, Flachpressplatten	m²	24	27	**29**	32	36
			20	23	**24**	27	30
54	Schalung, Sperrholz, Feuchtebereich	m²	31	43	**49**	56	69
			26	36	**41**	47	58
55	Schalung, Furnierschichtholzplatte	m²	38	48	**51**	66	90
			32	40	**43**	55	76
56	Schalung, Massivholzplatte	m²	58	72	**82**	85	91
			49	60	**69**	71	76
57	Blindboden, Nadelholz, einseitig gehobelt	m²	16	27	**29**	36	46
			14	22	**24**	30	39
58	Kantholz, Nadelholz, S13	m	5	7	**8**	8	12
			4	6	**6**	7	10
59	Dampfbremse, feuchteadaptiv, sd-variabel	m²	4	8	**10**	15	20
			3	7	**8**	12	17
60	Abdichtungsanschluss verkleben, Dampfsperrbahn	m	1	3	**4**	6	10
			1	3	**3**	5	8
61	Traglattung, Nadelholz, 30x50mm, trocken	m	2	3	**3**	4	6
			2	3	**3**	4	5
62	Traglattung, Nadelholz, 40x60mm, trocken	m	2	3	**3**	4	6
			1	2	**3**	4	5
63	Dachlattung, Nadelholz, 30x50mm, trocken	m²	3	6	**6**	7	9
			3	5	**5**	6	8
64	Dachlattung, Nadelholz, 40x60mm, trocken	m²	4	7	**8**	9	13
			3	6	**6**	8	11
65	Wohndachfenster, bis 1,00m², U_W 1,4	St	681	973	**1.102**	1.274	1.544
			572	818	**926**	1.070	1.297
66	Holztreppe, Wangentreppe	St	4.109	5.562	**6.000**	6.223	8.308
			3.453	4.674	**5.042**	5.230	6.981
67	Holztreppe, Einschubtreppe	St	700	826	**877**	1.064	1.383
			588	694	**737**	894	1.163
68	Windrispenband, 40x2mm	m	2	5	**6**	6	8
			2	4	**5**	5	7
69	Windrispenband, 60x3mm	m	5	7	**7**	8	9
			4	6	**6**	6	8
70	Verankerung, Profilanker, Schwelle	St	3	6	**7**	10	15
			2	5	**6**	8	13
71	Befestigung, Stabdübel, Edelstahl	St	4	8	**10**	13	18
			3	7	**9**	11	15

Kosten:
Stand 2.Quartal 2018
Bundesdurchschnitt

▶ min
▷ von
ø Mittel
◁ bis
◀ max

Zimmer- und Holzbauarbeiten — Preise €

Nr.	Positionen	Einheit	▶	▷	ø brutto €	◁	◀
					ø netto €		
72	Befestigung, Klebeanker, Edelstahl	St	10	15	**16**	18	20
			9	12	**14**	15	17
73	Befestigung, Gewindestange	St	2	5	**5**	7	10
			2	4	**5**	6	9
74	Stundensatz Facharbeiter, Holzbau	h	50	56	**58**	62	69
			42	47	**49**	52	58
75	Stundensatz Helfer, Holzbau	h	26	37	**44**	46	54
			22	31	**37**	39	45

Nr.	Kurztext / Langtext						Kostengruppe
▶	▷ **ø netto €** ◁ ◀				[Einheit]	Ausf.-Dauer	Positionsnummer

1 Schutzabdeckung, armierte Baufolie KG **397**
Schutzplanen als Wetterschutz auf Anweisung der Bauüberwachung sturmsicher anbringen.
Schutzfunktion für: **Bauteile / Schutzgerüste / offene Dächer**
Aufmaß: nach m² abgedeckter Bauteilfläche
Vorhaltedauer: .....
Planenmaterial: .....
4€   5€   **5€**   5€   8€   [m²]   ⏱ 0,05 h/m²   316.001.136

2 Wandbekleidung entfernen, Holz KG **394**
Wandbekleidung aus Holz einschl. der Befestigungshölzer entfernen und anfallenden Bauschutt entsorgen.
Bekleidung: .....
Befestigung: .....
Unterkonstruktion: .....
Ausbauort: .....
6€   8€   **9€**   11€   19€   [m²]   ⏱ 0,18 h/m²   316.001.095

3 Deckenbekleidung entfernen, Holz KG **394**
Deckenbekleidung aus Holz und Holzwerkstoff einschl. Unterkonstruktion entfernen und anfallenden Bauschutt entsorgen.
Bekleidung: .....
Unterkonstruktion: .....
Ausbauort: .....
11€   14€   **17€**   22€   43€   [m²]   ⏱ 0,30 h/m²   316.001.096

4 Außenwandbekleidung entfernen, Holz KG **394**
Bekleidung auf Außenwand aus Holz einschl. Unterkonstruktion entfernen und anfallenden Bauschutt entsorgen.
Bekleidung: .....
Unterkonstruktion: .....
12€   14€   **16€**   20€   22€   [m²]   ⏱ 0,25 h/m²   316.001.137

LB 316 Zimmer- und Holzbauarbeiten

Kosten:
Stand 2.Quartal 2018
Bundesdurchschnitt

▶ min
▷ von
ø Mittel
◁ bis
◀ max

Nr. ▶	Kurztext / Langtext ▷ ø netto € ◁ ◀	[Einheit]	Ausf.-Dauer	Kostengruppe Positionsnummer

A 1   Zwischensparrendämmung, MW 035   Beschreibung für Pos. 30-32
Wärmedämmung zwischen Holzbalken / Sparren, aus Mineralwolle, als nachträgliche Dämmmaßnahme von außen einbauen.
Dämmstoff: Mineralwolle, MW
Anwendungsgebiet: DZ
Wärmeleitfähigkeit: Nennwert 0,035 W/(mK)
Brandverhalten: Klasse A1

30   Zwischensparrendämmung, MW 035, 100mm   KG **363**
Wie Ausführungsbeschreibung A 1
Sparrenabstand: ..... mm
Lagen: einlagig
Dämmschichtdicke: 100 mm
Angeb. Fabrikat: .....
12 €   13 €   **17** €   20 €   22 €   [m²]   ⏱ 0,20 h/m²   316.001.123

31   Zwischensparrendämmung, MW 035, 120mm   KG **363**
Wie Ausführungsbeschreibung A 1
Sparrenabstand: ..... mm
Lagen: einlagig
Dämmschichtdicke: 120 mm
Angeb. Fabrikat: .....
14 €   16 €   **20** €   24 €   26 €   [m²]   ⏱ 0,20 h/m²   316.001.124

32   Zwischensparrendämmung, MW 035, 140mm   KG **363**
Wie Ausführungsbeschreibung A 1
Sparrenabstand: ..... mm
Lagen: einlagig
Dämmschichtdicke: 140 mm
Angeb. Fabrikat: .....
15 €   17 €   **21** €   25 €   28 €   [m²]   ⏱ 0,22 h/m²   316.001.125

A 2   Zwischensparrendämmung, MW 032   Beschreibung für Pos. 33-35
Wärmedämmung zwischen Holzbalken / Sparren, aus Mineralwolle, als nachträgliche Dämmmaßnahme von außen einbauen.
Dämmstoff: Mineralwolle, MW
Anwendungsgebiet: DZ
Wärmeleitfähigkeit: Nennwert 0,032 W/(mK)
Brandverhalten: Klasse A1

33   Zwischensparrendämmung, MW 032, 100mm   KG **363**
Wie Ausführungsbeschreibung A 2
Sparrenabstand: ..... mm
Lagen: einlagig
Dämmschichtdicke: 100 mm
Angeb. Fabrikat: .....
13 €   15 €   **19** €   23 €   26 €   [m²]   ⏱ 0,20 h/m²   316.001.126

Nr.	Kurztext / Langtext						Kostengruppe	
▶	▷	ø netto €	◁	◀	[Einheit]	Ausf.-Dauer	Positionsnummer	

34 Zwischensparrendämmung, MW 032, 120mm KG **363**
Wie Ausführungsbeschreibung A 2
Sparrenabstand: ..... mm
Lagen: einlagig
Dämmschichtdicke: 120 mm
Angeb. Fabrikat: .....

| 16€ | 18€ | **22**€ | 27€ | 30€ | [m²] | ⏱ 0,20 h/m² | 316.001.127 |

35 Zwischensparrendämmung, MW 032, 140mm KG **363**
Wie Ausführungsbeschreibung A 2
Sparrenabstand: ..... mm
Lagen: einlagig
Dämmschichtdicke: 140 mm
Angeb. Fabrikat: .....

| 18€ | 20€ | **25**€ | 30€ | 34€ | [m²] | ⏱ 0,22 h/m² | 316.001.128 |

A 3 Einblasdämmung, Zellulose 040 Beschreibung für Pos. **36-38**
Wärmedämmung zwischen Sparren und Konstruktionshölzern, aus Zellulose, als Einblasdämmung, einschl. Verdichten; Abrechnung nach Fläche.
Dämmung: Zellulosefasern
Anwendung: DZ
Wärmeleitfähigkeit: Nennwert 0,040 W/(mK)
Brandverhalten: Klasse E
Ständer-/Sparrenabstand: 60-90 cm
Angeb. Fabrikat: .....

36 Einblasdämmung, Zellulose 040, bis 140mm KG **363**
Wie Ausführungsbeschreibung A 3
Dämmschichtdicke: bis 140 mm

| 11€ | 13€ | **14**€ | 19€ | 25€ | [m²] | ⏱ 0,10 h/m² | 316.001.139 |

37 Einblasdämmung, Zellulose 040, bis 200mm KG **363**
Wie Ausführungsbeschreibung A 3
Dämmschichtdicke: bis 200 mm

| 11€ | 16€ | **18**€ | 21€ | 28€ | [m²] | ⏱ 0,14 h/m² | 316.001.140 |

38 Einblasdämmung, Zellulose 040, bis 240mm KG **363**
Wie Ausführungsbeschreibung A 3
Dämmschichtdicke: bis 240 mm

| 19€ | 22€ | **22**€ | 24€ | 27€ | [m²] | ⏱ 0,16 h/m² | 316.001.141 |

LB 316 Zimmer- und Holzbauarbeiten

Nr. ▶	Kurztext / Langtext ▷ ø netto € ◁ ◀	[Einheit]	Ausf.-Dauer	Kostengruppe Positionsnummer

39 MW-Dämmung, Spitzboden, 160mm — KG 363
Wärmedämmung aus Mineralwolle, nicht begehbar, auf der Spitzbodenfläche einbauen.
Dämmstoff: Mineralwolle, MW
Anwendungsgebiet: DZ
Brandverhalten: Klasse A1
Wärmeleitfähigkeit 0,035 W/(mK)
Dämmschichtdicke: 160 mm
Angeb. Fabrikat: .....

| 10 € | 12 € | **14 €** | 17 € | 18 € | [m²] | ⏱ 0,10 h/m² | 316.001.129 |

40 MW-Dämmung, Holzbalkendecke, 120mm — KG 363
Wärmedämmung aus Mineralwolle zwischen Balken der Holzbalkendecke einbauen.
Balkenabstand: .....
Dämmstoff: Mineralwolle, MW
Anwendungsgebiet: DI
Brandverhalten: Klasse A1
Nennwert der Wärmeleitfähigkeit: 0,035 W/(mK)
Dämmschichtdicke: 120 mm
Angeb. Fabrikat: .....

| 13 € | 15 € | **18 €** | 21 € | 23 € | [m²] | ⏱ 0,10 h/m² | 316.001.130 |

41 MW/Spanplatte, Holzdecke, 240mm — KG 363
Wärmedämmung aus Mineralwolle und Abdeckung aus Holzspanplatten auf Holzbalkendecke einbauen.
Dämmstoff: Mineralwolle, MW
Anwendungsgebiet: DEO-dh (hohe Druckbelastbarkeit)
Brandverhalten: Klasse A1
Nennwert der Wärmeleitfähigkeit: 0,035 W/(mK)
Dämmschichtdicke: 240 mm
Abdeckung: Holzspanplatte P3
Dicke: 21 mm
Emission: E1
Gesamtaufbau: 261 mm
Angeb. Fabrikat: .....

| 60 € | 69 € | **80 €** | 95 € | 101 € | [m²] | ⏱ 0,22 h/m² | 316.001.131 |

42 Bauschnittholz C24, Nadelholz, trocken — KG 361
Liefern von Bauschnittholz, Nadelholz, Holzfeuchte bis 20%.
Verwendungsbereich: .....
Festigkeitsklasse: C24
Sortierklasse: S10
Güteklasse: 2, scharfkantig......
Oberfläche: .....
Querschnitt: 6 x 12 cm
Einzellänge: bis 8,00 m, gemäß Holzliste des AG

| 328 € | 398 € | **426 €** | 480 € | 617 € | [m³] | – | 316.001.142 |

Kosten:
Stand 2.Quartal 2018
Bundesdurchschnitt

▶ min
▷ von
ø Mittel
◁ bis
◀ max

Nr.	Kurztext / Langtext				[Einheit]	Ausf.-Dauer	Kostengruppe Positionsnummer
▶	▷	ø netto €	◁	◀			

43 Konstruktionsvollholz KVH®, MH®, sichtbar Nadelholz,   KG **361**

Liefern von Konstruktionsvollholz, sichtbar, Nadelholz.
Festigkeitsklasse: C24
Sortierklasse: S10
Qualität: herzfrei, scharfkantig, Ästigkeit bis 2/5, Rissbreite bis 3% der Querschnittsseite, Harzgallen bis 5 mm, Verfärbungen und Insektenbefall nicht zulässig
Maßtoleranz: Klasse 2
Holzfeuchte: 15% +/-3%
Oberfläche: .....
Breite: 6-10 cm
Höhe: 6-30 cm
Einzellänge: bis 6,00 m, gemäß Holzliste des AG

| 401€ | 482€ | **516€** | 636€ | 823€ | [m³] | – | 316.001.143 |

44 Brettschichtholz, GL24h, Nadelholz, gehobelt   KG **361**

Liefern von Brettschichtholz aus Nadelholz, gehobelt, Bläue und Rotstreifigkeit auf 10% der Oberfläche und fest verwachsene Äste zulässig, ohne extreme klimatische Wechselbeanspruchung.
Verklebung: Resorcinharz
Festigkeitsklasse: GL 24h
Lamellendicke: max. 42 mm
Gebrauchsklasse DIN EN 355: GK .....
Einbau: **Si / NSi**
Breite: 6-20 cm
Höhe: 16-40 cm
Einzellänge: bis 12,00 m, gemäß Holzliste des AG

| 626€ | 737€ | **792€** | 867€ | 999€ | [m³] | – | 316.001.144 |

45 Abbinden/Aufstellen, Bauschnittholz, Dach   KG **361**

Abbinden und Aufstellen von Bauschnittholz, für Dachkonstruktionen, Anschlüsse lt. statischer Berechnung und Konstruktionszeichnungen / zimmermannsmäßig.
Querschnitt: .....
Einzelängen: bis 8,00 m
Einbau: **Si / NSi**

| 6€ | 10€ | **11€** | 14€ | 19€ | [m] | ⏱ 0,22 h/m | 316.001.145 |

46 Abbinden/Aufstellen, Konstruktionsvollholz, Decken   KG **361**

Abbinden und Aufstellen von Konstruktionsvollholz, für Deckenkonstruktionen, Anschlüsse lt. statischer Berechnung und Konstruktionszeichnungen / zimmermannsmäßig.
Querschnitt: **6 x 12** cm / **10 x 18** cm / **14 x 24** cm / .....
Einzellänge: bis 8,00 m
Einbau: **Si / NSi**

| 7€ | 11€ | **12€** | 16€ | 25€ | [m] | ⏱ 0,20 h/m | 316.001.146 |

300
301
302
308
309
310
312
313
314
316
318
320
321
322

LB 316
Zimmer- und Holzbauarbeiten

Nr.	Kurztext / Langtext					Kostengruppe
▶	▷ ø **netto €** ◁ ◀				[Einheit]	Ausf.-Dauer Positionsnummer

Kosten:
Stand 2.Quartal 2018
Bundesdurchschnitt

47 Abbund, Kehl-/Gratsparren   KG **361**
Abbinden und Aufstellen von Bauschnittholz als Kehl- und Gratsparren, Anschlüsse lt. statischer Berechnung und Konstruktionszeichnung / zimmermannsmäßig.
Funktion: **Kehl- / Gratsparren**
Querschnitt: 10 x 20 bis 16 x 34 cm
Einzellänge: bis 6,00 m
Einbau: **Si / NSi**

| 7€ | 12€ | **14€** | 17€ | 22€ | [m] | ⏱ 0,30 h/m | 316.001.147 |

48 Hobeln, Bauschnittholz   KG **361**
Hobeln von Bauschnittholz, allseitig.
Abmessung: .....
Maßtoleranzklasse: 2
Bauteil: .....

| 3€ | 4€ | **4€** | 6€ | 8€ | [m] | ⏱ 0,08 h/m | 316.001.148 |

49 Schrägschnitte, Bauschnittholz   KG **361**
Schrägschnitte von Bauschnittholz.
Schnitttiefe: .....

| 3€ | 6€ | **7€** | 9€ | 13€ | [m] | ⏱ 0,20 h/m | 316.001.149 |

50 Holzschutz, Flächen, farblos   KG **361**
Vorbeugender chemischer Holzschutz für konstruktive Bauteile, Anwendung durch Streichen, farblos.
Gebrauchsklasse DIN EN 355: **1 / 2 / 3.1 / 3.2 / 4 / 5**

| 0,4€ | 2,9€ | **4,1€** | 6,0€ | 10,0€ | [m²] | ⏱ 0,10 h/m² | 316.001.150 |

51 Schalung, Nadelholz, gefast, gehobelt   KG **361**
Schalung aus gefasten Brettern, Nadelholz, Befestigung mit Nägeln.
Oberfläche: einseitig gehobelt
Sortierklasse: S10
Profil: Nut-Feder
Brettdicke: .....
Breite: 138 mm
Einbau: Si
Einbauort: unter Dachdeckung

| 19€ | 28€ | **31€** | 39€ | 57€ | [m²] | ⏱ 0,28 h/m² | 316.001.151 |

52 Schalung, Rauspund, genagelt   KG **363**
Dachschalung aus Rauspund, Nadelholz, Befestigung mit Nägeln.
Sortierklasse: S10
Brettdicke: 20-27 mm
Einbau: Si
Einbauort: unter Dachdeckung

| 16€ | 21€ | **22€** | 26€ | 37€ | [m²] | ⏱ 0,25 h/m² | 316.001.152 |

▶ min
▷ von
ø Mittel
◁ bis
◀ max

Nr.	Kurztext / Langtext						Kostengruppe	
▶	▷	ø netto €	◁	◀	[Einheit]	Ausf.-Dauer	Positionsnummer	

53 Schalung, OSB/4, Flachpressplatten   KG **352**

Schalung für Innenausbau, tragende Anwendung im Feuchtebereich, aus OSB-Platten, mit feuerverzinkten Nägeln auf Holzuntergrund nach statischer Berechnung und Konstruktionszeichnungen befestigen.
Plattentyp: OSB/4
Dicke: .....
Oberfläche: ungeschliffen
Einbau: **Si / NSi**
Einbauort: .....

| 20€ | 23€ | **24€** | 27€ | 30€ | [m²] | ⏱ 0,25 h/m² | 316.001.153 |

54 Schalung, Sperrholz, Feuchtebereich   KG **364**

Schalung für tragende Zwecke im Feuchtebereich, aus Sperrholzplatten.
Dicke: .....
Nutzungsklasse: 2
Oberflächengüte: .....
Erscheinungsklasse: .....
Befestigung: mit Schrauben
Untergrund: .....
Einbau: **Si / NSi**
Einbauort: .....

| 26€ | 36€ | **41€** | 47€ | 58€ | [m²] | ⏱ 0,25 h/m² | 316.001.154 |

55 Schalung, Furnierschichtholzplatte   KG **364**

Schalung oder Bekleidung, innen, aus Furnierschichtholzplatte, mit Deckfurnier.
Holzart Furnier: .....
Einbau: **tragend / aussteifend / ohne Anforderung**
Verwendungsbereich: .....
Nutzungsklasse: .....
Dicke: ..... mm
Qualität: Sichtqualität
Oberflächengüte: .....
Erscheinungsklasse: .....
Befestigung: mit Schrauben
Untergrund: .....

| 32€ | 40€ | **43€** | 55€ | 76€ | [m²] | ⏱ 0,33 h/m² | 316.001.155 |

56 Schalung, Massivholzplatte   KG **335**

Schalung oder Bekleidung, innen, aus Massivholzplatte SWP.
Holzart: .....
Einbau: .....
Verwendungsbereich: .....
Nutzungsklasse: .....
Dicke: ..... mm
Qualität: .....
Oberflächengüte: .....
Erscheinungsklasse: .....
Befestigung: mit Schrauben
Untergrund: .....

| 49€ | 60€ | **69€** | 71€ | 76€ | [m²] | ⏱ 0,38 h/m² | 316.001.156 |

© **BKI** Baukosteninformationszentrum; Erläuterungen zu den Tabellen siehe Seite 22
Mustertexte geprüft: Holzbau Deutschland - Bund Deutscher Zimmermeister

LB 316 Zimmer- und Holzbauarbeiten

Kosten:
Stand 2.Quartal 2018
Bundesdurchschnitt

Nr.	Kurztext / Langtext					[Einheit]	Ausf.-Dauer	Kostengruppe Positionsnummer
▶	▷	ø netto €	◁	◀				

57 Blindboden, Nadelholz, einseitig gehobelt — KG 352

Blindboden, eingebaut zwischen Deckenbalken, aus gespundeter Schalung aus Nadelholz, einseitig gehobelt, von unten sichtbar bleibend, Befestigung mit gehobelten Leisten 30x50mm, an Deckenbalken genagelt, chem. Holzschutz in gesonderter Position.

Holzart: **Fichte / Kiefer**
Sortierklasse: S10TS
Schalungsdicke 19 mm
Breite: 100 mm
Gebrauchsklasse: .....

| 14€ | 22€ | **24€** | 30€ | 39€ | [m²] | ⏱ 0,40 h/m² | 316.001.157 |

58 Kantholz, Nadelholz, S13 — KG 335

Liefern von Kantholz.
Holzart: **Fichte / Kiefer**
Sortierklasse: S13 K, scharfkantig
Oberfläche: gehobelt
Querschnitt: 40 x 120 mm
Einzellänge: bis ..... m, gemäß Holzliste des AG
Holzfeuchte: trocken

| 4€ | 6€ | **6€** | 7€ | 10€ | [m] | ⏱ 0,10 h/m | 316.001.158 |

59 Dampfbremse, feuchteadaptiv, sd-variabel — KG 364

Dampfbremsbahn, feuchteadaptiv, Seitenüberdeckung und Überlappungen nach Herstellervorgabe. Herstellen der wind- und luftdichten Anschlüsse an aufgehende und begrenzende Bauteile in gesonderter Position.
Dampfsperrbahn: .....
Sd-Wert: variabel
Brandverhalten: Klasse E
Angeb. Fabrikat: .....

| 3€ | 7€ | **8€** | 12€ | 17€ | [m²] | ⏱ 0,08 h/m² | 316.001.159 |

60 Abdichtungsanschluss verkleben, Dampfsperrbahn — KG 363

Anschluss der Dampfsperrbahn durch Verklebung mit auf die Dampf-Sperrbahn abgestimmtem Klebeband.
Anschluss an: .....
Klebeband: .....

| 1€ | 3€ | **3€** | 5€ | 8€ | [m] | ⏱ 0,10 h/m | 316.001.160 |

▶ min
▷ von
ø Mittel
◁ bis
◀ max

Nr.	Kurztext / Langtext				[Einheit]	Ausf.-Dauer	Kostengruppe Positionsnummer
▶	▷ ø netto €	◁	◀				

61 Traglattung, Nadelholz, 30x50mm, trocken KG **363**

Trag-/Konterlattung aus Nadelholz, für Dachziegel- oder Betondachsteindeckung, auf Holzunterkonstruktion, Befestigung mit korrosionsgeschützten Klammern, Nägeln oder Schrauben.
Sortierklasse: S10
Oberfläche: sägerau
Lattenabstand: ca. 330 mm
Sparrenabstand: ..... mm
Dachdeckung: .....
Dachfläche: eben
Dachneigung: .....°
Lattenquerschnitt: 30 x 50 mm
Holzfeuchte: trocken

| 2€ | 3€ | **3€** | 4€ | 5€ | [m] | 0,10 h/m | 316.001.161 |

62 Traglattung, Nadelholz, 40x60mm, trocken KG **363**

Trag-/Konterlattung aus Nadelholz, für Dachziegel- oder Betondachsteindeckung, auf Holzunterkonstruktion, Befestigung mit korrosionsgeschützten Klammern, Nägeln oder Schrauben.
Sortierklasse: S10
Oberfläche: sägerau
Lattenabstand: ca. 330 mm
Sparrenabstand: .... mm
Dachdeckung: .....
Dachfläche: eben
Dachneigung: .....°
Lattenquerschnitt: 40 x 60 mm
Holzfeuchte: trocken

| 1€ | 2€ | **3€** | 4€ | 5€ | [m] | 0,10 h/m | 316.001.162 |

63 Dachlattung, Nadelholz, 30x50mm, trocken KG **363**

Dachlattung aus Nadelholz, für Dachziegel- oder Betondachsteindeckung, auf Holzunterkonstruktion, Befestigung mit korrosionsgeschützten Klammern, Nägeln oder Schrauben.
Sortierklasse: S10
Oberfläche: sägerau
Lattenabstand: ca. 330 mm
Sparrenabstand: ..... mm
Dachdeckung: .....
Dachfläche: ..... eben
Dachneigung: .....°
Lattenquerschnitt: 30 x 50 mm
Holzfeuchte: trocken

| 3€ | 5€ | **5€** | 6€ | 8€ | [m²] | 0,10 h/m² | 316.001.163 |

LB 316
Zimmer- und Holzbauarbeiten

Nr.	Kurztext / Langtext				[Einheit]	Ausf.-Dauer	Kostengruppe / Positionsnummer
▶	▷	ø netto €	◁	◀			

Kosten:
Stand 2.Quartal 2018
Bundesdurchschnitt

64 Dachlattung, Nadelholz, 40x60mm, trocken — KG 363

Dachlattung aus Nadelholz, für Dachziegel- oder Betondachsteindeckung, auf Holzunterkonstruktion, Befestigung mit korrosionsgeschützten Klammern, Nägeln oder Schrauben.
Sortierklasse: S10
Oberfläche: sägerau
Lattenabstand: ca. 330 mm
Sparrenabstand: ..... mm
Dachdeckung: .....
Dachfläche: eben
Dachneigung: .....°
Lattenquerschnitt: 40 x 60 mm
Holzfeuchte: trocken

| 3€ | 6€ | **6**€ | 8€ | 11€ | [m²] | ⏱ 0,10 h/m² | 316.001.164 |

65 Wohndachfenster, bis 1,00m², U_W 1,4 — KG 362

Dachflächenfenster aus Nadelholz, als Klapp-Schwing-Fenster, inkl. Eindeck- und Dämmrahmen, in ziegelgedeckte Dachfläche:
– Fenster mit stufenlosem 45°-Öffnungswinkel und stufenloser Schwingfunktion, Öffnungsgriff unten, mit Lüftungsklappe und Luftfilter
– Außenabdeckung aus Aluminium, einbrennlackiert
– Eindeckrahmen für Ziegeldeckung, aus Aluminium
– Verglasung bestehend aus Außenscheibe mit selbstreinigender Beschichtung, innenseitig mit Edelmetallbeschichtung; mit Spezialgasfüllung
– Dämmrahmen aus Polyethylen mit integrierter Stahlleiste, zum Anschluss an Dachdämmung
– Anschlussschürze aus diffusionsoffenem Polypropylen mit Wasserableitrinne
– Holzschutz nach Einbringung aller Bohrungen und Fräsungen durch Imprägnierung mit wasserlöslicher und fungizider Imprägnierlasur
– Beschichtung: leichter Zwischenschliff mit Körnung 240, Endlackierung in zwei Schichten mit transparentem Acrylharz-Lack.
Wärmeschutz: U_W=1,4 W/(m²K)
Verglasung: 4 mm ESG außen, SZR 14 mm, 2x 3 mm VSG innen
Schalldämmung: R_W, R = 35 dB
Blendrahmen-Außenmaß: 780 x 1.180 mm
Farbe Eindeckrahmen: .....
Angeb. Fabrikat: .....

| 572€ | 818€ | **926**€ | 1.070€ | 1.297€ | [St] | ⏱ 6,25 h/St | 316.001.165 |

▶ min
▷ von
ø Mittel
◁ bis
◀ max

Nr.	Kurztext / Langtext					[Einheit]	Ausf.-Dauer	Kostengruppe Positionsnummer
▶	▷	ø netto €	◁	◀				

66   Holztreppe, Wangentreppe — KG **351**

Wangentreppe zwischen vorhandene Konstruktion, in bauseitige Auflager, Holztreppe gerade, einläufig, ohne Podest, mit eingestemmten Stufen.
Setzstufen: .....
Material (Wangen und Stufen): .....
Stufen: ..... St
Steigungsverhältnis: 175 x 280 mm
Laufbreite: 800 mm
Untersicht: vorgerichtet für bauseitige Bekleidung
Beschichtung: .....
Einbauort: .....
Eingebaut in: **Gebälk / Betondecke**

| 3.453€ | 4.674€ | **5.042**€ | 5.230€ | 6.981€ | [St] | ⏱ 20,00 h/St | 316.001.166 |

67   Holztreppe, Einschubtreppe — KG **351**

Einschubtreppe, zwischen bauseitige Konstruktion, zweiteilig, einschiebbar, von oben und unten zu öffnen, Stufen aus Hartholz, mit einseitigem Handlauf, Deckel wärmegedämmt, vorgerichtet für bauseitige Bekleidung von unten.
Einbauort: .....
Raumhöhe: .....
Treppen-Öffnung (B x L): 700 x 1.400 mm
Kastenhöhe: .....
Oberfläche: .....
Feuerwiederstand: .....
Vorhandene Konstruktion: .....
Angeb. Fabrikat: .....

| 588€ | 694€ | **737**€ | 894€ | 1.163€ | [St] | ⏱ 5,00 h/St | 316.001.167 |

68   Windrispenband, 40x2mm — KG **361**

Windrispenband zur Diagonalaussteifung, auf Dachschalung bzw. Holzsparren, inkl. Befestigungsmittel.
Dimension: 40 x 2 mm

| 2€ | 4€ | **5**€ | 5€ | 7€ | [m] | ⏱ 0,05 h/m | 316.001.168 |

69   Windrispenband, 60x3mm — KG **361**

Windrispenband zur Diagonalaussteifung, auf Dachschalung bzw. Holzsparren, inkl. Befestigungsmittel.
Dimension: 60 x 3 mm

| 4€ | 6€ | **6**€ | 6€ | 8€ | [m] | ⏱ 0,05 h/m | 316.001.169 |

70   Verankerung, Profilanker, Schwelle — KG **361**

Verankerung von Holzschwellen an Ankerschiene mit Profilanker.
Mindestlastaufnahme der Verbindung: ..... kN
Ankerschienenprofil: ..... mm
Befestigung an Holz mit: ..... Ankernägeln
Ankernägel: 4 x 40 mm
Angeb. Fabrikat: .....

| 2€ | 5€ | **6**€ | 8€ | 13€ | [St] | ⏱ 0,12 h/St | 316.001.170 |

LB 316
Zimmer- und Holzbauarbeiten

Kosten:
Stand 2.Quartal 2018
Bundesdurchschnitt

Nr.	Kurztext / Langtext						Kostengruppe	
▶	▷	ø netto €	◁	◀	[Einheit]	Ausf.-Dauer	Positionsnummer	

71 Befestigung, Stabdübel, Edelstahl — KG 361
Stabdübel, Oberfläche an den Enden gefast, einschl. mehrschnittige Bohrung im Bauteil.
Material: Edelstahl
Werkstoffnummer: .....
Länge: .....
Durchmesser: ..... mm
Angeb. Fabrikat: .....

3€	7€	**9€**	11€	15€	[St]	⏱ 0,05 h/St	316.001.171

72 Befestigung, Klebeanker, Edelstahl — KG 361
Klebedübel-Set, bestehend aus Dübel, Gewindestange, Schraube und Unterlegscheibe.
Material: nichtrostender Stahl.
Durchmesser: M.....
Angeb. Fabrikat: .....

9€	12€	**14€**	15€	17€	[St]	⏱ 0,10 h/St	316.001.172

73 Befestigung, Gewindestange — KG 361
Gewindestange, in Holzbauteil, einschl. Bohrung im Bauteil, zwei Unterlegscheiben und Muttern.
Oberfläche: feuerverzinkt
Größe: M12
Länge: .....

2€	4€	**5€**	6€	9€	[St]	⏱ 0,10 h/St	316.001.173

74 Stundensatz Facharbeiter, Holzbau
Stundenlohnarbeiten für Vorarbeiter, Facharbeiter und Gleichgestellte (z. B. Spezialbaufacharbeiter, Baufacharbeiter, Obermonteure, Monteure, Gesellen, Maschinenführer, Fahrer und ähnliche Fachkräfte). Leistung nach besonderer Anordnung der Bauüberwachung. Anmeldung und Nachweis gemäß VOB/B.

42€	47€	**49€**	52€	58€	[h]	⏱ 1,00 h/h	316.001.174

75 Stundensatz Helfer, Holzbau
Stundenlohnarbeiten für Werker, Helfer und Gleichgestellte (z. B. Baufachwerker, Helfer, Hilfsmonteure, Ungelernte, Angelernte). Leistung nach besonderer Anordnung der Bauüberwachung. Anmeldung und Nachweis gemäß VOB/B.

22€	31€	**37€**	39€	45€	[h]	⏱ 1,00 h/h	316.001.175

▶ min
▷ von
ø Mittel
◁ bis
◀ max

| 300 |
| 301 |
| 302 |
| 308 |
| 309 |
| 310 |
| 312 |
| 313 |
| 314 |
| **316** |
| 318 |
| 320 |
| 321 |
| 322 |

LB 318 Abdichtungsarbeiten

Kosten:
Stand 2.Quartal 2018
Bundesdurchschnitt

▶ min
▷ von
ø Mittel
◁ bis
◀ max

Abdichtungsarbeiten — Preise €

Nr.	Positionen	Einheit	▶	▷ ø brutto € ø netto €		◁	◀
1	Bodenflächen reinigen	m²	3	3	**3**	4	5
			2	2	**3**	4	4
2	Bodenabdichtung entfernen, Bitumen, 1-lagig	m²	16	17	**22**	26	27
			13	15	**18**	22	23
3	Bodenabdichtung entfernen, Bitumen, 2-lagig	m²	18	20	**25**	30	32
			15	17	**21**	25	27
4	Bitumenbeschichtung entfernen, Wand	m²	15	17	**20**	24	25
			13	14	**17**	20	21
5	Bitumenbahnen entfernen, Wand	m²	17	22	**27**	31	35
			14	18	**23**	26	29
6	Schutzbahn entfernen, Wand	m²	12	13	**15**	18	19
			10	11	**13**	15	16
7	Egalisierung, 5mm, Boden	m²	16	18	**21**	25	24
			13	15	**18**	21	20
8	Egalisierung, 10mm, Boden	m²	19	22	**26**	31	32
			16	18	**22**	26	27
9	Bodenflächen schleifen/kugelstrahlen	m²	6	9	**12**	14	15
			5	8	**10**	12	13
10	Voranstrich, Bodenabdichtung	m²	4	4	**5**	6	7
			3	4	**4**	5	6
11	Kontaktschicht, Bodenabdichtung	m²	12	13	**16**	19	21
			10	11	**13**	16	17
12	Innenecke, Verstärkung, Gewebe/Vlies	St	4	4	**5**	6	7
			3	4	**4**	5	6
13	Innenecke, Verstärkung, Dichtband	St	5	5	**7**	8	8
			4	5	**5**	7	7
14	Abdichtung, Bodenplatte, W1.1-E, PMBC	m²	24	26	**27**	30	34
			20	22	**23**	26	28
15	Abdichtung, Bodenplatte, W1.1-E, MDS, starr	m²	24	25	**27**	30	33
			20	21	**23**	25	28
16	Abdichtung, Bodenplatte, W1.1-E, MDS flexibel	m²	31	33	**35**	39	43
			26	28	**29**	33	36
17	Abdichtung, Bodenplatte, W1.1-E, PV200 DD	m²	24	25	**27**	30	33
			20	21	**22**	25	28
18	Abdichtung, Bodenplatte, W1.1-E, PYE G200S4	m²	25	26	**28**	31	34
			21	22	**23**	26	29
19	Abdichtung, Bodenplatte, W1.2-E, PMBC	m²	33	36	**38**	43	47
			28	30	**32**	36	40
20	Abdichtung, Bodenplatte, W1.2-E, MDS starr	m²	34	36	**39**	43	48
			28	31	**33**	36	40
21	Abdichtung, Bodenplatte, W1.2-E, MDS flexibel	m²	41	43	**46**	51	56
			34	36	**38**	43	47
22	Wandabdichtung, W2.1-E, PV200S5	m²	31	33	**35**	39	44
			26	28	**30**	33	37
23	Wandflächen reinigen, abbürsten	m²	5	9	**11**	12	14
			4	7	**9**	10	11
24	Wandflächen reinigen, lose Bestandteile	m²	6	7	**8**	10	12
			5	5	**7**	8	10

© **BKI** Baukosteninformationszentrum; Erläuterungen zu den Tabellen siehe Seite 22
Mustertexte geprüft: Deutscher Holz- und Bautenschutzverband e.V.

Kostenstand: 2.Quartal 2018, Bundesdurchschnitt

Abdichtungsarbeiten — Preise €

Nr.	Positionen	Einheit	▶	▷ ø brutto € ø netto €		◁	◀
25	Wandflächen reinigen, haftungsmind. Stoffe	m²	6 5	9 8	**11** **9**	13 11	18 15
26	Abdichtungsflächen feinreinigen	m²	3 3	4 3	**5** **4**	6 5	6 5
27	Druckwasserstrahlen, Kelleraußenwand	m²	11 10	13 11	**16** **14**	19 16	21 17
28	Untergrund egalisieren, Kellerwand	m²	16 13	17 14	**19** **16**	23 20	24 21
29	Ausgleichsputz, Außenabdichtung	m²	19 16	21 18	**24** **20**	29 24	28 23
30	Zwischenschicht, Übergang, MDS	m	12 10	14 11	**16** **13**	18 15	20 17
31	Hohlkehle, vorgefertigt	m	13 11	14 12	**18** **15**	22 18	23 20
32	Hohlkehle, Mörtel	m	13 11	15 12	**18** **15**	22 18	14 12
33	Hohlkehle abdichten, MDS	m	12 10	13 11	**15** **13**	18 15	19 16
34	Hohlkehle abdichten, PMBC	m	12 10	13 11	**15** **12**	17 15	19 16
35	Kanten fasen, Abdichtung	m	2 2	3 2	**3** **2**	3 3	4 3
36	Verstärkung, Kanten, Metallband	m	9 7	10 8	**11** **9**	13 11	14 12
37	Wandflächen verfestigen	m²	8 7	9 8	**12** **10**	14 12	15 13
38	Voranstrich, Wandabdichtung	m²	3 2	3 3	**4** **3**	5 4	5 4
39	Spritzbewurf, volldeckend	m²	11 9	13 11	**16** **13**	19 16	20 17
40	Sperrputz, Zementmörtel	m²	29 24	32 27	**37** **31**	45 38	52 44
41	Zwischenschicht, Rückdurchfeuchtung, MDS	m²	23 19	25 21	**26** **22**	32 27	34 29
42	Wandabdichtung, W1.1-E, MDS flexibel	m²	30 25	32 27	**34** **29**	38 32	42 35
43	Wandabdichtung, W1.1-E, PMBC	m²	31 26	33 28	**36** **30**	40 33	44 37
44	Wandabdichtung, W1.1-E, KSK	m²	25 21	27 23	**29** **24**	32 27	36 30
45	Wandabdichtung, W2.1-E, PMBC	m²	36 30	39 32	**41** **35**	46 38	51 42
46	Wandabdichtung, W2.2-E, 2xPV200S5	m²	39 33	43 36	**45** **38**	50 42	56 47
47	Wandabdichtung, W2.2-E, 2xR500N Me	m²	41 35	44 37	**47** **40**	53 44	58 49
48	Sockelabdichtung, W4-E, MDS flexibel	m²	35 29	37 31	**40** **34**	44 37	49 41

© **BKI** Baukosteninformationszentrum; Erläuterungen zu den Tabellen siehe Seite 22
Mustertexte geprüft: Deutscher Holz- und Bautenschutzverband e.V.

Kostenstand: 2.Quartal 2018, Bundesdurchschnitt

LB 318 Abdichtungsarbeiten

Abdichtungsarbeiten — Preise €

Nr.	Positionen	Einheit	▶ min	▷ von	ø brutto € / ø netto €	◁ bis	◀ max
49	Sockelabdichtung, W4-E, FLK	m²	40 / 34	44 / 37	**47** / **39**	52 / 43	57 / 48
50	Innenabdichtung, Wand, Schlämme	m²	30 / 25	32 / 27	**34** / **29**	38 / 32	42 / 35
51	Fugenabdichtung, W1.1-E, Dichtband	m	11 / 10	13 / 11	**15** / **12**	16 / 14	18 / 15
52	Fugenabdichtung, W1.1-E, Fugenband	m	23 / 19	25 / 21	**29** / **25**	32 / 27	36 / 30
53	Fugenabdichtung, W1.1-E, Kunststoffbahn	m	21 / 18	23 / 19	**26** / **22**	29 / 24	32 / 27
54	Fugenabdichtung, W1.1-E, Schweißbahn	m	23 / 19	25 / 21	**29** / **24**	32 / 27	36 / 30
55	Bewegungsfuge, W1.1-E, KSP-Streifen	m	21 / 17	23 / 19	**26** / **22**	29 / 25	32 / 27
56	Fugenabdichtung, W2.1-E, Schweißbahn	m	21 / 18	24 / 20	**27** / **23**	30 / 26	34 / 28
57	Bewegungsfuge, W2.1-E, Kupferband	m	22 / 19	25 / 21	**28** / **24**	31 / 26	35 / 29
58	Bewegungsfuge, W2.1-E, Kunststoffbahn	m	19 / 16	21 / 18	**24** / **20**	27 / 23	30 / 25
59	Bewegungsfuge, W2.1-E, Kupferband/Bitumen	m	26 / 22	29 / 24	**33** / **28**	37 / 31	41 / 35
60	Bewegungsfuge, W2.1-E, 4-stegiges Fugenband	m	30 / 25	33 / 28	**38** / **32**	42 / 36	47 / 39
61	Bewegungsfuge, W2.2-E, Los-Festflansch	m	36 / 30	40 / 34	**46** / **39**	51 / 43	57 / 48
62	Durchdringung andichten, bituminös	m	24 / 20	27 / 22	**31** / **26**	34 / 28	38 / 32
63	Rückläufiger Stoß, drückendes Wasser	m	23 / 19	26 / 22	**29** / **25**	33 / 27	36 / 30
64	Abschluss Klebeflansch, Schutzblech	m	12 / 10	14 / 12	**16** / **13**	17 / 15	19 / 16
65	Abschluss, Klemmprofil	m	17 / 14	19 / 16	**22** / **18**	24 / 20	27 / 22
66	Abschluss Kunststoffbahn, Schutzblech	m	16 / 13	18 / 15	**21** / **17**	23 / 19	25 / 21
67	Perimeterdämmung, XPS 120mm	m²	32 / 27	34 / 29	**36** / **30**	40 / 34	45 / 37
68	Perimeterdämmung, XPS 140mm	m²	39 / 33	42 / 36	**45** / **38**	50 / 42	55 / 47
69	Perimeterdämmung, XPS 180mm	m²	50 / 42	54 / 46	**58** / **49**	64 / 54	71 / 60
70	Perimeterdämmung, XPS 220mm	m²	61 / 51	66 / 55	**70** / **59**	78 / 65	86 / 72
71	Perimeterdämmung, CG, 120mm	m²	71 / 60	77 / 65	**82** / **69**	91 / 77	103 / 86
72	Perimeterdämmung, CG, 140mm	m²	77 / 65	83 / 70	**89** / **74**	98 / 83	111 / 93

Kosten: Stand 2.Quartal 2018 Bundesdurchschnitt

▶ min
▷ von
ø Mittel
◁ bis
◀ max

© BKI Baukosteninformationszentrum; Erläuterungen zu den Tabellen siehe Seite 22
Mustertexte geprüft: Deutscher Holz- und Bautenschutzverband e.V.

Kostenstand: 2.Quartal 2018, Bundesdurchschnitt

Abdichtungsarbeiten — Preise €

Nr.	Positionen	Einheit	▶	▷ ø brutto € / ø netto €		◁	◀
73	Perimeterdämmung, CG, 160mm	m²	84	91	**97**	108	121
			71	77	**82**	91	102
74	Perimeterdämmung, CG, 200mm	m²	96	104	**111**	123	138
			81	87	**93**	103	116
75	Sickerschicht, Kunststoffnoppenbahn	m²	13	14	**17**	19	22
			11	12	**14**	16	19
76	Sickerplatten, Kelleraußenwände	m²	20	23	**26**	29	32
			17	19	**22**	24	27
77	Filtervlies, Schutzschicht	m²	5	6	**7**	7	9
			4	5	**6**	6	7
78	Sickerschicht, Kunststoffnoppenbahn/Vlies	m²	17	18	**21**	23	28
			14	15	**18**	20	23
79	Stundensatz Helfer, Abdichtungsarbeiten	h	39	44	**48**	49	54
			33	37	**40**	41	45
80	Stundensatz Facharbeiter, Abdichtungsarbeit	h	46	52	**54**	55	61
			39	43	**45**	46	51

Nr.	Kurztext / Langtext						Kostengruppe
▶	▷	ø netto €	◁	◀	[Einheit]	Ausf.-Dauer	Positionsnummer

1 Bodenflächen reinigen — KG **395**

Bodenflächen als Untergrund für Abdichtungen von haftungsmindernder Verunreinigung bzw. Beschichtung entfernen und reinigen.
Untergrund: Beton
Verfahren: .....

| 2€ | 2€ | **3€** | 4€ | 4€ | [m²] | ⏱ 0,02 h/m² | 318.000.054 |

2 Bodenabdichtung entfernen, Bitumen, 1-lagig — KG **394**

Bodenabdichtung aus Bitumenbahnen, einlagig, mechanisch lösen und entsorgen. Der Abfall ist nicht gefährlich, nicht schadstoffbelastet. Leistung inkl. Entfernung der Bitumenrückstände, Reinigung der Bodenfläche.
Untergrund: .....
Transportweg: .....
Anlage (Bezeichnung/Ort): .....
Abfallschlüssel nach AVV: 170302 Bitumengemische
Hinweis: Teerhaltige Abdichtungsbahnen sind Sondermüll.

| 13€ | 15€ | **18€** | 22€ | 23€ | [m²] | ⏱ 0,10 h/m² | 318.000.046 |

3 Bodenabdichtung entfernen, Bitumen, 2-lagig — KG **394**

Bodenabdichtung aus Bitumenbahnen, zweilagig, mechanisch lösen und entsorgen. Der Abfall ist nicht gefährlich, nicht schadstoffbelastet. Leistung inkl. Entfernung der Bitumenrückstände, Reinigung der Bodenfläche.
Untergrund: .....
Transportweg: .....
Anlage (Bezeichnung/Ort): .....
Abfallschlüssel nach AVV: 170302 Bitumengemische
Hinweis: Teerhaltige Abdichtungsbahnen sind Sondermüll.

| 15€ | 17€ | **21€** | 25€ | 27€ | [m²] | ⏱ 0,15 h/m² | 318.000.047 |

© **BKI** Baukosteninformationszentrum; Erläuterungen zu den Tabellen siehe Seite 22
Mustertexte geprüft: Deutscher Holz- und Bautenschutzverband e.V.
Kostenstand: 2.Quartal 2018, Bundesdurchschnitt

LB 318 Abdichtungsarbeiten

Kosten:
Stand 2.Quartal 2018
Bundesdurchschnitt

▶ min
▷ von
ø Mittel
◁ bis
◀ max

Nr.	Kurztext / Langtext						Kostengruppe
▶	▷	ø netto €	◁	◀	[Einheit]	Ausf.-Dauer	Positionsnummer

4 Bitumenbeschichtung entfernen, Wand — KG **394**
Wandabdichtung aus Bitumenbeschichtung mechanisch lösen und entsorgen. Abfall ist nicht gefährlich, nicht schadstoffbelastet. Leistung inkl. Entfernung der Bitumenrückstände, Reinigung der Wandoberfläche.
Untergrund: Kelleraußenmauerwerk
Transportweg: .....
Anlage (Bezeichnung/Ort): .....
Abfallschlüssel nach AVV: 170302 Bitumengemische

13€   14€   **17€**   20€   21€   [m²]   ⏱ 0,20 h/m²   318.000.049

5 Bitumenbahnen entfernen, Wand — KG **394**
Wandabdichtung aus Bitumenbahnen mechanisch lösen und entsorgen. Abfall ist nicht gefährlich, nicht schadstoffbelastet. Leistung inkl. Entfernung der Bitumenrückstände, Reinigung der Wandoberfläche.
Untergrund: Kelleraußenmauerwerk
Bitumenbahn: .....
Transportweg: .....
Anlage (Bezeichnung/Ort): .....
Abfallschlüssel nach AVV: 170302 Bitumengemische
Hinweis: Teerhaltige Abdichtungsbahnen sind Sondermüll.

14€   18€   **23€**   26€   29€   [m²]   ⏱ 0,20 h/m²   318.000.050

6 Schutzbahn entfernen, Wand — KG **394**
Schutzbahn auf den erdberührenden Wandflächen, aus Kunststoff entfernen, Wandoberflächen reinigen.
Schutzbahn: .....
Transportweg: .....
Anlage (Bezeichnung/Ort): .....
Abfallschlüssel nach AVV: 170904 gemischte Bau- und Abbruchabfälle

10€   11€   **13€**   15€   16€   [m²]   ⏱ 0,18 h/m²   318.000.051

7 Egalisierung, 5mm, Boden — KG **395**
Untergrund durch Auftrag einem **Ausgleichsmörtel/ Verlaufmörtel** egalisieren.
Dicke: **bis / i.M** 5,0 mm
Angeb. Fabrikat: .....

13€   15€   **18€**   21€   20€   [m²]   ⏱ 0,07 h/m²   318.000.052

8 Egalisierung, 10mm, Boden — KG **395**
Untergrund durch Auftrag einem **Ausgleichsmörtel/ Verlaufmörtel** egalisieren.
Dicke: **bis / i.M** 10 mm
Angeb. Fabrikat: .....

16€   18€   **22€**   26€   27€   [m²]   ⏱ 0,15 h/m²   318.000.053

9 Bodenflächen schleifen/kugelstrahlen — KG **395**
Bodenflächen als Untergrund für Abdichtungen von haftungsmindernder Verunreinigung bzw. Beschichtung, mechanisch reinigen.
Reinigung durch: **Schleifen / Kugelstrahlen**
Untergrund: Beton

5€   8€   **10€**   12€   13€   [m²]   ⏱ 0,10 h/m²   318.000.055

Nr.	Kurztext / Langtext							Kostengruppe
▶	▷	ø netto €	◁	◀	[Einheit]	Ausf.-Dauer	Positionsnummer	

10 Voranstrich, Bodenabdichtung KG 326
Voranstrich / Grundierung für Abdichtung auf Bodenflächen.
Abdichtungsmaterial: .....
Untergrund: Beton
Angeb. Fabrikat: .....

3€	4€	4€	5€	6€	[m²]	⏱ 0,03 h/m²	318.000.056

11 Kontaktschicht, Bodenabdichtung KG 326
Kunststoffmodifizierte Kontaktschicht auf Zementbasis für Abdichtung, zwischen Alt- und Neuabdichtung.
Bauteil: Bodenfläche
Abdichtung, Bestand: .....
Angeb. Fabrikat: .....

10€	11€	13€	16€	17€	[m²]	⏱ 0,03 h/m²	318.000.140

12 Innenecke, Verstärkung, Gewebe/Vlies KG 326
Verstärkung der Abdichtung im Bereich der Innenecke für Wand-/Bodenanschluss, mit Einlage aus **Gewebe/Vlies**.
Bauteil: **Nasszelle / Balkon**
Angeb. Fabrikat: .....

3€	4€	4€	5€	6€	[St]	⏱ 0,07 h/St	318.000.057

13 Innenecke, Verstärkung, Dichtband KG 326
Verstärkung der Abdichtung im Bereich der Innenecke für Wand-/Bodenanschluss, mit dehnfähigen Dichtband.
Bauteil: **Nasszelle / Balkon**
Angeb. Fabrikat: .....

4€	5€	5€	7€	7€	[St]	⏱ 0,07 h/St	318.000.144

14 Abdichtung, Bodenplatte, W1.1-E, PMBC KG 326
Abdichtung von Bodenflächen gegen Bodenfeuchte mit kunststoffmodifizierter Bitumendickbeschichtung als Spachtelmasse in zwei Arbeitsgängen, mit Gewebeeinlage.
Untergrund: Beton
Bauteil: Kellersohle
Wassereinwirkungsklasse: W1.1-E
Rissklasse: R1-E (geringe Anforderung)
Rissüberbrückungsklasse: RÜ1-E (<=0,2 mm)
Raumnutzungsklasse: **RN1-E / RN2-E**
Trockenschichtdicke: mind. 3 mm
Angeb. Fabrikat: .....

20€	22€	23€	26€	28€	[m²]	⏱ 0,16 h/m²	318.000.058

LB 318 Abdichtungsarbeiten

Kosten:
Stand 2.Quartal 2018
Bundesdurchschnitt

Nr.	Kurztext / Langtext							Kostengruppe
▶	▷	ø netto €	◁	◀	[Einheit]	Ausf.-Dauer	Positionsnummer	

15 Abdichtung, Bodenplatte, W1.1-E, MDS, starr KG **326**
Abdichtung von Bodenflächen gegen Bodenfeuchte mit starrer mineralischer Dichtungsschlämme in zwei Arbeitsgängen, mit Gewebe.
Untergrund: Beton
Bauteil: Kellersohle
Wassereinwirkungsklasse: W1.1-E
Rissklasse: R1-E (geringe Anforderung)
Rissüberbrückungsklasse: RÜ1-E (<=0,2 mm)
Raumnutzungsklasse: **RN1-E / RN2-E**
Trockenschichtdicke: mind. 3 mm
Angeb. Fabrikat: .....

| 20€ | 21€ | **23**€ | 25€ | 28€ | [m²] | ⏱ 0,16 h/m² | 318.000.059 |

16 Abdichtung, Bodenplatte, W1.1-E, MDS flexibel KG **326**
Abdichtung von Bodenflächen gegen Bodenfeuchte mit flexibler mineralischer Dichtungsschlämme in zwei Arbeitsgängen, mit Gewebe.
Untergrund: Beton
Bauteil: Kellersohle
Wassereinwirkungsklasse: W1.1-E
Rissklasse: R1-E (geringe Anforderung)
Rissüberbrückungsklasse: RÜ1-E (<=0,2 mm)
Raumnutzungsklasse: **RN1-E / RN2-E**
Trockenschichtdicke: mind. 3 mm
Angeb. Fabrikat: .....

| 26€ | 28€ | **29**€ | 33€ | 36€ | [m²] | ⏱ 0,16 h/m² | 318.000.060 |

17 Abdichtung, Bodenplatte, W1.1-E, PV200 DD KG **326**
Abdichtung von Bodenflächen gegen Bodenfeuchte mit Bitumen-Dachdichtungsbahn.
Untergrund: Beton
Bauteil: Kellersohle
Wassereinwirkungsklasse: W1.1-E
Rissklasse: R1-E (geringe Anforderung)
Rissüberbrückungsklasse: RÜ1-E (<=0,2 mm)
Raumnutzungsklasse: **RN1-E / RN2-E**
Dichtungsbahn: PV 200 DD, einlagig
Angeb. Fabrikat: .....

| 20€ | 21€ | **22**€ | 25€ | 28€ | [m²] | ⏱ 0,17 h/m² | 318.000.062 |

18 Abdichtung, Bodenplatte, W1.1-E, PYE G200S4 KG **326**
Abdichtung von Bodenflächen gegen Bodenfeuchte mit Elastomerbitumen-Schweißbahn.
Untergrund: Beton
Bauteil: Kellersohle
Wassereinwirkungsklasse: W1.1-E
Rissklasse: R1-E (geringe Anforderung)
Rissüberbrückungsklasse: RÜ1-E (<=0,2 mm)
Raumnutzungsklasse: **RN1-E / RN2-E**
Dichtungsbahn: PYE G 200 S4, einlagig
Angeb. Fabrikat: .....

| 21€ | 22€ | **23**€ | 26€ | 29€ | [m²] | ⏱ 0,17 h/m² | 318.000.063 |

▶ min
▷ von
ø Mittel
◁ bis
◀ max

Nr.	Kurztext / Langtext				[Einheit]	Ausf.-Dauer	Kostengruppe Positionsnummer
▶	▷	ø netto €	◁	◀			

19 Abdichtung, Bodenplatte, W1.2-E, PMBC KG **326**

Abdichtung von Bodenflächen gegen nicht drückendes Wasser, mäßige Beanspruchung, mit kunststoff-modifizierter Bitumendickbeschichtung als Spachtelmasse in zwei Arbeitsgängen mit Gewebe.
Untergrund: Beton
Bauteil: Boden, Nassraum
Wassereinwirkungsklasse: W1.2-E
Rissklasse: R1-E (geringe Anforderung)
Rissüberbrückungsklasse: RÜ1-E (<=0,2 mm)
Raumnutzungsklasse: **RN1-E / RN2-E**
Trockenschichtdicke: mind. 3 mm
Angeb. Fabrikat: .....

| 28€ | 30€ | **32€** | 36€ | 40€ | [m²] | ⏱ 0,22 h/m² | 318.000.067 |

20 Abdichtung, Bodenplatte, W1.2-E, MDS starr KG **326**

Abdichtung von Bodenflächen gegen nicht drückendes Wasser, mäßige Beanspruchung, mit starrer mineralischer Dichtungsschlämme in zwei Arbeitsgängen mit Gewebe.
Untergrund: Beton
Bauteil: Boden, Nassraum
Wassereinwirkungsklasse: W1.2-E
Rissklasse: R1-E (geringe Anforderung)
Rissüberbrückungsklasse: RÜ1-E (<=0,2 mm)
Raumnutzungsklasse: **RN1-E / RN2-E**
Trockenschichtdicke: mind. 4 mm
Angeb. Fabrikat: .....

| 28€ | 31€ | **33€** | 36€ | 40€ | [m²] | ⏱ 0,17 h/m² | 318.000.068 |

21 Abdichtung, Bodenplatte, W1.2-E, MDS flexibel KG **326**

Abdichtung von Bodenflächen gegen nicht drückendes Wasser, mäßige Beanspruchung, mit flexibler mineralischer Dichtungsschlämme in zwei Arbeitsgängen mit Gewebe.
Untergrund: Beton
Bauteil: Boden, Nassraum
Wassereinwirkungsklasse: W1.2-E
Rissklasse: R1-E (geringe Anforderung)
Rissüberbrückungsklasse: RÜ1-E (<=0,2 mm)
Raumnutzungsklasse: **RN1-E / RN2-E**
Trockenschichtdicke: mind. 4 mm
Angeb. Fabrikat: .....

| 34€ | 36€ | **38€** | 43€ | 47€ | [m²] | ⏱ 0,17 h/m² | 318.000.069 |

LB 318 Abdichtungsarbeiten

Kosten: Stand 2.Quartal 2018 Bundesdurchschnitt

Symbol	Bedeutung
▶	min
▷	von
ø	Mittel
◁	bis
◀	max

Nr.	Kurztext / Langtext					[Einheit]	Ausf.-Dauer	Kostengruppe Positionsnummer
▶	▷	ø netto €	◁	◀				

22 Wandabdichtung, W2.1-E, PV200S5 — KG 335
Außenabdichtung erdberührter Außenwände gegen von drückendem Wasser bis 3m Eintauchtiefe, mit Bitumen-Schweißbahnen.
Bauteil: Kellerwand
Untergrund: Mauerwerk
Wassereinwirkungsklasse: W2.1-E
Rissklasse: R1-E (geringe Anforderung)
Rissüberbrückungsklasse: RÜ4-E (sehr hohe Rissüberbrückung)
Raumnutzungsklasse: **RN1-E /RN2-E**
Ausführung: PV 200 S5, einlagig
Abdichtungstyp: BA
Angeb. Fabrikat: …..

26€ 28€ **30€** 33€ 37€ [m²] ⏱ 0,28 h/m² 318.000.147

23 Wandflächen reinigen, abbürsten — KG 395
Mauerwerkswände durch kräftiges Abbürsten mit einem Stahlbesen reinigen.

4€ 7€ **9€** 10€ 11€ [m²] ⏱ 0,22 h/m² 318.000.138

24 Wandflächen reinigen, lose Bestandteile — KG 395
Entfernen loser Bestandteile und hohlliegenden Schichten auf Wandflächen aus Mauerwerk mit Fugen.
Bestandteile: …..

5€ 5€ **7€** 8€ 10€ [m²] ⏱ 0,22 h/m² 318.000.074

25 Wandflächen reinigen, haftungsmind. Stoffe — KG 395
Entfernen von haftungsmindernden Stoffen auf Wandflächen.
Stoffart: **Fette / Salze / Trennmittel**

5€ 8€ **9€** 11€ 15€ [m²] ⏱ 0,22 h/m² 318.000.075

26 Abdichtungsflächen feinreinigen — KG 395
Abdichtungsflächen durch Abkehren, Abblasen und Absaugen feinreinigen.
Bauteil: …..

3€ 3€ **4€** 5€ 5€ [m²] ⏱ 0,06 h/m² 318.000.076

27 Druckwasserstrahlen, Kelleraußenwand — KG 395
Strahlen mit Druckwasser zum Abtragen und Entfernen loser Teile, sowie leicht ablösender Schichten. Das auffangen und entsorgen wird gesondert abgerechnet.
Bauteil: Kelleraußenwand
Arbeitsdruck: bis 300 bar

10€ 11€ **14€** 16€ 17€ [m²] ⏱ 0,13 h/m² 318.000.077

28 Untergrund egalisieren, Kellerwand — KG 395
Verschließen von Fehlstellen in Wandflächen mit schwindkompensierendem Mörtel.
Ausbruchtiefe: bis 10 mm
Bauteil: Kelleraußenwand
Mauerwerksart: …..
Angeb. Fabrikat: …..

13€ 14€ **16€** 20€ 21€ [m²] ⏱ 0,75 h/m² 318.000.078

Nr.	Kurztext / Langtext							Kostengruppe
▶	▷	ø netto €	◁	◀	[Einheit]	Ausf.-Dauer	Positionsnummer

29 Ausgleichsputz, Außenabdichtung — KG 395
Ausgleichsputz aus Zementmörtel auf Kelleraußenwänden, als Tragschicht für Abdichtungen.
Ausbruchtiefe: bis 15 mm
Putzdicke: 1,5 cm
Angeb. Fabrikat: .....

| 16€ | 18€ | **20€** | 24€ | 23€ | [m²] | ⏱ 0,40 h/m² | 318.000.079 |

30 Zwischenschicht, Übergang, MDS — KG 326
Zwischenschicht gegen Rückdurchfeuchtung mit mineralischer Dichtungsschlämme im Übergangsbereich Wand/Sohle und Fundamentbereich.
Breite: jeweils 30 cm für Wand- und Bodenfläche
Angeb. Fabrikat: .....

| 10€ | 11€ | **13€** | 15€ | 17€ | [m] | ⏱ 0,45 h/m | 318.000.080 |

31 Hohlkehle, vorgefertigt — KG 326
Vorgefertigte Hohlkehle aus expandiertem Polystyrol mit Ausrundung zwischen Fundament und Kellerwand.
Untergrund: .....
Lage: .....
Schenkellänge: ca. 5 cm
Angeb. Fabrikat: .....

| 11€ | 12€ | **15€** | 18€ | 20€ | [m] | ⏱ 0,08 h/m | 318.000.081 |

32 Hohlkehle, Mörtel — KG 326
Hohlkehle aus Mörtel zwischen Fundament und Kellerwand, inkl. Haftbrücke.
Mörtel: **wasserabweisender Zementputzmörtel / kunststoffmodifizierter Mörtel**
Schenkellänge: ca. 5 cm

| 11€ | 12€ | **15€** | 18€ | 12€ | [m] | ⏱ 0,10 h/m | 318.000.082 |

33 Hohlkehle abdichten, MDS — KG 326
Abdichtung der Hohlkehle mit zementgebundener Dichtungsschlämme. Schlämme über Ausrundung ausbilden und in die zugehörige Flächenabdichtung einbinden.
Angeb. Material: .....

| 10€ | 11€ | **13€** | 15€ | 16€ | [m] | ⏱ 0,13 h/m | 318.000.083 |

34 Hohlkehle abdichten, PMBC — KG 326
Abdichtung der Hohlkehle mit bituminöser Dickbeschichtung. Abdichtung über Ausrundung ausbilden und in die zugehörige Flächenabdichtung einbinden.
Angeb. Material: .....

| 10€ | 11€ | **12€** | 15€ | 16€ | [m] | ⏱ 0,11 h/m | 318.000.084 |

35 Kanten fasen, Abdichtung — KG 326
Kanten nachträglich für Abdichtung als Fase ausbilden.
Bauteil: .....
Lage: **horizontal / vertikal**

| 2€ | 2€ | **2€** | 3€ | 3€ | [m] | ⏱ 0,07 h/m | 318.000.085 |

© **BKI** Baukosteninformationszentrum; Erläuterungen zu den Tabellen siehe Seite 22
Mustertexte geprüft: Deutscher Holz- und Bautenschutzverband e.V.

Kostenstand: 2.Quartal 2018, Bundesdurchschnitt

LB 318 Abdichtungsarbeiten

Kosten:
Stand 2.Quartal 2018
Bundesdurchschnitt

Nr.	Kurztext / Langtext				[Einheit]	Ausf.-Dauer	Kostengruppe Positionsnummer
▶	▷ ø netto € ◁ ◀						

36   Verstärkung, Kanten, Metallband　　　　　　　　　　　　　　　　KG **326**
Verstärkung in Ecken und an Kanten gegen Beschädigung mit Metallriffelbandstreifen.
Bandbreite: ca. 30 cm
Bauteil: ....

7€	8€	**9**€	11€	12€	[m]	⏱ 0,12 h/m	318.000.086

37   Wandflächen verfestigen　　　　　　　　　　　　　　　　　　　KG **335**
Verfestigen von Wandflächen nass in nass in mindestens zwei Arbeitsgängen.
Untergrund: .....
Verbrauch: .....
Angeb. Material: .....

7€	8€	**10**€	12€	13€	[m²]	⏱ 0,13 h/m²	318.000.087

38   Voranstrich, Wandabdichtung　　　　　　　　　　　　　　　　　KG **335**
Voranstrich für Abdichtung auf Kellerwänden.
Untergrund: .....
Angeb. Fabrikat: .....

2€	3€	**3**€	4€	4€	[m²]	⏱ 0,03 h/m²	318.000.088

39   Spritzbewurf, volldeckend　　　　　　　　　　　　　　　　　　KG **335**
Volldeckender Spritzbewurf mit Zementmörtel auf Wandflächen als Haftvermittler.
Untergrund: .....
Angeb. Fabrikat: .....

9€	11€	**13**€	16€	17€	[m²]	⏱ 0,20 h/m²	318.000.089

40   Sperrputz, Zementmörtel　　　　　　　　　　　　　　　　　　　KG **335**
Sperrputz mit Zementmörtel auf die vorbereiteten Wandflächen auftragen und oberflächenglatt abreiben.
Untergrund: .....
Angeb. Fabrikat: .....

24€	27€	**31**€	38€	44€	[m²]	⏱ 0,45 h/m²	318.000.090

41   Zwischenschicht, Rückdurchfeuchtung, MDS　　　　　　　　　　KG **335**
Zwischenschicht gegen Rückdurchfeuchtung mit mineralischer Dichtungsschlämme, starr, auf Wandflächen.
Untergrund: .....
Angeb. Fabrikat: .....

19€	21€	**22**€	27€	29€	[m²]	⏱ 0,45 h/m²	318.000.091

▶ min
▷ von
ø Mittel
◁ bis
◀ max

Nr.	Kurztext / Langtext							Kostengruppe
▶	▷	ø netto €	◁	◀	[Einheit]	Ausf.-Dauer	Positionsnummer

42 Wandabdichtung, W1.1-E, MDS flexibel   KG **335**

Außenabdichtung erdberührter Außenwände gegen Bodenfeuchte und nicht drückendes Wasser mit zementgebundener flexibler Dichtungsschlämme in zwei Arbeitsgängen.
Bauteil: Kellerwand
Untergrund: Mauerwerk
Wassereinwirkungsklasse: W1.1-E
Rissklasse: R1-E (geringe Anforderung)
Rissüberbrückungsklasse: RÜ1-E (bis 0,2 mm)
Raumnutzungsklasse: **RN1-E / RN2-E**
Trockenschichtdicke: mind. 2 mm
Angeb. Fabrikat: .....

| 25 € | 27 € | **29 €** | 32 € | 35 € | [m²] | ⏱ 0,17 h/m² | 318.000.093 |

43 Wandabdichtung, W1.1-E, PMBC   KG **335**

Außenabdichtung erdberührter Außenwände gegen Bodenfeuchte und nicht drückendes Wasser mit kunststoffmodifizierter Bitumendickbeschichtung als Spachtelmasse in zwei Arbeitsgängen.
Bauteil: Kellerwand
Untergrund: Mauerwerk
Wassereinwirkungsklasse: W1.1-E
Rissklasse: R2-E (mäßige Anforderung)
Rissüberbrückungsklasse: RÜ2-E (bis 0,5 mm)
Raumnutzungsklasse: **RN1-E / RN2-E**
Trockenschichtdicke: mind. 3 mm
Angeb. Fabrikat: ....

| 26 € | 28 € | **30 €** | 33 € | 37 € | [m²] | ⏱ 0,15 h/m² | 318.000.094 |

44 Wandabdichtung, W1.1-E, KSK   KG **335**

Außenabdichtung erdberührter Außenwände gegen Bodenfeuchte und nicht drückendes Wasser mit kaltselbstklebender Bitumen-Dichtungsbahnen mit HDPE-Trägerfolie.
Bauteil: Kellerwand
Untergrund: Beton
Wassereinwirkungsklasse: W1.1-E
Rissklasse: R2-E (mäßige Anforderung)
Rissüberbrückungsklasse: RÜ3-E (hohe Rissüberbrückung)
Raumnutzungsklasse: **RN1-E / RN2-E**
Ausführung: KSK
Angeb. Fabrikat: .....

| 21 € | 23 € | **24 €** | 27 € | 30 € | [m²] | ⏱ 0,16 h/m² | 318.000.098 |

© **BKI** Baukosteninformationszentrum; Erläuterungen zu den Tabellen siehe Seite 22
Mustertexte geprüft: Deutscher Holz- und Bautenschutzverband e.V.

Kostenstand: 2.Quartal 2018, Bundesdurchschnitt

LB 318 Abdichtungsarbeiten

Kosten:
Stand 2.Quartal 2018
Bundesdurchschnitt

Nr.	Kurztext / Langtext				[Einheit]	Ausf.-Dauer	Kostengruppe Positionsnummer
▶	▷	ø netto €	◁	◀			

45 Wandabdichtung, W2.1-E, PMBC   KG 335

Außenabdichtung erdberührter Außenwände gegen drückendes Wasser bis 3m Eintauchtiefe, mit kunststoffmodifizierter Bitumendickbeschichtung als Spachtelmasse in zwei Arbeitsgängen mit Gewebeeinlage.
Bauteil: Kellerwand
Untergrund: Mauerwerk
Wassereinwirkungsklasse: W2.1-E bis 3 m
Rissklasse: R2-E (mäßige Anforderung)
Rissüberbrückungsklasse: RÜ3-E (bis 1 mm)
Raumnutzungsklasse: **RN1-E / RN2-E**
Trockenschichtdicke: mind. 4 mm
Angeb. Fabrikat: ....

| 30€ | 32€ | **35**€ | 38€ | 42€ | [m²] | ⏱ 0,18 h/m² | 318.000.097 |

46 Wandabdichtung, W2.2-E, 2xPV200S5   KG 335

Außenabdichtung erdberührter Außenwände gegen von außen drückendes Wasser über 3m Eintauchtiefe, mit zwei Lagen Bitumen-Schweißbahnen.
Bauteil: Kellerwand
Untergrund: Mauerwerk
Wassereinwirkungsklasse: W2.2-E über 3 m
Rissklasse: R1-E (geringe Anforderung)
Rissüberbrückungsklasse: RÜ4-E (sehr hohe Rissüberbrückung)
Raumnutzungsklasse: RN1-E
Ausführung: 2x PV 200 S5
Abdichtungstyp: BA
Angeb. Fabrikat: .....

| 33€ | 36€ | **38**€ | 42€ | 47€ | [m²] | ⏱ 0,28 h/m² | 318.000.102 |

47 Wandabdichtung, W2.2-E, 2xR500N Me   KG 335

Außenabdichtung erdberührter Außenwände gegen von außen drückendes Wasser über 3m Eintauchtiefe, mit zwei Lagen nackten Bitumenbahnen und Metallband aus Kupfer, kalottengerieffelt, Dicke 0,1mm.
Bauteil: Kellerwand
Untergrund: Mauerwerk
Wassereinwirkungsklasse: W2.2-E, über 3 m
Rissklasse: R1-E (geringe Anforderung)
Rissüberbrückungsklasse: RÜ4-E (sehr hohe Rissüberbrückung)
Raumnutzungsklasse: RN1-E
Ausführung: R 500 N, 2-lagig, Metallband
Abdichtungstyp: BA
Angeb. Fabrikat: .....

| 35€ | 37€ | **40**€ | 44€ | 49€ | [m²] | ⏱ 0,34 h/m² | 318.000.148 |

▶ min
▷ von
ø Mittel
◁ bis
◀ max

Nr.	Kurztext / Langtext					Kostengruppe		
▶	▷	ø netto €	◁	◀	[Einheit]	Ausf.-Dauer	Positionsnummer	

48 Sockelabdichtung, W4-E, MDS flexibel — KG 335

Abdichtung des Wandsockels gegen Spritzwasser und Bodenfeuchte am Wandsockel mit zementgebundener flexibler Dichtungsschlämme in zwei Arbeitsgängen.
Bauteil: Kellerwand
Untergrund: Beton
Wassereinwirkungsklasse: W4-E
Rissklasse: R1-E (geringe Anforderung)
Rissüberbrückungsklasse: RÜ1-E (bis 0,2 mm)
Raumnutzungsklasse: **RN1-E / RN2-E**
Trockenschichtdicke: mind. 3 mm
Angeb. Fabrikat: .....

| 29 € | 31 € | **34 €** | 37 € | 41 € | [m²] | ⏱ 0,17 h/m² | 318.000.096 |

49 Sockelabdichtung, W4-E, FLK — KG 335

Abdichtung des Wandsockels gegen Spritzwasser und Bodenfeuchte am Wandsockel mit Flüssigkunststoff im Spritzverfahren, mit Verstärkung aus Kunststoffvlies, mind. 110g/m².
Bauteil: Kellerwand
Untergrund: Beton
Wassereinwirkungsklasse: W4-E
Rissklasse: R1-E (geringe Anforderung)
Rissüberbrückungsklasse: RÜ1-E (bis 0,2 mm)
Raumnutzungsklasse: **RN1-E / RN2-E**
Trockenschichtdicke: mind. 2 mm
Angeb. Fabrikat: .....

| 34 € | 37 € | **39 €** | 43 € | 48 € | [m²] | ⏱ 0,17 h/m² | 318.000.149 |

50 Innenabdichtung, Wand, Schlämme — KG 336

Abdichtung auf der Innenseite von Kellerwänden gegen von außen angreifende Wasserbeanspruchung mit mineralisch gebundener Dichtungsschlämme in zwei Arbeitsgängen, einschl. Grundierung.
Untergrund: **Beton / Mauerwerk**
Rissüberbrückung: bis 0,2 mm
Raumnutzung: ....
Trockenschichtdicke: 3 mm
Angeb. Fabrikat: .....

| 25 € | 27 € | **29 €** | 32 € | 35 € | [m²] | ⏱ 0,27 h/m² | 318.000.105 |

51 Fugenabdichtung, W1.1-E, Dichtband — KG 326

Abdichtung von Fugen in erdberührten Wänden gegen Bodenfeuchte und nicht drückendes Wasser, mit elastischer Dichtungsmasse, MDS flexibel und Gewebeband. Leistung mit Fugenvorbereitung und Hinterfüllprofil, sowie Einbindung in Flächenabdichtung.
Wassereinwirkungsklasse: W1-E
Fugenbreite: 15 mm
Angeb. Fabrikat: .....

| 10 € | 11 € | **12 €** | 14 € | 15 € | [m] | ⏱ 0,13 h/m | 318.000.106 |

LB 318 Abdichtungsarbeiten

Kosten: Stand 2.Quartal 2018 Bundesdurchschnitt

Nr.	Kurztext / Langtext						Kostengruppe	
▶	▷	ø netto €	◁	◀	[Einheit]	Ausf.-Dauer	Positionsnummer	

52 Fugenabdichtung, W1.1-E, Fugenband   KG **326**
Abdichtung über Fugen auf erdberührten Wänden gegen Bodenfeuchte und nicht drückendes Wasser, mit elastischem Fugenband, sowie Einbindung in Flächenabdichtung.
Wassereinwirkungsklasse: W1-E
Fugenbreite: .....
Angeb. Fabrikat: .....

| 19€ | 21€ | **25€** | 27€ | 30€ | [m] | ⏱ 0,17 h/m | 318.000.107 |

53 Fugenabdichtung, W1.1-E, Kunststoffbahn   KG **326**
Abdichtung über Fugen auf erdberührten Außenwänden gegen Bodenfeuchte und nicht drückendes Wasser, mit bitumenverträglichen Streifen aus Kunststoff-Dichtungsbahnen. Dichtungsbahn mit Vlies-/Gewebekaschierung zum Einbetten in Bitumendickbeschichtung.
Wassereinwirkungsklasse: W1-E
Fugenbreite: .....
Bewegung: bis 5 mm
Angeb. Fabrikat: .....

| 18€ | 19€ | **22€** | 24€ | 27€ | [m] | ⏱ 0,20 h/m | 318.000.108 |

54 Fugenabdichtung, W1.1-E, Schweißbahn   KG **326**
Abdichtung über Fugen auf Bodenplatten gegen Bodenfeuchte und nicht drückendes Wasser, mit Polymerbitumen-Schweißbahn. Flächenabdichtung an beiden Seiten der Abdichtung mit Bitumen-Schweißbahnen über der Fuge verstärken.
Wassereinwirkungsklasse: W1-E
Fugenbreite: .....
Fugenbewegung: .....
Schweißbahn: PYE-PV 200 S4
Bahnenbreite: 300 mm
Angeb. Fabrikat: .....

| 19€ | 21€ | **24€** | 27€ | 30€ | [m] | ⏱ 0,30 h/m | 318.000.109 |

55 Bewegungsfuge, W1.1-E, KSP-Streifen   KG **326**
Abdichtung über Bewegungsfugen auf Bodenplatten gegen Bodenfeuchte und nicht drückendes Wasser, mit kaltselbstklebender Polymerbitumenbahn. Flächenabdichtung an beiden Seiten der Abdichtung mit Streifen über der Fuge verstärken.
Wassereinwirkungsklasse: W1-E
Fugenbreite: .....
Bahnenbreite: 300 mm
Angeb. Fabrikat: .....

| 17€ | 19€ | **22€** | 25€ | 27€ | [m] | ⏱ 0,20 h/m | 318.000.110 |

▶ min
▷ von
ø Mittel
◁ bis
◀ max

Nr.	Kurztext / Langtext							Kostengruppe
▶	▷	ø netto €	◁	◀	[Einheit]	Ausf.-Dauer	Positionsnummer

56 Fugenabdichtung, W2.1-E, Schweißbahn KG 326
Abdichtung über Fugen, gegen drückendes Wasser bis 3m Eintauchtiefe, mit Schweißbahn. Flächenabdichtung an beiden Seiten der Abdichtung mit Bitumen-Schweißbahnen über der Fuge verstärken.
Wassereinwirkungsklasse: W2.1-E bis 3 m
Fugenbreite: .....
Schweißbahn: PYE-PV 200 S5
Bahnenbreite: 300 mm
Angeb. Fabrikat: .....

| 18€ | 20€ | **23€** | 26€ | 28€ | [m] | ⏱ 0,30 h/m | 318.000.111 |

57 Bewegungsfuge, W2.1-E, Kupferband KG 326
Abdichtung über Bewegungsfugen, gegen drückendes Wasser bis 3m Eintauchtiefe, mit geriffeltem Kupferband. Flächenabdichtung an beiden Seiten der Abdichtung mit Streifen über der Fuge verstärken.
Wassereinwirkungsklasse: W2.1-E bis 3 m
Fugentyp: I
Fugenbreite: .....
Kupferband: 0,2 m, CU-DHP
Bahnenbreite: 300 mm
Angeb. Fabrikat: .....

| 19€ | 21€ | **24€** | 26€ | 29€ | [m] | ⏱ 0,30 h/m | 318.000.112 |

58 Bewegungsfuge, W2.1-E, Kunststoffbahn KG 326
Abdichtung über Bewegungsfugen, gegen drückendes Wasser bis 3m Eintauchtiefe, mit Kunststoffbahn. Flächenabdichtung an beiden Seiten der Abdichtung mit Streifen über der Fuge verstärken.
Wassereinwirkungsklasse: W2.1-E bis 3 m
Fugentyp: I
Fugenbreite: .....
Kunststoffbahn: .....
Bahnendicke: 2,0 mm
Bahnenbreite: 300 mm
Angeb. Fabrikat: .....

| 16€ | 18€ | **20€** | 23€ | 25€ | [m] | ⏱ 0,30 h/m | 318.000.113 |

59 Bewegungsfuge, W2.1-E, Kupferband/Bitumen KG 326
Abdichtung über Bewegungsfugen, gegen drückendes Wasser bis 3m Eintauchtiefe, mit geriffeltem Kupferband und Schutzlage aus aufgeschweißter Bitumenbahn.
Wassereinwirkungsklasse: W2.1-E bis 3 m
Fugentyp: I
Fugenbreite: .....
Kunststoffbahn: .....
Kupferband: CU-DHP, 0,1 mm
Bitumenbahn: G 200 S4
Bahnenbreite: 300 mm
Angeb. Fabrikat: .....

| 22€ | 24€ | **28€** | 31€ | 35€ | [m] | ⏱ 0,30 h/m | 318.000.114 |

LB 318 Abdichtungsarbeiten

Kosten:
Stand 2.Quartal 2018
Bundesdurchschnitt

▶ min
▷ von
ø Mittel
◁ bis
◀ max

Nr.	Kurztext / Langtext					Kostengruppe
▶	▷	ø netto €	◁	◀	[Einheit]	Ausf.-Dauer Positionsnummer

60 Bewegungsfuge, W2.1-E, 4-stegiges Fugenband KG **326**
Abdichtung über Bewegungsfugen, gegen drückendes Wasser bis 3m Eintauchtiefe, mit 4-stegigen, verschweißten Fugenbändern. Flächenabdichtung mit lose verlegten Kunststoffbahnen auf Terrasse bzw. Tiefgarage.
Wassereinwirkungsklasse: W2.1-E bis 3 m
Fugentyp: I
Fugenbreite: .....
Breite Fugenband: .....
Angeb. Fabrikat: .....
25€   28€   **32€**   36€   39€   [m]   ⏱ 0,30 h/m   318.000.115

61 Bewegungsfuge, W2.2-E, Los-Festflansch KG **326**
Abdichtung über Bewegungsfugen, gegen drückendes Wasser bis 3m Eintauchtiefe, mit Los-Festflansch in doppelter Ausführung.
Wassereinwirkungsklasse: W2.2-E über 3 m
Bauteil: .....
Fugentyp: II
Fugenbreite: .....
Flanschbreite: .....
30€   34€   **39€**   43€   48€   [m]   ⏱ 0,50 h/m   318.000.116

62 Durchdringung andichten, bituminös KG **326**
Flächenabdichtung mit Bitumendickbeschichtung hohlkehlenartig an Durchdringungen anarbeiten. Untergrund durch **anrauen / Grundierung mit EP Harz und Einstreuung** vorbereiten.
Wassereinwirkungsklasse: W1-E
Bauteil: .....
Untergrund: .....
Angeb. Fabrikat: .....
20€   22€   **26€**   28€   32€   [m]   ⏱ 0,17 h/m   318.000.117

63 Rückläufiger Stoß, drückendes Wasser KG **326**
Rückläufiger Stoß der Abdichtung gegen drückendes Wasser auf Sohlenflächen mit 15% Neigung zur Wand. Abdichtungsenden mit einer Schutzkappe aus Metallriffelband versehen.
Bauteil: Außenwand/Sohlanschluss
Abdichtung: .....
19€   22€   **25€**   27€   30€   [m]   ⏱ 0,45 h/m   318.000.118

64 Abschluss Klebeflansch, Schutzblech KG **326**
Abschluss für Bitumenbahnabdichtung mit Schutzblech als Winkelkonstruktion mit Klebeflansch und Kappstreifen herstellen und Oberkante abdichten.
Einbauort: .....
Einbauhöhe: mind. 15 cm
Klebeflansch: .....
Angeb. Fabrikat: .....
10€   12€   **13€**   15€   16€   [m]   ⏱ 0,14 h/m   318.000.119

Nr.	Kurztext / Langtext					Kostengruppe	
▶	▷	ø netto €	◁	◀	[Einheit]	Ausf.-Dauer	Positionsnummer

65 Abschluss, Klemmprofil KG 326
Abschluss für Bitumenbahnenabdichtung mit Klemmprofil herstellen und Oberkante abdichten.
Einbauort: .....
Einbauhöhe: mind. 15 cm
Material: .....
Angeb. Fabrikat: .....

| 14€ | 16€ | **18€** | 20€ | 22€ | [m] | ⏱ 0,15 h/m | 318.000.120 |

66 Abschluss Kunststoffbahn, Schutzblech KG 326
Abschluss der Kunststoffbahnabdichtung, mit Schutzblech oder Profilblech, kunststoffbeschichtet.
Einbauort: .....
Höhe ü. Boden: mind. 15 cm
Angeb. Fabrikat: .....

| 13€ | 15€ | **17€** | 19€ | 21€ | [m] | ⏱ 0,13 h/m | 318.000.121 |

A 1 Perimeterdämmung, XPS Beschreibung für Pos. 67-70
Perimeterdämmung aus extrudierten Polystyrolplatten, als Schutz und Wärmedämmung auf Wänden im Erdreich, geklebt, Platten mit umlaufendem Stufenfalz, dicht gestoßen.
Untergrund: Stahlbeton-Fundamente und -Außenwände
Anwendungstyp: PW
Druckbelastbarkeit: .....
Dämmstoff: XPS
Brandverhalten: Klasse E
Nennwert der Wärmeleitfähigkeit: ..... W/(mK)
Angeb. Fabrikat: .....

67 Perimeterdämmung, XPS 120mm KG 335
Wie Ausführungsbeschreibung A 1
Dämmschichtdicke: 120 mm

| 27€ | 29€ | **30€** | 34€ | 37€ | [m²] | ⏱ 0,30 h/m² | 318.000.124 |

68 Perimeterdämmung, XPS 140mm KG 335
Wie Ausführungsbeschreibung A 1
Dämmschichtdicke: 140 mm

| 33€ | 36€ | **38€** | 42€ | 47€ | [m²] | ⏱ 0,30 h/m² | 318.000.125 |

69 Perimeterdämmung, XPS 180mm KG 335
Wie Ausführungsbeschreibung A 1
Dämmschichtdicke: 180 mm

| 42€ | 46€ | **49€** | 54€ | 60€ | [m²] | ⏱ 0,35 h/m² | 318.000.126 |

70 Perimeterdämmung, XPS 220mm KG 335
Wie Ausführungsbeschreibung A 1
Dämmschichtdicke: 220 mm

| 51€ | 55€ | **59€** | 65€ | 72€ | [m²] | ⏱ 0,35 h/m² | 318.000.127 |

LB 318 Abdichtungsarbeiten

Nr.	Kurztext / Langtext				[Einheit]	Ausf.-Dauer	Kostengruppe Positionsnummer
▶	▷ ø netto € ◁ ◀						

A 2 Perimeterdämmung, CG — Beschreibung für Pos. 71-74

Perimeterdämmung aus Schaumglas, als Schutz und Wärmedämmung vor Wänden im Erdreich, vollflächig geklebt, Platten mit umlaufendem Stufenfalz, dicht gestoßen.
Untergrund: abgedichtete Stahlbeton-Fundamente und -Außenwände
Dämmstoff: CG
Anwendungstyp: PW
Druckbelastbarkeit: ......
Brandverhalten: Klasse A
Nennwert der Wärmeleitfähigkeit: ..... W/(mK)
Angeb. Fabrikat: .....

71 Perimeterdämmung, CG, 120mm — KG **335**
Wie Ausführungsbeschreibung A 2
Dämmschichtdicke: 120 mm
60 €   65 €   **69 €**   77 €   86 €   [m²]   ⏱ 0,25 h/m²   318.000.128

72 Perimeterdämmung, CG, 140mm — KG **335**
Wie Ausführungsbeschreibung A 2
Dämmschichtdicke: 140 mm
65 €   70 €   **74 €**   83 €   93 €   [m²]   ⏱ 0,25 h/m²   318.000.129

73 Perimeterdämmung, CG, 160mm — KG **335**
Wie Ausführungsbeschreibung A 2
Dämmschichtdicke: 160 mm
71 €   77 €   **82 €**   91 €   102 €   [m²]   ⏱ 0,25 h/m²   318.000.130

74 Perimeterdämmung, CG, 200mm — KG **335**
Wie Ausführungsbeschreibung A 2
Dämmschichtdicke: 200 mm
81 €   87 €   **93 €**   103 €   116 €   [m²]   ⏱ 0,25 h/m²   318.000.131

75 Sickerschicht, Kunststoffnoppenbahn — KG **335**
Sickerschicht mit Noppenbahnen auf erdberührten Bauteilen. Leistung einschl. Eckausbildung und Herstellen von Randabschlüssen und Durchdringungen.
Angeb. Fabrikat: .....
11 €   12 €   **14 €**   16 €   19 €   [m²]   ⏱ 0,12 h/m²   318.000.132

76 Sickerplatten, Kelleraußenwände — KG **335**
Sickerplatten aus bitumengebundene EPS-Kugeln an erdberührten Bauteilen. Leistung einschl. Eckausbildung und Herstellen von Randabschlüssen und Durchdringungen.
Plattendicke: ..... mm
17 €   19 €   **22 €**   24 €   27 €   [m²]   ⏱ 0,18 h/m²   318.000.133

77 Filtervlies, Schutzschicht — KG **335**
Filtervliesmatten, als senkrechte Schutzschicht vor Dämmplatten, Schutzplatten und Sickerplatten. Die Matten oben bis über OK/Erdreich führen.
Angeb. Fabrikat: .....
4 €   5 €   **6 €**   6 €   7 €   [m²]   ⏱ 0,10 h/m²   318.000.134

Kosten:
Stand 2.Quartal 2018
Bundesdurchschnitt

▶ min
▷ von
ø Mittel
◁ bis
◀ max

Nr.	Kurztext / Langtext						Kostengruppe
▶	▷	ø netto €	◁	◀	[Einheit]	Ausf.-Dauer	Positionsnummer

78 **Sickerschicht, Kunststoffnoppenbahn/Vlies** — KG **335**

Sickerschicht mit Wurzelschutz mit Noppenbahnen und Vlies auf erdberührten Bauteilen. Leistung einschl. Eckausbildung und Herstellen von Randabschlüssen und Durchdringungen.
Angeb. Fabrikat: .....

| 14€ | 15€ | **18€** | 20€ | 23€ | [m²] | ⏱ 0,12 h/m² | 318.000.139 |

79 **Stundensatz Helfer, Abdichtungsarbeiten**

Stundenlohnarbeiten für Helfer. Leistung auf besonderer Anordnung des AG. Anmeldung und Nachweis gemäß VOB/B.

| 33€ | 37€ | **40€** | 41€ | 45€ | [h] | ⏱ 1,00 h/h | 318.000.142 |

80 **Stundensatz Facharbeiter, Abdichtungsarbeit**

Stundenlohnarbeiten für Facharbeiter und Spezialarbeiter. Leistung nach besonderer Anordnung der Bauüberwachung. Anmeldung und Nachweis gemäß VOB/B.

| 39€ | 43€ | **45€** | 46€ | 51€ | [h] | ⏱ 1,00 h/h | 318.000.146 |

LB 320 Dachdeckungsarbeiten

Kosten: Stand 2.Quartal 2018, Bundesdurchschnitt

▶ min
▷ von
ø Mittel
◁ bis
◀ max

Nr.	Positionen	Einheit	▶	▷ ø brutto € / ø netto €	ø	◁	◀
1	Dachdeckung entfernen	m²	6 / 5	9 / 8	**11** / **10**	13 / 11	16 / 13
2	Dachdeckung entfernen, lagern	m²	8 / 7	13 / 11	**17** / **14**	19 / 16	21 / 18
3	Schieferdeckung, entfernen, lagern	m²	14 / 12	17 / 14	**21** / **18**	25 / 21	27 / 23
4	Faserzement-Wellplattendeckung entfernen	m²	7 / 6	9 / 7	**10** / **8**	12 / 10	18 / 15
5	Asbestzementdeckung entfernen	m²	11 / 9	15 / 13	**18** / **15**	20 / 17	25 / 21
6	Asbestzementdeckung, entsorgen	t	123 / 104	165 / 139	**165** / **139**	187 / 157	252 / 211
7	Formziegel abbrechen, gemörtelt	m	3 / 2	5 / 5	**7** / **6**	8 / 7	14 / 12
8	Dachlattung entfernen	m²	2 / 1	3 / 2	**3** / **3**	4 / 3	4 / 3
9	Bitumenbahn abbrechen, 1-lagig	m²	4 / 3	8 / 6	**9** / **8**	11 / 9	18 / 15
10	Bitumenbahn entfernen, 2-lagig	m²	4 / 4	10 / 9	**13** / **11**	15 / 13	21 / 17
11	Dachschalung abbrechen	m²	8 / 7	13 / 11	**16** / **13**	19 / 16	26 / 22
12	Ortgangbrett abbrechen	m²	4 / 3	7 / 6	**9** / **8**	11 / 9	13 / 11
13	Blechteile abbrechen, bis Z 600	m	1 / 1	3 / 3	**4** / **3**	5 / 4	8 / 7
14	Schneefanggitter abbrechen	m	0,8 / 0,7	2,4 / 2,0	**3,0** / **2,6**	3,3 / 2,8	7,2 / 6,1
15	Blitzableiter abbrechen	m	0,9 / 0,7	1,2 / 1,0	**1,5** / **1,2**	1,7 / 1,5	2,5 / 2,1
16	Lüftungsrohr abbrechen	St	2 / 1	7 / 6	**9** / **8**	11 / 9	21 / 18
17	Laufrost abbrechen	m	2 / 2	4 / 4	**6** / **5**	7 / 6	10 / 8
18	Dachfenster abbrechen	St	28 / 24	54 / 46	**68** / **57**	82 / 69	92 / 77
19	Dachluke abbrechen	St	12 / 10	20 / 16	**24** / **20**	29 / 25	41 / 35
20	Unterspannbahn abbrechen	m²	2 / 2	4 / 4	**5** / **4**	6 / 5	6 / 5
21	Betondachsteine umdecken	m²	13 / 11	22 / 19	**26** / **22**	31 / 26	36 / 30
22	Biberschwanzdeckung ausbessern	m²	22 / 19	26 / 22	**32** / **27**	38 / 32	40 / 33
23	Biberschwanzdeckung umdecken	m²	23 / 20	33 / 27	**40** / **33**	48 / 40	50 / 42
24	Flachdachpfannendeckung ausbessern	m²	19 / 16	24 / 20	**28** / **24**	33 / 28	35 / 30

© BKI Baukosteninformationszentrum; Erläuterungen zu den Tabellen siehe Seite 22
Mustertexte geprüft: Zentralverband des Deutschen Dachdeckerhandwerks

Kostenstand: 2.Quartal 2018, Bundesdurchschnitt

Dachdeckungsarbeiten — Preise €

Nr.	Positionen	Einheit	▶	▷	ø brutto € ø netto €	◁	◀
25	Flachdachpfannendeckung umdecken	m²	12	20	**25**	30	36
			10	17	**21**	25	30
26	Betondachsteindeckung ausbessern	m²	15	17	**22**	26	28
			13	15	**18**	22	24
27	Dachziegelaustausch, einzeln	St	3	3	**4**	5	8
			2	3	**4**	4	7
28	Dachsteinaustausch, einzeln	St	3	3	**4**	5	5
			2	3	**3**	4	4
29	Zwischensparrendämmung, MW 035, 100mm	m²	14	16	**20**	24	26
			12	13	**16**	20	22
30	Zwischensparrendämmung, MW 035, 120mm	m²	16	18	**22**	27	30
			13	15	**19**	23	25
31	Zwischensparrendämmung, MW 035, 140mm	m²	17	20	**25**	30	33
			15	17	**21**	25	28
32	Zwischensparrendämmung, MW 032, 100mm	m²	16	18	**23**	27	30
			13	15	**19**	23	25
33	Zwischensparrendämmung, MW 032, 120mm	m²	18	20	**26**	31	34
			15	17	**22**	26	29
34	Zwischensparrendämmung, MW 032, 140mm	m²	20	23	**29**	35	39
			17	20	**25**	29	33
35	Aufdachdämmung, MW 035, 60mm, kaschiert	m²	30	27	**35**	41	44
			25	23	**30**	34	37
36	Aufdachdämmung, MW 035, 80mm, kaschiert	m²	32	29	**38**	44	47
			27	25	**32**	37	40
37	Aufdachdämmung, MW 035, 100mm, kaschiert	m²	36	33	**43**	49	53
			30	28	**36**	41	45
38	Aufdachdämmung, MW 035, 120mm, kaschiert	m²	41	37	**48**	55	60
			34	31	**40**	46	50
39	Aufdachdämmung, MW 035, 140mm, kaschiert	m²	45	41	**53**	61	66
			38	34	**45**	51	56
40	Aufdachdämmung, MW 035, 160mm, kaschiert	m²	50	45	**59**	67	73
			42	38	**49**	57	61
41	Aufdachdämmung, MW 035, 180mm, kaschiert	m²	54	49	**64**	73	80
			45	41	**53**	62	67
42	Aufdachdämmung, MW 035, 200mm, kaschiert	m²	59	53	**69**	80	87
			49	45	**58**	67	73
43	Aufsparrendämmung PUR 028, 80mm, Vlies kaschiert	m²	33	30	**39**	44	48
			28	25	**33**	37	41
44	Aufsparrendämmung PUR 028, 100mm, Vlies kaschiert	m²	35	32	**41**	48	52
			30	27	**35**	40	43
45	Aufsparrendämmung PUR 027, 120mm, Vlies kaschiert	m²	50	45	**59**	68	74
			42	38	**50**	57	62
46	Aufsparrendämmung PUR 027, 140mm, Vlies kaschiert	m²	49	55	**64**	74	80
			42	46	**54**	62	68

© **BKI** Baukosteninformationszentrum; Erläuterungen zu den Tabellen siehe Seite 22
Mustertexte geprüft: Zentralverband des Deutschen Dachdeckerhandwerks

Kostenstand: 2.Quartal 2018, Bundesdurchschnitt

LB 320 Dachdeckungsarbeiten

Dachdeckungsarbeiten — Preise €

Kosten: Stand 2.Quartal 2018 Bundesdurchschnitt

▶ min
▷ von
ø Mittel
◁ bis
◀ max

Nr.	Positionen	Einheit	▶	▷	ø brutto € ø netto €	◁	◀
47	Aufsparrendämmung PUR 027, 160mm, Vlies kaschiert	m²	54	60	**70**	81	88
			45	50	**59**	68	74
48	Aufsparrendämmung PUR 027, 180mm, Vlies kaschiert	m²	58	64	**75**	86	94
			49	54	**63**	73	79
49	Aufsparrendämmung PIR 024, 120mm, Alu kaschiert	m²	49	55	**64**	74	80
			42	46	**54**	62	67
50	Aufsparrendämmung PIR 024, 140mm, Alu kaschiert	m²	57	62	**73**	84	92
			48	52	**62**	71	77
51	Aufsparrendämmung PIR 024, 160mm, Alu kaschiert	m²	65	72	**85**	97	106
			55	60	**71**	82	89
52	Aufdachdämmung, EPS 032, 100mm, kaschiert	m²	27	30	**35**	40	44
			23	25	**29**	34	37
53	Aufdachdämmung, EPS 032, 120mm, kaschiert	m²	30	34	**40**	46	50
			26	28	**33**	38	42
54	Aufdachdämmung, EPS 032, 140mm, kaschiert	m²	32	35	**42**	48	52
			27	30	**35**	40	44
55	Aufdachdämmung, EPS 032, 160mm, kaschiert	m²	35	39	**46**	53	57
			30	33	**39**	44	48
56	Aufdachdämmung, EPS 032, 180mm, kaschiert	m²	38	42	**50**	57	62
			32	36	**42**	48	52
57	Aufdachdämmung, EPS 032, 200mm, kaschiert	m²	40	45	**52**	60	66
			34	37	**44**	51	55
58	Aufdachdämmung, WF 043, 60mm, kaschiert	m²	23	26	**30**	35	38
			20	22	**26**	29	32
59	Aufdachdämmung, WF 043, 80mm, kaschiert	m²	27	30	**35**	40	44
			23	25	**29**	34	37
60	Aufdachdämmung, WF 043, 100mm, kaschiert	m²	31	34	**40**	46	51
			26	29	**34**	39	42
61	Aufdachdämmung, WF 043, 120mm, kaschiert	m²	33	36	**43**	49	54
			28	31	**36**	41	45
62	Vordeckung, Bitumenbahn V13	m²	3	5	**6**	6	8
			2	4	**5**	5	6
63	Vordeckung, Stehfalzdeckung	m²	3	5	**6**	7	8
			2	4	**5**	6	6
64	Dampfbremse, Unterspannbahn, feuchtevariabel	m²	4	6	**7**	8	11
			3	5	**6**	7	9
65	Anschluss, Unterspannbahn, Klebeband	m	0,8	3,6	**3,9**	5,2	8,2
			0,7	3,0	**3,3**	4,3	6,9
66	Dampfbremse, sd bis 2,3m	m²	5	7	**8**	11	15
			5	6	**7**	9	12
67	Unterdach, WF, regensicher, 18mm	m²	15	22	**24**	26	31
			12	18	**20**	22	26
68	Unterspannbahn, belüftetes Dach	m²	5	7	**8**	9	11
			5	6	**7**	7	9
69	Anschluss, Dampfsperre/-bremse, Klebeband	m	5	6	**7**	10	15
			4	5	**6**	8	12

© BKI Baukosteninformationszentrum; Erläuterungen zu den Tabellen siehe Seite 22
Mustertexte geprüft: Zentralverband des Deutschen Dachdeckerhandwerks

Dachdeckungsarbeiten — Preise €

Nr.	Positionen	Einheit	▶	▷	ø brutto € / ø netto €	◁	◀
70	Konterlattung, trocken, 30x50mm, Dach	m	2	2	**2**	3	3
			1	2	**2**	2	3
71	Konterlattung, trocken, 40x60mm, Dach	m	2	3	**4**	5	6
			2	3	**3**	4	5
72	Konterlattung, trocken, 30x50mm, Dach	m²	2	4	**4**	6	10
			1	3	**4**	5	8
73	Konterlattung, trocken, 40x60mm, Dach	m²	3	6	**7**	8	10
			2	5	**6**	7	8
74	Dachlattung, trocken, 30x50mm, Falzziegel/Beton	m²	3	5	**7**	8	10
			2	5	**6**	7	9
75	Dachlattung, trocken, 40x60mm, Falzziegel/Beton	m²	6	8	**8**	10	12
			5	6	**7**	8	10
76	Dachlattung, trocken, 30x50mm, Biberschwanzdeckung	m²	6	10	**11**	13	16
			5	8	**10**	11	13
77	Dachlattung, trocken, 40x60mm, Biberschwanzdeckung	m²	7	10	**14**	15	17
			6	9	**12**	12	14
78	Nagelabdichtung, Konterlattung	m	2	3	**4**	4	6
			2	3	**3**	4	5
79	Dachschalung, Nadelholz, Rauspund 24mm	m²	16	22	**24**	27	33
			14	19	**21**	23	28
80	Dachschalung, Nadelholz, Rauspund 28mm	m²	19	24	**26**	33	40
			16	20	**22**	28	33
81	Dachschalung, Holzspanplatte P5, 25mm	m²	19	27	**29**	35	46
			16	23	**25**	30	39
82	Schalung, OSB/3 Feuchtebereich, 25mm	m²	20	26	**27**	28	32
			17	22	**23**	24	27
83	Traufbohle, Nadelholz, bis 60x240mm	m	5	8	**10**	11	16
			5	7	**8**	10	14
84	Kantholz, Nadelholz S10 trocken, 60x120mm, scharfkantig	m	9	10	**12**	13	14
			7	9	**10**	11	12
85	Trauf-/Ortgangschalung, NF-Profil, 24/28mm, gehobelt	m²	24	31	**33**	40	49
			20	26	**28**	33	41
86	Ortgangbrett, Windbrett, bis 28mm, gehobelt	m	11	16	**18**	22	29
			9	13	**15**	19	25
87	Zuluft-/Insektenschutzgitter, Traufe	m	4	7	**8**	10	17
			3	6	**6**	9	14
88	Zahnleiste, Nadelholz, gehobelt	m	21	33	**36**	43	56
			18	28	**31**	36	47
89	Dachdeckung, Falzziegel, Ton	m²	25	30	**32**	35	41
			21	25	**27**	29	34
90	Dachdeckung, Biberschwanz-/Flachziegel	m²	33	45	**51**	57	67
			28	38	**43**	48	57
91	Dachdeckung, Dachsteine	m²	20	25	**28**	31	39
			17	21	**23**	26	33

© **BKI** Baukosteninformationszentrum; Erläuterungen zu den Tabellen siehe Seite 22
Mustertexte geprüft: Zentralverband des Deutschen Dachdeckerhandwerks

Kostenstand: 2.Quartal 2018, Bundesdurchschnitt

LB 320 Dachdeckungsarbeiten

Dachdeckungsarbeiten — Preise €

Kosten: Stand 2.Quartal 2018, Bundesdurchschnitt

Legende:
- ▶ min
- ▷ von
- ø Mittel
- ◁ bis
- ◀ max

Nr.	Positionen	Einheit	▶	▷	ø brutto € / ø netto €	◁	◀
92	Dachdeckung, Faserzement, Wellplatte	m²	22	36	**42**	57	78
			19	30	**35**	48	65
93	Dachdeckung, Schiefer	m²	74	83	**86**	87	99
			62	70	**72**	74	83
94	Ortgang, Ziegeldeckung, Formziegel	m	28	39	**43**	54	83
			23	32	**36**	45	70
95	Ortgang, Biberschwanzdeckung, Formziegel	m	17	33	**38**	40	47
			15	28	**32**	34	40
96	Ortgang, Dachsteindeckung, Formziegel	m	31	39	**46**	51	62
			26	33	**38**	43	52
97	Firstanschluss, Ziegeldeckung, Formziegel	m	14	21	**23**	28	35
			12	18	**19**	23	30
98	First, Firstziegel, mörtellos, inkl. Lüfter	m	34	48	**53**	59	72
			28	40	**44**	50	61
99	First, Firstziegel, vermörtelt, inkl. Lüfter	m	47	56	**61**	65	80
			39	47	**51**	55	67
100	First, Firststein, geklammert, Dachstein	m	41	53	**58**	65	75
			34	45	**49**	54	63
101	Pultdachabschluss, Abschlussziegel	m	40	60	**67**	73	106
			34	51	**56**	61	89
102	Pultdachanschluss, Metallblech Z333	m	19	40	**46**	50	62
			16	34	**38**	42	52
103	Grateindeckung, Ziegel, mörtellos	m	45	57	**61**	72	98
			38	48	**51**	61	82
104	Grateindeckung, Ziegel, vermörtelt	m	39	57	**66**	90	125
			33	48	**55**	75	105
105	Dunstrohr-Durchgangsziegel, DN100	St	78	131	**157**	183	239
			66	110	**132**	154	200
106	Dunstrohr-Durchgangsformstück, DN100	St	40	74	**86**	104	143
			34	63	**72**	88	120
107	Lüfterziegel, trocken verlegt	St	9	16	**20**	24	31
			7	14	**16**	20	26
108	Leitungsdurchgang, Formziegel	St	33	71	**86**	121	190
			27	60	**72**	102	160
109	Tonziegel, Reserve	St	2	6	**8**	10	14
			2	5	**7**	9	12
110	Ziegel beidecken, Dachdeckung	m	5	15	**18**	26	48
			4	12	**15**	22	41
111	Verklammerung, Dachdeckung	m²	1,0	3,8	**5,2**	8,8	16
			0,8	3,2	**4,3**	7,4	14
112	Schornstein-Einfassung, Blech	St	79	160	**184**	239	345
			66	134	**155**	201	290
113	Dachfenster/Dachausstieg, ESG, 490x760mm	St	183	298	**379**	473	630
			153	251	**319**	398	530
114	Wohndachfenster, bis 1,50m²	St	521	861	**986**	1.141	1.640
			438	724	**828**	958	1.378
115	Stundensatz Facharbeiter, Dachdeckung	h	47	56	**61**	66	76
			39	47	**51**	55	64

© BKI Baukosteninformationszentrum; Erläuterungen zu den Tabellen siehe Seite 22
Mustertexte geprüft: Zentralverband des Deutschen Dachdeckerhandwerks
Kostenstand: 2.Quartal 2018, Bundesdurchschnitt

Nr.	Kurztext / Langtext							Kostengruppe
▶	▷	ø netto €	◁	◀	[Einheit]	Ausf.-Dauer	Positionsnummer

1 Dachdeckung entfernen — KG **394**
Dachbelag aus Ziegel- oder Betonsteindeckung entfernen und anfallenden Bauschutt entsorgen.
Dachdeckung: .....
Dachneigung: .....
Material: .....
Deckungsart: .....

| 5€ | 8€ | **10€** | 11€ | 13€ | [m²] | ⏱ 0,12 h/m² | 320.001.097 |

2 Dachdeckung entfernen, lagern — KG **395**
Dachdeckung zur Wiederverwendung aufnehmen und seitlich lagern.
Dachdeckung: .....
Dachneigung: .....
Material: .....
Deckungsart: .....
Lagerweg: .....

| 7€ | 11€ | **14€** | 16€ | 18€ | [m²] | ⏱ 0,50 h/m² | 320.001.098 |

3 Schieferdeckung, entfernen, lagern — KG **395**
Schieferdeckung zur Wiederverwendung aufnehmen und seitlich lagern.
Dachneigung: .....
Format: .....
Lagerweg: .....

| 12€ | 14€ | **18€** | 21€ | 23€ | [m²] | ⏱ 0,40 h/m² | 320.001.100 |

4 Faserzement-Wellplattendeckung entfernen — KG **394**
Dachdeckung aus nicht asbesthaltigen Faserzementwellplatten abbrechen und anfallenden Bauschutt entsorgen.
Plattenart: .....
Unterkonstruktion: .....
Dachneigung: .....

| 6€ | 7€ | **8€** | 10€ | 15€ | [m²] | ⏱ 0,20 h/m² | 320.001.101 |

5 Asbestzementdeckung entfernen — KG **394**
Dachdeckung aus asbesthaltigen Faserzemenplatten abbrechen und anfallenden Bauschutt sammeln.
Plattenart: .....
Unterkonstruktion: .....
Dachneigung: .....

| 9€ | 13€ | **15€** | 17€ | 21€ | [m²] | ⏱ 0,30 h/m² | 320.001.157 |

6 Asbestzementdeckung, entsorgen — KG **394**
Asbesthaltigen Faserzemenplatten nach Vorschrift entsorgen.
Verpackung: .....
Deponie: .....

| 104€ | 139€ | **139€** | 157€ | 211€ | [t] | ⏱ 0,15 h/t | 320.001.158 |

7 Formziegel abbrechen, gemörtelt — KG **394**
First- und Grateindeckung aus eingemörtelten Formziegeln abbrechen und anfallenden Bauschutt entsorgen.
Ziegelformat: .....

| 2€ | 5€ | **6€** | 7€ | 12€ | [m] | ⏱ 0,12 h/m | 320.001.102 |

© BKI Baukosteninformationszentrum; Erläuterungen zu den Tabellen siehe Seite 22
Mustertexte geprüft: Zentralverband des Deutschen Dachdeckerhandwerks
Kostenstand: 2.Quartal 2018, Bundesdurchschnitt

LB 320 Dachdeckungsarbeiten

Kosten:
Stand 2.Quartal 2018
Bundesdurchschnitt

▶ min
▷ von
ø Mittel
◁ bis
◀ max

Nr.	Kurztext / Langtext					[Einheit]	Ausf.-Dauer	Kostengruppe Positionsnummer
▶	▷	ø netto €	◁	◀				

8 Dachlattung entfernen — KG 394
Dachlattung entfernen und anfallenden Bauschutt entsorgen.
Lattenweite: 320-340 mm
Lattenquerschnitt: .....

| 1€ | 2€ | **3€** | 3€ | 3€ | [m²] | 0,06 h/m² | 320.001.103 |

9 Bitumenbahn abbrechen, 1-lagig — KG 394
Einlagige Bitumenbahn auf Holzschalung abbrechen und anfallenden Bauschutt entsorgen.
Bitumenbahn: .....

| 3€ | 6€ | **8€** | 9€ | 15€ | [m²] | 0,20 h/m² | 320.001.104 |

10 Bitumenbahn entfernen, 2-lagig — KG 394
Zweilagige Bitumenbahn auf Holzschalung entfernen und anfallenden Bauschutt entsorgen.
Bitumenbahnen: .....

| 4€ | 9€ | **11€** | 13€ | 17€ | [m²] | 0,24 h/m² | 320.001.105 |

11 Dachschalung abbrechen — KG 394
Dachschalung abbrechen und anfallenden Bauschutt entsorgen.
Schalung: .....

| 7€ | 11€ | **13€** | 16€ | 22€ | [m²] | 0,35 h/m² | 320.001.106 |

12 Ortgangbrett abbrechen — KG 394
Ortgangbrett abbrechen und anfallenden Bauschutt entsorgen.
Abmessung: .....
Befestigung: .....

| 3€ | 6€ | **8€** | 9€ | 11€ | [m²] | 0,20 h/m² | 320.001.107 |

13 Blechteile abbrechen, bis Z 600 — KG 394
Blechteile an Dachdeckung abbrechen und anfallenden Bauschutt entsorgen.
Blechteil: .....
Material: .....
Zuschnitt: .....

| 1€ | 3€ | **3€** | 4€ | 7€ | [m] | 0,05 h/m | 320.001.108 |

14 Schneefanggitter abbrechen — KG 394
Schneefanggitter abbrechen und anfallenden Bauschutt entsorgen.
Material: .....

| 0,7€ | 2,0€ | **2,6€** | 2,8€ | 6,1€ | [m] | 0,08 h/m | 320.001.109 |

15 Blitzableiter abbrechen — KG 394
Blitzableiter einschl. Befestigung abbrechen und anfallenden Bauschutt entsorgen.

| 0,7€ | 1,0€ | **1,2€** | 1,5€ | 2,1€ | [m] | 0,01 h/m | 320.001.110 |

16 Lüftungsrohr abbrechen — KG 394
Be- oder Entlüftungsrohr in Dachdeckung abbrechen und anfallenden Bauschutt entsorgen.
Art der Deckung: .....
Material: .....

| 1€ | 6€ | **8€** | 9€ | 18€ | [St] | 0,25 h/St | 320.001.111 |

Nr.	Kurztext / Langtext						Kostengruppe
▶	▷	ø netto €	◁	◀	[Einheit]	Ausf.-Dauer	Positionsnummer

17 Laufrost abbrechen — KG **394**
Laufrost auf Dach einschl. Stützen abbrechen und anfallenden Bauschutt entsorgen.
Material: .....
Ausführung: .....
Größe: .....

| 2€ | 4€ | **5€** | 6€ | 8€ | [m] | ⏱ 0,15 h/m | 320.001.112 |

18 Dachfenster abbrechen — KG **394**
Dachfenster einschl. Blechrahmen und Flügel abbrechen und anfallenden Bauschutt entsorgen.
Größe: ..... mm

| 24€ | 46€ | **57€** | 69€ | 77€ | [St] | ⏱ 0,95 h/St | 320.001.113 |

19 Dachluke abbrechen — KG **394**
Dachluke als Dachausstiegsfenster abbrechen und anfallenden Bauschutt entsorgen.
Größe: ..... mm
Material: .....

| 10€ | 16€ | **20€** | 25€ | 35€ | [St] | ⏱ 0,50 h/St | 320.001.114 |

20 Unterspannbahn abbrechen — KG **394**
Unterspannbahn abbrechen und anfallenden Bauschutt entsorgen.
Art der Bahn: .....
Dachneigung: .....

| 2€ | 4€ | **4€** | 5€ | 5€ | [m²] | ⏱ 0,07 h/m² | 320.001.115 |

21 Betondachsteine umdecken — KG **395**
Betondachsteindeckung aufnehmen, zwischenlagern und wieder eindecken. Beschädigte und nicht verwendbare Dachsteine sind zu entsorgen und in gleicher Form und Farbe zu ergänzen.
Ersatzanteil: bis 20%
Form: .....
Farbe: .....
Lagerweg: .....
Angeb. Fabrikat: .....

| 11€ | 19€ | **22€** | 26€ | 30€ | [m²] | ⏱ 0,40 h/m² | 320.001.117 |

22 Biberschwanzdeckung ausbessern — KG **395**
Biberschwanzdeckung in Teilflächen mit neuem Material ausbessern und schadhafte Ziegel entsorgen.
Deckung: Doppeldeckung
Flächen: bis 1,00 m²
Form: .....
Farbe: .....
Angeb. Fabrikat: .....

| 19€ | 22€ | **27€** | 32€ | 33€ | [m²] | ⏱ 0,27 h/m² | 320.001.118 |

© **BKI** Baukosteninformationszentrum; Erläuterungen zu den Tabellen siehe Seite 22
Mustertexte geprüft: Zentralverband des Deutschen Dachdeckerhandwerks
Kostenstand: 2.Quartal 2018, Bundesdurchschnitt

LB 320 Dachdeckungsarbeiten

Kosten:
Stand 2.Quartal 2018
Bundesdurchschnitt

Nr.	Kurztext / Langtext				[Einheit]	Ausf.-Dauer	Kostengruppe Positionsnummer
▶	▷	ø netto €	◁	◀			

23 Biberschwanzdeckung umdecken — KG 395
Biberschwanzdeckung aufnehmen und wieder eindecken. Beschädigte und nicht verwendbare Dachziegel sind zu entsorgen und in gleicher Form und Farbe zu ergänzen.
Deckung: Doppeldeckung
Ersatzanteil: bis 20%
Form: .....
Farbe: .....
Lagerweg: .....
Angeb. Fabrikat: .....

| 20€ | 27€ | **33€** | 40€ | 42€ | [m²] | ⏱ 0,80 h/m² | 320.001.119 |

24 Flachdachpfannendeckung ausbessern — KG 395
Flachdachpfannendeckung in Teilflächen mit neuem Material in gleicher Farbe und Form ausbessern und schadhafte Ziegel entsorgen.
Flächen: bis 1,00 m²
Form: .....
Farbe: .....
Angeb. Fabrikat: .....

| 16€ | 20€ | **24€** | 28€ | 30€ | [m²] | ⏱ 0,32 h/m² | 320.001.120 |

25 Flachdachpfannendeckung umdecken — KG 395
Flachdachpfannendeckung aufnehmen, zwischenlagern und wieder eindecken. Beschädigte und nicht verwendbare Dachsteine sind zu entsorgen und in gleicher Form und Farbe zu ergänzen.
Ersatzanteil: bis 20%
Form: .....
Farbe: .....
Lagerweg: .....
Angeb. Fabrikat: .....

| 10€ | 17€ | **21€** | 25€ | 30€ | [m²] | ⏱ 0,50 h/m² | 320.001.121 |

26 Betondachsteindeckung ausbessern — KG 395
Betondachsteindeckung in Teilflächen mit neuem Material ausbessern und schadhafte Steine entsorgen.
Flächen: bis 1,00 m²
Form: .....
Farbe: .....
Angeb. Fabrikat: .....

| 13€ | 15€ | **18€** | 22€ | 24€ | [m²] | ⏱ 0,32 h/m² | 320.001.116 |

27 Dachziegelaustausch, einzeln — KG 395
Austausch einzelner Dachziegel mit neuem Material in gleicher Art und Farbe, einschl. Entsorgung schadhafter Steine.
Form: .....
Farbe: .....
Angeb. Fabrikat: .....

| 2€ | 3€ | **4€** | 4€ | 7€ | [St] | ⏱ 0,06 h/St | 320.001.122 |

▶ min
▷ von
ø Mittel
◁ bis
◀ max

Nr.	Kurztext / Langtext					Kostengruppe		
▶	▷	ø netto €	◁	◀	[Einheit]	Ausf.-Dauer	Positionsnummer	

28 Dachsteinaustausch, einzeln   KG **395**

Austausch einzelner Dachsteine mit neuem Material in gleicher Art und Farbe, einschl. Entsorgung schadhafter Steine.
Form: .....
Farbe: .....
Angeb. Fabrikat: .....

| 2€ | 3€ | **3€** | 4€ | 4€ | [St] | ⏱ 0,06 h/St | 320.001.123 |

A 1 Zwischensparrendämmung, Mineralwolle 035   Beschreibung für Pos. **29-31**

Wärmedämmung aus Mineralwolle zwischen den Sparren als nachträgliche Dämmmaßnahme von außen einbauen.
Dämmstoff: Mineralwolle, MW
Anwendungsgebiet: DZ

29 Zwischensparrendämmung, MW 035, 100mm   KG **363**

Wie Ausführungsbeschreibung A 1
Sparrenabstand: ..... mm
Anzahl der Lagen: einlagig
Dämmschichtdicke: 100 mm
Nennwert der Wärmeleitfähigkeit: 0,035 W/(mK)
Brandverhalten: Klasse A1
Angeb. Fabrikat: .....

| 12€ | 13€ | **16€** | 20€ | 22€ | [m²] | ⏱ 0,20 h/m² | 320.001.151 |

30 Zwischensparrendämmung, MW 035, 120mm   KG **363**

Wie Ausführungsbeschreibung A 1
Sparrenabstand: ..... mm
Anzahl der Lagen: einlagig
Dämmschichtdicke: 140 mm
Nennwert der Wärmeleitfähigkeit: 0,035 W/(mK)
Brandverhalten: Klasse A1
Angeb. Fabrikat: .....

| 13€ | 15€ | **19€** | 23€ | 25€ | [m²] | ⏱ 0,20 h/m² | 320.001.152 |

31 Zwischensparrendämmung, MW 035, 140mm   KG **363**

Wie Ausführungsbeschreibung A 1
Sparrenabstand: ..... mm
Anzahl der Lagen: einlagig
Dämmschichtdicke: 140 mm
Nennwert der Wärmeleitfähigkeit: 0,035 W/(mK)
Brandverhalten: Klasse A1
Angeb. Fabrikat: .....

| 15€ | 17€ | **21€** | 25€ | 28€ | [m²] | ⏱ 0,22 h/m² | 320.001.153 |

LB 320 Dachdeckungsarbeiten

Nr.	Kurztext / Langtext					[Einheit]	Ausf.-Dauer	Kostengruppe Positionsnummer
▶	▷	ø netto €	◁	◀				

A 2 Zwischensparrendämmung, Mineralwolle 032 Beschreibung für Pos. **32-34**

Wärmedämmung aus Mineralwolle zwischen den Sparren als nachträgliche Dämmmaßnahme von außen einbauen.
Dämmstoff: Mineralwolle, MW
Anwendungsgebiet: DZ

Kosten:
Stand 2.Quartal 2018
Bundesdurchschnitt

32	Zwischensparrendämmung, MW 032, 100mm							KG **363**
Wie Ausführungsbeschreibung A 2								
Sparrenabstand: ..... mm								
Anzahl der Lagen: einlagig								
Dämmschichtdicke: 100 mm								
Nennwert der Wärmeleitfähigkeit: 0,032 W/(mK)								
Brandverhalten: Klasse A1								
Angeb. Fabrikat:								
13 €	15 €	**19 €**	23 €	25 €	[m²]	⏱ 0,20 h/m²	320.001.154	

33	Zwischensparrendämmung, MW 032, 120mm							KG **363**
Wie Ausführungsbeschreibung A 2								
Sparrenabstand: ..... mm								
Anzahl der Lagen: einlagig								
Dämmschichtdicke: 120 mm								
Nennwert der Wärmeleitfähigkeit: 0,032 W/(mK)								
Brandverhalten: Klasse A1								
Angeb. Fabrikat:								
15 €	17 €	**22 €**	26 €	29 €	[m²]	⏱ 0,20 h/m²	320.001.155	

34	Zwischensparrendämmung, MW 032, 140mm							KG **363**
Wie Ausführungsbeschreibung A 2								
Sparrenabstand: ..... mm								
Anzahl der Lagen: einlagig								
Dämmschichtdicke: 140 mm								
Nennwert der Wärmeleitfähigkeit: 0,032 W/(mK)								
Brandverhalten: Klasse A1								
Angeb. Fabrikat:								
17 €	20 €	**25 €**	29 €	33 €	[m²]	⏱ 0,22 h/m²	320.001.156	

▶ min
▷ von
ø Mittel
◁ bis
◀ max

Nr.	Kurztext / Langtext					Kostengruppe
▶	▷	ø netto €	◁	◀	[Einheit]	Ausf.-Dauer Positionsnummer

A 3 Aufdachdämmung, Mineralwolle 035, kaschiert Beschreibung für Pos. **35-42**
Aufdachdämmung aus Mineralwolle-Platten, kaschiert mit diffusionsoffener Unterdeckbahn, als nachträgliche Dämmmaßnahme auf Dachschalung. Verklebung der Unterdeckbahn mit Selbstklebestreifen. Konterlattung, mit selbstklebendem Nageldichtband, über Sparrenlage gegen Schub- und Windsoglasten.

35 Aufdachdämmung, MW 035, 60mm, kaschiert   KG **363**
Wie Ausführungsbeschreibung A 3
Sparrenabstand: .....
Dachneigung: .....
Dämmstoff: Mineralwolle, MW
Anwendungsgebiet: DAD
Druckbelastbarkeit: dk
Dämmschichtdicke: 60 mm
Brandverhalten: Klasse A1
Nennwert der Wärmeleitfähigkeit: 0,035 W/(mK)
sd-Wert Unterdeckbahn: .....
Angeb. Fabrikat: .....
25€   23€   **30**€   34€   37€   [m²]   ⏱ 0,22 h/m²   320.001.124

36 Aufdachdämmung, MW 035, 80mm, kaschiert   KG **363**
Wie Ausführungsbeschreibung A 3
Sparrenabstand: .....
Dachneigung: .....
Dämmstoff: Mineralwolle, MW
Anwendungsgebiet: DAD
Druckbelastbarkeit: dk
Dämmschichtdicke: 80 mm
Brandverhalten: Klasse A1
Nennwert der Wärmeleitfähigkeit: 0,035 W/(mK)
sd-Wert Unterdeckbahn: .....
Angeb. Fabrikat: .....
27€   25€   **32**€   37€   40€   [m²]   ⏱ 0,22 h/m²   320.001.125

37 Aufdachdämmung, MW 035, 100mm, kaschiert   KG **363**
Wie Ausführungsbeschreibung A 3
Sparrenabstand: .....
Dachneigung: .....
Dämmstoff: Mineralwolle, MW
Anwendungsgebiet: DAD
Druckbelastbarkeit: dk
Dämmschichtdicke: 100 mm
Brandverhalten: Klasse A1
Nennwert der Wärmeleitfähigkeit: 0,035 W/(mK)
sd-Wert Unterdeckbahn: .....
Angeb. Fabrikat: .....
30€   28€   **36**€   41€   45€   [m²]   ⏱ 0,22 h/m²   320.001.126

LB 320 Dachdeckungsarbeiten

Kosten:
Stand 2.Quartal 2018
Bundesdurchschnitt

Nr.	Kurztext / Langtext					[Einheit]	Ausf.-Dauer	Kostengruppe Positionsnummer
▶	▷	ø netto €	◁	◀				

38 Aufdachdämmung, MW 035, 120mm, kaschiert KG **363**
Wie Ausführungsbeschreibung A 3
Sparrenabstand: .....
Dachneigung: .....
Dämmstoff: Mineralwolle, MW
Anwendungsgebiet: DAD
Druckbelastbarkeit: dk
Dämmschichtdicke: 120 mm
Brandverhalten: Klasse A1
Nennwert der Wärmeleitfähigkeit: 0,035 W/(mK)
sd-Wert Unterdeckbahn: .....
Angeb. Fabrikat: .....

| 34€ | 31€ | **40**€ | 46€ | 50€ | [m²] | ⏱ 0,22 h/m² | 320.001.127 |

39 Aufdachdämmung, MW 035, 140mm, kaschiert KG **363**
Wie Ausführungsbeschreibung A 3
Sparrenabstand: .....
Dachneigung: .....
Dämmstoff: Mineralwolle, MW
Anwendungsgebiet: DAD
Druckbelastbarkeit: dk
Dämmschichtdicke: 140 mm
Brandverhalten: Klasse A1
Nennwert der Wärmeleitfähigkeit: 0,035 W/(mK)
sd-Wert Unterdeckbahn: .....
Angeb. Fabrikat: .....

| 38€ | 34€ | **45**€ | 51€ | 56€ | [m²] | ⏱ 0,22 h/m² | 320.001.128 |

40 Aufdachdämmung, MW 035, 160mm, kaschiert KG **363**
Wie Ausführungsbeschreibung A 3
Sparrenabstand: .....
Dachneigung: .....
Dämmstoff: Mineralwolle, MW
Anwendungsgebiet: DAD
Druckbelastbarkeit: dk
Dämmschichtdicke: 160 mm
Brandverhalten: Klasse A1
Nennwert der Wärmeleitfähigkeit: 0,035 W/(mK)
sd-Wert Unterdeckbahn: .....
Angeb. Fabrikat: .....

| 42€ | 38€ | **49**€ | 57€ | 61€ | [m²] | ⏱ 0,23 h/m² | 320.001.129 |

▶ min
▷ von
ø Mittel
◁ bis
◀ max

Nr.	Kurztext / Langtext						Kostengruppe	
▶	▷	ø netto €	◁	◀	[Einheit]	Ausf.-Dauer	Positionsnummer	

41   Aufdachdämmung, MW 035, 180mm, kaschiert — KG **363**
Wie Ausführungsbeschreibung A 3
Sparrenabstand: .....
Dachneigung: .....
Dämmstoff: Mineralwolle, MW
Anwendungsgebiet: DAD
Druckbelastbarkeit: dk
Dämmschichtdicke: 180 mm
Brandverhalten: Klasse A1
Nennwert der Wärmeleitfähigkeit: 0,035 W/(mK)
sd-Wert Unterdeckbahn: .....
Angeb. Fabrikat: .....

| 45 € | 41 € | **53** € | 62 € | 67 € | [m²] | ⏱ 0,23 h/m² | 320.001.130 |

42   Aufdachdämmung, MW 035, 200mm, kaschiert — KG **363**
Wie Ausführungsbeschreibung A 3
Sparrenabstand: .....
Dachneigung: .....
Dämmstoff: Mineralwolle, MW
Anwendungsgebiet: DAD
Druckbelastbarkeit: dk
Dämmschichtdicke: 200 mm
Brandverhalten: Klasse A1
Nennwert der Wärmeleitfähigkeit: 0,035 W/(mK)
sd-Wert Unterdeckbahn: .....
Angeb. Fabrikat: .....

| 49 € | 45 € | **58** € | 67 € | 73 € | [m²] | ⏱ 0,23 h/m² | 320.001.131 |

A 4   Aufsparrendämmung PUR 028, Vlies kaschiert — Beschreibung für Pos. **43-44**
Aufdachdämmung aus PUR-Hartschaumplatten, beidseitiger Kaschierung mit Mineralvlies, einschl. Unterdeckbahn, als nachträgliche Dämmmaßnahme auf Dach. Verklebung der Unterdeckbahn mit Selbstklebestreifen. Konterlattung, mit selbstklebendem Nageldichtband, über Sparrenlage gegen Schub- und Windsoglasten.

43   Aufsparrendämmung PUR 028, 80mm, Vlies kaschiert — KG **363**
Wie Ausführungsbeschreibung A 4
Unterkonstruktion: .....
Dachneigung: .....
Ausführung Stöße: Nut-Feder
Dämmstoff: PUR-Hartschaum
Anwendungsgebiet: DAD
Druckbelastbarkeit: .....
Dämmschichtdicke: 80 mm
Nennwert der Wärmeleitfähigkeit: 0,028 W/(mK)
Brandverhalten: Klasse E
Plattengröße: .....
Angeb. Fabrikat: .....

| 28 € | 25 € | **33** € | 37 € | 41 € | [m²] | ⏱ 0,20 h/m² | 320.001.132 |

LB 320 Dachdeckungsarbeiten

Kosten:
Stand 2.Quartal 2018
Bundesdurchschnitt

Nr.	Kurztext / Langtext					Kostengruppe
▶	▷	ø netto €	◁	◀	[Einheit]	Ausf.-Dauer Positionsnummer

44 Aufsparrendämmung PUR 028, 100mm, Vlies kaschiert — KG 363

Wie Ausführungsbeschreibung A 4
Unterkonstruktion: .....
Dachneigung: .....
Ausführung Stöße: Nut-Feder
Dämmstoff: PUR-Hartschaum
Anwendungsgebiet: DAD
Druckbelastbarkeit: .....
Dämmschichtdicke: 100 mm
Nennwert der Wärmeleitfähigkeit: 0,028 W/(mK)
Brandverhalten: Klasse E
Plattengröße: .....
Angeb. Fabrikat: .....

| 30€ | 27€ | **35**€ | 40€ | 43€ | [m²] | ⏱ 0,20 h/m² | 320.001.133 |

A 5 Aufsparrendämmung PUR 027, Vlies kaschiert — Beschreibung für Pos. 45-48

Aufdachdämmung aus PUR-Hartschaumplatten, beidseitiger Kaschierung mit Mineralvlies, einschl. Unterdeckbahn, als nachträgliche Dämmmaßnahme auf Dach. Verklebung der Unterdeckbahn mit Selbstklebestreifen. Konterlattung, mit selbstklebendem Nageldichtband, über Sparrenlage gegen Schub- und Windsoglasten.

45 Aufsparrendämmung PUR 027, 120mm, Vlies kaschiert — KG 363

Wie Ausführungsbeschreibung A 5
Unterkonstruktion: .....
Dachneigung: .....
Ausführung Stöße: Nut-Feder
Dämmstoff: PUR-Hartschaum
Anwendungsgebiet: DAD
Druckbelastbarkeit: .....
Dämmschichtdicke: 120 mm
Nennwert der Wärmeleitfähigkeit: 0,027 W/(mK)
Brandverhalten: Klasse E
Plattengröße: .....
Angeb. Fabrikat: .....

| 42€ | 38€ | **50**€ | 57€ | 62€ | [m²] | ⏱ 0,20 h/m² | 320.001.134 |

▶ min
▷ von
ø Mittel
◁ bis
◀ max

Nr.	Kurztext / Langtext							
▶	▷	ø **netto** €	◁	◀	[Einheit]	Ausf.-Dauer	Kostengruppe Positionsnummer	

46 Aufsparrendämmung PUR 027, 140mm, Vlies kaschiert KG **363**
Wie Ausführungsbeschreibung A 5
Unterkonstruktion: .....
Dachneigung: .....
Ausführung Stöße: Nut-Feder
Dämmstoff: PUR-Hartschaum
Anwendungsgebiet: DAD
Druckbelastbarkeit: .....
Dämmschichtdicke: 140 mm
Nennwert der Wärmeleitfähigkeit: 0,027 W/(mK)
Brandverhalten: Klasse E
Plattengröße: .....
Angeb. Fabrikat: .....

| 42 € | 46 € | **54** € | 62 € | 68 € | [m²] | ⏱ 0,20 h/m² | 320.001.135 |

47 Aufsparrendämmung PUR 027, 160mm, Vlies kaschiert KG **363**
Wie Ausführungsbeschreibung A 5
Unterkonstruktion: .....
Dachneigung: .....
Ausführung Stöße: Nut-Feder
Dämmstoff: PUR-Hartschaum
Anwendungsgebiet: DAD
Druckbelastbarkeit: .....
Dämmschichtdicke: 160 mm
Nennwert der Wärmeleitfähigkeit: 0,027 W/(mK)
Brandverhalten: Klasse E
Plattengröße: .....
Angeb. Fabrikat: .....

| 45 € | 50 € | **59** € | 68 € | 74 € | [m²] | ⏱ 0,20 h/m² | 320.001.136 |

48 Aufsparrendämmung PUR 027, 180mm, Vlies kaschiert KG **363**
Wie Ausführungsbeschreibung A 5
Unterkonstruktion: .....
Dachneigung: .....
Ausführung Stöße: Nut-Feder
Dämmstoff: PUR-Hartschaum
Anwendungsgebiet: DAD
Druckbelastbarkeit: .....
Dämmschichtdicke: 180 mm
Nennwert der Wärmeleitfähigkeit: 0,027 W/(mK)
Brandverhalten: Klasse E
Plattengröße: .....
Angeb. Fabrikat: .....

| 49 € | 54 € | **63** € | 73 € | 79 € | [m²] | ⏱ 0,20 h/m² | 320.001.137 |

© **BKI** Baukosteninformationszentrum; Erläuterungen zu den Tabellen siehe Seite 22
Mustertexte geprüft: Zentralverband des Deutschen Dachdeckerhandwerks

Kostenstand: 2.Quartal 2018, Bundesdurchschnitt

LB 320 Dachdeckungsarbeiten

Kosten:
Stand 2.Quartal 2018
Bundesdurchschnitt

Nr.	Kurztext / Langtext					Kostengruppe	
▶	▷	ø netto €	◁	◀	[Einheit]	Ausf.-Dauer	Positionsnummer

A 6   **Aufsparrendämmung PIR 024, Alu kaschiert**   Beschreibung für Pos. **49-51**

Aufdachdämmung aus PUR-Hartschaumplatten, beidseitiger Kaschierung mit Mineralvlies, einschl. Unterdeckbahn, als nachträgliche Dämmmaßnahme auf Dach.
Ausführung Stöße: Nut-Feder
Verklebung der Unterdeckbahn mit Selbstklebestreifen. Konterlattung, mit selbstklebendem Nageldichtband, über Sparrenlage gegen Schub- und Windsoglasten.

49   **Aufsparrendämmung PIR 024, 120mm, Alu kaschiert**   KG **363**

Wie Ausführungsbeschreibung A 6
Unterkonstruktion: .....
Dachneigung: .....
Ausführung Stöße: Nut-Feder
Dämmstoff: PIR-Hartschaum
Anwendungsgebiet: DAD
Druckbelastbarkeit: .....
Dämmschichtdicke: 180 mm
Nennwert der Wärmeleitfähigkeit: 0,024 W/(mK)
Brandverhalten: Klasse E
Plattengröße: .....
Angeb. Fabrikat: .....

42€   46€   **54**€   62€   67€   [m²]   ⏱ 0,20 h/m²   320.001.138

50   **Aufsparrendämmung PIR 024, 140mm, Alu kaschiert**   KG **363**

Wie Ausführungsbeschreibung A 6
Unterkonstruktion: .....
Dachneigung: .....
Ausführung Stöße: Nut-Feder
Dämmstoff: PIR-Hartschaum
Anwendungsgebiet: DAD
Druckbelastbarkeit: .....
Dämmschichtdicke: 140 mm
Nennwert der Wärmeleitfähigkeit: 0,024 W/(mK)
Brandverhalten: Klasse E
Plattengröße: .....
Angeb. Fabrikat: .....

48€   52€   **62**€   71€   77€   [m²]   ⏱ 0,20 h/m²   320.001.139

▶ min
▷ von
ø Mittel
◁ bis
◀ max

Nr.	Kurztext / Langtext					Kostengruppe
▶	▷ ø netto € ◁ ◀				[Einheit]	Ausf.-Dauer Positionsnummer

51 Aufsparrendämmung PIR 024, 160mm, Alu kaschiert KG **363**
Wie Ausführungsbeschreibung A 6
Unterkonstruktion: .....
Dachneigung: .....
Ausführung Stöße: Nut-Feder
Dämmstoff: PIR-Hartschaum
Anwendungsgebiet: DAD
Druckbelastbarkeit: .....
Dämmschichtdicke: 160 mm
Nennwert der Wärmeleitfähigkeit: 0,024 W/(mK)
Brandverhalten: Klasse E
Plattengröße: .....
Angeb. Fabrikat: .....

| 55 € | 60 € | **71 €** | 82 € | 89 € | [m²] | ⏱ 0,20 h/m² | 320.001.140 |

A 7 Aufdachdämmung, EPS 032, kaschiert Beschreibung für Pos. **52-57**
Aufdachdämmung aus Polystyrol-Hartschaumplatten, kaschiert mit diffusionsoffener Unterdeckbahn, als nachträgliche Dämmmaßnahme auf Dach.
Ausführung Stöße: Nut und Feder
Verklebung der Unterdeckbahn mit Selbstklebestreifen. Konterlattung, mit selbstklebendem Nageldichtband, über Sparrenlage gegen Schub- und Windsoglasten.
Befestigung Dämmlage: Spezialschrauben
Unterkonstruktion: Dachschalung

52 Aufdachdämmung, EPS 032, 100mm, kaschiert KG **363**
Wie Ausführungsbeschreibung A 7
Dachneigung: .....
Sparrenabstand: .....
Dämmstoff: Polystyrol-Hartschaum, EPS
Anwendungsgebiet: DAD
Druckbelastbarkeit: .....
Nennwert der Wärmeleitfähigkeit: 0,032 W/(mK)
Dämmschichtdicke: 100 mm
Lagen: einlagig
Brandverhalten: Klasse .....
sd-Wert Unterdeckbahn: .....
Zulassungsnummer: .....
Plattengröße: .....
Angeb. Fabrikat: .....

| 23 € | 25 € | **29 €** | 34 € | 37 € | [m²] | ⏱ 0,20 h/m² | 320.001.141 |

LB 320 Dachdeckungsarbeiten

Kosten:
Stand 2.Quartal 2018
Bundesdurchschnitt

Nr.	Kurztext / Langtext				[Einheit]	Ausf.-Dauer	Kostengruppe Positionsnummer
▶	▷	ø netto €	◁	◀			
53	**Aufdachdämmung, EPS 032, 120mm, kaschiert**						KG **363**

Wie Ausführungsbeschreibung A 7
Dachneigung: .....
Sparrenabstand: .....
Dämmstoff: Polystyrol-Hartschaum, EPS
Anwendungsgebiet: DAD
Druckbelastbarkeit: .....
Nennwert der Wärmeleitfähigkeit: 0,032 W/(mK)
Dämmschichtdicke: 120 mm
Lagen: einlagig
Brandverhalten: Klasse .....
sd-Wert Unterdeckbahn: .....
Zulassungsnummer: .....
Plattengröße: .....
Angeb. Fabrikat: .....

26€	28€	**33**€	38€	42€	[m²]	⏱ 0,20 h/m²	320.001.142

54	**Aufdachdämmung, EPS 032, 140mm, kaschiert**						KG **363**

Wie Ausführungsbeschreibung A 7
Dachneigung: .....
Sparrenabstand: .....
Dämmstoff: Polystyrol-Hartschaum, EPS
Anwendungsgebiet: DAD
Druckbelastbarkeit: .....
Nennwert der Wärmeleitfähigkeit: 0,032 W/(mK)
Dämmschichtdicke: 140 mm
Lagen: einlagig
Brandverhalten: Klasse .....
sd-Wert Unterdeckbahn: .....
Zulassungsnummer: .....
Plattengröße: .....
Angeb. Fabrikat: .....

27€	30€	**35**€	40€	44€	[m²]	⏱ 0,20 h/m²	320.001.143

▶ min
▷ von
ø Mittel
◁ bis
◀ max

Nr.	Kurztext / Langtext						Kostengruppe
▶	▷ ø **netto** € ◁ ◀				[Einheit]	Ausf.-Dauer	Positionsnummer

55 **Aufdachdämmung, EPS 032, 160mm, kaschiert** KG **363**
Wie Ausführungsbeschreibung A 7
Dachneigung: .....
Sparrenabstand: .....
Dämmstoff: Polystyrol-Hartschaum, EPS
Anwendungsgebiet: DAD
Druckbelastbarkeit: .....
Nennwert der Wärmeleitfähigkeit: 0,032 W/(mK)
Dämmschichtdicke: 160 mm
Lagen: einlagig
Brandverhalten: Klasse .....
sd-Wert Unterdeckbahn: .....
Zulassungsnummer: .....
Plattengröße: .....
Angeb. Fabrikat: .....
30 €   33 €   **39** €   44 €   48 €   [m²]   ⏱ 0,20 h/m²   320.001.144

56 **Aufdachdämmung, EPS 032, 180mm, kaschiert** KG **363**
Wie Ausführungsbeschreibung A 7
Dachneigung: .....
Sparrenabstand: .....
Dämmstoff: Polystyrol-Hartschaum, EPS
Anwendungsgebiet: DAD
Druckbelastbarkeit: .....
Nennwert der Wärmeleitfähigkeit: 0,032 W/(mK)
Dämmschichtdicke: 180 mm
Lagen: einlagig
Brandverhalten: Klasse .....
sd-Wert Unterdeckbahn: .....
Zulassungsnummer: .....
Plattengröße: .....
Angeb. Fabrikat: .....
32 €   36 €   **42** €   48 €   52 €   [m²]   ⏱ 0,20 h/m²   320.001.145

LB 320 Dachdeckungsarbeiten

Kosten:
Stand 2.Quartal 2018
Bundesdurchschnitt

	Nr.	Kurztext / Langtext				[Einheit]	Ausf.-Dauer	Kostengruppe Positionsnummer
▶	▷	ø netto €	◁	◀				

57   Aufdachdämmung, EPS 032, 200mm, kaschiert   KG **363**
Wie Ausführungsbeschreibung A 7
Dachneigung: .....
Sparrenabstand: .....
Dämmstoff: Polystyrol-Hartschaum, EPS
Anwendungsgebiet: DAD
Druckbelastbarkeit: .....
Nennwert der Wärmeleitfähigkeit: 0,032 W/(mK)
Dämmschichtdicke: 200 mm
Lagen: einlagig
Brandverhalten: Klasse .....
sd-Wert Unterdeckbahn: .....
Zulassungsnummer: .....
Plattengröße: .....
Angeb. Fabrikat: .....
34 €   37 €   **44 €**   51 €   55 €   [m²]   ⏱ 0,20 h/m²   320.001.146

A 8   Aufdachdämmung, WF 043, kaschiert   Beschreibung für Pos. **58-61**
Aufsparrendämmung aus Holzfaserplatten mit integrierter Unterdeckplatte, als nachträgliche Dämmmaßnahme.
Ausführung Stöße: Nut und Feder
Verklebung der versetzten Stöße, sowie Befestigung auf Untergrund.
Unterkonstruktion: Dachschalung

58   Aufdachdämmung, WF 043, 60mm, kaschiert   KG **363**
Wie Ausführungsbeschreibung A 8
Dachneigung: .....
Sparrenabstand: .....
Dämmstoff: Holzfaserdämmplatte, WF
Anwendungsgebiet: DAD
Druckbelastbarkeit: .....
Nennwert der Wärmeleitfähigkeit: 0,043 W/(mK)
Dämmschichtdicke: 60 mm
Lagen: einlagig
Brandverhalten: Klasse .....
sd-Wert Unterdeckbahn: .....
Zulassungsnummer: .....
Angeb. Fabrikat: .....
20 €   22 €   **26 €**   29 €   32 €   [m²]   ⏱ 0,26 h/m²   320.001.147

▶ min
▷ von
ø Mittel
◁ bis
◀ max

Nr.	Kurztext / Langtext						Kostengruppe	
▶	▷	ø netto €	◁	◀	[Einheit]	Ausf.-Dauer	Positionsnummer	

59 Aufdachdämmung, WF 043, 80mm, kaschiert KG **363**
Wie Ausführungsbeschreibung A 8
Dachneigung: .....
Sparrenabstand: .....
Dämmstoff: Holzfaserdämmplatte, WF
Anwendungsgebiet: DAD
Druckbelastbarkeit: .....
Nennwert der Wärmeleitfähigkeit: 0,043 W/(mK)
Dämmschichtdicke: 80 mm
Lagen: einlagig
Brandverhalten: Klasse .....
sd-Wert Unterdeckbahn: .....
Zulassungsnummer: .....
Angeb. Fabrikat: .....
23 €   25 €   **29 €**   34 €   37 €   [m²]   ⏱ 0,26 h/m²   320.001.148

60 Aufdachdämmung, WF 043, 100mm, kaschiert KG **363**
Wie Ausführungsbeschreibung A 8
Dachneigung: .....
Sparrenabstand: .....
Dämmstoff: Holzfaserdämmplatte, WF
Anwendungsgebiet: DAD
Druckbelastbarkeit: .....
Nennwert der Wärmeleitfähigkeit: 0,043 W/(mK)
Dämmschichtdicke: 100 mm
Lagen: .....lagig
Brandverhalten: Klasse .....
sd-Wert Unterdeckbahn: .....
Zulassungsnummer: .....
Angeb. Fabrikat: .....
26 €   29 €   **34 €**   39 €   42 €   [m²]   ⏱ 0,27 h/m²   320.001.149

61 Aufdachdämmung, WF 043, 120mm, kaschiert KG **363**
Wie Ausführungsbeschreibung A 8
Dachneigung: .....
Sparrenabstand: .....
Dämmstoff: Holzfaserdämmplatte, WF
Anwendungsgebiet: DAD
Druckbelastbarkeit: .....
Nennwert der Wärmeleitfähigkeit: 0,043 W/(mK)
Dämmschichtdicke: 120 mm
Lagen: .....lagig
Brandverhalten: Klasse .....
sd-Wert Unterdeckbahn: .....
Zulassungsnummer: .....
Angeb. Fabrikat: .....
28 €   31 €   **36 €**   41 €   45 €   [m²]   ⏱ 0,27 h/m²   320.001.150

© **BKI** Baukosteninformationszentrum; Erläuterungen zu den Tabellen siehe Seite 22
Mustertexte geprüft: Zentralverband des Deutschen Dachdeckerhandwerks   Kostenstand: 2.Quartal 2018, Bundesdurchschnitt

LB 320 Dachdeckungsarbeiten

Kosten:
Stand 2.Quartal 2018
Bundesdurchschnitt

▶ min
▷ von
ø Mittel
◁ bis
◀ max

Nr. ▶	Kurztext / Langtext ▷ ø netto € ◁ ◀	[Einheit]	Ausf.-Dauer	Kostengruppe Positionsnummer
62	**Vordeckung, Bitumenbahn V13**			KG **363**
	Vordeckung aus Bitumenbahn mit Glasvlieseinlage, einschl. Lattung aus Nadelholz; Unterdeckung an Durchbrüche und aufgehende Bauteile anschließen. Bahnenart: V13 Überlappung: ..... Lattung: 30 x 50 mm, Sortierklasse S10 Angeb. Fabrikat:			
	2€ 4€ **5€** 5€ 6€	[m²]	0,08 h/m²	320.001.159
63	**Vordeckung, Stehfalzdeckung**			KG **363**
	Vordeckung aus Bitumenbahn mit Glasvlieseinlage, unter Stehfalzdeckungen, einschl. Anschluss an Durchbrüche und aufgehende Bauteile. Bahnenart: V13 Überlappung: ..... Angeb. Fabrikat:			
	2€ 4€ **5€** 6€ 6€	[m²]	0,08 h/m²	320.001.160
64	**Dampfbremse, Unterspannbahn, feuchtevariabel**			KG **363**
	Luftdichtungs- und Dampfbremsbahn, gewebeverstärkt, feuchtevariabel, für belüftete Dächer, einschl. luftdichte Anschlüsse an aufgehende und begrenzende Bauteile. Werkstoff: Polyethylenfolie Sd-Wert: ..... Anwendungsbereich: ..... Überlappungen: ..... mm Angeb. Fabrikat:			
	3€ 5€ **6€** 7€ 9€	[m²]	0,08 h/m²	320.001.161
65	**Anschluss, Unterspannbahn, Klebeband**			KG **363**
	Anschlüsse der Unterspannbahn, Verklebung mit auf die Unterspannbahn abgestimmtem Klebeband, einschl. Nebenarbeiten. Anschluss an: ..... Unterspannbahn: ..... Dichtband: ..... Angeb. Fabrikat:			
	0,7€ 3,0€ **3,3€** 4,3€ 6,9€	[m]	0,06 h/m	320.001.162
66	**Dampfbremse, sd bis 2,3m**			KG **363**
	Luftdichtungs- / Dampfbremsbahn, einschl. Seitenüberdeckung und Überlappungen. Dampfbremsbahn: ..... Sd-Wert: bis 2,3 m Angeb. Fabrikat:			
	5€ 6€ **7€** 9€ 12€	[m²]	0,08 h/m²	320.001.163

Nr.	**Kurztext** / Langtext							Kostengruppe
▶	▷	**ø netto €**	◁	◀	[Einheit]	Ausf.-Dauer	Positionsnummer

67   Unterdach, WF, regensicher, 18mm   KG **363**

Unterdach aus Holzfaserplatten, regensicher, als äußere, bewitterbare Schicht der Dachkonstruktion, Platten dicht stoßen, Kreuzfugen vermeiden.
Plattenart: WF
Anwendung: DAD - ds
Brandverhalten: Klasse E
Nennwert der Wärmeleitfähigkeit: 0,045 W/(mK)
Ausführung: .....
Ausbildung Stöße: .....
Plattendicke: 18 mm
Dachneigung: .....°
Angeb. Fabrikat: .....

| 12€ | 18€ | **20€** | 22€ | 26€ | [m²] | ⏱ 0,16 h/m² | 320.001.164 |

68   Unterspannbahn, belüftetes Dach   KG **363**

Unterspannbahn für belüftete Dächer, frei hinterlüftet, überlappend verlegt.
Unterspannbahn Typ: .....
Überlappung: ..... mm
Dachneigung: .....°
Angeb. Fabrikat: .....

| 5€ | 6€ | **7€** | 7€ | 9€ | [m²] | ⏱ 0,08 h/m² | 320.001.165 |

69   Anschluss, Dampfsperre/-bremse, Klebeband   KG **363**

Anschluss der Dampfsperrbahn an Durchdringungen und Einbauten, mit geeignetem Klebeband; einschl. Nebenarbeiten.
Anschluss an: .....
Dampfsperrbahn: .....
Dichtband: .....
Angeb. Fabrikat: .....

| 4€ | 5€ | **6€** | 8€ | 12€ | [m] | ⏱ 0,08 h/m | 320.001.166 |

70   Konterlattung, trocken, 30x50mm, Dach   KG **363**

Konterlattung als Hinterlüftungsschicht der Dachfläche, aus Nadelholz, Befestigung mit korrosionsgeschützten Schrauben oder Nägeln.
Sortierklasse: S10
Oberfläche: .....
Sparrenabstand: .....
Holzquerschnitt: 30 x 50 mm
Holzfeuchte: trocken

| 1€ | 2€ | **2€** | 2€ | 3€ | [m] | ⏱ 0,04 h/m | 320.001.167 |

LB 320 Dachdeckungsarbeiten

Kosten:
Stand 2.Quartal 2018
Bundesdurchschnitt

Nr.	Kurztext / Langtext				[Einheit]	Kostengruppe Ausf.-Dauer Positionsnummer
▶	▷ ø netto €	◁	◀			

71 Konterlattung, trocken, 40x60mm, Dach — KG 363
Konterlattung als Hinterlüftungsschicht der Dachfläche, aus Nadelholz, Befestigung mit korrosionsgeschützten Schrauben oder Nägeln.
Sortierklasse: S10
Oberfläche: .....
Sparrenabstand: .....
Holzquerschnitt: 40 x 60 mm
Holzfeuchte: trocken

2€   3€   **3€**   4€   5€   [m]   ⏱ 0,05 h/m   320.001.168

72 Konterlattung, trocken, 30x50mm, Dach — KG 363
Konterlattung als Hinterlüftungsschicht der Dachfläche, aus Nadelholz, Befestigung mit korrosionsgeschützten Schrauben oder Nägeln.
Sortierklasse: S10
Oberfläche: .....
Sparrenabstand: .....
Holzquerschnitt: 30 x 50 mm
Holzfeuchte: trocken

1€   3€   **4€**   5€   8€   [m²]   ⏱ 0,05 h/m²   320.001.169

73 Konterlattung, trocken, 40x60mm, Dach — KG 363
Konterlattung als Hinterlüftungsschicht der Dachfläche, aus Nadelholz, Befestigung mit korrosionsgeschützten Schrauben oder Nägeln.
Sortierklasse: S10
Oberfläche: .....
Sparrenabstand: .....
Holzquerschnitt: 40 x 60 mm
Holzfeuchte: trocken

2€   5€   **6€**   7€   8€   [m²]   ⏱ 0,08 h/m²   320.001.170

74 Dachlattung, trocken, 30x50mm, Falzziegel/Beton — KG 363
Dachlattung aus Nadelholz, für Dachziegel- oder Betondachsteindeckung, auf Holzunterkonstruktion, Befestigung mit korrosionsgeschützten Schrauben bzw. Nägeln.
Sortierklasse: S10
Oberfläche: sägerau
Lattenabstand: ca. 330 mm
Sparrenabstand: ..... mm
Dachdeckung: .....
Dachfläche: eben
Dachneigung: .....°
Lattenquerschnitt: 30 x 50 mm
Holzfeuchte: trocken

2€   5€   **6€**   7€   9€   [m²]   ⏱ 0,06 h/m²   320.001.171

▶ min
▷ von
ø Mittel
◁ bis
◀ max

Nr.	Kurztext / Langtext							Kostengruppe
▶	▷	ø netto €	◁	◀		[Einheit]	Ausf.-Dauer	Positionsnummer

75   Dachlattung, trocken, 40x60mm, Falzziegel/Beton   KG 363

Dachlattung aus Nadelholz, für Dachziegel- oder Betondachsteindeckung, auf Holzunterkonstruktion, Befestigung mit korrosionsgeschützten Schrauben bzw. Nägeln.
Sortierklasse: S10
Oberfläche: sägerau
Lattenabstand: ca. 330 mm
Sparrenabstand: ..... mm
Dachdeckung: .....
Dachfläche: eben
Dachneigung: .....°
Lattenquerschnitt: 40 x 60 mm
Holzfeuchte: trocken

| 5€ | 6€ | **7€** | 8€ | 10€ | [m²] | ⏱ 0,08 h/m² | 320.001.172 |

76   Dachlattung, trocken, 30x50mm, Biberschwanzdeckung   KG 363

Dachlattung aus Nadelholz, für Biberschwanz-Doppeldeckung, auf Holzunterkonstruktion, Befestigung mit korrosionsgeschützten Schrauben bzw. Nägeln.
Sortierklasse: S10
Oberfläche: sägerau
Lattenabstand: ca. 150 mm
Sparrenabstand: ..... mm
Dachfläche: eben
Dachneigung: .....°
Lattenquerschnitt: 30 x 50 mm
Holzfeuchte: trocken

| 5€ | 8€ | **10€** | 11€ | 13€ | [m²] | ⏱ 0,10 h/m² | 320.001.173 |

77   Dachlattung, trocken, 40x60mm, Biberschwanzdeckung   KG 363

Dachlattung aus Nadelholz, für Biberschwanz-Doppeldeckung/-Kronendeckung, auf Holzunterkonstruktion, Befestigung mit korrosionsgeschützten Schrauben bzw. Nägeln.
Sortierklasse: S10
Oberfläche: sägerau
Lattenabstand: ca. 150 mm
Sparrenabstand: ..... mm
Dachfläche: eben
Dachneigung: .....°
Lattenquerschnitt: 40 x 60 mm
Holzfeuchte: trocken

| 6€ | 9€ | **12€** | 12€ | 14€ | [m²] | ⏱ 0,12 h/m² | 320.001.174 |

78   Nagelabdichtung, Konterlattung   KG 363

Nageldichtstreifen unter Konterlattung, auf Unterdeckung oder Aufsparrendämmung.
Material: selbstklebender Elastomerbitumenstreifen
Verarbeitungstemperatur: ab +5°C
Breite: 60 mm
Angeb. Fabrikat: .....

| 2€ | 3€ | **3€** | 4€ | 5€ | [m] | ⏱ 0,01 h/m | 320.001.175 |

LB 320 Dachdeckungsarbeiten

Nr. ▶	Kurztext / Langtext ▷ ø netto € ◁ ◀	[Einheit]	Ausf.-Dauer	Kostengruppe Positionsnummer

79 Dachschalung, Nadelholz, Rauspund 24mm KG **363**
Dachschalung als Rauspund, auf Dachkonstruktion aus Holz, mechanisch befestigt mit korrosionsgeschützten Schrauben bzw. Nägeln.
Holzart: Nadelholz
Schalungsdicke: 24 mm
Brettbreite: 120-160 mm
Gebrauchsklasse: .....
Holzschutz: .....
Prädikat: .....
14€   19€   **21€**   23€   28€   [m²]   ⏱ 0,25 h/m²   320.001.176

80 Dachschalung, Nadelholz, Rauspund 28mm KG **363**
Dachschalung als Rauspund, auf Dachkonstruktion aus Holz, mechanisch befestigt mit korrosionsgeschützten Schrauben bzw. Nägeln.
Holzart: Nadelholz
Schalungsdicke: 28 mm
Brettbreite: 120-160 mm
Gebrauchsklasse: .....
Holzschutz: .....
Prädikat: .....
16€   20€   **22€**   28€   33€   [m²]   ⏱ 0,27 h/m²   320.001.177

81 Dachschalung, Holzspanplatte P5, 25mm KG **363**
Dachschalung aus kunstharzgebundenen Spanplatten, mit Nut-Feder-Profilverbindung, als Unterlage für Dachdeckung auf Holzkonstruktion, für tragende Anwendung im Feuchtebereich, mechanisch befestigt.
Plattentyp: P5
Plattendicke: 25 mm
Angeb. Fabrikat: .....
16€   23€   **25€**   30€   39€   [m²]   ⏱ 0,20 h/m²   320.001.178

82 Schalung, OSB/3 Feuchtebereich, 25mm KG **353**
Schalung aus OSB-Platten, als Unterlage für Dachdeckung auf Holzkonstruktion, für tragende Anwendung im Feuchtebereich, mechanisch befestigt mit verzinkten Nägeln.
Plattentyp: OSB/3
Plattendicke: 25 mm
Einsatzbereich: .....
Oberfläche: **ungeschliffen / geschliffen**
Angeb. Fabrikat: .....
17€   22€   **23€**   24€   27€   [m²]   ⏱ 0,20 h/m²   320.001.179

83 Traufbohle, Nadelholz, bis 60x240mm KG **363**
Traufbohle, trapezförmig, auf Holzkonstruktion, einschl. Höhenausgleich bis 30mm, Befestigung mit korrosionsgeschützten Nägeln.
Holzart: Nadelholz
Sortierklasse: S10
Abmessung: Höhe= 20-60 mm, Breite= 160-240 mm
Oberfläche: .....
5€   7€   **8€**   10€   14€   [m]   ⏱ 0,10 h/m   320.001.180

Kosten: Stand 2.Quartal 2018 Bundesdurchschnitt

▶ min
▷ von
ø Mittel
◁ bis
◀ max

Nr.	**Kurztext** / Langtext							Kostengruppe
▶	▷	**ø netto €**	◁	◀	[Einheit]	Ausf.-Dauer	Positionsnummer

84   Kantholz, Nadelholz S10 trocken, 60x120mm, scharfkantig   KG **361**
Kantholz aus Nadelholz
Holzart: **Fichte / Tanne / Kiefer**
Holzgüte: S10
Oberfläche: scharfkantig, allseitig gehobelt
Querschnitt: 60 x 120 mm
Einzellänge: ....., gemäß Holzliste des AG
Einbauort: .....
Holzfeuchte: trocken

| 7€ | 9€ | **10**€ | 11€ | 12€ | [m] | ⏱ 0,10 h/m | 320.001.181 |

85   Trauf-/Ortgangschalung, NF-Profil, 24/28mm, gehobelt   KG **363**
Holzschalung an Ortgang oder Traufe, als Nut-Federschalung aus Nadelholz, sichtbar.
Schalungsdicke: **24 / 28** mm
Oberfläche: allseitig gehobelt
Gebrauchsklasse: 3.1
Holzschutz: IV,P, W
Einbauort: .....

| 20€ | 26€ | **28**€ | 33€ | 41€ | [m²] | ⏱ 0,30 h/m² | 320.001.182 |

86   Ortgangbrett, Windbrett, bis 28mm, gehobelt   KG **363**
Ortgangbrett aus Nadelholz, Unterseite mit schrägem Anschnitt als Tropfkante.
Brettdicke: **24 / 28** mm
Breite: .....
Oberfläche: allseitig gehobelt
Gebrauchsklasse: 3.2
Holzschutz: IV,P, W
Einbauort: Ortgang

| 9€ | 13€ | **15**€ | 19€ | 25€ | [m] | ⏱ 0,20 h/m | 320.001.183 |

87   Zuluft-/Insektenschutzgitter, Traufe   KG **363**
Insektenschutz der Zuluftöffnungen der Traufe, geeignet als Auflager für die erste Ziegelreihe und passend zur Deckung, einschl. der erforderlichen Befestigungsmittel.
Zuschnittbreite: 166 mm
Kantung: dreifach
Material: .....
Angeb. Fabrikat: .....

| 3€ | 6€ | **6**€ | 9€ | 14€ | [m] | ⏱ 0,05 h/m | 320.001.184 |

88   Zahnleiste, Nadelholz, gehobelt   KG **363**
Zahnleiste aus Nadelholz, am Ortgang passgenau zur Dachdeckung, Unterseite mit schrägem Anschnitt als Tropfkante, Oberseite profiliert.
Leistendicke: 30 mm
Oberfläche: allseitig gehobelt
Gebrauchsklasse: 3.2
Holzschutz: IV,P, W
Dachdeckung: .....

| 18€ | 28€ | **31**€ | 36€ | 47€ | [m] | ⏱ 0,30 h/m | 320.001.185 |

LB 320 Dachdeckungs-arbeiten

Kosten:
Stand 2.Quartal 2018
Bundesdurchschnitt

▶ min
▷ von
ø Mittel
◁ bis
◀ max

Nr.	Kurztext / Langtext						Kostengruppe
▶	▷ ø netto €	◁	◀		[Einheit]	Ausf.-Dauer	Positionsnummer

89 Dachdeckung, Falzziegel, Ton — KG 363

Dachdeckung mit Falzziegeln aus Ton, auf vorhandene Lattung.
Falzziegel-Form: .....
Oberfläche: .....
Farbe: .....
Verlegung: .....
Dachneigung: .....°
Dachform: .....
Frostwiderstand: B
Angeb. Fabrikat: .....

21€   25€   **27€**   29€   34€   [m²]   ⏱ 0,30 h/m²   320.001.186

90 Dachdeckung, Biberschwanz-/Flachziegel — KG 363

Dachdeckung mit Ziegeln aus Ton, auf vorhandene Lattung.
Ziegel-Form: .....
Deckungsart: .....
Ziegelformat: .....
Oberfläche: .....
Farbe: .....
Verlegung: .....
Dachneigung: .....°
Dachform: .....
Frostwiderstand: B
Angeb. Fabrikat: .....

28€   38€   **43€**   48€   57€   [m²]   ⏱ 0,35 h/m²   320.001.187

91 Dachdeckung, Dachsteine — KG 363

Dachdeckung mit Betondachsteinen, auf vorhandene Lattung.
Dachstein-Form: .....
Steinformat: .....
Oberfläche: .....
Farbe: .....
Vorderkante: regelmäßig (RF)
Profilhöhe: .....
Hängelänge/Deckbreite: 330 x 300 mm
Verlegung: .....
Dachneigung: .....°
Dachform: .....
Angeb. Fabrikat: .....

17€   21€   **23€**   26€   33€   [m²]   ⏱ 0,25 h/m²   320.001.188

Nr.	Kurztext / Langtext							Kostengruppe
▶	▷	ø netto €	◁	◀	[Einheit]		Ausf.-Dauer	Positionsnummer

92 Dachdeckung, Faserzement, Wellplatte — KG **363**

Dachdeckung mit Faserzement-Wellplatten, auf vorhandene Pfetten, Stöße mit Dichtband hinterlegt.
Unterkonstruktion: **Holz / Stahl**
Pfettenabstand: .....
Profil: .....
Zahl der Wellen: .....
Produkttyp: .....
Profilhöhe: .....
Bruchlast / Biegemoment: ....
Brandverhalten: A1
Farbe: .....
Dachneigung: .....°
Dachlänge: ..... m
Angeb. Fabrikat: .....

| 19€ | 30€ | **35€** | 48€ | 65€ | [m²] | ⏱ 0,20 h/m² | 320.001.189 |

93 Dachdeckung, Schiefer — KG **363**

Dachdeckung aus Schiefer, auf vorhandene Schalung mit Vordeckung, mit korrosionsgeschützten Befestigungsmitteln.
Deckung als: .....
Format/Hieb: .....
Ursprung Schiefer: .....
Frosttaubeständigkeit: A1
Temperatur-Wechsel-Beständigkeit: T1
Säurebeständigkeit: S2
Verlegung: .....
Dachneigung: 50°-55°
Dachform: .....

| 62€ | 70€ | **72€** | 74€ | 83€ | [m²] | ⏱ 0,80 h/m² | 320.001.190 |

94 Ortgang, Ziegeldeckung, Formziegel — KG **363**

Ortgang der Dachfläche mit Form-Ziegel, entsprechend vorhandener Ziegel-Dachdeckung.
Dachdeckung: .....
Ortgang: .....
Oberfläche: .....
Farbe: .....
Verlegung: .....
Dachneigung: .....°
Angeb. Fabrikat: .....

| 23€ | 32€ | **36€** | 45€ | 70€ | [m] | ⏱ 0,10 h/m | 320.001.191 |

300
301
302
308
309
310
312
313
314
316
318
320
321
322

© **BKI** Baukosteninformationszentrum; Erläuterungen zu den Tabellen siehe Seite 22
Mustertexte geprüft: Zentralverband des Deutschen Dachdeckerhandwerks

Kostenstand: 2.Quartal 2018, Bundesdurchschnitt

LB 320 Dachdeckungsarbeiten

	Nr.	Kurztext / Langtext						Kostengruppe
▶	▷	ø netto €	◁	◀	[Einheit]	Ausf.-Dauer	Positionsnummer

95 Ortgang, Biberschwanzdeckung, Formziegel — KG **363**

Ortgang der Dachfläche mit Form-Ziegel, entsprechend vorhandener Biberschwanz-Dachdeckung, einschl. Beidecken mit halben und ganzen Biberschwanzziegeln.
Deckungsart Fläche: .....
Form: .....
Oberfläche: .....
Farbe: .....
Verlegung: .....
Dachneigung: .....°
Angeb. Fabrikat: .....

15 €   28 €   **32** €   34 €   40 €   [m]   ⏱ 0,16 h/m   320.001.192

96 Ortgang, Dachsteindeckung, Formziegel — KG **363**

Ortgang der Dachfläche mit Formsteinen, entsprechend vorhandener Betondachsteindeckung.
Dachdeckung: .....
Ortgang: .....
Oberfläche: .....
Farbe: .....
Verlegung: .....
Dachneigung: .....°
Angeb. Fabrikat: .....

26 €   33 €   **38** €   43 €   52 €   [m]   ⏱ 0,18 h/m   320.001.193

97 Firstanschluss, Ziegeldeckung, Formziegel — KG **363**

First-Anschluss der Dachdeckung, mit Anschluss-Formziegeln, bei Anschlüssen an First und aufgehenden Bauteilen (Kamin, Gaube, Wohnraumfenster und sonstigen Dachdurchbrüchen), inkl. Firstanschluss-Ortgangziegel.
Dachdeckung: .....
Firstanschlussortgangziegel: .....
Farbe/Oberfläche: wie Flächendeckung
Verlegung: mit korrosionsgeschützten Klammern
Dachneigung: .....°
Art des Anschlusses: .....
Angeb. Fabrikat: .....

12 €   18 €   **19** €   23 €   30 €   [m]   ⏱ 0,10 h/m   320.001.194

98 First, Firstziegel, mörtellos, inkl. Lüfter — KG **363**

Firstdeckung mit konischen Firstformziegeln, auf Firstlatte, inkl. Anfängerziegel und Lüfterelementen.
Dachdeckung: .....
Farbe/Oberfläche: wie Flächendeckung
Verlegung: mit korrosionsgeschützten Klammern
Dachneigung: .....°
Angeb. Fabrikat: .....

28 €   40 €   **44** €   50 €   61 €   [m]   ⏱ 0,35 h/m   320.001.195

Kosten:
Stand 2.Quartal 2018
Bundesdurchschnitt

▶ min
▷ von
ø Mittel
◁ bis
◀ max

Nr.	Kurztext / Langtext						Kostengruppe	
▶	▷	ø netto €	◁	◀		[Einheit]	Ausf.-Dauer	Positionsnummer

99 First, Firstziegel, vermörtelt, inkl. Lüfter — KG **363**

Firstdeckung mit konischen Firstformziegeln, vermörtelt, auf Firstlatte, einschl. Anfängerziegel, Mörtel der Ziegelfarbe angepasst.
Dachdeckung: .....
Farbe/Oberfläche: wie Flächendeckung
Dachneigung: .....°
Angeb. Fabrikat: .....

| 39 € | 47 € | **51 €** | 55 € | 67 € | [m] | ⏱ 0,32 h/m | 320.001.196 |

100 First, Firststein, geklammert, Dachstein — KG **363**

Firstdeckung der Betondachsteindeckung, mit konischen Firstformsteinen, auf Firstlatte, einschl. Anfängerstein und Lüfterelementen.
Dachdeckung: .....
Farbe/Oberfläche: wie Flächendeckung
Verlegung: mit korrosionsgeschützte Klammern
Dachneigung: .....°
Angeb. Fabrikat: .....

| 34 € | 45 € | **49 €** | 54 € | 63 € | [m] | ⏱ 0,36 h/m | 320.001.197 |

101 Pultdachabschluss, Abschlussziegel — KG **363**

Pultfirstdeckung mit Pultfirstziegeln, bei oberen Abschlüssen von Pultdächern, ohne Verblechung, inkl. Pult-Ortgangziegel.
Dachdeckung: .....
Farbe/Oberfläche: wie Flächendeckung
Verlegung: mit korrosionsgeschützte Klammern
Dachneigung: .....°
Angeb. Fabrikat: .....

| 34 € | 51 € | **56 €** | 61 € | 89 € | [m] | ⏱ 0,15 h/m | 320.001.198 |

102 Pultdachanschluss, Metallblech Z333 — KG **363**

Anschlussblech, für Anschlüsse der Dachdeckung, mechanisch befestigt.
Metallblech: .....
Zuschnitt: ca. 333 mm, dreifach gekantet
Einbauort: .....

| 16 € | 34 € | **38 €** | 42 € | 52 € | [m] | ⏱ 0,25 h/m | 320.001.199 |

103 Grateindeckung, Ziegel, mörtellos — KG **363**

Gratdeckung mit konischen Grat-Formziegeln, auf Gratlatte mit Gratlattenhalter, einschl. Anfängerziegel und Lüfterelementen.
Dachdeckung: .....
Farbe/Oberfläche: wie Flächendeckung
Verlegung: mit korrosionsgeschützten Klammern
Gratneigung: ..... °
Angeb. Fabrikat: .....

| 38 € | 48 € | **51 €** | 61 € | 82 € | [m] | ⏱ 0,35 h/m | 320.001.200 |

© **BKI** Baukosteninformationszentrum; Erläuterungen zu den Tabellen siehe Seite 22
Mustertexte geprüft: Zentralverband des Deutschen Dachdeckerhandwerks
Kostenstand: 2.Quartal 2018, Bundesdurchschnitt

LB 320 Dachdeckungsarbeiten

Kosten:
Stand 2.Quartal 2018
Bundesdurchschnitt

▶ min
▷ von
ø Mittel
◁ bis
◀ max

Nr.	Kurztext / Langtext				[Einheit]	Ausf.-Dauer	Kostengruppe Positionsnummer
▶	▷	ø netto €	◁	◀			

104 Grateindeckung, Ziegel, vermörtelt — KG 363
Gratdeckung mit konischen Grat-Formziegeln, vermörtelt, einschl. Anfängerziegel, Mörtel der Ziegelfarbe angepasst.
Dachdeckung: ....
Farbe/Oberfläche: wie Flächendeckung
Gratneigung: ..... °
Angeb. Fabrikat: .....

| 33€ | 48€ | **55€** | 75€ | 105€ | [m] | ⏱ 0,32 h/m | 320.001.201 |

105 Dunstrohr-Durchgangsziegel, DN100 — KG 363
Dunstrohr-Formziegel, passend zur Dachdeckung, mit schlagregensicherem Dunstrohraufsatz.
Material: Ton
Für Dunstrohr: DN100
Farbe/Oberfläche: passend zur Dacheindeckung
Angeb. Fabrikat: .....

| 66€ | 110€ | **132€** | 154€ | 200€ | [St] | ⏱ 0,45 h/St | 320.001.202 |

106 Dunstrohr-Durchgangsformstück, DN100 — KG 363
Dunstrohr-Durchgangsformstück, einstellbar auf Dachneigung, mit schlagregensicherer Abdeckhaube.
Material: .....
Für Dunstrohr: DN100
Farbe: .....
Angeb. Fabrikat: .....

| 34€ | 63€ | **72€** | 88€ | 120€ | [St] | ⏱ 0,30 h/St | 320.001.203 |

107 Lüfterziegel, trocken verlegt — KG 363
Lüfterziegel, passend zur Dachdeckung, einschl. Lüftungsprofil/Insektenschutz aus korrosionsgeschütztem Material.
Dachdeckung: ....
Farbe/Oberfläche: wie Flächendeckung
Freier Lüftungsquerschnitt: .....
Verlegung: .....
Angeb. Fabrikat: .....

| 7€ | 14€ | **16€** | 20€ | 26€ | [St] | ⏱ 0,01 h/St | 320.001.204 |

108 Leitungsdurchgang, Formziegel — KG 363
Formziegel für Leitungsdurchgang, in Dachaufbau, geeignet für Durchgang eines Antennenfußes.
Material: Ton, mit Aufsatz aus PVC
Farbe/Oberfläche: wie Flächendeckung
Angeb. Fabrikat: .....

| 27€ | 60€ | **72€** | 102€ | 160€ | [St] | ⏱ 0,40 h/St | 320.001.205 |

109 Tonziegel, Reserve — KG 363
Reserveziegel, liefern und nach Vorgabe durch den Auftraggeber lagern.
Dachdeckung: ....
Angeb. Fabrikat: .....

| 2€ | 5€ | **7€** | 9€ | 12€ | [St] | – | 320.001.206 |

Nr.	Kurztext / Langtext					Kostengruppe	
▶	▷ ø netto € ◁ ◀				[Einheit]	Ausf.-Dauer	Positionsnummer

110 Ziegel beidecken, Dachdeckung — KG 363

Beidecken der Ziegel-Dachdeckung, im Bereich von Anschlüssen an Dachflächenfenster und Kehlen, Schornsteine, Dachgauben, etc., einschl. erforderlicher Zuschneide- oder Fräsarbeiten. Abrechnung nach zugeschnittener Länge.
Dachdeckung: .....
Bearbeitung: .....

4€	12€	**15€**	22€	41€	[m]	⏱ 0,20 h/m	320.001.207

111 Verklammerung, Dachdeckung — KG 363

Dachdeckung im Flächenbereich zusätzlich sturmsicher verklammern. Klammeranzahl gemäß Regelwerk des Deutschen Dachdeckerhandwerks DDH.
Windzone: .....
Gebäudehöhe: .....
Gebäudelage: .....
Verklammerung: .....
Befestigung: .....

0,8€	3,2€	**4,3€**	7,4€	14€	[m²]	⏱ 0,06 h/m²	320.001.208

112 Schornstein-Einfassung, Blech — KG 429

Anarbeiten der Dachdeckung an Kamin:
- Anpassen der Dachlattung
- Schneide- und Passarbeiten der Flächendeckung
- regensicherer Anschluss der Unterspann- oder Unterdeckbahn
- dreiseitige Blecheinfassung mit fünffach gekantetem Blech als tiefliegende Rinnen
- einseitig Brustblech mit angearbeitetem Walzbleistreifen
- allseitig umlaufender, in die Mauerfuge eingelassener Überhangstreifen, oberseitig elastisch verfugt

Schornstein-Abmessung: 400 x 600 mm
Metallblech: .....

66€	134€	**155€**	201€	290€	[St]	⏱ 1,00 h/St	320.001.209

113 Dachfenster/Dachausstieg, ESG, 490x760mm — KG 362

Dachausstiegs-Fenster, einschl. Eindeckrahmen, in ziegelgedeckte Dachfläche:
- Fenster mit stufenlosem 180°-Öffnungswinkel und Schwingfunktion bis zum Anschlag, Öffnungsgriff unten
- mit Sicherheitsöffnung und Teleskop-Montageschienen
- profilierte rutschsichere Trittfläche
- Blend- und Eindeckrahmen aus Polyurethan, wärmegedämmt
- einschl. dichtem Anschluss an Fensterrahmen und innenseitiger Luft- / Dampfsperre

Blendrahmen-Außenmaß: ca. 490 x 760 mm
Verglasung: 4 mm ESG
Farbe Eindeckrahmen: .....
Angeb. Fabrikat: .....

153€	251€	**319€**	398€	530€	[St]	⏱ 1,80 h/St	320.001.210

LB 320 Dachdeckungsarbeiten

Kosten:
Stand 2.Quartal 2018
Bundesdurchschnitt

Nr.	Kurztext / Langtext						Kostengruppe
▶	▷	ø netto €	◁	◀	[Einheit]	Ausf.-Dauer	Positionsnummer

114 Wohndachfenster, bis 1,50m² KG **362**

Dachflächenfenster aus Nadelholz, lasiert, als Klapp-Schwing-Fenster, einschl. Eindeck- und Dämmrahmen, in ziegelgedeckte Dachfläche:
- Fenster mit stufenlosem 45°-Öffnungswinkel und stufenloser Schwingfunktion, Öffnungsgriff unten, mit Lüftungsklappe und Luftfilter
- Außenabdeckung aus Aluminium, einbrennlackiert
- Eindeckrahmen für Ziegel- oder Betondachsteindeckung aus Aluminium
- Verglasung bestehend aus Außenscheibe mit selbstreinigender Beschichtung, innenseitig mit Edelmetallbeschichtung, Spezialgasfüllung
- Dämmrahmen aus Polyethylen mit integrierter Stahlleiste, zum Anschluss an Dachdämmung
- Anschlussschürze aus diffusionsoffenem Polypropylen mit Wasserableitrinne

Wärmeschutz: U_W .....
Verglasung: 4 mm ESG außen, SZR 14 mm, 2x 3 mm VSG innen
Schalldämmung: $R_{W,R}$ ......
Blendrahmen-Außenmaß: 1.340 x 1.400 / 1.140 x 1.600 mm
Farbe Eindeckrahmen: .....
Angeb. Fabrikat: .....

| 438€ | 724€ | **828€** | 958€ | 1.378€ | [St] | ⏱ 6,25 h/St | 320.001.211 |

115 Stundensatz Facharbeiter, Dachdeckung

Stundenlohnarbeiten für Vorarbeiter, Facharbeiter und Gleichgestellte (z. B. Spezialbaufacharbeiter, Baufacharbeiter, Gesellen, Maschinenführer, Fahrer und ähnliche Fachkräfte). Leistung nach besonderer Anordnung der Bauüberwachung. Anmeldung und Nachweis gemäß VOB/B.

| 39€ | 47€ | **51€** | 55€ | 64€ | [h] | ⏱ 1,00 h/h | 320.001.212 |

▶ min
▷ von
ø Mittel
◁ bis
◀ max

| 300 |
| 301 |
| 302 |
| 308 |
| 309 |
| 310 |
| 312 |
| 313 |
| 314 |
| 316 |
| 318 |
| **320** |
| 321 |
| 322 |

LB 321 Dachabdichtungsarbeiten

Kosten: Stand 2. Quartal 2018, Bundesdurchschnitt

▶ min
▷ von
ø Mittel
◁ bis
◀ max

Nr.	Positionen	Einheit	▶	▷ ø brutto € / ø netto €		◁	◀
1	Lüftungsrohr entfernen	St	5	9	**12**	14	25
			5	8	**10**	12	21
2	Kiesschüttung entfernen	m²	6	8	**9**	11	17
			5	7	**8**	10	15
3	Kiesschicht säubern	m²	22	27	**33**	39	42
			18	22	**28**	33	35
4	Kiesschüttung entfernen, wiederaufbringen	m²	29	35	**40**	47	51
			24	29	**34**	39	43
5	Dachplattenbelag entfernen	m²	11	13	**16**	19	21
			9	11	**13**	16	17
6	Bitumenabdichtung abbrechen, 1-lagig	m²	5	10	**12**	14	14
			5	9	**10**	12	12
7	Bitumenabdichtung abbrechen, 2-lagig	m²	6	14	**18**	21	22
			5	12	**15**	18	19
8	Bitumenabdichtung/Dämmung abbrechen	m²	10	18	**22**	26	28
			8	15	**19**	22	23
9	Trennlage entfernen	m²	2	3	**3**	4	4
			2	2	**3**	3	4
10	Rieselschutzmatte abbrechen	m²	5	6	**7**	9	9
			4	5	**6**	7	8
11	Dachablauf abbrechen	St	9	14	**17**	21	27
			7	12	**15**	17	22
12	Dachrandabschluss entfernen	m	3	5	**6**	7	12
			2	4	**5**	6	10
13	Lichtkuppel entfernen, Flachdach	St	70	78	**92**	108	113
			59	65	**77**	91	95
14	Antennenhalterung entfernen	St	9	10	**12**	15	16
			7	8	**10**	12	13
15	Blitzableiter entfernen	m	0,8	1,8	**2,3**	2,7	4,1
			0,7	1,5	**1,9**	2,3	3,5
16	Dachabdichtung ausbessern	m²	12	15	**19**	23	28
			10	13	**16**	19	24
17	Dachfläche reinigen	m²	0,5	1,1	**1,2**	1,6	2,4
			0,5	0,9	**1,0**	1,3	2,0
18	Voranstrich, Dampfsperre, inkl. Reinigung	m²	1	3	**3**	4	6
			1	2	**3**	3	5
19	Voranstrich, Dampfsperre	m²	1	2	**3**	3	5
			1	2	**2**	3	4
20	Vordeckung, V13, auf Holzschalung	m²	3	5	**5**	8	12
			3	4	**5**	6	10
21	Dampfbremse, G200 DD, auf Holz	m²	8	10	**11**	11	13
			6	8	**9**	9	11
22	Dampfsperre, V60 S4 Al, auf Beton	m²	9	11	**12**	16	22
			7	10	**10**	13	19
23	Dampfsperre hochführen, aufgehende Bauteile	m	2	4	**5**	5	7
			1	3	**4**	4	6

© BKI Baukosteninformationszentrum; Erläuterungen zu den Tabellen siehe Seite 22
Mustertexte geprüft: Zentralverband des Deutschen Dachdeckerhandwerks

Kostenstand: 2. Quartal 2018, Bundesdurchschnitt

Dachabdichtungsarbeiten

Preise €

Nr.	Positionen	Einheit	▶	▷	ø brutto € ø netto €	◁	◀
24	Wärmedämmung, DAA, PUR 025, bis 120mm, Alu kaschiert	m²	29	35	**44**	55	58
			25	29	**37**	46	49
25	Wärmedämmung, DAA, PUR 025, bis 120mm	m²	18	26	**28**	31	38
			15	22	**24**	26	32
26	Wärmedämmung, DAA, EPS 035, bis 140mm	m²	19	26	**27**	33	42
			16	21	**23**	27	36
27	Wärmedämmung, DAA, CG, bis 140mm	m²	32	64	**76**	92	124
			27	53	**64**	78	104
28	Gefälledämmung DAA, EPS, i.M. bis 160mm	m²	27	34	**38**	41	49
			23	29	**32**	35	41
29	Gefälledämmung DAA, PUR, i.M. bis 160mm	m²	36	46	**50**	53	63
			30	38	**42**	45	53
30	Übergang, Dämmkeile, Hartschaum, 60x60mm	m	1	3	**4**	6	10
			1	2	**3**	5	8
31	Unterkonstruktion, Kanthölzer, bis 100x60mm	m	7	9	**10**	11	12
			6	8	**8**	9	10
32	Unterkonstruktion, Holzbohlen, 40x120mm	m	10	14	**17**	21	28
			8	12	**14**	18	24
33	Fugenabdichtung, Silikon	m	2	5	**6**	8	10
			2	4	**5**	6	9
34	Bewegungsfuge, Typ I/II	m	19	32	**37**	44	67
			16	27	**31**	37	57
35	Dachabdichtung PYE PV250 S5, obere Lage	m²	11	14	**15**	18	26
			9	12	**13**	15	22
36	Dachabdichtung PYE PV 200 S5 Cu01, obere Lage, Wurzelschutz	m²	11	22	**25**	27	35
			9	18	**21**	23	29
37	Dachabdichtung zweilagig, Polymerbitumen-Schweißbahnen	m²	22	28	**29**	36	41
			19	23	**24**	30	34
38	Wandanschluss, gedämmt, zweilagige Abdichtung	m	23	29	**31**	36	44
			19	24	**26**	30	37
39	Dachabdichtung, Kunststoffbahn, einlagig, Wurzelschutz	m²	22	28	**30**	35	44
			18	23	**26**	29	37
40	Flüssigabdichtung, Dach, PU-Harz/Vlies	m²	68	78	**98**	117	127
			58	66	**82**	99	107
41	Flüssigabdichtung, Wandanschluss	m	29	37	**37**	41	47
			24	31	**31**	34	40
42	Stundensatz Facharbeiter, Dachdichtung	h	49	58	**61**	63	69
			41	48	**51**	53	58
43	Stundensatz Helfer, Dachdichtung	h	42	48	**51**	55	61
			36	40	**43**	46	51

© **BKI** Baukosteninformationszentrum; Erläuterungen zu den Tabellen siehe Seite 22
Mustertexte geprüft: Zentralverband des Deutschen Dachdeckerhandwerks

Kostenstand: 2.Quartal 2018, Bundesdurchschnitt

LB 321 Dachabdichtungsarbeiten

Kosten: Stand 2.Quartal 2018 Bundesdurchschnitt

▶ min
▷ von
ø Mittel
◁ bis
◀ max

Nr.	Kurztext / Langtext ▶ ▷ ø netto € ◁ ◀	[Einheit]	Ausf.-Dauer	Kostengruppe Positionsnummer
1	**Lüftungsrohr entfernen**			KG **394**
	Be- oder Entlüftungs-Dachaufsatz entfernen und anfallenden Bauschutt entsorgen. Material:			
	5€ 8€ **10**€ 12€ 21€	[St]	0,20 h/St	321.000.095
2	**Kiesschüttung entfernen**			KG **394**
	Kiesschüttung auf Dachabdichtung entfernen und anfallenden Bauschutt entsorgen. Schüttungshöhe: bis 30 mm Gebäudehöhe:			
	5€ 7€ **8**€ 10€ 15€	[m²]	0,12 h/m²	321.000.084
3	**Kiesschicht säubern**			KG **394**
	Kiesschicht auf Dachfläche von Fremdstoffen säubern. Schichtstärke: bis 30 cm Fremdstoffe:			
	18€ 22€ **28**€ 33€ 35€	[m²]	1,80 h/m²	321.000.085
4	**Kiesschüttung entfernen, wiederaufbringen**			KG **394**
	Kiesschüttung abschnittsweise von der Dachfläche aufnehmen, seitlich lagern und nach Beendigung der Abdichtungsarbeiten wieder aufbringen. Schütthöhe: bis 30 cm Lagerweg:			
	24€ 29€ **34**€ 39€ 43€	[m²]	2,30 h/m²	321.000.086
5	**Dachplattenbelag entfernen**			KG **394**
	Dachbelag aus Platten, im Splittbett verlegt, entfernen und anfallenden Bauschutt entsorgen. Material: ..... Plattengröße:			
	9€ 11€ **13**€ 16€ 17€	[m²]	0,20 h/m²	321.000.087
6	**Bitumenabdichtung abbrechen, 1-lagig**			KG **394**
	Einlagige Dachabdichtung aus Bitumenbahn rückstandsfrei von Massivdecke abbrechen und anfallenden Bauschutt entsorgen. Abdichtung: ..... Gebäudehöhe:			
	5€ 9€ **10**€ 12€ 12€	[m²]	0,10 h/m²	321.000.088
7	**Bitumenabdichtung abbrechen, 2-lagig**			KG **394**
	Zweilagige Dachabdichtung aus Bitumenbahn rückstandsfrei von Massivdecke abbrechen und anfallenden Bauschutt entsorgen. Abdichtung: ..... Gebäudehöhe:			
	5€ 12€ **15**€ 18€ 19€	[m²]	0,15 h/m²	321.000.089

Nr.	Kurztext / Langtext					[Einheit]	Ausf.-Dauer	Kostengruppe Positionsnummer
▶	▷	ø netto €	◁	◀				

8 Bitumenabdichtung/Dämmung abbrechen KG **394**
Zweilagige Dachabdichtung aus Bitumenbahn und Wärmedämmung rückstandsfrei von Massivdecke abbrechen und anfallenden Bauschutt entsorgen.
Abdichtung: .....
Dämmung: .....
Dicke: .....
Gebäudehöhe: .....

| 8€ | 15€ | **19€** | 22€ | 23€ | [m²] | ⏱ 0,18 h/m² | 321.000.090 |

9 Trennlage entfernen KG **394**
Trennlage entfernen und anfallenden Bauschutt entsorgen.
Material: .....

| 2€ | 2€ | **3€** | 3€ | 4€ | [m²] | ⏱ 0,06 h/m² | 321.000.091 |

10 Rieselschutzmatte abbrechen KG **394**
Rieselschutzmatte abbrechen und anfallenden Bauschutt entsorgen.
Mattenart: .....

| 4€ | 5€ | **6€** | 7€ | 8€ | [m²] | ⏱ 0,12 h/m² | 321.000.093 |

11 Dachablauf abbrechen KG **394**
Dachablauf abbrechen und anfallenden Bauschutt entsorgen.
Größe: bis DN120

| 7€ | 12€ | **15€** | 17€ | 22€ | [St] | ⏱ 0,25 h/St | 321.000.094 |

12 Dachrandabschluss entfernen KG **394**
Dachrandabschluss oder Attikaabdeckung aus Metall entfernen und anfallenden Bauschutt entsorgen.
Größe: bis Zuschnitt 700 mm

| 2€ | 4€ | **5€** | 6€ | 10€ | [m] | ⏱ 0,10 h/m | 321.000.096 |

13 Lichtkuppel entfernen, Flachdach KG **394**
Lichtkuppel einschl. Bohlenkranz entfernen und anfallenden Bauschutt entsorgen.
Abmessung: bis 150 x 150 cm
Einbauort: Flachdach
Material: .....

| 59€ | 65€ | **77€** | 91€ | 95€ | [St] | ⏱ 2,20 h/St | 321.000.097 |

14 Antennenhalterung entfernen KG **494**
Antennenhalterung einschl. Befestigung entfernen und anfallenden Bauschutt entsorgen.

| 7€ | 8€ | **10€** | 12€ | 13€ | [St] | ⏱ 0,22 h/St | 321.000.098 |

15 Blitzableiter entfernen KG **494**
Blitzableiter einschl. Befestigungen entfernen und anfallenden Bauschutt entsorgen.

| 0,7€ | 1,5€ | **1,9€** | 2,3€ | 3,5€ | [m] | ⏱ 0,06 h/m | 321.000.099 |

LB 321 Dachabdichtungsarbeiten

Kosten:
Stand 2.Quartal 2018
Bundesdurchschnitt

Nr.	Kurztext / Langtext					[Einheit]	Ausf.-Dauer	Kostengruppe Positionsnummer
▶	▷	ø netto €	◁	◀				

16 — Dachabdichtung ausbessern — KG 395
Dachabdichtung aus Bitumenbahn in Teilflächen ausbessern. Schadhafte Stellen reinigen, Beulen und Falten öffnen, Überstände entfernen, Risse mit Schleppstreifen abdecken.
Gebäudehöhe: .....

▶	▷	ø	◁	◀	[Einheit]	Ausf.-Dauer	Positionsnummer
10€	13€	**16€**	19€	24€	[m²]	0,22 h/m²	321.000.100

17 — Dachfläche reinigen — KG 395
Dachfläche von groben Verschmutzungen, festsitzenden Mörtelresten, etc. reinigen und anfallenden Bauschutt in Container sammeln.
Untergrund: Beton
Schichtdicke Schmutz: ca. 10 mm
Verschmutzte Fläche: ca. .....% der Grundfläche

| 0,5€ | 0,9€ | **1,0€** | 1,3€ | 2,0€ | [m²] | 0,02 h/m² | 321.000.001 |

18 — Voranstrich, Dampfsperre, inkl. Reinigung — KG 363
Voranstrich bzw. Haftgrund für Dampfsperre aus Bitumenbahnen, vollflächig auf oberflächentrockene Flächen, einschl. Reinigung der grob verschmutzten Bodenflächen.
Ausführung: .....
Untergrund: Beton
Fläche: eben
Angeb. Fabrikat: .....

| 1€ | 2€ | **3€** | 3€ | 5€ | [m²] | 0,04 h/m² | 321.000.002 |

19 — Voranstrich, Dampfsperre — KG 363
Voranstrich bzw. Haftgrund für Dampfsperre aus Bitumenbahnen, vollflächig auf oberflächentrockene Flächen.
Ausführung: .....
Untergrund: Beton
Fläche: eben
Angeb. Fabrikat: .....

| 1€ | 2€ | **2€** | 3€ | 4€ | [m²] | 0,04 h/m² | 321.000.003 |

20 — Vordeckung, V13, auf Holzschalung — KG 363
Vordeckung, aus Bitumenbahn mit Glasvlieseinlage, auf Holzschalung.
Untergrund: Holzwerkstoff .....
Bitumendachbahnen: V13
Einbauort: Dach
Neigung: .....°
Angeb. Fabrikat: .....

| 3€ | 4€ | **5€** | 6€ | 10€ | [m²] | 0,10 h/m² | 321.000.004 |

▶ min
▷ von
ø Mittel
◁ bis
◀ max

Nr.	Kurztext / Langtext					[Einheit]	Ausf.-Dauer	Kostengruppe Positionsnummer
▶	▷	ø netto €	◁	◀				

21 — Dampfbremse, G200 DD, auf Holz — KG 363

Dampfbremse als diffusionshemmender Schicht für nicht belüftetes Dach aus Bitumen-Dachdichtungsbahn mit Glasgewebeeinlage.
Untergrund: Holzwerkstoffplatten
Bitumendachbahnen: G 200 DD
Sd-Wert: 100 bis kleiner 1.500 m
Einbauort: Dach mit .....° Neigung
Angeb. Fabrikat: .....

| 6€ | 8€ | **9€** | 9€ | 11€ | [m²] | ⏱ 0,10 h/m² | 321.000.054 |

22 — Dampfsperre, V60 S4 Al, auf Beton — KG 363

Dampfsperre für nicht belüftetes Dach aus Bitumen-Schweißbahn, Stöße überlappend.
Untergrund: Betonboden mit Bitumenvoranstrich
Bitumenbahnen: V60S4+Al
sd-Wert: mind. 1.500 m
Einbauort: .....
Angeb. Fabrikat: .....

| 7€ | 10€ | **10€** | 13€ | 19€ | [m²] | ⏱ 0,10 h/m² | 321.000.005 |

23 — Dampfsperre hochführen, aufgehende Bauteile — KG 363

Hochführen der Dampfsperre an aufgehenden Bauteilen, bis OK Wärmedämmung, starr anschließen.
Bauteil: .....
Untergrund: .....
Angeb. Fabrikat: .....

| 1€ | 3€ | **4€** | 4€ | 6€ | [m] | ⏱ 0,10 h/m | 321.000.055 |

24 — Wärmedämmung, DAA, PUR 025, bis 120mm, Alu kaschiert — KG 363

Wärmedämmung aus Polyurethan-Hartschaumplatten mit beidseitiger Kaschierung aus Aluminium, für nicht-belüftetes Flachdach, einlagig und dicht gestoßen verlegen, streifenweise geklebt, Stöße der Kaschierung überlappend und verklebt.
Untergrund: Dampfsperre
Dämmstoff: PUR
Plattenrand: umlaufend gefalzt
Anwendungstyp: DAA - dh
Nennwert der Wärmeleitfähigkeit: 0,025 W/(mK)
Brandverhalten: Klasse E
Dämmstoffdicke: bis 120 mm
Angeb. Fabrikat: .....

| 25€ | 29€ | **37€** | 46€ | 49€ | [m²] | ⏱ 0,14 h/m² | 321.000.104 |

300
301
302
308
309
310
312
313
314
316
318
320
321
322

LB 321 Dachabdichtungsarbeiten

Kosten:
Stand 2.Quartal 2018
Bundesdurchschnitt

Nr.	Kurztext / Langtext						Kostengruppe
▶	▷	ø netto €	◁	◀	[Einheit]	Ausf.-Dauer	Positionsnummer

25 Wärmedämmung, DAA, PUR 025, bis 120mm KG **363**
Wärmedämmung aus Polyurethan-Hartschaumplatten mit beidseitiger Kaschierung aus Aluminium, für nicht belüftetes Flachdach, einlagig und dicht gestoßen verlegen, streifenweise geklebt, Stöße der Kaschierung überlappend und verklebt.
Untergrund: Dampfsperre
Dämmstoff: PUR
Plattenrand: umlaufend gefalzt
Anwendungstyp: DAA - dh
Nennwert der Wärmeleitfähigkeit: 0,025 W/(mK)
Brandverhalten: E
Dämmstoffdicke: bis 120 mm
Angeb. Fabrikat: .....

| 15 € | 22 € | **24 €** | 26 € | 32 € | [m²] | ⏱ 0,14 h/m² | 321.000.105 |

26 Wärmedämmung, DAA, EPS 035, bis 140mm KG **363**
Wärmedämmung aus Polystyrol-Hartschaumplatten, für nicht belüftetes Flachdach, einlagig und dicht gestoßen verlegen, streifenweise geklebt.
Untergrund: Dampfsperre
Dämmstoff: EPS
Plattenrand: umlaufend gefalzt
Anwendungstyp: DAA - dm
Nennwert der Wärmeleitfähigkeit: 0,035 W/(mK)
Brandverhalten: Klasse E
Dämmstoffdicke: bis 140 mm
Angeb. Fabrikat: .....

| 16 € | 21 € | **23 €** | 27 € | 36 € | [m²] | ⏱ 0,14 h/m² | 321.000.106 |

27 Wärmedämmung, DAA, CG, bis 140mm KG **363**
Wärmedämmung aus Schaumglas-Dämmplatten, hoch druckbelastbar, einlagig dicht stoßen und mit Heißbitumen vollflächig verkleben, Platten mit versetzten, pressgestoßenen und bitumengefüllten Fugen, einschl. Deckaufstrich aus Heißbitumen.
Untergrund: Rohbetondecke
Dämmstoff: CG
Plattenrand: .....
Anwendungstyp: DAA - ds
Nennwert der Wärmeleitfähigkeit: 0,045 W/(mK)
Brandverhalten: Klasse A1
Dämmstoffdicke: 140 mm
Angeb. Fabrikat: .....

| 27 € | 53 € | **64 €** | 78 € | 104 € | [m²] | ⏱ 0,25 h/m² | 321.000.107 |

▶ min
▷ von
ø Mittel
◁ bis
◀ max

Nr.	Kurztext / Langtext						Kostengruppe	
▶	▷	ø netto €	◁	◀		[Einheit]	Ausf.-Dauer	Positionsnummer

28 Gefälledämmung DAA, EPS, i.M. bis 160mm — KG 363

Gefälledämmung aus Polystyrol-Hartschaumplatten, für nicht belüftetes Flachdach, aus vorgefertigten Dämmplatten, einlagig und dicht gestoßen gemäß Verlegeplan verkleben.
Untergrund: Dampfsperre
Dämmstoff: EPS
Plattenrand: .....
Anwendungstyp: DAA - dm
Nennwert der Wärmeleitfähigkeit: 0,035 W/(mK)
Brandverhalten: Klasse E
Dämmstoffdicke: i.M. bis 160 mm
Gefälle: .....
Angeb. Fabrikat: .....

| 23€ | 29€ | **32€** | 35€ | 41€ | | [m²] | 0,20 h/m² | 321.000.108 |

29 Gefälledämmung DAA, PUR, i.M. bis 160mm — KG 363

Gefälledämmung aus Polyurethan-Hartschaumplatten, für nicht belüftetes Flachdach, aus vorgefertigten Dämmplatten, einlagig und dicht gestoßen gemäß Verlegeplan verkleben.
Untergrund: Dampfsperre
Dämmstoff: PUR
Plattenrand: .....
Anwendungstyp: DAA - ds
Nennwert der Wärmeleitfähigkeit: 0,025 W/(mK)
Brandverhalten: Klasse E
Dämmstoffdicke: i.M. 160 mm
Gefälle: .....
Angeb. Fabrikat: .....

| 30€ | 38€ | **42€** | 45€ | 53€ | | [m²] | 0,20 h/m² | 321.000.109 |

30 Übergang, Dämmkeile, Hartschaum, 60x60mm — KG 363

Dämmkeil aus Hartschaum, am Anschluss der Flachdachdämmung an aufgehenden Bauteilen, Ecken mit Gehrungsschnitt.
Dämmstoff: .....
Zuschnittwinkel: 45°
Abmessung: 60 x 60 mm
Angeb. Fabrikat: .....

| 1€ | 2€ | **3€** | 5€ | 8€ | | [m] | 0,04 h/m | 321.000.014 |

LB 321 Dachabdichtungsarbeiten

Kosten:
Stand 2.Quartal 2018
Bundesdurchschnitt

Nr. ▶ ▷	Kurztext / Langtext ø netto € ◁ ◀	[Einheit]	Ausf.-Dauer	Kostengruppe Positionsnummer

31 Unterkonstruktion, Kanthölzer, bis 100x60mm KG **363**
Unterkonstruktion aus Kanthölzern, für Flachdachbauteile, zur Befestigung von Blechen oder Einbauteilen, mit korrosionsgeschützten Befestigungsmitteln, Dicke der Kanthölzer entsprechend der Wärmedämmung, inkl. Holzschutz.
Holzart: Nadelholz
Sortierklasse: S10
Bauteil: .....
Funktion: .....
Querschnitt: 60 x 60 bis 100 x 60 mm
Oberfläche: .....
Holzfeuchte: trocken
Holzschutz: Iv, P, W, ST sichtbar imprägniert

| 6€ | 8€ | **8€** | 9€ | 10€ | [m] | ⏱ 0,10 h/m | 321.000.015 |

32 Unterkonstruktion, Holzbohlen, 40x120mm KG **363**
Unterkonstruktion aus Holzbohlen, für Flachdachbauteile, zur Befestigung der Dachabdichtung, mit korrosionsgeschützten Befestigungsmitteln, Bohlendicke entsprechend der Wärmedämmung, inkl. Holzschutz.
Holzart: Nadelholz
Sortierklasse: S10
Bauteil: .....
Funktion: .....
Querschnitt: ..... mm
Oberfläche: .....
Holzfeuchte: trocken
Holzschutz: Iv, P, W, St - sichtbar imprägniert

| 8€ | 12€ | **14€** | 18€ | 24€ | [m] | ⏱ 0,20 h/m | 321.000.016 |

33 Fugenabdichtung, Silikon KG **363**
Elastische Verfugung mit Silikon, inkl. notwendiger Flankenvorbehandlung an den Anschlussflächen und Hinterlegen der Fugenhohlräume mit geeignetem Hinterstopfmaterial.
Fuge: .....
Fugendicke: .....

| 2€ | 4€ | **5€** | 6€ | 9€ | [m] | ⏱ 0,05 h/m | 321.000.017 |

34 Bewegungsfuge, Typ I/II KG **363**
Bewegungsfuge für Flachdachaufbau.
Fugentyp: **I / II**
Aufbau Flachdach: .....
Angebotene Lösung: .....

| 16€ | 27€ | **31€** | 37€ | 57€ | [m] | ⏱ 0,40 h/m | 321.000.018 |

▶ min
▷ von
ø Mittel
◁ bis
◀ max

Nr.	Kurztext / Langtext					Kostengruppe	
▶	▷	ø netto €	◁	◀	[Einheit]	Ausf.-Dauer	Positionsnummer

35   **Dachabdichtung PYE PV250 S5, obere Lage**   KG **363**

Obere Lage der Dachabdichtung, für **nicht genutzte / genutzte** Dächer, aus Polymerbitumen-Schweißbahn, Stöße überlappend, vollflächig verschweißen.
Untergrund: Bitumenbahn
Bahnenart: PYE-PV 250 S5
Bahnendicke: 5 mm
Eigenschaftsklasse: E1
Anwendungstyp: DO
Beanspruchungsklasse: .....
Brandverhalten: Klasse E
Flachdachgefälle: über 2°
Anwendungskategorie: K1
Höhe Dachrand über Grund: .....
Angeb. Fabrikat: .....

| 9€ | 12€ | **13€** | 15€ | 22€ | [m²] | ⏱ 0,14 h/m² | 321.000.110 |

36   **Dachabdichtung PYE PV 200 S5 Cu01, obere Lage, Wurzelschutz**   KG **363**

Obere Lage der Dachabdichtung als Wurzelschutzbahn, aus Polymerbitumen-Schweißbahn, Stöße überlappend, vollflächig verschweißen.
Untergrund: PYE-Schweißbahn
Bahnenart: PYE-PV 200 S5+Cu01
Bahnendicke: 5 mm
Eigenschaftsklasse: E1
Anwendungstyp: DO
Beanspruchungsklasse: .....
Brandverhalten: Klasse E
Flachdachgefälle: über 2°
Anwendungskategorie: K1
Höhe der Attika über Grund: .....
Angeb. Fabrikat: .....

| 9€ | 18€ | **21€** | 23€ | 29€ | [m²] | ⏱ 0,20 h/m² | 321.000.111 |

37   **Dachabdichtung zweilagig, Polymerbitumen-Schweißbahnen**   KG **363**

Dachabdichtung aus Polymerbitumenbahnen, zweilagig, Stöße überlappend, vollflächig verschweißen.
Untergrund: EPS-Gefälledämmung
Flachdachgefälle: über 2°
Anwendungskategorie: K1
Beanspruchungsklasse: .....
1.untere Lage: PYE-G 200 S4/S5
Eigenschaftsklasse: .....
Anwendungstyp: DU
2.obere Lage: PYE-PV200 S5
Eigenschaftsklasse: .....
Anwendungstyp: DO
Höhe Attika über Grund: .....
Angeb. Fabrikat: .....

| 19€ | 23€ | **24€** | 30€ | 34€ | [m²] | ⏱ 0,25 h/m² | 321.000.112 |

LB 321 Dachabdichtungsarbeiten

Nr. ▶	Kurztext / Langtext ▷ ø netto €	◁	◀	[Einheit]	Kostengruppe Ausf.-Dauer	Positionsnummer

38 Wandanschluss, gedämmt, zweilagige Abdichtung KG **363**
Anschluss der Dachabdichtung aus Polymerbitumenbahnen an aufgehende Bauteile, zweilagige Bahnenausführung wie Flächenabdichtung. Hochführen der Wärmedämmung aus Polystyrol mit Dämmstoffkeilen im Übergang, Kantholz als oberer Abschluss der Dämmung und Abdichtungsanschluss mind. 150mm über Oberkante Abdichtung/Belag. Oberer Abdichtungsabschluss durch mechanische Befestigung mit Klemmschiene aus Aluminium, Schutz aus Überhangstreifen/Abdeckprofil, inkl. elastischer Versiegelung der Anschlussfuge
Aufgehendes Bauteil: .....
Untergrund: .....
Wärmedämmung: EPS, 80 mm
Nennwert der Wärmeleitfähigkeit: 0,035 W/(mK)
Dämmkeil: EPS 60 x 60 mm
Kantholz: S10, 80 x 60 mm
Attikahöhe: .....
Angeb. Fabrikat: .....
19€   24€   **26**€   30€   37€   [m]   ⏱ 0,40 h/m   321.000.113

39 Dachabdichtung, Kunststoffbahn, einlagig, Wurzelschutz KG **363**
Dachabdichtung aus Kunststoffbahnen, einlagig, Naht- und Stoßverbindungen verschweißen, Bahn mechanisch befestigt. Mechanische Befestigung wird in gesonderter Position vergütet.
Untergrund: Gefälledämmung aus .....
Bahnenart: PVC-P (PVC-P-NB-V-GV)
Bahnendicke: 1,5 mm
Eigenschaftsklasse: .....
Anwendungstyp: DE
Beanspruchungsklasse: .....
Brandverhalten: Klasse E
Flachdachgefälle: .....°
Anwendungskategorie: K1
Höhe Attika über Grund: .....
Angeb. Fabrikat: .....
18€   23€   **26**€   29€   37€   [m²]   ⏱ 0,14 h/m²   321.000.114

40 Flüssigabdichtung, Dach, PU-Harz/Vlies KG **363**
Flüssigabdichtung von Dachflächen mit Wurzelfestigkeit, geprüft nach FLL-Richtlinien, mit Flüssigkunststoff aus zweikomponentig Polyurethanharz mit Vliesarmierung.
Beanspruchung: hoch, mäßig
Klimazone: M/S
Nutzungsdauer: W3 (25 Jahre)
Dachneigung: S1-S4
Temperaturbeständigkeit: TL4 (-30°C) - TH4 (+90°C)
Widerstand: gegen Flugfeuer und strahlende Wärme
Klasse: ROOF (t1) entspricht DIN 4102-7/B2
Brandverhalten: nach DIN EN 13501-1 Klasse: E
Schichtdicke: mind. 2,0 mm
Polyestervlies: **165 / 200** g, µ-Wert 3.100
Farbton: .....
Angeb. Fabrikat: .....
58€   66€   **82**€   99€   107€   [m²]   ⏱ 0,20 h/m²   321.000.103

Kosten:
Stand 2.Quartal 2018
Bundesdurchschnitt

▶ min
▷ von
ø Mittel
◁ bis
◀ max

Nr.	Kurztext / Langtext						Kostengruppe	
▶	▷	ø netto €	◁	◀	[Einheit]	Ausf.-Dauer	Positionsnummer	

41 Flüssigabdichtung, Wandanschluss — KG 363

Anschluss der Dachabdichtung aus Flüssigkunststoff aus Polyurethanharz mit Vliesarmierung, zweikomponentig.
Untergrund: .....
Abdichtungsfläche: **Dachfläche / Teilfläche / .....**
Einfassungen von Durchdringungen
Abdichtungsbereich: **Oberlicht / Geländer / Sekurant / .....**
Dacheinlauf / Tür-Fensteranschluss
Anschlussfläche: **punktförmig / linear**
Vliesarmierung: Polyestervlies
Abdichtung: Polyurethan
Dicke Abdichtung: ca. 2,0 mm
Nutzklassen: .....
Eigenschaftsklasse: .....
Anwendung: DE
Anwendungskategorie: **K1 / K2**
Einbauort: ......
Angeb. Fabrikat: .....

24€   31€   **31€**   34€   40€   [m]   ⏱ 0,20 h/m   321.000.115

42 Stundensatz Facharbeiter, Dachdichtung

Stundenlohnarbeiten für Vorarbeiter, Facharbeiter und Gleichgestellte (z. B. Spezialbaufacharbeiter, Baufacharbeiter, Obermonteure, Monteure, Gesellen, Maschinenführer, Fahrer und ähnliche Fachkräfte). Leistung nach besonderer Anordnung der Bauüberwachung. Anmeldung und Nachweis gemäß VOB/B.

41€   48€   **51€**   53€   58€   [h]   ⏱ 1,00 h/h   321.000.116

43 Stundensatz Helfer, Dachdichtung

Stundenlohnarbeiten für Werker, Helfer und Gleichgestellte (z. B. Baufachwerker, Helfer, Hilfsmonteure, Ungelernte, Angelernte). Leistung nach besonderer Anordnung der Bauüberwachung. Anmeldung und Nachweis gemäß VOB/B.

36€   40€   **43€**   46€   51€   [h]   ⏱ 1,00 h/h   321.000.079

LB 322 Klempnerarbeiten

Kosten:
Stand 2.Quartal 2018
Bundesdurchschnitt

▶ min
▷ von
ø Mittel
◁ bis
◀ max

Klempnerarbeiten — Preise €

Nr.	Positionen	Einheit	▶	▷ ø brutto € ø netto €		◁	◀
1	Schneefanggitter entfernen	m	3 / 2	4 / 3	**5** / **4**	6 / 5	10 / 8
2	Dachrinne vorgehängt, entfernen	m	2 / 2	3 / 3	**4** / **3**	5 / 4	7 / 6
3	Kastenrinne entfernen	m	3 / 2	4 / 4	**6** / **5**	7 / 6	9 / 8
4	Rinneneinhangstutzen entfernen	St	1 / 0,9	1 / 1,1	**2** / **1,3**	2 / 1,7	2 / 1,8
5	Fallrohr entfernen	m	1 / 1	3 / 3	**4** / **3**	5 / 4	6 / 5
6	Standrohr abschneiden	St	4 / 3	9 / 7	**11** / **9**	13 / 11	24 / 21
7	Traufblech entfernen	m	2 / 2	2 / 2	**3** / **2**	3 / 3	7 / 6
8	Winkelkehle entfernen	m	2 / 2	3 / 3	**4** / **4**	5 / 4	8 / 7
9	Verwahrung entfernen	m	3 / 2	4 / 4	**5** / **5**	7 / 6	11 / 9
10	Ortgangverblechung entfernen	m	2 / 2	4 / 3	**5** / **4**	6 / 5	10 / 9
11	Wandanschlussprofil entfernen	m	4 / 4	8 / 7	**10** / **8**	12 / 10	16 / 13
12	Fensterblech entfernen	m	2 / 2	4 / 3	**5** / **4**	6 / 5	9 / 8
13	Blechabdeckung entfernen	m	3 / 2	5 / 4	**7** / **6**	8 / 7	12 / 10
14	Schornsteinverblechung entfernen	m²	10 / 9	16 / 14	**21** / **17**	25 / 21	37 / 31
15	Schornsteinabdeckung entfernen	St	7 / 6	9 / 8	**11** / **10**	13 / 11	14 / 12
16	Gaubenverblechung entfernen	m²	6 / 5	10 / 8	**13** / **11**	15 / 13	25 / 21
17	Blech-Dachdeckung entfernen	m²	6 / 5	13 / 11	**17** / **14**	21 / 18	30 / 25
18	Blechbekleidung entfernen	m²	13 / 11	15 / 13	**19** / **16**	23 / 19	25 / 21
19	Trennlage entfernen	m²	2 / 2	3 / 2	**4** / **3**	4 / 4	5 / 4
20	Antenne demontieren	St	9 / 8	15 / 13	**19** / **16**	23 / 19	25 / 21
21	Blitzableiter entfernen	m	0,8 / 0,7	1,4 / 1,2	**1,8** / **1,5**	2,2 / 1,9	3,7 / 3,1
22	Schneefanggitter, Kupfer	m	49 / 41	61 / 51	**67** / **57**	77 / 65	98 / 82
23	Schneefanggitter, Metall	m	25 / 21	35 / 30	**38** / **32**	56 / 47	87 / 73
24	Schneefangrohr, Rundprofil	m	25 / 21	34 / 29	**40** / **34**	42 / 36	47 / 39

© BKI Baukosteninformationszentrum; Erläuterungen zu den Tabellen siehe Seite 22

Klempnerarbeiten — Preise €

Nr.	Positionen	Einheit	▶	▷ ø brutto € / ø netto €		◁	◀
25	Schneefangrohr, Stehfalzdeckung	m	23	37	**38**	43	51
			19	31	**32**	36	43
26	Dachdeckung, Doppelstehfalz, Kupfer	m²	92	124	**139**	147	177
			78	104	**117**	123	148
27	Dachdeckung, Doppelstehfalz, Titanzink	m²	58	90	**108**	126	159
			49	76	**91**	106	134
28	Trennlage, Blechflächen, V13	m²	4	6	**7**	9	12
			3	5	**6**	7	10
29	Walzbleianschluss, Blechstreifen	m²	24	39	**44**	48	65
			20	33	**37**	40	55
30	Schornsteinbekleidung, Winkel-/Stehfalzdeckung	m²	85	156	**197**	231	333
			72	131	**166**	195	280
31	Schornsteinverwahrung, Metallblech	m	47	62	**68**	78	96
			39	52	**57**	65	80
32	Wandanschlussblech, Kupfer	m	22	31	**32**	35	43
			19	26	**27**	29	36
33	Wandanschlussblech, Titanzink	m	18	25	**29**	31	38
			15	21	**24**	26	32
34	Überhangblech, bis Z 150	m	11	15	**18**	26	34
			9	13	**15**	22	29
35	Überhangblech, bis Z 330	m	19	23	**23**	27	33
			16	19	**20**	23	28
36	Firstanschlussblech, Titanzink, bis Z 500	m	33	48	**53**	62	108
			27	41	**44**	52	91
37	Attika/Mauerabdeckung, Kupfer, bis Z 500	m	33	61	**71**	83	118
			28	51	**60**	70	99
38	Attika/Mauerabdeckung, Titanzink, bis Z 500	m	32	49	**58**	68	92
			27	41	**49**	57	77
39	Ortgangblech, Kupfer, Z 333	m	20	34	**35**	50	76
			17	29	**30**	42	64
40	Ortgangblech, Titanzink, Z 333	m	18	31	**36**	46	72
			15	26	**30**	39	60
41	Blechkehle, Kupfer, bis Z 667	m	24	37	**41**	48	61
			20	31	**35**	40	51
42	Blechkehle, Titanzink, bis Z 667	m	23	32	**35**	44	61
			20	27	**30**	37	52
43	Kiesfangleiste, Lochblech	m	21	25	**28**	30	34
			18	21	**24**	25	28
44	Traufstreifen, Kupfer, Z 333	m	13	16	**17**	19	22
			11	14	**15**	16	19
45	Traufstreifen, Titanzink, Z 333	m	13	18	**19**	21	28
			11	15	**16**	18	23
46	Notüberlauf, Flachdach	St	59	121	**146**	208	330
			50	101	**123**	175	277
47	Standrohr; Stahl-/Kupferblech	St	50	79	**86**	98	131
			42	66	**72**	82	110
48	Standrohr, Guss/SML	St	40	62	**76**	93	132
			34	52	**64**	79	111

© BKI Baukosteninformationszentrum; Erläuterungen zu den Tabellen siehe Seite 22 Kostenstand: 2.Quartal 2018, Bundesdurchschnitt

LB 322 Klempnerarbeiten

Nr.	Kurztext / Langtext				[Einheit]	Ausf.-Dauer	Kostengruppe Positionsnummer
▶	▷ ø netto € ◁ ◀						

Kosten:
Stand 2.Quartal 2018
Bundesdurchschnitt

24 Schneefangrohr, Rundprofil — KG 369
Schneefangrohr einschl. Halteprofilen in Holz-Dachkonstruktion befestigen und mit Walzblei abdichten.
Material: ..... mm
Befestigungsabstand: ca. 80 cm
Angeb. Fabrikat: .....

| 21 € | 29 € | **34 €** | 36 € | 39 € | [m] | ⏱ 0,25 h/m | 322.000.002 |

25 Schneefangrohr, Stehfalzdeckung — KG 369
Schneefangrohr für Stehfalzdeckung einschl. Halteprofilen, geklemmt, einschl. Anpassen der Dachdeckung.
Material: ..... mm
Angeb. Fabrikat: .....

| 19 € | 31 € | **32 €** | 36 € | 43 € | [m] | ⏱ 0,25 h/m | 322.000.068 |

26 Dachdeckung, Doppelstehfalz, Kupfer — KG 363
Blechdachdeckung als Doppel-Stehfalzdeckung. Falze mit Dichtbändern für flach geneigte Dächer.
Anschlüsse an aufgehende Bauteile, First-, Trauf-, Ortgang- und Kehlausbildungen in gesonderten Positionen.
Untergrund: Holzschalung mit Trennlage
Material: Kupferblech
Blechdicke: 0,6 mm
Bandbreite: .....
Oberfläche: .....
Dachneigung: .....°
Angeb. Fabrikat: .....

| 78 € | 104 € | **117 €** | 123 € | 148 € | [m²] | ⏱ 0,80 h/m² | 322.000.046 |

27 Dachdeckung, Doppelstehfalz, Titanzink — KG 363
Blechdachdeckung als Doppel-Stehfalzdeckung. Falze mit Dichtbändern. Anschlüsse an aufgehende Bauteile, First-, Trauf-, Ortgang- und Kehlausbildungen in gesonderten Positionen.
Untergrund: Holzschalung mit Trennlage
Material: Titanzinkblech
Blechdicke: 0,7 mm
Bandbreite: .....
Oberfläche: .....
Oberfläche: .....
Dachneigung: .....°
Angeb. Fabrikat: .....

| 49 € | 76 € | **91 €** | 106 € | 134 € | [m²] | ⏱ 0,85 h/m² | 322.000.045 |

28 Trennlage, Blechflächen, V13 — KG 363
Trennlage für Blechdach aus Bitumen-Dachbahn mit Glasvlieseinlage, auch als Vor- und Notdeckung geeignet, Bahnenstöße überlappend auf Holzschalung genagelt.
Dachdeckung: Stehfalzdeckung
Dachneigung: .....°
Trennlage: V13
Angeb. Fabrikat: .....
Anmerkung: Bei Titanzinkdeckung bis 15° ist eine Dränagebahn einzubauen.

| 3 € | 5 € | **6 €** | 7 € | 10 € | [m²] | ⏱ 0,06 h/m² | 322.000.047 |

▶ min
▷ von
ø Mittel
◁ bis
◀ max

Nr.	Kurztext / Langtext							Kostengruppe
▶	▷	ø netto €	◁	◀	[Einheit]	Ausf.-Dauer	Positionsnummer

29 Walzbleianschluss, Blechstreifen KG 363

Anschluss an aufgehendes Bauteil mit Walzbleistreifen, einschl. verzinktem Überhangstreifen.
Material: Walzblei
Blechdicke: 1-2 mm
Zuschnitt: .....
Überhangstreifen: Material: ....., Z....., verzinkt....-fach gekantet
Dachneigung: .....°
Anschlusshöhe: mind. 150 mm

| 20€ | 33€ | **37€** | 40€ | 55€ | [m²] | ⏱ 0,40 h/m² | 322.000.056 |

30 Schornsteinbekleidung, Winkel-/Stehfalzdeckung KG 363

Metallblechbekleidung für Schornstein, aus Winkel-Stehfalzdeckung als hinterlüftete Konstruktion, auf UK aus Metallprofilen mit Mineralwolle-Dämmung mit Haftern befestigen, einschl. Befestigungsmittel.
Schornsteinhöhe: .....
Material: .....
Blechdicke: 0,7 mm
Bandbreite: .....
Oberfläche: .....
Dachneigung: .....°

| 72€ | 131€ | **166€** | 195€ | 280€ | [m²] | ⏱ 1,00 h/m² | 322.000.044 |

31 Schornsteinverwahrung, Metallblech KG 363

Verwahrung für Schornsteine oder Einbauten, aus Metallblech, ggf. mit Dichtungsband bei Dachneigung unter 7°, einschl. Befestigungsmittel und Überhangblech mit elastischer Fugenabdichtung. Abrechnung nach Anschlusslänge.
Bauteil: .....
Abmessungen: .....
Untergrund: Holzkonstruktion
Material: Titanzink
Blechdicke: 0,7 mm
Zuschnitt: .....
Zuschnitt Überhangblech: .....
Oberfläche: .....
Dachneigung: .....°
Anschlusshöhe: mind. 150 mm

| 39€ | 52€ | **57€** | 65€ | 80€ | [m] | ⏱ 0,80 h/m | 322.000.043 |

32 Wandanschlussblech, Kupfer KG 363

Wandanschluss aus Metallblech, an den Stößen verbunden, einschl. elastischer Fugendichtung. Endausbildungen und Ecken in gesonderter Position.
Untergrund: .....
Material: Kupfer-Blech
Blechdicke: 0,6 mm
Zuschnitt: 500 mm
Kantungen: .....
Oberfläche: .....
Farbton: .....
Überhangblech: .....

| 19€ | 26€ | **27€** | 29€ | 36€ | [m] | ⏱ 0,35 h/m | 322.000.039 |

**LB 322
Klempnerarbeiten**

Kosten:
Stand 2.Quartal 2018
Bundesdurchschnitt

Nr.	Kurztext / Langtext							Kostengruppe
▶	▷ ø netto € ◁ ◀				[Einheit]	Ausf.-Dauer	Positionsnummer

33 Wandanschlussblech, Titanzink   KG **363**
Wandanschluss aus Metallblech, an den Stößen verbunden, einschl. elastischer Fugendichtung. Endausbildungen und Ecken in gesonderter Position.
Untergrund: .....
Material: Titanzink-Blech
Blechdicke: 0,7-0,8 mm
Zuschnitt: bis 333 mm
Kantungen: .....
Oberfläche: .....
Farbton: .....
Überhangblech: .....

15 €   21 €   **24 €**   26 €   32 €   [m]   ⏱ 0,35 h/m   322.000.038

34 Überhangblech, bis Z 150   KG **363**
Überhangblech aus Metallblech, mit Tropfkante, an den Stößen verbunden, ggf. mit Schiebenähten, einschl. elastischer Fugendichtung. Endausbildungen und Ecken in gesonderter Position.
Untergrund: .....
Material: .....
Blechdicke: 0,7 mm
Zuschnitt: bis 150
Kantungen: .....
Oberfläche: .....
Farbton: .....
Anschluss an: .....

9 €   13 €   **15 €**   22 €   29 €   [m]   ⏱ 0,15 h/m   322.000.036

35 Überhangblech, bis Z 330   KG **363**
Überhangblech aus Metallblech, mit Tropfkante, an den Stößen verbunden, ggf. mit Schiebenähten, einschl. elastischer Fugendichtung. Endausbildungen und Ecken in gesonderter Position.
Untergrund: .....
Material: .....
Blechdicke: 0,7 mm
Zuschnitt: bis 330 mm
Kantungen: .....
Oberfläche: .....
Farbton: .....
Anschluss an: .....

16 €   19 €   **20 €**   23 €   28 €   [m]   ⏱ 0,20 h/m   322.000.037

▶ min
▷ von
ø Mittel
◁ bis
◀ max

Nr.	Kurztext / Langtext					Kostengruppe	
▶	▷	ø netto €	◁	◀	[Einheit]	Ausf.-Dauer	Positionsnummer

36 Firstanschlussblech, Titanzink, bis Z 500 KG **363**
Firstanschlussblech, auf Holzunterkonstruktion, einschl. Befestigungsmittel. Endausbildungen und Ecken in gesonderter Position.
Material: Titanzink-Blech
Blechdicke: 0,6 mm
Zuschnitt: ..... mm
Kantungen: .....
Oberfläche: .....
Farbton: .....
Dachneigung: .....°

| 27 € | 41 € | **44 €** | 52 € | 91 € | [m] | ⏱ 0,30 h/m | 322.000.073 |

37 Attika/Mauerabdeckung, Kupfer, bis Z 500 KG **363**
Attika- oder Mauerabdeckung aus Metallblech, einschl. Haftstreifen und Befestigungsmittel, an den Längenstößen verbunden, ggf. mittels Schiebenähten.
Untergrund: .....
Bauteil: .....
Material: Kupfer-Blech
Blechdicke: 0,7 mm
Attika/Mauerlänge: .....
Attika-/Mauerbreite: .....
Zuschnitt: ..... mm
Kantungen: .....
Oberfläche: .....
Farbton: .....
Querneigung: .....°

| 28 € | 51 € | **60 €** | 70 € | 99 € | [m] | ⏱ 0,45 h/m | 322.000.035 |

38 Attika/Mauerabdeckung, Titanzink, bis Z 500 KG **363**
Attika- oder Mauerabdeckung aus Metallblech, einschl. Haftstreifen und Befestigungsmittel, an den Längenstößen verbunden, ggf. mittels Schiebenähten.
Untergrund: .....
Bauteil: .....
Material: Titanzink-Blech
Blechdicke: 0,7 mm
Attika/Mauerlänge: .....
Attika-/Mauerbreite: .....
Zuschnitt: ..... mm
Kantungen: .....
Oberfläche: .....
Farbton: .....
Querneigung: .....°

| 27 € | 41 € | **49 €** | 57 € | 77 € | [m] | ⏱ 0,40 h/m | 322.000.034 |

LB 322
Klempnerarbeiten

Kosten:
Stand 2.Quartal 2018
Bundesdurchschnitt

	Nr.	Kurztext / Langtext						Kostengruppe
	▶	▷ ø netto € ◁ ◀				[Einheit]	Ausf.-Dauer	Positionsnummer

39 Ortgangblech, Kupfer, Z 333 KG **363**
Ortgangverblechung (Windleiste), auf Holzunterkonstruktion, einschl. Befestigungsmittel.
Material: Kupfer-Blech
Blechdicke: 0,6 mm
Ausführung: .....
Zuschnitt: 333 mm
Kantungen: .....
Oberfläche: .....
Farbton: .....
Dachneigung: .....°

17€   29€   **30**€   42€   64€   [m]   ⏱ 0,20 h/m   322.000.033

40 Ortgangblech, Titanzink, Z 333 KG **363**
Ortgangverblechung (Windleiste), auf Holzunterkonstruktion, einschl. Befestigungsmittel.
Material: Titanzink-Blech
Blechdicke: 0,7 mm
Ausführung:
Zuschnitt: 333 mm
Kantungen: .....
Oberfläche: .....
Farbton: .....
Dachneigung: .....°

15€   26€   **30**€   39€   60€   [m]   ⏱ 0,20 h/m   322.000.032

41 Blechkehle, Kupfer, bis Z 667 KG **363**
Kehlblech, auf Holzunterkonstruktion, einschl. Befestigungsmittel.
Material: Kupfer-Blech
Blechdicke: 0,6 mm
Ausführung: .....
Zuschnitt: ..... mm
Kantungen: .....
Oberfläche: .....
Farbton: .....
Dachneigung: .....°

20€   31€   **35**€   40€   51€   [m]   ⏱ 0,20 h/m   322.000.031

42 Blechkehle, Titanzink, bis Z 667 KG **363**
Kehlblech, auf Holzunterkonstruktion, einschl. Befestigungsmittel.
Material: Titanzink-Blech
Blechdicke: 0,7 mm
Ausführung: .....
Zuschnitt: ..... mm
Kantungen: .....
Oberfläche: .....
Farbton: .....
Dachneigung: .....°

20€   27€   **30**€   37€   52€   [m]   ⏱ 0,20 h/m   322.000.030

▶ min
▷ von
ø Mittel
◁ bis
◀ max

Nr.	Kurztext / Langtext							Kostengruppe
▶	▷	ø netto €	◁	◀		[Einheit]	Ausf.-Dauer	Positionsnummer

43 Kiesfangleiste, Lochblech KG **363**
Kiesfangleiste aus Metall, als Abschluss im Randbereich der Kiesschüttung, mit Montagehaltern fixiert, einschl. Anschluss an die Dachabdichtung.
Material: .....
Abmessung: .....
Einbauort: Gründach

| 18€ | 21€ | **24**€ | 25€ | 28€ | [m] | ⏱ 0,10 h/m | 322.000.053 |

44 Traufstreifen, Kupfer, Z 333 KG **363**
Traufstreifen mit Tropfkante, auf Holzunterkonstruktion, an den Stößen lose überlappt, einschl. Haftstreifen und Befestigungsmittel. Ecken in gesonderter Position.
Material: Kupfer-Blech
Blechdicke: 0,6 mm
Zuschnitt: 333 mm
Kantungen: dreifach
Oberfläche: .....
Farbton: .....

| 11€ | 14€ | **15**€ | 16€ | 19€ | [m] | ⏱ 0,15 h/m | 322.000.029 |

45 Traufstreifen, Titanzink, Z 333 KG **363**
Traufstreifen mit Tropfkante, auf Holzunterkonstruktion, an den Stößen lose überlappt, einschl. Haftstreifen und Befestigungsmittel. Ecken in gesonderter Position.
Material: Titanzink-Blech
Blechdicke: 0,7 mm
Zuschnitt: 333 mm
Kantungen: dreifach
Oberfläche:.....
Farbton: .....

| 11€ | 15€ | **16**€ | 18€ | 23€ | [m] | ⏱ 0,15 h/m | 322.000.028 |

46 Notüberlauf, Flachdach KG **363**
Notüberlauf in Attika, außenseitig mit Tropfnase, einschl. Anschluss an bestehende Dachdichtung.
Material: .....
Blechdicke: .....
Zuschnitt: ca. 500 mm
Nennweite: DN100
Oberfläche: .....
Anschlussart / Eindichtung: .....
Abdichtung Dachfläche: .....

| 50€ | 101€ | **123**€ | 175€ | 277€ | [St] | ⏱ 0,80 h/St | 322.000.069 |

LB 322
Klempnerarbeiten

Nr.	Kurztext / Langtext					[Einheit]	Ausf.-Dauer	Kostengruppe Positionsnummer
▶	▷	ø netto €	◁	◀				

Kosten:
Stand 2.Quartal 2018
Bundesdurchschnitt

47 Standrohr; Stahl-/Kupferblech   KG 411
Standrohr, rund, abgestimmt auf Fallrohr, vor Gebäudesockel einbauen, Standrohr mit Revisionsöffnung mit runder Öffnung einschl. Deckel und Schrauben mit Muffe, wasserdicht verbunden mit Fallrohr.
Material: .....
Nennweite: DN80-DN100
Materialstärke: 0,8 mm
Oberfläche: ..... / **vorpatiniert grün**
Angeb. Fabrikat: .....

| 42€ | 66€ | **72**€ | 82€ | 110€ | [St] | ⏱ 0,36 h/St | 322.000.024 |

48 Standrohr, Guss/SML   KG 411
Standrohr, rund, im Sockelbereich der Dachentwässerung, als Übergang zur Grundleitung, Standrohr mit Rohrschellen am Gebäude befestigt, einschl. Anschluss an Rohrleitungsnetz.
Material: .....
Nennweite: DN100
Oberfläche: .....
Angeb. Fabrikat: .....

| 34€ | 52€ | **64**€ | 79€ | 111€ | [St] | ⏱ 0,36 h/St | 322.000.023 |

49 Laubfangkorb, Dachrinnenablauf   KG 411
Laubfangkorb, für Dachrinnenablauf.
Material: **Stahldraht verzinkt / Kupfer / Edelstahl**
Ablaufgröße: .....
Angeb. Fabrikat: .....

| 5€ | 7€ | **8**€ | 10€ | 14€ | [St] | ⏱ 0,06 h/St | 322.000.027 |

50 Regenwasserklappe, Titanzink, DN100   KG 363
Regenwasserklappe, aus Metallblech, wasserdicht verbunden mit Fallrohr.
Material: Titanzink
Blechdicke: .....
Nennweite: DN100
Ausführung: innen verlötet
Oberfläche: .....
Farbton: .....
Angeb. Fabrikat: .....

| 22€ | 33€ | **37**€ | 42€ | 57€ | [St] | ⏱ 0,15 h/St | 322.000.026 |

51 Standrohrkappen, Titanzink/Kupfer   KG 411
Standrohrkappe für Standrohre, passend zum angeschlossenen Fallrohr.
Material: **Titanzink / Kupfer**
Oberfläche: .....
Farbton: .....
Nennweite: DN100
Ausführung: **mit / ohne Muffe**
Angeb. Fabrikat: .....

| 3€ | 6€ | **7**€ | 9€ | 15€ | [St] | ⏱ 0,10 h/St | 322.000.025 |

▶ min
▷ von
ø Mittel
◁ bis
◀ max

Nr.	Kurztext / Langtext				[Einheit]	Kostengruppe Ausf.-Dauer	Positionsnummer
▶	▷ ø netto €	◁	◀				

52 Fallrohrbogen, Kupfer, DN100 — KG 411

Fallrohrbogen, rund, aus Metallblech, wasserdicht verbunden mit Fallrohr.
Material: Kupfer-Blech
Blechdicke: .....
Nennweite: DN100
Bogenwinkel: .....°
Ausführung: innen verlötet
Oberfläche: .....
Farbton: .....
Angeb. Fabrikat: .....

| 12€ | 17€ | **20€** | 21€ | 25€ | [St] | 0,10 h/St | 322.000.022 |

53 Fallrohrbogen, Titanzink, DN100 — KG 411

Fallrohrbogen, rund, aus Metallblech, wasserdicht verbunden mit Fallrohr.
Material: Titanzink-Blech
Blechdicke: 0,7 mm
Nennweite: DN100
Bogenwinkel: .....°
Ausführung: .....
Oberfläche: .....
Farbton: .....
Angeb. Fabrikat: .....

| 8€ | 12€ | **14€** | 17€ | 24€ | [St] | 0,10 h/St | 322.000.021 |

54 Fallrohr, Kupfer, DN100 — KG 411

Regenfallrohr, rund, aus Metallblech, befestigt mittels Rohrschellen und Schraubstift. Abrechnung der Befestigung in WDVS nach gesonderter Position.
Untergrund: .....
Material: Kupfer-Blech
Blechdicke: 0,6 mm
Nennweite: DN100
Oberfläche: .....
Farbton: .....
Verankerungstiefe: .....
Angeb. Fabrikat: .....

| 18€ | 23€ | **25€** | 34€ | 48€ | [m] | 0,20 h/m | 322.000.020 |

55 Fallrohr, Titanzink, bis DN100 — KG 411

Regenfallrohr, rund, aus Metallblech, befestigt mittels Rohrschellen und Schraubstift. Abrechnung der Befestigung in WDVS nach gesonderter Position.
Untergrund: **Wärmedämmverbundsystem / .....**
Material: Titanzink-Blech
Blechdicke: 0,7 mm
Nennweite: DN.....
Oberfläche: .....
Farbton: .....
Verankerungstiefe: .....
Angeb. Fabrikat: .....

| 18€ | 23€ | **25€** | 28€ | 35€ | [m] | 0,21 h/m | 322.000.018 |

LB 322 Klempnerarbeiten

Kosten:
Stand 2.Quartal 2018
Bundesdurchschnitt

	Nr.	**Kurztext** / Langtext					Kostengruppe	
▶	▷	ø netto €	◁	◀	[Einheit]	Ausf.-Dauer	Positionsnummer

56 Fallrohr, Titanzink, bis DN150 — KG 411
Regenfallrohr, rund, aus Metallblech, befestigt mittels Rohrschellen und Schraubstift. Abrechnung der Befestigung in WDVS nach gesonderter Position.
Untergrund: .....
Material: Titanzink-Blech
Blechdicke: 0,7 mm
Nennweite: DN....
Oberfläche: .....
Farbton: .....
Verankerungstiefe: .....
Angeb. Fabrikat: .....

| 21 € | 25 € | **27** € | 32 € | 42 € | [m] | ⏱ 0,24 h/m | 322.000.019 |

57 Rinnenendstück, Rinnenboden, Kupfer — KG 363
Rinnenendstück für Dachrinne, passend zur Dachrinne, in Rinnenquerschnitt eingepasst bzw. eingelötet.
Material: Kupfer-Blech
Blechdicke: 0,6 mm
Oberfläche: .....
Farbton: .....
Dachrinne: .....
Nennweite Rinne: .....
Angeb. Fabrikat: .....

| 4 € | 12 € | **13** € | 15 € | 24 € | [St] | ⏱ 0,10 h/St | 322.000.017 |

58 Rinnenendstück, Rinnenboden, Titanzink — KG 363
Rinnenendstück für Dachrinne, passend zur Dachrinne, in Rinnenquerschnitt eingepasst bzw. eingelötet.
Material: Kupfer-Blech
Blechdicke: 0,7 mm
Oberfläche: .....
Farbton: .....
Dachrinne: .....
Nennweite Rinne: .....
Angeb. Fabrikat: .....

| 3 € | 8 € | **10** € | 13 € | 23 € | [St] | ⏱ 0,10 h/St | 322.000.016 |

59 Rinnenstutzen, Kupfer — KG 363
Rinnnenstutzen, in Dachrinne und Fallrohr eingepasst, einschl. aller notwendigen Anpassarbeiten und Verlötungen.
Material: Kupfer-Blech
Blechdicke: 0,6 mm
Form: .....
Nennweite: .....
Oberfläche: .....
Farbton: .....
Fallrohr: .....
Angeb. Fabrikat: .....

| 17 € | 22 € | **25** € | 27 € | 33 € | [St] | ⏱ 0,15 h/St | 322.000.014 |

▶ min
▷ von
ø Mittel
◁ bis
◀ max

Nr.	Kurztext / Langtext				[Einheit]	Ausf.-Dauer	Kostengruppe Positionsnummer
▶	▷ ø netto €	◁	◀				

60 Rinnenstutzen, Titanzink KG 363
Rinnnenstutzen, in Dachrinne und Fallrohr eingepasst, einschl. aller notwendigen Anpassarbeiten und Verlötungen.
Material: Titanzink-Blech
Blechdicke: .....
Form: .....
Nennweite: .....
Oberfläche: .....
Farbton: .....
Fallrohr: .....
Angeb. Fabrikat: .....

| 10€ | 15€ | **19€** | 24€ | 34€ | [St] | 0,15 h/St | 322.000.013 |

61 Dachrinne, Kupfer, Z 250 KG 363
Dachrinne als Halbrundrinne, vorgehängt, mit Wulst und Falz sowie Stoßverbindung, Rinne verlegt im Gefälle, einschl. Rinnenhalter und Befestigungsmittel.
Material: Kupfer-Blech
Blechdicke: 0,6 mm
Zuschnitt: bis 250 mm
Oberfläche: .....
Farbton: .....
Eingehängt in: .....
Befestigung in UK: .....
Angeb. Fabrikat: .....

| 20€ | 30€ | **34€** | 36€ | 44€ | [m] | 0,30 h/m | 322.000.012 |

62 Dachrinne, Titanzink, bis Z 250 KG 363
Dachrinne als Halbrundrinne, vorgehängt, mit Wulst und Falz, sowie Stoßverbindung, Rinne verlegt im Gefälle, einschl. Rinnenhalter und Befestigungsmittel.
Material: Titanzink-Blech
Blechdicke: .....
Zuschnitt: bis 250 mm
Oberfläche: .....
Eingehängt in: .....
Befestigung in UK: .....
Angeb. Fabrikat: .....

| 16€ | 25€ | **28€** | 31€ | 43€ | [m] | 0,30 h/m | 322.000.009 |

LB 322 Klempnerarbeiten

	Nr.	Kurztext / Langtext						Kostengruppe
	▶	▷ ø netto € ◁ ◀				[Einheit]	Ausf.-Dauer	Positionsnummer

63 Dachrinne, Titanzink, Kastenrinne, Z 280 KG **363**

Dachrinne als Kastenrinne, vorgehängt, mit Wulst und Falz sowie Stoßverbindung, Rinne verlegt im Gefälle, einschl. Rinnenhalter und Befestigungsmittel.
Material: Titanzink-Blech
Blechdicke: 0,7 mm
Zuschnitt: 280 mm
Oberfläche: .....
Farbton: .....
Eingehängt in: .....
Befestigung in UK: .....
Angeb. Fabrikat: .....

| 18€ | 31€ | **35€** | 43€ | 66€ | [m] | ⏱ 0,34 h/m | 322.000.011 |

64 Traufblech, Kupfer, Z 333 KG **363**

Traufblech als Einhängeblech, am Übergang von Dachfläche zu Dachrinne, mit Tropfkante, an den Stößen lose überlappt, einschl. Haftstreifen und Befestigungsmittel.
Untergrund: Holzkonstruktion
Material: Kupferblech
Blechdicke: 0,6 mm
Zuschnitt: 333 mm
Kantungen: dreifach
Oberfläche: .....
Farbton: .....

| 14€ | 19€ | **21€** | 24€ | 38€ | [m] | ⏱ 0,25 h/m | 322.000.008 |

65 Traufblech, Titanzink, Z 333 KG **363**

Traufblech als Einhängeblech, am Übergang von Dachfläche zu Dachrinne, mit Tropfkante, an den Stößen lose überlappt, einschl. Haftstreifen und Befestigungsmittel.
Untergrund: Holzkonstruktion
Material: Titanzinkblech
Blechdicke: 0,7 mm
Zuschnitt: 333 mm
Kantungen: dreifach
Oberfläche: .....
Farbton: .....

| 11€ | 16€ | **17€** | 23€ | 32€ | [m] | ⏱ 0,20 h/m | 322.000.007 |

66 Lüftungsblech, Insektenschutz KG **363**

Insektenschutzstreifen aus Lochblech, in Zuluftöffnungen der Dachkonstruktion, einschl. korrosionsgeschützter Befestigungsmittel.
Untergrund: Holzunterkonstruktion
Metallblech: .....
Blechdicke: .....
Zuschnitt: 167 mm
Kantungen: zweifach
Freier Querschnitt: .....

| 6€ | 8€ | **9€** | 10€ | 13€ | [m] | ⏱ 0,10 h/m | 322.000.006 |

Kosten:
Stand 2.Quartal 2018
Bundesdurchschnitt

▶ min
▷ von
ø Mittel
◁ bis
◀ max

Nr.	Kurztext / Langtext					Kostengruppe	
▶	▷	ø netto €	◁	◀	[Einheit]	Ausf.-Dauer	Positionsnummer

67 Sicherheitsdachhaken, verzinkt   KG 369

Sicherheits-Dachhaken, in Holz-Dachkonstruktion, inkl. Anpassarbeiten der Dachdeckung, Haken mit Einhängelasche.
Material: verzinkter Stahl
Ausführung: Typ B
Abmessung: 25 x 6 mm
Angeb. Fabrikat: .....

| 13€ | 17€ | **18€** | 21€ | 23€ | [St] | ⏱ 0,15 h/St | 322.000.106 |

68 Sicherheitstritt, Standziegel   KG 369

Sicherheitstritt für Schornsteinfeger, aus Standgitter oder -ziegel und Auflagerbügeln, an Dachlattung mit zusätzlicher Unterstützung befestigen.
Trittlänge: ca. 41 cm
Dachdeckung: .....
Angeb. Fabrikat: .....

| 53€ | 69€ | **77€** | 86€ | 94€ | [St] | ⏱ 0,35 h/St | 322.000.107 |

69 Stundensatz Facharbeiter, Klempner

Stundenlohnarbeiten für Vorarbeiter, Facharbeiter und Gleichgestellte (z. B. Spezialbaufacharbeiter, Baufacharbeiter, Obermonteure, Monteure, Gesellen, Maschinenführer, Fahrer und ähnliche Fachkräfte). Leistung nach besonderer Anordnung der Bauüberwachung. Anmeldung und Nachweis gemäß VOB/B.

| 39€ | 45€ | **48€** | 49€ | 52€ | [h] | ⏱ 1,00 h/h | 322.000.077 |

B Ausbau

Titel des Leistungsbereichs	LB-Nr.
Putz- und Stuckarbeiten, Wärmedämmsysteme	323
Fliesen- und Plattenarbeiten	324
Estricharbeiten	325
Fenster, Außentüren	326
Tischlerarbeiten	327
Parkett-, Holzpflasterarbeiten	328
Beschlagarbeiten	329
Rollladenarbeiten	330
Metallbauarbeiten	331
Verglasungsarbeiten	332
Baureinigungsarbeiten	333
Maler- und Lackiererarbeiten - Beschichtungen	334
Bodenbelagarbeiten	336
Tapezierarbeiten	337
Vorgehängte hinterlüftete Fassaden	338
Trockenbauarbeiten	339

LB 323 Putz- und Stuckarbeiten, Wärmedämmsysteme

Putz- und Stuckarbeiten, Wärmedämmsysteme — Preise €

Kosten: Stand 2.Quartal 2018 Bundesdurchschnitt

▶ min ▷ von ø Mittel ◁ bis ◀ max

Nr.	Positionen	Einheit	▶	▷	ø brutto € / ø netto €	◁	◀
1	Außenputz abschlagen, Mauerwerk	m²	8	13	**15**	17	23
			7	11	**12**	15	20
2	Außenputz abschlagen, Teilflächen	m²	16	21	**23**	23	32
			13	17	**19**	19	27
3	Sockelputz abschlagen	m²	7	11	**12**	14	20
			6	9	**10**	12	17
4	Deckenputz abschlagen	m²	10	20	**23**	26	33
			8	17	**19**	22	28
5	Deckenputz abschlagen, Teilflächen	m²	10	19	**24**	28	39
			9	16	**20**	23	33
6	Putzträger entfernen, Wand	m²	7	11	**12**	14	22
			6	9	**10**	12	19
7	Putzträger entfernen, Decke	m²	8	15	**17**	20	25
			7	13	**14**	17	21
8	Eckschutzschiene abbrechen	m	4	5	**5**	6	12
			4	4	**5**	5	10
9	Ziegelwand/Fugen reinigen	m²	1	5	**5**	9	13
			1	4	**4**	7	11
10	Pilz-/Algenbefall entfernen, Außenputz	m²	5	6	**6**	7	12
			4	5	**5**	6	10
11	Sandstrahlen, Altputz	m²	5	10	**11**	13	16
			4	8	**9**	11	13
12	Feuchtestrahlen, Putzuntergrund	m²	7	11	**12**	14	19
			6	9	**10**	12	16
13	Druckreinigung, Rotordüse, Putzuntergrund	m²	4	7	**8**	10	13
			3	6	**7**	8	11
14	Fassadenreinigung, Dampfstrahlen	m²	3	5	**6**	7	11
			2	4	**5**	6	9
15	Hohlstellen prüfen, Innenputz	m²	0,8	1,5	**1,7**	1,9	3,5
			0,7	1,2	**1,4**	1,6	2,9
16	Hohlstellen abschlagen, Innenputz	St	7	11	**12**	14	18
			6	9	**10**	12	15
17	Mauerbewuchs entfernen, Putzflächen	m²	3	5	**6**	7	10
			2	4	**5**	6	8
18	Ausblühungen entfernen, Putzuntergrund	m²	2	4	**5**	6	9
			2	4	**4**	5	8
19	Mauerwerksfugen verfüllen	m²	10	7	**13**	15	25
			9	6	**11**	13	21
20	Putzträger, verzinkt, Innenwand	m²	4	11	**13**	15	18
			4	9	**11**	12	15
21	Putzträger, Drahtziegelgewebe, innen	m²	6	11	**13**	15	19
			5	10	**11**	13	16
22	Spritzbewurf, Innenmauerwerk	m²	4	7	**8**	10	13
			3	6	**7**	8	11
23	Untergrund verfestigen, Tiefengrund	m²	2	2	**2**	2	4
			1	2	**2**	2	3
24	Haftputz, mineralisch, Beton	m²	5	6	**6**	7	10
			4	5	**5**	6	9

© BKI Baukosteninformationszentrum; Erläuterungen zu den Tabellen siehe Seite 22
Mustertexte geprüft: Fachverband der Stuckateure für Ausbau und Fassade Baden-Württemberg
Kostenstand: 2.Quartal 2018, Bundesdurchschnitt

Putz- und Stuckarbeiten, Wärmedämmsysteme — Preise €

Nr.	Positionen	Einheit	▶	▷	ø brutto € ø netto €	◁	◀
25	Außenputz ausbessern	m²	20	35	**40**	46	64
			17	29	**33**	39	54
26	Außenputz ausbessern, Teilflächen	m²	25	40	**45**	51	76
			21	33	**38**	43	64
27	Öffnungen beiputzen, außen	m	8	8	**10**	11	14
			6	7	**8**	9	12
28	Fensterbrett beiputzen, außen	St	13	15	**17**	19	23
			11	12	**14**	16	19
29	Putzträger, Streckmetall, außen	m²	9	13	**15**	18	21
			7	11	**13**	15	18
30	Putzarmierung, Glasfasergewebe, außen	m²	7	8	**9**	11	13
			6	7	**8**	9	11
31	Putzarmierung, Edelstahl, außen	m²	28	31	**35**	41	45
			24	26	**29**	34	38
32	Eckschutzprofil, verzinkt, Außenputz	m	6	7	**8**	9	11
			5	6	**6**	7	9
33	Kantenprofil, Edelstahl, Außenputz	m	9	10	**11**	13	16
			7	8	**9**	11	13
34	Abschlussprofil, PVC/Stahl, Außenputz	m	5	6	**6**	7	9
			4	5	**5**	6	8
35	Einzelriss starr, Verschlämmen	m	4	5	**6**	7	8
			4	4	**5**	6	6
36	Einzelriss starr, Mörtelverschluss	m	3	5	**7**	8	9
			2	5	**6**	7	7
37	Einzelriss flexibel, Dichtstoff	m	5	7	**8**	10	11
			4	6	**7**	8	9
38	Einzelriss 0,2mm, Trennlage/Putzträger	m	11	14	**17**	21	23
			10	12	**15**	18	19
39	Einzelriss flexibel, Dehnfuge gerade	m	7	12	**14**	16	17
			6	10	**11**	13	15
40	Einzelriss flexibel, Bewegungsprofil	m	27	34	**38**	45	49
			23	29	**32**	38	41
41	Fugenschnitt, Wandputz	m	6	7	**8**	9	10
			5	6	**7**	8	8
42	Putzschäden ausbessern, Teilflächen	m²	21	24	**27**	31	36
			18	20	**23**	26	30
43	Fehlstellen verputzen, bis 0,1m²	St	2,1	2,7	**3,1**	3,6	4,3
			1,8	2,3	**2,6**	3,0	3,6
44	Fehlstellen verputzen, bis 0,2m²	St	3,7	4,6	**5,3**	6,1	7,4
			3,1	3,9	**4,4**	5,1	6,2
45	Fehlstellen verputzen, bis 0,3m²	St	4,8	6,0	**6,8**	7,9	9,5
			4,0	5,0	**5,7**	6,6	8,0
46	Putzflächen spachteln, Fehlstellen innen	m²	7	9	**10**	12	14
			6	7	**8**	10	12
47	Ausgleichsputz, Innenwand	m²	11	17	**18**	23	32
			10	14	**15**	19	27
48	Öffnungen beiputzen, innen	m	10	12	**13**	15	19
			9	10	**11**	13	16

© **BKI** Baukosteninformationszentrum; Erläuterungen zu den Tabellen siehe Seite 22
Mustertexte geprüft: Fachverband der Stuckateure für Ausbau und Fassade Baden-Württemberg

Kostenstand: 2.Quartal 2018, Bundesdurchschnitt

LB 323 Putz- und Stuckarbeiten, Wärmedämmsysteme

Putz- und Stuckarbeiten, Wärmedämmsysteme — Preise €

Kosten: Stand 2. Quartal 2018, Bundesdurchschnitt

Legende: ▶ min · ▷ von · ø Mittel · ◁ bis · ◀ max

Nr.	Positionen	Einheit	▶	▷	ø brutto € / ø netto €	◁	◀
49	Fensterbrett beiputzen, innen	St	14 / 11	17 / 14	**19** / **16**	22 / 19	27 / 23
50	Kellenschnitt, Innenputz	m	3 / 3	4 / 3	**4** / **4**	5 / 4	6 / 5
51	Putzträger, Rippenstreckmetall, innen	m²	9 / 8	12 / 10	**13** / **11**	15 / 13	19 / 16
52	Putzträger, Rabitzgewebe, innen	m²	9 / 7	11 / 9	**13** / **11**	15 / 12	18 / 15
53	Eckschutzwinkel, verzinkt, innen	m	4 / 3	5 / 4	**6** / **5**	7 / 6	8 / 7
54	Putzanschlussleiste, verzinkt, Türen, innen	m	4 / 4	5 / 4	**5** / **5**	6 / 5	7 / 6
55	WD-Putz, Innendämmung, 50mm	m²	48 / 40	54 / 46	**62** / **52**	72 / 60	86 / 73
56	WD-Putz, Innendämmung, 75mm	m²	62 / 52	69 / 58	**79** / **66**	92 / 77	111 / 93
57	WD-Putz, Unter- und Oberputz., 50mm, Laibungen	m	19 / 16	21 / 18	**24** / **21**	28 / 24	34 / 29
58	WD-Putz, Unter- und Oberputz., 75mm, Laibungen	m	25 / 21	28 / 24	**32** / **27**	37 / 31	45 / 37
59	Putzträger, Rippenstreckmetall, Decken	m²	11 / 9	13 / 11	**14** / **12**	17 / 14	20 / 17
60	Putzträger, Rabitzgewebe, Decken	m²	10 / 9	12 / 10	**13** / **11**	15 / 13	19 / 16
61	Fugenschnitt, Deckenputz	m²	6 / 5	7 / 6	**8** / **7**	10 / 8	12 / 10
62	Kalk-Gipsputz, Innenwand, einlagig, Q2-geglättet	m²	15 / 13	18 / 15	**20** / **17**	21 / 18	24 / 20
63	Kalk-Zementputz, Innenwand, einlagig, Q3-geglättet	m²	16 / 13	19 / 16	**21** / **17**	23 / 19	26 / 22
64	Gipsputz, Innenwand, einlagig, Q2-gefilzt	m²	14 / 11	17 / 14	**19** / **16**	21 / 17	26 / 22
65	Gipsputz, Innenwand, einlagig, Q2-geglättet	m²	11 / 9	16 / 14	**18** / **15**	20 / 17	26 / 22
66	Kalk-Gipsputz, Decken, einlagig, Q2-gefilzt	m²	13 / 11	18 / 15	**21** / **17**	22 / 19	27 / 23
67	Außenputz, Unter-/Oberputz, Wand	m²	24 / 20	34 / 28	**38** / **32**	41 / 35	49 / 41
68	Kunstharzputz, außen	m²	14 / 12	17 / 15	**19** / **16**	23 / 20	28 / 23
69	Untergrundvorbereitung, WDVS	m²	2 / 2	2 / 2	**2** / **2**	3 / 2	3 / 2
70	Druckwasserstrahlen, Reinigung	m²	13 / 11	14 / 12	**16** / **14**	19 / 16	20 / 17
71	Ausgleichsputz auftragen	m²	11 / 9	12 / 10	**14** / **12**	16 / 14	19 / 16
72	Untergrundverfestigung, Grundierung	m²	1 / 0,9	2 / 2,0	**3** / **2,3**	3 / 2,6	5 / 3,8

© BKI Baukosteninformationszentrum; Erläuterungen zu den Tabellen siehe Seite 22
Mustertexte geprüft: Fachverband der Stuckateure für Ausbau und Fassade Baden-Württemberg

Putz- und Stuckarbeiten, Wärmedämmsysteme — Preise €

Nr.	Positionen	Einheit	▶	▷	ø brutto € ø netto €	◁	◀
73	WDVS bis 20m, WF 100, Klebeverfahren	m²	71 60	75 63	**83** **69**	96 81	107 90
74	WDVS bis 20m, WF 120, Klebeverfahren	m²	81 68	86 72	**95** **80**	110 92	123 103
75	WDVS bis 20m, WF 140, Klebeverfahren	m²	87 73	92 78	**101** **85**	118 99	132 111
76	WDVS bis 20m, WF 160, Klebeverfahren	m²	95 80	101 85	**111** **93**	128 108	144 121
77	WDVS bis 20m, WF 180, Klebeverfahren	m²	99 83	104 88	**115** **96**	133 112	149 125
78	WDVS bis 20m, WF 200, Klebeverfahren	m²	111 93	118 99	**129** **109**	150 126	164 138
79	WDVS bis 20m, WF 240, Klebeverfahren	m²	124 104	131 110	**144** **121**	167 140	183 154
80	WDVS bis 20m, MW 100, Klebeverfahren	m²	62 52	65 55	**72** **60**	83 70	93 78
81	WDVS bis 20m, MW 120, Klebeverfahren	m²	69 58	73 61	**80** **67**	93 78	104 87
82	WDVS bis 20m, MW 140, Klebeverfahren	m²	73 61	77 65	**85** **71**	98 83	110 93
83	WDVS bis 20m, MW 160, Klebeverfahren	m²	79 67	84 70	**92** **77**	107 90	120 101
84	WDVS bis 20m, MW 180, Klebeverfahren	m²	83 70	88 74	**97** **81**	112 95	126 106
85	WDVS bis 20m, MW 200, Klebeverfahren	m²	93 78	98 82	**108** **91**	125 105	137 115
86	WDVS bis 20m, MW 240, Klebeverfahren	m²	106 89	112 94	**123** **103**	143 120	156 131
87	WDVS bis 20m, PS 100, Klebeverfahren	m²	58 49	61 52	**67** **57**	78 66	84 70
88	WDVS bis 20m, PS 120, Klebeverfahren	m²	63 53	67 56	**73** **62**	85 71	92 78
89	WDVS bis 20m, PS 140, Klebeverfahren	m²	67 56	71 60	**78** **66**	91 76	98 83
90	WDVS bis 20m, PS 160, Klebeverfahren	m²	73 62	78 65	**85** **72**	99 83	108 90
91	WDVS bis 20m, PS 180, Klebeverfahren	m²	80 67	85 71	**93** **78**	108 91	119 100
92	WDVS bis 20m, PS 200, Klebeverfahren	m²	84 71	89 75	**98** **82**	113 95	125 105
93	WDVS bis 20m, PS 240, Klebeverfahren	m²	96 81	102 86	**112** **94**	130 109	143 121
94	Armierung, stoßgefährdete Bereiche	m²	14 12	16 13	**18** **15**	20 17	24 20
95	Organischer Oberputz, WDVS	m²	16 13	18 15	**19** **16**	20 17	21 18
96	Mineralischer Oberputz, WDVS	m²	13 11	16 13	**17** **15**	18 15	21 18

© **BKI** Baukosteninformationszentrum; Erläuterungen zu den Tabellen siehe Seite 22
Mustertexte geprüft: Fachverband der Stuckateure für Ausbau und Fassade Baden-Württemberg

Kostenstand: 2.Quartal 2018, Bundesdurchschnitt

LB 323 Putz- und Stuckarbeiten, Wärmedämmsysteme

Preise €

Kosten: Stand 2.Quartal 2018 Bundesdurchschnitt

Nr.	Positionen	Einheit	▶ min	▷ von	ø Mittel brutto € / netto €	◁ bis	◀ max
97	Sockeldämmung, XPS, 50mm	m²	26 / 22	29 / 25	**33** / **28**	39 / 33	45 / 38
98	Sockeldämmung, XPS, 100mm	m²	34 / 29	39 / 33	**44** / **37**	51 / 43	57 / 48
99	Sockeldämmung, XPS, 160mm	m²	47 / 39	53 / 44	**60** / **50**	70 / 59	78 / 66
100	Laibungen dämmen, WDVS	m	15 / 12	17 / 14	**19** / **16**	22 / 18	25 / 21
101	WDVS, Brandbarriere, bis 300mm	m	9 / 7	12 / 10	**13** / **11**	14 / 12	16 / 13
102	Eckausbildung, Gewebewinkel, WDVS	m	6 / 5	6 / 5	**7** / **6**	8 / 7	10 / 8
103	Eckausbildung, Kunststoffschiene, WDVS	m	7 / 6	8 / 7	**9** / **7**	10 / 9	12 / 10
104	Eckschutzschiene, Edelstahl, WDVS	m	12 / 10	11 / 9	**13** / **11**	15 / 13	18 / 15
105	Sockelabschluss, Aluprofil elox., WDVS	m	9 / 8	10 / 8	**11** / **10**	13 / 11	15 / 13
106	Gehrungen, Profile, WDVS	St	0,7 / 0,6	0,8 / 0,6	**0,9** / **0,7**	1,0 / 0,8	1,2 / 1,0
107	Anschluss, Fugendichtband, WDVS	m	4 / 3	4 / 4	**5** / **4**	6 / 5	7 / 6
108	Anschluss, Dichtlippe, WDVS	m	7 / 6	8 / 7	**9** / **8**	11 / 9	13 / 11
109	Gebäudebewegungsfugen, WDVS	m	22 / 19	25 / 21	**29** / **24**	33 / 28	38 / 32
110	Befestigungspunkte herstellen, WDVS	m²	16 / 13	18 / 15	**20** / **17**	23 / 20	28 / 24
111	Dämmung, Kellerdecke, EPS 040, bis 100mm	m²	22 / 19	29 / 25	**31** / **26**	33 / 28	40 / 34
112	Dämmung, Kellerdecke, EPS 040, 100mm	m²	32 / 27	34 / 28	**37** / **31**	40 / 34	46 / 38
113	Dämmung, Kellerdecke, EPS 040, 140mm	m²	44 / 37	46 / 39	**50** / **42**	55 / 46	65 / 55
114	Dämmung, Kellerdecke, MW 032, bis 140mm	m²	55 / 46	58 / 49	**63** / **53**	69 / 58	85 / 72
115	Mehrschichtplatte, 50mm	m²	14 / 11	26 / 22	**31** / **26**	39 / 33	55 / 46
116	Mehrschichtplatte, 75mm	m²	27 / 23	39 / 32	**42** / **35**	49 / 42	60 / 50
117	Stundensatz Facharbeiter, Putzarbeiten	h	42 / 35	51 / 43	**55** / **46**	59 / 50	74 / 62
118	Stundensatz Helfer, Putzarbeiten	h	37 / 31	46 / 38	**49** / **41**	50 / 42	57 / 48

▶ min
▷ von
ø Mittel
◁ bis
◀ max

© BKI Baukosteninformationszentrum; Erläuterungen zu den Tabellen siehe Seite 22
Mustertexte geprüft: Fachverband der Stuckateure für Ausbau und Fassade Baden-Württemberg

Kostenstand: 2.Quartal 2018, Bundesdurchschnitt

Nr.	Kurztext / Langtext					[Einheit]	Ausf.-Dauer	Kostengruppe Positionsnummer
▶	▷	ø netto €	◁	◀				

1	**Außenputz abschlagen, Mauerwerk**							KG **394**

Außenputz, zweilagig, auf Ziegelmauerwerk abschlagen und Bauschutt entsorgen. Die Wandflächen sind abschließend durch Abkehren zu reinigen.
Putzdicke: bis 30 mm
Haftung: .....

7€	11€	**12€**	15€	20€	[m²]	⏱ 0,25 h/m²	323.000.165

2	**Außenputz abschlagen, Teilflächen**							KG **394**

Außenputz, zweilagig, auf Ziegelmauerwerk in Teilflächen abschlagen und Bauschutt entsorgen. Die Wandflächen sind abschließend durch Abkehren zu reinigen.
Einzelgrößen: bis 1,0 m²
Putzdicke: bis 30 mm
Haftung: .....

13€	17€	**19€**	19€	27€	[m²]	⏱ 0,27 h/m²	323.000.166

3	**Sockelputz abschlagen**							KG **394**

Sockelputz abschlagen und Bauschutt entsorgen. Die Wandflächen sind abschließend durch Abkehren zu reinigen.
Putzdicke: bis 30 mm
Haftung: .....

6€	9€	**10€**	12€	17€	[m²]	⏱ 0,23 h/m²	323.000.167

4	**Deckenputz abschlagen**							KG **394**

Deckenputz abbrechen und Bauschutt entsorgen. Die Wandflächen sind abschließend durch Abkehren zu reinigen.
Putzdicke: bis 20 mm
Untergrund: .....
Haftung: .....

8€	17€	**19€**	22€	28€	[m²]	⏱ 0,25 h/m²	323.000.168

5	**Deckenputz abschlagen, Teilflächen**							KG **394**

Deckenputz in Teilflächen abbrechen und Bauschutt entsorgen. Die Wandflächen sind abschließend durch Abkehren zu reinigen.
Putzdicke: bis 20 mm
Untergrund: .....
Haftung: .....
Einzelgröße: bis 1,0 m²

9€	16€	**20€**	23€	33€	[m²]	⏱ 0,30 h/m²	323.000.169

6	**Putzträger entfernen, Wand**							KG **394**

Putzträger an Wand ausbauen und Bauschutt entsorgen.
Material: Streckmetall

6€	9€	**10€**	12€	19€	[m²]	⏱ 0,20 h/m²	323.000.170

7	**Putzträger entfernen, Decke**							KG **394**

Putzträger von Decken ausbauen und Bauschutt entsorgen.
Material: Streckmetall

7€	13€	**14€**	17€	21€	[m²]	⏱ 0,25 h/m²	323.000.171

© BKI Baukosteninformationszentrum; Erläuterungen zu den Tabellen siehe Seite 22
Mustertexte geprüft: Fachverband der Stuckateure für Ausbau und Fassade Baden-Württemberg

Kostenstand: 2.Quartal 2018, Bundesdurchschnitt

LB 323 Putz- und Stuckarbeiten, Wärmedämmsysteme

Kosten:
Stand 2.Quartal 2018
Bundesdurchschnitt

▶ min
▷ von
ø Mittel
◁ bis
◀ max

Nr.	Kurztext / Langtext						Kostengruppe	
▶	▷ ø netto € ◁ ◀					[Einheit]	Ausf.-Dauer	Positionsnummer
8	**Eckschutzschiene abbrechen**							KG **394**
	Eckschutzschiene inkl. Befestigungsanker abbrechen und Bauschutt entsorgen.							
	Material:							
	Länge: bis 1,50 m							
	4€	4€	5€	5€	10€	[m]	⏱ 0,10 h/m	323.000.172
9	**Ziegelwand/Fugen reinigen**							KG **395**
	Wandfläche reinigen, Fugen auskratzen und mit Stahlbesen abbürsten und Bauschutt entsorgen.							
	Mauerwerksart: Ziegelmauerwerk							
	Steinformat:							
	1€	4€	4€	7€	11€	[m²]	⏱ 0,10 h/m²	323.000.173
10	**Pilz-/Algenbefall entfernen, Außenputz**							KG **395**
	Verputzte Fassadenflächen mit Algen- und Pilzbefall mit Sanierlösung und Bürste behandeln.							
	Befall:							
	Angeb. Fabrikat:							
	4€	5€	5€	6€	10€	[m²]	⏱ 0,06 h/m²	323.000.180
11	**Sandstrahlen, Altputz**							KG **395**
	Sandstrahlen ohne Wasser von Wandflächen zum Entfernen von Altputzresten, groben Schmutz und weißlichen Ausblühungen. Verbliebenen Staub abkehren oder abblasen und Schutt entsorgen.							
	Untergrund:							
	4€	8€	9€	11€	13€	[m²]	⏱ 0,18 h/m²	323.000.174
12	**Feuchtestrahlen, Putzuntergrund**							KG **395**
	Feuchtestrahlen mit festen Strahlmittel des Putzuntergrundes zum Entfernen von fest haftenden Substanzen. Flächen nachwaschen und Reststoffe entsorgen.							
	Untergrund:							
	6€	9€	10€	12€	16€	[m²]	⏱ 0,18 h/m²	323.000.175
13	**Druckreinigung, Rotordüse, Putzuntergrund**							KG **395**
	Hochdruckwasserstrahlen mit Rotordüse des Putzuntergrunds zum Entfernen von fest haftenden Substanzen einschl. Entsorgung der Reststoffe.							
	Untergrund:							
	3€	6€	7€	8€	11€	[m²]	⏱ 0,14 h/m²	323.000.176
14	**Fassadenreinigung, Dampfstrahlen**							KG **395**
	Putzuntergrund durch temperiertes Dampfstrahlen reinigen. Leistung einschl. Entsorgung der Reststoffe und Deponiegebühren.							
	Untergrund:							
	2€	4€	5€	6€	9€	[m²]	⏱ 0,12 h/m²	323.000.177
15	**Hohlstellen prüfen, Innenputz**							KG **394**
	Innenputz auf Hohlstellen prüfen und markieren.							
	Putzart:							
	0,7€	1,2€	**1,4€**	1,6€	2,9€	[m²]	⏱ 0,03 h/m²	323.000.178

Nr.	Kurztext / Langtext							Kostengruppe
▶	▷	ø netto €	◁	◀	[Einheit]		Ausf.-Dauer	Positionsnummer

16 Hohlstellen abschlagen, Innenputz — KG **394**
Hohlstellen des Putzes an Innenwandflächen abschlagen und Entsorgung des Bauschutts.
Putz: .....
Einzelflächen: .....

| 6€ | 9€ | **10€** | 12€ | 15€ | [St] | ⏱ 0,24 h/St | 323.000.179 |

17 Mauerbewuchs entfernen, Putzflächen — KG **395**
Mauerbewuchs auf Putzflächen entfernen und Abfall entsorgen.
Bewuchs: .....

| 2€ | 4€ | **5€** | 6€ | 8€ | [m²] | ⏱ 0,13 h/m² | 323.000.181 |

18 Ausblühungen entfernen, Putzuntergrund — KG **395**
Sichtbare Ausblühungen an Putzuntergrund durch trockenes abbürsten entfernen.
Untergrund: .....

| 2€ | 4€ | **4€** | 5€ | 8€ | [m²] | ⏱ 0,08 h/m² | 323.000.182 |

19 Mauerwerksfugen verfüllen — KG **395**
Mauerwerksfugen bis Vorderkante der Fugen verfüllen.
Mauerwerk: .....
Mörtelart: .....

| 9€ | 6€ | **11€** | 13€ | 21€ | [m²] | ⏱ 0,23 h/m² | 323.000.183 |

20 Putzträger, verzinkt, Innenwand — KG **395**
Putzträger aus verzinktem Metallgewebe auf Innenwände aus Mauerwerk einbauen.
Bauteil: Innenwand
Maschenweite: .....
Einbauort: .....

| 4€ | 9€ | **11€** | 12€ | 15€ | [m²] | ⏱ 0,20 h/m² | 323.000.184 |

21 Putzträger, Drahtziegelgewebe, innen — KG **395**
Putzträger aus Drahtziegelgewebe auf Innenwände aus Mauerwerk einbauen
Bauteil: Innenwand
Maschenweite: bis 12,5 mm
Einbauort: .....

| 5€ | 10€ | **11€** | 13€ | 16€ | [m²] | ⏱ 0,20 h/m² | 323.000.185 |

22 Spritzbewurf, Innenmauerwerk — KG **395**
Spritzbewurf auf Mauerwerk im Innenbereich halbdeckend auftragen mit grobkörnigem Zementvorspritzmörtel.
Art des Mauerwerks: .....
Mörtelgruppe: CS IV

| 3€ | 6€ | **7€** | 8€ | 11€ | [m²] | ⏱ 0,08 h/m² | 323.000.186 |

23 Untergrund verfestigen, Tiefengrund — KG **395**
Tiefengrund auf tragfähigen Altputz mit sandender Oberfläche.
Angeb. Fabrikat: .....

| 1€ | 2€ | **2€** | 2€ | 3€ | [m²] | ⏱ 0,05 h/m² | 323.000.187 |

**LB 323
Putz- und Stuckarbeiten, Wärmedämmsysteme**

Kosten:
Stand 2.Quartal 2018
Bundesdurchschnitt

Nr.	Kurztext / Langtext				[Einheit]	Ausf.-Dauer	Kostengruppe Positionsnummer
▶	▷	ø netto €	◁	◀			

24 Haftputz, mineralisch, Beton KG **395**
Mineralische Putzhaftbrücke aus Werkmörtel, kunststoffmodifiziert, auf glatten, schwach saugenden Betonflächen aufziehen und mit der Zahntraufel aufkämmen.
Mörtelgruppe: CS III
Schichtdicke: ca. 5 mm

| 4€ | 5€ | **5€** | 6€ | 9€ | [m²] | ⏱ 0,05 h/m² | 323.000.188 |

25 Außenputz ausbessern KG **395**
Außenputz mit Unter- und Oberputz ausbessern. Loser und hohlliegender Putz ist zu entfernen und Mauerwerksfugen bis 15 mm tief auskratzen. Die Wandflächen sind abschießend zu reinigen und der Bauschutt zu entsorgen.
Neuverputz: .....
Oberfläche: .....

| 17€ | 29€ | **33€** | 39€ | 54€ | [m²] | ⏱ 0,65 h/m² | 323.000.189 |

26 Außenputz ausbessern, Teilflächen KG **395**
Außenputz in Teilflächen entfernen und mit Unter- und Oberputz ausbessern. Loser und hohlliegender Putz ist zu entfernen und Mauerwerksfugen bis 15 mm tief auskratzen. Die Wandflächen sind abschießend zu reinigen und der Bauschutt zu entsorgen.
Neuverputz: .....
Oberfläche: .....
Flächen bis 1,0 m²

| 21€ | 33€ | **38€** | 43€ | 64€ | [m²] | ⏱ 0,65 h/m² | 323.000.190 |

27 Öffnungen beiputzen, außen KG **395**
Nachträgliches Beiputzen des Außenputzes an Fenstern und Türen.
Laibungstiefe: bis 20 cm
Mörtelart: .....

| 6€ | 7€ | **8€** | 9€ | 12€ | [m] | ⏱ 0,10 h/m | 323.000.191 |

28 Fensterbrett beiputzen, außen KG **395**
Nachträglich eingebautes Fensterbrett beiputzen.
Länge: bis 1,35 m
Breite: bis 15 cm

| 11€ | 12€ | **14€** | 16€ | 19€ | [St] | ⏱ 0,30 h/St | 323.000.192 |

29 Putzträger, Streckmetall, außen KG **395**
Putzträger mit Streckmetall, vollflächig an Wandflächen im Außenbereich.
Material: Stahl, verzinkt

| 7€ | 11€ | **13€** | 15€ | 18€ | [m²] | ⏱ 0,23 h/m² | 323.000.193 |

30 Putzarmierung, Glasfasergewebe, außen KG **395**
Putzarmierung mit Glasfasergewebe, vollflächig an Wandflächen im Außenbereich.
Angeb. Fabrikat: .....

| 6€ | 7€ | **8€** | 9€ | 11€ | [m²] | ⏱ 0,12 h/m² | 323.000.194 |

▶ min
▷ von
ø Mittel
◁ bis
◀ max

Nr.	Kurztext / Langtext							Kostengruppe
▶	▷	ø netto €	◁	◀		[Einheit]	Ausf.-Dauer	Positionsnummer

31 Putzarmierung, Edelstahl, außen KG **395**
Putzarmierung aus Edelstahlgitter in mineralischen Putzflächen, vollflächig im Außenbereich mit Dübeln befestigt.
Angeb. Fabrikat: .....

| 24€ | 26€ | 29€ | 34€ | 38€ | [m²] | ⏱ 0,20 h/m² | 323.000.195 |

32 Eckschutzprofil, verzinkt, Außenputz KG **395**
Eckschutzprofil aus verzinktem Stahl für Putz im Außenbereich.
Bauteil: Wand
Angeb. Fabrikat: .....

| 5€ | 6€ | 6€ | 7€ | 9€ | [m] | ⏱ 0,10 h/m | 323.000.196 |

33 Kantenprofil, Edelstahl, Außenputz KG **395**
Kantenprofil aus Edelstahl für Putz im Außenbereich.
Bauteil: Wand
Angeb. Fabrikat: .....

| 7€ | 8€ | 9€ | 11€ | 13€ | [m] | ⏱ 0,10 h/m | 323.000.197 |

34 Abschlussprofil, PVC/Stahl, Außenputz KG **395**
Putzabschlussprofil aus verzinktem Stahlblech mit PVC-Überzug für Putz im Außenbereich.
Farbe PVC: weiß
Angeb. Fabrikat: .....

| 4€ | 5€ | 5€ | 6€ | 8€ | [m] | ⏱ 0,08 h/m | 323.000.198 |

35 Einzelriss starr, Verschlämmen KG **395**
Einzelriss ohne Rissbreitenänderung, in Außenputz, durch Verschlämmen mit füllender Beschichtung schließen.
Putzart: .....
Oberfläche: .....
Risstiefe: .....
Füllstoff: .....

| 4€ | 4€ | 5€ | 6€ | 6€ | [m] | ⏱ 0,12 h/m | 323.000.199 |

36 Einzelriss starr, Mörtelverschluss KG **395**
Einzelriss ohne Rissbreitenänderung, in Außenputz, weiten und mit Spachtelmasse schließen. Die Rissränder und Putzuntergrund sind zu grundieren und an die Oberfläche des vorhandenen Putzes anzupassen.
Putzart: .....
Oberfläche: .....
Risstiefe: .....
Spachtelmasse: .....

| 2€ | 5€ | 6€ | 7€ | 7€ | [m] | ⏱ 0,12 h/m | 323.000.200 |

**LB 323
Putz- und Stuckarbeiten, Wärmedämmsysteme**

Nr.	Kurztext / Langtext							Kostengruppe
▶	▷	ø netto €	◁	◀		[Einheit]	Ausf.-Dauer	Positionsnummer

37 Einzelriss flexibel, Dichtstoff KG **395**
Einzelriss, mit Rissbreitenänderung in Außenputz, v-förmig weiten und mit überstreichbaren Dichtstoff schließen. Der Riss ist zu grundieren und der frische Dichtstoff mit Sand abzustreuen.
Putzart: .....
Oberfläche: .....
Risstiefe: .....
Dichtstoff: .....

| 4€ | 6€ | **7€** | 8€ | 9€ | [m] | ⏱ 0,17 h/m | 323.000.201 |

38 Einzelriss 0,2mm, Trennlage/Putzträger KG **395**
Einzelriss in Außenwandputz mit max. 0,2mm Rissbreitenänderung mit Trennlage und Gewebe überdecken und mit Verputz oberflächengleich schließen. Der Putz ist beidseitig 20cm und der Oberputz zusätzlich 5cm zu entfernen. Die Trennlage ist mit mehrlagigem Glasvlies und Drahtgitter mit Befestigung im Abstand von 25cm auszuführen.
Putzart: .....
Oberfläche: .....
Putzdicke: bis 25 mm

| 10€ | 12€ | **15€** | 18€ | 19€ | [m] | ⏱ 0,23 h/m | 323.000.202 |

39 Einzelriss flexibel, Dehnfuge gerade KG **395**
Einzelriss, geradlinig mit Rissbreitenänderung in Außenputz, für die Ausbildung einer Dehnfuge zu weiten, Hinterfüllen und mit Dichtstoff schließen. Die Rissflanken sind vor dem Verfüllen zu grundieren.
Putzart: .....
Oberfläche: .....
Putzdicke: bis 25 mm
Fugendimensionierung: .....
Dichtstoff: .....

| 6€ | 10€ | **11€** | 13€ | 15€ | [m] | ⏱ 0,19 h/m | 323.000.203 |

40 Einzelriss flexibel, Bewegungsprofil KG **395**
Einzelriss, geradlinig mit Rissbreitenänderung in Außenputz, durch Einbau einer Dehnfuge mit Fugenprofil instand setzen. Putz beidseitig des Risses für Einbau des Profils mind. 10cm beidseitig und Oberputz zusätzlich 5cm freilegen und anschließend oberflächengleich beiputzen.
Putzart: .....
Oberfläche: .....
Putzdicke: bis 25 mm
Bewegungsfugenprofil: .....

| 23€ | 29€ | **32€** | 38€ | 41€ | [m] | ⏱ 0,27 h/m | 323.000.204 |

41 Fugenschnitt, Wandputz KG **395**
Fugenschnitt zur Begrenzung und zum Schutz des bestehenden Putzes an Wänden für nachträglichen Putzanschluss.
Putz: .....
Putzdicke: bis 15 mm

| 5€ | 6€ | **7€** | 8€ | 8€ | [m] | ⏱ 0,12 h/m | 323.000.205 |

Kosten:
Stand 2.Quartal 2018
Bundesdurchschnitt

▶ min
▷ von
ø Mittel
◁ bis
◀ max

Nr.	Kurztext / Langtext						Kostengruppe
▶	▷ ø netto € ◁ ◀				[Einheit]	Ausf.-Dauer	Positionsnummer

42 Putzschäden ausbessern, Teilflächen KG **395**

Putzschäden an geputzten Innenwänden in Teilflächen ausbessern. Geschädigten Putz bis auf das Mauerwerk entfernen und reinigen sowie Bauschutt entsorgen. Fehlflächen mit Mörtel entsprechend des Umgebungsputzes schließen und Oberfläche ansatzfrei angleichen.
Mörtelart: .....
Oberfläche: .....
Flächen bis 1,0 m²
Tiefe: bis 2,0 cm

| 18€ | 20€ | **23€** | 26€ | 30€ | [m²] | ⏱ 0,30 h/m² | 323.000.206 |

A 1 Fehlstellen verputzen Beschreibung für Pos. **43-45**

Fehlstellen im Innenwandputz verputzen und Oberfläche ansatzfrei mit Bestand angleichen.
Mörtel: .....
Tiefe: bis 2,0 cm

43 Fehlstellen verputzen, bis 0,1m² KG **395**

Wie Ausführungsbeschreibung A 1
Fehlstelle: 0,01 bis 0,1 m²

| 2€ | 2€ | **3€** | 3€ | 4€ | [St] | ⏱ 0,06 h/St | 323.000.207 |

44 Fehlstellen verputzen, bis 0,2m² KG **395**

Wie Ausführungsbeschreibung A 1
Größe: 0,1 bis 0,2 m²

| 3€ | 4€ | **4€** | 5€ | 6€ | [St] | ⏱ 0,10 h/St | 323.000.208 |

45 Fehlstellen verputzen, bis 0,3m² KG **395**

Wie Ausführungsbeschreibung A 1
Größe: 0,2 bis 0,3 m²

| 4€ | 5€ | **6€** | 7€ | 8€ | [St] | ⏱ 0,12 h/St | 323.000.209 |

46 Putzflächen spachteln, Fehlstellen innen KG **395**

Putz mit kleineren Schlagstellen und Löchern durch Spachtelung an bestehenden Putz angleichen.
Putz: .....
Spachtel: .....
Oberfläche: .....

| 6€ | 7€ | **8€** | 10€ | 12€ | [m²] | ⏱ 0,20 h/m² | 323.000.210 |

47 Ausgleichsputz, Innenwand KG **395**

Ausgleichsputz auf Innenwandflächen mit Anpassung an bestehenden Putz.
Dicke: bis 2 cm
Mörtelgruppe: .....

| 10€ | 14€ | **15€** | 19€ | 27€ | [m²] | ⏱ 0,22 h/m² | 323.000.211 |

LB 323
Putz- und Stuckarbeiten, Wärmedämmsysteme

Kosten:
Stand 2.Quartal 2018
Bundesdurchschnitt

Nr.	Kurztext / Langtext	▶	▷	ø netto €	◁	◀	[Einheit]	Ausf.-Dauer	Kostengruppe Positionsnummer
48	**Öffnungen beiputzen, innen**								KG **395**
	Beiputzen von nachträglich eingebauten Fenstern und Türen. Mörtel: ..... Oberfläche: ..... Breite: bis 40 cm	9€	10€	**11**€	13€	16€	[m]	0,16 h/m	323.000.212
49	**Fensterbrett beiputzen, innen**								KG **395**
	Nachträglich eingebautes Fensterbrett im Innenbereich beiputzen. Länge: bis 1,35 m Breite: bis 25 cm	11€	14€	**16**€	19€	23€	[St]	0,30 h/St	323.000.213
50	**Kellenschnitt, Innenputz**								KG **395**
	Kellenschnitt als Putzanschluss der Innenwand an benachbarte Bauteile. Bauteil:	3€	3€	**4**€	4€	5€	[m]	0,10 h/m	323.000.214
51	**Putzträger, Rippenstreckmetall, innen**								KG **395**
	Putzträger aus verzinktem Rippenstreckmetall an Wänden im Innenbereich.	8€	10€	**11**€	13€	16€	[m²]	0,15 h/m²	323.000.215
52	**Putzträger, Rabitzgewebe, innen**								KG **395**
	Putzträger mit Rabitzgewebe zur Überspannung rissegefährdeter Putzuntergrundflächen. Putzuntergrund: ..... Einbauort:	7€	9€	**11**€	12€	15€	[m²]	0,15 h/m²	323.000.216
53	**Eckschutzwinkel, verzinkt, innen**								KG **395**
	Eckschutzwinkel aus Metall in verschiedenen Längen an Kanten im Innenbereich. Putzdicke: bis 15 mm Material: Stahl, verzinkt Angeb. Fabrikat:	3€	4€	**5**€	6€	7€	[m]	0,08 h/m	323.000.217
54	**Putzanschlussleiste, verzinkt, Türen, innen**								KG **395**
	Putzanschlussleiste für Schattenfugen zwischen Türzargen und Putzflächen im Innenbereich. Material: Stahl, verzinkt Angeb. Fabrikat:	4€	4€	**5**€	5€	6€	[m]	0,08 h/m	323.000.218

▶ min
▷ von
ø Mittel
◁ bis
◀ max

Nr.	Kurztext / Langtext							Kostengruppe
▶	▷	ø netto €	◁	◀	[Einheit]	Ausf.-Dauer	Positionsnummer

55 **WD-Putz, Innendämmung, 50mm** — KG **336**

Wärmedämm-Putzsystem aus Spritzbewurf, Dämmputz und Kratzputz an Wänden als nachträgliche Dämmung auf Innenflächen der Außenwand.
Putzgrund: Ziegel
Putzgrund: Spritzbewurf, voll deckend
Unterputz: T (Wärmedämmputzmörtel)
Dämmputz 30 mm, glatt abgezogen
Nennwert der Wärmeleitfähigkeit: T1 (070)
Oberputz: .....
Struktur: Kratzputz, Körnung 3 mm
Gesamtdicke: 50 mm
Farbton: weiß
Angeb. Fabrikat: .....

| 40 € | 46 € | **52 €** | 60 € | 73 € | [m²] | 0,60 h/m² | 323.000.219 |

56 **WD-Putz, Innendämmung, 75mm** — KG **336**

Wärmedämm-Putzsystem aus Spritzbewurf, Dämmputz und Kratzputz an Wänden als nachträgliche Dämmung auf Innenflächen der Außenwand.
Putzgrund: Ziegel
Putzgrundvorbereitung: Spritzbewurf
Unterputz: T (Wärmedämmputzmörtel):
Dämmputz 50 mm, glatt abgezogen
Nennwert der Wärmeleitfähigkeit: T1 (070)
Zwischenputz: ...., ca. 7 mm, mit Gewebe
Oberputz: .....
Struktur: glatt abgezogen, Körnung kleiner 4 mm
Gesamtdicke: 75 mm
Farbton: weiß
Angeb. Fabrikat: .....

| 52 € | 58 € | **66 €** | 77 € | 93 € | [m²] | 0,65 h/m² | 323.000.220 |

57 **WD-Putz, Unter- und Oberputz., 50mm, Laibungen** — KG **336**

Wärmedämm-Putzsystem an Laibungen im Innenbereich auf Außenwänden.
Gesamtdicke: 50 mm
Laibungstiefe: bis 250 mm
Farbton: weiß
Angeb. Fabrikat: .....

| 16 € | 18 € | **21 €** | 24 € | 29 € | [m] | 0,35 h/m | 323.000.221 |

58 **WD-Putz, Unter- und Oberputz., 75mm, Laibungen** — KG **336**

Wärmedämm-Putzsystem an Laibungen im Innenbereich auf Außenwänden.
Gesamtdicke: 75 mm
Laibungstiefe: bis 250 mm
Farbton: weiß
Angeb. Fabrikat: .....

| 21 € | 24 € | **27 €** | 31 € | 37 € | [m] | 0,40 h/m | 323.000.222 |

**LB 323
Putz- und Stuckarbeiten, Wärmedämmsysteme**

Kosten:
Stand 2.Quartal 2018
Bundesdurchschnitt

Nr.	Kurztext / Langtext				[Einheit]	Ausf.-Dauer	Kostengruppe Positionsnummer
▶	▷ ø netto € ◁ ◀						

59 Putzträger, Rippenstreckmetall, Decken KG **395**
Putzträger aus verzinktem Rippenstreckmetall an Decken im Innenbereich.
9€   11€   **12**€   14€   17€   [m²]   ⌛ 0,17 h/m²   323.000.223

60 Putzträger, Rabitzgewebe, Decken KG **395**
Putzträger mit Rabitzgewebe zur Überspannung rissegefährdeter Putzgrundflächen an Decken im Innenbereich.
Putzgrund: .....
Einbauort: .....
9€   10€   **11**€   13€   16€   [m²]   ⌛ 0,17 h/m²   323.000.224

61 Fugenschnitt, Deckenputz KG **395**
Fugenschnitt zur Begrenzung und zum Schutz des bestehenden Putzes an Decken für nachträglichen Putzanschluss.
Putz: .....
Putzdicke: bis 15 mm
5€   6€   **7**€   8€   10€   [m²]   ⌛ 0,15 h/m²   323.000.225

62 Kalk-Gipsputz, Innenwand, einlagig, Q2-geglättet KG **345**
Einlagiger Kalk-Gipsputz, innen, für mittel- bis grobstrukturierte Wandbeläge und matte, gefüllte Beschichtungen.
Untergrund: .....
Putzdicke: 15 mm
Oberflächenqualität: Q2 - geglättet
Angeb. Fabrikat: .....
13€   15€   **17**€   18€   20€   [m²]   ⌛ 0,20 h/m²   323.000.275

63 Kalk-Zementputz, Innenwand, einlagig, Q3-geglättet KG **345**
Einlagiger Kalk-Zementputz, innen, wasserabweisend, als Untergrund für Fliesen.
Untergrund: .....
Putzdicke: 15 mm
Oberflächenqualität: Q3 - geglättet
Putzklasse: CS II
Angeb. Fabrikat: .....
13€   16€   **17**€   19€   22€   [m²]   ⌛ 0,22 h/m²   323.000.276

64 Gipsputz, Innenwand, einlagig, Q2-gefilzt KG **345**
Einlagiger Gipsputz, gefilzt, auf Wänden, innen, für matte, gefüllte Beschichtungen und grobstrukturierte Wandbeläge.
Untergrund: KS-Mauerwerk, saugfähig
Putzdicke: 15 mm
Oberflächenqualität: Q2 - gefilzt
Druckfestigkeitsklasse: **B1 / .... / B7**
Mörtelgruppe: P IV
Raumhöhe: bis 3,00 m
Ausführung: in allen Geschossen
Angeb. Fabrikat: .....
11€   14€   **16**€   17€   22€   [m²]   ⌛ 0,20 h/m²   323.000.277

▶ min
▷ von
ø Mittel
◁ bis
◀ max

Nr.	Kurztext / Langtext					Kostengruppe	
▶	▷ ø netto €	◁	◀	[Einheit]	Ausf.-Dauer	Positionsnummer	

65 Gipsputz, Innenwand, einlagig, Q2-geglättet — KG 345

Einlagiger Gipsputz auf Wänden, innen, für Raufasertapete (Körnung RM / RG) oder matte, gefüllte Beschichtung.
Untergrund: .....
Putzdicke: 15 mm
Oberflächenqualität: Q2 - geglättet
Druckfestigkeitsklasse: **B1 / .... / B7**
Mörtelgruppe: P IV
Ausführung: in allen Geschossen
Angeb. Fabrikat: .....

| 9€ | 14€ | **15€** | 17€ | 22€ | [m²] | 0,20 h/m² | 323.000.278 |

66 Kalk-Gipsputz, Decken, einlagig, Q2-gefilzt — KG 353

Einlagiger Kalk-Gipsputz, an Deckenflächen innen, für grob strukturierte Wandbekleidungen.
Untergrund: .....
Putzdicke: 10 mm
Oberflächenqualität: Q2 - gefilzt
Mörtel: **B3 / B6**
Arbeitshöhe: .....
Angeb. Fabrikat: .....

| 11€ | 15€ | **17€** | 19€ | 23€ | [m²] | 0,25 h/m² | 323.000.279 |

67 Außenputz, Unter-/Oberputz, Wand — KG 335

Putzsystem auf Außenwänden, mineralisch, bestehend aus Unterputz und Oberputz.
Untergrund: Ziegelmauerwerk
Unterputz: Kalkzement-Putzmörtel GP, CS II
Unterputzdicke: 20 mm
Oberputz: Normalmörtel GP
Druckfestigkeit: CS I
Kapillare Wasseraufnahme: W1, wasserhemmend
Körnung Oberputz: 3,0 mm
Farbe: .....
Struktur: gerieben
Verputzhöhe: bis 3,50 m
Angeb. Fabrikat: .....

| 20€ | 28€ | **32€** | 35€ | 41€ | [m²] | 0,48 h/m² | 323.000.280 |

68 Kunstharzputz, außen — KG 335

Kunstharzputz, außen, mit algizider und fungizider Filmkonservierung.
Untergrund: Unterputz .....
Putz: Dispersionsputz DIN EN 15824
Struktur: Kratzputzstruktur
Korngröße: 2,0-3,0 mm
Wasserdampfdiffusion: V1
Schlagregenbeanspruchung: III
Kapillare Wasseraufnahme: **W2 / W3**
Farbton: nach Bemusterung, durch den Auftraggeber
Angeb. Fabrikat: .....

| 12€ | 15€ | **16€** | 20€ | 23€ | [m²] | 0,25 h/m² | 323.000.281 |

LB 323
Putz- und Stuckarbeiten, Wärmedämmsysteme

Kosten:
Stand 2.Quartal 2018
Bundesdurchschnitt

▶ min
▷ von
ø Mittel
◁ bis
◀ max

Nr.	Kurztext / Langtext ▶ ▷ ø netto € ◁ ◀	[Einheit]	Ausf.-Dauer	Kostengruppe Positionsnummer

69 Untergrundvorbereitung, WDVS — KG **395**
Untergrund von Schmutz und Staub reinigen, WDVS
Reinigungsmittel: .....

| 2€ | 2€ | **2€** | 2€ | 2€ | [m²] | ⏱ 0,04 h/m² | 323.000.228 |

70 Druckwasserstrahlen, Reinigung — KG **395**
Strahlen mit Druckwasser zum Abtragen und Entfernen loser Teile, sowie leicht ablösender Schichten.
Bauteil: Außenwand

| 11€ | 12€ | **14€** | 16€ | 17€ | [m²] | ⏱ 0,13 h/m² | 323.000.229 |

71 Ausgleichsputz auftragen — KG **395**
Ausgleichsputz zur Herstellung eines ebenen Untergrundes für WDVS-Systems.
Unebenheiten: +/-10 mm
Mörtel: .....
Erhärtungszeit: .....
Angeb. Fabrikat: .....

| 9€ | 10€ | **12€** | 14€ | 16€ | [m²] | ⏱ 0,22 h/m² | 323.000.230 |

72 Untergrundverfestigung, Grundierung — KG **395**
Grundierung zur Untergrundverfestigung von oberflächig sandende Flächen.
Angeb. Fabrikat: .....

| 0,9€ | 2,0€ | **2,3€** | 2,6€ | 3,8€ | [m²] | ⏱ 0,05 h/m² | 323.000.231 |

A 2 WDVS bis 20m, WF, Klebeverfahren — Beschreibung für Pos. **73-79**
Wärmedämm-Verbundsystem mit Holzfaserplatten im Klebeverfahren, einschl. konstruktiver Dübelung und Armierungsputz mit vollflächiger Gewebeeinlage.
Gebäudehöhe: bis 20 m
Dämmmaterial: Holzfaserplatten WF
Anwendung: WAP-h

73 WDVS bis 20m, WF 100, Klebeverfahren — KG **335**
Wie Ausführungsbeschreibung A 2
Untergrund: .....
Dämmplattendicke: 100 mm
Plattenkante: .....
Nennwert der Wärmeleitfähigkeit: .....
Zusatzverdübelung: ..... St/m²
Randbereich: ..... St/m²
Zulassung: .....
Brandverhalten: Klasse .....
Angeb. Fabrikat: .....

| 60€ | 63€ | **69€** | 81€ | 90€ | [m²] | ⏱ 1,00 h/m² | 323.000.260 |

Nr.	Kurztext / Langtext							Kostengruppe
▶	▷	ø netto €	◁	◀	[Einheit]	Ausf.-Dauer	Positionsnummer	

74 WDVS bis 20m, WF 120, Klebeverfahren — KG **335**

Wie Ausführungsbeschreibung A 2
Untergrund: .....
Dämmplattendicke: 120 mm
Plattenkante: .....
Nennwert der Wärmeleitfähigkeit: .....
Zusatzverdübelung: ..... St/m²
Randbereich: ..... St/m²
Zulassung: .....
Brandverhalten: Klasse .....
Angeb. Fabrikat: .....

| 68 € | 72 € | **80 €** | 92 € | 103 € | [m²] | ⏱ 1,00 h/m² | 323.000.261 |

75 WDVS bis 20m, WF 140, Klebeverfahren — KG **335**

Wie Ausführungsbeschreibung A 2
Untergrund: .....
Dämmplattendicke: 140 mm
Plattenkante: .....
Nennwert der Wärmeleitfähigkeit: .....
Zusatzverdübelung: ..... St/m²
Randbereich: ..... St/m²
Zulassung: .....
Brandverhalten: Klasse .....
Angeb. Fabrikat: .....

| 73 € | 78 € | **85 €** | 99 € | 111 € | [m²] | ⏱ 1,00 h/m² | 323.000.262 |

76 WDVS bis 20m, WF 160, Klebeverfahren — KG **335**

Wie Ausführungsbeschreibung A 2
Untergrund: .....
Dämmplattendicke: 160 mm
Plattenkante: .....
Nennwert der Wärmeleitfähigkeit: .....
Zusatzverdübelung: ..... St/m²
Randbereich: ..... St/m²
Zulassung: .....
Brandverhalten: Klasse .....
Angeb. Fabrikat: .....

| 80 € | 85 € | **93 €** | 108 € | 121 € | [m²] | ⏱ 1,05 h/m² | 323.000.263 |

**LB 323
Putz- und Stuckarbeiten, Wärmedämmsysteme**

Kosten:
Stand 2.Quartal 2018
Bundesdurchschnitt

▶ min
▷ von
ø Mittel
◁ bis
◀ max

Nr.	Kurztext / Langtext ▶ ▷ ø netto € ◁ ◀	[Einheit]	Ausf.-Dauer	Kostengruppe Positionsnummer
77	**WDVS bis 20m, WF 180, Klebeverfahren**			KG **335**
	Wie Ausführungsbeschreibung A 2
Untergrund: .....
Dämmplattendicke: 180 mm
Plattenkante: .....
Nennwert der Wärmeleitfähigkeit: .....
Zusatzverdübelung: ..... St/m²
Randbereich: ..... St/m²
Zulassung: .....
Brandverhalten: Klasse .....
Angeb. Fabrikat: .....
83€ 88€ **96**€ 112€ 125€	[m²]	⌚ 1,05 h/m²	323.000.264
78	**WDVS bis 20m, WF 200, Klebeverfahren**			KG **335**
	Wie Ausführungsbeschreibung A 2
Untergrund: .....
Dämmplattendicke: 200 mm
Plattenkante: .....
Nennwert der Wärmeleitfähigkeit: .....
Zusatzverdübelung: ..... St/m²
Randbereich: ..... St/m²
Zulassung: .....
Brandverhalten: Klasse .....
Angeb. Fabrikat: .....
93€ 99€ **109**€ 126€ 138€	[m²]	⌚ 1,05 h/m²	323.000.265
79	**WDVS bis 20m, WF 240, Klebeverfahren**			KG **335**
	Wie Ausführungsbeschreibung A 2
Untergrund: .....
Dämmplattendicke: 240 mm
Plattenkante: .....
Nennwert der Wärmeleitfähigkeit: .....
Zusatzverdübelung: ..... St/m²
Randbereich: ..... St/m²
Zulassung: .....
Brandverhalten: Klasse .....
Angeb. Fabrikat: .....
104€ 110€ **121**€ 140€ 154€	[m²]	⌚ 1,10 h/m²	323.000.266

Nr.	Kurztext / Langtext							Kostengruppe
▶	▷	ø netto €	◁	◀	[Einheit]	Ausf.-Dauer	Positionsnummer

A 3 WDVS bis 20m, Mineralwolle, Klebeverfahren — Beschreibung für Pos. **80-86**

Wärmedämm-Verbundsystem mit Mineralwolleplatten im Klebeverfahren, einschl. konstruktiver Dübelung und Armierungsputz mit vollflächiger Gewebeeinlage.
Gebäudehöhe: bis 20 m
Dämmmaterial: Mineralwolleplatten MW
Anwendung: WAP - zh

80 WDVS bis 20m, MW 100, Klebeverfahren — KG **335**

Wie Ausführungsbeschreibung A 3
Untergrund: .....
Dämmplattendicke: 100 mm
Plattenkante: .....
Nennwert der Wärmeleitfähigkeit: .....
Zusatzverdübelung: ..... St/m²
Randbereich: ..... St/m²
Zulassung: .....
Brandverhalten: Klasse .....
Angeb. Fabrikat: .....

| 52 € | 55 € | **60 €** | 70 € | 78 € | [m²] | ⏱ 1,00 h/m² | 323.000.232 |

81 WDVS bis 20m, MW 120, Klebeverfahren — KG **335**

Wie Ausführungsbeschreibung A 3
Untergrund: .....
Dämmplattendicke: 120 mm
Plattenkante: .....
Nennwert der Wärmeleitfähigkeit: .....
Zusatzverdübelung: ..... St/m²
Randbereich: ..... St/m²
Zulassung: .....
Brandverhalten: Klasse .....
Angeb. Fabrikat: .....

| 58 € | 61 € | **67 €** | 78 € | 87 € | [m²] | ⏱ 1,00 h/m² | 323.000.233 |

82 WDVS bis 20m, MW 140, Klebeverfahren — KG **335**

Wie Ausführungsbeschreibung A 3
Untergrund: .....
Dämmplattendicke: 140 mm
Plattenkante: .....
Nennwert der Wärmeleitfähigkeit: .....
Zusatzverdübelung: ..... St/m²
Randbereich: ..... St/m²
Zulassung: .....
Brandverhalten: Klasse .....
Angeb. Fabrikat: .....

| 61 € | 65 € | **71 €** | 83 € | 93 € | [m²] | ⏱ 1,00 h/m² | 323.000.234 |

© **BKI** Baukosteninformationszentrum; Erläuterungen zu den Tabellen siehe Seite 22
Mustertexte geprüft: Fachverband der Stuckateure für Ausbau und Fassade Baden-Württemberg
Kostenstand: 2.Quartal 2018, Bundesdurchschnitt

**LB 323
Putz- und Stuckarbeiten, Wärmedämmsysteme**

Kosten:
Stand 2.Quartal 2018
Bundesdurchschnitt

Nr.	Kurztext / Langtext					[Einheit]	Ausf.-Dauer	Kostengruppe Positionsnummer
▶	▷	ø netto €	◁	◀				
83	**WDVS bis 20m, MW 160, Klebeverfahren**							KG **335**
\multicolumn{9}{l}{Wie Ausführungsbeschreibung A 3}
\multicolumn{9}{l}{Untergrund: .....}
\multicolumn{9}{l}{Dämmplattendicke: 160 mm}
\multicolumn{9}{l}{Plattenkante: .....}
\multicolumn{9}{l}{Nennwert der Wärmeleitfähigkeit: .....}
\multicolumn{9}{l}{Zusatzverdübelung: ..... St/m²}
\multicolumn{9}{l}{Randbereich: ..... St/m²}
\multicolumn{9}{l}{Zulassung: .....}
\multicolumn{9}{l}{Brandverhalten: Klasse .....}
\multicolumn{9}{l}{Angeb. Fabrikat: .....}
67€	70€	**77**€	90€	101€		[m²]	⏱ 1,05 h/m²	323.000.235
84	**WDVS bis 20m, MW 180, Klebeverfahren**							KG **335**
70€	74€	**81**€	95€	106€		[m²]	⏱ 1,05 h/m²	323.000.236
85	**WDVS bis 20m, MW 200, Klebeverfahren**							KG **335**
78€	82€	**91**€	105€	115€		[m²]	⏱ 1,05 h/m²	323.000.237

Pos. 84 / 85: Wie Ausführungsbeschreibung A 3; Untergrund: .....; Dämmplattendicke: 180 mm / 200 mm; Plattenkante: .....; Nennwert der Wärmeleitfähigkeit: .....; Zusatzverdübelung: ..... St/m²; Randbereich: ..... St/m²; Zulassung: .....; Brandverhalten: Klasse .....; Angeb. Fabrikat: .....

▶ min
▷ von
ø Mittel
◁ bis
◀ max

Nr.	Kurztext / Langtext							Kostengruppe	
▶	▷	ø netto €	◁	◀		[Einheit]	Ausf.-Dauer	Positionsnummer	

86   WDVS bis 20m, MW 240, Klebeverfahren   KG 335

Wie Ausführungsbeschreibung A 3
Untergrund: .....
Dämmplattendicke: 240 mm
Plattenkante: .....
Nennwert der Wärmeleitfähigkeit: .....
Zusatzverdübelung: ..... St/m²
Randbereich: ..... St/m²
Zulassung: .....
Brandverhalten: Klasse .....
Angeb. Fabrikat: .....

| 89€ | 94€ | **103**€ | 120€ | 131€ | [m²] | ⏱ 1,10 h/m² | 323.000.238 |

A 4   WDVS bis 20m, Polystyrol, Klebeverfahren   Beschreibung für Pos. 87-93

Wärmedämm-Verbundsystem mit Polystyrol-Hartschaumplatten im Klebeverfahren, einschl. konstruktiver Dübelung und Armierungsputz mit vollflächiger Gewebeeinlage. Evtl. vorhandene Restfugen zwischen den Hartschaumplatten bis max. 0,5mm sind vor Auftrag der Armierungsschicht mit Füllschaum nachzuarbeiten und abzuschleifen.
Gebäudehöhe: bis 20 m
Dämmmaterial: Polystyrol-Hartschaum PS
Anwendung: WAP - zh

87   WDVS bis 20m, PS 100, Klebeverfahren   KG 335

Wie Ausführungsbeschreibung A 4
Untergrund: .....
Dämmplattendicke: 100 mm
Nennwert der Wärmeleitfähigkeit: .....
Zusatzverdübelung: ..... St/m²
Randbereich: ..... St/m²
Zulassung: .....
Brandverhalten: Klasse .....
Schlagfestigkeit: .....
Eindringwiderstand: .....
Angeb. Fabrikat: .....

| 49€ | 52€ | **57**€ | 66€ | 70€ | [m²] | ⏱ 0,95 h/m² | 323.000.239 |

88   WDVS bis 20m, PS 120, Klebeverfahren   KG 335

Wie Ausführungsbeschreibung A 4
Untergrund: .....
Dämmplattendicke: 120 mm
Nennwert der Wärmeleitfähigkeit: .....
Zusatzverdübelung: ..... St/m²
Randbereich: ..... St/m²
Zulassung: .....
Brandverhalten: Klasse .....
Schlagfestigkeit: .....
Eindringwiderstand: .....
Angeb. Fabrikat: .....

| 53€ | 56€ | **62**€ | 71€ | 78€ | [m²] | ⏱ 0,85 h/m² | 323.000.240 |

© BKI Bausteninformationszentrum; Erläuterungen zu den Tabellen siehe Seite 22   Kostenstand: 2.Quartal 2018, Bundesdurchschnitt
Mustertexte geprüft: Fachverband der Stuckateure für Ausbau und Fassade Baden-Württemberg

LB 323
Putz- und Stuckarbeiten, Wärmedämmsysteme

Kosten:
Stand 2.Quartal 2018
Bundesdurchschnitt

▶ min
▷ von
ø Mittel
◁ bis
◀ max

Nr. ▶	Kurztext / Langtext ▷	ø netto €	◁	◀	[Einheit]	Ausf.-Dauer	Kostengruppe Positionsnummer
89	**WDVS bis 20m, PS 140, Klebeverfahren**						KG **335**
	Wie Ausführungsbeschreibung A 4						
	Untergrund:						
	Dämmplattendicke: 140 mm						
	Nennwert der Wärmeleitfähigkeit:						
	Zusatzverdübelung: ..... St/m²						
	Randbereich: ..... St/m²						
	Zulassung:						
	Brandverhalten: Klasse						
	Schlagfestigkeit:						
	Eindringwiderstand:						
	Angeb. Fabrikat:						
	56 €	60 €	**66 €**	76 €	83 €	[m²]	⏱ 0,95 h/m²	323.000.241
90	**WDVS bis 20m, PS 160, Klebeverfahren**						KG **335**
	Wie Ausführungsbeschreibung A 4						
	Untergrund:						
	Dämmplattendicke: 160 mm						
	Nennwert der Wärmeleitfähigkeit:						
	Zusatzverdübelung: ..... St/m²						
	Randbereich: ..... St/m²						
	Zulassung:						
	Brandverhalten: Klasse						
	Schlagfestigkeit:						
	Eindringwiderstand:						
	Angeb. Fabrikat:						
	62 €	65 €	**72 €**	83 €	90 €	[m²]	⏱ 1,00 h/m²	323.000.242
91	**WDVS bis 20m, PS 180, Klebeverfahren**						KG **335**
	Wie Ausführungsbeschreibung A 4						
	Untergrund:						
	Dämmplattendicke: 180 mm						
	Nennwert der Wärmeleitfähigkeit:						
	Zusatzverdübelung: ..... St/m²						
	Randbereich: ..... St/m²						
	Zulassung:						
	Brandverhalten: Klasse						
	Schlagfestigkeit:						
	Eindringwiderstand:						
	Angeb. Fabrikat:						
	67 €	71 €	**78 €**	91 €	100 €	[m²]	⏱ 1,00 h/m²	323.000.243

Nr.	Kurztext / Langtext					Kostengruppe	
▶	▷ ø netto € ◁ ◀				[Einheit]	Ausf.-Dauer	Positionsnummer

92 WDVS bis 20m, PS 200, Klebeverfahren KG **335**
Wie Ausführungsbeschreibung A 4
Untergrund: .....
Dämmplattendicke: 200 mm
Nennwert der Wärmeleitfähigkeit: .....
Zusatzverdübelung: ..... St/m²
Randbereich: ..... St/m²
Zulassung: .....
Brandverhalten: Klasse .....
Schlagfestigkeit: .....
Eindringwiderstand: .....
Angeb. Fabrikat: .....

| 71€ | 75€ | **82**€ | 95€ | 105€ | [m²] | ⏱ 1,00 h/m² | 323.000.244 |

93 WDVS bis 20m, PS 240, Klebeverfahren KG **335**
Wie Ausführungsbeschreibung A 4
Untergrund: .....
Dämmplattendicke: 240 mm
Nennwert der Wärmeleitfähigkeit: .....
Zusatzverdübelung: ..... St/m²
Randbereich: ..... St/m²
Zulassung: .....
Brandverhalten: Klasse .....
Schlagfestigkeit: .....
Eindringwiderstand: .....
Angeb. Fabrikat: .....

| 81€ | 86€ | **94**€ | 109€ | 121€ | [m²] | ⏱ 1,05 h/m² | 323.000.245 |

94 Armierung, stoßgefährdete Bereiche KG **335**
Armierung von stoßgefährdeten Bereichen mit Gewebe und Spachtelmasse.
Einbauort: .....

| 12€ | 13€ | **15**€ | 17€ | 20€ | [m²] | ⏱ 0,22 h/m² | 323.000.246 |

95 Organischer Oberputz, WDVS KG **335**
Oberputz, organisch, für Wärmedämm-Verbundsystem, auf Armierungsputz.
Korngröße: 3 mm
Struktur: gerieben
Dämmstoff: .....
Armierungsputz: .....
Angeb. Fabrikat: .....

| 13€ | 15€ | **16**€ | 17€ | 18€ | [m²] | ⏱ 0,28 h/m² | 323.000.282 |

**LB 323
Putz- und
Stuckarbeiten,
Wärmedämm-
systeme**

	Nr.	**Kurztext** / Langtext						Kostengruppe
▶	▷	ø netto €	◁	◀	[Einheit]	Ausf.-Dauer	Positionsnummer

96 Mineralischer Oberputz, WDVS — KG **335**

Oberputz, mineralisch, für Wärmedämm-Verbundsystem, auf Armierungsputz, einschl. Grundierung.
Putzart: .....
Korngröße: 3 mm
Struktur: gerieben
Dämmstoff: .....
Armierungsputz: .....
Angeb. Fabrikat: .....

| 11 € | 13 € | **15 €** | 15 € | 18 € | [m²] | ⏱ 0,25 h/m² | 323.000.283 |

A 5 Sockeldämmung, XPS — Beschreibung für Pos. **97-99**

Sockel- und Perimeterdämmung aus Polystyrol-Hartschaumplatten mit Stufenfalz. Ausführung im Spritz-wasserbereich und bis unter die Geländeoberkante.
Dämmstoff: XPS
Brandverhalten: Klasse B1
Angeb. Fabrikat: .....

97 Sockeldämmung, XPS, 50mm — KG **335**

Wie Ausführungsbeschreibung A 5
Nennwert der Wärmeleitfähigkeit: .....
Anwendung: PW-.....
Plattendicke: 50 mm

| 22 € | 25 € | **28 €** | 33 € | 38 € | [m²] | ⏱ 0,30 h/m² | 323.000.247 |

98 Sockeldämmung, XPS, 100mm — KG **335**

Wie Ausführungsbeschreibung A 5
Nennwert der Wärmeleitfähigkeit: .....
Anwendung: PW-.....
Plattendicke: 100 mm

| 29 € | 33 € | **37 €** | 43 € | 48 € | [m²] | ⏱ 0,30 h/m² | 323.000.248 |

99 Sockeldämmung, XPS, 160mm — KG **335**

Wie Ausführungsbeschreibung A 5
Nennwert der Wärmeleitfähigkeit: .....
Anwendung: PW-.....
Plattendicke: 160 mm

| 39 € | 44 € | **50 €** | 59 € | 66 € | [m²] | ⏱ 0,30 h/m² | 323.000.249 |

100 Laibungen dämmen, WDVS — KG **335**

Laibungen von Türen und Fenstern entsprechend dem Wärmedämm-Verbundsystem dämmen, inkl. Armierungsschicht.
Dämmdicke: 6 cm
Laibungstiefe: bis 15 cm

| 12 € | 14 € | **16 €** | 18 € | 21 € | [m] | ⏱ 0,12 h/m | 323.000.250 |

Kosten:
Stand 2. Quartal 2018
Bundesdurchschnitt

▶ min
▷ von
ø Mittel
◁ bis
◀ max

Nr.	Kurztext / Langtext							Kostengruppe
▶	▷	ø netto €	◁	◀	[Einheit]	Ausf.-Dauer	Positionsnummer

101 WDVS, Brandbarriere, bis 300mm KG **353**

Brandbarriere in Wärmedämm-Verbundsystem, aus Mineralwolle, linienartig in Flächendämmung eingebaut, auf tragfähigen Untergrund der Außenwand.
Dämmstoff Barriere: MW
Nennwert Wärmeleitfähigkeit: **0,035 / 0,040** W/(mK)
Anwendung: WAP - zh
Brandverhalten: A1
Plattendicke: 100-300 mm
Einbauort: **Sturzbereich / durchlaufender Brandriegel**
Flächendämmung: Polystyrolplatten, Brandverhalten E
Angeb. Fabrikat: .....

| 7€ | 10€ | **11€** | 12€ | 13€ | [m] | 0,20 h/m | 323.000.286 |

102 Eckausbildung, Gewebewinkel, WDVS KG **335**

Eckverstärkung des Wärmedämm-Verbundsystems mit vorgeknickter Eckbewehrung aus Gewebe mit Spachtelung.
Gewebewinkel: .....
Angeb. Fabrikat: .....

| 5€ | 5€ | **6€** | 7€ | 8€ | [m] | 0,05 h/m | 323.000.251 |

103 Eckausbildung, Kunststoffschiene, WDVS KG **335**

Eckausbildung an Eckkanten mittels Gewebewinkel mit Kunststoff-Eckschutzschiene.
Gewebewinkel: .....

| 6€ | 7€ | **7€** | 9€ | 10€ | [m] | 0,10 h/m | 323.000.252 |

104 Eckschutzschiene, Edelstahl, WDVS KG **335**

Eckschutzschiene für Wärmedämm-Verbundsystem für Wärmedämm-Verbundsystem aus Edelstahl.
Eckschutzschiene: .....

| 10€ | 9€ | **11€** | 13€ | 15€ | [m] | 0,10 h/m | 323.000.253 |

105 Sockelabschluss, Aluprofil elox., WDVS KG **335**

Sockelabschluss mit Tropfkante für Wärmedämm-Verbundsystem mit Profilleisten aus eloxiertem Aluminium.
Breite: 80 mm
Befestigung: ..... St/m
Angeb. Fabrikat: .....

| 8€ | 8€ | **10€** | 11€ | 13€ | [m] | 0,12 h/m | 323.000.254 |

106 Gehrungen, Profile, WDVS KG **335**

Gehrung für Sockelabschlussprofile bzw. Eckschutzschienen, für Wärmedämm-Verbundsystem, im Bereich von Ecken und Kanten.

| 0,6€ | 0,6€ | **0,7€** | 0,8€ | 1,0€ | [St] | 0,02 h/St | 323.000.255 |

107 Anschluss, Fugendichtband, WDVS KG **335**

Vorkomprimiertes Fugendichtband aus selbstklebendem Weichschaumkunststoff, für Anschlussfuge des WDVS.
Fugenbreite: bis 10 mm
Angeb. Fabrikat: .....

| 3€ | 4€ | **4€** | 5€ | 6€ | [m] | 0,08 h/m | 323.000.256 |

LB 323
Putz- und Stuckarbeiten, Wärmedämmsysteme

Kosten:
Stand 2.Quartal 2018
Bundesdurchschnitt

▶ min
▷ von
ø Mittel
◁ bis
◀ max

Nr.	Kurztext / Langtext					Kostengruppe		
▶	▷	ø netto €	◁	◀	[Einheit]	Ausf.-Dauer	Positionsnummer	

108 Anschluss, Dichtlippe, WDVS — KG 335
Anschluss von Wärmedämmverbundsystem an Fenster und Türen für Außenanwendung mit Anschlussprofil und Dichtlippe aus Kunststoff mit Gewebestreifen. Elastische Dichtlippe mit Schaumklebeband an Fensterrahmen befestigt.
Bauteil: .....
Angeb. Fabrikat: .....

| 6€ | 7€ | **8€** | 9€ | 11€ | [m] | 0,15 h/m | 323.000.257 |

109 Gebäudebewegungsfugen, WDVS — KG 335
Gebäudebewegungsfugen mit Kantenschutz, Hinterfüllprofil und elastischer Dichtungsmasse, WDVS.
Angeb. Fabrikat: .....

| 19€ | 21€ | **24€** | 28€ | 32€ | [m] | 0,20 h/m | 323.000.258 |

110 Befestigungspunkte herstellen, WDVS — KG 335
Befestigungspunkte in WDVS mittels imprägnierten Distanzhölzern herstellen. Die Distanzhölzer sind zu kleben und mit Dübeln zu befestigen, sowie mit komprimiertem Fugenband zur Dämmung sowie durch Abschnüren vom Putz zu trennen.
Distanzhölzer: bis 20 x 10 cm

| 13€ | 15€ | **17€** | 20€ | 24€ | [m²] | 0,35 h/m² | 323.000.259 |

111 Dämmung, Kellerdecke, EPS 040, bis 100mm — KG 353
Wärmedämmung aus Polystyrol-Hartschaumplatten, als Untersicht der Kellerdecke, dicht gestoßen verklebt und ggf. gedübelt.
Dämmstoff: EPS
Oberfläche: **glatt / geprägt**
Nennwert der Wärmeleitfähigkeit: 0,040 W/(mK)
Dämmplattendicke: .....
Anwendung: DI
Brandverhalten: .....
Plattenrand: .....
Angeb. Fabrikat: .....

| 19€ | 25€ | **26€** | 28€ | 34€ | [m²] | 0,35 h/m² | 323.000.267 |

112 Dämmung, Kellerdecke, EPS 040, 100mm — KG 353
Wärmedämmung aus Polystyrol-Hartschaumplatten, als Untersicht der Kellerdecke, dicht gestoßen verklebt und ggf. gedübelt.
Dämmstoff: EPS
Oberfläche: **glatt / geprägt**
Nennwert der Wärmeleitfähigkeit: 0,040 W/(mK)
Dämmplattendicke: 100 mm
Anwendung: DI
Brandverhalten: .....
Plattenrand: .....
Angeb. Fabrikat: .....

| 27€ | 28€ | **31€** | 34€ | 38€ | [m²] | 0,30 h/m² | 323.000.268 |

Nr.	Kurztext / Langtext					Kostengruppe	
▶	▷	ø netto €	◁	◀	[Einheit]	Ausf.-Dauer	Positionsnummer

113 Dämmung, Kellerdecke, EPS 040, 140mm   KG **353**

Wärmedämmung aus Polystyrol-Hartschaumplatten, als Untersicht der Kellerdecke, dicht gestoßen verklebt und ggf. gedübelt.
Dämmstoff: EPS
Oberfläche: **glatt / geprägt**
Nennwert der Wärmeleitfähigkeit: 0,040 W/(mK)
Dämmplattendicke: **120 / 140 mm**
Anwendung: DI
Brandverhalten: .....
Plattenrand: .....
Angeb. Fabrikat: .....

| 37€ | 39€ | **42€** | 46€ | 55€ | [m²] | ⏱ 0,32 h/m² | 323.000.269 |

114 Dämmung, Kellerdecke, MW 032, bis 140mm   KG **353**

Wärmedämmung aus Mineralwolleplatten, als Untersicht der Kellerdecke, dicht gestoßen verklebt und ggf. gedübelt.
Dämmstoff: MW
Oberfläche: **glatt / geprägt**
Nennwert der Wärmeleitfähigkeit: 0,032 W/(mK)
Dämmplattendicke: **120 / 140** mm
Anwendung: DI
Brandverhalten: .....
Plattenrand: .....
Angeb. Fabrikat: .....

| 46€ | 49€ | **53€** | 58€ | 72€ | [m²] | ⏱ 0,32 h/m² | 323.000.270 |

115 Mehrschichtplatte, 50mm   KG **335**

Wärmedämmung aus Holzwolle-Mehrschichtplatten mit Polystyrol-Dämmkern, auf Stb-Bauteilen, dicht gestoßen verklebt und ggf. gedübelt.
Bauteil: **Wand / Überzug / Unterzug**
Dämmstoff: EPS
Nennwert der Wärmeleitfähigkeit: 0,040 W/(mK)
Dämmplattendicke: 50 mm
Anwendung: DI
Brandverhalten: E
Plattenrand: .....
Angeb. Fabrikat: .....

| 11€ | 22€ | **26€** | 33€ | 46€ | [m²] | ⏱ 0,30 h/m² | 323.000.273 |

**LB 323
Putz- und
Stuckarbeiten,
Wärmedämm-
systeme**

Kosten:
Stand 2.Quartal 2018
Bundesdurchschnitt

Nr.	Kurztext / Langtext					Kostengruppe
▶	▷	ø netto €	◁	◀	[Einheit]	Ausf.-Dauer Positionsnummer

116 Mehrschichtplatte, 75mm KG **335**
Wärmedämmung aus Holzwolle-Mehrschichtplatten mit Polystyrol-Dämmkern, auf Stb-Bauteilen, dicht gestoßen verklebt und ggf. gedübelt.
Bauteil: **Wand / Überzug / Unterzug**
Dämmstoff: EPS
Nennwert der Wärmeleitfähigkeit: 0,040 W/(mK)
Dämmplattendicke: 75 mm
Anwendung: DI
Brandverhalten: E
Plattenrand: .....
Angeb. Fabrikat: .....

23 €   32 €   **35 €**   42 €   50 €   [m²]   ⏱ 0,33 h/m²   323.000.274

117 Stundensatz Facharbeiter, Putzarbeiten
Stundenlohnarbeiten für Vorarbeiter, Facharbeiter und Gleichgestellte (z. B. Spezialbaufacharbeiter, Baufacharbeiter, Obermonteure, Monteure, Gesellen, Maschinenführer, Fahrer und ähnliche Fachkräfte). Leistung nach besonderer Anordnung der Bauüberwachung. Anmeldung und Nachweis gemäß VOB/B.

35 €   43 €   **46 €**   50 €   62 €   [h]   ⏱ 1,00 h/h   323.000.284

118 Stundensatz Helfer, Putzarbeiten
Stundenlohnarbeiten für Werker, Helfer und Gleichgestellte (z. B. Baufachwerker, Helfer, Hilfsmonteure, Ungelernte, Angelernte). Leistung nach besonderer Anordnung der Bauüberwachung. Anmeldung und Nachweis gemäß VOB/B.

31 €   38 €   **41 €**   42 €   48 €   [h]   ⏱ 1,00 h/h   323.000.285

▶ min
▷ von
ø Mittel
◁ bis
◀ max

323
324
325
326
327
328
329
330
331
332
333
334
336
337
338
339

LB 324
Fliesen- und Plattenarbeiten

Preise €

Kosten:
Stand 2.Quartal 2018
Bundesdurchschnitt

▶ min
▷ von
ø Mittel
◁ bis
◀ max

Nr.	Positionen	Einheit	▶	▷ ø brutto € ø netto €		◁	◀
1	Bodenfliesen entfernen, geklebt	m²	10	13	**16**	19	25
			8	11	**13**	16	21
2	Bodenfliesen entfernen, Mörtelbett	m²	10	16	**21**	25	32
			8	14	**17**	21	27
3	Bodenfliesen/Estrich entfernen	m²	27	30	**38**	46	49
			22	26	**32**	38	41
4	Sockelfliesen entfernen	m	2	4	**5**	6	9
			2	3	**4**	5	8
5	Treppenbelag, Fliesen entfernen	m²	15	19	**24**	28	31
			12	16	**20**	24	26
6	Wandfliesen entfernen. Dickbett	m²	8	15	**19**	23	28
			7	13	**16**	19	24
7	Untergrund reinigen, Boden	m²	0,7	1,9	**2,4**	3,2	4,8
			0,6	1,6	**2,0**	2,7	4,1
8	Ausgleichsspachtelung, bis 10mm	m²	2	4	**5**	7	11
			1	3	**4**	6	9
9	Verbundabdichtung, streichbar, Wand	m²	8	14	**17**	21	32
			7	12	**14**	18	27
10	Dichtband, Ecken, Wand/Boden	m	5	8	**10**	11	15
			4	7	**8**	9	13
11	Bodenfliesen, 20x20cm	m²	50	65	**69**	80	101
			42	54	**58**	67	85
12	Bodenfliesen, 30x30cm	m²	45	59	**65**	73	93
			38	50	**54**	62	78
13	Wandfliesen, 15x15cm	m²	47	60	**66**	74	86
			40	50	**55**	62	72
14	Wandfliesen, 30x30cm	m²	51	65	**68**	79	104
			43	55	**57**	67	88
15	Fliesenbelag, Feinsteinzeug BIa	m²	48	57	**60**	64	71
			40	48	**50**	54	60
16	Fliesenbelag, Steinzeug BIIa/BIIb	m²	50	56	**60**	70	86
			42	47	**50**	59	72
17	Wandfliesen, Steingut BIII	m²	48	59	**62**	69	86
			40	50	**52**	58	72
18	Fliesen, Spaltplatte AI/AII, frostsicher	m²	61	79	**79**	81	89
			51	66	**67**	68	75
19	Fliesen, Klinker AI/AII, frostsicher	m²	40	54	**62**	68	81
			33	46	**52**	57	68
20	Bodenfliesen, behindertengerecht, R11	m²	65	77	**83**	90	106
			55	65	**70**	76	89
21	Verfugung, Fliesen, Silikon	m	4	5	**6**	8	13
			3	5	**5**	7	11
22	Sockelfliesen, Dünnbett	m	9	16	**18**	21	29
			7	13	**15**	17	24
23	Hohlkehlsockel, Dünnbett	m	19	27	**30**	35	46
			16	23	**25**	29	39
24	Trennschiene, Messing	m	11	15	**17**	19	21
			9,6	13	**15**	16	18

© **BKI** Baukosteninformationszentrum; Erläuterungen zu den Tabellen siehe Seite 22

Fliesen- und Plattenarbeiten — Preise €

Nr.	Positionen	Einheit	▶	▷ ø brutto € ø netto €	◁	◀
25	Trennschiene, Aluminium	m	7,7	11	**12**	13	17
			6,5	8,9	**9,9**	11	14
26	Trennschiene, Edelstahl	m	13	16	**17**	20	26
			11	13	**14**	17	22
27	Eckschutzschiene, Aluminium	m	12	13	**14**	15	17
			10	11	**12**	13	14
28	Eckschutzschiene, Edelstahl	m	18	22	**23**	28	38
			15	18	**20**	23	32
29	Eckschutzschiene, Kunststoff	m	2,7	7,6	**8,7**	11	17
			2,2	6,4	**7,3**	9,1	14
30	Stundensatz Facharbeiter, Fliesenarbeiten	h	38	52	**58**	62	71
			32	44	**48**	52	60

Nr.	Kurztext / Langtext						Kostengruppe
	▶	▷	ø netto €	◁	◀	[Einheit]	Ausf.-Dauer Positionsnummer

1 Bodenfliesen entfernen, geklebt — KG **394**
Bodenfliesen, geklebt, ausbauen und Bauschutt entsorgen.
Fliesengröße: .....
Dicke: bis 2 cm
Ausbauort: .....

| 8€ | 11€ | **13€** | 16€ | 21€ | [m²] | ⏱ 0,22 h/m² | 324.000.061 |

2 Bodenfliesen entfernen, Mörtelbett — KG **394**
Bodenfliesen in Mörtelbett ausbauen und Bauschutt entsorgen.
Fliesengröße: .....
Mörtelbett: .....
Dicke: bis 5 cm
Ausbauort: .....

| 8€ | 14€ | **17€** | 21€ | 27€ | [m²] | ⏱ 0,20 h/m² | 324.000.062 |

3 Bodenfliesen/Estrich entfernen — KG **394**
Bodenfliesen einschl. Zement-Estrich sowie Trenn- bzw. Dämmschichten bis zur Rohdecke entfernen und Bauschutt entsorgen.
Dicke: bis 7 cm
Ausbauort: .....

| 22€ | 26€ | **32€** | 38€ | 41€ | [m²] | ⏱ 0,75 h/m² | 324.000.075 |

4 Sockelfliesen entfernen — KG **394**
Sockelfliesen, keramisch, einschl. Mörtelbett entfernen und Bauschutt entsorgen.
Abmessung: .....
Ausbauort: .....

| 2€ | 3€ | **4€** | 5€ | 8€ | [m] | ⏱ 0,10 h/m | 324.000.063 |

© BKI Baukosteninformationszentrum; Erläuterungen zu den Tabellen siehe Seite 22   Kostenstand: 2.Quartal 2018, Bundesdurchschnitt

LB 324 Fliesen- und Plattenarbeiten

Kosten:
Stand 2.Quartal 2018
Bundesdurchschnitt

▶ min
▷ von
ø Mittel
◁ bis
◀ max

Nr.	Kurztext / Langtext					[Einheit]	Ausf.-Dauer	Kostengruppe Positionsnummer
	▶	▷	ø netto €	◁	◀			

5 — Treppenbelag, Fliesen entfernen — KG 394
Bodenfliesen als Treppenbelag mit Tritt- und Setzstufen einschl. vorhandener Abschluss- und Anschlussprofile entfernen und entsorgen.
Fliesengröße: .....
Verlegeart: .....
Dicke: bis 5 cm
Ausbauort: .....
Treppenbreite: .....

| 12 € | 16 € | **20 €** | 24 € | 26 € | [m²] | ⏱ 0,40 h/m² | 324.000.064 |

6 — Wandfliesen entfernen. Dickbett — KG 394
Wandfliesen im Dickbett entfernen und Bauschutt entsorgen.
Fliesengröße: .....
Dicke: bis 4 cm
Ausbauort: .....

| 7 € | 13 € | **16 €** | 19 € | 24 € | [m²] | ⏱ 0,22 h/m² | 324.000.066 |

7 — Untergrund reinigen, Boden — KG 352
Reinigen des Untergrunds von Staub, Schmutz und losen Bestandteilen, inkl. Entsorgen des Abfalls sowie Deponiegebühren.

| 0,6 € | 1,6 € | **2,0 €** | 2,7 € | 4,1 € | [m²] | ⏱ 0,04 h/m² | 324.000.001 |

8 — Ausgleichsspachtelung, bis 10mm — KG 352
Nivellierspachtel auf Bodenflächen für Fliesenbelag.
Untergrund: .....
Spachteldicke: **5 / 10** mm
Angeb. Fabrikat: .....

| 1 € | 3 € | **4 €** | 6 € | 9 € | [m²] | ⏱ 0,10 h/m² | 324.000.074 |

9 — Verbundabdichtung, streichbar, Wand — KG 345
Innenraum-Abdichtung gegen Feuchtigkeit, in Verbindung mit Fliesenbelag, im Dünnbettverfahren. Grundierung, Bewehrungseinlage und Anarbeiten an Durchdringungen und Ausbildung der Boden-Wand-Übergänge in gesonderten Positionen.
Untergrund: .....
Abdichtung: .....
Einwirkungsklasse: W1-I DIN EN 18534
Einbauort: Wohnung, Innenraum Wand - Dusche
Angeb. Fabrikat: .....

| 7 € | 12 € | **14 €** | 18 € | 27 € | [m²] | ⏱ 0,20 h/m² | 324.000.076 |

10 — Dichtband, Ecken, Wand/Boden — KG 352
Dichtband mit Randgewebe, im Übergang Wand-Boden, an Bewegungsfugen und an Übergängen der Verbundabdichtung, Stöße verkleben, inkl. aller Anarbeitungen. Eckausbildung in gesonderter Position.
Bandbreite: 12 cm
Untergrund: trockene, grundierte Wand- und Bodenflächen
Angeb. Fabrikat: .....

| 4 € | 7 € | **8 €** | 9 € | 13 € | [m] | ⏱ 0,10 h/m | 324.000.082 |

Nr.	Kurztext / Langtext					Kostengruppe	
▶	▷	ø netto €	◁	◀	[Einheit]	Ausf.-Dauer	Positionsnummer

11   Bodenfliesen, 20x20cm   KG **352**

Bodenfliesenbelag in Dünnbettmörtel mit farblich abgestimmter Verfugung. Fliesen rückseitig verklebt sowie frostbeständig, licht- und farbecht.
Einbauort: .....
Untergrund: .....
Material: .....
Gruppe: .....
Fliesenformat: 20 x 20 cm
Oberfläche: eben
Rutschhemmung: .....
Farbton: .....
Angeb. Fabrikat: .....

| 42 € | 54 € | **58** € | 67 € | 85 € | [m²] | ⏱ 0,70 h/m² | 324.000.083 |

12   Bodenfliesen, 30x30cm   KG **352**

Bodenfliesenbelag in Dünnbettmörtel mit farblich abgestimmter Verfugung. Fliesen rückseitig verklebt sowie frostbeständig, licht- und farbecht.
Einbauort: .....
Untergrund: .....
Material: .....
Gruppe: .....
Fliesenformat: 30 x 30 cm
Oberfläche: eben
Rutschhemmung: .....
Farbton: .....
Angeb. Fabrikat: .....

| 38 € | 50 € | **54** € | 62 € | 78 € | [m²] | ⏱ 0,75 h/m² | 324.000.084 |

13   Wandfliesen, 15x15cm   KG **345**

Wandfliesenbelag in Dünnbettmörtel mit farblich abgestimmter Verfugung. Fliesen frostbeständig, licht- und farbecht.
Einbauort: .....
Untergrund: .....
Material: .....
Gruppe: .....
Fliesenformat: 15 x 15 cm
Oberfläche: .....
Farbton: .....
Angeb. Fabrikat: .....

| 40 € | 50 € | **55** € | 62 € | 72 € | [m²] | ⏱ 0,80 h/m² | 324.000.085 |

**LB 324
Fliesen- und
Plattenarbeiten**

Kosten:
Stand 2.Quartal 2018
Bundesdurchschnitt

Nr.	Kurztext / Langtext					[Einheit]	Ausf.-Dauer	Kostengruppe Positionsnummer
▶	▷	ø netto €	◁	◀				

14	**Wandfliesen, 30x30cm**							**KG 345**

Wandfliesenbelag in Dünnbettmörtel mit farblich abgestimmter Verfugung. Fliesen frostbeständig, licht- und farbecht.
Einbauort: .....
Untergrund: .....
Material: .....
Gruppe: .....
Fliesenformat: 30 x 30 cm
Oberfläche: .....
Farbeton: .....
Angeb. Fabrikat: .....

| 43 € | 55 € | **57 €** | 67 € | 88 € | [m²] | ⏱ 0,90 h/m² | 324.000.086 |

15	**Fliesenbelag, Feinsteinzeug BIa**							**KG 345**

Fliesenbelag aus Feinsteinzeug in Dünnbettmörtel mit farblich abgestimmter Verfugung. Fliesen frostbeständig, licht- und farbecht.
Einbauort: .....
Bauteil: .....
Untergrund: .....
Material: Feinsteinzeug
Gruppe: B Ia
Fliesenformat: .....
Oberfläche: unglasiert
Farbeton: .....
Angeb. Fabrikat: .....

| 40 € | 48 € | **50 €** | 54 € | 60 € | [m²] | ⏱ 0,70 h/m² | 324.000.087 |

16	**Fliesenbelag, Steinzeug BIIa/BIIb**							**KG 345**

Fliesenbelag aus Steinzeug in Dünnbettmörtel mit farblich abgestimmter Verfugung. Fliesen frostbeständig, licht- und farbecht.
Einbauort: .....
Bauteil: .....
Untergrund: .....
Material: Feinsteinzeug
Gruppe: .....
Fliesenformat: .....
Oberfläche: unglasiert
Farbeton: .....
Angeb. Fabrikat: .....

| 42 € | 47 € | **50 €** | 59 € | 72 € | [m²] | ⏱ 0,70 h/m² | 324.000.088 |

▶ min
▷ von
ø Mittel
◁ bis
◀ max

Nr.	Kurztext / Langtext						Kostengruppe	
▶	▷ ø netto € ◁ ◀					[Einheit]	Ausf.-Dauer	Positionsnummer

17 Wandfliesen, Steingut BIII KG **345**

Wandfliesenbelag aus Steingut in Dünnbettmörtel im Innenbereich mit farblich abgestimmter Verfugung. Fliesen frostbeständig, licht- und farbecht.
Einbauort: .....
Bauteil: Wand
Untergrund: .....
Material: Feinsteinzeug
Gruppe: B III
Fliesenformat: .....
Oberfläche: .....
Farbeton: .....
Angeb. Fabrikat: .....

| 40€ | 50€ | **52**€ | 58€ | 72 € | [m²] | ⏱ 0,75 h/m² | 324.000.089 |

18 Fliesen, Spaltplatte AI/AII, frostsicher KG **352**

Fliesenbelag aus Spaltplatten im Außenbereich mit farblich abgestimmter Verfugung. Fliesen frostbeständig, licht- und farbecht.
Untergrund: .....
Bauteil: .....
Material: Spaltplatten
Gruppe: .....
Fliesendicke: .....
Fliesenformat: .....
Oberfläche: .....
Abriebgruppe: .....
Mörtelbett: .....
Farbton: .....
Verlegung: .....
Angeb. Fabrikat: .....

| 51€ | 66€ | **67**€ | 68€ | 75€ | [m²] | ⏱ 0,90 h/m² | 324.000.090 |

19 Fliesen, Klinker AI/AII, frostsicher KG **352**

Bodenbelag aus Klinkerplatten im Außenbereich mit farblich abgestimmter Verfugung. Fliesen frostsicher, licht- und farbecht.
Untergrund: .....
Material: Klinker
Gruppe: .....
Plattendicke: .....
Plattenformat: .....
Oberfläche: .....
Abriebgruppe: .....
Mörtelbett: Zementmörtel
Rutschhemmung: .....
Farbe: .....
Verlegung: .....
Angeb. Fabrikat: .....

| 33€ | 46€ | **52** € | 57€ | 68 € | [m²] | ⏱ 0,70 h/m² | 324.000.091 |

LB 324 Fliesen- und Plattenarbeiten

Kosten:
Stand 2.Quartal 2018
Bundesdurchschnitt

Nr.	Kurztext / Langtext				[Einheit]	Ausf.-Dauer	Kostengruppe Positionsnummer
▶	▷ ø netto € ◁ ◀						

20 — Bodenfliesen, behindertengerecht, R11 — KG 352
Bodenfliesenbelag mit gehinderntengerechter Oberfläche, in Dünnbettmörtel inkl. Verfugung, Fliesen frostbeständig, licht- und farbecht.
Untergrund: .....
Material: Feinsteinzeug bzw. keramische Fliesen
Gruppe: Ia
Fliesendicke: .....
Fliesenformat: 30 x 30 cm
Oberfläche: unglasiert, mit Profilierung
Abrieb: .....
Belastung: .....
Rutschhemmung: R11
Verdrängungsraum: .....
Verfugung: farblich abgestimmt
Farbton: .....
Verlegung: .....
Angeb. Fabrikat: .....

| 55 € | 65 € | **70 €** | 76 € | 89 € | [m²] | ⏱ 0,75 h/m² | 324.000.078 |

21 — Verfugung, Fliesen, Silikon — KG 345
Elastische Verfugung von Fliesen, mit Silikon-Dichtstoff, inkl. Flankenvorbehandlung an den Anschlussflächen und Hinterlegen der Fugenhohlräume mit geeignetem Hinterstopfmaterial, Fuge glatt gestrichen.
Fugenbreite: .....
Fugentiefe: .....
Farbe: nach Bemusterung

| 3 € | 5 € | **5 €** | 7 € | 11 € | [m] | ⏱ 0,06 h/m | 324.000.092 |

22 — Sockelfliesen, Dünnbett — KG 352
Sockelfliesenbelag in Dünnbett, zementhaltiger Mörtel, inkl. Verfugung, Fliesen frostbeständig, licht- und farbecht.
Untergrund: ......
Verlegung: ......
Material: ......
Gruppe: ......
Fliesendicke: .....
Fliesenformat: .....
Oberfläche: ......
Farbton: .....
Angeb. Fabrikat: .....

| 7 € | 13 € | **15 €** | 17 € | 24 € | [m] | ⏱ 0,14 h/m | 324.000.093 |

▶ min
▷ von
ø Mittel
◁ bis
◀ max

Nr.	Kurztext / Langtext							Kostengruppe
▶	▷	ø netto €	◁	◀	[Einheit]	Ausf.-Dauer	Positionsnummer

23 Hohlkehlsockel, Dünnbett KG **352**
Hohlkehlsockel aus Fliesenbelag, in Dünnbett, zementhaltiger Mörtel, abgestimmt auf Bodenbelag, inkl. Verfugung, Fliesen frostbeständig, licht- und farbecht.
Untergrund: ......
Material: ......
Gruppe: ......
Fliesenformat: .....
Oberfläche: ......
Farbton: .....
Angeb. Fabrikat: .....
16€   23€   **25**€   29€   39€   [m]   ⏱ 0,18 h/m   324.000.094

A 1 Trennschiene, Fliesenbelag Beschreibung für Pos. **24-26**
Trennschiene, in Fliesenbelag.
Untergrund: ......
Schienenhöhe: ca. 6 mm
Einbauort: .....
Anker: .....
Angeb. Fabrikat: .....

24 Trennschiene, Messing KG **352**
Wie Ausführungsbeschreibung A 1
Material: Messing
10€   13€   **15**€   16€   18€   [m]   ⏱ 0,10 h/m   324.000.095

25 Trennschiene, Aluminium KG **352**
Wie Ausführungsbeschreibung A 1
Material: Aluminium
7€   9€   **10**€   11€   14€   [m]   ⏱ 0,10 h/m   324.000.096

26 Trennschiene, Edelstahl KG **352**
Wie Ausführungsbeschreibung A 1
Material: Edelstahl
11€   13€   **14**€   17€   22€   [m]   ⏱ 0,10 h/m   324.000.097

A 2 Eckschutzschiene, Fliesen-Wandbelag Beschreibung für Pos. **27-29**
Eckschutzschiene aus Aluminium, mit Anker, in Fliesen-Wandbelag, an Ecken und Abschlüssen.
Untergrund: verputzte und grundierte Wandflächen
Einbauort: Außenecke / Abschluss
Abmessung / Höhe: abgestimmt auf Fliesendicke, bis H= 8 mm
Angeb. Fabrikat: .....

27 Eckschutzschiene, Aluminium KG **345**
Wie Ausführungsbeschreibung A 2
Material: Aluminium
10€   11€   **12**€   13€   14€   [m]   ⏱ 0,12 h/m   324.000.098

LB 324 Fliesen- und Plattenarbeiten

Nr.	Kurztext / Langtext				[Einheit]	Ausf.-Dauer	Kostengruppe Positionsnummer
▶	▷	ø netto €	◁	◀			

28 Eckschutzschiene, Edelstahl — KG **345**
Wie Ausführungsbeschreibung A 2
Material: Edelstahl

| 15 € | 18 € | **20 €** | 23 € | 32 € | [m] | ⏱ 0,12 h/m | 324.000.099 |

29 Eckschutzschiene, Kunststoff — KG **345**
Wie Ausführungsbeschreibung A 2
Material: Hartkunststoff

| 2 € | 6 € | **7 €** | 9 € | 14 € | [m] | ⏱ 0,12 h/m | 324.000.100 |

30 Stundensatz Facharbeiter, Fliesenarbeiten
Stundenlohnarbeiten für Vorarbeiter, Facharbeiter und Gleichgestellte (z. B. Spezialbaufacharbeiter, Baufacharbeiter, Obermonteure, Monteure, Gesellen, Maschinenführer, Fahrer und ähnliche Fachkräfte). Leistung nach besonderer Anordnung der Bauüberwachung. Anmeldung und Nachweis gemäß VOB/B.

| 32 € | 44 € | **48 €** | 52 € | 60 € | [h] | ⏱ 1,00 h/h | 324.000.059 |

Kosten:
Stand 2.Quartal 2018
Bundesdurchschnitt

▶ min
▷ von
ø Mittel
◁ bis
◀ max

LB 325 Estricharbeiten

Estricharbeiten — Preise €

Kosten: Stand 2.Quartal 2018, Bundesdurchschnitt

▶ min
▷ von
ø Mittel
◁ bis
◀ max

Nr.	Positionen	Einheit	▶	▷	ø brutto € / ø netto €	◁	◀
1	Verbundestrich abbrechen, bis 25mm	m²	8 / 7	10 / 8	**12** / **10**	14 / 12	15 / 13
2	Verbundestrich abbrechen, bis 50mm	m²	10 / 9	14 / 12	**18** / **15**	23 / 19	28 / 24
3	Verbundestrich abbrechen, bis 70mm	m²	15 / 12	20 / 17	**25** / **21**	31 / 26	39 / 32
4	Kunstharzestrich abbrechen, bis 20mm	m²	6 / 5	7 / 6	**9** / **8**	11 / 9	12 / 10
5	Estrich, schwimmend, abbrechen	m²	12 / 10	18 / 15	**23** / **19**	27 / 23	34 / 28
6	Estrich bewehrt, schwimmend, abbrechen	m²	13 / 11	27 / 23	**34** / **29**	41 / 34	47 / 40
7	Heizestrich abbrechen	m²	27 / 23	31 / 26	**38** / **32**	44 / 37	49 / 41
8	Heizestrich, bewehrt, abbrechen	m²	27 / 22	35 / 30	**41** / **34**	47 / 40	51 / 43
9	Schutzestrich abbrechen	m²	14 / 12	23 / 19	**29** / **24**	35 / 29	44 / 37
10	Bauteile schützen, Folie	m²	1 / 1	3 / 2	**3** / **3**	4 / 3	7 / 5
11	Öffnungen schützen, Hartfaserplatten	St	7 / 6	8 / 7	**10** / **8**	11 / 10	15 / 13
12	Strahlen, Strahlmittel, Betonboden	m²	4 / 3	5 / 4	**6** / **5**	8 / 7	12 / 10
13	Druckwasserstrahlen, Estrich	m²	4 / 4	5 / 4	**6** / **5**	7 / 6	8 / 7
14	Fehlstellen schließen, Estrich	m²	13 / 11	17 / 14	**24** / **20**	31 / 26	40 / 33
15	Netzrisse schließen, Epoxidharz	m	7 / 6	9 / 7	**11** / **9**	14 / 12	16 / 14
16	Holzboden prüfen	m²	6 / 5	7 / 6	**9** / **7**	10 / 8	11 / 9
17	Holzboden, reinigen/grundieren	m²	4 / 3	7 / 6	**9** / **7**	10 / 9	15 / 13
18	Holzboden, Gewebearmierung	m²	4 / 3	5 / 4	**6** / **5**	7 / 6	11 / 10
19	Holzbodenausgleich, Kunstharz	m²	17 / 14	20 / 17	**25** / **21**	30 / 25	32 / 27
20	Haftbrücke, Estrich	m²	1 / 1	3 / 2	**3** / **3**	4 / 3	6 / 5
21	Kratzspachtelung, Betonboden	m²	11 / 9	10 / 9	**13** / **11**	15 / 13	25 / 21
22	Nivellierestrich, 10mm, Betonboden	m²	12 / 10	15 / 13	**19** / **16**	23 / 19	24 / 20
23	Nivellierestrich, 20mm, Betonboden	m²	19 / 16	22 / 18	**27** / **23**	32 / 27	35 / 29
24	Trockenschüttung, bis 10mm	m²	2 / 2	3 / 3	**4** / **3**	4 / 3	5 / 4

© BKI Baukosteninformationszentrum; Erläuterungen zu den Tabellen siehe Seite 22

Kostenstand: 2.Quartal 2018, Bundesdurchschnitt

Estricharbeiten — Preise €

Nr.	Positionen	Einheit	▶	▷ ø brutto € ø netto €		◁	◀
25	Trockenschüttung, bis 15mm	m²	3	4	**5**	6	9
			2	3	**4**	5	7
26	Trockenschüttung, bis 30mm	m²	11	16	**18**	20	29
			9	13	**15**	17	24
27	Trittschalldämmung MW 20-5mm 035 DES sh	m²	4	6	**8**	11	16
			3	5	**6**	9	13
28	Trittschalldämmung MW 30-5mm 035 DES sh	m²	5	7	**8**	11	20
			4	6	**7**	10	16
29	Trittschalldämmung EPS 20-2mm 043 DES sm	m²	3	4	**4**	5	6
			2	3	**3**	4	5
30	Trittschalldämmung EPS 30-3mm 043 DES sm	m²	3	5	**5**	6	8
			2	4	**4**	5	7
31	Wärmedämmung, Estrich EPS 40mm 040 DEO dm	m²	5,3	6,6	**7,5**	10,0	11
			4,4	5,6	**6,3**	8,4	9,4
32	Wärmedämmung, Estrich EPS 80mm 040 DEO dm	m²	7,0	10	**11**	13	14
			5,9	8,6	**9,6**	11	12
33	Wärmedämmung, Estrich EPS 120mm 040 DEO dm	m²	8,8	11	**14**	15	18
			7,4	9,2	**12**	13	15
34	Wärmedämmung, Estrich PUR 40mm 025 DEO dh	m²	11	14	**15**	17	19
			9	11	**13**	14	16
35	Trennlage, Estrich, PE-Folie, einlagig	m²	0,6	1,0	**1,1**	1,7	2,9
			0,5	0,8	**1,0**	1,5	2,5
36	Trennlage, Gussasphalt	m²	0,8	1,2	**1,4**	1,8	2,5
			0,7	1,0	**1,2**	1,6	2,1
37	Estrich, CT C25 F4 S45	m²	13	17	**18**	21	29
			11	14	**15**	18	24
38	Heizestrich, CT C25 F4 S65 H45	m²	18	23	**24**	31	47
			15	19	**21**	26	40
39	Schnellestrich, CT C40 F7 S45	m²	29	43	**49**	57	77
			25	36	**41**	48	65
40	Estrich, AS IC10 25	m²	25	29	**32**	35	40
			21	25	**27**	29	34
41	Nutzestrich, CT C25 F4 S45	m²	13	18	**18**	25	35
			11	15	**15**	21	30
42	Verbundestrich, CT-C25-F4-V50	m²	13	20	**22**	26	35
			11	16	**19**	22	30
43	Beschichtung, Epoxidharz, Estrich	m²	23	46	**56**	72	105
			19	38	**47**	60	88
44	Stundensatz Facharbeiter, Estricharbeiten	h	45	52	**55**	58	66
			38	44	**46**	49	56
45	Stundensatz Helfer, Estricharbeiten	h	43	48	**51**	55	61
			36	40	**43**	46	51

LB 325 Estricharbeiten

Kosten:
Stand 2.Quartal 2018
Bundesdurchschnitt

▶ min
▷ von
ø Mittel
◁ bis
◀ max

Nr.	Kurztext / Langtext					[Einheit]	Ausf.-Dauer	Kostengruppe Positionsnummer
	▶	▷	ø netto €	◁	◀			
1	**Verbundestrich abbrechen, bis 25mm**							KG **394**
	Verbundestrich als Zementestrich abbrechen und Bauschutt entsorgen. Estrichdicke: bis 25 mm							
	7€	8€	**10**€	12€	13€	[m²]	⏱ 0,20 h/m²	325.000.064
2	**Verbundestrich abbrechen, bis 50mm**							KG **394**
	Verbundestrich als Zementestrich abbrechen und Bauschutt entsorgen. Estrichdicke: bis 50 mm							
	9€	12€	**15**€	19€	24€	[m²]	⏱ 0,25 h/m²	325.000.065
3	**Verbundestrich abbrechen, bis 70mm**							KG **394**
	Verbundestrich als Zementestrich abbrechen und Bauschutt entsorgen. Estrichdicke: bis 70 mm							
	12€	17€	**21**€	26€	32€	[m²]	⏱ 0,40 h/m²	325.000.066
4	**Kunstharzestrich abbrechen, bis 20mm**							KG **394**
	Verbundestrich als Kunstharzestrich abbrechen und Bauschutt entsorgen. Estrichdicke: bis 20 mm							
	5€	6€	**8**€	9€	10€	[m²]	⏱ 0,15 h/m²	325.000.067
5	**Estrich, schwimmend, abbrechen**							KG **394**
	Estrich, schwimmend, einschl. Dämmung und Trennschicht abbrechen und Bauschutt sortenrein entsorgen. Estrichart: ..... Estrichdicke: ca. 40 mm Dämmdicke: ca. 30 mm							
	10€	15€	**19**€	23€	28€	[m²]	⏱ 0,35 h/m²	325.000.068
6	**Estrich bewehrt, schwimmend, abbrechen**							KG **394**
	Bewehrter Estrich, schwimmend, mit Dämmung und Trennlage abbrechen und Bauschutt sortenrein entsorgen. Dämmmaterial: ..... Estrichdicke: ca. 50 mm Dämmdicke: bis 100 mm							
	11€	23€	**29**€	34€	40€	[m²]	⏱ 0,52 h/m²	325.000.069
7	**Heizestrich abbrechen**							KG **394**
	Heizestrich mit Dämmschicht und Heizrohren und Trägerplatte abbrechen und sortenrein entsorgen. Estrichart: ..... Bauart: A Estrichdicke: bis 70 mm Dämmdicke: bis 40 mm Dämmmaterial: ..... Fußbodenheizung:							
	23€	26€	**32**€	37€	41€	[m²]	⏱ 0,50 h/m²	325.000.070

Nr.	Kurztext / Langtext				[Einheit]	Ausf.-Dauer	Kostengruppe Positionsnummer
▶	▷	ø netto €	◁	◀			

8   Heizestrich, bewehrt, abbrechen KG **394**
Heizestrich, bewehrt, mit Dämmschicht und Heizrohren und Trägerplatte abbrechen und sortenrein entsorgen.
Estrichart: .....
Bauart: **A / B / C**
Estrichdicke: bis 70 mm
Dämmdicke: bis 40 mm
Dämmmaterial: .....
Fußbodenheizung: .....

| 22 € | 30 € | **34 €** | 40 € | 43 € | [m²] | ⏱ 0,60 h/m² | 325.000.071 |

9   Schutzestrich abbrechen KG **394**
Schutzestrich auf Abdichtung abbrechen und Bauschutt entsorgen. Es ist darauf zu achten, dass die Abdichtung nicht beschädigt wird.
Estrichdicke: ca. 80 mm

| 12 € | 19 € | **24 €** | 29 € | 37 € | [m²] | ⏱ 0,40 h/m² | 325.000.072 |

10   Bauteile schützen, Folie KG **395**
Schutz von Bauteilen mit Kunststoff-Folie und Hartfaserplatten im Randbereich.
Bauteil: .....
Foliendicke: mind. 0,5 mm

| 1 € | 2 € | **3 €** | 3 € | 5 € | [m²] | ⏱ 0,04 h/m² | 325.000.073 |

11   Öffnungen schützen, Hartfaserplatten KG **395**
Schutz von Fenstern und Türen mit Hartfaserplatten.
Öffnungsgröße: .....

| 6 € | 7 € | **8 €** | 10 € | 13 € | [St] | ⏱ 0,15 h/St | 325.000.074 |

12   Strahlen, Strahlmittel, Betonboden KG **395**
Strahlen von Betonboden mit festem Strahlmittel zum Entfernen von Haftverbund mindernden Schichten.
Betongüte: .....
Gef. Oberflächenzugfestigkeit: 1,5 N/mm²

| 3 € | 4 € | **5 €** | 7 € | 10 € | [m²] | ⏱ 0,08 h/m² | 325.000.075 |

13   Druckwasserstrahlen, Estrich KG **395**
Druckwasserstrahlen von Estrichflächen zum Reinigen von Haftverbund mindernden Substanzen.
Estrichart: .....
Oberfläche: .....

| 4 € | 4 € | **5 €** | 6 € | 7 € | [m²] | ⏱ 0,10 h/m² | 325.000.076 |

14   Fehlstellen schließen, Estrich KG **395**
Fehlstellen in Estrich freilegen und mit Kunstharzmörtel schließen. Das lockere Material ist zu lösen und der anfallende Bauschutt zu entsorgen, die Ausbruchstellen sind aufzurauen und der Untergrund zu reinigen.
Schadensgrad: bis 30%/m²
Angeb. Saniersystem: .....

| 11 € | 14 € | **20 €** | 26 € | 33 € | [m²] | ⏱ 0,20 h/m² | 325.000.077 |

LB 325 Estricharbeiten

Kosten:
Stand 2.Quartal 2018
Bundesdurchschnitt

Nr.	Kurztext / Langtext					[Einheit]	Ausf.-Dauer	Kostengruppe Positionsnummer
	▶	▷	ø netto €	◁	◀			
15	**Netzrisse schließen, Epoxidharz**							KG **395**
	Verschluss von oberflächennahen Rissen als Netzrisse im Estrich, durch Tränkung mit Epoxidharz. Die Risse sind zu säubern und bis zur Sättigung zu füllen. Estrichart: Zementestrich C20/C30 Rissweite: ….. Angeb. Fabrikat: ….							
	6€	7€	**9€**	12€	14€	[m]	⏱ 0,12 h/m	325.000.078
16	**Holzboden prüfen**							KG **395**
	Holzboden für die Aufnahme eines Estrichbelags auf Stabilität überprüfen und nachnageln.							
	5€	6€	**7€**	8€	9€	[m²]	⏱ 0,16 h/m²	325.000.079
17	**Holzboden, reinigen/grundieren**							KG **395**
	Holzboden von nicht fest haftende Beschichtungen und Klebstoffresten entfernen und für Spachtelung grundieren.							
	3€	6€	**7€**	9€	13€	[m²]	⏱ 0,10 h/m²	325.000.080
18	**Holzboden, Gewebearmierung**							KG **395**
	Holzboden mit Glasgewebe armieren. Holzboden: ….. Gewebe: …..							
	3€	4€	**5€**	6€	10€	[m²]	⏱ 0,08 h/m²	325.000.081
19	**Holzbodenausgleich, Kunstharz**							KG **395**
	Kunstharzausgleichschicht auf Holzboden mit Glasgewebearmierung vorbereitet. Schichtdicke: 3-5 mm							
	14€	17€	**21€**	25€	27€	[m²]	⏱ 0,35 h/m²	325.000.082
20	**Haftbrücke, Estrich**							KG **395**
	Haftbrücke auf gereinigtem, vorbereitetem Untergrund. Estrich: Zementestrich Untergrund: Beton Angeb. Fabrikat: …..							
	1€	2€	**3€**	3€	5€	[m²]	⏱ 0,04 h/m²	325.000.083
21	**Kratzspachtelung, Betonboden**							KG **395**
	Schließen von Poren und Lunker als Kratzspachtelung mit Spachtelmasse. Bauteil: Betonboden Angeb. Fabrikat: …..							
	9€	9€	**11€**	13€	21€	[m²]	⏱ 0,23 h/m²	325.000.084
22	**Nivellierestrich, 10mm, Betonboden**							KG **352**
	Selbstverlaufender Nivellier-Verbundestrich auf Betonflächen. Estrichdicke: 5-10 mm Angeb. Fabrikat: …..							
	10€	13€	**16€**	19€	20€	[m²]	⏱ 0,15 h/m²	325.000.085

▶ min
▷ von
ø Mittel
◁ bis
◀ max

Nr.	Kurztext / Langtext							Kostengruppe
▶	▷	ø netto €	◁	◀	[Einheit]	Ausf.-Dauer	Positionsnummer	

23 Nivellierestrich, 20mm, Betonboden — KG **352**
Selbstverlaufender Nivellier-Verbundestrich auf Betonflächen.
Estrichdicke: 10-20 mm
Angeb. Fabrikat: .....

16€	18€	**23€**	27€	29€	[m²]	⏱ 0,20 h/m²	325.000.086

24 Trockenschüttung, bis 10mm — KG **352**
Ausgleichsschüttung auf Rohdecke, gebundene Form.
Funktion: Flächenausgleich
Nutzlast: ..... kN/m²
Dicke i.M.: 10 mm
Angeb. Fabrikat: .....

2€	3€	**3€**	3€	4€	[m²]	⏱ 0,03 h/m²	325.000.088

25 Trockenschüttung, bis 15mm — KG **352**
Ausgleichsschüttung auf Rohdecke, gebundene Form.
Funktion: Flächenausgleich
Nutzlast: ..... kN/m²
Dicke i.M.: 15 mm
Angeb. Fabrikat: .....

2€	3€	**4€**	5€	7€	[m²]	⏱ 0,04 h/m²	325.000.089

26 Trockenschüttung, bis 30mm — KG **352**
Ausgleichsschüttung auf Rohdecke, gebundene Form.
Funktion: Flächenausgleich
Nutzlast: ..... kN/m²
Dicke i.M.: 30 mm
Angeb. Fabrikat: .....

9€	13€	**15€**	17€	24€	[m²]	⏱ 0,06 h/m²	325.000.090

27 Trittschalldämmung MW 20-5mm 035 DES sh — KG **352**
Trittschalldämmschicht aus Mineralwolle unter schwimmendem Estrich.
Untergrund: Rohdecke
Dämmstoff: MW-TSD
Brandverhalten: **A1 / A2-s1-d0**, nicht brennbar
Anwendungstyp: DES - sh
Nennwert der Wärmeleitfähigkeit: 0,035 W/(mK)
Dämmstoffdicke: 20-5 mm
Nutzlast: ..... kN/m²
Druckbelastbarkeit: sm
Angeb. Fabrikat: .....

3€	5€	**6€**	9€	13€	[m²]	⏱ 0,04 h/m²	325.000.091

LB 325 Estricharbeiten

Kosten:
Stand 2.Quartal 2018
Bundesdurchschnitt

Nr.	Kurztext / Langtext				[Einheit]	Ausf.-Dauer	Kostengruppe Positionsnummer
▶	▷ ø netto €	◁	◀				

28 Trittschalldämmung MW 30-5mm 035 DES sh — KG **352**

Trittschalldämmschicht aus Mineralwolle unter schwimmendem Estrich.
Untergrund: Rohdecke
Dämmstoff: MW-TSD
Brandverhalten: **A1 / A2-s1-d0**, nicht brennbar
Anwendungstyp: DES - sh
Nennwert der Wärmeleitfähigkeit: 0,035 W/(mK)
Dämmstoffdicke: 30-5 mm
Nutzlast: ..... kN/m²
Druckbelastbarkeit: sm
Angeb. Fabrikat: .....

| 4€ | 6€ | **7€** | 10€ | 16€ | [m²] | ⏱ 0,05 h/m² | 325.000.092 |

29 Trittschalldämmung EPS 20-2mm 043 DES sm — KG **352**

Trittschalldämmschicht aus Polystyrol-Dämmplatten unter schwimmendem Estrich.
Untergrund: Rohdecke
Dämmstoff: EPS-TSD
Brandverhalten: Klasse E
Anwendungstyp: DES - sm
Nennwert der Wärmeleitfähigkeit: 0,043 W/(mK)
Dämmstoffdicke: 20-2 mm
Nutzlast: ..... kN/m²
Steifigkeitsgruppe: .....
Angeb. Fabrikat: .....

| 2€ | 3€ | **3€** | 4€ | 5€ | [m²] | ⏱ 0,04 h/m² | 325.000.093 |

30 Trittschalldämmung EPS 30-3mm 043 DES sm — KG **352**

Trittschalldämmschicht aus Polystyrol-Dämmplatten unter schwimmendem Estrich.
Untergrund: Rohdecke
Dämmstoff: EPS-TSD
Brandverhalten: E
Anwendungstyp: DES - sm
Nennwert Wärmeleitfähigkeit: 0,043 W/(mK)
Dämmstoffdicke: 30-3 mm
Nutzlast: ..... kN/m²
Druckbelastbarkeit: sm
Angeb. Fabrikat: .....

| 2€ | 4€ | **4€** | 5€ | 7€ | [m²] | ⏱ 0,04 h/m² | 325.000.094 |

▶ min
▷ von
ø Mittel
◁ bis
◀ max

Nr.	Kurztext / Langtext					Kostengruppe
▶	▷	ø netto €	◁	◀	[Einheit]	Ausf.-Dauer Positionsnummer

A 1 — Wärmedämmung, Estrich EPS 040 DEO dm
Beschreibung für Pos. **31-33**

Wärmedämmschicht aus Polystyrol-Dämmplatten unter schwimmendem Estrich.
Untergrund: Rohdecke
Dämmstoff: EPS
Anwendungstyp: DEO
Druckbelastbarkeit: dm
Anwendungstyp: DEO, dm
Nennwert Wärmeleitfähigkeit: 0,038 W/(mK)
Brandverhalten: Klasse E

31 — Wärmedämmung, Estrich EPS 40mm 040 DEO dm
KG **352**

Wie Ausführungsbeschreibung A 1
Nutzlast: ..... kN/m²
Dämmstoffdicke: 40 mm
Angeb. Fabrikat: .....

| 4€ | 6€ | **6€** | 8€ | 9€ | [m²] | ⏱ 0,05 h/m² | 325.000.095 |

32 — Wärmedämmung, Estrich EPS 80mm 040 DEO dm
KG **352**

Wie Ausführungsbeschreibung A 1
Nutzlast: ..... kN/m²
Dämmstoffdicke: 80 mm
Angeb. Fabrikat: .....

| 6€ | 9€ | **10€** | 11€ | 12€ | [m²] | ⏱ 0,07 h/m² | 325.000.096 |

33 — Wärmedämmung, Estrich EPS 120mm 040 DEO dm
KG **352**

Wie Ausführungsbeschreibung A 1
Nutzlast: ..... kN/m²
Dämmstoffdicke: 120 mm
Angeb. Fabrikat: .....

| 7€ | 9€ | **12€** | 13€ | 15€ | [m²] | ⏱ 0,07 h/m² | 325.000.097 |

34 — Wärmedämmung, Estrich PUR 40mm 025 DEO dh
KG **352**

Wärmedämmschicht aus kaschierten Polyurethan-Dämmplatten unter schwimmendem Estrich.
Untergrund: Rohdecke
Dämmstoff: PUR, Aluminiumkaschierung
Anwendungstyp: DEO - dh
Nennwert der Wärmeleitfähigkeit: 0,023 W/(mK)
Dämmstoffdicke:40 mm
Nutzlast: ..... kN/m²
Brandverhalten: Klasse E
Plattenrand: .....
Angeb. Fabrikat: .....

| 9€ | 11€ | **13€** | 14€ | 16€ | [m²] | ⏱ 0,07 h/m² | 325.000.098 |

LB 325 Estricharbeiten

Kosten:
Stand 2.Quartal 2018
Bundesdurchschnitt

	Nr.	**Kurztext** / Langtext						Kostengruppe
▶	▷	ø netto €	◁	◀	[Einheit]	Ausf.-Dauer	Positionsnummer

35 **Trennlage, Estrich, PE-Folie, einlagig** — KG **352**
Trennlage zwischen Dämmschicht und Estrich, einlagig, mit mind. 80mm Stoßüberlappung.
Estrich: .....
Trennlage: PE-Folie, 0,2 mm
Angeb. Fabrikat: .....
0,5 €   0,8 €   **1,0 €**   1,5 €   2,5 €   [m²]   ⏱ 0,03 h/m²   325.000.099

36 **Trennlage, Gussasphalt** — KG **352**
Trennlage zwischen Dämmschicht und Gussasphaltestrich, einlagig, hitzebeständig, mit mind. 80mm Stoßüberlappung.
Trennlage: .....
Angeb. Fabrikat: .....
0,7 €   1,0 €   **1,2 €**   1,6 €   2,1 €   [m²]   ⏱ 0,03 h/m²   325.000.100

37 **Estrich, CT C25 F4 S45** — KG **352**
Zementestrich als schwimmender Estrich für Bodenbelag auf Dämmschicht.
Estrichart: CT
Druckfestigkeitsklasse: C25
Biegezugfestigkeitsklasse: F4
Estrichdicke: 45 mm
Einbauort: .....
Untergrund: eben
Nutzlast: ..... kN/m²
Belag: .....
Dämmung: .....
Besondere Anforderungen: .....
11 €   14 €   **15 €**   18 €   24 €   [m²]   ⏱ 0,20 h/m²   325.000.101

38 **Heizestrich, CT C25 F4 S65 H45** — KG **352**
Zementestrich als Heizestrich mit eingebetteten Leitungen für Bodenbelag auf Dämmschicht in Bauart A. Leistung inkl. Aufheizen und Abheizen des Fußbodenaufbaus sowie Protokollieren des Vorgangs und CM-Messung als Nachweis.
Untergrund: eben
Estrichart: CT
Druckfestigkeitsklasse: C25
Biegezugfestigkeitsklasse: F4
Bauart A - Heizrohre auf der Dämmschicht
Heizrohrdicke: ..... mm
Estrichdicke: .... mm + Rohrdurchmesser
Rohrüberdeckung: 45 mm
Einbauort: .....
Untergrund: eben
Nutzlast: ..... kN/m²
Belag: .....
Dämmung: .....
Besondere Anforderungen: .....
15 €   19 €   **21 €**   26 €   40 €   [m²]   ⏱ 0,25 h/m²   325.000.102

▶ min
▷ von
ø Mittel
◁ bis
◀ max

Nr.	Kurztext / Langtext						Kostengruppe	
▶	▷	ø netto €	◁	◀	[Einheit]	Ausf.-Dauer	Positionsnummer	

39 Schnellestrich, CT C40 F7 S45 — KG 352
Zementestrich als schwimmender Schnellestrich für Bodenbelag auf Dämmschicht.
Estrichart: CT, Schnellestrich
Druckfestigkeitsklasse: C40
Biegezugfestigkeitsklasse: F7
Estrichdicke: 45 mm
Einbauort: .....
Untergrund: eben
Nutzlast: ..... kN/m^2
Belag: .....
Dämmung: .....
Besondere Anforderungen: .....

| 25€ | 36€ | **41€** | 48€ | 65€ | [m²] | ⏱ 0,30 h/m² | 325.000.103 |

40 Estrich, AS IC10 25 — KG 352
Gussasphaltestrich als schwimmender Estrich für Bodenbelag auf Dämmschicht.
Estrichart: AS
Härteklasse: IC 10
Estrichdicke: 25 mm
Einbauort: .....
Untergrund: eben
Nutzlast: ..... kN/m^2
Belag: .....
Dämmung: .....
Besondere Anforderungen: .....

| 21€ | 25€ | **27€** | 29€ | 34€ | [m²] | ⏱ 0,35 h/m² | 325.000.104 |

41 Nutzestrich, CT C25 F4 S45 — KG 352
Zementestrich als schwimmender Estrich für direkte Nutzung mit Oberflächenschutz auf Dämmschicht.
Estrichart: CT
Druckfestigkeitsklasse: C25
Biegezugfestigkeitsklasse: F4
Verschleißwiderstand A15
Estrichdicke: 45 mm
Einbauort: .....
Untergrund: eben
Nutzlast: ..... kN/m^2
Oberflächenschutz: .....
Dämmung: .....
Besondere Anforderungen: .....

| 11€ | 15€ | **15€** | 21€ | 30€ | [m²] | ⏱ 0,20 h/m² | 325.000.105 |

LB 325 Estricharbeiten

Kosten:
Stand 2.Quartal 2018
Bundesdurchschnitt

Nr.	Kurztext / Langtext				[Einheit]	Ausf.-Dauer	Kostengruppe Positionsnummer
▶	▷ ø netto €	◁	◀				

42 Verbundestrich, CT-C25-F4-V50 — KG 352
Zementestrich als Nutzestrich für direkte Nutzung mit Oberflächenschutz im Verbund mit Untergrund.
Estrichart: CT
Druckfestigkeitsklasse: C25
Biegezugfestigkeitsklasse: F4
Verschleißwiderstand A15
Estrichdicke: 45 mm
Einbauort: .....
Untergrund: eben
Nutzlast: ..... kN/m²
Oberflächenschutz: .....
Dämmung: .....
Besondere Anforderungen: .....

| 11€ | 16€ | **19€** | 22€ | 30€ | [m²] | ⏱ 0,20 h/m² | 325.000.106 |

43 Beschichtung, Epoxidharz, Estrich — KG 352
Beschichtung von Estrichflächen mit Mehrkomponenten-Epoxidharz mit Zwischen- und Deckbeschichtung einschl. Grundierung.
Untergrund: .....
Beanspruchung: .....
Rutschgefahr: .....
Mindest-Schichtdicke: ..... mm
Farbton: grau
Auftragsmenge: .....
Angeb. Fabrikat: .....

| 19€ | 38€ | **47€** | 60€ | 88€ | [m²] | ⏱ 0,12 h/m² | 325.000.107 |

44 Stundensatz Facharbeiter, Estricharbeiten
Stundenlohnarbeiten für Vorarbeiter, Facharbeiter und Gleichgestellte (z. B. Spezialbaufacharbeiter, Baufacharbeiter, Obermonteure, Monteure, Gesellen, Maschinenführer, Fahrer und ähnliche Fachkräfte). Leistung nach besonderer Anordnung der Bauüberwachung. Anmeldung und Nachweis gemäß VOB/B.

| 38€ | 44€ | **46€** | 49€ | 56€ | [h] | ⏱ 1,00 h/h | 325.000.108 |

45 Stundensatz Helfer, Estricharbeiten
Stundenlohnarbeiten für Werker, Helfer und Gleichgestellte (z. B. Baufachwerker, Helfer, Hilfsmonteure, Ungelernte, Angelernte). Leistung nach besonderer Anordnung der Bauüberwachung. Anmeldung und Nachweis gemäß VOB/B.

| 36€ | 40€ | **43€** | 46€ | 51€ | [h] | ⏱ 1,00 h/h | 325.000.109 |

▶ min
▷ von
ø Mittel
◁ bis
◀ max

| 323 |
| 324 |
| **325** |
| 326 |
| 327 |
| 328 |
| 329 |
| 330 |
| 331 |
| 332 |
| 333 |
| 334 |
| 336 |
| 337 |
| 338 |
| 339 |

LB 326 Fenster, Außentüren

Kosten: Stand 2.Quartal 2018 Bundesdurchschnitt

▶ min
▷ von
ø Mittel
◁ bis
◀ max

Nr.	Positionen	Einheit	▶	▷ ø brutto € ø netto €		◁	◀
1	Kellerfenster ausbauen, Holz, 0,5m²	St	13 11	19 16	**23** **20**	28 24	56 47
2	Fenster ausbauen, Holz, bis 1,5m²	St	37 31	49 41	**55** **46**	59 50	68 58
3	Fenster ausbauen, Holz, bis 2,5m²	St	47 39	53 44	**66** **55**	79 66	120 101
4	Fenstertür ausbauen, Holz, bis 3,5m²	St	60 50	67 56	**83** **70**	100 84	157 132
5	Fenster ausbauen, Kunststoff, bis 1,5m²	St	21 17	33 28	**41** **35**	49 42	64 54
6	Fenster ausbauen, Kunststoff, bis 2,5m²	St	25 21	45 38	**57** **48**	68 57	80 67
7	Fenstertür ausbauen, Kunststoff, bis 3,5m²	St	45 38	74 62	**93** **78**	111 93	157 132
8	Hauseingangstür ausbauen, bis 4m²	St	56 47	102 86	**128** **107**	153 129	168 141
9	Kelleraußentür ausbauen, bis 2,5m²	St	36 31	42 35	**52** **44**	63 53	68 57
10	Holzfenster, 1-flüglig, 1.000x1.000mm, U_g-Wert 1,1W/(m²K)	St	346 290	367 309	**432** **363**	497 418	562 472
11	Holzfenster, 1-flüglig, 1.000x1.000mm, U_g-Wert 0,7W/(m²K)	St	378 317	401 337	**472** **397**	543 456	614 516
12	Holzfenster, 2-flüglig, 1.250x1.000mm, U_g-Wert 1,1W/(m²K)	St	464 390	493 414	**580** **487**	667 561	754 634
13	Holzfenster, 2-flüglig, 1.250x1.000mm, U_g-Wert 0,7W/(m²K)	St	507 426	538 452	**633** **532**	728 612	823 692
14	Holzfenster, 2-flüglig, Setzholz, 1.625x1.250mm, U_g-Wert 1,1W/(m²K)	St	562 472	596 501	**685** **576**	788 662	891 749
15	Holzfenstertür, 1-flüglig, 1.000x2.125mm, U_g-Wert 1,1W/(m²K)	St	635 533	690 580	**793** **667**	912 767	1.031 867
16	Holz-Alufenster, 1-flüglig, 1.000x1.000mm, U_g-Wert 1,1W/(m²K)	St	538 452	571 480	**672** **565**	773 649	874 734
17	Holz-Alufenster, 1-flüglig, 1.000x1.000mm, U_g-Wert 0,7W/(m²K)	St	580 488	617 518	**725** **610**	834 701	943 792
18	Holz-Alufenster, 2-flüglig, 1.250x1.000mm, U_g-Wert 1,1W/(m²K)	St	731 614	776 652	**913** **768**	1.050 883	1.187 998

© BKI Baukosteninformationszentrum; Erläuterungen zu den Tabellen siehe Seite 22

Fenster, Außentüren — Preise €

Nr.	Positionen	Einheit	▶	▷ ø brutto € / ø netto €		◁	◀
19	Holz-Alufenster, 2-flüglig, 1.250x1.000mm, U_g-Wert 0,7W/(m²K)	St	782	831	**977**	1.124	1.271
			657	698	**821**	945	1.068
20	Holz-Alufenster, 2-flüglig, Setzholz, 1.625x1.250mm, U_g-Wert 1,1W/(m²K)	St	824	875	**1.005**	1.156	1.307
			693	735	**845**	972	1.098
21	Holz-Alufenstertür, 1-flüglig, 1.000x2.125mm, U_g-Wert 1,1W/(m²K)	St	837	911	**1.047**	1.204	1.361
			704	765	**880**	1.012	1.144
22	Kunststofffenster, 1-flüglig, 1.000x1.000mm, U_g-Wert 1,1W/(m²K)	St	299	317	**373**	429	485
			251	267	**314**	361	408
23	Kunststofffenster, 1-flüglig, 1.000x1.000mm, U_g-Wert 0,7W/(m²K)	St	341	363	**427**	491	555
			287	305	**359**	412	466
24	Kunststofffenster, 2-flüglig, 1.250x1.000mm, U_g-Wert 1,1W/(m²K)	St	448	476	**560**	644	728
			377	400	**471**	541	612
25	Kunststofffenster, 2-flüglig, Setzholz, 1.625x1.250mm, U_g-Wert 1,1W/(m²K)	St	512	576	**640**	736	832
			430	484	**538**	619	699
26	Kunststoff-Fenstertür, 1-flüglig, 1.000x2.125mm, U_g-Wert 1,1W/(m²K)	St	549	618	**687**	790	893
			462	519	**577**	664	750
27	Haustür, Kunststoff, einfach, 1.010x2.013mm	St	1.858	2.223	**2.401**	3.026	3.738
			1.561	1.868	**2.018**	2.543	3.141
28	Haustür, Aluminium/Glasfüllung, einfach, 1.010x2.013mm	St	1.733	2.839	**3.311**	4.290	6.198
			1.457	2.386	**2.783**	3.605	5.208
29	Fensterbank, außen, Aluminium, beschichtet	m	15	32	**39**	47	67
			12	27	**32**	39	57
30	Stundensatz Facharbeiter, Fensterbauarbeiten	h	48	57	**60**	66	81
			40	48	**51**	56	68
31	Stundensatz Helfer, Fensterbauarbeiten	h	42	47	**51**	55	63
			35	39	**43**	46	53

Nr.	Kurztext / Langtext					Kostengruppe	
▶	▷	ø netto €	◁	◀	[Einheit]	Ausf.-Dauer	Positionsnummer

1   **Kellerfenster ausbauen, Holz, 0,5m²**   KG **394**
Kellerfenster aus Holz mit Flügel und Rahmen ausbauen und anfallenden Bauschutt entsorgen.
Größe: bis 0,5 m²

| 11€ | 16€ | **20€** | 24€ | 47€ | [St] | ⏱ 0,37 h/St | 326.000.048 |

© **BKI** Baukosteninformationszentrum; Erläuterungen zu den Tabellen siehe Seite 22   Kostenstand: 2.Quartal 2018, Bundesdurchschnitt

LB 326
Fenster, Außentüren

Kosten:
Stand 2.Quartal 2018
Bundesdurchschnitt

▶ min
▷ von
ø Mittel
◁ bis
◀ max

Nr.	Kurztext / Langtext					[Einheit]	Ausf.-Dauer	Kostengruppe Positionsnummer
▶	▷	**ø netto €**	◁	◀				

2	Fenster ausbauen, Holz, bis 1,5m²							KG **394**

Fenster aus Holz mit Flügel und Fensterrahmen ausbauen und anfallenden Bauschutt entsorgen.
Größe: bis 1,5 m²

| 31€ | 41€ | **46**€ | 50€ | 58€ | [St] | ⏱ 0,70 h/St | 326.000.049 |

3	Fenster ausbauen, Holz, bis 2,5m²							KG **394**

Fenster aus Holz mit Flügel und Fensterrahmen ausbauen und anfallenden Bauschutt entsorgen.
Größe: bis 2,5 m²

| 39€ | 44€ | **55**€ | 66€ | 101€ | [St] | ⏱ 0,80 h/St | 326.000.050 |

4	Fenstertür ausbauen, Holz, bis 3,5m²							KG **394**

Fenstertür aus Holz mit Flügel und Rahmen ausbauen und anfallenden Bauschutt entsorgen.
Größe: bis 3,5 m²

| 50€ | 56€ | **70**€ | 84€ | 132€ | [St] | ⏱ 1,00 h/St | 326.000.051 |

5	Fenster ausbauen, Kunststoff, bis 1,5m²							KG **394**

Fenster aus Kunststoff mit Flügel, Fensterstock, innerer und äußerer Fensterbank ausbauen und anfallenden Bauschutt entsorgen.
Größe: bis 1,5 m²

| 17€ | 28€ | **35**€ | 42€ | 54€ | [St] | ⏱ 0,80 h/St | 326.000.052 |

6	Fenster ausbauen, Kunststoff, bis 2,5m²							KG **394**

Fenster aus Kunststoff mit Flügel, Fensterstock, innerer und äußerer Fensterbank ausbauen und anfallenden Bauschutt entsorgen.
Größe: bis 2,5 m²

| 21€ | 38€ | **48**€ | 57€ | 67€ | [St] | ⏱ 0,95 h/St | 326.000.053 |

7	Fenstertür ausbauen, Kunststoff, bis 3,5m²							KG **394**

Fenstertür aus Kunststoff mit Flügel und Fensterstock ausbauen und anfallenden Bauschutt entsorgen.
Größe: bis 3,5 m²

| 38€ | 62€ | **78**€ | 93€ | 132€ | [St] | ⏱ 1,05 h/St | 326.000.054 |

8	Hauseingangstür ausbauen, bis 4m²							KG **394**

Hauseingangstür mit Rahmen, Türblatt und Türstock ausbauen und anfallenden Bauschutt entsorgen.
Material: .....
Größe: bis 4 m²

| 47€ | 86€ | **107**€ | 129€ | 141€ | [St] | ⏱ 1,30 h/St | 326.000.055 |

9	Kelleraußentür ausbauen, bis 2,5m²							KG **394**

Kelleraußentür mit Türblatt und Blendrahmen ausbauen und anfallenden Bauschutt entsorgen.
Material: .....
Größe: bis 2,5 m²

| 31€ | 35€ | **44**€ | 53€ | 57€ | [St] | ⏱ 0,45 h/St | 326.000.056 |

Nr.	Kurztext / Langtext							Kostengruppe
▶	▷	ø netto €	◁	◀		[Einheit]	Ausf.-Dauer	Positionsnummer

A 1 Holzfenster, 1-flüglig, 1.000x1.000mm   Beschreibung für Pos. **10-11**

Einflügliges Fenster aus Holz, ohne Sprossen, mit zum Rahmen versetzem Flügel, Beschlag mit Einhandbedienung, Drehkippfunktion, Aushebelschutz und konstanter Griffstellung in Kippstellung. Einbau in einschalige Wand mit stumpfem Anschlag, einschl. Vorrichten für Außenfensterbank aus Blech. Befestigung mit Rahmendübeln und Fensterbauschraube, einschl. Ausfüllen der Fugen zwischen Rahmen und anschließenden Bauteilen.

Baurichtmaß (B x H): 1.000 x 1.000 mm
Holzart: Fichte
Oberfläche: endbeschichtet
Farbe: .....
Rahmendurchbiegung: .....
Festigkeitsklasse: .....
Rahmenbreite: ..... mm
Rahmendicke: .... mm
Rahmenprofil: eckig, mit Falzdichtung
Verglasung: Isolierverglasung, dreischeibig
U_W-Wert: .....
Lichtdurchlässigkeit: ..... %
Glasrandverbund: .....
Windlast: .....
Schlagregendichtheit: .....
Luftdurchlässigkeit: .....
Schalldämm-Maß: .....
Einbruchhemmung: .....
Anschlussfugen: .....
Beschläge: LM-eloxiert, verdeckt liegend
Bedienungskräfte: .....
Einbauort: .....

10	Holzfenster, 1-flüglig, 1.000x1.000mm, U_g-Wert 1,1W/(m²K)							KG **334**
Wie Ausführungsbeschreibung A 1 U_g-Wert: 1,1 W/(m²K)								
290€	309€	**363**€	418€	472€		[St]	⏱ 2,02 h/St	326.000.057

11	Holzfenster, 1-flüglig, 1.000x1.000mm, U_g-Wert 0,7W/(m²K)							KG **334**
Wie Ausführungsbeschreibung A 1 U_g-Wert: 0,7 W/(m²K)								
317€	337€	**397**€	456€	516€		[St]	⏱ 2,02 h/St	326.000.058

LB 326 Fenster, Außentüren

Kosten:
Stand 2.Quartal 2018
Bundesdurchschnitt

Nr.	Kurztext / Langtext					Kostengruppe
▶	▷	ø netto €	◁	◀	[Einheit]	Ausf.-Dauer Positionsnummer

A 2 Holzfenster, 2-flüglig, 1.250x1.000mm — Beschreibung für Pos. **12-13**

Zweiflügliges Fenster aus Holz, ohne Sprossen, mit zum Rahmen versetzten Flügeln, Beschlag mit Einhandbedienung, Drehkipp- und Drehfunktion, Aushebelschutz und konstanter Griffstellung in Kippstellung.
Einbau in einschalige Wand mit stumpfem Anschlag, einschl. Vorrichten für äußere Fensterbank aus Blech. Befestigung mit Rahmendübeln und Fensterbauschrauben, einschl. Ausfüllen der Fugen zwischen Rahmen und anschließenden Bauteilen.

Baurichtmaß (B x H): 1.250 x 1.000 mm
Holzart: Fichte
Oberfläche: endbeschichtet
Farbe: .....
Rahmendurchbiegung: .....
Festigkeitsklasse: .....
Rahmenbreite: ..... mm
Rahmendicke: .... mm
Rahmenprofil: eckig, mit Falzdichtung
Verglasung: Isolierverglasung, 2-scheibig
U_w-Wert: .....
Lichtdurchlässigkeit: ..... %
Glasrandverbund: .....
Windlast: .....
Schlagregendichtheit: .....
Luftdurchlässigkeit: .....
Schalldämm-Maß: .....
Einbruchhemmung: .....
Anschlussfugen: .....
Beschläge: LM-eloxiert, verdeckt liegend
Bedienungskräfte: .....
Einbauort: .....

12 Holzfenster, 2-flüglig, 1.250x1.000mm, U_g-Wert 1,1W/(m²K)   KG **334**
Wie Ausführungsbeschreibung A 2
U_g-Wert: 1,1 W/(m²K)

| 390€ | 414€ | **487€** | 561€ | 634€ | [St] | ⏱ 2,30 h/St | 326.000.059 |

13 Holzfenster, 2-flüglig, 1.250x1.000mm, U_g-Wert 0,7W/(m²K)   KG **334**
Wie Ausführungsbeschreibung A 2
U_g-Wert: 0,7 W/(m²K)

| 426€ | 452€ | **532€** | 612€ | 692€ | [St] | ⏱ 2,30 h/St | 326.000.067 |

▶ min
▷ von
ø Mittel
◁ bis
◀ max

Nr.	Kurztext / Langtext					Kostengruppe	
▶	▷	ø netto €	◁	◀	[Einheit]	Ausf.-Dauer	Positionsnummer
14	Holzfenster, 2-flüglig, Setzholz, 1.625x1.250mm, U_g-Wert 1,1W/(m²K)						KG 334

Zweiflügliges Fenster aus Holz mit Setzholz, ohne Sprossen, mit zum Rahmen versetzten Flügeln, Beschlag mit Einhandbedienung, Drehkipp- und Drehfunktion, Aushebelschutz und konstanter Griffstellung in Kippstellung. Einbau in einschalige Wand mit stumpfem Anschlag, einschl. Vorrichten für äußere Fensterbank aus Blech. Befestigung mit Rahmendübeln und Fensterbauschrauben, einschl. Ausfüllen der Fugen zwischen Rahmen und anschließenden Bauteilen.

Baurichtmaß (B x H): 1.625 x 1.250 mm
Holzart: Fichte
Oberfläche: endbeschichtet
Farbe: .....
Rahmendurchbiegung: .....
Festigkeitsklasse: .....
Rahmenbreite: ..... mm
Rahmendicke: .... mm
Rahmenprofil: eckig, mit Falzdichtung
Verglasung: Isolierverglasung, zweischeibig
U_g-Wert: 1,1 W/(m²K)
U_w-Wert: .....
Lichtdurchlässigkeit: ..... %
Glasrandverbund: .....
Windlast: .....
Schlagregendichtheit: .....
Luftdurchlässigkeit: .....
Schalldämm-Maß: .....
Einbruchhemmung: .....
Anschlussfugen: .....
Beschläge: LM-eloxiert, verdeckt liegend
Bedienungskräfte: .....
Einbauort: .....

| 472 € | 501 € | 576 € | 662 € | 749 € | [St] | 🕒 3,45 h/St | 326.000.060 |

LB 326 Fenster, Außentüren

Nr.	Kurztext / Langtext					[Einheit]	Ausf.-Dauer	Kostengruppe Positionsnummer
▶	▷	ø netto €	◁	◀				
15	**Holzfenstertür, 1-flüglig, 1.000x2.125mm, U_g-Wert 1,1W/(m²K)**							KG **334**

Einflüglige Fenstertüre aus Holz, ohne Sprossen, mit versetzten Flügel zum Rahmen, Beschlag mit Einhandbedienung, Drehkippfunktion, Aushebelschutz und konstanter Griffstellung in Kippstellung. Einbau in einschalige Wand mit stumpfem Anschlag und Vorrichten für äußere Fensterbank aus Blech. Befestigung mit Rahmendübeln und Fensterbauschrauben sowie ausfüllen der Fugen zwischen Rahmen und anschließenden Bauteilen.
Baurichtmaß (B x H): 1.000 x 2.125 mm
Holzart: Fichte
Oberfläche: endbeschichtet
Farbe: .....
Rahmendurchbiegung: .....
Festigkeitsklasse: .....
Rahmenbreite: ..... mm
Rahmendicke: .... mm
Rahmenprofil: eckig, mit Falzdichtung
Verglasung: Isolierverglasung, zweischeibig
U_g-Wert: 1,1 W/(m²K)
U_w-Wert: .....
Lichtdurchlässigkeit: ..... %
Glasrandverbund: .....
Windlast: .....
Schlagregendichtheit: .....
Luftdurchlässigkeit: .....
Schalldämm-Maß: .....
Einbruchhemmung: .....
Anschlussfugen: .....
Beschläge: LM-eloxiert, verdeckt liegend
Bedienungskräfte: .....
Einbauort: .....

533 €	580 €	**667** €	767 €	867 €		[St]	⏱ 2,70 h/St	326.000.061

Kosten:
Stand 2.Quartal 2018
Bundesdurchschnitt

▶ min
▷ von
ø Mittel
◁ bis
◀ max

Nr.	Kurztext / Langtext							Kostengruppe
▶	▷	ø netto €	◁	◀		[Einheit]	Ausf.-Dauer	Positionsnummer

A 3 Holz-Alufenster, 1-flügig, 1.000x1.000mm   Beschreibung für Pos. **16-17**

Einflügliges Fenster aus Holz mit hinterlüftetem und thermisch getrenntem Aluminiumprofil, ohne Sprossen, mit zum Rahmen versetztem Flügel, Beschlag mit Einhandbedienung, Drehkippfunktion, Aushebelschutz und konstanter Griffstellung in Kippstellung. Einbau in einschalige Wand mit stumpfem Anschlag, einschl. Vorrichten für Außenfensterbank aus Blech. Befestigung mit Rahmendübeln und Fensterbauschrauben, einschl. Ausfüllen der Fugen zwischen Rahmen und anschließenden Bauteilen.

Baurichtmaß (B x H): 1.000 x 1.000 mm
Holzart: Fichte, mit Aluminiumbekleidung
Oberflächen: endbeschichtet
Farben: .....
Rahmendurchbiegung: .....
Festigkeitsklasse: .....
Rahmenbreite: ..... mm
Rahmendicke: .... mm
Rahmenprofil: eckig, mit Falzdichtung
Verglasung: Isolierverglasung, dreischeibig
U_W-Wert: .....
Lichtdurchlässigkeit: ..... %
Glasrandverbund: .....
Windlast: .....
Schlagregendichtheit: .....
Luftdurchlässigkeit: .....
Schalldämm-Maß: .....
Einbruchhemmung: .....
Anschlussfugen: .....
Beschläge: LM-eloxiert, verdeckt liegend
Bedienungskräfte: .....
Einbauort: .....

16	Holz-Alufenster, 1-flüglig, 1.000x1.000mm, U_g-Wert 1,1W/(m²K)							KG **334**
Wie Ausführungsbeschreibung A 3								
U_g-Wert: 1,1 W/(m²K)								
452 €	480 €	**565** €	649 €	734 €		[St]	⏱ 2,02 h/St	326.000.068

17	Holz-Alufenster, 1-flüglig, 1.000x1.000mm, U_g-Wert 0,7W/(m²K)							KG **334**
Wie Ausführungsbeschreibung A 3								
U_g-Wert: 0,7 W/(m²K)								
488 €	518 €	**610** €	701 €	792 €		[St]	⏱ 2,02 h/St	326.000.069

**LB 326
Fenster,
Außentüren**

Nr.	Kurztext / Langtext					Kostengruppe
▶	▷	ø netto €	◁	◀	[Einheit]	Ausf.-Dauer Positionsnummer

A 4   Holz-Alufenster, 2-flüglig, 1.250x1.000mm   Beschreibung für Pos. **18-19**

Einflügliges Fenster aus Holz mit hinterlüftetem und thermisch getrenntem Aluminiumprofil, ohne Sprossen, mit zum Rahmen versetzten Flügeln, Beschlag mit Einhandbedienung, Drehkipp- und Drehfunktion, Aushebelschutz und konstanter Griffstellung in Kippstellung. Einbau in einschalige Wand mit stumpfen Anschlag, einschl. Vorrichten für äußere Fensterbank aus Blech. Befestigung mit Rahmendübeln und Fensterbauschrauben, einschl. Ausfüllen der Fugen zwischen Rahmen und anschließenden Bauteilen.
Baurichtmaß (B x H): 1.250 x 1.000 mm
Holzart: Fichte, mit Aluminiumbekleidung
Oberflächen: endbeschichtet
Farben: .....
Rahmendurchbiegung: .....
Festigkeitsklasse: .....
Rahmenbreite: ..... mm
Rahmendicke: .... mm
Rahmenprofil: eckig, mit Falzdichtung
Verglasung: Isolierverglasung, 2-scheibig
U_w-Wert: .....
Lichtdurchlässigkeit: ..... %
Glasrandverbund: .....
Windlast: .....
Schlagregendichtheit: .....
Luftdurchlässigkeit: .....
Schalldämm-Maß: .....
Einbruchhemmung: .....
Anschlussfugen: .....
Beschläge: LM-eloxiert, verdeckt liegend
Bedienungskräfte: .....
Einbauort: .....

Kosten:
Stand 2.Quartal 2018
Bundesdurchschnitt

18   Holz-Alufenster, 2-flüglig, 1.250x1.000mm, U_g-Wert 1,1W/(m²K)   KG **334**
Wie Ausführungsbeschreibung A 4
U_g-Wert: 1,1 W/(m²K)

| 614 € | 652 € | **768** € | 883 € | 998 € | [St] | ⏱ 2,30 h/St | 326.000.070 |

19   Holz-Alufenster, 2-flüglig, 1.250x1.000mm, U_g-Wert 0,7W/(m²K)   KG **334**
Wie Ausführungsbeschreibung A 4
U_g-Wert: 0,7 W/(m²K)

| 657 € | 698 € | **821** € | 945 € | 1.068 € | [St] | ⏱ 2,30 h/St | 326.000.071 |

▶ min
▷ von
ø Mittel
◁ bis
◀ max

Nr.	Kurztext / Langtext					Kostengruppe	
▶	▷	ø netto €	◁	◀	[Einheit]	Ausf.-Dauer	Positionsnummer

20 **Holz-Alufenster, 2-flüglig, Setzholz, 1.625x1.250mm, U_g-Wert 1,1W/(m²K)** KG **334**

Zweiflügliges Fenster aus Holz mit Setzholz und hinterlüftetem und thermisch getrenntem Aluminiumprofil, ohne Sprossen, mit zum Rahmen versetzten Flügeln, Beschlag mit Einhandbedienung, Drehkipp- und Drehfunktion, Aushebelschutz und konstanter Griffstellung in Kippstellung. Einbau in einschalige Wand mit stumpfem Anschlag, einschl. Vorrichten für äußere Fensterbank aus Blech. Befestigung mit Rahmendübeln und Fensterbauschrauben, einschl. Ausfüllen der Fugen zwischen Rahmen und anschließenden Bauteilen.

Baurichtmaß (B x H): 1.625 x 1.250 mm
Holzart: Fichte, mit Aluminiumbekleidung
Oberflächen: endbeschichtet
Farben: .....
Rahmendurchbiegung: .....
Festigkeitsklasse: .....
Rahmenbreite: ..... mm
Rahmendicke: .... mm
Rahmenprofil: eckig, mit Falzdichtung
Verglasung: Isolierverglasung, zweischeibig
U_g-Wert: 1,1 W/(m²K)
U_w-Wert: .....
Lichtdurchlässigkeit: ..... %
Glasrandverbund: .....
Windlast: .....
Schlagregendichtheit: .....
Luftdurchlässigkeit: .....
Schalldämm-Maß: .....
Einbruchhemmung: .....
Anschlussfugen: .....
Beschläge: LM-eloxiert, verdeckt liegend
Bedienungskräfte: .....
Einbauort: .....

| 693€ | 735€ | **845€** | 972€ | 1.098€ | [St] | ⏱ 3,45 h/St | 326.000.072 |

**LB 326
Fenster,
Außentüren**

Kosten:
Stand 2.Quartal 2018
Bundesdurchschnitt

Nr.	Kurztext / Langtext	ø netto €			[Einheit]	Ausf.-Dauer	Kostengruppe Positionsnummer

21 Holz-Alufenstertür, 1-flüglig, 1.000x2.125mm, U_g-Wert 1,1W/(m²K) — KG **334**

Einflüglige Fenstertür aus Holz mit hinterlüftetem und thermisch getrenntem Aluminiumprofil, ohne Sprossen, mit versetzten Flügel zum Rahmen, Beschlag mit Einhandbedienung, Drehkippfunktion, Aushebelschutz und konstanter Griffstellung in Kippstellung. Einbau in einschalige Wand mit stumpfem Anschlag und Vorrichten für äußere Fensterbank aus Blech. Befestigung mit Rahmendübeln und Fensterbauschrauben sowie Ausfüllen der Fugen zwischen Rahmen und anschließenden Bauteilen.

Baurichtmaß (B x H): 1.000 x 2.125 mm
Holzart: Fichte
Oberfläche: endbeschichtet
Farbe: .....
Rahmendurchbiegung: .....
Festigkeitsklasse: .....
Rahmenbreite: ..... mm
Rahmendicke: .... mm
Rahmenprofil: eckig, mit Falzdichtung
Verglasung: Isolierverglasung, zweischeibig
U_g-Wert: 1,1 W/(m²K)
U_w-Wert: .....
Lichtdurchlässigkeit: ..... %
Glasrandverbund: .....
Windlast: .....
Schlagregendichtheit: .....
Luftdurchlässigkeit: .....
Schalldämm-Maß: .....
Einbruchhemmung: .....
Anschlussfugen: .....
Beschläge: LM-eloxiert, verdeckt liegend
Bedienungskräfte: .....
Einbauort: .....

▶ min	▷ von	ø Mittel	◁ bis	◀ max	[Einheit]	Ausf.-Dauer	Positionsnummer
704 €	765 €	**880 €**	1.012 €	1.144 €	[St]	2,70 h/St	326.000.073

▶ min
▷ von
ø Mittel
◁ bis
◀ max

Nr.	Kurztext / Langtext					Kostengruppe
▶	▷ ø netto € ◁ ◀				[Einheit]	Ausf.-Dauer Positionsnummer

A 5 **Kunststofffenster, 1-flüglig, 1.000x1.000mm**   Beschreibung für Pos. **22-23**

Einflügliges Kunststofffenster aus Mehrkammerprofilen, ohne Sprossen, mit zum Rahmen versetzem Flügel, Beschlag mit Einhandbedienung, Drehkippfunktion, Aushebelschutz und konstanter Griffstellung in Kippstellung. Einbau in einschalige Wand mit stumpfem Anschlag, einschl. Vorrichten für äußere Fensterbank aus Blech. Befestigung mit Rahmendübeln und Fensterbauschrauben sowie ausfüllen der Fugen zwischen Rahmen und anschließenden Bauteilen.
Baurichtmaß (B x H): 1.000 x 1.000 mm
Farbe: .....
Rahmendurchbiegung: .....
Festigkeitsklasse: .....
Rahmenbreite: ..... mm
Rahmendicke: .... mm
Rahmenprofil: eckig, mit doppelter Lippendichtung
Verglasung: Isolierverglasung, dreischeibig
U_w-Wert: .....
Lichtdurchlässigkeit: ..... %
Glasrandverbund: .....
Windlast: .....
Schlagregendichtheit: .....
Luftdurchlässigkeit: .....
Schalldämm-Maß: .....
Einbruchhemmung: .....
Anschlussfugen: .....
Beschläge: LM-eloxiert, verdeckt liegend
Bedienungskräfte: .....
Einbauort: .....

22   **Kunststofffenster, 1-flüglig, 1.000x1.000mm, U_g-Wert 1,1W/(m²K)**   KG **334**
Wie Ausführungsbeschreibung A 5
U_g-Wert: 1,1 W/(m²K)
251€   267€   **314**€   361€   408€   [St]   ⏱ 2,00 h/St   326.000.062

23   **Kunststofffenster, 1-flüglig, 1.000x1.000mm, U_g-Wert 0,7W/(m²K)**   KG **334**
Wie Ausführungsbeschreibung A 5
U_g-Wert: 0,7 W/(m²K)
287€   305€   **359**€   412€   466€   [St]   ⏱ 2,00 h/St   326.000.063

**LB 326
Fenster,
Außentüren**

Kosten:
Stand 2.Quartal 2018
Bundesdurchschnitt

Nr.	Kurztext / Langtext					[Einheit]	Ausf.-Dauer	Kostengruppe Positionsnummer
▶	▷	ø netto €	◁	◀				

24 Kunststofffenster, 2-flüglig, 1.250x1.000mm, U_g-Wert 1,1W/(m²K) KG **334**

Zweiflügliges Kunststofffenster aus Mehrkammerprofilen, ohne Sprossen, mit zum Rahmen versetzten Flügeln, Beschlag mit Einhandbedienung, Drehkipp- und Drehfunktion, Aushebelschutz und konstanter Griffstellung in Kippstellung. Einbau in einschalige Wand mit stumpfen Anschlag, einschl Vorrichten für äußere Fensterbank aus Blech. Befestigung mit Rahmendübeln und Fensterbauschrauben, einschl. Ausfüllen der Fugen zwischen Rahmen und anschließenden Bauteilen.
Baurichtmaß (B x H): 1.250 x 1.000 mm
Farbe: .....
Rahmendurchbiegung: .....
Festigkeitsklasse: .....
Rahmenbreite: ..... mm
Rahmendicke: .... mm
Rahmenprofil: eckig, mit doppelter Lippendichtung
Verglasung: Isolierverglasung, zweischeibig
U_g-Wert: 1,1 W/(m²K)
U_w-Wert: .....
Lichtdurchlässigkeit: ..... %
Glasrandverbund: .....
Windlast: .....
Schlagregendichtheit: .....
Luftdurchlässigkeit: .....
Schalldämm-Maß: .....
Einbruchhemmung: .....
Anschlussfugen: .....
Beschläge: LM-eloxiert, verdeckt liegend
Bedienungskräfte: .....
Einbauort: .....

| 377€ | 400€ | **471**€ | 541€ | 612€ | | [St] | ⏱ 3,00 h/St | 326.000.064 |

▶ min
▷ von
ø Mittel
◁ bis
◀ max

Nr.	Kurztext / Langtext					Kostengruppe		
▶	▷	ø netto €	◁	◀	[Einheit]	Ausf.-Dauer	Positionsnummer

25   **Kunststofffenster, 2-flüglig, Setzholz, 1.625x1.250mm, U_g-Wert 1,1W/(m²K)**   KG **334**

Zweiflügliges Kunststofffenster aus Mehrkammerprofilen mit Setzholz, ohne Sprossen, mit zum Rahmen versetzten Flügeln, Beschlag mit Einhandbedienung, jeweils Drehkippfunktion, Aushebelschutz und konstanter Griffstellung in Kippstellung. Einbau in einschalige Wand mit stumpfem Anschlag, einschl. Vorrichten für äußere Fensterbank aus Blech. Befestigung mit Rahmendübel und Fensterbauschrauben, einschl. Ausfüllen der Fugen zwischen Rahmen und anschließenden Bauteilen.

Baurichtmaß (B x H): 1.625 x 1.250 mm
Farbe: .....
Rahmendurchbiegung: .....
Festigkeitsklasse: .....
Rahmenbreite: ..... mm
Rahmendicke: .... mm
Rahmenprofil: eckig, mit doppelter Lippendichtung
Verglasung: Isolierverglasung, zweischeibig
U_g-Wert: 1,1 W/(m²K)
U_w-Wert: .....
Lichtdurchlässigkeit: ..... %
Glasrandverbund: .....
Windlast: .....
Schlagregendichtheit: .....
Luftdurchlässigkeit: .....
Schalldämm-Maß: .....
Einbruchhemmung: .....
Anschlussfugen: .....
Beschläge: LM-eloxiert, verdeckt liegend
Bedienungskräfte: .....
Einbauort: .....

| 430€ | 484€ | **538**€ | 619€ | 699€ | [St] | ⏱ 3,00 h/St | 326.000.065 |

LB 326 Fenster, Außentüren

Kosten:
Stand 2.Quartal 2018
Bundesdurchschnitt

Nr.	Kurztext / Langtext					Kostengruppe		
▶	▷	ø netto €	◁	◀	[Einheit]	Ausf.-Dauer	Positionsnummer	

26 Kunststoff-Fenstertür, 1-flüglig, 1.000x2.125mm, U_g-Wert 1,1W/(m²K) KG **334**

Einflüglige Kunststoff-Fenstertür aus Mehrkammerprofilen, ohne Sprossen, mit zum Rahmen versetztem Flügel, Beschlag mit Einhandbedienung, Drehkippfunktion, Aushebelschutz und konstanter Griffstellung in Kippstellung. Einbau in einschalige Wand mit stumpfen Anschlag, einschl. Vorrichten für äußere Fensterbank aus Blech. Befestigung mit Rahmendübeln und Fensterbauschrauben, einschl. Ausfüllen der Fugen zwischen Rahmen und anschließenden Bauteilen.
Baurichtmaß (B x H): 1.000 x 2.125 mm
Farbe: .....
Rahmendurchbiegung: .....
Festigkeitsklasse: .....
Rahmenbreite: ..... mm
Rahmendicke: .... mm
Rahmenprofil: eckig, mit doppelter Lippendichtung
Verglasung: Isolierverglasung, zweischeibig
U_g-Wert: 1,1 W/(m²K)
U_w-Wert: .....
Lichtdurchlässigkeit: ..... %
Glasrandverbund: .....
Windlast: .....
Schlagregendichtheit: .....
Luftdurchlässigkeit: .....
Schalldämm-Maß: .....
Einbruchhemmung: .....
Anschlussfugen: .....
Beschläge: LM-eloxiert, verdeckt liegend
Bedienungskräfte: .....
Einbauort: .....

| 462 € | 519 € | **577 €** | 664 € | 750 € | [St] | ⏱ 2,00 h/St | 326.000.066 |

▶ min
▷ von
ø Mittel
◁ bis
◀ max

Nr.	Kurztext / Langtext							Kostengruppe
▶	▷	ø netto €	◁	◀		[Einheit]	Ausf.-Dauer	Positionsnummer

27 Haustür, Kunststoff, einfach, 1.010x2.013mm KG **334**

Außentürelement als Haustür, einflüglig, aus Kunststoff mit flächenversetzten Mehrkammerprofilen und geschlossener Kunststoff-Füllung. Türe mit dreiseitig umlaufender Falzdichtung und absenkbarer Bodendichtung, Drücker-Knauf-Wechselgarnitur und Rosetten aus Aluminium, Mehrfachverriegelung mit automatischer Verriegelung und unsichtbar montiertem Aufhebelungschutz auf der Bandseite, vorgerichtet für Profilzylinder mit Aufbohrsicherheit. Einbau in einschalige Massivwand einschl. Befestigung und Ausfüllen der Fugen zwischen Rahmen und anschließenden Bauteilen. Einbau aller Komponenten und Gangbarmachen der Türanlage.
Rohbaurichtmaß (B x H): 1.010 x 2.013 mm
Anschlag: .....
Windlastklasse: .....
Rahmendurchbiegung: B (bis 1/200)
Schlagregendichtheitsklasse: .....
Bew. Schalldämm-Maß: R_W .....dB
Wärmedurchgangskoeffizient: Türelement 1,4W/(m²K)
Einbruchhemmung: RC 2
Bedienungskräfte: Klasse .....
Verriegelung: .....-fach
Farbe: .....

| 1.561€ | 1.868€ | **2.018**€ | 2.543€ | 3.141€ | [St] | 8,00 h/St | 326.000.074 |

28 Haustür, Aluminium/Glasfüllung, einfach, 1.010x2.013 KG **334**

Außentürelement als Haustür, einflüglig, aus Aluminium-Rohrrahmen mit flächenversetzten, thermisch getrennten Mehrkammerprofilen und Glasfüllung. Tür mit dreiseitig umlaufender Mitteldichtung und absenkbarer Bodendichtung, Drücker-Knauf-Wechselgarnitur und Rosetten aus Aluminium, Mehrfachverriegelung mit automatischer Verriegelung und unsichtbar montiertem Aufhebelungschutz auf der Bandseite, vorgerichtet für Profilzylinder mit Aufbohrsicherheit. Einbau in einschalige Massivwand einschl. Befestigung und Ausfüllen der Fugen zwischen Rahmen und anschließenden Bauteilen. Einbau aller Komponenten und Gangbarmachen der Türanlage.
Rohbaurichtmaß (B x H): 1.010 x 2.013 mm
Anschlag: .....
Windlastklasse: .....
Rahmendurchbiegung: B (bis 1/200)
Schlagregendichtheitsklasse: .....
Bew. Schalldämm-Maß: R_W .....dB
Wärmedurchgangskoeffizient: Türelement 1,4W/(m²K)
Einbruchhemmung: RC 2
Bedienungskräfte: Klasse .....
Verriegelung: .....-fach
Türfarbe: .....
Verglasung: Isolierverglasung mit 2x ESG
Sichtschutz: satiniert
Lichtdurchlässigkeit: ..... %

| 1.457€ | 2.386€ | **2.783**€ | 3.605€ | 5.208€ | [St] | 5,50 h/St | 326.000.075 |

**LB 326
Fenster,
Außentüren**

Kosten:
Stand 2.Quartal 2018
Bundesdurchschnitt

Nr.	Kurztext / Langtext						Kostengruppe
▶	▷	ø netto €	◁	◀	[Einheit]	Ausf.-Dauer	Positionsnummer

29 Fensterbank, außen, Aluminium, beschichtet KG **334**
Fensterbank aus Aluminium-Strangpressprofil, außen, mit Bordstücken für Bewegungsausgleich, eingebaut im Gefälle von mind. 8%, Profil, entdröhnt, mit Schutz gegen Abheben.
Profilsystem: .....
Ausladung: .....
Fensterbanklänge: .....
Abwicklung: .....
Kantungen: .....
Oberfläche: **farbig beschichtet / E6**
Farbton: .....
Einbauort: .....
Einbauhöhe: .....
Angeb. Fabrikat: .....

| 12 € | 27 € | **32** € | 39 € | 57 € | [m] | ⏱ 0,30 h/m | 326.000.076 |

30 Stundensatz Facharbeiter, Fensterbauarbeiten
Stundenlohnarbeiten für Vorarbeiter, Facharbeiter und Gleichgestellte (z. B. Spezialbaufacharbeiter, Baufacharbeiter, Obermonteure, Monteure, Gesellen, Maschinenführer, Fahrer und ähnliche Fachkräfte). Leistung nach besonderer Anordnung der Bauüberwachung. Anmeldung und Nachweis gemäß VOB/B.

| 40 € | 48 € | **51** € | 56 € | 68 € | [h] | ⏱ 1,00 h/h | 326.000.077 |

31 Stundensatz Helfer, Fensterbauarbeiten
Stundenlohnarbeiten für Werker, Helfer und Gleichgestellte (z. B. Baufachwerker, Helfer, Hilfsmonteure, Ungelernte, Angelernte). Leistung nach besonderer Anordnung der Bauüberwachung. Anmeldung und Nachweis gemäß VOB/B.

| 35 € | 39 € | **43** € | 46 € | 53 € | [h] | ⏱ 1,00 h/h | 326.000.078 |

▶ min
▷ von
ø Mittel
◁ bis
◀ max

LB 327 Tischlerarbeiten

Tischlerarbeiten — Preise €

Nr.	Positionen	Einheit	▶ min	▷ von	ø brutto € / ø netto €	◁ bis	◀ max
1	Innentür, 1-flüglig, entfernen	St	24 / 20	36 / 30	**44** / **37**	53 / 45	63 / 53
2	Wandbekleidung entfernen	m²	9 / 7	15 / 13	**19** / **16**	23 / 19	32 / 27
3	Deckenbekleidung entfernen	m²	13 / 11	19 / 16	**24** / **20**	28 / 24	30 / 26
4	Fensterbank ausbauen, Holz, bis 1,5m	St	8 / 7	14 / 11	**17** / **14**	20 / 17	30 / 25
5	Fensterbank ausbauen, Holz, bis 2,5m	St	15 / 13	22 / 18	**27** / **23**	32 / 27	44 / 37
6	Laibungsbekleidung entfernen	m	9 / 7	12 / 10	**14** / **12**	16 / 14	18 / 15
7	Holz-Türelement, T-RS, einflüglig, 875x2.125	St	682 / 573	854 / 718	**1.010** / **849**	1.107 / 930	1.261 / 1.060
8	Holz-Türelement, T-RS, einflüglig, 1.000x2.000/2.125	St	583 / 490	781 / 656	**897** / **754**	1.005 / 845	1.771 / 1.489
9	Holz-Türelement, T-RS, zweiflüglig	St	2.514 / 2.113	4.645 / 3.904	**5.662** / **4.758**	6.319 / 5.310	9.685 / 8.139
10	Innen-Türelement, einflüglig, 875x2.125	St	457 / 384	568 / 477	**628** / **528**	751 / 631	952 / 800
11	Innen-Türelement, einflüglig, 1.000x2.125	St	492 / 413	660 / 555	**720** / **605**	765 / 643	999 / 839
12	Innen-Türelement, einflüglig, 1.125x2.125	St	644 / 542	871 / 732	**919** / **772**	1.001 / 841	1.172 / 985
13	Innen-Türelement, Röhrenspan, zweiflüglig	St	1.220 / 1.025	1.708 / 1.436	**1.898** / **1.595**	2.280 / 1.916	2.937 / 2.468
14	Holz-Türelement, T30, einflüglig, 875x2.125	St	1.087 / 913	1.574 / 1.323	**1.680** / **1.412**	2.141 / 1.799	2.926 / 2.459
15	Holz-Türelement, T30, einflüglig, 1.000x2.125	St	1.093 / 918	1.510 / 1.269	**1.628** / **1.368**	2.196 / 1.846	3.317 / 2.788
16	Türblatt, einflüglig, kunststoffbeschichtet, 750x2.000	St	145 / 122	225 / 189	**260** / **219**	317 / 266	415 / 349
17	Türblatt, einflüglig, kunststoffbeschichtet, 875x2.000	St	148 / 124	224 / 188	**259** / **218**	301 / 253	423 / 356
18	Türblatt, einflüglig, kunststoffbeschichtet, 1.000x2.000/2.125	St	152 / 127	217 / 183	**341** / **287**	366 / 308	514 / 432
19	Türblatt, einflüglig, kunststoffbeschichtet, 1.125x2.000/2.125	St	165 / 138	236 / 198	**368** / **309**	395 / 332	580 / 487
20	Türblatt, einflüglige Tür, Vollspan	St	221 / 186	341 / 287	**422** / **354**	553 / 465	710 / 597
21	Türblätter, zweiflüglig, Vollspan	St	718 / 604	909 / 764	**1.028** / **864**	1.087 / 914	1.384 / 1.163
22	Wohnungstür, Holz, Blockzarge	St	816 / 686	1.367 / 1.149	**1.664** / **1.398**	2.223 / 1.868	3.038 / 2.553
23	Massivholzzarge, innen	St	389 / 327	563 / 473	**580** / **488**	686 / 576	905 / 760

Kosten: Stand 2.Quartal 2018, Bundesdurchschnitt

▶ min ▷ von ø Mittel ◁ bis ◀ max

© BKI Baukosteninformationszentrum; Erläuterungen zu den Tabellen siehe Seite 22

Tischlerarbeiten — Preise €

Nr.	Positionen	Einheit	▶	▷ ø brutto € ø netto €		◁	◀
24	Holz-Umfassungszarge, innen, 760x2.000	St	149 125	181 152	**196** **165**	240 201	316 266
25	Holz-Umfassungszarge, innen, 875x2.000	St	153 129	214 180	**231** **194**	281 236	367 309
26	Schiebetürelement, innen	St	605 508	958 805	**1.101** **926**	1.410 1.185	2.183 1.835
27	Fensterbank, Holz, innen	m	40 34	54 45	**60** **51**	71 59	94 79
28	Holz-/Abdeckleisten	m	7 6	16 13	**20** **16**	26 22	38 32
29	Verfugung, elastisch	m	3 2	5 4	**6** **5**	7 6	9 8
30	Sockel-/Fußleiste, Holz	m	12 10	17 15	**20** **17**	22 19	26 22
31	Bodentreppe, ungedämmt	St	642 540	807 678	**896** **753**	922 775	1.036 871
32	Treppenstufe, Holz	St	78 66	132 111	**161** **136**	198 166	279 234
33	Handlauf, Holz	m	40 33	69 58	**80** **67**	97 81	126 106
34	Geländer, gerade, Rundstabholz	m	252 212	328 276	**389** **327**	407 342	444 373
35	Stundensatz Tischler-Facharbeiter	h	45 38	54 45	**58** **49**	60 50	66 55
36	Stundensatz Tischler-Helfer	h	33 28	39 33	**43** **36**	46 39	55 47

Nr.	Kurztext / Langtext					Kostengruppe	
▶	▷ ø netto € ◁ ◀				[Einheit]	Ausf.-Dauer	Positionsnummer

1 Innentür, 1-flüglig, entfernen   KG **394**
Innentür einschl. Türfutter ausbauen und anfallenden Bauschutt entsorgen.
Material: Holz
Wanddicke: .....
Größe: bis 2,00 m²
20€   30€   **37**€   45€   53€   [St]   ⏱ 0,60 h/St   327.000.081

2 Wandbekleidung entfernen   KG **394**
Wandbekleidung aus Holzwerkstoff entfernen und anfallenden Bauschutt entsorgen.
Bekleidung: .....
7€   13€   **16**€   19€   27€   [m²]   ⏱ 0,55 h/m²   327.000.082

3 Deckenbekleidung entfernen   KG **394**
Deckenbekleidung aus Holzbrettern einschl. Sparschalung entfernen und anfallenden Bauschutt entsorgen.
11€   16€   **20**€   24€   26€   [m²]   ⏱ 0,45 h/m²   327.000.083

LB 327
Tischlerarbeiten

Nr.	Kurztext / Langtext					[Einheit]	Ausf.-Dauer	Kostengruppe Positionsnummer
▶	▷	ø netto €	◁	◀				

4 Fensterbank ausbauen, Holz, bis 1,5m KG **394**
Fensterbank aus Holz ausbauen und anfallenden Bauschutt entsorgen.
Länge: bis 1,5 m
Breite: bis 25 cm
Dicke: bis 4 cm

| 7€ | 11€ | **14€** | 17€ | 25€ | [St] | ⏱ 0,30 h/St | 327.000.084 |

5 Fensterbank ausbauen, Holz, bis 2,5m KG **394**
Fensterbank aus Holz ausbauen und anfallenden Bauschutt entsorgen.
Länge: bis 2,5 m
Breite: bis 25 cm
Dicke: bis 4 cm

| 13€ | 18€ | **23€** | 27€ | 37€ | [St] | ⏱ 0,35 h/St | 327.000.085 |

6 Laibungsbekleidung entfernen KG **394**
Holzbekleidung an Fensterlaibung einschl. der Befestigungshölzer entfernen und anfallenden Bauschutt entsorgen.
Lage: innen

| 7€ | 10€ | **12€** | 14€ | 15€ | [m] | ⏱ 0,12 h/m | 327.000.086 |

A 1 Holz-Türelement, T-RS, einflüglig Beschreibung für Pos. **7-8**
Rauchschutztür bestehend aus furniertem Türblatt, Drückergarnitur auf Rosetten, Umfassungszarge aus Stahl mit seitlicher Schattennut, Obentürenschließer mit Gleitschiene und Fluchttürfunktion. Anschlüsse mit Hinterfüllung des Zargenhohlraums und Abdichtung mit vorkomprimiertem Dichtband mit überstreichbarem Dichtstoff.
Einbauort: .....
Einbau: Betonwand mit beidseitigem Putz
Wanddicke: .....
Drehtüre: **rechts / links**
Klimaklasse: II
Mechanische Beanspruchungsgruppe: .....
Bauteilwiderstandsklasse: RC .....
Einbruchhemmung: Klasse .....
Schallschutz: Schalldämmmaß Rwp=..... dB
Türblattdicke: .....mm, unten 30 mm kürzbar, gefälzt
Oberflächen: Furnier 0,8 mm, Schichtstoff; Kanten mit verdeckten Anleimern
Umfassungszarge: 1,5 mm, verzinkt und grundiert
Bänder: Dreirollenbänder, dreidimensional verstellbar
Drücker: Aluminium, Klasse ES ....., mit Zylinderziehschutz
Schloss: vorgerichtet für Profilzylinder P2BZ
Falzdichtung: dreiseitig umlaufende Brandschutzdichtung
Bodendichtung: automatisch absenkbar
Türstopper: Aluminium mit schwarzer Gummieinlage
Angeb. Fabrikat: .....

7 Holz-Türelement, T-RS, einflüglig, 875x2.125 KG **344**
Wie Ausführungsbeschreibung A 1
Baurichtmaß (B x H): 875 x 2.125 mm

| 573€ | 718€ | **849€** | 930€ | 1.060€ | [St] | ⏱ 2,80 h/St | 327.000.095 |

Nr.	Kurztext / Langtext							Kostengruppe
▶	▷	ø netto €	◁	◀		[Einheit]	Ausf.-Dauer	Positionsnummer

8   **Holz-Türelement, T-RS, einflüglig, 1.000x2.000/2.125**   KG **344**

Wie Ausführungsbeschreibung A 1
Baurichtmaß (B x H): 1.000 x **2.000 / 2.125** mm

| 490€ | 656€ | **754**€ | 845€ | 1.489€ | | [St] | ⧖ 2,80 h/St | 327.000.088 |

9   **Holz-Türelement, T-RS, zweiflüglig**   KG **344**

Rauchschutztür bestehend aus furniertem Türblatt, Drückergarnitur auf Rosetten, Umfassungszarge aus Stahl mit seitlicher Schattennut, Obentürenschließer mit Gleitschiene und Fluchttürfunktion. Anschlüsse mit Hinterfüllung des Zargenhohlraums und Abdichtung mit vorkomprimiertem Dichtband mit überstreichbarem Dichtstoff.

Baurichtmaß (B x H): ..... x ..... mm
Einbauort: .....
Einbau: Betonwand mit beidseitigem Putz
Wanddicke: .....
Feststelleinrichtung: **rechts / links**
Klimaklasse: II
Mechanische Beanspruchungsgruppe: .....
Bauteilwiderstandsklasse: RC .....
Einbruchhemmung: Klasse .....
Schallschutz: Schalldämmmaß Rwp=..... dB
Türblattdicke: .....mm, unten 30 mm kürzbar, gefälzt
Oberflächen: Furnier 0,8 mm, Schichtstoff; Kanten mit verdeckten Anleimern
Umfassungszarge: 1,5 mm, verzinkt und grundiert
Bänder: Dreirollenbänder, dreidimensional verstellbar
Drücker: Aluminium, Klasse ES ....., mit Zylinderziehschutz
Schloss: vorgerichtet für Profilzylinder P2BZ
Falzdichtung: dreiseitig umlaufende Brandschutzdichtung
Bodendichtung: automatisch absenkbar
Türstopper: Aluminium mit schwarzer Gummieinlage
Angeb. Fabrikat: .....

| 2.113€ | 3.904€ | **4.758**€ | 5.310€ | 8.139€ | | [St] | ⧖ 8,00 h/St | 327.000.087 |

LB 327
Tischlerarbeiten

Nr.	Kurztext / Langtext				[Einheit]	Ausf.-Dauer	Kostengruppe Positionsnummer
▶	▷ ø netto €	◁	◀				

Kosten:
Stand 2.Quartal 2018
Bundesdurchschnitt

A 2 — Innen-Türelement, Röhrenspan, einflüglig
Beschreibung für Pos. **10-12**

Zimmertür für Innenräume, einflüglig, Türblatt aus Röhrenspan mit beschichteten Deckflächen, Drückergarnitur auf Langschild und Umfassungszarge.
Einbauort: Wohnung
Einbau: Mauerwerkswand, beidseitiger Putz
Mauerdicke: .....
Drehtüre: **rechts / links**
Klimaklasse: I
Mechanische Beanspruchungsgruppe: N
Bauteilwiderstandsklasse: RC 1
Türblatt: stumpf einschlagend, mit Laibungsfalz
Bodeneinstand: .....
Zarge: Aluminium, 1,5 mm
Drücker: Aluminium.....
Bänder: .....
Schloss: Einsteckschloss .....
Falzdichtung: dreiseitig .....
Angeb. Fabrikat: .....

10 Innen-Türelement, einflüglig, 875x2.125 — KG **344**
Wie Ausführungsbeschreibung A 2
Baurichtmaß (B x H): 875 x 2.125 mm
384 € 477 € **528** € 631 € 800 €   [St]   ⏱ 1,50 h/St   327.000.096

11 Innen-Türelement, einflüglig, 1.000x2.125 — KG **344**
Wie Ausführungsbeschreibung A 2
Baurichtmaß (B x H): 1.000 x 2.125 mm
413 € 555 € **605** € 643 € 839 €   [St]   ⏱ 1,50 h/St   327.000.097

12 Innen-Türelement, einflüglig, 1.125x2.125 — KG **344**
Wie Ausführungsbeschreibung A 2
Baurichtmaß (B x H): 1.125 x 2.125 mm
542 € 732 € **772** € 841 € 985 €   [St]   ⏱ 1,50 h/St   327.000.098

▶ min
▷ von
ø Mittel
◁ bis
◀ max

Nr.	Kurztext / Langtext						Kostengruppe	
▶	▷	ø netto €	◁	◀		[Einheit]	Ausf.-Dauer	Positionsnummer

13 Innen-Türelement, Röhrenspan, zweiflüglig — KG 344

Innentür, zweiflüglig, bestehend aus Türblättern als Drehtüren, Röhrenspan mit Grundierfolie für Beschichtung, Drückergarnitur auf Langschild und Umfassungszarge.
Baurichtmaß (B x H): ..... x ..... mm
Einbauort: .....
Mauerdicke: .....
Geltungsbereich: .....
Feststelleinrichtung: **rechts / links**
Klimaklasse: I
Mechanische Beanspruchungsgruppe: .....
Bauteilwiderstandsklasse: RC 1 N - DIN EN 1627
Einbruchhemmung: Klasse .....
Schallschutz: Schalldämmmaß Rwp= ..... dB
Türblatt: Dicke 40 mm, unten 30 mm kürzbar, stumpf einschlagend, mit Laibungsfalz
Zarge: .....
Ansichtsbreite: ..... mm
Montageart: .....
Drücker: Aluminium
Bänder: Dreirollenbänder, dreidimensional verstellbar
Schloss: Buntbart-Zimmertür-(BB) Einsteckschloss, Klasse 1,
Falzdichtung: dreiseitig umlaufende Dichtung EPDM (APTK)
Angeb. Fabrikat: .....

| 1.025 € | 1.436 € | **1.595 €** | 1.916 € | 2.468 € | | [St] | ⏱ 4,00 h/St | 327.000.090 |

A 3 Holz-Türelement, T-30, einflüglig — Beschreibung für Pos. **14-15**

Feuerhemmende Brandschutztür bestehend aus furniertem Türblatt, Drückergarnitur auf Rosetten, Umfassungszarge aus Stahl mit seitlicher Schattennut, Obentürschließer mit Gleitschiene und Fluchttürfunktion. Anschlüsse mit Hinterfüllung des Zargenhohlraums und Abdichtung mit vorkomprimiertem Dichtband mit überstreichbarem Dichtstoff.
Einbauort: .....
Einbau: Betonwand mit beidseitigem Putz
Wanddicke: .....
Drehtüre: **rechts / links**
Brandschutz: feuerhemmend, T30
Klimaklasse: II
Mechanische Beanspruchungsgruppe: .....
Bauteilwiderstandsklasse: RC .....
Einbruchhemmung: Klasse .....
Schallschutz: Schalldämmmaß Rwp=..... dB
Türblattdicke: .....mm, unten 30 mm kürzbar, gefälzt
Oberflächen: Furnier 0,8 mm, Schichtstoff; Kanten mit verdeckten Anleimern
Umfassungszarge: 1,5 mm, verzinkt und grundiert
Bänder: Dreirollenbänder, dreidimensional verstellbar
Drücker: Aluminium, Klasse ES ....., mit Zylinderziehschutz
Schloss: vorgerichtet für Profilzylinder P2BZ
Falzdichtung: dreiseitig umlaufende Brandschutzdichtung
Bodendichtung: automatisch absenkbar
Türstopper: Aluminium mit schwarzer Gummieinlage
Angeb. Fabrikat: .....

LB 327
Tischlerarbeiten

Nr.	Kurztext / Langtext				[Einheit]	Ausf.-Dauer	Kostengruppe Positionsnummer
▶	▷	ø netto €	◁	◀			

14 Holz-Türelement, T30, einflüglig, 875x2.125 — KG **344**
Wie Ausführungsbeschreibung A 3
Baurichtmaß (B x H): 875 x 2.125 mm
913€   1.323€   **1.412**€   1.799€   2.459€   [St]   ⏱ 3,00 h/St   327.000.099

15 Holz-Türelement, T30, einflüglig, 1.000x2.125 — KG **344**
Wie Ausführungsbeschreibung A 3
Baurichtmaß (B x H): 1.000 x 2.125 mm
918€   1.269€   **1.368**€   1.846€   2.788€   [St]   ⏱ 3,00 h/St   327.000.100

A 4 Türblatt, einflüglig, kunststoffbeschichtet — Beschreibung für Pos. **16-19**
Türblatt für einflüglige Tür mit Röhrenspaneinlage, dreiseitig gefälzter Rahmen mit verdecktem Massivholz-Anleimer und beidseitiger Hochdruck-Schichtpressstoffplatte, Türdrückergarnitur auf Rosetten, in bauseitige Stahlzarge.
Baurichtmaß (B x H): 1.000 x 2.125 mm
Einbauort: .....
Einbau: .....
Wanddicke: .....
Drehtüre: **rechts / links**
Klimaklasse: II
Mechanische Beanspruchungsgruppe: .....
Bauteilwiderstandsklasse: .....
Schalldämmmaß $R_w,R=$ ..... dB
Türblattdicke: 42 mm
Oberfläche: HPL-Schichtstoff: 0,8 mm
Farbe: .....
Bänder: ..... Stück dreiteilig, Unterkonstruktion 3-D-verstellbar
PZ-Schloss: Klasse ..... , für bauseitigen Profilzylinder
Drücker: Aluminium, mit 9 mm Stift

16 Türblatt, einflüglig, kunststoffbeschichtet, 750x2.000 — KG **344**
Wie Ausführungsbeschreibung A 4
Türblattgröße (B x H): 750 x 2.000 mm
122€   189€   **219**€   266€   349€   [St]   ⏱ 0,10 h/St   327.000.101

17 Türblatt, einflüglig, kunststoffbeschichtet, 875x2.000 — KG **344**
Wie Ausführungsbeschreibung A 4
Türblattgröße (B x H): 875 x 2.000 mm
124€   188€   **218**€   253€   356€   [St]   ⏱ 0,10 h/St   327.000.102

18 Türblatt, einflüglig, kunststoffbeschichtet, 1.000x2.000/2.125 — KG **344**
Wie Ausführungsbeschreibung A 4
Türblattgröße (B x H): 1.000 x **2.000 / 2.125** mm
127€   183€   **287**€   308€   432€   [St]   ⏱ 0,15 h/St   327.000.091

Kosten:
Stand 2.Quartal 2018
Bundesdurchschnitt

▶ min
▷ von
ø Mittel
◁ bis
◀ max

Nr.	Kurztext / Langtext					Kostengruppe	
▶	▷ ø netto € ◁ ◀				[Einheit]	Ausf.-Dauer	Positionsnummer

19 **Türblatt, einflüglig, kunststoffbeschichtet, 1.125x2.000/2.125** KG **344**
Wie Ausführungsbeschreibung A 4
Türblattgröße (B x H): 1.125 x **2.000** / **2.125** mm

138€	198€	**309**€	332€	487€	[St]	0,15 h/St	327.000.092

20 **Türblatt, einflüglige Tür, Vollspan** KG **344**
Zimmertür für Wohnungsabschluss, einflüglig, Türblatt aus Vollspan mit beschichteten Deckfurnier, Drücker-garnitur auf Rosetten.
Baurichtmaß (B x H): 1.000 x 2.125 mm
Einbauort: **Wohnung / Treppenhaus**
Einbau: Zarge ....
Drehtüre: **rechts / links**
Klimaklasse: II
Mechanische Beanspruchungsgruppe: S
Bauteilwiderstandsklasse: RC 2
Türblatt: dreiseitig gefalzt
Bodeneinstand: .....
Drücker: Aluminium.....
Bänder: .....
Schloss: Einsteckschloss ....
Angeb. Fabrikat: .....

186€	287€	**354**€	465€	597€	[St]	0,20 h/St	327.000.093

21 **Türblätter, zweiflüglig, Vollspan** KG **344**
Zimmertür für Wohnungsabschluss, einflüglig, Türblatt aus Vollspan mit beschichteten Deckfurnier, Drücker-garnitur auf Rosetten.
Baurichtmaß (B x H): ..... x ..... mm
Einbauort: **Wohnung / Treppenhaus**
Einbau: Zarge ....
Feststelleinrichtung: **rechts / links**
Klimaklasse: III
Mechanische Beanspruchungsgruppe: S
Bauteilwiderstandsklasse: RC .....
Türblatt: dreiseitig gefalzt
Bodeneinstand: .....
Drücker: Aluminium.....
Bänder: .....
Schloss: Einsteckschloss ....
Angeb. Fabrikat: .....

604€	764€	**864**€	914€	1.163€	[St]	0,30 h/St	327.000.094

LB 327
Tischlerarbeiten

Kosten:
Stand 2.Quartal 2018
Bundesdurchschnitt

Nr.	Kurztext / Langtext				[Einheit]	Ausf.-Dauer	Kostengruppe Positionsnummer
▶	▷	ø netto €	◁	◀			

22   Wohnungstür, Holz, Blockzarge KG **344**

Wohnungseingangstür, einflüglig, bestehend aus furniertem Türblatt, Drückergarnitur auf Rosetten, Umfassungszarge aus Stahl mit seitlicher Schattennut, Obentürenschließer mit Gleitschiene und Fluchttürfunktion, in massiver Betonwand mit beidseitigem Putz. Anschlüsse mit Hinterfüllung des Zargenhohlraums und Abdichtung mit vorkomprimiertem Dichtband mit überstreichbarem Dichtstoff.
Einbauort: Hausflur, unbeheizt
Baurichtmaß (B x H): ….. x ….. mm
Wanddicke: …..
Drehtüre: **rechts / links**
Klimaklasse: III
Mechanische Beanspruchungsgruppe: …..
Bauteilwiderstandsklasse: WK2
Einbruchhemmung: Klasse ET1
Schallschutz: Schalldämmmaß Rwp=42dB
Wärmeschutz: U=1,1 W/m²K
Luftdurchlässigkeit: …..
Türblattdicke: 78 mm, unten 30 mm kürzbar, doppelt gefalzt, stumpf einschlagend
Oberflächen: Nadelholz, astfrei, Holzart …..
Zarge: Blockzarge aus Holz, 80 x 80 mm; seitlich Schattennut ….. x ….. mm
Bänder: Dreirollenbänder, dreidimensional verstellbar
Drücker: Aluminium, Klasse ES ….., mit Zylinderziehschutz
Schloss: vorgerichtet für Profilzylinder P2BZ
Falzdichtung: dreiseitig umlaufende Brandschutzdichtung
Bodendichtung: automatisch absenkbar
Türstopper: Aluminium mit schwarzer Gummieinlage
Angeb. Fabrikat: …..

| 686€ | 1.149€ | **1.398€** | 1.868€ | 2.553€ | [St] | ⏱ 4,50 h/St | 327.000.103 |

23   Massivholzzarge, innen KG **344**

Holzstockzarge, massiv, mit dreiseitig umlaufenden Profil, für **rechts / links** angeschlagenes Türblatt, in Mauerwerkswand mit beidseitigem Putz.
Einbauort: …..
Lichtes Rohbaumaß (B x H): ….. x ….. mm
Mauerwerkswand: …..mm
Türblattdicke: 50 mm
Holzart: …..
Oberfläche: …..
Zargenprofil: …..
Zargenspiegel: …..
Zargenprofil: stumpf einschlagendesTürblatt
Bänder: vorbereitet für dreiteilige Bänder, dreidimensional verstellbar
Falzdichtung: dreiseitig umlaufende Dichtung EPDM (APTK)
Montage: …..
Angeb. Fabrikat: …..

| 327€ | 473€ | **488€** | 576€ | 760€ | [St] | ⏱ 1,20 h/St | 327.000.104 |

▶ min
▷ von
ø Mittel
◁ bis
◀ max

Nr.	Kurztext / Langtext					Kostengruppe		
▶	▷	ø netto €	◁	◀	[Einheit]	Ausf.-Dauer	Positionsnummer	

A 5 Holz-Umfassungszarge, innen — Beschreibung für Pos. **24-25**

Holz-Umfassungszarge, mit dreiseitig umlaufendem Profil, für **rechts / links** angeschlagenes Türblatt, in Trockenbauwand.
Einbauort: .....
Wandstärke: .....mm
Maulweite: .....
Türblattdicke: 42 mm
Holzart: .....
Oberfläche: .....
Zargenprofil: .....
Zargenspiegel: .....
Zargenprofil: stumpf einschlagendesTürblatt
Bänder: vorbereitet für dreiteilige Bänder, dreidimensional verstellbar
Falzdichtung: dreiseitig umlaufende Dichtung EPDM (APTK)
Montage: Laibungsmontage
Angeb. Fabrikat: .....

24 Holz-Umfassungszarge, innen, 760x2.000 KG **344**
Wie Ausführungsbeschreibung A 5
lichtes Rohbaumaß (B x H): 760 x 2.000 mm
125€   152€   **165**€   201€   266€   [St]   1,10 h/St   327.000.105

25 Holz-Umfassungszarge, innen, 875x2.000 KG **344**
Wie Ausführungsbeschreibung A 5
lichtes Rohbaumaß (B x H): 875 x 2.000 mm
129€   180€   **194**€   236€   309€   [St]   1,10 h/St   327.000.106

26 Schiebetürelement, innen KG **344**
Schiebetür mit Röhrenspaneinlage, dreiseitig gefälzter Rahmen und verdecktem Massivholz-Anleimer sowie beidseitiger Hochdruck-Schichtpressstoffplatten in bauseitiges Einbauelement für Montagewand, mit Laufschiene und Laufwagen. Schiebetürblatt einschl. Riegel-Einsteckschloss mit Klappring, Griffmuscheln beidseitig, sowie mit Bodenführung montiert auf Fertigbelag.
Einbauort: .....
Fertigwanddicke: ..... mm
Ständertiefe: ..... mm
Geltungsbereich: .....
Klimaklasse: II
Mechanische Beanspruchungsgruppe: .....
Schalldämmmaß $R_w,R=$ ..... dB
Türblattgröße (B x H): ..... x ..... mm
Türblattdicke: 42 mm
Oberfläche: .....
Farbe: .....
Angeb. Fabrikat: .....
508€   805€   **926**€   1.185€   1.835€   [St]   2,40 h/St   327.000.107

LB 327
Tischlerarbeiten

Kosten:
Stand 2.Quartal 2018
Bundesdurchschnitt

▶ min
▷ von
ø Mittel
◁ bis
◀ max

Nr.	Kurztext / Langtext				[Einheit]	Ausf.-Dauer	Kostengruppe Positionsnummer
▶	▷	ø netto €	◁	◀			

27 Fensterbank, Holz, innen — KG 334

Fensterbank, innen, auf Ausgleichshölzern und befestigt auf Mauerwerk und mit Anschluss an aufgehende Bauteile mit transparenter Silikonfuge.
Material: Multiplexplatten t=..... mm
Einzellänge bis ca. 3,00 m
Breite: ..... mm
Oberfläche: furniert, Buche hell, DD - lackiert transparent
Kanten: .....
Ausgleich: .....
Abmessung: je 5mm stark, ca. ..... mm breit

| 34€ | 45€ | **51€** | 59€ | 79€ | [m] | ⏱ 0,50 h/m | 327.000.108 |

28 Holz-/Abdeckleisten — KG 334

Deckleisten, sichtbar bleibend, im Innenbereich.
Material: .....
Abmessung: 20 x 50 mm
Einzellängen: 2.800 mm
Klassensortierung: Klasse J2
Flächenkategorie: Offene Flächen mit durchsichtiger Behandlung
Oberfläche: Sichtseiten gehobelt und feingeschliffen
Kanten: allseitig gefast
Eckstöße: .....
Befestigung: nicht sichtbar, Befestigungslöcher mit Holzstopfen verschlossen
Untergrund: .....

| 6€ | 13€ | **16€** | 22€ | 32€ | [m] | ⏱ 0,10 h/m | 327.000.109 |

29 Verfugung, elastisch — KG 334

Elastische Verfugung mit 1-Komponenten-Dichtstoff, Fuge glatt gestrichen, einschl. notwendiger Flankenvorbehandlung an den Anschlussflächen und Hinterlegen der Fugenhohlräume mit geeignetem Hinterstopfmaterial.
Material: .....
Fugenbreite: .....

| 2€ | 4€ | **5€** | 6€ | 8€ | [m] | ⏱ 0,05 h/m | 327.000.110 |

30 Sockel-/Fußleiste, Holz — KG 352

Sockelleiste an aufgehender Wandfläche, Stöße und Stirnseiten schräg abgeschnitten und Schnittkanten sauber geschliffen, Ecken mit Gehrungsschnitten.
Material: .....
Profil: .....
Profilgröße: .....
Oberfläche: farblos lackbeschichtet
Befestigung: mit nicht rostenden Nägeln

| 10€ | 15€ | **17€** | 19€ | 22€ | [m] | ⏱ 0,10 h/m | 327.000.111 |

Nr.	Kurztext / Langtext					Kostengruppe	
▶	▷	ø netto €	◁	◀	[Einheit]	Ausf.-Dauer	Positionsnummer

31 Bodentreppe, ungedämmt KG 359

Einschubtreppe zwischen bauseitiger Konstruktion, ungedämmt, von oben und unten zu öffnen, vorgerüstet für Profilzylinder, mit Stufen aus Hartholz, Deckel vorgerichtet für bauseitige Bekleidung von unten.
Vorh. Konstruktion: .....
Decken-Öffnung: .....
Aufteilung / Form: .....
Handlauf: .....
Schutzgeländer: .....
Oberflächen: beschichtet mit .....
Dichtwert: a= ..... m³/hm
Feuerwiderstand: .....
Einbauort: .....
Raumhöhe: .....
Kastenhöhe: .....
Angeb. Fabrikat: .....

| 540€ | 678€ | **753**€ | 775€ | 871€ | [St] | 2,40 h/St | 327.000.112 |

32 Treppenstufe, Holz KG 352

Treppenstufe aus Massivholz, feingehobelt und geschliffen, auf bauseitiger Stahlbetonunterkonstruktion, schallentkoppelt verlegt, unsichtbar befestigt, Vorderkante gerundet. Endstufen nach gesonderter Position.
Material: Eiche massiv, t= 42 mm
Setzstufen: .....
Stufenlänge: .....
Stufentiefe: .....
Stufenhöhe: .....
Oberfläche: transparent beschichtet
Steigungsmaß: .....
Angeb. Fabrikat: .....

| 66€ | 111€ | **136**€ | 166€ | 234€ | [St] | 0,14 h/St | 327.000.113 |

33 Handlauf, Holz KG 359

Handlauf aus Massivholz, steigend, in verschiedenen Längen, Stab unten gefräst, zum Anschluss an bauseitiges Stahl-Tragprofil, Befestigung von unten mit Senkkopfschrauben. Wandlaufhalter, Rundungen und Abkröpfung / Gehrung nach gesonderter Position.
Einbau: .....
Material: .....
Durchmesser Handlauf: ..... mm
Oberfläche: .....
Nutmaß: 20 x 5 mm

| 33€ | 58€ | **67**€ | 81€ | 106€ | [m] | 0,25 h/m | 327.000.114 |

LB 327
Tischlerarbeiten

Nr.	Kurztext / Langtext				[Einheit]	Ausf.-Dauer	Kostengruppe Positionsnummer
▶	▷	ø netto €	◁	◀			

34 Geländer, gerade, Rundstabholz KG **359**

Geländer als Holzkonstruktion mit Handlauf aus geformtem Vollholzprofil und Füllung aus senkrechten Vollstäben, auf bauseitige Treppenwangen, Befestigungen des Handlaufs an den Enden an die aufgehenden Wänden mittels Schrauben und Dübeln.
Gesamthöhe: ca. 1,00 m
Länge: .....
Geländerform: .....
Material Handlauf und Füllstäbe: .....
Handlauf: Rundstab D= 42,4 mm
Senkrechte Füllstäbe: Rundstab D= ..... mm
Oberflächen: .....

| 212€ | 276€ | **327**€ | 342€ | 373€ | [m] | ⏱ 0,70 h/m | 327.000.115 |

35 Stundensatz Tischler-Facharbeiter

Stundenlohnarbeiten für Vorarbeiter, Facharbeiter und Gleichgestellte (z. B. Spezialbaufacharbeiter, Baufacharbeiter, Obermonteure, Monteure, Gesellen, Maschinenführer, Fahrer und ähnliche Fachkräfte). Leistung nach besonderer Anordnung der Bauüberwachung. Anmeldung und Nachweis gemäß VOB/B.

| 38€ | 45€ | **49**€ | 50€ | 55€ | [h] | ⏱ 1,00 h/h | 327.000.116 |

36 Stundensatz Tischler-Helfer

Stundenlohnarbeiten für Werker, Helfer und Gleichgestellte (z. B. Baufachwerker, Helfer, Hilfsmonteure, Ungelernte, Angelernte). Leistung nach besonderer Anordnung der Bauüberwachung. Anmeldung und Nachweis gemäß VOB/B.

| 28€ | 33€ | **36**€ | 39€ | 47€ | [h] | ⏱ 1,00 h/h | 327.000.117 |

Kosten:
Stand 2.Quartal 2018
Bundesdurchschnitt

▶ min
▷ von
ø Mittel
◁ bis
◀ max

| 323 |
| 324 |
| 325 |
| 326 |
| **327** |
| 328 |
| 329 |
| 330 |
| 331 |
| 332 |
| 333 |
| 334 |
| 336 |
| 337 |
| 338 |
| 339 |

LB 328 Parkett-, Holzpflasterarbeiten

Preise €

Kosten:
Stand 2.Quartal 2018
Bundesdurchschnitt

▶ min
▷ von
ø Mittel
◁ bis
◀ max

Nr.	Positionen	Einheit	▶	▷ ø brutto € ø netto €		◁	◀
1	Parkettboden entfernen	m²	8	15	**19**	22	26
			6	13	**16**	19	22
2	Holzsockelleiste ausbauen	m	0,6	1,3	**1,6**	2,0	2,6
			0,5	1,1	**1,4**	1,7	2,2
3	Parkett abdecken	m²	3	4	**4**	5	9
			2	3	**4**	4	8
4	Parkettboden abdecken, Wellpappe	m²	2	2	**3**	3	4
			1	2	**2**	3	3
5	Parkettboden abdecken, Filz und Folie	m²	2	3	**3**	4	4
			2	2	**3**	3	3
6	Parkettboden abdecken, Holzwerkstoffplatten	m²	5	6	**8**	9	10
			4	5	**6**	7	8
7	Estrich spachteln, ausgleichen	m²	4	6	**7**	9	13
			3	5	**6**	7	11
8	Trennlage, Baumwollfilz	m²	2	2	**3**	3	4
			1	2	**2**	3	3
9	Unterboden, Holzspanplatte	m²	21	28	**32**	37	50
			18	24	**27**	31	42
10	Blindboden, Nadelholz	m²	41	52	**59**	64	80
			35	44	**50**	54	68
11	Dielenbodenbelag, Laubholzdielen	m²	52	82	**96**	106	129
			44	69	**81**	89	109
12	Fertigparkettbelag, beschichtet	m²	42	67	**77**	87	108
			35	57	**64**	73	91
13	Hochkantlamellenparkett, versiegelt	m²	60	72	**79**	89	122
			50	61	**67**	75	102
14	Stabparkett, versiegelt	m²	85	99	**106**	122	155
			72	84	**89**	102	130
15	Sockelleiste, Hartholz	m	8	11	**12**	14	21
			6	9	**10**	12	17
16	Sockelleiste, Eiche	m	8	13	**15**	19	31
			7	11	**12**	16	26
17	Sockelleiste, Esche/Ahorn	m	8	10	**11**	13	18
			7	9	**10**	11	15
18	Parkettboden schleifen	m²	9	14	**16**	20	26
			8	11	**13**	17	22
19	Parkettboden wachsen	m²	6	8	**10**	13	19
			5	7	**9**	11	16
20	Parkettboden ölen	m²	6	15	**18**	21	23
			5	12	**15**	18	19
21	Übergangsprofil/Abdeckschiene, Edelstahl	m	12	16	**18**	22	30
			10	14	**15**	19	25
22	Übergangsprofil/Abdeckschiene, Aluminium	m	15	18	**19**	20	25
			13	16	**16**	17	21
23	Übergangsprofil/Abdeckschiene, Messing	m	14	21	**26**	28	41
			12	18	**22**	23	34
24	Stundensatz Parkettleger-Facharbeiter	h	44	52	**57**	59	68
			37	44	**48**	50	57

© **BKI** Baukosteninformationszentrum; Erläuterungen zu den Tabellen siehe Seite 22

Kostenstand: 2.Quartal 2018, Bundesdurchschnitt

Nr.	Kurztext / Langtext				[Einheit]	Ausf.-Dauer	Kostengruppe Positionsnummer
▶	▷	ø netto €	◁	◀			

1 Parkettboden entfernen KG **394**
Parkettboden, auf Lagerholz vernagelt, einschl. Schüttung ausbauen und anfallenden Bauschutt entsorgen.
Belagdicke: .....
Schüttung: .....
Ausbauort: .....

| 6€ | 13€ | **16€** | 19€ | 22€ | [m²] | ⏱ 0,35 h/m² | 328.000.044 |

2 Holzsockelleiste ausbauen KG **394**
Holzsockelleiste ausbauen und anfallenden Bauschutt entsorgen.
Abmessung: .....
Ausbauort: .....

| 0,5€ | 1,1€ | **1,4€** | 1,7€ | 2,2€ | [m] | ⏱ 0,03 h/m | 328.000.045 |

3 Parkett abdecken KG **397**
Parkett gegen Beschädigung und Verschmutzung schützen.
Material: .....

| 2€ | 3€ | **4€** | 4€ | 8€ | [m²] | ⏱ 0,05 h/m² | 328.000.046 |

4 Parkettboden abdecken, Wellpappe KG **397**
Holzbodenbelag mit Wellpappe abdecken.
Ausführungsort: .....

| 1€ | 2€ | **2€** | 3€ | 3€ | [m²] | ⏱ 0,03 h/m² | 328.000.047 |

5 Parkettboden abdecken, Filz und Folie KG **397**
Holzbodenbelag mit Filz und Folie abdecken.
Ausführungsort: .....

| 2€ | 2€ | **3€** | 3€ | 3€ | [m²] | ⏱ 0,03 h/m² | 328.000.048 |

6 Parkettboden abdecken, Holzwerkstoffplatten KG **397**
Holzbodenbelag mit Holzwerkstoffplatten abdecken.
Ausführungsort: .....

| 4€ | 5€ | **6€** | 7€ | 8€ | [m²] | ⏱ 0,06 h/m² | 328.000.049 |

7 Estrich spachteln, ausgleichen KG **395**
Vollflächige Spachtelung und Höhenausgleich der Verlegeflächen mit kunstharzvergüteter Spachtelmasse zur Aufnahme von Parkettbelag.
Schichtdicke: 1-5 mm
Angeb. Fabrikat: .....

| 3€ | 5€ | **6€** | 7€ | 11€ | [m²] | ⏱ 0,07 h/m² | 328.000.050 |

8 Trennlage, Baumwollfilz KG **352**
Trennlage aus Baumwollfilz, einlagig, auf Estrich und unter nachfolgendem Parkett.
Estrich: .....
Dicke Trennlage: 5 mm
Angeb. Fabrikat: .....

| 1€ | 2€ | **2€** | 3€ | 3€ | [m²] | ⏱ 0,03 h/m² | 328.000.055 |

LB 328 Parkett-, Holzpflasterarbeiten

Nr.	Kurztext / Langtext					Kostengruppe
▶	▷ ø netto € ◁ ◀				[Einheit]	Ausf.-Dauer Positionsnummer

9 Unterboden, Holzspanplatte — KG 352

Unterboden für Parkettbelag, aus kunstharzgebundenen Holzspanplatten, mit Nut-Feder-Verbindung, für schwimmende Verlegung, Platten verleimen und mechanisch befestigen.
Plattentyp: P2
Emissionsklasse: E1
Plattendicke: 22 mm

| 18 € | 24 € | **27 €** | 31 € | 42 € | [m²] | ⏱ 0,24 h/m² | 328.000.056 |

10 Blindboden, Nadelholz — KG 352

Blindboden aus gespundeter, einseitig gehobelter Schalung, auf Deckenbalken, als Untergrund für Parkettbelag; einschl. chemischem Holzschutz für tragende, sichtbar bleibende Bauteile.
Holzart: .....
Sortierklasse: S10
Brettdicke: 24 mm
Brettbreite: 150 mm
Holzschutz: Gebrauchsklasse **3.1 / 3.2**

| 35 € | 44 € | **50 €** | 54 € | 68 € | [m²] | ⏱ 0,45 h/m² | 328.000.057 |

11 Dielenbodenbelag, Laubholzdielen — KG 352

Bodenbelag aus massiven Laubholzbrettern mit Nut und Feder und geschliffener Oberfläche, versenkt verschraubt auf Lagerholz.
Untergrund: Lagerholz
Holzart: **Buche / .....**
Holzsortierung: A
Brettdicke: 24 mm
Brettbreite: 248 mm
Verlegerichtung: .....
Einbauort: .....
Verlegefläche: .....
Fußboden-Heizung: nein
Angeb. Fabrikat: .....

| 44 € | 69 € | **81 €** | 89 € | 109 € | [m²] | ⏱ 0,95 h/m² | 328.000.058 |

12 Fertigparkettbelag, beschichtet — KG 352

Bodenbelag als beschichtetes Fertigparkett, schwimmend verlegt, mit Nut und Feder.
Untergrund: Estrich.....
Holzdeckschicht: .....
Nutzschichtdicke: mind. 4 mm
Parkettdicke: 14 mm
Parkettformat: ..... x ..... mm
Verlegerichtung: .....
Stoßausbildung: .....
Oberfläche: .....
Struktur: .....
Einbauort: .....
Fußboden-Heizung: .....
Angeb. Fabrikat: .....

| 35 € | 57 € | **64 €** | 73 € | 91 € | [m²] | ⏱ 0,50 h/m² | 328.000.059 |

Kosten:
Stand 2.Quartal 2018
Bundesdurchschnitt

▶ min
▷ von
ø Mittel
◁ bis
◀ max

Nr.	Kurztext / Langtext						Kostengruppe
▶	▷	ø netto €	◁	◀	[Einheit]	Ausf.-Dauer	Positionsnummer

13   Hochkantlamellenparkett, versiegelt   KG 352
Bodenbelag als Lamellenparkett, vollflächig verklebt, einschl. Schleifen und Versiegelung.
Untergrund: .....
Holzart: .....
Holzformat: .....
Parkettdicke: 22 mm
Parkettbreite: 17-20 mm
Verlegerichtung: .....
Oberflächenoptik: .....
Versiegelung: .....
Einbauort: .....
Verlegefläche: .....
Fußboden-Heizung: nein
Angeb. Fabrikat: .....

| 50 € | 61 € | **67 €** | 75 € | 102 € | [m²] | ⏱ 0,65 h/m² | 328.000.060 |

14   Stabparkett, versiegelt   KG 352
Bodenbelag als Stabparkett, verklebt, einschl. Schleifen und Versiegelung.
Untergrund: Estrich
Holzart: Eiche
Nutzschichtdicke: mind. 4 mm
Parkettdicke: 22 mm
Stablänge: 40 cm
Verlegerichtung: parallel
Verband: Schiffsboden
Versiegelung: .....
Kleber: Dispersionsbasis
Giscode: D 1
Emicode: EC 1
Einbauort: .....
Verlegefläche: .....
Fußboden-Heizung: nein
Angeb. Fabrikat: .....

| 72 € | 84 € | **89 €** | 102 € | 130 € | [m²] | ⏱ 0,70 h/m² | 328.000.061 |

15   Sockelleiste, Hartholz   KG 352
Sockelleisten bei Dielen- oder Parkettbelägen, an aufgehenden Wandflächen, mit gerundetem Viertelstab-Profil, Stöße und Stirnseiten schräg abgeschnitten und Schnittkanten sauber geschliffen, Ecken mit Gehrungsschnitten.
Material: .....
Viertelstab-Profil: ca. 16 x 16 mm
Oberfläche: farblos lackbeschichtet
Befestigung: mit nicht rostenden Nägeln

| 6 € | 9 € | **10 €** | 12 € | 17 € | [m] | ⏱ 0,08 h/m | 328.000.062 |

© BKI Baukosteninformationszentrum; Erläuterungen zu den Tabellen siehe Seite 22   Kostenstand: 2.Quartal 2018, Bundesdurchschnitt

LB 328 Parkett-, Holzpflasterarbeiten

Nr. ▶	Kurztext / Langtext ▷ ø netto € ◁ ◀	[Einheit]	Ausf.-Dauer	Kostengruppe Positionsnummer

16 Sockelleiste, Eiche KG **352**
Sockelleisten bei Dielen- oder Parkettbelägen, an aufgehenden Wandflächen verdübelt, mit gerundetem Rechteck-Profil, unten angeschrägt, Stöße und Stirnseiten schräg abgeschnitten und Schnittkanten sauber geschliffen, Ecken mit Gehrungsschnitten.
Material: .....
Profil: .....
Oberfläche: farblos lackbeschichtet
Befestigung: mit nicht rostenden Senkkopf-Schrauben, verdübelt

| 7€ | 11€ | **12€** | 16€ | 26€ | [m] | ⏱ 0,08 h/m | 328.000.063 |

17 Sockelleiste, Esche/Ahorn KG **352**
Sockelleisten bei Dielen- oder Parkettbelägen, an aufgehenden Wandflächen verdübelt, mit gerundetem Schmetterlings-Profil, unten angeschrägt, Stöße und Stirnseiten schräg abgeschnitten und Schnittkanten sauber geschliffen, Ecken mit Gehrungsschnitten.
Material: .....
Viertelstab-Profil: ca. 25 x 25 mm
Oberfläche: farblos lackbeschichtet
Befestigung: mit nicht rostenden Nägeln

| 7€ | 9€ | **10€** | 11€ | 15€ | [m] | ⏱ 0,08 h/m | 328.000.064 |

18 Parkettboden schleifen KG **352**
Parkettböden für Oberflächenbehandlung schleifen und reinigen, einschl. Schleifgut entsorgen.
Abstufung der Schleifkörnung: bis Körnung 180
Raum: .....

| 8€ | 11€ | **13€** | 17€ | 22€ | [m²] | ⏱ 0,15 h/m² | 328.000.052 |

19 Parkettboden wachsen KG **352**
Parkettboden mit Hartwachs wachsen und polieren.
Wachsmittel: .....
Raum: .....
Angeb. Fabrikat: .....

| 5€ | 7€ | **9€** | 11€ | 16€ | [m²] | ⏱ 0,20 h/m² | 328.000.053 |

20 Parkettboden ölen KG **352**
Parkettboden ölen.
Material: .....
Raum: .....
Angeb. Fabrikat: .....

| 5€ | 12€ | **15€** | 18€ | 19€ | [m²] | ⏱ 0,20 h/m² | 328.000.054 |

21 Übergangsprofil/Abdeckschiene, Edelstahl KG **352**
Übergangsprofil in Holzbodenbelag, aus leicht gerundetem Metallprofil, im Bereich des Belagwechsels unter dem Türblatt befestigen.
Material: Edelstahl
Oberfläche: .....
Belag / Parkett: .....
Angeb. Fabrikat: .....

| 10€ | 14€ | **15€** | 19€ | 25€ | [m] | ⏱ 0,12 h/m | 328.000.065 |

Kosten:
Stand 2.Quartal 2018
Bundesdurchschnitt

▶ min
▷ von
ø Mittel
◁ bis
◀ max

Nr.	Kurztext / Langtext							Kostengruppe
▶	▷	ø netto €	◁	◀	[Einheit]	Ausf.-Dauer	Positionsnummer

22 Übergangsprofil/Abdeckschiene, Aluminium — KG **352**

Übergangsprofil in Holzbodenbelag, aus leicht gerundetem Metallprofil, im Bereich des Belagwechsels unter dem Türblatt befestigen.
Material: Aluminium, eloxiert
Oberfläche: .....
Belag / Parkett: .....
Angeb. Fabrikat: .....

| 13 € | 16 € | **16** € | 17 € | 21 € | [m] | ⏱ 0,12 h/m | 328.000.066 |

23 Übergangsprofil/Abdeckschiene, Messing — KG **352**

Übergangsprofil in Holzbodenbelag, aus leicht gerundetem Metallprofil, im Bereich des Belagwechsels unter dem Türblatt befestigen.
Material: Messing
Oberfläche: .....
Belag / Parkett: .....
Angeb. Fabrikat: .....

| 12 € | 18 € | **22** € | 23 € | 34 € | [m] | ⏱ 0,12 h/m | 328.000.067 |

24 Stundensatz Parkettleger-Facharbeiter

Stundenlohnarbeiten für Vorarbeiter, Facharbeiter und Gleichgestellte (z. B. Spezialbaufacharbeiter, Baufacharbeiter, Obermonteure, Monteure, Gesellen, Maschinenführer, Fahrer und ähnliche Fachkräfte). Leistung nach besonderer Anordnung der Bauüberwachung. Anmeldung und Nachweis gemäß VOB/B.

| 37 € | 44 € | **48** € | 50 € | 57 € | [h] | ⏱ 1,00 h/h | 328.000.068 |

LB 329 Beschlagarbeiten

Kosten:
Stand 2. Quartal 2018
Bundesdurchschnitt

▶ min
▷ von
ø Mittel
◁ bis
◀ max

Nr.	Positionen	Einheit	▶	▷ ø brutto € / ø netto €		◁	◀
1	Türdrücker ausbauen	St	–	9	**11**	14	–
			–	7	**9**	12	–
2	Fenstergriff, Aluminium	St	15	35	**41**	62	101
			13	29	**35**	52	85
3	Drückergarnitur, Stahl	St	30	47	**58**	69	96
			25	39	**49**	58	80
4	Drückergarnitur, Aluminium	St	34	76	**94**	108	149
			28	64	**79**	91	125
5	Drückergarnitur, Edelstahl	St	121	186	**206**	246	335
			102	156	**173**	207	282
6	Bad-/WC-Garnitur, Aluminium	St	58	83	**95**	116	149
			49	70	**80**	97	125
7	Stoßgriff, Tür, Edelstahl	St	135	201	**218**	270	400
			114	169	**183**	227	336
8	Obentürschließer, einflüglige Tür	St	103	231	**283**	462	908
			87	194	**238**	388	763
9	Obentürschließer, zweiflüglige Tür	St	371	553	**568**	644	908
			312	465	**478**	541	763
10	Türantrieb, kraftbetätigte Tür, einflüglig	St	2.919	3.938	**4.346**	5.078	6.278
			2.453	3.309	**3.652**	4.267	5.275
11	Türantrieb, kraftbetätigte Tür, zweiflüglig	St	2.664	3.873	**4.686**	5.084	6.564
			2.239	3.255	**3.938**	4.272	5.516
12	Fluchttürsicherung, elektrische Verriegelung	St	621	946	**1.018**	1.191	1.613
			522	795	**855**	1.001	1.356
13	Fingerschutz Türkante	St	82	125	**166**	180	209
			69	105	**139**	151	176
14	Türspion, Aluminium	St	10	18	**22**	26	33
			9	15	**19**	21	28
15	Türstopper, Wandmontage	St	17	27	**31**	38	50
			14	22	**26**	32	42
16	Türstopper, Bodenmontage	St	16	26	**29**	46	86
			13	22	**25**	39	73
17	Lüftungsgitter, Türblatt	St	30	36	**37**	40	49
			25	30	**31**	34	41
18	Doppel-Schließzylinder	St	38	72	**90**	137	229
			32	61	**75**	115	192
19	Halb-Schließzylinder	St	26	51	**61**	76	109
			22	43	**51**	64	92
20	Profil-Zylinderverlängerung, je 10mm	St	2	4	**5**	7	10
			2	4	**4**	6	8
21	Profil-Blindzylinder	St	8	12	**15**	21	33
			6	10	**12**	18	27
22	Generalhaupt-, Generalschlüssel	St	5	9	**11**	13	21
			4	7	**9**	11	17
23	Schlüssel, Buntbart	St	3	5	**6**	7	10
			2	4	**5**	6	8
24	Gruppen-, Hauptschlüssel	St	4	7	**9**	12	17
			4	6	**7**	10	15

© BKI Baukosteninformationszentrum; Erläuterungen zu den Tabellen siehe Seite 22

Beschlagarbeiten — Preise €

Nr.	Positionen	Einheit	▶	▷ ø brutto € ø netto €	◁	◀
25	Schlüsselschrank, wandhängend	St	88 74	210 **254** 176 **214**	422 355	638 536
26	WC-Symbol	St	12 10	28 **33** 23 **28**	48 40	66 55
27	Riegelschloss, Profil-Halbzylinder	St	51 43	93 **110** 78 **92**	120 100	199 167
28	Absenkdichtung, Tür	St	58 49	93 **103** 78 **87**	118 99	156 131

Nr.	Kurztext / Langtext						Kostengruppe
▶	▷	**ø netto €**	◁	◀	[Einheit]	Ausf.-Dauer	Positionsnummer

1 Türdrücker ausbauen — KG **394**
Türdrückergarnitur, beidseitig, mit Drückern, auf Vierkant mit Stift, Langschildern, einschl. Schloss, ausbauen, inkl. Entsorgung.
Befestigung: verschraubt, sichtbar
Material: .....

– € | 7 € | **9 €** | 12 € | – € | [St] | ⏱ 0,10 h/St | 329.000.043

2 Fenstergriff, Aluminium — KG **334**
Fenstergriff, als RAL-geprüfte Konstruktion, einschl. Rosette. 4-Punkt-Kugelrastung, spürbarer Positionierung.
Ausführung: Dreh-Kipp-Griff
Form / Typ: .....
Benutzerkategorie DIN EN 1906: Klasse 2
Befestigung: unsichtbar
Dauerhaftigkeit DIN EN 1906: **6 / 7** (Stift abhängig von Benutzerkategorie und Dauerhaftigkeit)
Rosette: **oval / eckig**
Material: Aluminium
Oberfläche: naturfarbig
Angeb. Fabrikat: .....

13 € | 29 € | **35 €** | 52 € | 85 € | [St] | ⏱ 0,15 h/St | 329.000.013

3 Drückergarnitur, Stahl — KG **344**
Türdrückergarnitur aus Stahlkern mit Metallrosette:
– festdrehbare Lagerung in wartungsfreiem Stahlgleitlager durch Schenkelfeder zum schnellen und sicheren Einrasten der Türdrücker
– präzise Einhaltung der Montageposition und minimiertes Spiel durch flexibel gelagerten Ausgleichsring
Türart: .....
Türblattdicke: ..... mm
Türdrücker: .....
Material: Stahl
Farbe: .....
Angeb. Fabrikat: .....

25 € | 39 € | **49 €** | 58 € | 80 € | [St] | ⏱ 0,30 h/St | 329.000.014

LB 329 Beschlagarbeiten

Nr.	Kurztext / Langtext							Kostengruppe
▶	▷	ø netto €	◁	◀	[Einheit]	Ausf.-Dauer	Positionsnummer	

4 Drückergarnitur, Aluminium KG **344**

Türdrückergarnitur aus Aluminium mit Metallrosetten:
– festdrehbare Lagerung in wartungsfreiem Stahlgleitlager durch Schenkelfeder zum schnellen und sicheren Einrasten der Türdrücker
– präzise Einhaltung der Montageposition und minimiertes Spiel durch flexibel gelagerten Ausgleichsring

Türart: .....
Türblattdicke: ..... mm
Türdrücker: .....
Material: Aluminium
Oberfläche: .....
Angeb. Fabrikat: .....

28 €   64 €   **79 €**   91 €   125 €   [St]   ⏱ 0,30 h/St   329.000.007

5 Drückergarnitur, Edelstahl KG **344**

Türdrückergarnitur aus Edelstahl mit Metallrosetten:
– festdrehbare Lagerung in wartungsfreiem Stahlgleitlager durch Schenkelfeder zum schnellen und sicheren Einrasten der Türdrücker
– präzise Einhaltung der Montageposition und minimiertes Spiel durch flexibel gelagerten Ausgleichsring

Türart: .....
Türblattdicke: ..... mm
Türdrücker:
Material: Edelstahl
Oberfläche: .....
Art der Tür: .....
Angeb. Fabrikat: .....

102 €   156 €   **173 €**   207 €   282 €   [St]   ⏱ 0,30 h/St   329.000.008

6 Bad-/WC-Garnitur, Aluminium KG **344**

Türdrückergarnitur aus Aluminium für Bad/WC-Tür mit Metallrosette:
– festdrehbare Lagerung in wartungsfreiem Stahlgleitlager durch Schenkelfeder zum schnellen und sicheren Einrasten der Türdrücker
– präzise Einhaltung der Montageposition und minimiertes Spiel durch flexibel gelagerten Ausgleichsring

Türart: .....
Türblattdicke: ..... mm
Türdrücker: Bad-WC-Garnitur beidseitig mit Drücker
Oberfläche: .....
Farbton: .....
Angeb. Fabrikat: .....

49 €   70 €   **80 €**   97 €   125 €   [St]   ⏱ 0,35 h/St   329.000.015

Kosten:
Stand 2.Quartal 2018
Bundesdurchschnitt

▶ min
▷ von
ø Mittel
◁ bis
◀ max

Nr.	Kurztext / Langtext							Kostengruppe
▶	▷	ø netto €	◁	◀	[Einheit]	Ausf.-Dauer	Positionsnummer	

7   Stoßgriff, Tür, Edelstahl   KG 344

Stoßgriff aus Edelstahl für Türen, verdeckt verschraubt.
Türart: …..
Türblattdicke: ….. mm
Grifflänge: ….
Achsmaß: 100 mm
Griffdurchmesser: 30 mm
Farbton: …..
Angeb. Fabrikat: …..

| 114€ | 169€ | **183€** | 227€ | 336€ | [St] | ⏱ 0,60 h/St | 329.000.035 |

8   Obentürschließer, einflüglige Tür   KG 344

Obentürschließer für einflüglige Tür, für Rauch- / Feuerschutztür zugelassen.
Art / Form: Basisschließer und Normalgestänge
Anforderungen:
 – Schließergröße EN 2-4
 – Schließgeschwindigkeit und Endanschlag von vorn einstellbar über Ventil
 – Sicherheitsventil gegen Überlastung
 – Normalgestänge, für DIN links und DIN rechts, Normalmontage (Türblatt) auf der Bandseite und Kopfmontage (Sturz) auf der Bandgegenseite
Für Türflügelbreite: max. 1.100 mm
Öffnungswinkel: max. 180°
Feststellbereich ca. 70-150°
Oberfläche: …..
Angeb. Fabrikat: …..

| 87€ | 194€ | **238€** | 388€ | 763€ | [St] | ⏱ 1,50 h/St | 329.000.036 |

9   Obentürschließer, zweiflüglige Tür   KG 344

Obentürschließer für zweiflüglige Tür, mit mechanischer Feststellung.
Art / Form: Basisschließer und Normalgestänge
Anforderungen:
 – mit integrierter mechanischer Schließfolgeregelung
 – von vorn einstellbare Schließkraft, Schließergröße EN 2-6
 – Schließgeschwindigkeit und Endanschlag mit von vorne regulierbarer Öffnungsdämpfung mit optischer Größenanzeige
 – Sicherheitsventil gegen Überlastung
 – Normalmontage auf Türblatt oder auf Bandseite, mit Montageplatte
Oberfläche: …..
Angeb. Fabrikat: …..

| 312€ | 465€ | **478€** | 541€ | 763€ | [St] | ⏱ 2,00 h/St | 329.000.037 |

LB 329 Beschlagarbeiten

Nr.	**Kurztext** / Langtext
▶ ▷ ø netto € ◁ ◀	[Einheit] Ausf.-Dauer Positionsnummer
	Kostengruppe

Kosten:
Stand 2.Quartal 2018
Bundesdurchschnitt

10 Türantrieb, kraftbetätigte Tür, einflüglig — KG 344

Drehtür-Automatik für kraftbetätigte, behindertengerechte Türanlage, einflüglig, für bauseitige Anschlagtüren, als geräuscharmer elektromechanischer Drehtürantrieb für Innen- und Außentüren, in 70mm Bauhöhe. Geprüft und zertifiziert nach DIN 18650 / EN 16005, mit Montageplattensatz. Digitale Steuerung (Kategorie 2 nach DIN EN 954-1 und Performance Level "d" nach DIN EN ISO 13849-1). Ausführung: drückend oder ziehend, **Türblattmontage / Kopfmontage** auf der **Band-/ Bandgegenseite** mit Gleitschiene. Ausrüstung des Türflügels mit Sensorleiste, Notschalter, Flächentaster, Türöffner, integrierter Öffnungsbegrenzer und Programmschalter als gesonderte Positionen.
Türblattabmessung (B x L): ..... x ..... mm
Angeb. Fabrikat: .....

2.453 €   3.309 €   **3.652 €**   4.267 €   5.275 €   [St]   ⏱ 2,50 h/St   329.000.038

11 Türantrieb, kraftbetätigte Tür, zweiflüglig — KG 344

Drehtür-Automatik für kraftbetätigte, behindertengerechte Türanlage, zweiflüglig, für bauseitige Anschlagtüren, als geräuscharmer elektromechanischer Drehtürantrieb für Innen- und Außentüren, in 70mm Bauhöhe. Geprüft und zertifiziert nach DIN 18650 / EN 16005, mit Montageplattensatz. Digitale Steuerung (Kategorie 2 nach DIN EN 954-1 und Performance Level "d" nach DIN EN ISO 13849-1). Ausführung: drückend oder ziehend, **Türblattmontage / Kopfmontage** auf der **Band-/ Bandgegenseite** mit Gleitschiene. Ausrüstung der Türflügels mit Sensorleiste, Notschalter, Flächentaster, Türöffner, integrierter Öffnungsbegrenzer und Programmschalter als gesonderte Positionen.
Türblattabmessung (B x L): ..... x ..... mm
Angeb. Fabrikat: .....

2.239 €   3.255 €   **3.938 €**   4.272 €   5.516 €   [St]   ⏱ 3,00 h/St   329.000.039

12 Fluchttürsicherung, elektrische Verriegelung — KG 344

Fluchttürsicherung zur Sicherung einer Tür im Verlauf von Flucht- und Rettungswegen mit elektrischer Verriegelung gemäß EltVTR. Geeignet zum Anschluss an Drehtürantriebe, Motorschlösser, Brandmeldeanlagen, Einbruchmeldeanlagen sowie zur Weiterleitung von Meldungen an die Gebäudeleittechnik, u.v.m.,
System bestehend aus:
Türzentrale in Bus-Technik mit integrierter Steuerung, Nottasten Hinweisschild und Netzteil
Geprüft nach EltVTR.
Ausstattung:
– Steuerung mit beleuchteter Nottaste
LED-Anzeigen für die Betriebszustände:
– Tür **verriegelt / entriegelt / kurzzeitentriegelt**
– Tür **offen / geschlossen**
– Alarm, Voralarm, Störung
Farbige Klemmen zur Unterscheidung der Anschlüsse für die Peripherie. Flächig zu betätigende, barrierefreie Schlaghaube mit Sabotageschutz.
Integriertes Nottasten-Hinweisschild, unbeleuchtet
Netzteil:
– Netzspannung 230 V AC,
– Betriebsspannung 24 V DC
– Ausgangsstrom max. 650 mA (bei AP-Zentralen)
– Ausgangsstrom max. 600 mA (bei UP-Zentralen)
Anschlüsse:
– 3 programmierbare Eingänge zum Anschluss von Zeitschaltuhr, Brandmeldeanlage, Einbruchmeldeanlage, Zutrittskontrolle, Schlösser mit Zylinderkontakt u.v.m.
Funktion: High aktiv, Low aktiv und Deaktiv je Zustand wählbar

▶ min
▷ von
ø Mittel
◁ bis
◀ max

Nr.	Kurztext / Langtext					Kostengruppe		
▶	▷	ø netto €	◁	◀	[Einheit]	Ausf.-Dauer	Positionsnummer	

2 programmierbare Ausgänge zum Anschluss von Drehtürantrieb, Motorschloss, Drückersperrschloss, zusätzlichem Türöffner, optischer oder akustischer Alarmanzeige u.v.m.
Funktion: Öffner, Schließer und Deaktiv je Zustand wählbar
Eingang für indirekte Freischaltung durch externe Nottasten:
– Eingang für Beleuchtung des Nottasten-Hinweisschildes
– Eingang für externen Schlüsseltaster zur Steuerung der Betriebsarten
– Eingang für Rückmeldung des Türzustands
– Eingang für Rückmeldung des Verriegelungszustands
Vorgerichtet zur Vernetzung über BUS mit Visualisierungssoftware.
Tableau TE 220/TTE 220 und OPC-Schnittstelle OPC 220
Funktionen:
– Abbruch und Nachtriggern in Verbindung mit Kurzzeitentriegelung
– Kombination mit Drehtürantrieben ohne zusätzliche Komponenten möglich
– EMA,- BMA Signale sowie der Zeitschaltuhr können über den BUS an alle Teilnehmer einer Buslinie weitergeleitet werden. Jeweils 5 Gruppen möglich.
– Integrierte Schleusenfunktion (Aktiv, Passiv und kombiniert). 10 Gruppen möglich
– Weiterleitung von Systemzuständen an GLT über potentialfreie Ausgänge
– Weiterleitung von Sammelmeldungen wie Türzustand, Alarm und Verriegelt an GLT
– Integrierter Summer zu akustischen Signalisierung bei Alarmen und Voralarm
– Integrierte Wochenzeitschaltuhr
– Alarmspeicher mit Datum und Uhrzeit
– Automatische Speicherung des Betriebszustandes und der Nutzerdaten nach Netzausfällen bis zu 24h
System bestehend aus den Einzelkomponenten:
– TZ 320 UP Steuerungseinheit
– NET 320, Netzteil
– FWS 320, Fluchtwegschild
– 3-fach-Rahmen
– Aufputzmontage
– Verwendung für Türen: **einflüglig / zweiflüglig**
– kontaktloser Kartenleser (RFID)
– Lesereichweiten 3 cm (Key) bis 8 cm (Card)
– Zur Montage in verschiedene Schalterprogramme
– optische und akustische Anzeige, 3 LEDs (rot, grün, orange)
– Signalgeber
– Sabotageerkennung
– Schutzart in Abhängigkeit der Schalterprogramme unterschiedlichster Hersteller
– Spannungsversorgung 8-30V DC
– Stromaufnahme max. 100mA/ 24V
– Umgebungstemperatur -25°C bis +60°C
– B x H x T: ca. 50 x 50 x 43 mm
– Zur Integration in 3-fach-Rahmen der Türzentrale
– Verkabelung durch AN Elektro
Angeb. Fabrikat: .....

| 522 € | 795 € | **855** € | 1.001 € | 1.356 € | [St] | 1,50 h/St | 329.000.046 |

LB 329 Beschlagarbeiten

Kosten:
Stand 2.Quartal 2018
Bundesdurchschnitt

▶ min
▷ von
ø Mittel
◁ bis
◀ max

Nr.	Kurztext / Langtext						Kostengruppe	
▶	▷	ø netto €	◁	◀	[Einheit]	Ausf.-Dauer	Positionsnummer	

13 Fingerschutz Türkante — KG **344**

Fingerschutz zur Sicherung der Türkante. Ausführung für **handbetätigte / kraftbetätigte** Türflügel. Sicherung unsichtbar befestigt.
Montage: **Bandseite / Gegenbandseite**
Material: **Aluminium, eloxiert / farbbeschichtet RAL-.....**
Ausführung: feuerhemmend
Länge: bis 2.500 mm
Angeb. Fabrikat: ......

| 69€ | 105€ | **139€** | 151€ | 176€ | [St] | ⏱ 0,30 h/St | 329.000.040 |

14 Türspion, Aluminium — KG **344**

Türspion mit Linsensystem, einschl. Deckklappe.
Türblattdicke: .....
Rohrdurchmesser: 15 mm
Material: Aluminium
Oberfläche: **anodisiert / eloxiert**
Farbton: .....
Angeb. Fabrikat: .....

| 9€ | 15€ | **19€** | 21€ | 28€ | [St] | ⏱ 0,15 h/St | 329.000.041 |

15 Türstopper, Wandmontage — KG **344**

Wand-Türstopper mit schwarzem Gummipuffer, befestigt mit korrosionsgeschützter Schraube.
Untergrund: .....
Einbaubereich: .....
Gehäuse: .....
Oberfläche: .....
Form: .....
Angeb. Fabrikat: .....

| 14€ | 22€ | **26€** | 32€ | 42€ | [St] | ⏱ 0,10 h/St | 329.000.010 |

16 Türstopper, Bodenmontage — KG **344**

Boden-Türstopper mit schwarzem Gummipuffer, befestigt mit korrosionsgeschützter Schraube.
Untergrund: .....
Einbaubereich: .....
Gehäuse: .....
Oberfläche: .....
Form: .....
Angeb. Fabrikat: .....

| 13€ | 22€ | **25€** | 39€ | 73€ | [St] | ⏱ 0,15 h/St | 329.000.011 |

Nr.	Kurztext / Langtext							Kostengruppe
▶	▷	ø netto €	◁	◀		[Einheit]	Ausf.-Dauer	Positionsnummer

17 Lüftungsgitter, Türblatt — KG **344**

Lüftungsgitter in Holz-Türblatt, als Überströmöffnung zwischen Wohnräumen, stufenlos regulierbar und verschließbar; Komplettsystem bestehend aus Rahmen und Gitter, inkl. beidseitiger elastischer Verfugung.
Freier Querschnitt: ..... cm²
Rahmengröße: .....
Farbe: .....
Material: PVC
Angeb. Fabrikat: .....

| 25 € | 30 € | **31 €** | 34 € | 41 € | [St] | ⏱ 0,15 h/St | 329.000.026 |

18 Doppel-Schließzylinder — KG **344**

Profil-Doppelzylinder, Sicherheitsstufe gemäß beiliegendem Schließkonzept, mit je 6 Stiftzuhaltungen, inkl. vernickelter Stulpschraube und je 3 Schlüsseln.
Länge A: 30,5 mm
Länge B: 30,5 mm
Schließart: .....
Material: Messing, matt vernickelt, Farbe: .....
Angeb. Fabrikat: .....

| 32 € | 61 € | **75 €** | 115 € | 192 € | [St] | ⏱ 0,15 h/St | 329.000.001 |

19 Halb-Schließzylinder — KG **344**

Profil-Halbzylinder, Sicherheitsstufe gemäß beiliegendem Schließkonzept, mit je 6 Stiftzuhaltungen, inkl. vernickelter Stulpschraube und je 3 Schlüsseln.
Länge A: 10 mm
Länge B: 30,5 mm
Schließart: .....
Material: Messing, matt vernickelt, Farbe: .....
Angeb. Fabrikat: .....

| 22 € | 43 € | **51 €** | 64 € | 92 € | [St] | ⏱ 0,13 h/St | 329.000.002 |

20 Profil-Zylinderverlängerung, je 10mm — KG **344**

Verlängerung des Profilzylinders je Seite und angefangene 10mm.

| 2 € | 4 € | **4 €** | 6 € | 8 € | [St] | – | 329.000.012 |

21 Profil-Blindzylinder — KG **344**

Profil-Blindzylinder, inkl. vernickelter Stulpschraube.
Länge A: 30,5 mm
Länge B: 30,5 mm
Material: Messing, matt vernickelt
Angeb. Fabrikat: .....

| 6 € | 10 € | **12 €** | 18 € | 27 € | [St] | ⏱ 0,10 h/St | 329.000.003 |

22 Generalhaupt-, Generalschlüssel — KG **344**

Generalhauptschlüssel für Profilzylinder der Schließanlage.

| 4 € | 7 € | **9 €** | 11 € | 17 € | [St] | – | 329.000.027 |

LB 329 Beschlagarbeiten

Nr.	Kurztext / Langtext					[Einheit]	Ausf.-Dauer	Kostengruppe Positionsnummer
▶	▷	ø netto €	◁	◀				

23 Schlüssel, Buntbart — KG **344**
Buntbart-BB-Schlüssel für Türschlösser Klasse 1, gleichschließend.
Material: Messing verchromt, poliert
2 €   4 €   **5 €**   6 €   8 €   [St]   ⊙ h/St   329.000.006

24 Gruppen-, Hauptschlüssel — KG **344**
Gruppen-, Hauptschlüssel für Profilzylinder der beschriebenen Schließanlage.
4 €   6 €   **7 €**   10 €   15 €   [St]   –   329.000.028

25 Schlüsselschrank, wandhängend — KG **344**
Schlüsselkasten mit Zylinderschloss, Türöffnung: größer 90°, inkl. farbig sortiertem Musterbeutel mit Schlüsselanhängern und Indexblatt zur Selbstbeschriftung, an Wand befestigt.
Material: Stahl
Oberfläche: .....
Für Schlüsselanzahl: .....
Angeb. Fabrikat: .....
74 €   176 €   **214 €**   355 €   536 €   [St]   ⊙ 0,80 h/St   329.000.024

26 WC-Symbol — KG **344**
WC-Hinweiszeichen, eingefrästes Symbol und Beschriftung.
System ......
Schrift: .....
Abmessung (B x H): ..... x ..... mm
Material: .....
Befestigung: .....
10 €   23 €   **28 €**   40 €   55 €   [St]   ⊙ 0,15 h/St   329.000.029

27 Riegelschloss, Profil-Halbzylinder — KG **344**
Montage von Riegelschloss in Türblatt, einschl. aller Bohr- und Fräsarbeiten, vorgerichtet für Profil-Halbzylinder.
43 €   78 €   **92 €**   100 €   167 €   [St]   ⊙ 0,15 h/St   329.000.030

28 Absenkdichtung, Tür — KG **344**
Absenkdichtung an Innentür, zum Abdichten von Boden-Luftspalten, band- und schlossseitig auslösend, Anschlag mit stirnseitigen Befestigungswinkeln, inkl. Druckplatten für Normfalz und PVC-Dichtprofil.
Spaltweite: bis ..... mm
Türart: .....
Nutmaß: .....
Schalldämmwert: R_w .....
Angeb. Fabrikat: .....
49 €   78 €   **87 €**   99 €   131 €   [St]   ⊙ 0,20 h/St   329.000.031

Kosten:
Stand 2. Quartal 2018
Bundesdurchschnitt

▶ min
▷ von
ø Mittel
◁ bis
◀ max

LB 330 Rollladenarbeiten

Rollladenarbeiten — Preise €

Kosten: Stand 2.Quartal 2018, Bundesdurchschnitt

▶ min ▷ von ø Mittel ◁ bis ◀ max

Nr.	Positionen	Einheit	▶	▷ ø brutto € / ø netto €	◁	◀
1	Rollladen entfernen	m²	22 / 19	30 / 26	**37** / **31**	45 / 38	53 / 45
2	Markise entfernen	m²	63 / 53	73 / 62	**87** / **73**	105 / 88	111 / 93
3	Außenjalousie entfernen	m²	18 / 15	21 / 18	**25** / **21**	30 / 25	32 / 27
4	Sonnenschutz, Stoff, innen, entfernen	m²	14 / 12	17 / 14	**21** / **17**	24 / 21	26 / 22
5	Rollladen-Gurtwickler ausbauen	St	9 / 7	11 / 9	**13** / **11**	15 / 12	16 / 14
6	Baufuge abdichten, Rollladenkasten	m	11 / 9	12 / 10	**16** / **13**	19 / 16	20 / 17
7	Rollladenkasten dämmen	m²	34 / 29	52 / 44	**63** / **53**	77 / 64	108 / 91
8	Klappendeckel abdichten, Rollladenkasten	St	22 / 18	27 / 23	**34** / **29**	41 / 34	44 / 37
9	Rollladenkastendeckel auswechseln	m	20 / 17	24 / 20	**28** / **24**	34 / 28	35 / 30
10	Rollladengurte auswechseln	St	33 / 27	41 / 35	**45** / **38**	54 / 45	60 / 51
11	Rollladenführungsschiene erneuern	St	26 / 22	40 / 33	**43** / **36**	50 / 42	53 / 45
12	Rollladenwelle erneuern, bis 1.500mm	St	63 / 53	80 / 67	**89** / **74**	105 / 89	112 / 94
13	Rollladenwelle erneuern, bis 2.500mm	St	85 / 71	104 / 88	**123** / **103**	148 / 125	158 / 133
14	Vorbaurollladen, Führungsschiene	St	213 / 179	322 / 271	**352** / **295**	428 / 359	577 / 485
15	Rollladen, inkl. Führungsschiene, Gurt	St	99 / 83	219 / 184	**279** / **234**	342 / 287	468 / 393
16	Jalousie/Raffstore, außen	St	504 / 423	827 / 695	**910** / **765**	988 / 830	1.212 / 1.019
17	Fensterladen, Holz, zweiteilig	St	468 / 393	602 / 506	**683** / **574**	957 / 804	1.443 / 1.213
18	Stundensatz Facharbeiter, Rollladenarbeiten	h	55 / 46	61 / 51	**65** / **54**	69 / 58	77 / 65

Nr.	Kurztext / Langtext					Kostengruppe
	▶ ▷ ø netto € ◁ ◀				[Einheit] Ausf.-Dauer	Positionsnummer

1 Rollladen entfernen — KG **394**

Rollladen einschl. Deckel, Welle, Gurtband und Wickler ausbauen und anfallenden Bauschutt entsorgen.
Breite: bis 1,50 m
Höhe: bis 2,50 m
Material: …..

19€   26€   **31€**   38€   45€   [m²]   ⏱ 0,30 h/m²   330.000.017

© BKI Baukosteninformationszentrum; Erläuterungen zu den Tabellen siehe Seite 22   Kostenstand: 2.Quartal 2018, Bundesdurchschnitt

Nr.	Kurztext / Langtext				[Einheit]	Ausf.-Dauer	Kostengruppe Positionsnummer
▶	▷	ø netto €	◁	◀			

2 Markise entfernen — KG 394
Markise einschl. Gelenkarm, Welle und Bedienelemente ausbauen und anfallenden Bauschutt entsorgen.
Breite: bis 4,00 m
Ausstelltiefe: bis 3,00 m

| 53 € | 62 € | **73 €** | 88 € | 93 € | [m²] | ⏱ 1,10 h/m² | 330.000.018 |

3 Außenjalousie entfernen — KG 394
Außenjalousie einschl. Kurbel und Welle ausbauen und anfallenden Bauschutt entsorgen.
Breite: bis 4,00 m
Höhe: bis 3,00 m
Material: Aluminiumlamellen

| 15 € | 18 € | **21 €** | 25 € | 27 € | [m²] | ⏱ 0,35 h/m² | 330.000.019 |

4 Sonnenschutz, Stoff, innen, entfernen — KG 394
Sonnenschutz aus Stoff in Innenräumen ausbauen und anfallenden Bauschutt entsorgen.
Breite: bis 4,0 m
Höhe: bis 3,0 m
Befestigung: .....

| 12 € | 14 € | **17 €** | 21 € | 22 € | [m²] | ⏱ 0,30 h/m² | 330.000.020 |

5 Rollladen-Gurtwickler ausbauen — KG 394
Rollladen-Gurtwickler aus Ziegelmauerwerk ausbauen und anfallenden Bauschutt entsorgen.
Abmessungen: 19,0 x 11,5 x 23,8 cm
Steinart: Hlz 1,0

| 7 € | 9 € | **11 €** | 12 € | 14 € | [St] | ⏱ 0,05 h/St | 330.000.021 |

6 Baufuge abdichten, Rollladenkasten — KG 395
Baufuge zwischen bestehendem Rollladenkasten und neuem Zargenrahmen mit Dichtband abdichten.
Anforderungen: wind-/dampfdicht
Klebebereich: 60 mm

| 9 € | 10 € | **13 €** | 16 € | 17 € | [m] | ⏱ 0,25 h/m | 330.000.022 |

7 Rollladenkasten dämmen — KG 395
Nachträgliche Dämmung des Rollladenkastens mit flexiblen Dämmmatten.
Dämmstoff: .....
Dämmdicke: 40 mm

| 29 € | 44 € | **53 €** | 64 € | 91 € | [m²] | ⏱ 0,60 h/m² | 330.000.023 |

8 Klappendeckel abdichten, Rollladenkasten — KG 395
Klappendeckel des Rollladenkastens im aufliegenden Klappenfalz abdichten.
Deckelgröße: 2000 x 250 mm
Dichtung: .....

| 18 € | 23 € | **29 €** | 34 € | 37 € | [St] | ⏱ 0,60 h/St | 330.000.024 |

LB 330 Rollladenarbeiten

Nr.	Kurztext / Langtext					[Einheit]	Ausf.-Dauer	Kostengruppe Positionsnummer
▶	▷	ø netto €	◁	◀				

Kosten:
Stand 2.Quartal 2018
Bundesdurchschnitt

9 Rollladenkastendeckel auswechseln — KG 395
Rollladenkastendeckel durch gedämmten Deckel ersetzen und anfallenden Bauschutt entsorgen.
Länge: bis 1,20 m
Höhe: bis 0,30 m
Dämmstoff: PUR, Alu kaschiert

| 17€ | 20€ | **24€** | 28€ | 30€ | [m] | ⏱ 0,25 h/m | 330.000.025 |

10 Rollladengurte auswechseln — KG 395
Rollladengurte auswechseln und ausgebaute Rollladengurte einschl. anfallendem Bauschutt entsorgen.
Länge: bis 4,00 m
Breite: .....

| 27€ | 35€ | **38€** | 45€ | 51€ | [St] | ⏱ 0,40 h/St | 330.000.026 |

11 Rollladenführungsschiene erneuern — KG 395
Rollladenführungsschiene durch neue, eloxierte, geräuscharme Führungsschiene aus Alu-Profilen mit PVC-Führungsleisten ersetzen und anfallenden Bauschutt entsorgen.
Länge: 1000 mm
Befestigung: Fensterrahmen
Material: Aluminium
Farbe: weiß

| 22€ | 33€ | **36€** | 42€ | 45€ | [St] | ⏱ 0,25 h/St | 330.000.027 |

12 Rollladenwelle erneuern, bis 1.500mm — KG 395
Rollladenwelle ausbauen, neue Welle in vorhandenen Rollladen funktionsfähig einbauen und anfallenden Bauschutt entsorgen.
Wellenlänge: bis 1.500 mm
Material: .....

| 53€ | 67€ | **74€** | 89€ | 94€ | [St] | ⏱ 1,00 h/St | 330.000.028 |

13 Rollladenwelle erneuern, bis 2.500mm — KG 395
Rollladenwelle ausbauen, neue Welle in vorhandenen Rollladen funktionsfähig einbauen und anfallenden Bauschutt entsorgen.
Wellenlänge: bis 2.500 mm
Material: .....

| 71€ | 88€ | **103€** | 125€ | 133€ | [St] | ⏱ 1,20 h/St | 330.000.029 |

▶ min
▷ von
ø Mittel
◁ bis
◀ max

14 Vorbaurollladen, Führungsschiene — KG 338
Rollladen als Einzelrollladen-Vorbauelement, bestehend aus dreiseitig geschlossenem Kasten mit abnehmbarem Revisionsdeckel sowie Behang/Panzer, Welle und Antrieb durch handbetriebenen Gurtaufzug, einschl. Aufbaugurtwickler innen, schwenkbar; Behangstäbe schallreduzierend gelagert für geräuscharmen Lauf.
Befestigungsuntergrund: .....
Kastengröße: .....
Fensterhöhe: .....
Kastenecken: .....
Material:
– Kasten: Aluminium
– Welle: Stahlrohr
– Behang: ausgeschäumtes Hohlkammerprofil 50 mm aus Aluminium
– Führungsschiene: Aluminium

Nr.	**Kurztext** / Langtext					Kostengruppe	
▶	▷	**ø netto €**	◁	◀	[Einheit]	Ausf.-Dauer	Positionsnummer

Windwiderstandsklasse: .....
Einbruchhemmung: Klasse .....
U-Wert: 1,30 W/(m²K)
Luftschalldämmung: R_W 40dB
Farbe Behang: .....
Führungsschiene: E6, C1 - beschichtet
Einbauhöhe: bis 3,00 m
Angeb. Fabrikat: .....

| 179€ | 271€ | **295€** | 359€ | 485€ | [St] | ⏱ 0,80 h/St | 330.000.030 |

15   Rollladen, inkl. Führungsschiene, Gurt   KG **338**

Rollladen als Einzelrollladen, in bauseitigen Kasten eingesetzt, bestehend aus einteiliger Welle, Behang, Behangstäbe nicht rostend verbunden für schallreduzierten Lauf, Führungsschienen mit Gurt und wandintegriertem Gurtaufzug mit Einlasswickler; einschl. Abdeckplatte und Hochhebesicherung.
Befestigungsuntergrund: .....
Einbauort Gurtwickler: verputzte Wandfläche
Kastengröße: .....
Fensterhöhe: .....
Material:
 – Abdeckplatte: .....
 – Welle: Stahlrohr, verzinkt
 – Behang: Stäbe aus .....
 – Führungsschiene: .....
Oberflächen:
 – Behang: Kunststoff
 – Führungschiene: .....
 – Farben: .....
Windwiderstandsklasse: .....
Einbruchhemmung: Klasse .....
Einbauhöhe: bis 3,00 m
Angeb. Fabrikat: .....

| 83€ | 184€ | **234€** | 287€ | 393€ | [St] | ⏱ 0,60 h/St | 330.000.031 |

16   Jalousie/Raffstore, außen   KG **338**

Außenjalousie-Anlage, mit Kegelrad-Getriebe, elektrisch betrieben, Anlage, einschl. Blenden und Führungsschienen oder -seile, Behang aus konkav-konvex geformten, wetterbeständigen Lamellen, Behang seitlich geräuscharm geführt mit Spezialprofil, Lamellen nichtrostend mit Kunststoffband verbunden, Oberschiene als stranggepresstes Profil, Unterschiene als Hohlprofil. Heben, Senken und Verstellen der Lamellen durch Elektromotor. Anschluss über mitzuliefernde Steckerkupplung, Nennspannung 220V, Nennleistung abgestimmt auf Anlagengröße, Zuleitung und Anschluss an Steckerkupplung durch Gewerk Elektroarbeiten.
Abmessungen:
 – Fenstergröße: .....
 – Verfügbarer Querschnitt: .....
 – Wetterschutzblende: .....
 – Seitenblende: .....
Material/Teile:
 – Behang: Lamellen aus Aluminium, gebördelt, Lamellenbreite 35 mm, Lamellendicke 0,22-0,30 mm, mit Lochstanzungen bei Seilführung
 – Führungsschiene: Aluminium stranggepresst
 – Unterschiene: Stahl, verzinkt

LB 330 Rollladenarbeiten

Nr.	Kurztext / Langtext					[Einheit]	Ausf.-Dauer	Kostengruppe Positionsnummer
▶	▷	ø netto €	◁	◀				

Kosten:
Stand 2.Quartal 2018
Bundesdurchschnitt

Oberflächen:
– Lamellen / Behang: einbrennlackiert
– Schienen und Blenden: pulverbeschichtet / naturfarben
– Kunststoffteile: schwarz.
– Ober- und Unterschiene: Aluminium
– Farben: .....
Windwiderstandsklasse: .....
Einbruchhemmung: Klasse .....
Befestigungsuntergrund: .....
Einbauhöhe: bis 3,00 m
Angeb. Fabrikat: .....

423€   695€   **765**€   830€   1.019€   [St]   ⌀ 1,80 h/St   330.000.032

17   Fensterladen, Holz, zweiteilig   KG **338**

Fensterladen, paarweise, manuell bedient, bestehend aus Rahmen einschl. Füllung, Beschläge mit Verankerung in Außenwänden, Feststeller und Verriegelungen, Füllung aus Holzlamellen, wetterbeständig beschichtet, Laden geräuscharm geführt, Lamellen nichtrostend in Rahmen befestigt.
Befestigungsuntergrund: Mauerwerk / Stahlbeton mit WDVS Dicke ..... mm
Fenstergröße: .....
Ladengröße (Paar): .....
Material und Form:
– Rahmen Fensterladen und Füllung: Holzprofil 40 x 40 mm, profiliert
– Holzart: .....
– Füllung Fensterladen: Holzprofil, Sortierklasse S10 Douglasie / Lärche, Schmalseiten und Unterseite profiliert, Lamellenbreite 45 mm, Lamellendicke 20-25 mm, Ecken stabil verbunden und verschliffen
Oberflächen:
– Holzflächen: gehobelt und geschliffen, lasierend, offenporig beschichtet
– Stahlteile: pulverbeschichtet
– Farben: .....
– Edelstahlteile: matt
Windwiderstandsklasse: .....
Einbauhöhe: ..... m
Angeb. Fabrikat: .....

393€   506€   **574**€   804€   1.213€   [St]   ⌀ 2,50 h/St   330.000.033

18   Stundensatz Facharbeiter, Rollladenarbeiten

Stundenlohnarbeiten für Vorarbeiter, Facharbeiter und Gleichgestellte (z. B. Spezialbaufacharbeiter, Baufacharbeiter, Obermonteure, Monteure, Gesellen, Maschinenführer, Fahrer und ähnliche Fachkräfte). Leistung nach besonderer Anordnung der Bauüberwachung. Anmeldung und Nachweis gemäß VOB/B.

46€   51€   **54**€   58€   65€   [h]   ⌀ 1,00 h/h   330.000.034

▶ min
▷ von
ø Mittel
◁ bis
◀ max

| 323 |
| 324 |
| 325 |
| 326 |
| 327 |
| 328 |
| 329 |
| **330** |
| 331 |
| 332 |
| 333 |
| 334 |
| 336 |
| 337 |
| 338 |
| 339 |

LB 331 Metallbauarbeiten

Metallbauarbeiten — Preise €

Kosten: Stand 2.Quartal 2018, Bundesdurchschnitt

Nr.	Positionen	Einheit	▶ min	▷ von	ø Mittel (brutto € / netto €)	◁ bis	◀ max
1	Profilstahl-Konstruktion, Profile IPE	kg	3 / 3	5 / 4	5 / 4	6 / 5	8 / 6
2	Handlauf, Stahl	m	67 / 56	88 / 74	96 / 80	110 / 92	146 / 123
3	Handlauf, Stahl, Wandhalterung	St	33 / 28	52 / 44	58 / 49	74 / 62	104 / 88
4	Handlauf, Enden in diverse Ausführungen	St	21 / 18	41 / 34	48 / 40	57 / 48	71 / 60
5	Handlauf, Ecken/Gehrungen	St	18 / 15	40 / 34	52 / 44	64 / 54	79 / 67
6	Handlauf, Holz	m	35 / 29	78 / 65	91 / 76	107 / 90	157 / 132
7	Brüstungs-/Treppengeländer, Lochblechfüllung	m	184 / 154	274 / 230	316 / 266	358 / 301	451 / 379
8	Treppengeländer, Flachstahlfüllung	m	224 / 188	308 / 258	346 / 291	390 / 328	486 / 409
9	Balkon-/Terrassengeländer, Außenbereich	m	199 / 167	289 / 243	326 / 274	383 / 322	526 / 442
10	Stahl-Umfassungszarge, 875x2.000/2.125	St	183 / 153	247 / 207	279 / 234	312 / 262	391 / 329
11	Stahl-Umfassungszarge, 1.000x2.000/2.125	St	189 / 159	285 / 240	326 / 274	370 / 311	491 / 413
12	Stahltür, einflüglig, 1.010x2.130	St	530 / 446	827 / 695	959 / 806	1.107 / 930	1.484 / 1.247
13	Stahltür, zweiflüglig	St	1.355 / 1.139	2.020 / 1.697	2.255 / 1.895	2.434 / 2.046	2.948 / 2.477
14	Stahltür, Brandschutz, T30 RS, zweiflüglig	St	1.593 / 1.339	2.735 / 2.298	3.162 / 2.657	3.642 / 3.060	4.541 / 3.816
15	Stahltür, Brandschutz, EI 90-C, 875x2.000/2.125	St	1.453 / 1.221	1.870 / 1.571	2.005 / 1.685	2.214 / 1.860	2.756 / 2.316
16	Stahltür, EI 90-C, zweiflüglig	St	3.642 / 3.060	4.508 / 3.789	4.865 / 4.089	5.408 / 4.545	6.509 / 5.470
17	Stahltreppe, gerade, einläufig, Trittbleche	St	2.325 / 1.954	4.925 / 4.139	5.801 / 4.875	7.479 / 6.284	11.957 / 10.048
18	Stundensatz Schlosser-Facharbeiter	h	57 / 48	63 / 53	65 / 55	68 / 57	74 / 62
19	Stundensatz Schlosser-Helfer	h	38 / 32	46 / 39	50 / 42	53 / 45	62 / 52

▶ min
▷ von
ø Mittel
◁ bis
◀ max

© BKI Baukosteninformationszentrum; Erläuterungen zu den Tabellen siehe Seite 22
Mustertexte geprüft: Bundesverband Metall

Nr.	Kurztext / Langtext						Kostengruppe	
▶	▷	ø netto €	◁	◀	[Einheit]	Ausf.-Dauer	Positionsnummer	

1 Profilstahl-Konstruktion, Profile IPE   KG 351

Stahlträger aus Walzprofil nach DIN EN 10279, als Träger der Deckenkonstruktion, einschl. aller Kopfplatten, Steifen, Bohrungen, Verbindungsmittel und Schweißnähte, sowie einschl. Bohrungen für die Verschraubung mit den bauseitigen Anschlüssen.
Profil: **HEB / IPE / HEA / HEM**
Konstruktion der Ausführungsklasse DIN EN 1090: EXC .....
Material: Stahl nach DIN EN 10025
Güte: S235JR (+AR .....)
Länge Stahlprofil: .....
Korrosionsbelastung DIN EN 12944: Klasse **C1 / C2 / .....**
Korrosionsschutz für Zeitraum Klasse: **L = 2-5 Jahre / M = 5-15 Jahre / H = über 15 Jahre**
Oberfläche: **grundiert / beschichtet mit .....**
Baustellenverbindungen: geschraubt und geschweißt
Einbauort: .....
Einbauhöhe: .....
Für die Ausführung werden vom AG folgende Unterlagen zur Verfügung gestellt:
– Entwurfszeichnungen, Plannr.: .....
– Übersichtszeichnungen, Plannr.: .....
– statische Berechnung mit Positionsplänen, Plannr.: .....

| 3 € | 4 € | **4 €** | 5 € | 6 € | [kg] | ⏱ 0,02 h/kg | 331.000.070 |

2 Handlauf, Stahl   KG 359

Handlauf aus Stahlrundrohr, außen, Handlauf steigend, in verschiedenen Längen. Wandlaufhalter, Rohrkappen und Abkröpfung / Gehrung in gesonderten Positionen.
Material: Stahl nach DIN EN 10025
Güte: S 235 JR + AR
Durchmesser: ..... mm
Wandstärke: 2,0mm
Korrosionsbelastung DIN EN ISO 12944: Klasse **C1 / C2 / .....**
Korrosionsschutz für Zeitraum Klasse: **L = 2-5 Jahre / M = 5-15 Jahre / H = über 15 Jahre**
Oberfläche: verzinkt (für nachfolgende Beschichtung)
Einbauort: in allen Geschossen

| 56 € | 74 € | **80 €** | 92 € | 123 € | [m] | ⏱ 0,30 h/m | 331.000.071 |

3 Handlauf, Stahl, Wandhalterung   KG 359

Handlaufhalter, aus Flachstahl-Rosette und an Handlauf mittels abgekröpftem Rundstahl von unten angeschweißt, inkl. Befestigungselemente aus nichtrostendem Stahl.
Material: Stahl nach DIN EN 10025
Güte: S 235 JR + AR
Wandhalter: Rundstahl, D= 12 mm
Wandabstand: 50 mm
Rosette: Flachstahl 10 mm, rund D= 100 mm, zwei Bohrungen
Oberfläche: feuerverzinkt
Farbe: .....
Einbauort: alle Geschosse
Befestigungsuntergrund Wand: Sichtbeton
Einbauort: **Normalraum / Feuchtraum / Nassraum**

| 28 € | 44 € | **49 €** | 62 € | 88 € | [St] | ⏱ 0,30 h/St | 331.000.072 |

LB 331
Metallbauarbeiten

Nr.	Kurztext / Langtext					Kostengruppe
▶	▷	ø netto €	◁	◀	[Einheit]	Ausf.-Dauer Positionsnummer

4 Handlauf, Enden in diverse Ausführungen   KG 359
Rohrende Handlauf
Rohrprofil: .....
Wandstärke: 2,0mm
Ausführung Rohrende: .....

| 18€ | 34€ | **40€** | 48€ | 60€ | [St] | ⏱ 0,20 h/St | 331.000.073 |

5 Handlauf, Ecken/Gehrungen   KG 359
Eck- / Übergangswinkel des Handlaufs, an Ecken bzw. am Übergang von ansteigendem zu ebenem Handlauf.
Gehrung Winkel: .....°

| 15€ | 34€ | **44€** | 54€ | 67€ | [St] | ⏱ 0,20 h/St | 331.000.074 |

6 Handlauf, Holz   KG 359
Handlauf aus Holz, steigend, in verschiedenen Längen. Wandlaufhalter, Rohrkappen und Abkröpfung / Gehrung in gesonderten Positionen.
Material: Eiche
Durchmesser: **25 / 30 / 40 / 60** mm
Oberfläche: geschliffen und poliert, natur
Einbauort: **außen / innen**

| 29€ | 65€ | **76€** | 90€ | 132€ | [m] | ⏱ 0,32 h/m | 331.000.067 |

7 Brüstungs-/Treppengeländer, Lochblechfüllung   KG 359
Treppengeländer als Stahlkonstruktion, mit Handlauf und Füllung aus Lochblech, montiert neben den Treppenläufen, in allen Geschossen.
Abmessungen:
– Höhe **0,90 / 1,00** m über OKFF / **Vorderkante Stufe**
– Höhe nach **LBO / Arbeitsstättenrichtlinie / Vorgabe durch den Versicherer**
– Gesamthöhe ca. 1,10 m, Abstand zu VK-Bodenbelag max. 40 bzw. 60 mm
– gemäß **LBO / DIN 18065**
Form:
– Geländer .....-fach im Winkel von .....° abgekantet
– ..... Stützen mit Befestigungen unten
– ..... Befestigungen des Handlaufs an den Enden
Material / Befestigung:
– Handlauf: Rohr D= 33,7 mm, Material nichtrostender Stahl
– Rohrenden mit Kappen geschlossen
– Geländerpfosten: T-Stahlprofil ..... mm
– Befestigungsteile: Stegblech (B x L x T) ..... x ..... x ..... mm, Ankerplatte (B x L x T) ..... x ..... x ..... mm, je Befestigung ..... Klebedübel M12
– im Außenbereich und in Feuchträumen alle Befestigungselemente aus nichtrostendem Stahl
– Geländerrahmen: Ober-, Untergurt aus Flachstahl ..... x ..... mm, Geländerstützen verschweißt
– Geländerfüllung: Lochblech t = ... mm, Quadratlockung, Lochung ..... x ..... mm, Lochanteil ca. ..... %, eingepasst in Flachstahlrahmen
Oberflächen:
– Nichtrostender Stahl: fein geschliffen, Korn ca. 240
– Stahlteile: **verzinkt und deckend beschichtet / feuerverzinkt**, Farbe .....

Kosten:
Stand 2.Quartal 2018
Bundesdurchschnitt

▶ min
▷ von
ø Mittel
◁ bis
◀ max

Nr.	**Kurztext** / Langtext						Kostengruppe	
▶	▷	**ø netto €**	◁	◀	[Einheit]	Ausf.-Dauer	Positionsnummer	

Einbauort / Montage:
- **öffentliches Gebäude / Privatwohnhaus** in allen Geschossen
- **Normalraum / Feuchtraum / Nassraum**
- Befestigungsuntergrund Handlaufenden: Hlz-Mauerwerk mit WDVS
- Befestigungsuntergrund Stahlbeton-Balkonplatte: Sichtbeton

Für die Ausführung werden vom AG folgende Unterlagen zur Verfügung gestellt:
- Entwurfszeichnungen, Plannr.: …..
- Übersichtszeichnungen, Plannr.: ….., statische Berechnung

154€   230€   **266€**   301€   379€   [m]   ⏱ 2,30 h/m   331.000.068

8   Treppengeländer, Flachstahlfüllung   KG **359**

Treppengeländer als Stahlkonstruktion, mit Handlauf aus nichtrostendem Stahl und Füllung aus senkrechten Stäben aus Flachmaterial, montiert neben den Treppenläufen, in allen Geschossen.
Konstruktion der Ausführungsklasse DIN EN 1090: EXC ….

Abmessungen:
- Höhe: **0,90 / 1,00 / 110** m über OKFF / **Vorderkante Stufe**
- Höhe nach **LBO / Arbeitsstättenrichtlinie / Vorgabe durch den Versicherer**
- Gesamthöhe: ca. 1,10 m, Abstand zu VK-Bodenbelag max. **40 / 60** mm
- gemäß **LBO / DIN 18065**

Form:
- Geländer …..-fach im Winkel von …..° abgekantet
- ….. Stützen mit Befestigungen unten
- ….. Befestigungen des Handlaufs an den Enden

Material / Befestigung:
- Handlauf: Rohr D= 42,4 mm, Material nichtrostender Stahl
- Rohrenden mit Kappen geschlossen
- Geländerpfosten: T-Stahlprofil …..mm
- Befestigungsteile: Stegblech (B x L x T) ….. x ….. x ….. mm, Ankerplatte (B x L x T) ….. x ….. x ….. mm, je Befestigung ….. Dübel
- im Außenbereich und in Feuchträumen alle Befestigungselemente aus nichtrostendem Stahl
- Geländerrahmen: Ober-, Untergurt aus Flachstahl ….. x ….. mm, Geländerstützen verschweißt
- Geländerfüllung: senkrechte Stäbe aus Flachstahl ….. x ….. mm, alle 120 mm senkrecht eingeschweißt

Oberflächen:
- nichtrostender Stahl: fein geschliffen, Korn ca. 240
- Stahlteile: **verzinkt und deckend beschichtet / feuerverzinkt**, Farbe …..

Einbauort / Montage:
- **öffentliches Gebäude / Privatwohnhaus in allen Geschossen**
- **Normalraum / Feuchtraum / Nassraum**
- Befestigungsuntergrund Handlaufenden: Hlz-Mauerwerk mit WDVS
- Befestigungsuntergrund Stahlbeton-Balkonplatte: Sichtbeton

Für die Ausführung werden vom AG folgende Unterlagen zur Verfügung gestellt:
- Entwurfszeichnungen, Plannr.: …..
- Übersichtszeichnungen, Plannr.: ….., statische Berechnung

188€   258€   **291€**   328€   409€   [m]   ⏱ 2,50 h/m   331.000.075

LB 331 Metallbauarbeiten

Nr.	Kurztext / Langtext					Kostengruppe	
▶	▷	ø netto €	◁	◀	[Einheit]	Ausf.-Dauer	Positionsnummer

9 Balkon-/Terrassengeländer, Außenbereich KG **359**

Balkongeländer als Stahlkonstruktion, im Außenbereich, mit Handlauf und Füllung aus senkrechten Vollstäben, montiert auf Vorderkante von Balkonen, in allen Geschossen. Konstruktion und Dimensionierung: Geländer-Richtlinie, Bundesverband Metall, 2012-12.
Konstruktion der Ausführungsklasse DIN EN 1090: EXC .....
Abmessungen:
 – Höhe **0,90 / 1,00** m über OKFF
 – Gesamthöhe ca. 1,20 m, Abstand zu VK-Bodenbelag max. 40 bzw. 60 mm
Form:
 – Geländer .....-fach im Winkel von .....° abgekantet
 – ..... Stützen mit Befestigungen unten
 – ..... Befestigungen des Handlaufs an den Enden
Material / Befestigung:
 – Handlauf: Rohr D= 42,4 mm, Material nichtrostender Stahl
 – Rohrenden mit Kappen geschlossen
 – Geländerpfosten: T-Stahlprofil ..... mm
 – Befestigungsteile: Stegblech (B x L x T) ..... x ..... x ..... mm, Ankerplatte (B x L x T) ..... x ..... x ..... mm, je Befestigung ..... Dübel, aus nichtrostendem Stahl
 – Geländerrahmen: Ober-, Untergurt aus Rundstahl D= ..... mm und t= ....., Geländerstützen verschweißt
 – Geländerfüllung: senkrechte Stäbe aus Rundstahl D= 12 mm, alle 120 mm senkrecht eingeschweißt
Oberflächen:
 – nichtrostender Stahl: fein geschliffen, Korn ca. 240
 – Stahlteile: verzinkt und deckend beschichtet, **Nasslack / pulverbeschichtet**, Farbe .....
Einbauort / Montage:
 – **öffentliches Gebäude / Privatwohnhaus** in allen Geschossen
 – Befestigungsuntergrund Handlaufenden: Hlz-Mauerwerk mit WDVS
 – Befestigungsuntergrund Stahlbeton-Balkonplatte: Sichtbeton
Für die Ausführung werden vom AG folgende Unterlagen zur Verfügung gestellt:
 – Entwurfszeichnungen, Plannr.: .....
 – Übersichtszeichnungen, Plannr.: ....., statische Berechnung

| 167€ | 243€ | **274€** | 322€ | 442€ | [m] | ⏱ 2,40 h/m | 331.000.069 |

A 1 Stahl-Umfassungszarge Beschreibung für Pos. **10-11**

Stahl-Umfassungszarge nach DIN 18111-1, für **rechts / links** angeschlagenes Türblatt.
Einbau in: .....
Einbauort: .....
Aufteilung / Form:
 – dreiseitig umlaufendes Profil
 – Zarge für nachträglichen Einbau
 – Zarge **ohne / mit** beidseitiger Schattennut
Zarge:
 – Blechdicke: 1,5 mm
 – Ecken verschweißt
 – Zargenspiegel ..... mm
 – Zargenprofil für .....
 – Dicke Türblatt: ..... mm
Bänder / Beschläge:
 – vorbereitet zur Aufnahme für dreiteilige Bänder: ..... Stück, 3-dimensional einstellbar
 – eingebautes Schließblech, vernickelt

Kosten:
Stand 2.Quartal 2018
Bundesdurchschnitt

▶ min
▷ von
ø Mittel
◁ bis
◀ max

Nr.	Kurztext / Langtext							Kostengruppe
▶	▷	ø netto €	◁	◀	[Einheit]	Ausf.-Dauer	Positionsnummer

Zubehör:
- Falzdichtung: dreiseitig umlaufende Dichtung EPDM (APTK)
- Farbe: .....

Oberflächen:
- **bandverzinkt DIN EN 10327 / rostschützend grundiert für bauseitige Beschichtung / .....**

Einbau:
- Wandaufbau im Anschlussbereich: beidseitig Putz ca. 2x 15 mm
- verdeckte Befestigung, mit .....
- ggf. Hinterfüllung des Zargenhohlraums

Angeb. Fabrikat: .....

| 10 | Stahl-Umfassungszarge, 875x2.000/2.125 | | | | | | | KG **344** |

Wie Ausführungsbeschreibung A 1
Lichtes Rohbaumaß (B x H): 875 x **2.000 / 2.125 mm**
Wanddicke: 115 mm
Maulweite: 145 mm
Falztiefe: .....

| 153€ | 207€ | **234€** | 262€ | 329€ | [St] | ⏱ 1,10 h/St | 331.000.076 |

| 11 | Stahl-Umfassungszarge, 1.000x2.000/2.125 | | | | | | | KG **344** |

Wie Ausführungsbeschreibung A 1
Lichtes Rohbaumaß (B x H): 1.000 x **2.000 / 2.125 mm**
Wanddicke: 115 mm
Maulweite: 145 mm
Falztiefe: .....

| 159€ | 240€ | **274€** | 311€ | 413€ | [St] | ⏱ 1,10 h/St | 331.000.077 |

| 12 | Stahltür, einflüglig, 1.010x2.130 | | | | | | | KG **344** |

Kellereingangstüranlage aus Metallkonstruktion, einflüglig, Türelement aus Türflügel und Zarge, eingebaut in Massivwand; Bohrungen und Verbindungsmittel für die Verschraubung mit den bauseitigen Anschlüssen, Einbau aller Komponenten und Gangbarmachen der Türanlage.

Lichtes Rohbaumaß (B x H): 1.010 x 2.130 mm

Klimaklasse: .....

Mechanische Festigkeit: .....

Einbruchhemmung: Klasse RC ..... nach DIN EN 1627 bis 1630

Wärmeschutz: U_d = ... W/(m²K) nach DIN EN ISO 10077

Schalldämmmaß R_w = ... dB nach DIN 4109 und VDI 2719

Bodeneinstand: .....

Profilsystem: .....

Richtung: **nach außen / innen aufschlagend**

Zarge:
- Z-Zarge aus Stahl t = ... mm, **mit / ohne** Gegenzarge
- verdeckte Befestigung, Maueranker
- eingeschweißte Bandtaschen
- Hinterfüllung des Zargenhohlraums
- Abdichtung außenseitig mit vorkomprimiertem Dichtband zwischen Zarge und Bauwerk / raumseitig umlaufend mit überstreichbarem Dichtstoff, Farbton passend zur Türblattfarbe

LB 331
Metallbauarbeiten

Nr.	Kurztext / Langtext					Kostengruppe	
▶	▷	ø netto €	◁	◀	[Einheit]	Ausf.-Dauer	Positionsnummer

Türflügel:
– Volltürblatt, d= 50 mm, Stahlblech t = ... mm
– Füllung aus Mineralwolle U_t = ... W/(m²K)
– dreiseitig **gefälzt / flächenbündig, rechts / links** angeschlagen
– Flügelprofil: Tiefe = ... mm, Ansichtsbreite = ... mm
– Füllung: zweifach Isolierverglasung (B x H) ..... x ....., 2x ESG, U_g = ... W/(m²K), Psi = ... W/(mK), Lichtdurchlässigkeit 75 bis 80%, innenseitige Glasleisten, vierseitig

Bänder / Beschläge:
– Federbänder: 2 Stück, Material Edelstahl
– Drücker-Knauf-Wechselgarnitur für Haustüren auf Rosetten
– Material: Edelstahl, Klasse ES2, mit Zylinderziehschutz

Kosten:
Stand 2.Quartal 2018
Bundesdurchschnitt

Schloss / Zubehör:
– Schloss für Hausabschlusstüren, Klasse 3, vorgerichtet für Profilzylinder, mit 6 Stiftzuhaltungen, Zylindergehäuse und Zylinderkern aus Messing, matt vernickelt, mit Aufbohrschutz, Länge ..... mm, einschl. ..... Schlüssel, in vorgerichtete Schlösser einbauen, einschl. schließbar machen
– Falzdichtung: elastische Dämpfungs- / Dichtungsprofile aus **APTK / EPDM**, umlaufend
– Stulp aus nichtrostendem Stahl
– Türstopper, Aluminium mit schwarzer Gummieinlage, montiert auf .....

Oberflächen:
– Stahlblech: **verzinkt grundiert / verzinkt, grundiert und Farb-Beschichtung Nasslack / Pulverbeschichtung,** Farbe: .....
– Beschläge: Edelstahl, gebürstet

Montage:
– Wandaufbau im Anschlussbereich: Massivwand außen WDVS, innen Putz
– Montage Zarge: an Normalbeton, in Wandöffnungen mit stumpfem Anschlag

Angeb. Fabrikat: .....

| 446 € | 695 € | **806 €** | 930 € | 1.247 € | [St] | ⏱ 2,40 h/St | 331.000.078 |

13   Stahltür, zweiflüglig
KG **344**

Stahltüranlage aus Metallkonstruktion, zweiflüglig, Türelement bestehend aus Zarge, Stand-Türflügel und Geh-Türflügel, eingebaut in Massivwand; Bohrungen und Verbindungsmittel für die Verschraubung mit den bauseitigen Anschlüssen, Einbau aller Komponenten und Gangbarmachen der Türanlage.

Lichtes Rohbaumaß (B x H): ..... x ..... mm
Klimaklasse: .....
Mechanische Festigkeit: .....
Einbruchhemmung: Klasse RC ..... nach DIN EN 1627 bis 1630
Wärmeschutz: U_d = ... W/(m²K) nach DIN EN ISO 10077
Schalldämmmaß R_w = ... dB nach DIN 4109 und VDI 2719
Bodeneinstand: .....
Profilsystem: .....
Richtung: nach **außen / innen aufschlagend**

Anforderungen:
– Außentür
– Klimaklasse: .....
– mechanische Festigkeit .....
– Einbruchhemmung: Klasse RC .....
– Wärmeschutz: U_d = ... W/(m²K)
– Schalldämmmaß R_w = ... dB

▶ min
▷ von
ø Mittel
◁ bis
◀ max

Nr.	Kurztext / Langtext						Kostengruppe	
▶	▷	ø netto €	◁	◀		[Einheit]	Ausf.-Dauer	Positionsnummer

Zarge:
- Z-Zarge aus Stahl t = ... mm, **mit / ohne** Gegenzarge
- verdeckte Befestigung, Maueranker
- eingeschweißte Bandtaschen
- Hinterfüllung des Zargenhohlraums
- Abdichtung außenseitig mit vorkomprimiertem Dichtband zwischen Zarge und Bauwerk / raumseitig umlaufend mit überstreichbarem Dichtstoff, Farbton passend zur Türblattfarbe

Türflügel:
- Volltürblatt, d= 50 mm, Stahlblech t= ..... mm
- Füllung aus Mineralwolle U_t = ... W/(m²K)
- dreiseitig **gefälzt / flächenbündig, rechts / links** angeschlagen
- Flügelprofil: Tiefe = ... mm, Ansichtsbreite = ... mm
- Füllung: zweifach Isolierverglasung (B x H) ..... x ....., 2x ESG, U_g = ... W/(m²K), Psi = ... W/(mK), Lichtdurchlässigkeit 75 bis 80%, innenseitige Glasleisten, vierseitig

Bänder / Beschläge:
- Federbänder: 2 Stück, Material Edelstahl
- Drücker-Knauf-Wechselgarnitur für Hauseingangstüren auf Rosetten
- Material: Edelstahl, Klasse ES2, mit Zylinderziehschutz

Schloss / Zubehör:
- Schloss für Hausabschlusstüren, Klasse 3, vorgerichtet für Profilzylinder, mit 6 Stiftzuhaltungen, Zylindergehäuse und Zylinderkern aus Messing, matt vernickelt, mit Aufbohrschutz, Länge ..... mm, einschl. ..... Schlüssel, in vorgerichtete Schlösser einbauen, einschl. schließbar machen
- Falzdichtung: elastische Dämpfungs- / Dichtungsprofile aus **APTK / EPDM**, umlaufend
- Stulp aus nichtrostendem Stahl
- Türstopper, Aluminium mit schwarzer Gummieinlage, montiert auf .....

Oberflächen:
- Stahlblech: **verzinkt grundiert / verzinkt, grundiert und Farb-Beschichtung Nasslack / Pulverbeschichtung**, Farbe .....
- Beschläge: Edelstahl, gebürstet

Montage:
- Wandaufbau im Anschlussbereich: Massivwand außen WDVS, innen Putz
- Montage Zarge: an Normalbeton, in Wandöffnungen mit stumpfem Anschlag
- **Normalraum / Feuchtraum / Nassraum**

Angeb. Fabrikat: .....

| 1.139 € | 1.697 € | **1.895 €** | 2.046 € | 2.477 € | [St] | ⏱ 3,40 h/St | 331.000.079 |

14 **Stahltür, Brandschutz, T30 RS, zweiflüglig** KG **344**

Feuerhemmende Feuerschutztür, zweiflüglig, Element bestehend aus Türblatt und Zarge, als selbstschließende Drehtür, einschl. Bohrungen und Verbindungsmittel für die Verschraubung mit den bauseitigen Anschlüssen, Einbau aller Komponenten und gangbar machen der Türanlage.

Einbauort: .....
Baurichtmaß (B x H): ..... x ..... mm
Maulweite Zarge: 230 mm
Anforderung Brandschutz:
- **feuerhemmend + rauchdicht + selbstschließend T30 RS bzw. EI2 30-C (D) / feuerhemmend + dicht- + selbstschließend T30 D bzw. EI2 30-C (D)**
- Selbstschließende Eigenschaften: **C1 / ..... / C5**
- Zulassung: **CE-Zeichen / ABZ / ABP mit der Nr.** .....

LB 331 Metallbauarbeiten

Nr.	Kurztext / Langtext					[Einheit]	Ausf.-Dauer	Kostengruppe Positionsnummer
▶	▷	ø netto €	◁	◀				

Kosten:
Stand 2.Quartal 2018
Bundesdurchschnitt

Anforderungen Innentür:
– Klimaklasse: I
– mechanische Beanspruchungsgruppe: M
– Bauteilwiderstandsklasse: RC1N nach DIN EN 1627
– Schallschutz: Schalldämmmaß Rwp =..... dB nach DIN 4109 und VDI 2719
– Geltungsbereich: .....

Türblatt:
– Blattdicke: 50 mm, Stahlblech t = ... mm
– Füllung aus Mineralwolle U_t = ... W/(m²K)
– **dreiseitig gefälzt / flächenbündig, rechts / links angeschlagen**
– Flügelprofil: Tiefe = ... mm, Ansichtsbreite = ... mm

Zarge:
– Umfassungszarge aus Stahl t = ... mm, **mit / ohne** seitlicher Schattennut B 20 x T 20 mm
– verdeckte Befestigung, Maueranker
– eingeschweißte Bandtaschen
– Hinterfüllung des Zargenhohlraums
– Abdichtung mit vorkomprimiertem Dichtband zwischen Zarge und Bauwerk, umlaufend mit überstreichbarem, elastoplastischem Dichtstoff, Farbton passend zur Türblattfarbe

Bänder / Beschläge:
– ..... Stück Dreirollenbänder, dreidimensional verstellbar, Bandhöhe 160 mm, Stahl vernickelt
– FS-Drückergarnitur für Brandschutztüren auf Rosetten
– Material: Aluminium, Klasse ES 2, mit Zylinderziehschutz

Schloss / Zubehör:
– Schloss für Wohnungsabschluss, vorgerichtet für Profilzylinder P2BZ nach DIN 18252
– Riegelschloss
– Falzdichtung: dreiseitig umlaufende Brandschutzdichtung in Grau
– Bodendichtung: automatisch absenkbar
– Stulp aus nichtrostendem Stahl
– Obentürschließer nach DIN 18263, Teil 2, silberfarbig, bandseitige Normalmontage, mit Fluchttürfunktion-Trafo-Wechselfunktion, Schließer mit Gleitschiene und Schließfolgeregelung
– Türstopper aus Aluminium mit schwarzer Gummieinlage, montiert auf .....

Oberflächen:
– Stahlzarge: feuerverzinkt und grundiert, für bauseitigen Endanstrich
– Aluminiumteile: farblos natur, eloxiert E6EV1
– Edelstahlteile: gebürstet

Montage.
– Wandaufbau im Anschlussbereich: Massivwand 200 mm, beidseitig Putz
– Montage Zarge: an Normalbeton
– Montage Rahmen nach Zulassung an Normalbeton, mit geeigneten Dübeln
– Hohlräume / Fugen vollständig ausstopfen mit Mineralwolle

Angeb. Fabrikat: .....

▶ min
▷ von
ø Mittel
◁ bis
◀ max

| 1.339€ | 2.298€ | **2.657€** | 3.060€ | 3.816€ | [St] | 5,40 h/St | 331.000.082 |

Nr.	Kurztext / Langtext					Kostengruppe		
▶	▷	ø netto €	◁	◀	[Einheit]	Ausf.-Dauer	Positionsnummer	

15   Stahltür, Brandschutz, EI 90-C, 875x2.000/2.125   KG **344**

Feuerhemmende Brandschutztür, einflüglig, Element bestehend aus Türblatt und Zarge, als Drehtür. Leistung einschl. Bohrungen und Verbindungsmittel für die Verschraubung mit den bauseitigen Anschlüssen, Einbau aller Komponenten und gangbar machen der Türanlage.
Einbauort: .....
Baurichtmaß (B x H): 875 x **2.000 / 2.125** mm
Maulweite Zarge: 230 mm
Wanddicke: 200 mm
Anforderung Brandschutz:
– Klasse: EI 90-C
– Selbstschließende Eigenschaften:**C1 / ..... / C5**
– Zulassung: **CE-Zeichen / ABZ / ABP mit der Nr. ....**
Anforderungen Innentür:
– Klimaklasse: I
– mechanische Beanspruchungsgruppe: M
– Bauteilwiderstandsklasse: RC1N nach DIN EN 1627
– Schallschutz: Schalldämmmaß Rwp =..... dB nach DIN 4109 und VDI 2719
– Geltungsbereich: .....
Türblatt:
– Blattdicke: 50 mm, Stahlblech t = ... mm
– Füllung aus Mineralwolle U_t =..... W/(m²K)
– dreiseitig gefälzt / flächenbündig, rechts / links angeschlagen
– Flügelprofil: Tiefe = ... mm, Ansichtsbreite = ... mm
Zarge:
– Umfassungszarge aus Stahl t= 2,0 mm; seitlich Schattennut B 20 x T 20 mm
– verdeckte Befestigung, Maueranker, eingeschweißte Bandtaschen
– Hinterfüllung des Zargenhohlraums
– Abdichtung mit vorkomprimiertem Dichtband zwischen Zarge und Bauwerk, umlaufend mit überstreichbarem, elastoplastischem Dichtstoff, Farbton passend zur Türblattfarbe
Bänder / Beschläge:
– ..... Stück Dreirollenbänder, dreidimensional verstellbar, Bandhöhe 160 mm, Stahl vernickelt
– FS-Drückergarnitur für Brandschutztüren auf Rosetten
– Material: Aluminium, Klasse ES 2, mit Zylinderziehschutz
Schloss / Zubehör:
– PZ-Schloss nach DIN18250 für Wohnungsabschluss, vorgerichtet für Profilzylinder P2BZ nach DIN 18252
– Falzdichtung: dreiseitig umlaufende Brandschutzdichtung in Grau
– Bodendichtung: automatisch absenkbar
– Stulp aus nichtrostendem Stahl
– Obentürschließer nach DIN 18263-2, silberfarbig, bandseitige Normalmontage, mit Fluchttürfunktion-Trafo-Wechselfunktion, Schließer mit Gleitschiene und Schließfolgeregelung
– Riegelschloss
– Türstopper aus Aluminium mit schwarzer Gummieinlage, montiert auf .....
Oberflächen:
– Stahlzarge: feuerverzinkt und grundiert, für bauseitigen Endanstrich
– Aluminiumteile: eloxiert E6EV1
– Edelstahlteile: gebürstet

LB 331 Metallbauarbeiten

Nr.	Kurztext / Langtext					[Einheit]	Ausf.-Dauer	Kostengruppe Positionsnummer
▶	▷	ø netto €	◁	◀				

Montage:
- Wandaufbau im Anschlussbereich: Massivwand 200 mm, beidseitig Putz
- Montage Zarge: an Normalbeton
- Montage Rahmen nach Zulassung an Normalbeton, mit geeigneten Dübeln
- Hohlräume / Fugen vollständig ausstopfen mit Mineral

Angeb. Fabrikat: .....

| 1.221 € | 1.571 € | **1.685** € | 1.860 € | 2.316 € | [St] | ⏱ 3,40 h/St | 331.000.083 |

16   **Stahltür, EI 90-C, zweiflüglig**   KG **344**

Feuerhemmende Feuerschutztür, zweiflüglig, Element bestehend aus Türblatt und Zarge, als selbstschließende Drehtür, einschl. Bohrungen und Verbindungsmittel für die Verschraubung mit den bauseitigen Anschlüssen, Einbau aller Komponenten und gangbar machen der Türanlage.

Einbauort: .....
Baurichtmaß (B x H): ..... x ..... mm
Maulweite Zarge: 230 mm
Wanddicke: 200 mm
Anforderung Brandschutz:
- Klasse: EI 90-C
- Selbstschließende Eigenschaften: **C1 / ..... / C5**,
- Zulassung: **CE-Zeichen / ABZ / ABP mit der Nr. .....**

Anforderungen Innentür:
- Klimaklasse: I
- mechanische Beanspruchungsgruppe: M
- Bauteilwiderstandsklasse: RC1N nach DIN EN 1627
- Schallschutz: Schalldämmmaß R_{wp} = ... dB nach DIN 4109 und VDI 2719
- Geltungsbereich: .....

Türblatt:
- Blattdicke: 50 mm, Stahlblech t = ... mm
- Füllung aus Mineralwolle U_t = ... W/(m²K)
- **dreiseitig gefälzt / flächenbündig**, **rechts / links** angeschlagen
- Flügelprofil: Tiefe = ... mm, Ansichtsbreite = ... mm

Zarge:
- Umfassungszarge aus Stahl t = ... mm, **mit / ohne** seitlicher Schattennut B 20 x T 20 mm
- verdeckte Befestigung, Maueranker
- eingeschweißte Bandtaschen
- Hinterfüllung des Zargenhohlraums
- Abdichtung mit vorkomprimiertem Dichtband zwischen Zarge und Bauwerk, umlaufend mit überstreichbarem, elastoplastischem Dichtstoff, Farbton passend zur Türblattfarbe

Bänder / Beschläge:
- ..... Stück Dreirollenbänder, dreidimensional verstellbar, Bandhöhe 160 mm, Stahl vernickelt
- FS-Drückergarnitur für Brandschutztüren auf Rosetten
- Material: Aluminium, Klasse ES 2, mit Zylinderziehschutz

Kosten:
Stand 2. Quartal 2018
Bundesdurchschnitt

▶ min
▷ von
ø Mittel
◁ bis
◀ max

Nr.	Kurztext / Langtext							Kostengruppe
▶	▷	ø netto €	◁	◀		[Einheit]	Ausf.-Dauer	Positionsnummer

Schloss / Zubehör:
- Schloss für Wohnungsabschluss, vorgerichtet für Profilzylinder P2BZ nach DIN 18252
- Falzdichtung: dreiseitig umlaufende Brandschutzdichtung in Grau
- Bodendichtung: automatisch absenkbar
- Stulp aus nichtrostendem Stahl
- Obentürschließer, nach DIN 18263, Teil 2 silberfarbig, bandseitige Normalmontage, mit Fluchttürfunktion-Trafo-Wechselfunktion, Schließer mit Gleitschiene und Schließfolgeregelung.
- Riegelschloss,
- Türstopper aus Aluminium mit schwarzer Gummieinlage, montiert auf .....

Oberflächen:
- Stahlzarge: feuerverzinkt und grundiert, für bauseitigen Endanstrich
- Aluminiumteile: farblos natur, eloxiert E6EV1
- Edelstahlteile: gebürstet

Montage:
- Wandaufbau im Anschlussbereich: Massivwand 200 mm, beidseitig Putz
- Montage Zarge: an Normalbeton
- Montage Rahmen nach Zulassung an Normalbeton, mit geeigneten Dübeln
- Hohlräume / Fugen vollständig ausstopfen mit Mineralwolle

Angeb. Fabrikat: .....

| 3.060 € | 3.789 € | **4.089 €** | 4.545 € | 5.470 € | [St] | ⏱ 4,60 h/St | 331.000.084 |

17   Stahltreppe, gerade, einläufig, Trittbleche   KG 351

Freitragende Stahlwangentreppe nach DIN 18065, über ein Geschoss führend; einschl. Bohrungen und verzinkten Verbindungsmitteln für die Verschraubung mit den bauseitigen Anschlüssen. Geländer nach gesonderter Position.
Konstruktion der Ausführungsklasse DIN EN 1090: EXC ….

Abmessungen:
- Geschosshöhe: **2.750** / ..... mm
- Steigmaß: 17,2 x 28 cm
- Stufen: 16 Stück
- Wangenhöhe: 280 mm
- Treppenbreite: .....
- Fußbodenaufbau unten: H 100 mm, oben: H 75 mm

Art / Form:
- Material: Stahl S 235 JR
- Treppe freitragend
- Wange als Breitflachstahl H 280 x T 18 mm, am oberen Ende abgewinkelt zum Anschluss an Geschossdecke
- Tritt- und Setzstufe als z-förmig abgewinkeltes Stahlblech

Profil:
- **Tränenblech / Riffelblech**, verzinkt, Abwicklung je Stufe ca. 370 mm, an Wangen angeschweißt
- letzte Stufe im Übergang zum Fußboden als Stahlblech, jedoch Abwicklung ca. 600 mm

Anschlüsse / Montage:
- oberer Anschluss an Deckenstirn aus Stahlbeton, Dicke inkl. FB: ..... mm, mittels Stahllasche als Wangenanschluss, geschraubten Verbindung
- unterer Anschluss aufgesetzt auf Stahlbeton, punktförmig gelagert mit Stahllaschen, geschraubte Verbindung, Dübelmontage

LB 332 Verglasungsarbeiten

Kosten:
Stand 2. Quartal 2018
Bundesdurchschnitt

▶ min
▷ von
ø Mittel
◁ bis
◀ max

Nr.	Positionen	Einheit	▶	▷	ø brutto € ø netto €	◁	◀
1	Verglasung, Floatglas, 4mm	m²	–	43	**50**	58	–
			–	36	**42**	48	–
2	Verglasung, Floatglas, 6mm	m²	–	58	**67**	77	–
			–	48	**56**	65	–
3	Verglasung, Floatglas, 8mm	m²	–	76	**89**	102	–
			–	64	**75**	86	–
4	Verglasung, ESG-Glas, 6mm	m²	–	104	**121**	139	–
			–	87	**102**	117	–
5	Verglasung, ESG-Glas, 8mm	m²	–	128	**149**	172	–
			–	108	**125**	144	–
6	Verglasung, ESG-Glas, 10mm	m²	–	160	**187**	215	–
			–	135	**157**	180	–
7	Verglasung, VSG-Glas, 6mm	m²	–	98	**114**	132	–
			–	83	**96**	111	–
8	Verglasung, VSG-Glas, 8mm	m²	–	106	**123**	142	–
			–	89	**104**	119	–
9	Verglasung, VSG-Glas, 10mm	m²	–	111	**129**	148	–
			–	93	**108**	124	–
10	Isolierverglasungen, 2-fach, 1,1W/(m²K), 4x16x4	m²	–	76	**89**	102	–
			–	64	**75**	86	–
11	Isolierverglasungen, 2-fach, 1,0W/(m²K), 4/16/4	m²	–	84	**98**	112	–
			–	71	**82**	94	–
12	Isolierverglasungen, 2-fach, 1,1W/(m²K), 4/16/6	m²	–	87	**102**	117	–
			–	73	**85**	98	–
13	Isolierverglasungen, 2-fach, 1,0W/(m²K), 6VSG/16/4	m²	–	116	**135**	155	–
			–	98	**114**	131	–
14	Isolierverglasungen, 2-fach, 1,1W/(m²K), 6/16/6	m²	–	98	**114**	132	–
			–	83	**96**	111	–
15	Isolierverglasungen, 2-fach, 1,1W/(m²K), 4/16/4ESG	m²	–	110	**127**	146	–
			–	92	**107**	123	–
16	Isolierverglasungen, 3-fach, 0,7W/(m²K), 4/12/4/12/4	m²	–	133	**154**	178	–
			–	112	**130**	149	–
17	Isolierverglasungen, 3-fach, 0,6W/(m²K), 4/14/4/14/4	m²	–	153	**178**	204	–
			–	128	**149**	172	–
18	Brandschutzverglasung, Innenwände	m²	170	357	**389**	419	528
			143	300	**327**	352	444

© BKI Baukosteninformationszentrum; Erläuterungen zu den Tabellen siehe Seite 22

Kostenstand: 2. Quartal 2018, Bundesdurchschnitt

Nr.	Kurztext / Langtext							Kostengruppe
▶	▷	ø netto €	◁	◀		[Einheit]	Ausf.-Dauer	Positionsnummer

A 1 Verglasung, Einfachglas — Beschreibung für Pos. **1-3**

Einscheiben-Verglasung mit Einbau und Glasdichtung.
Verglasungsfläche: Fenster
Rahmenmaterial: .....
Befestigung: .....
Verglasungssystem: .....
Farbwirkung: neutral
Versiegelung: beidseitig
Dichtstoffgruppe: .....
Scheibengröße: .....
Verglasung: Floatglas

1 Verglasung, Floatglas, 4mm KG **344**
Wie Ausführungsbeschreibung A 1
Scheibendicke: 4 mm
–€   36€   **42€**   48€   –€   [m²]   ⏱ 0,50 h/m²   332.000.034

2 Verglasung, Floatglas, 6mm KG **344**
Wie Ausführungsbeschreibung A 1
Scheibendicke: 6 mm
–€   48€   **56€**   65€   –€   [m²]   ⏱ 0,50 h/m²   332.000.019

3 Verglasung, Floatglas, 8mm KG **344**
Wie Ausführungsbeschreibung A 1
Scheibendicke: 8 mm
–€   64€   **75€**   86€   –€   [m²]   ⏱ 0,50 h/m²   332.000.018

A 2 Verglasung, Einscheibensicherheitsglas — Beschreibung für Pos. **4-6**

Einscheiben-Sicherheitsverglasung einschl. Befestigung mit Glashalteleisten und Dichtstoff.
Ausführung nach Zeichnung: .....
Verglasungsfläche: .....
Rahmen: .....
Material: .....
Befestigungsleisten: .....
Verglasungssystem: .....
Farbwirkung: neutral
Versiegelung: beidseitig
Dichtstoffgruppe: mind. C - elastisch bleibend
Scheibengröße: .....
Verglasung: ESG

4 Verglasung, ESG-Glas, 6mm KG **337**
Wie Ausführungsbeschreibung A 2
Scheibendicke: 6 mm
–€   87€   **102€**   117€   –€   [m²]   ⏱ 0,55 h/m²   332.000.020

LB 332 Verglasungsarbeiten

Kosten:
Stand 2.Quartal 2018
Bundesdurchschnitt

Nr.	Kurztext / Langtext							Kostengruppe
▶	▷	ø netto €	◁	◀	[Einheit]		Ausf.-Dauer	Positionsnummer

5   Verglasung, ESG-Glas, 8mm   KG **337**
Wie Ausführungsbeschreibung A 2
Scheibendicke: 8 mm
–€   108€   **125**€   144€   –€   [m²]   ⏱ 0,55 h/m²   332.000.021

6   Verglasung, ESG-Glas, 10mm   KG **337**
Wie Ausführungsbeschreibung A 2
Scheibendicke: 10 mm
–€   135€   **157**€   180€   –€   [m²]   ⏱ 0,55 h/m²   332.000.022

A 3   Verglasung, Verbundsicherheitsglas   Beschreibung für Pos. **7-9**
Verbund-Sicherheitsverglasung einschl. Befestigung mit Glashalteleisten und Dichtstoff.
Ausführung nach Zeichnung: .....
Verglasungsfläche: .....
Scheibengröße: 1,0-2,0 m²
Tragkonstruktion: .....
Material: .....
Befestigungsart: .....
Kantenausbildung: .....
Verglasungssystem: .....
Dichtstoff: .....
Verglasung: VSG
Widerstandsklasse: A 1

7   Verglasung, VSG-Glas, 6mm   KG **359**
Wie Ausführungsbeschreibung A 3
Scheibendicke: 6 mm
–€   83€   **96**€   111€   –€   [m²]   ⏱ 0,70 h/m²   332.000.035

8   Verglasung, VSG-Glas, 8mm   KG **359**
Wie Ausführungsbeschreibung A 3
Scheibendicke: 8 mm
–€   89€   **104**€   119€   –€   [m²]   ⏱ 0,70 h/m²   332.000.023

9   Verglasung, VSG-Glas, 10mm   KG **359**
Wie Ausführungsbeschreibung A 3
Scheibendicke: 10 mm
–€   93€   **108**€   124€   –€   [m²]   ⏱ 0,70 h/m²   332.000.024

▶ min
▷ von
ø Mittel
◁ bis
◀ max

Nr.	Kurztext / Langtext					Kostengruppe		
▶	▷ ø netto € ◁ ◀				[Einheit]	Ausf.-Dauer	Positionsnummer	

A 4 Verglasung, Wärmeschutz

Beschreibung für Pos. **10-17**

Isolierverglasung inkl. Befestigung und Verfugung.
Bauteil: .....
Fläche: bis 2,00 m²
 – Befestigung: .....
 – Abdichtung: .....

10   Isolierverglasungen, 2-fach, 1,1W/(m²K), 4x16x4   KG **334**

Wie Ausführungsbeschreibung A 4
Verglasung: 2-fach
 – Innenscheibe: Floatglas, 4 mm
 – Scheibenzwischenraum: 16 mm
 – Außenscheibe: Floatglas, 4 mm
Technische Daten:
 – U_g-Wert: 1,1 W/(m²K)
 – g-Wert: ..... %
 – Schallschutz: ..... dB
 – Lichtdurchlässigkeit TL: ..... %
 – Lichtreflexion außen TR: ..... %
 – Dichtstoffgruppe: E
Scheibengröße: .....
Angeb. Fabrikat: .....

| –€ | 64€ | **75€** | 86€ | –€ | [m²] | ⏱ 0,90 h/m² | 332.000.026 |

11   Isolierverglasungen, 2-fach, 1,0W/(m²K), 4/16/4   KG **334**

Wie Ausführungsbeschreibung A 4
Verglasung: 2-fach
 – Innenscheibe: Floatglas, 4 mm
 – Scheibenzwischenraum: 16 mm
 – Außenscheibe: Floatglas, 4 mm
Technische Daten:
 – U_g-Wert: 1,0 W/(m²K)
 – g-Wert: ..... %
 – Schallschutz: ..... dB
 – Lichtdurchlässigkeit TL: ..... %
 – Lichtreflexion außen TR: ..... %
 – Dichtstoffgruppe: E
Scheibengröße: .....
Angeb. Fabrikat: .....

| –€ | 71€ | **82€** | 94€ | –€ | [m²] | ⏱ 0,90 h/m² | 332.000.027 |

LB 332 Verglasungsarbeiten

Kosten:
Stand 2.Quartal 2018
Bundesdurchschnitt

Nr.	Kurztext / Langtext							Kostengruppe
▶	▷	ø netto €	◁	◀	[Einheit]	Ausf.-Dauer	Positionsnummer	

12 Isolierverglasungen, 2-fach, 1,1W/(m²K), 4/16/6 — KG **334**

Wie Ausführungsbeschreibung A 4
Verglasung: 2-fach
 – Innenscheibe: Floatglas, 4 mm
 – Scheibenzwischenraum: 16 mm
 – Außenscheibe: Floatglas, 6 mm
Technische Daten:
 – U_g-Wert: 1,1 W/(m²K)
 – g-Wert: ..... %
 – Schallschutz: ..... dB
 – Lichtdurchlässigkeit TL: ..... %
 – Lichtreflexion außen TR: ..... %
 – Dichtstoffgruppe: E
Scheibengröße: .....
Angeb. Fabrikat: .....

–€ 73€ **85**€ 98€ –€ [m²] ⏱ 0,90 h/m² 332.000.028

13 Isolierverglasungen, 2-fach, 1,0W/(m²K), 6VSG/16/4 — KG **334**

Wie Ausführungsbeschreibung A 4
Verglasung: 2-fach
 – Innenscheibe: Verbundsicherheitsglas 6 mm
 – Scheibenzwischenraum: 16 mm
 – Außenscheibe: Floatglas, 4 mm
Technische Daten:
 – U_g-Wert: 1,0 W/(m²K)
 – g-Wert: ..... %
 – Schallschutz: ..... dB
 – Lichtdurchlässigkeit TL: ..... %
 – Lichtreflexion außen TR: ..... %
 – Dichtstoffgruppe: E
Scheibengröße: .....
Angeb. Fabrikat: .....

–€ 98€ **114**€ 131€ –€ [m²] ⏱ 0,90 h/m² 332.000.029

14 Isolierverglasungen, 2-fach, 1,1W/(m²K), 6/16/6 — KG **334**

Wie Ausführungsbeschreibung A 4
Verglasung: 2-fach
 – Innenscheibe: Floatglas, 6 mm
 – Scheibenzwischenraum: 16 mm
 – Außenscheibe: Floatglas, 6 mm
Technische Daten:
 – U_g-Wert: 1,1 W/(m²K)
 – g-Wert: ..... %
 – Schallschutz: ..... dB
 – Lichtdurchlässigkeit TL: ..... %
 – Lichtreflexion außen TR: ..... %
 – Dichtstoffgruppe: E
Scheibengröße: .....
Angeb. Fabrikat: .....

–€ 83€ **96**€ 111€ –€ [m²] ⏱ 0,90 h/m² 332.000.030

▶ min
▷ von
ø Mittel
◁ bis
◀ max

Nr.	Kurztext / Langtext							Kostengruppe
▶	▷	ø netto €	◁	◀	[Einheit]	AusfDauer	Positionsnummer

15   Isolierverglasungen, 2-fach, 1,1W/(m²K), 4/16/4ESG   KG **334**

Wie Ausführungsbeschreibung A 4
Verglasung: 2-fach
  – Innenscheibe: Floatglas, 4 mm
  – Scheibenzwischenraum: 16 mm
  – Außenscheibe: Einscheibensicherheitsglas 4 mm
Technische Daten:
  – U_g-Wert: 1,1 W/(m²K)
  – g-Wert: ..... %
  – Schallschutz: ..... dB
  – Lichtdurchlässigkeit TL: ..... %
  – Lichtreflexion außen TR: ..... %
  – Dichtstoffgruppe: E
Scheibengröße: .....
Angeb. Fabrikat: .....

| –€ | 92€ | **107**€ | 123€ | –€ | [m²] | ⏱ 0,90 h/m² | 332.000.031 |

16   Isolierverglasungen, 3-fach, 0,7W/(m²K), 4/12/4/12/4   KG **334**

Wie Ausführungsbeschreibung A 4
Verglasung: 3-fach
  – Innenscheibe: Floatglas, 4 mm
  – Scheibenzwischenraum: 12 mm
  – Mittelscheibe: 4 mm
  – Scheibenzwischenraum: 12 mm
  – Außenscheibe: Floatglas, 4 mm
Technische Daten:
  – U_g-Wert: 0,7 W/(m²K)
  – g-Wert: ..... %
  – Schallschutz: ..... dB
  – Lichtdurchlässigkeit TL: ..... %
  – Lichtreflexion außen TR: ..... %
  – Dichtstoffgruppe: E
Scheibengröße: .....
Angeb. Fabrikat: .....

| –€ | 112€ | **130**€ | 149€ | –€ | [m²] | ⏱ 1,20 h/m² | 332.000.032 |

LB 332 Verglasungsarbeiten

Kosten:
Stand 2.Quartal 2018
Bundesdurchschnitt

Nr.	Kurztext / Langtext						Kostengruppe
▶	▷	ø netto €	◁	◀	[Einheit]	Ausf.-Dauer	Positionsnummer

17 Isolierverglasungen, 3-fach, 0,6W/(m²K), 4/14/4/14/4 KG **334**

Wie Ausführungsbeschreibung A 4
Verglasung: 3-fach
 – Innenscheibe: Floatglas, 4 mm
 – Scheibenzwischenraum: 14 mm
 – Mittelscheibe: 4 mm
 – Scheibenzwischenraum: 14 mm
 – Außenscheibe: Floatglas, 4 mm
Technische Daten:
 – U_g-Wert: 0,6 W/(m²K)
 – g-Wert: ..... %
 – Schallschutz: ..... dB
 – Lichtdurchlässigkeit TL: ..... %
 – Lichtreflexion außen TR: ..... %
 – Dichtstoffgruppe: E
Scheibengröße: .....
Angeb. Fabrikat: .....

| –€ | 128 € | **149 €** | 172 € | –€ | [m²] | ⏱ 1,20 h/m² | 332.000.033 |

18 Brandschutzverglasung, Innenwände KG **346**

Einscheiben-Brandschutzverglasung, für festverglaste Profilsysteme, inkl. Einbau der Glashalteprofile, Deckschalen, Dichtprofile oder Verfugung.
Feuerwiderstandsklasse: **F30 / F60 / F90**
Zulassung Verglasung: .....
Prüfnummer / Prüfinstitut: .....
Angeb. Fabrikat: .....

| 143 € | 300 € | **327 €** | 352 € | 444 € | [m²] | ⏱ 0,83 h/m² | 332.000.036 |

▶ min
▷ von
ø Mittel
◁ bis
◀ max

| 323 |
| 324 |
| 325 |
| 326 |
| 327 |
| 328 |
| 329 |
| 330 |
| 331 |
| **332** |
| 333 |
| 334 |
| 336 |
| 337 |
| 338 |
| 339 |

LB 333 Baureinigungsarbeiten

Baureinigungsarbeiten — Preise €

Kosten: Stand 2.Quartal 2018, Bundesdurchschnitt

Nr.	Positionen	Einheit	▶ min	▷ von	ø brutto € / ø netto €	◁ bis	◀ max
1	Baureinigung, bei Baubetrieb	m²	0,9 / 0,8	1,6 / 1,4	**1,9** / **1,6**	2,4 / 2,0	3,2 / 2,7
2	Treppen/Podeste reinigen	m²	0,6 / 0,5	1,2 / 1,0	**1,5** / **1,3**	1,8 / 1,5	2,7 / 2,3
3	Bodenbelag reinigen, Hartbeläge Lino/Kautschuk	m²	0,4 / 0,4	1,1 / 0,9	**1,3** / **1,1**	1,8 / 1,5	2,6 / 2,2
4	Bodenbelag reinigen, Fliesen/Platten	m²	0,7 / 0,6	1,5 / 1,2	**1,8** / **1,5**	3,1 / 2,6	5,5 / 4,6
5	Bodenbelag reinigen, Teppich	m²	0,3 / 0,3	1,2 / 1,0	**1,6** / **1,4**	2,7 / 2,3	4,4 / 3,7
6	Fassade reinigen, Hochdruckreiniger	m²	13 / 11	17 / 14	**19** / **16**	21 / 18	28 / 24
7	Glasflächen reinigen, Fassadenelemente	m²	2 / 1	2 / 2	**3** / **3**	4 / 3	6 / 5
8	Wandbelag reinigen, Fliesen	m²	0,6 / 0,5	0,9 / 0,7	**1,0** / **0,8**	1,3 / 1,1	2,0 / 1,7
9	Türen reinigen	St	1 / 1	3 / 3	**4** / **3**	5 / 5	8 / 7
10	Heizkörper reinigen	m²	1 / 1	2 / 2	**2** / **2**	4 / 3	6 / 5
11	Waschtisch/Duschwanne reinigen	St	2 / 1	4 / 3	**5** / **4**	5 / 4	9 / 7
12	WC-Schüssel/Urinal reinigen	St	0,7 / 0,6	3,2 / 2,7	**3,6** / **3,0**	5,0 / 4,2	7,2 / 6,0
13	Geländer reinigen	m	0,7 / 0,6	1,2 / 1,0	**1,4** / **1,2**	1,9 / 1,6	2,7 / 2,3
14	Einzelfenster reinigen	St	2 / 2	4 / 3	**5** / **4**	6 / 5	9 / 7
15	Stundensatz Baureiniger-Facharbeiter	h	27 / 23	31 / 26	**33** / **28**	36 / 30	43 / 36
16	Stundensatz Baureiniger-Helfer	h	20 / 17	25 / 21	**28** / **23**	31 / 26	38 / 32

▶ min ▷ von ø Mittel ◁ bis ◀ max

© BKI Baukosteninformationszentrum; Erläuterungen zu den Tabellen siehe Seite 22
Mustertexte geprüft: Landesinnung des Gebäudereiniger-Handwerks Baden-Württemberg

Kostenstand: 2.Quartal 2018, Bundesdurchschnitt

Nr.	Kurztext / Langtext							Kostengruppe
▶	▷	ø netto €	◁	◀	[Einheit]	Ausf.-Dauer	Positionsnummer	

1 Baureinigung, bei Baubetrieb — KG **397**

Zwischenreinigung während Bauzeit, zum Entfernen von grober Bauverschmutzung und Verpackungsmaterialien, einschl. Entsorgung.
oder
Reinigen von lose aufliegender Schmutz wie z. B. Kronkorken, Zigarettenkippen, Sand, Steinchen, Kabelresten, Schutzfolien und Aufkleber an WC-Becken, Urinale, Waschbecken, Türen/Türklinken, Spiegel, Glasscheiben usw.
oder
Reinigen von haftenden Verschmutzungen wie z. B. Zementschleier oder Spritzer von Mörtel und Gips, Bitumen, Asphalt, Lacke, Dispersionsfarben, Tapetenkleister, Kleber usw.
Reinigungsart: saugen

| 0,8€ | 1,4€ | **1,6**€ | 2,0€ | 2,7€ | [m²] | 0,05 h/m² | 333.000.018 |

2 Treppen/Podeste reinigen — KG **397**

Treppen und Podeste reinigen, Rückstände von Beton- und Malerarbeiten vorsichtig mit Spatel entfernen, sowie gründliches Absaugen der Treppenläufe. Kratzspuren sind zu vermeiden. Gründliches Schrubben und Wischen sämtlicher Bodenflächen mit einem auf den Belag abgestimmten und vom Hersteller empfohlenen Reinigungs- und Pflegemittel. Entfernen des Zementschleiers auf allen Fliesenbelägen und aller Verunreinigungen sowie Aufkleber. Auf die dauerelastischen Verfugungen ist besondere Rücksicht zu nehmen. Nachreinigung durch nasses Aufwischen und trockenes Nachwischen der Treppengeländer, Brüstungen und Handläufe.

| 0,5€ | 1,0€ | **1,3**€ | 1,5€ | 2,3€ | [m²] | 0,04 h/m² | 333.000.019 |

3 Bodenbelag reinigen, Hartbeläge Lino/Kautschuk — KG **397**

Feinreinigung des Bodenbelags, inkl. Sockelleisten, mit einem auf den Belag abgestimmten und vom Hersteller empfohlenen Reinigungs- und Pflegemittel, Reinigen bis zum Erlangen einer vollständig schmutzfreien Oberfläche. Leistung inkl. Entfernen aller Verunreinigungen und Aufkleber. Bodenbeläge verlegt in allen Geschossen.
Belag: .....

| 0,4€ | 0,9€ | **1,1**€ | 1,5€ | 2,2€ | [m²] | 0,04 h/m² | 333.000.001 |

4 Bodenbelag reinigen, Fliesen/Platten — KG **397**

Feinreinigung von Fliesen- oder Plattenbelag, inkl. Sockelleisten, durch Wischen mit einem auf den Belag abgestimmten Reinigungsmittel, Reinigen bis zum Erlangen einer vollständig schmutzfreien Oberfläche. Leistung inkl. Entfernen des Zementschleiers und Entfernen aller Verunreinigungen und Aufkleber. Auf die dauerelastischen Verfugungen ist besondere Rücksicht zu nehmen. Bodenbeläge verlegt in allen Geschossen.
Oberfläche: .....

| 0,6€ | 1,2€ | **1,5**€ | 2,6€ | 4,6€ | [m²] | 0,04 h/m² | 333.000.004 |

5 Bodenbelag reinigen, Teppich — KG **397**

Feinreinigung von textilem Bodenbelag, inkl. Sockel, Reinigen mittels Vakuum- bzw. Bürstsaugen bis zum Erlangen einer vollständig schmutzfreien Oberfläche. Leistung inkl. Entfernen aller Verunreinigungen. Bodenbeläge verlegt in allen Geschossen.
Faser: .....
Teppichart: .....
Struktur: .....
Sockel: .....

| 0,3€ | 1,0€ | **1,4**€ | 2,3€ | 3,7€ | [m²] | 0,03 h/m² | 333.000.005 |

LB 333 Baureinigungsarbeiten

Nr.	Kurztext / Langtext					[Einheit]	Ausf.-Dauer	Kostengruppe Positionsnummer
▶	▷	ø netto €	◁	◀				

6 Fassade reinigen, Hochdruckreiniger
KG 397

Reinigung der Fassadenflächen durch Druckstrahlen mit temperiertem Wasser, bis zum Erlangen einer vollständig schmutzfreien Oberfläche. Leistung inkl. aller Schutz- und Abdeckarbeiten von Fenstern, von angrenzenden Bauteilen.
Arbeitshöhe: bis ..... m
Fensteranteil: .....
Abgrenzung zu anderen Bauteilen: .....

| 11€ | 14€ | **16€** | 18€ | 24€ | [m²] | ⏱ 0,10 h/m² | 333.000.006 |

7 Glasflächen reinigen, Fassadenelemente
KG 397

Reinigung der verglasten Fassadenelemente durch nasses Wischen mit geeignetem Reinigungsmittel, danach trocken ledern und polieren bis zum Erlangen einer vollständig sauberen und trockenen Oberfläche. Abrechnung der einfachen Ansichtsfläche der zu reinigenden Bauteile.
– Reinigen der Glasflächen ESG, VSG nach Herstellerangaben
– Reinigen der beschichteten Rahmenprofile inkl. aller Falze und Beschläge, Verdunkelungs- und Sonnenschutz-Elemente
– Reinigen der Fensterbänke und inkl. aller Schutz- und Abdeckbleche

Reinigungsbereich: .....
Arbeitshöhe: bis ..... m
Abgrenzung zu anderen Bauteilen: .....
Renigungsart: **Erstreinigung / Unterhaltsreinigung**

| 1€ | 2€ | **3€** | 3€ | 5€ | [m²] | ⏱ 0,10 h/m² | 333.000.007 |

8 Wandbelag reinigen, Fliesen
KG 397

Feinreinigung von Wandbelägen aus Fliesen oder Platten, in allen Geschossen, mit einem geeigneten Reinigungsmittel, Reinigen bis zum Erlangen einer vollständig schmutzfreien Oberfläche. Leistung inkl. Entfernen des Zementschleiers und Entfernen aller Verunreinigungen und Aufkleber. Auf die dauerelastischen Verfugungen ist besondere Rücksicht zu nehmen.
Wandhöhe: bis ..... m
Oberfläche: .....

| 0,5€ | 0,7€ | **0,8€** | 1,1€ | 1,7€ | [m²] | ⏱ 0,03 h/m² | 333.000.008 |

9 Türen reinigen
KG 397

Feinreinigung von Türelementen aus Zargen und Türblatt (allseitig), mit einem geeigneten und vom Hersteller empfohlenen Reinigungs- und Pflegemittel, bis zum Erlangen einer vollständig schmutzfreien Oberfläche. Leistung inkl. Reinigen der Beschläge und Entfernen aller Verunreinigungen und Aufkleber.
Türabmessung: .....
Maulweite Zarge: .....
Oberfläche: .....
Materialien: .....

| 1,1€ | 3€ | **3€** | 5€ | 7€ | [St] | ⏱ 0,10 h/St | 333.000.010 |

Kosten:
Stand 2.Quartal 2018
Bundesdurchschnitt

▶ min
▷ von
ø Mittel
◁ bis
◀ max

Nr.	Kurztext / Langtext							Kostengruppe
▶	▷	ø netto €	◁	◀	[Einheit]	Ausf.-Dauer	Positionsnummer

10 — Heizkörper reinigen · KG 397

Feinreinigung von Heizkörpern, mit einem geeigneten Reinigungsmittel, bis zum Erlangen einer vollständig schmutzfreien Oberfläche. Leistung inkl. Reinigen der Armatur, Halterung und Zuleitung und Entfernen aller Verunreinigungen und Aufkleber, sowie ggf. Aufnehmen und Entsorgen der bauseitigen Schutzfolien.
Abmessung Heizkörper: .....
Oberfläche: lackbeschichtet
Bauform: .....

| 1,0€ | 2€ | **2€** | 3€ | 5€ | [m²] | ⏱ 0,04 h/m² | 333.000.011 |

11 — Waschtisch/Duschwanne reinigen · KG 397

Erstreinigung von Sanitäreinrichtungen, mit einem geeigneten und vom Hersteller empfohlenen Reinigungs- und Pflegemittel, bis zum Erlangen einer vollständig schmutzfreien Oberfläche. Leistung inkl. Reinigen der Armaturen, Zu- und Abläufe und Halterungen, sowie Entfernen aller Verunreinigungen und Aufkleber.
Einbauteil: .....
Material: .....
Oberfläche: .....

| 1€ | 3€ | **4€** | 4€ | 7€ | [St] | ⏱ 0,10 h/St | 333.000.012 |

12 — WC-Schüssel/Urinal reinigen · KG 397

Erstreinigung von wandhängenden Sanitäreinrichtungen, mit einem geeigneten Reinigungsmittel, bis zum Erlangen einer vollständig schmutzfreien Oberfläche. Leistung inkl. Reinigen der Armaturen, Zu- und Abläufe, Deckel und Halterungen, sowie Entfernen aller Verunreinigungen und Aufkleber.
Einbauteil: .....
Material: Keramik
Oberfläche: .....

| 0,6€ | 2,7€ | **3,0€** | 4,2€ | 6,0€ | [St] | ⏱ 0,08 h/St | 333.000.013 |

13 — Geländer reinigen · KG 397

Feinreinigung von Geländern, bestehend aus Handlauf, Ober- und Untergurt sowie Füllung, mit einem geeigneten Reinigungsmittel, bis zum Erlangen einer vollständig schmutzfreien Oberfläche. Leistung inkl. Reinigen der Halterungen, sowie Entfernen aller Verunreinigungen und Aufkleber.
Abmessung Geländer: .....
Bauart: .....
Material: .....
Oberflächen: .....

| 0,6€ | 1,0€ | **1,2€** | 1,6€ | 2,3€ | [m] | ⏱ 0,04 h/m | 333.000.016 |

LB 333 Baureinigungsarbeiten

Kosten:
Stand 2.Quartal 2018
Bundesdurchschnitt

Nr.	Kurztext / Langtext					[Einheit]	Ausf.-Dauer	Kostengruppe Positionsnummer
▶	▷	ø netto €	◁	◀				

14 Einzelfenster reinigen — KG 397

Reinigung eines mehrteiligen Einzelfensters. Reinigen aller Fensterflügel und Festverglasungen, Innen- und Außenflächen, Paneel-, Glas- und Rahmenflächen, Falze, Beschläge, Fenstersimse, Fugen und Dichtungen durch nass wischen mit einem abgestimmten Reinigungsmittel, danach trocken ledern und polieren bis zum Erlangen einer vollständig schmutzfreien Oberfläche. Leistung inkl. zerstörungsfreier Entfernung aller Aufkleber, sowie inkl. erhöhtem Aufwand für verfestigte Verschmutzungen der Außenseiten.
Rahmenmaterial: .....
Fenstergröße: .....
Arbeitshöhe: bis ..... m
Arbeit von .....
Abgrenzung zu anderen Bauteilen: .....

| 2 € | 3 € | **4 €** | 5 € | 7 € | [St] | 0,12 h/St | 333.000.020 |

15 Stundensatz Baureiniger-Facharbeiter

Stundenlohnarbeiten für Vorarbeiter, Facharbeiter und Gleichgestellte (z. B. Spezialbaufacharbeiter, Baufacharbeiter, Obermonteure, Monteure, Gesellen, Maschinenführer, Fahrer und ähnliche Fachkräfte). Leistung nach besonderer Anordnung der Bauüberwachung. Anmeldung und Nachweis gemäß VOB/B.

| 23 € | 26 € | **28 €** | 30 € | 36 € | [h] | 1,00 h/h | 333.000.028 |

16 Stundensatz Baureiniger-Helfer

Stundenlohnarbeiten für Werker, Helfer und Gleichgestellte (z. B. Baufachwerker, Helfer, Hilfsmonteure, Ungelernte, Angelernte). Leistung nach besonderer Anordnung der Bauüberwachung. Anmeldung und Nachweis gemäß VOB/B.

| 17 € | 21 € | **23 €** | 26 € | 32 € | [h] | 1,00 h/h | 333.000.029 |

▶ min
▷ von
ø Mittel
◁ bis
◀ max

323
324
325
326
327
328
329
330
331
332
333
334
336
337
338
339

LB 334
Maler- und Lackierarbeiten - Beschichtungen

Kosten:
Stand 2.Quartal 2018
Bundesdurchschnitt

▶ min
▷ von
ø Mittel
◁ bis
◀ max

Maler- und Lackierarbeiten - Beschichtungen — Preise €

Nr.	Positionen	Einheit	▶	▷ ø brutto € / ø netto €		◁	◀
1	Öffnungen abdecken, Strahlarbeiten	m²	6	13	**16**	19	21
			5	11	**14**	16	18
2	Trockenstrahlen, Fassade	m²	11	12	**14**	16	18
			9	10	**12**	14	15
3	Strahlen mit Strahlmittel, Fassade	m²	12	13	**15**	17	19
			10	11	**13**	15	16
4	Druckwasserstrahlen, Fassade	m²	4	5	**5**	6	9
			3	4	**4**	5	8
5	Druckwasser temperiert, Fassade	m²	1	3	**4**	4	8
			1	3	**3**	3	6
6	Dampfstrahlen temperiert, Fassade	m²	3	3	**4**	4	9
			2	3	**3**	4	7
7	Beschichtung entfernen, Außenputz	m²	10	11	**12**	14	24
			8	9	**10**	12	20
8	Holz anschleifen/grundieren	m²	2	5	**5**	6	8
			2	4	**5**	5	7
9	Holzfenster vorbereiten, Beschichtung	St	12	13	**15**	17	22
			10	11	**13**	15	19
10	Fenster abbeizen	St	12	13	**15**	17	25
			10	11	**13**	15	21
11	Hauseingangstür abbeizen	m²	66	73	**84**	96	121
			55	61	**71**	80	102
12	Gartenzaun abbeizen, Holz	m²	23	26	**30**	34	43
			19	22	**25**	28	36
13	Balkonbrett abbeizen, Holz	m	3	5	**5**	6	10
			2	4	**5**	5	9
14	Metallflächen reinigen	m²	2	2	**3**	3	5
			2	2	**2**	2	4
15	Metallflächen entrosten, Strahlen	m²	5	5	**6**	7	10
			4	4	**5**	6	9
16	Metallflächen entrosten, Teilflächen	m²	4	4	**5**	5	7
			3	4	**4**	5	6
17	Metallflächen vorbereiten	m²	9	10	**12**	14	19
			8	9	**10**	11	16
18	Metallflächen schleifen/grundieren	m²	4	4	**5**	5	9
			3	4	**4**	5	8
19	Stahlgeländer abbeizen	m²	7	12	**14**	16	22
			6	10	**12**	14	19
20	Bodenflächen abdecken, Malervlies	m²	0,9	1,8	**2,1**	2,6	2,9
			0,8	1,5	**1,8**	2,2	2,5
21	Bodenflächen abdecken, Krepppapier	m²	2	2	**2**	3	3
			2	2	**2**	2	3
22	Bodenflächen abdecken, Folie	m²	0,9	1,7	**2,0**	2,2	2,5
			0,8	1,4	**1,7**	1,9	2,1
23	Gegenstände abdecken, Plane	m²	2	2	**2**	2	3
			1	1	**2**	2	2
24	Geländer abdecken, PE-Folie	m²	3	4	**4**	5	5
			3	3	**3**	4	4

© **BKI** Baukosteninformationszentrum; Erläuterungen zu den Tabellen siehe Seite 22
Mustertexte geprüft: Bundesverband Farbe Gestaltung Bautenschutz

Kostenstand: 2.Quartal 2018, Bundesdurchschnitt

Maler- und Lackierarbeiten - Beschichtungen

Nr.	Positionen	Einheit	▶	▷ ø brutto € ø netto €		◁	◀
25	Beschichtungsflächen reinigen	m²	1 0,9	1 1,1	**1** **1,2**	2 1,5	3 2,4
26	Altbeschichtung reinigen, innen	m²	1 1,0	0 0,4	**2** **1,3**	2 1,4	2 1,6
27	Altbeschichtung entfernen, innen	m²	1 0,9	1 1,0	**1** **1,2**	2 1,3	3 2,6
28	Altbeschichtung ausbessern, innen	m²	4 4	5 4	**5** **5**	6 5	8 7
29	Ölfarbe entfernen, Innenputz	m²	8 6	8 6	**9** **7**	10 8	18 15
30	Ölfarbbeschichtung anschleifen	m²	0,6 0,5	1,4 1,2	**1,6** **1,3**	1,8 1,5	2,8 2,4
31	Dübel entfernen, schließen	St	0,8 0,7	1,4 1,2	**1,6** **1,3**	1,8 1,5	2,6 2,2
32	Fehlstellen schließen, innen	St	2 1	2 2	**2** **2**	2 2	4 3
33	Schadstellen abklopfen, innen	m²	3 3	3 3	**4** **3**	4 4	5 5
34	Betonflächen ausbessern, innen	m²	12 10	13 11	**15** **13**	17 14	19 16
35	Spachtelung, Dispersion, innen	m²	5 5	6 5	**7** **6**	8 7	11 10
36	Spachtelung, Dispersion, 2x innen	m²	9 7	10 8	**11** **9**	13 11	16 14
37	Spachtelung quarzhaltig, innen	m²	7 6	8 6	**9** **7**	10 9	13 11
38	Spachtelung faserhaltig, innen	m²	7 6	8 7	**9** **8**	11 9	13 11
39	Putzfläche reinigen, innen	m²	1 0,9	2 1,9	**3** **2,1**	3 2,4	5 4,3
40	Putzschaden ausbessern, innen	m²	7 6	15 13	**17** **15**	20 17	25 21
41	Innentür abschleifen	m²	7 6	11 9	**12** **10**	14 12	21 18
42	Innentür abbeizen	m²	81 68	90 75	**103** **87**	118 99	144 121
43	Metallflächen anschleifen, innen	m²	3 2	3 3	**4** **3**	4 4	7 6
44	Metallflächen schleifen/grundieren	m²	6 5	8 6	**9** **7**	10 8	13 11
45	Heizkörper, abbeizen	m²	9 8	11 9	**13** **11**	14 12	20 17
46	Imprägnierung, hydrophob, Außenputz	m²	4 4	5 4	**6** **5**	6 5	7 6
47	Beschichtung, Dispersion, gefüllt, Putz außen	m²	12 10	13 11	**15** **13**	18 15	20 17
48	Beschichtung, Silikatfarbe, gefüllt, Putz außen	m²	11 9	13 11	**14** **12**	16 14	18 15

© BKI Baukosteninformationszentrum; Erläuterungen zu den Tabellen siehe Seite 22
Mustertexte geprüft: Bundesverband Farbe Gestaltung Bautenschutz

Kostenstand: 2.Quartal 2018, Bundesdurchschnitt

LB 334 Maler- und Lackierarbeiten - Beschichtungen

Maler- und Lackierarbeiten - Beschichtungen Preise €

Nr.	Positionen	Einheit	▶ min	▷ von	ø brutto € / ø netto €	◁ bis	◀ max
49	Beschichtung, Silikonfarbe, gefüllt, Putz außen	m²	12 / 10	14 / 12	**16** / **13**	18 / 15	20 / 17
50	Beschichtung, Acrylfarbe, gefüllt, Putz außen	m²	14 / 12	16 / 13	**18** / **15**	20 / 17	23 / 19
51	Beschichtung, Dispersion-Silikat, gefüllt, Putz außen	m²	14 / 12	16 / 13	**18** / **15**	21 / 18	23 / 20
52	Zwischenbeschichtung, zusätzlich	m²	7 / 6	8 / 7	**9** / **8**	10 / 9	12 / 10
53	Lasur, Dispersion, Holz außen	m²	13 / 11	14 / 12	**16** / **14**	19 / 16	21 / 17
54	Beschichtung, Dispersion, Holz außen	m²	14 / 11	15 / 13	**18** / **15**	20 / 17	22 / 19
55	Beschichtung, Kunstharz, Holz außen	m²	17 / 14	19 / 16	**22** / **18**	25 / 21	27 / 23
56	Beschichtung, Kunstharz, Holzkonstruktion außen	m²	19 / 16	21 / 18	**24** / **20**	27 / 23	30 / 26
57	Beschichtung, Kunstharz, Holzfenster außen	m²	12 / 10	13 / 11	**15** / **13**	17 / 15	19 / 16
58	Dickschichtlasur, Holzfenster außen	m²	11 / 9	12 / 10	**14** / **12**	16 / 14	18 / 15
59	Beschichtung, Kunstharz, Holz, n. maßhaltig, außen	m²	18 / 15	20 / 17	**23** / **20**	27 / 22	30 / 25
60	Lasur, Holz, nicht maßhaltig, außen	m²	19 / 16	21 / 18	**24** / **21**	28 / 23	31 / 26
61	Lasur, Holz, fungizid, außen	m²	14 / 12	15 / 13	**18** / **15**	20 / 17	22 / 19
62	Beschichtung, Kunstharz, Metall außen	m²	18 / 15	20 / 17	**23** / **19**	26 / 22	29 / 24
63	Beschichtung, Kunstharz, Stahlgitter außen	m²	32 / 27	36 / 30	**41** / **34**	47 / 39	57 / 48
64	Beschichtung, Kunstharz, Stahlgeländer außen	m²	17 / 14	19 / 16	**22** / **18**	25 / 21	29 / 25
65	Beschichtung, Kunstharz, Stahlkonstruktion außen	m²	47 / 40	52 / 44	**60** / **51**	69 / 58	77 / 64
66	Beschichtung, Kunstharz, Kleineisenteile außen	St	3 / 3	4 / 3	**4** / **3**	5 / 4	6 / 5
67	Beschichtung, Kunstharz, Dachrinne	m	11 / 9	12 / 11	**14** / **12**	16 / 14	20 / 17
68	Beschichtung, Fallrohr	m	8 / 7	9 / 8	**11** / **9**	12 / 10	17 / 14
69	Beschichtung, Dispersion gefüllt, Putz innen	m²	6 / 5	8 / 7	**9** / **8**	10 / 9	12 / 10
70	Beschichtung, Dispersion, Raufasertapete	m²	7 / 6	8 / 7	**9** / **8**	10 / 9	12 / 10
71	Beschichtung, Dispersion, Glasfasertapete	m²	7 / 6	8 / 7	**10** / **8**	11 / 9	13 / 11
72	Beschichtung, Silikatfarbe gefüllt, Putz innen	m²	8 / 7	9 / 8	**11** / **9**	12 / 10	14 / 12

Kosten: Stand 2.Quartal 2018 Bundesdurchschnitt

▶ min
▷ von
ø Mittel
◁ bis
◀ max

Maler- und Lackierarbeiten - Beschichtungen — Preise €

Nr.	Positionen	Einheit	▶	▷ ø brutto € / ø netto €	◁	◀
73	Beschichtung, Dispersion gefüllt, Beton innen	m²	7 / 6	9 / 7	**10** / **9**	12 / 10	13 / 11
74	Beschichtung, Kunstharz, Betonboden innen	m²	12 / 10	14 / 12	**16** / **14**	19 / 16	22 / 18
75	Lasur, Dispersion, Holz innen	m²	8 / 6	9 / 8	**10** / **9**	12 / 10	14 / 12
76	Beschichtung, Dispersion, Holz innen	m²	11 / 9	13 / 11	**15** / **13**	18 / 15	20 / 17
77	Dickschichtlasur, Holz innen	m²	10 / 8	12 / 10	**14** / **12**	16 / 13	18 / 15
78	Beschichtung, Kunstharz, Holz innen	m²	13 / 11	15 / 13	**17** / **14**	20 / 16	23 / 19
79	Beschichtung, Kunstharz, Holzfenster innen	m²	11 / 9	13 / 11	**14** / **12**	16 / 14	19 / 16
80	Dickschichtlasur, Holzfenster innen	m²	11 / 9	13 / 11	**15** / **12**	17 / 14	19 / 16
81	Dickschichtlasur, Holzbekleidung innen	m²	12 / 10	14 / 12	**16** / **13**	18 / 15	21 / 18
82	Beschichtung, Kunstharz, Holzbekleidung innen	m²	15 / 12	18 / 15	**20** / **17**	23 / 19	26 / 22
83	Dickschichtlasur, Holzdecke innen	m²	13 / 11	16 / 13	**18** / **15**	21 / 17	24 / 20
84	Beschichtung, Kunstharz, Holzdecke innen	m²	13 / 11	15 / 13	**18** / **15**	20 / 17	23 / 20
85	Beschichtung, Kunstharz, Holz innen	m²	15 / 13	18 / 15	**21** / **18**	24 / 20	27 / 22
86	Beschichtung, Kunstharz, Holztür/Zarge innen	m²	15 / 12	16 / 14	**19** / **16**	22 / 18	24 / 20
87	Beschichtung, Kunstharz, Holztür innen	m²	13 / 11	16 / 13	**18** / **15**	21 / 17	23 / 19
88	Beschichtung, Kunstharz, Holzfußboden innen	m²	15 / 13	17 / 14	**19** / **16**	22 / 18	24 / 21
89	Beschichtung, Kunstharz, Holztreppen innen	m²	20 / 17	22 / 19	**26** / **22**	29 / 25	34 / 28
90	Beschichtung, Kunstharz, Holzfußleisten innen	m	4 / 4	5 / 4	**5** / **5**	6 / 5	7 / 6
91	Beschichtung, Kunstharz, Geländer, Holz, innen	m²	25 / 21	28 / 23	**32** / **27**	36 / 30	42 / 35
92	Beschichtung, Kunstharz, Handlauf, Holz, innen	m	8 / 7	10 / 8	**11** / **10**	13 / 11	15 / 13
93	Beschichtung, Kunstharz, Stahl, innen	m²	16 / 13	18 / 15	**20** / **17**	23 / 20	26 / 22
94	Beschichtung, Kunstharz, Geländer innen	m²	35 / 29	39 / 33	**45** / **38**	51 / 43	57 / 48
95	Beschichtung, Kunstharz, Stahlzarge innen	m	13 / 11	16 / 13	**18** / **15**	21 / 18	24 / 20
96	Beschichtung, Kunstharz, Stahltürelement	St	63 / 53	70 / 59	**80** / **67**	91 / 77	102 / 86

© BKI Baukosteninformationszentrum; Erläuterungen zu den Tabellen siehe Seite 22
Mustertexte geprüft: Bundesverband Farbe Gestaltung Bautenschutz
Kostenstand: 2. Quartal 2018, Bundesdurchschnitt

LB 334 Maler- und Lackierarbeiten - Beschichtungen

Maler- und Lackierarbeiten - Beschichtungen

Preise €

Nr.	Positionen	Einheit	▶	▷ ø brutto € ø netto €	◁	◀
97	Beschichtung, Kunstharz, Metall beschichtet, innen	m²	16	18	**21**	24	26
			14	15	**18**	20	22
98	Beschichtung, rissüberbrückend	m²	17	19	**22**	25	28
			14	16	**18**	21	23
99	Grundierung, Riss	m	4	5	**6**	7	8
			4	4	**5**	6	7
100	Rissfüllung, Verschlämmen	m	7	8	**9**	10	12
			6	7	**8**	9	10
101	Beschichtung, rissüberbrückend, Gewebe	m²	17	20	**23**	26	30
			14	17	**19**	22	26
102	Beschichtung, rissfüllend, Putz	m²	13	16	**18**	20	24
			11	13	**15**	17	20
103	Oberputz, mineralisch, modifiziert	m²	18	22	**25**	29	33
			15	18	**21**	24	28
104	Oberputz, mineralisch, modifiziert, Gewebe	m²	24	28	**32**	37	43
			20	24	**27**	31	36
105	Stundensatz Geselle / Facharbeiter, Maler-/Lackierarbeiten	h	36	46	**53**	55	59
			31	39	**44**	46	49
106	Stundensatz Helfer, Maler-/Lackierarbeiten	h	25	36	**43**	49	63
			21	30	**36**	41	53

Kosten: Stand 2.Quartal 2018 Bundesdurchschnitt

Nr.	Kurztext / Langtext					[Einheit]	Ausf.-Dauer	Kostengruppe Positionsnummer
	▶	▷	ø netto €	◁	◀			

1 Öffnungen abdecken, Strahlarbeiten KG **395**
Schutzabdeckungen für Öffnungen in Fassade mit Plattenware in Öffnungsgröße und Folie, Anschlüsse abgeklebt für Druckwasserreinigung.
Bauteil: .....

| 5€ | 11€ | **14€** | 16€ | 18€ | [m²] | ⏱ 0,22 h/m² | 334.000.080 |

2 Trockenstrahlen, Fassade KG **395**
Fassadenreinigung durch Trockenstrahlen mit festem Strahlmittel zur Entfernung alter Beschichtungen und haftungsmindernder Bestandteile. Die Entsorgung des Abrieb- und Strahlmaterials ist einzukalkulieren.
Untergrund: .....
Beschichtung: .....
Strahlmittel: .....

| 9€ | 10€ | **12€** | 14€ | 15€ | [m²] | ⏱ 0,22 h/m² | 334.000.081 |

3 Strahlen mit Strahlmittel, Fassade KG **395**
Fassadenreinigung durch Strahlen mit festem Strahlmittel unter Zugabe von Wasser zum Entfernen alter Beschichtungen und haftungsmindernder Bestandteile. Die Entsorgung des Abrieb- und Strahlmaterials ist einzukalkulieren.
Untergrund: .....

| 10€ | 11€ | **13€** | 15€ | 16€ | [m²] | ⏱ 0,25 h/m² | 334.000.082 |

▶ min
▷ von
ø Mittel
◁ bis
◀ max

Nr.	Kurztext / Langtext							Kostengruppe
▶	▷	ø netto €	◁	◀	[Einheit]	Ausf.-Dauer	Positionsnummer

4 Druckwasserstrahlen, Fassade — KG 395
Fassadenreinigung durch Druckwasserstrahlen zum Entfernen alter Beschichtungen und haftungsmindernder Bestandteile. Die Entsorgung des Abrieb- und Strahlmaterials ist einzukalkulieren.
Untergrund: .....
Arbeitsdruck: .....

| 3€ | 4€ | **4€** | 5€ | 8€ | [m²] | ⏱ 0,10 h/m² | 334.000.083 |

5 Druckwasser temperiert, Fassade — KG 395
Fassadenreinigung durch temperiertes Druckwasserstrahlen zum Entfernen von Verschmutzungen und Verunreinigungen. Die Entsorgung des Abrieb- und Strahlmaterials ist einzukalkulieren.
Untergrund: .....
Arbeitsdruck: .....
Temperatur: .....

| 1€ | 3€ | **3€** | 3€ | 6€ | [m²] | ⏱ 0,07 h/m² | 334.000.084 |

6 Dampfstrahlen temperiert, Fassade — KG 395
Fassade durch temperiertes Dampfstrahlen reinigen. Die Entsorgung des Abrieb- und Strahlmaterials ist einzukalkulieren.
Untergrund: .....

| 2€ | 3€ | **3€** | 4€ | 7€ | [m²] | ⏱ 0,08 h/m² | 334.000.085 |

7 Beschichtung entfernen, Außenputz — KG 395
Altbeschichtung, abblätternd, vom Außenputz entfernen und entsorgen.
Untergrund: Putz
Beschichtung: .....

| 8€ | 9€ | **10€** | 12€ | 20€ | [m²] | ⏱ 0,25 h/m² | 334.000.086 |

8 Holz anschleifen/grundieren — KG 395
Holzflächen für Beschichtung im Außenbereich mit zweimaliger Grundierung und Zwischenschleifen für Beschichtung vorbereiten.
Bauteil: .....

| 2€ | 4€ | **5€** | 5€ | 7€ | [m²] | ⏱ 0,10 h/m² | 334.000.087 |

9 Holzfenster vorbereiten, Beschichtung — KG 395
Fenster für Beschichtung im Außenbereich vorbereiten. Lose Farbschichten entfernen und Holzteile anschleifen.
Fenstergröße: .....

| 10€ | 11€ | **13€** | 15€ | 19€ | [St] | ⏱ 0,46 h/St | 334.000.088 |

10 Fenster abbeizen — KG 395
Fenster aus Holz abbeizen, nachwaschen und trocknen.
Fenster: bis 1,35 x 1,35 m
Beschichtung: .....

| 10€ | 11€ | **13€** | 15€ | 21€ | [St] | ⏱ 0,27 h/St | 334.000.089 |

LB 334 Maler- und Lackierarbeiten - Beschichtungen

Kosten: Stand 2.Quartal 2018 Bundesdurchschnitt

▶ min
▷ von
ø Mittel
◁ bis
◀ max

Nr.	Kurztext / Langtext					[Einheit]	Ausf.-Dauer	Kostengruppe Positionsnummer
▶	▷	ø netto €	◁	◀				
11	**Hauseingangstür abbeizen**							**KG 395**
Hauseingangstüren aus Holz abbeizen, nachwaschen und trocknen. Größe: bis 1,20 x 2,50 m Beschichtung:								
55 €	61 €	**71 €**	80 €	102 €		[m²]	⏱ 1,40 h/m²	334.000.090
12	**Gartenzaun abbeizen, Holz**							**KG 395**
Gartenzäune Holz, einschl. Türen abbeizen, nachwaschen und trocknen. Beschichtung:								
19 €	22 €	**25 €**	28 €	36 €		[m²]	⏱ 0,45 h/m²	334.000.091
13	**Balkonbrett abbeizen, Holz**							**KG 395**
Balkonbretter aus Holz abbeizen, nachwaschen und trocknen. Abwicklung: 30 cm Beschichtung:								
2 €	4 €	**5 €**	5 €	9 €		[m]	⏱ 0,10 h/m	334.000.092
14	**Metallflächen reinigen**							**KG 395**
Metallflächen im Außenbereich von leicht zu entfernendem Schmutz und Verunreinigungen reinigen.								
2 €	2 €	**2 €**	2 €	4 €		[m²]	⏱ 0,05 h/m²	334.000.093
15	**Metallflächen entrosten, Strahlen**							**KG 395**
Metallflächen im Außenbereich durch Trockenstrahlen für Neubeschichtung entrosten. Entrostungsgrad:								
4 €	4 €	**5 €**	6 €	9 €		[m²]	⏱ 0,10 h/m²	334.000.094
16	**Metallflächen entrosten, Teilflächen**							**KG 395**
Metallflächen im Außenbereich in Teilflächen für Beschichtung entrosten. Teilfläche: bis 30% Entrostungsgrad:								
3 €	4 €	**4 €**	5 €	6 €		[m²]	⏱ 0,12 h/m²	334.000.095
17	**Metallflächen vorbereiten**							**KG 395**
Metallflächen im Außenbereich für Überholungsbeschichtung vorbereiten, durch Entfernen von lose anhaftender Beschichtungen und Ausbessern der Fehlstellen.								
8 €	9 €	**10 €**	11 €	16 €		[m²]	⏱ 0,10 h/m²	334.000.097
18	**Metallflächen schleifen/grundieren**							**KG 395**
Metallflächen im Außenbereich für Überholungsbeschichtung vorbereiten, durch Schleifen und Grundieren								
3 €	4 €	**4 €**	5 €	8 €		[m²]	⏱ 0,10 h/m²	334.000.098
19	**Stahlgeländer abbeizen**							**KG 395**
Stahlgeländer abbeizen, nachwaschen und trocknen. Geländer: ..... Beschichtung:								
6 €	10 €	**12 €**	14 €	19 €		[m²]	⏱ 0,25 h/m²	334.000.099

Nr.	Kurztext / Langtext				[Einheit]	Ausf.-Dauer	Kostengruppe Positionsnummer
▶	▷ ø netto €	◁	◀				

20 Bodenflächen abdecken, Malervlies — KG 397
Abdecken und Abkleben von Bodenflächen mit rutschsicherem Malerabdeckvlies.
Ausführungsort: .....

| 0,8€ | 1,5€ | **1,8€** | 2,2€ | 2,5€ | [m²] | ⏱ 0,03 h/m² | 334.000.100 |

21 Bodenflächen abdecken, Krepppapier — KG 397
Abdecken und Abkleben von Bodenflächen mit Malerkrepppapier.
Ausführungsort: .....

| 2€ | 2€ | **2€** | 2€ | 3€ | [m²] | ⏱ 0,03 h/m² | 334.000.101 |

22 Bodenflächen abdecken, Folie — KG 397
Abdecken und Abkleben von Bodenflächen mit Malerfolie.
Ausführungsort: .....

| 0,8€ | 1,4€ | **1,7€** | 1,9€ | 2,1€ | [m²] | ⏱ 0,03 h/m² | 334.000.102 |

23 Gegenstände abdecken, Plane — KG 397
Abdecken und Abkleben von Gegenständen mit Malerabdeckplane.
Gegenstand: .....
Ausführungsort: .....

| 1€ | 1€ | **2€** | 2€ | 2€ | [m²] | ⏱ 0,03 h/m² | 334.000.103 |

24 Geländer abdecken, PE-Folie — KG 397
Abdecken und Abkleben von Geländer mit Kunststofffolie.
Folienmaterial: Polyethylen (PE)
Ausführungsort: .....

| 3€ | 3€ | **3€** | 4€ | 4€ | [m²] | ⏱ 0,06 h/m² | 334.000.104 |

25 Beschichtungsflächen reinigen — KG 395
Reinigen von Beschichtungsflächen zur Aufnahme einer Überholungsbeschichtung.
Bauteil: .....
Beschichtung: .....
Reinigungsmittel: .....

| 0,9€ | 1,1€ | **1,2€** | 1,5€ | 2,4€ | [m²] | ⏱ 0,03 h/m² | 334.000.105 |

26 Altbeschichtung reinigen, innen — KG 395
Vorhandene Beschichtung im Innenbereich für Überholungsbeschichtung reinigen.
Bauteil: .....
Beschichtung: .....
Reinigungsmittel: .....

| 1,0€ | 0,4€ | **1,3€** | 1,4€ | 1,6€ | [m²] | ⏱ 0,03 h/m² | 334.000.106 |

27 Altbeschichtung entfernen, innen — KG 394
Entfernen von vorhandener Beschichtung im Innenbereich von losen Bestandteilen durch Abkratzen und Nachwaschen für erneute Beschichtung.
Bauteil: .....
Beschichtung: .....

| 0,9€ | 1,0€ | **1,2€** | 1,3€ | 2,6€ | [m²] | ⏱ 0,03 h/m² | 334.000.107 |

**LB 334
Maler- und
Lackierarbeiten
- Beschichtungen**

Nr.	Kurztext / Langtext				[Einheit]	Ausf.-Dauer	Kostengruppe Positionsnummer
▶	▷ ø netto € ◁ ◀						

43 Metallflächen anschleifen, innen KG **395**
Beschichtung auf Metallflächen, verzinkter Stahl im Innenbereich für Beschichtung durch Anschleifen für Beschichtung vorbereiten.
Bauteil: .....
vorhandene Beschichtung: .....

| 2€ | 3€ | **3€** | 4€ | 6€ | [m²] | 0,08 h/m² | 334.000.123 |

44 Metallflächen schleifen/grundieren KG **395**
Metallflächen im Innenbereich durch Schleifen und Grundieren für Beschichtung vorbereiten.
Bauteil: .....
Grundbeschichtungsstoff: .....

| 5€ | 6€ | **7€** | 8€ | 11€ | [m²] | 0,18 h/m² | 334.000.124 |

45 Heizkörper, abbeizen KG **495**
Heizkörper abbeizen, nachwaschen und trocknen.
Art der Heizkörper: .....
Vorhandene Beschichtung: .....

| 8€ | 9€ | **11€** | 12€ | 17€ | [m²] | 0,20 h/m² | 334.000.125 |

46 Imprägnierung, hydrophob, Außenputz KG **335**
Hydrophobierende Imprägnierung von Außenputzflächen, einschl. Anlegen einer Probefläche nach Maßgabe der Bauleitung.
Bauteil: Fassade
Putzart: .....
Farbe: transparent
Angeb. Fabrikat: .....

| 4€ | 4€ | **5€** | 5€ | 6€ | [m²] | 0,05 h/m² | 334.000.126 |

47 Beschichtung, Dispersion, gefüllt, Putz außen KG **335**
Deckende Überholungsbeschichtung mit füllender Dispersionsbeschichtung und Grundierung auf Putz im Außenbereich.
Bauteil: .....
Putz: .....
Deckvermögen: Klasse 1
Farbe: weiß
Glanzgrad: matt
Angeb. Fabrikat: .....

| 10€ | 11€ | **13€** | 15€ | 17€ | [m²] | 0,26 h/m² | 334.000.127 |

Kosten:
Stand 2.Quartal 2018
Bundesdurchschnitt

▶ min
▷ von
ø Mittel
◁ bis
◀ max

Nr.	Kurztext / Langtext							Kostengruppe
▶	▷	ø netto €	◁	◀	[Einheit]	Ausf.-Dauer	Positionsnummer

48 Beschichtung, Silikatfarbe, gefüllt, Putz außen — KG 335

Deckende Überholungsbeschichtung mit hoch wasserdampfdiffusionsfähigen Silikatfarbe mit Grundbeschichtung, gefüllter Zwischenschicht auf Putz im Außenbereich.
Bauteil: .....
Putz: .....
Deckvermögen: Klasse 1
Farbe: weiß
Glanzgrad: matt
Angeb. Fabrikat: .....

| 9 € | 11 € | **12 €** | 14 € | 15 € | [m²] | ⏱ 0,24 h/m² | 334.000.128 |

49 Beschichtung, Silikonfarbe, gefüllt, Putz außen — KG 335

Deckende Überholungsbeschichtung mit diffusionsfähiger Silikonfarbe mit Grundfestiger und gefüllter Zwischenschicht auf Putz im Außenbereich.
Bauteil: .....
Putz: .....
Deckvermögen: Klasse 1
Farbe: weiß
Glanzgrad: matt
Angeb. Fabrikat: .....

| 10 € | 12 € | **13 €** | 15 € | 17 € | [m²] | ⏱ 0,26 h/m² | 334.000.129 |

50 Beschichtung, Acrylfarbe, gefüllt, Putz außen — KG 335

Deckende Überholungsbeschichtung mit Acrylfarbe mit Grundierung der Schadstellen, Haftgrund und gefüllter Zwischenschicht auf Putz im Außenbereich.
Bauteil: .....
Putz: .....
Deckvermögen: Klasse 1
Farbe: weiß
Glanzgrad: matt
Angeb. Fabrikat: .....

| 12 € | 13 € | **15 €** | 17 € | 19 € | [m²] | ⏱ 0,28 h/m² | 334.000.130 |

51 Beschichtung, Dispersion-Silikat, gefüllt, Putz außen — KG 335

Deckende Überholungsbeschichtung mit füllender Dispersionssilikatfarbe und Grundierung auf Putz im Außenbereich.
Bauteil: .....
Putz: .....
Deckvermögen: Klasse 1
Farbe: weiß
Glanzgrad: matt
Angeb. Fabrikat: .....

| 12 € | 13 € | **15 €** | 18 € | 20 € | [m²] | ⏱ 0,28 h/m² | 334.000.131 |

52 Zwischenbeschichtung, zusätzlich — KG 335

Zusätzliche Zwischenbeschichtung im Außenbereich für beschriebenes Beschichtungssystem.

| 6 € | 7 € | **8 €** | 9 € | 10 € | [m²] | ⏱ 0,15 h/m² | 334.000.132 |

© BKI Baukosteninformationszentrum; Erläuterungen zu den Tabellen siehe Seite 22
Mustertexte geprüft: Bundesverband Farbe Gestaltung Bautenschutz
Kostenstand: 2.Quartal 2018, Bundesdurchschnitt

LB 334
Maler- und Lackierarbeiten - Beschichtungen

Nr.	Kurztext / Langtext				[Einheit]	Ausf.-Dauer	Kostengruppe Positionsnummer
▶	▷	ø netto €	◁	◀			

53 Lasur, Dispersion, Holz außen KG **335**
Überholungsbeschichtung als Lasur auf gehobelten Holzflächen im Außenbereich mit Dispersionsfarbe, einschl. Grundierung.
Bauteil: .....
Glanzgrad: .....
Farbeffekt: .....
Angeb. Fabrikat: .....

| 11€ | 12€ | **14**€ | 16€ | 17€ | [m²] | ⏱ 0,30 h/m² | 334.000.133 |

54 Beschichtung, Dispersion, Holz außen KG **335**
Deckende Überholungsbeschichtung auf Holzflächen im Außenbereich, mit Dispersionsfarbe und zusätzlicher Zwischenschicht einschl. Grundierung.
Glanzgrad: .....
Deckvermögen: Klasse 1
Farbe: .....
Oberfläche: .....
Angeb. Fabrikat: .....

| 11€ | 13€ | **15**€ | 17€ | 19€ | [m²] | ⏱ 0,30 h/m² | 334.000.134 |

55 Beschichtung, Kunstharz, Holz außen KG **335**
Deckende Überholungsbeschichtung auf Holzflächen im Außenbereich, mit Kunstharz und Grundierung.
Bauteil: .....
Glanzgrad: .....
Beschichtungsstoff: .....
Deckvermögen: Klasse 1
Farbe / Oberfläche: .....
Angeb. Fabrikat: .....

| 14€ | 16€ | **18**€ | 21€ | 23€ | [m²] | ⏱ 0,35 h/m² | 334.000.135 |

56 Beschichtung, Kunstharz, Holzkonstruktion außen KG **335**
Deckende Überholungsbeschichtung auf Holzkonstruktionen im Außenbereich, mit Kunstharz und Grundierung. Abrechnung nach abgewickelter Fläche.
Bauteil: Stützen, Sparren, Fachwerk
Holzart: .....
Glanzgrad: .....
Beschichtungsstoff: .....
Deckvermögen: Klasse 1
Farbe / Oberfläche: .....
Angeb. Fabrikat: .....

| 16€ | 18€ | **20**€ | 23€ | 26€ | [m²] | ⏱ 0,40 h/m² | 334.000.136 |

Kosten:
Stand 2.Quartal 2018
Bundesdurchschnitt

▶ min
▷ von
ø Mittel
◁ bis
◀ max

Nr.	Kurztext / Langtext					Kostengruppe	
▶	▷	ø netto €	◁	◀	[Einheit]	Ausf.-Dauer	Positionsnummer

57 Beschichtung, Kunstharz, Holzfenster außen — KG 334
Deckende Überholungsbeschichtung von Holzfenstern im Außenbereich, mit Kunstharz und Grundierung.
Bauteil: .....
Glanzgrad: .....
Beschichtungsstoff: .....
Deckvermögen: Klasse 1
Farbe / Oberfläche: .....
Angeb. Fabrikat: .....

| 10€ | 11€ | **13€** | 15€ | 16€ | [m²] | ⏱ 0,25 h/m² | 334.000.137 |

58 Dickschichtlasur, Holzfenster außen — KG 334
Überholungsbeschichtung als Dickschichtlasur auf Holzfensterflächen im Außenbereich, mit Kunstharz und Grundierung.
Bauteil: .....
Glanzgrad: .....
Beschichtungsstoff: .....
Farbe / Oberfläche: .....
Angeb. Fabrikat: .....

| 9€ | 10€ | **12€** | 14€ | 15€ | [m²] | ⏱ 0,25 h/m² | 334.000.138 |

59 Beschichtung, Kunstharz, Holz, n. maßhaltig, außen — KG 335
Überholungsbeschichtung auf nichtmaßhaltigen Holzflächen im Außenbereich, gegen rückwärtige Feuchtigkeit, mit Kunstharzlack und Grundierung.
Bauteil: .....
Glanzgrad: .....
Farbeffekt: .....
Deckvermögen: Klasse 1
Beschichtungsstoff: .....
Angeb. Fabrikat: .....

| 15€ | 17€ | **20€** | 22€ | 25€ | [m²] | ⏱ 0,45 h/m² | 334.000.139 |

60 Lasur, Holz, nicht maßhaltig, außen — KG 335
Lasur, nicht schichtbildend, auf nicht maßhaltigen Holzflächen im Außenbereich, mit zweimaliger Dünnschichtlasur, einschl. Grundierung.
Bauteil: .....
Glanzgrad: .....
Farbeffekt: .....
Beschichtungsstoff: .....
Angeb. Fabrikat: .....

| 16€ | 18€ | **21€** | 23€ | 26€ | [m²] | ⏱ 0,48 h/m² | 334.000.140 |

LB 334
Maler- und Lackierarbeiten - Beschichtungen

Nr.	Kurztext / Langtext				[Einheit]	Ausf.-Dauer	Kostengruppe Positionsnummer
▶	▷ ø netto € ◁ ◀						

61 Lasur, Holz, fungizid, außen — KG **335**
Lasur, nicht schichtbildend, auf nicht maßhaltigen Holzflächen im Außenbereich, mit fungizid eingestellter Dünnschichtlasur, einschl. Grundierung.
Bauteil: .....
Glanzgrad: .....
Farbeffekt: .....
Beschichtungsstoff: .....
Angeb. Fabrikat: .....

| 12 € | 13 € | **15** € | 17 € | 19 € | [m²] | ⏱ 0,35 h/m² | 334.000.141 |

62 Beschichtung, Kunstharz, Metall außen — KG **335**
Überholungsbeschichtung auf Metallflächen im Außenbereich mit Kunstharzlack, einschl. Grundierung.
Bauteil: .....
Werkstoff: .....
Glanzgrad: .....
Deckvermögen: Klasse 1
Farbe/Oberfläche: .....
Angeb. Fabrikat: .....

| 15 € | 17 € | **19** € | 22 € | 24 € | [m²] | ⏱ 0,35 h/m² | 334.000.142 |

63 Beschichtung, Kunstharz, Stahlgitter außen — KG **339**
Überholungsbeschichtung auf Stahlgitter im Außenbereich mit Kunstharzlack, einschl. Zwischenbeschichtung und Grundierung.
Glanzgrad: .....
Deckvermögen: Klasse 1
Farbe/Oberfläche: .....
Angeb. Fabrikat: .....

| 27 € | 30 € | **34** € | 39 € | 48 € | [m²] | ⏱ 0,70 h/m² | 334.000.143 |

64 Beschichtung, Kunstharz, Stahlgeländer außen — KG **339**
Überholungsbeschichtung auf Stahlgeländer als Rohrkonstruktion mit Ober- und Untergurt im Außenbereich, mit Kunstharzlack, einschl. Zwischenbeschichtung und Grundierung.
Glanzgrad: .....
Deckvermögen: Klasse 1
Farbe/Oberfläche: .....
Angeb. Fabrikat: .....

| 14 € | 16 € | **18** € | 21 € | 25 € | [m²] | ⏱ 0,40 h/m² | 334.000.144 |

65 Beschichtung, Kunstharz, Stahlkonstruktion außen — KG **339**
Überholungsbeschichtung auf Stahlträgerkonstruktionen im Außenbereich, mit Kunstharzlack, einschl. Zwischenbeschichtung und Grundierung.
Glanzgrad: .....
Deckvermögen: Klasse 1
Farbe/Oberfläche: .....
Angeb. Fabrikat: .....

| 40 € | 44 € | **51** € | 58 € | 64 € | [m²] | ⏱ 0,95 h/m² | 334.000.145 |

Kosten:
Stand 2.Quartal 2018
Bundesdurchschnitt

▶ min
▷ von
ø Mittel
◁ bis
◀ max

Nr.	Kurztext / Langtext							Kostengruppe
▶	▷	ø netto €	◁	◀	[Einheit]	Ausf.-Dauer	Positionsnummer	

66 Beschichtung, Kunstharz, Kleineisenteile außen — KG **335**
Überholungsbeschichtung auf Kleineisenteilen mit entrosten, Grund-, Zwischen- und Schlussbeschichtung.
Farbe: .....
Angeb. Fabrikat: .....

| 3€ | 3€ | **3**€ | 4€ | 5€ | [St] | ⏱ 0,05 h/St | 334.000.146 |

67 Beschichtung, Kunstharz, Dachrinne — KG **363**
Deckende Kunstharzbeschichtung auf Dachrinne aus verzinktem Stahlblech mit reinigen, entrosten, Grund- und Schlussbeschichtung.
Farbe: .....
Nennweite: bis DN150

| 9€ | 11€ | **12**€ | 14€ | 17€ | [m] | ⏱ 0,25 h/m | 334.000.147 |

68 Beschichtung, Fallrohr — KG **411**
Deckende Beschichtung auf Regenfallrohren aus verzinktem Stahl, entrosten, Grund- und Schlussbeschichtung.
Farbe: .....
Nenngröße: bis DN100
Angeb. Fabrikat: .....

| 7€ | 8€ | **9**€ | 10€ | 14€ | [m] | ⏱ 0,18 h/m | 334.000.148 |

69 Beschichtung, Dispersion gefüllt, Putz innen — KG **345**
Deckende Überholungsbeschichtung auf Putzflächen im Innenbereich, mit füllender Dispersionsbeschichtung, einschl. Grundierung.
Bauteil: .....
Putz: .....
Glanzgrad: matt
Deckvermögen: Klasse 1
Farbe: weiß
Angeb. Fabrikat: .....

| 5€ | 7€ | **8**€ | 9€ | 10€ | [m²] | ⏱ 0,20 h/m² | 334.000.149 |

70 Beschichtung, Dispersion, Raufasertapete — KG **345**
Deckende Überholungsbeschichtung auf Raufasertapete im Innenbereich, mit Dispersionsbeschichtung, einschl. Grundierung.
Bauteil: .....
Glanzgrad: matt
Deckvermögen: Klasse 1
Farbe: weiß
Angeb. Fabrikat: .....

| 6€ | 7€ | **8**€ | 9€ | 10€ | [m²] | ⏱ 0,20 h/m² | 334.000.150 |

LB 334 Maler- und Lackierarbeiten - Beschichtungen

Kosten:
Stand 2.Quartal 2018
Bundesdurchschnitt

▶ min
▷ von
ø Mittel
◁ bis
◀ max

Nr.	Kurztext / Langtext						Kostengruppe
▶	▷	ø netto €	◁	◀	[Einheit]	Ausf.-Dauer	Positionsnummer

71 Beschichtung, Dispersion, Glasfasertapete — KG **345**

Deckende Überholungsbeschichtung auf Glasfasertapete im Innenbereich, mit Dispersionsbeschichtung, einschl. Grundierung.
Bauteil: .....
Glanzgrad: matt
Deckvermögen: Klasse 1
Farbe: weiß
Angeb. Fabrikat: .....

| 6€ | 7€ | **8€** | 9€ | 11€ | [m²] | ⏱ 0,18 h/m² | 334.000.151 |

72 Beschichtung, Silikatfarbe gefüllt, Putz innen — KG **345**

Deckende Überholungsbeschichtung auf Putz im Innenbereich, mit Silikatfarben, einschl. Grundierung und gefüllter Zwischenschicht.
Bauteil: .....
Putz: .....
Glanzgrad: matt
Deckvermögen: Klasse 1
Farbe: weiß
Angeb. Fabrikat: .....

| 7€ | 8€ | **9€** | 10€ | 12€ | [m²] | ⏱ 0,18 h/m² | 334.000.152 |

73 Beschichtung, Dispersion gefüllt, Beton innen — KG **345**

Deckende Überholungsbeschichtung im Innenbereich, mit füllender Dispersionsbeschichtung, einschl. Grundierung.
Bauteil: .....
Untergrund: Beton
Glanzgrad: matt
Deckvermögen: Klasse 1
Farbe: weiß
Angeb. Fabrikat: .....

| 6€ | 7€ | **9€** | 10€ | 11€ | [m²] | ⏱ 0,18 h/m² | 334.000.153 |

74 Beschichtung, Kunstharz, Betonboden innen — KG **352**

Beschichtung von Bodenflächen aus Beton oder Estrich mit Grundbeschichtung, Zwischenbeschichtung und Schlussbeschichtung mit Kunstharz
Material: zweikomponentiges Kunstharz
Farbe: steingrau
Angeb. Fabrikat: .....

| 10€ | 12€ | **14€** | 16€ | 18€ | [m²] | ⏱ 0,18 h/m² | 334.000.154 |

75 Lasur, Dispersion, Holz innen — KG **345**

Überholungsbeschichtung als Lasur auf gehobelten Holzflächen im Innenbereich mit Kunststoffdispersion, einschl. Grundierung.
Bauteil: .....
Glanzgrad: .....
Farbeffekt: .....

| 6€ | 8€ | **9€** | 10€ | 12€ | [m²] | ⏱ 0,18 h/m² | 334.000.155 |

Nr.	Kurztext / Langtext							Kostengruppe
▶	▷	ø netto €	◁	◀		[Einheit]	Ausf.-Dauer	Positionsnummer

76 Beschichtung, Dispersion, Holz innen — KG **345**
Deckende Überholungsbeschichtung auf Holzflächen im Innenbereich, mit Kunststoffdispersion und zusätzlicher Zwischenbeschichtung, einschl. Grundierung.
Glanzgrad: .....
Farbe: .....
Oberfläche: .....

| 9€ | 11€ | **13**€ | 15€ | 17€ | [m²] | ⏱ 0,26 h/m² | 334.000.156 |

77 Dickschichtlasur, Holz innen — KG **345**
Überholungsbeschichtung als Dickschichtlasur auf Holzflächen im Innenbereich, mit Kunstharz, einschl. Grundierung.
Bauteil: .....
Glanzgrad: .....
Farbeffekt: .....
Angeb. Fabrikat: .....

| 8€ | 10€ | **12**€ | 13€ | 15€ | [m²] | ⏱ 0,22 h/m² | 334.000.157 |

78 Beschichtung, Kunstharz, Holz innen — KG **345**
Deckende Überholungsbeschichtung auf Holzflächen im Innenbereich, mit Kunstharz, einschl. Grundierung.
Bauteil: .....
Glanzgrad: .....
Deckvermögen: Klasse 1
Farbe/Oberfläche: .....
Angeb. Fabrikat: .....

| 11€ | 13€ | **14**€ | 16€ | 19€ | [m²] | ⏱ 0,25 h/m² | 334.000.158 |

79 Beschichtung, Kunstharz, Holzfenster innen — KG **334**
Deckende Überholungsbeschichtung auf Holzfensterflächen im Innenbereich mit Kunstharz, einschl. Grundierung.
Bauteil: .....
Glanzgrad: .....
Deckvermögen: Klasse 1
Angeb. Fabrikat: .....

| 9€ | 11€ | **12**€ | 14€ | 16€ | [m²] | ⏱ 0,25 h/m² | 334.000.159 |

80 Dickschichtlasur, Holzfenster innen — KG **334**
Überholungsbeschichtung als Dickschichtlasur auf Holzfensterflächen im Innenbereich mit Kunstharz, einschl. Grundierung.
Bauteil: .....
Glanzgrad: .....
Angeb. Fabrikat: .....

| 9€ | 11€ | **12**€ | 14€ | 16€ | [m²] | ⏱ 0,25 h/m² | 334.000.160 |

© **BKI** Baukosteninformationszentrum; Erläuterungen zu den Tabellen siehe Seite 22
Mustertexte geprüft: Bundesverband Farbe Gestaltung Bautenschutz
Kostenstand: 2.Quartal 2018, Bundesdurchschnitt

**LB 334
Maler- und
Lackierarbeiten
- Beschichtungen**

Nr.	Kurztext / Langtext							Kostengruppe
▶	▷	ø netto €	◁	◀		[Einheit]	Ausf.-Dauer	Positionsnummer

81 Dickschichtlasur, Holzbekleidung innen — KG **345**
Überholungsbeschichtung als Dickschichtlasur auf Holzbekleidung aus Nut- und Federbrettern, im Innenbereich einschl. Grundierung. Aufmaß und Abrechnung nach abgewickelter Fläche.
Bauteil:.....
Glanzgrad:.....
Farbeffekt: .....
Angeb. Fabrikat: .....

| 10€ | 12€ | 13€ | 15€ | 18€ | [m²] | ⏱ 0,25 h/m² | 334.000.161 |

82 Beschichtung, Kunstharz, Holzbekleidung innen — KG **345**
Deckende Überholungsbeschichtung als Kunstharzbeschichtung auf Holzbekleidung aus Nut- und Federbrettern, im Innenbereich, einschl. Grundierung. Aufmaß und Abrechnung nach abgewickelter Fläche.
Bauteil: .....
Glanzgrad: .....
Farbeffekt: .....
Beschichtungsstoff: .....
Angeb. Fabrikat: .....

| 12€ | 15€ | 17€ | 19€ | 22€ | [m²] | ⏱ 0,25 h/m² | 334.000.162 |

83 Dickschichtlasur, Holzdecke innen — KG **353**
Überholungsbeschichtung als Dickschichtlasur auf Holz-Deckenbekleidung aus Nut- und Federbrettern, im Innenbereich, einschl. Grundierung. Aufmaß und Abrechnung nach abgewickelter Fläche.
Bauteil: .....
Glanzgrad: .....
Farbeffekt: .....
Angeb. Fabrikat: .....

| 11€ | 13€ | 15€ | 17€ | 20€ | [m²] | ⏱ 0,30 h/m² | 334.000.163 |

84 Beschichtung, Kunstharz, Holzdecke innen — KG **353**
Deckende Überholungsbeschichtung mit Kunstharz auf Holz-Deckenbekleidung aus Nut- und Federbrettern im Innenbereich, mit einschl. Grundierung. Aufmaß und Abrechnung nach abgewickelter Fläche.
Bauteil: .....
Glanzgrad: .....
Farbeffekt: .....
Beschichtungsstoff: .....
Angeb. Fabrikat: .....

| 11€ | 13€ | 15€ | 17€ | 20€ | [m²] | ⏱ 0,30 h/m² | 334.000.164 |

85 Beschichtung, Kunstharz, Holz innen — KG **345**
Deckende Überholungsbeschichtung mit Kunstharz auf Holzbauteilen im Innenbereich mit Grund-, Zwischen- und Schlussbeschichtung. Leistung inkl. Anschleifen, Reinigen und wiederholten Schleifen zur Untergrundvorbereitung.
Oberfläche: seidenglänzend
Farbe: weiß

| 13€ | 15€ | 18€ | 20€ | 22€ | [m²] | ⏱ 0,35 h/m² | 334.000.165 |

Kosten:
Stand 2.Quartal 2018
Bundesdurchschnitt

▶ min
▷ von
ø Mittel
◁ bis
◀ max

Nr.	Kurztext / Langtext							Kostengruppe
▶	▷	ø netto €	◁	◀	[Einheit]	Ausf.-Dauer	Positionsnummer	

86 Beschichtung, Kunstharz, Holztür/Zarge innen KG **344**
Kunstharzbeschichtung auf Innentüren aus Holz, einschl. Futter, Bekleidung, bzw. Blendrahmen oder Zarge mit Grund-, Zwischen- und Schlussbeschichtung erneuern. Leistung inkl. alte Beschichtung anschleifen und blätternde Teile entfernen.
Oberfläche: seidenglänzend
Farbe: weiß

| 12 € | 14 € | **16 €** | 18 € | 20 € | [m²] | ⏱ 0,35 h/m² | 334.000.166 |

87 Beschichtung, Kunstharz, Holztür innen KG **344**
Kunstharzbeschichtung auf Innentüren aus Holz mit Grund-, Zwischen- und Schlussbeschichtung erneuern. Leistung inkl. alte Beschichtung anschleifen und blätternde Teile entfernen.
Oberfläche: seidenglänzend
Farbe: weiß

| 11 € | 13 € | **15 €** | 17 € | 19 € | [m²] | ⏱ 0,35 h/m² | 334.000.167 |

88 Beschichtung, Kunstharz, Holzfußboden innen KG **352**
Kunstharzbeschichtung auf Holzdielen-Fußboden mit Grund-, Zwischen- und Schlussbeschichtung erneuern. Leistung inkl. alte Beschichtung anschleifen und blätternde Teile entfernen.
Oberfläche: .....
Farbe: .....
Angeb. Fabrikat: .....

| 13 € | 14 € | **16 €** | 18 € | 21 € | [m²] | ⏱ 0,35 h/m² | 334.000.168 |

89 Beschichtung, Kunstharz, Holztreppen innen KG **352**
Kunstharzbeschichtung auf Holztreppenstufen mit Grund-, Zwischen- und Schlussbeschichtung erneuern. Leistung inkl. alte Beschichtung anschleifen und blätternde Teile entfernen.
Oberfläche: .....
Farbe: .....
Angeb. Fabrikat: .....

| 17 € | 19 € | **22 €** | 25 € | 28 € | [m²] | ⏱ 0,40 h/m² | 334.000.169 |

90 Beschichtung, Kunstharz, Holzfußleisten innen KG **352**
Kunstharzbeschichtung auf Fußleisten aus Holz mit Grund-, Zwischen- und Schlussbeschichtung erneuern. Leistung inkl. schließen der Nagellöcher, anschleifen und reinigen der Beschichtungsflächen.
Farbe: .....
Angeb. Fabrikat: .....

| 4 € | 4 € | **5 €** | 5 € | 6 € | [m] | ⏱ 0,10 h/m | 334.000.170 |

91 Beschichtung, Kunstharz, Geländer, Holz, innen KG **359**
Kunstharzbeschichtung auf Treppengeländern im Innenbereich, bestehend aus senkrechten Holzstäben mit Grund-, Zwischen- und Schlussbeschichtung erneuern. Leistung inkl. Entfernen loser Beschichtung, Fehlstellen spachteln, anschleifen und Reinigen der Beschichtungsflächen.
Stababstand: ca. 15 cm
Stabdurchmesser: ca. 30 mm
Farbe: .....
Angeb. Fabrikat: .....

| 21 € | 23 € | **27 €** | 30 € | 35 € | [m²] | ⏱ 0,45 h/m² | 334.000.171 |

LB 334
Maler- und Lackierarbeiten - Beschichtungen

Nr.	Kurztext / Langtext				[Einheit]	Ausf.-Dauer	Kostengruppe Positionsnummer
▶	▷	ø netto €	◁	◀			

92 Beschichtung, Kunstharz, Handlauf, Holz, innen — KG **359**
Kunstharzbeschichtung auf Handlauf im Innenbereich mit Grund- und Schlussbeschichtung erneuern. Leistung inkl. entfernen loser Beschichtung, Fehlstellen spachteln, anschleifen und reinigen der Beschichtungsflächen.
Farbe: .....
Angeb. Fabrikat: .....
7 €   8 €   **10 €**   11 €   13 €   [m]   ⏱ 0,20 h/m   334.000.172

93 Beschichtung, Kunstharz, Stahl, innen — KG **345**
Deckende Überholungsbeschichtung auf vollflächige Stahlkonstruktionen im Innenbereich, mit Kunstharz. Leistung einschl. anschleifen, reinigen, Grund- und Schlussbeschichtung.
Bauteil: .....
Beschichtungsstoff: .....
Glanzgrad: glänzend
Farbe: weiß
Angeb. Fabrikat: .....
13 €   15 €   **17 €**   20 €   22 €   [m²]   ⏱ 0,34 h/m²   334.000.173

94 Beschichtung, Kunstharz, Geländer innen — KG **359**
Überholungsbeschichtung auf Stahlgeländern als einfache Rechteck- oder Rundrohrkonstruktion mit Ober- und Untergurt, im Innenbereich, mit Kunstharz. Leistung einschl. anschleifen, reinigen mit Grund-, Zwischen- und Schlussbeschichtung.
Farbe: .....
Material: Kunstharz mit Korrosionsschutzpigment
Angeb. Fabrikat: .....
29 €   33 €   **38 €**   43 €   48 €   [m²]   ⏱ 0,70 h/m²   334.000.174

95 Beschichtung, Kunstharz, Stahlzarge innen — KG **344**
Überholungsbeschichtung auf Stahlzarge im Innenbereich mit Kunstharz. Leistung inkl. Beschichtung anschleifen, Grund-, Zwischen- und Schlussbeschichtung.
Oberfläche: .....
Breite: bis 30 cm
Farbe: .....
Angeb. Fabrikat: .....
11 €   13 €   **15 €**   18 €   20 €   [m]   ⏱ 0,32 h/m   334.000.175

96 Beschichtung, Kunstharz, Stahltürelement — KG **344**
Überholungsbeschichtung auf Stahltürblatt und Zarge im Innenbereich mit Kunstharz. Leistung inkl. Beschichtung anschleifen, Grund-, Zwischen- und Schlussbeschichtung
Fläche: bis 5,00 m²
Oberfläche: .....
Farbe: .....
Angeb. Fabrikat: .....
53 €   59 €   **67 €**   77 €   86 €   [St]   ⏱ 0,95 h/St   334.000.176

Kosten:
Stand 2.Quartal 2018
Bundesdurchschnitt

▶ min
▷ von
ø Mittel
◁ bis
◀ max

Nr.	Kurztext / Langtext							Kostengruppe
▶	▷	ø netto €	◁	◀	[Einheit]	Ausf.-Dauer	Positionsnummer	

97 Beschichtung, Kunstharz, Metall beschichtet, innen — KG **345**

Überholungsbeschichtung auf vollflächige, pulverbeschichtete Metallkonstruktionen im Innenbereich, mit Kunstharz, einschl. anschleifen.
Bauteil: .....
Beschichtungsstoff: .....
Glanzgrad: glänzend
Farbe: weiß
Angeb. Fabrikat: .....

| 14€ | 15€ | **18€** | 20€ | 22€ | [m²] | ⏱ 0,34 h/m² | 334.000.177 |

98 Beschichtung, rissüberbrückend — KG **395**

Rissüberbrückende Beschichtung mit organischem Beschichtungssystem auf verputzten Außenwänden mit Grundierung, Zwischenbeschichtung und Schlussbeschichtung nach instandsetzen.
Putz: .....
Oberfläche: .....
Rissbreiten: +/-0,1 mm
Beschichtungsstoff: .....
Angeb. System: .....

| 14€ | 16€ | **18€** | 21€ | 23€ | [m²] | ⏱ 0,32 h/m² | 334.000.178 |

99 Grundierung, Riss — KG **395**

Riss mit wasserabweisendem Grundieranstrich für füllendes Beschichtungssystem auf Außenwänden mit Putz vorbereiten.
Putz: .....

| 4€ | 4€ | **5€** | 6€ | 7€ | [m] | ⏱ 0,12 h/m | 334.000.179 |

100 Rissfüllung, Verschlämmen — KG **395**

Riss in Außenputz mit Streichfüller für folgendes Beschichtungssystem vorbereiten.
Putz: .....

| 6€ | 7€ | **8€** | 9€ | 10€ | [m] | ⏱ 0,12 h/m | 334.000.180 |

101 Beschichtung, rissüberbrückend, Gewebe — KG **395**

Rissüberbrückende Beschichtung mit organischem Beschichtungssystem und eingebettetem Gewebe auf verputzten Außenwänden mit Grundierung, Zwischenbeschichtung und Schlussbeschichtung instandsetzen.
Putz: .....
Oberfläche: .....
Beschichtungsstoff: .....
Angeb. System: .....

| 14€ | 17€ | **19€** | 22€ | 26€ | [m²] | ⏱ 0,45 h/m² | 334.000.181 |

102 Beschichtung, rissfüllend, Putz — KG **395**

Rissfüllendes Beschichtungssystem auf verputzten Außenwänden mit Grundierung, Zwischenbeschichtung und Schlussbeschichtung instandsetzen.
Putz: .....
Oberfläche: .....
Beschichtungsstoff: .....
Angeb. System: .....

| 11€ | 13€ | **15€** | 17€ | 20€ | [m²] | ⏱ 0,35 h/m² | 334.000.182 |

© **BKI** Baukosteninformationszentrum; Erläuterungen zu den Tabellen siehe Seite 22
Mustertexte geprüft: Bundesverband Farbe Gestaltung Bautenschutz

LB 334
Maler- und Lackierarbeiten - Beschichtungen

Kosten:
Stand 2.Quartal 2018
Bundesdurchschnitt

Nr.	Kurztext / Langtext							Kostengruppe
▶	▷	ø netto €	◁	◀	[Einheit]	Ausf.-Dauer	Positionsnummer

103 Oberputz, mineralisch, modifiziert — KG 395
Mineralischer Oberputz mit Kunststoffzusätzen auf verputzen Außenwänden mit Grundierung und mineralischen Oberputz instandsetzen.
Putz: .....
Oberfläche: .....
Oberputz: .....
Angeb. System: .....

| 15€ | 18€ | **21€** | 24€ | 28€ | [m²] | ⏱ 0,35 h/m² | 334.000.183 |

104 Oberputz, mineralisch, modifiziert, Gewebe — KG 395
Mineralischer Oberputz mit mineralisch gewebearmierter Spachtelung auf verputzten Außenwänden mit Grundierung und mineralischen Oberputz instandsetzen.
Putz: .....
Oberfläche: .....
Beschichtungsstoff: .....
Gewebe: .....
Angeb. System: .....

| 20€ | 24€ | **27€** | 31€ | 36€ | [m²] | ⏱ 0,40 h/m² | 334.000.184 |

105 Stundensatz Geselle / Facharbeiter, Maler-/Lackierarbeiten
Stundenlohnarbeiten für Vorarbeiter, Geselle, Facharbeiter und Gleichgestellte, sowie ähnliche Fachkräfte. Leistung nach besonderer Anordnung der Bauüberwachung. Anmeldung und Nachweis gemäß VOB/B.

| 31€ | 39€ | **44€** | 46€ | 49€ | [h] | ⏱ 1,00 h/h | 334.000.185 |

106 Stundensatz Helfer, Maler-/Lackierarbeiten
Stundenlohnarbeiten für Arbeitnehmer ohne bestandene Gesellenprüfung (Helfer, Hilfsarbeiter, Ungelernte, Angelernte). Leistung nach besonderer Anordnung der Bauüberwachung. Anmeldung und Nachweis gemäß VOB/B.

| 21€ | 30€ | **36€** | 41€ | 53€ | [h] | ⏱ 1,00 h/h | 334.000.186 |

▶ min
▷ von
ø Mittel
◁ bis
◀ max

LB 336 Bodenbelagarbeiten

Kosten:
Stand 2.Quartal 2018
Bundesdurchschnitt

▶ min
▷ von
ø Mittel
◁ bis
◀ max

Bodenbelagarbeiten — Preise €

Nr.	Positionen	Einheit	▶	▷ ø brutto € / ø netto €		◁	◀
1	Sockelleiste entfernen	m	1,0 / 0,8	2,0 / 1,7	**2,5** / **2,1**	3,0 / 2,5	3,5 / 2,9
2	Bodenbelag entfernen, verklebt	m²	4 / 3	7 / 6	**9** / **7**	10 / 9	13 / 11
3	PVC-Fliesen entfernen, verklebt	m²	16 / 13	19 / 16	**22** / **19**	27 / 22	29 / 24
4	Laminatboden entfernen	m²	10 / 8	11 / 9	**13** / **11**	16 / 13	17 / 14
5	Treppenbelag entfernen, verklebt	St	7 / 6	8 / 7	**9** / **8**	11 / 9	12 / 10
6	Bodenbelag entfernen	m²	4 / 3	6 / 5	**7** / **6**	9 / 8	12 / 10
7	Untergrund reinigen	m²	1 / 1,0	2 / 2,0	**3** / **2,3**	3 / 2,8	3 / 2,7
8	Klebereste entfernen	m²	2 / 1	2 / 2	**2** / **2**	3 / 2	3 / 3
9	Untergrund schleifen	m²	1 / 0,9	3 / 2,6	**4** / **3,0**	4 / 3,6	6 / 5,0
10	Untergrund grundieren	m²	2 / 1	3 / 2	**3** / **3**	4 / 3	6 / 5
11	Untergrund spachteln	m²	4 / 3	5 / 4	**6** / **5**	7 / 6	7 / 6
12	Spachtelung, Gewebe	m²	6 / 5	7 / 6	**9** / **7**	11 / 9	11 / 10
13	Ausgleichsspachtelung, bis 10mm	m²	2 / 2	4 / 3	**5** / **4**	7 / 6	11 / 9
14	Haftgrund, Bodenbelag	m²	0,7 / 0,6	1,6 / 1,4	**2,0** / **1,7**	2,7 / 2,3	4,5 / 3,8
15	Boden kugelstrahlen	m²	3 / 3	4 / 4	**5** / **4**	5 / 4	8 / 7
16	Randstreifen abschneiden	m	0,3 / 0,3	0,6 / 0,5	**0,7** / **0,6**	1,5 / 1,3	3,0 / 2,5
17	Textiler Oberbelag, Kunstfaser/Nadelvlies	m²	22 / 19	30 / 25	**33** / **28**	45 / 38	69 / 58
18	Textiler Oberbelag, Kunstfaser/Velour/Boucle	m²	25 / 21	40 / 33	**47** / **40**	58 / 49	83 / 70
19	Korkunterlage, Linoleum	m²	13 / 11	18 / 15	**21** / **17**	22 / 18	26 / 22
20	Linoleumbelag, bis 2,5mm	m²	24 / 20	31 / 26	**34** / **29**	39 / 33	49 / 41
21	Linoleumbelag, über 2,5mm	m²	27 / 23	35 / 29	**36** / **30**	41 / 34	51 / 43
22	Linoleumbelag verschweißen	m²	1 / 1	2 / 2	**3** / **2**	3 / 3	4 / 3
23	Bodenbelag, PVC	m²	27 / 23	37 / 31	**41** / **34**	48 / 40	62 / 52
24	Bodenbelag, Laminat	m²	46 / 39	51 / 43	**55** / **46**	59 / 49	65 / 55

© **BKI** Baukosteninformationszentrum; Erläuterungen zu den Tabellen siehe Seite 22

Kostenstand: 2.Quartal 2018, Bundesdurchschnitt

Bodenbelagarbeiten — Preise €

Nr.	Positionen	Einheit	▶	▷ ø brutto € ø netto €	◁	◀
25	Treppenstufe, Elastischer Bodenbelag	St	23	42 **45**	48	79
			19	35 **38**	41	67
26	Treppenstufe, Textiler Belag	St	21	34 **40**	45	61
			17	28 **33**	38	52
27	Treppenkantenprofil, Kunststoff	m	9	15 **18**	21	29
			8	13 **15**	18	25
28	Trennprofil, Metall	m	8	12 **14**	17	25
			6	10 **12**	15	21
29	Übergangsprofil, Metall	m	9	11 **12**	14	16
			7	10 **10**	11	14
30	Verfugung, elastisch, Silikon	m	2	4 **5**	6	9
			2	3 **4**	5	7
31	Sockelausbildung, Holzleisten	m	9	13 **14**	19	28
			7	11 **12**	16	24
32	Sockelausbildung, PVC-Leisten, Belag	m	3	5 **5**	7	10
			2	4 **5**	6	9
33	Sockelausbildung, PVC-Leisten, weich	m	3	5 **6**	8	13
			2	4 **5**	6	11
34	Sockelausbildung, Linoleum	m	5	9 **11**	16	25
			4	8 **9**	13	21
35	Erstpflege PVC/Lino/Kautschuk	m²	1,0	2,1 **2,6**	4,0	7,2
			0,8	1,8 **2,2**	3,3	6,0
36	Stundensatz Bodenleger-Facharbeiter	h	39	51 **56**	61	71
			33	43 **47**	51	60
37	Stundensatz Bodenleger-Helfer	h	27	39 **46**	52	59
			23	33 **39**	44	50

Nr.	Kurztext / Langtext				[Einheit]	Ausf.-Dauer	Kostengruppe Positionsnummer
▶	▷	ø netto €	◁	◀			

1 Sockelleiste entfernen KG **394**
Sockelleiste / Sockelprofil entfernen und anfallenden Bauschutt entsorgen.
Sockelleiste: .....
Befestigung: .....

| 0,8 € | 1,7 € | **2,1 €** | 2,5 € | 2,9 € | [m] | ⏱ 0,04 h/m | 336.000.052 |

2 Bodenbelag entfernen, verklebt KG **394**
Bodenbelag, verklebt, einschl. Sockelleiste entfernen und anfallenden Bauschutt entsorgen. Der Untergrund ist von Kleberresten zu reinigen und zur Aufnahme von neuem Bodenbelag vorzubereiten.
Belag: .....
Untergrund: .....
Art der Untergrundvorbereitung: .....

| 3 € | 6 € | **7 €** | 9 € | 11 € | [m²] | ⏱ 0,13 h/m² | 336.000.053 |

LB 336 Bodenbelagarbeiten

Kosten:
Stand 2.Quartal 2018
Bundesdurchschnitt

Nr.	Kurztext / Langtext				[Einheit]	Ausf.-Dauer	Kostengruppe Positionsnummer
▶	▷	ø netto €	◁	◀			

3 PVC-Fliesen entfernen, verklebt KG **394**
PVC-Fliesenbelag, verklebt, einschl. Sockelleisten entfernen und anfallenden Bauschutt entsorgen. Der Untergrund ist von Kleberresten zu reinigen und zur Aufnahme von neuem Bodenbelag vorzubereiten.
Untergrund: .....
13€   16€   **19€**   22€   24€   [m²]   ⏱ 0,17 h/m²   336.000.054

4 Laminatboden entfernen KG **394**
Bodenbelag aus Laminat einschl. Sockelleiste entfernen und anfallenden Bauschutt entsorgen.
8€   9€   **11€**   13€   14€   [m²]   ⏱ 0,15 h/m²   336.000.055

5 Treppenbelag entfernen, verklebt KG **394**
Bodenbelag auf Treppenstufen einschl. Kantenprofil und Sockelleiste entfernen und anfallenden Bauschutt entsorgen. Der Boden ist von Kleberresten zu reinigen und zur Aufnahme von neuem Bodenbelag vorzubereiten.
Belag: .....
Untergrund: .....
Befestigung: .....
Art der Untergrundvorbereitung: .....
6€   7€   **8€**   9€   10€   [St]   ⏱ 0,11 h/St   336.000.056

6 Bodenbelag entfernen KG **394**
Bodenbelag aus lose verlegtem Teppichboden entfernen und anfallenden Bauschutt entsorgen.
3€   5€   **6€**   8€   10€   [m²]   ⏱ 0,08 h/m²   336.000.057

7 Untergrund reinigen KG **395**
Reinigen des Untergrunds von Verschmutzungen und anfallenden Bauschutt entsorgen.
Verschmutzung: .....
1,0€   2,0€   **2,3€**   2,8€   2,7€   [m²]   ⏱ 0,04 h/m²   336.000.058

8 Klebereste entfernen KG **395**
Klebereste auf Boden, mineralisch, entfernen und anfallenden Bauschutt entsorgen.
Ausführungsort: .....
Untergrund: .....
1€   2€   **2€**   2€   3€   [m²]   ⏱ 0,04 h/m²   336.000.059

▶ min
▷ von
ø Mittel
◁ bis
◀ max

9 Untergrund schleifen KG **395**
Untergrund zur Haftungsverbesserung anschleifen und absaugen, anfallende Stoffe sammeln und entsorgen.
Untergrund: .....
0,9€   2,6€   **3,0€**   3,6€   5,0€   [m²]   ⏱ 0,06 h/m²   336.000.060

10 Untergrund grundieren KG **395**
Untergrund zur Aufnahme von Bodenbelag grundieren.
Ausführungsort: .....
Angeb. Fabrikat: .....
1€   2€   **3€**   3€   5€   [m²]   ⏱ 0,03 h/m²   336.000.061

Nr.	Kurztext / Langtext					Kostengruppe	
▶	▷	ø netto €	◁	◀	[Einheit]	Ausf.-Dauer	Positionsnummer

11 Untergrund spachteln — KG 395
Spachteln des Untergrunds zur Vorbereitung für Bodenbelagsarbeiten.
Untergrund: .....
Spachteldicke: bis 2 mm

| 3€ | 4€ | **5€** | 6€ | 6€ | [m²] | ⏱ 0,04 h/m² | 336.000.063 |

12 Spachtelung, Gewebe — KG 395
Spachtelung mit Armierungsgewebe zur Vorbereitung für Bodenbelagsarbeiten.
Untergrund: .....

| 5€ | 6€ | **7€** | 9€ | 10€ | [m²] | ⏱ 0,04 h/m² | 336.000.064 |

13 Ausgleichsspachtelung, bis 10mm — KG 395
Nivellierspachtel auf Estrich, einschl. Reinigen der Estrichfläche. Leistung ist nur nach schriftlicher Anweisung durch die Bauleitung auszuführen.
Nachfolgender Belag: .....
Estrich: .....
Spachteldicke: ..... mm
Angeb. Fabrikat: .....

| 2€ | 3€ | **4€** | 6€ | 9€ | [m²] | ⏱ 0,10 h/m² | 336.000.065 |

14 Haftgrund, Bodenbelag — KG 352
Voranstrich / Haftgrund für nachfolgende Bodenbeläge, vollflächig auf oberflächentrockene Flächen, einschl. Reinigung der Bodenflächen.

| 0,6€ | 1,4€ | **1,7€** | 2,3€ | 3,8€ | [m²] | ⏱ 0,03 h/m² | 336.000.066 |

15 Boden kugelstrahlen — KG 352
Verschmutzten Untergrund zur Aufnahme eines neuen Bodenbelags bis auf einen tragfähigen Grund strahlen, anschließend Fläche staubfrei absaugen.
Strahlverfahren: .....
Untergrund: .....
Abtragsdicke: 5 mm

| 3€ | 4€ | **4€** | 4€ | 7€ | [m²] | ⏱ 0,03 h/m² | 336.000.067 |

16 Randstreifen abschneiden — KG 352
Randdämmstreifen oberhalb des verlegten Bodenbelags abschneiden und anfallenden Bauschutt entsorgen.
Randdämmstreifen: .....

| 0,3€ | 0,5€ | **0,6€** | 1,3€ | 2,5€ | [m] | ⏱ 0,01 h/m | 336.000.068 |

LB 336 Bodenbelagarbeiten

Nr.	Kurztext / Langtext		ø netto €			[Einheit]	Ausf.-Dauer	Kostengruppe Positionsnummer
▶		▷		◁	◀			

Kosten:
Stand 2.Quartal 2018
Bundesdurchschnitt

17	Textiler Oberbelag, Kunstfaser/Nadelvlies							KG **352**

Textiler Oberbelag, vollflächig verklebt auf gespachteltem Untergrund.
Material: Nadelvlies, vollsynthetisch, ableitfähig, antistatisch
Belagdicke: ca. 6 mm
Oberseite: .....
Farbe: .....
Polmaterial: 100% PA
Rücken: PAC-Vlies
Beanspruchungsklasse: .....
Komfortklasse: .....
Brandverhalten: Bfl-s1
Stuhlrolleneignung: .....
Fußbodenheizung: .....
Dispersionskleber: D1
Emissionen: EC1
Einbauort: .....
Untergrund: .....
Angeb. Fabrikat: .....

| 19€ | 25€ | **28€** | 38€ | 58€ | [m²] | ⏱ 0,18 h/m² | 336.000.015 |

18	Textiler Oberbelag, Kunstfaser/Velour/Boucle							KG **352**

Textiler Oberbelag aus Kunstfaser, vollflächig verklebt auf gespachteltem Untergrund.
Material: Tuftingteppich, vollsynthetisch, ableitfähig, antistatisch
Belagdicke: ca. 4 mm
Oberseite: .....
Farbe: .....
Polmaterial: .....
Rücken: .....
Beanspruchungsklasse: .....
Komfortklasse: .....
Brandverhalten: Bfl-s1
Stuhlrolleneignung: .....
Fußbodenheizung: .....
Dispersionskleber: D1
Emissionen: EC1
Einbauort: .....
Untergrund: .....
Angeb. Fabrikat: .....

| 21€ | 33€ | **40€** | 49€ | 70€ | [m²] | ⏱ 0,18 h/m² | 336.000.017 |

▶ min
▷ von
ø Mittel
◁ bis
◀ max

Nr.	Kurztext / Langtext				[Einheit]	Ausf.-Dauer	Kostengruppe Positionsnummer
▶	▷ ø netto € ◁ ◀						

19 Korkunterlage, Linoleum KG **352**
Unterlage für Linoleumbelag aus glattem Kork, vollflächig verklebt auf gespachteltem Untergrund.
Brandverhalten: .....
Korkplattendicke: 2 mm
Dispersionskleber: D1
Emissionen: EC1
Einbauort: .....
Untergrund: .....
Angeb. Fabrikat: .....
11€   15€   **17€**   18€   22€   [m²]   ⏱ 0,12 h/m²   336.000.019

20 Linoleumbelag, bis 2,5mm KG **352**
Bodenbelag aus Linoleumbahnen, vollflächig verklebt auf gespachteltem Untergrund. Belag stuhlrollengeeignet, permanent antistatisch, zigarettenglutbeständig.
Material: Linoleum, geeignet für gewerbliche Anwendung
Oberfläche: marmoriert
Rutschhemmung: .....
Materialstärke: 2,5 mm
Beanspruchungsklasse: .....
Brandverhalten: Cfl-s1
Dispersionskleber: D1
Emissionen: EC1
Einbauort: .....
Untergrund: .....
Angeb. Fabrikat: .....
20€   26€   **29€**   33€   41€   [m²]   ⏱ 0,17 h/m²   336.000.020

21 Linoleumbelag, über 2,5mm KG **352**
Bodenbelag aus Linoleumbahnen, vollflächig verklebt auf gespachteltem Untergrund. Belag stuhlrollengeeignet, permanent antistatisch, zigarettenglutbeständig.
Material: Linoleum, geeignet für gewerbliche Anwendung
Oberfläche: marmoriert
Rutschhemmung: .....
Materialstärke: bis 4 mm
Beanspruchungsklasse: .....
Brandverhalten: Cfl-s1
Dispersionskleber: D1
Emissionen: EC1
Einbauort: .....
Untergrund: .....
Angeb. Fabrikat: .....
23€   29€   **30€**   34€   43€   [m²]   ⏱ 0,17 h/m²   336.000.021

22 Linoleumbelag verschweißen KG **352**
Belagsnähte der Linoleumbahnen fräsen und mittels Schweißschnur thermisch verschweißen.
Nahtbreite: 4 mm
Farbe: .....
Angeb. Fabrikat: .....
1€   2€   **2€**   3€   3€   [m²]   ⏱ 0,02 h/m²   336.000.022

LB 336 Bodenbelagarbeiten

Nr.	Kurztext / Langtext					[Einheit]	Kostengruppe Ausf.-Dauer Positionsnummer
▶	▷	ø netto €	◁	◀			

Kosten:
Stand 2.Quartal 2018
Bundesdurchschnitt

23 Bodenbelag, PVC — KG 352

Bodenbelag aus Polyvinylchlorid (PVC)-Bahnen, vollflächig verklebt auf gespachteltem Untergrund. Belag stuhlrollengeeignet, permanent antistatisch, zigarettenglutbeständig.
Material: PVC, geeignet für gewerblichen Bereich
Oberfläche: .....
Rutschhemmung: .....
Materialstärke: ..... mm
Beanspruchungsklasse: .....
Brandverhalten: Bfl-s1
Dispersionskleber: D1
Emissionen: EC1
Einbauort: .....
Untergrund: .....
Angeb. Fabrikat: .....

| 23 € | 31 € | **34** € | 40 € | 52 € | [m²] | ⏱ 0,17 h/m² | 336.000.023 |

24 Bodenbelag, Laminat — KG 352

Bodenbelag aus Laminat, schwimmend verlegt. Belag stuhlrollengeeignet, permanent antistatisch, zigarettenglutbeständig, geeignet für Fußbodenheizung.
Material: HDF
Dekor: .....
Rutschhemmung: .....
Materialstärke: .....
Beanspruchungsklasse: .....
Brandverhalten: Cfl-s1
Formaldehyd-Emission: E1
Dispersionskleber: D1
Emissionen: EC1
Einbauort: .....
Untergrund: .....
Angeb. Fabrikat: .....

| 39 € | 43 € | **46** € | 49 € | 55 € | [m²] | ⏱ 0,30 h/m² | 336.000.047 |

25 Treppenstufe, Elastischer Bodenbelag — KG 352

Elastischer Bodenbelag für Trittstufen einschl. Kantenschutzprofil verkleben.
Untergrund: .....
Belag: .....
Profil: .....
Steigungsverhältnis: 17,5 x 28,0 cm
Stufenbreite: .....
Farbe: .....
Dispersionskleber: D1
Emissionen: EC1
Angeb. Fabrikat: .....

| 19 € | 35 € | **38** € | 41 € | 67 € | [St] | ⏱ 0,35 h/St | 336.000.027 |

▶ min
▷ von
ø Mittel
◁ bis
◀ max

Nr.	Kurztext / Langtext					Kostengruppe		
▶	▷	ø **netto €**	◁	◀	[Einheit]	Ausf.-Dauer	Positionsnummer	

26 Treppenstufe, Textiler Belag — KG **352**

Textiler Bodenbelag für Trittstufen einschl. Kantenschutzprofil verkleben.
Untergrund: .....
Belagsmaterial: .....
Profil: .....
Steigungsverhältnis: 17,5 x 28,0 cm
Stufenbreite: .....
Farbe: .....
Dispersionskleber: D1
Emissionen: EC 1
Angeb. Fabrikat: .....

| 17 € | 28 € | **33 €** | 38 € | 52 € | [St] | ⏱ 0,35 h/St | 336.000.028 |

27 Treppenkantenprofil, Kunststoff — KG **352**

Treppenprofil aus Kunststoff für Trittstufenkante verkleben.
Untergrund: .....
Profil: .....
Ausführung: Längsrillen, Schenkellänge bis 45 mm
Material: .....
Belagsdicke: .....
Stufenbreite: .....
Farbe: .....
Dispersionskleber: D1
Emissionen: EC 1
Angeb. Fabrikat: .....

| 8 € | 13 € | **15 €** | 18 € | 25 € | [m] | ⏱ 0,15 h/m | 336.000.029 |

28 Trennprofil, Metall — KG **352**

Profilschiene aus Metall, in Belagshöhe auf bauseitigen Estrich montieren, Bodenbelag oberflächenbündig anarbeiten.
Profil: .....
Profilhöhe: ..... mm
Material: .....
Oberfläche: .....
Angeb. Fabrikat: .....

| 6 € | 10 € | **12 €** | 15 € | 21 € | [m] | ⏱ 0,15 h/m | 336.000.032 |

29 Übergangsprofil, Metall — KG **352**

Übergangsprofil aus leicht gerundetem Profil liefern, im Bereich des Belagwechsels unter dem Türblatt.
Material: .....
Oberfläche: .....
Angeb. Fabrikat: .....

| 7 € | 10 € | **10 €** | 11 € | 14 € | [m] | ⏱ 0,15 h/m | 336.000.048 |

LB 337
Tapezierarbeiten

Kosten:
Stand 2. Quartal 2018
Bundesdurchschnitt

- ▶ min
- ▷ von
- ø Mittel
- ◁ bis
- ◀ max

Tapezierarbeiten — Preise €

Nr.	Positionen	Einheit	▶	▷	ø brutto € / ø netto €	◁	◀
1	Tapete, 1-lagig, entfernen	m²	1	2	**3**	3	5
			1	2	**2**	3	4
2	Tapete beschichtet, 1-lagig, entfernen	m²	2	3	**3**	4	5
			2	2	**2**	3	4
3	Tapete, mehrlagig, entfernen	m²	2	3	**4**	4	6
			2	2	**3**	4	5
4	Schutzabdeckung, Inneneinrichtung	m²	0,7	1,4	**1,6**	1,8	2,3
			0,6	1,2	**1,4**	1,5	1,9
5	Schutzabdeckung, Boden, Folie/Schutzvlies	m²	1	2	**2**	3	4
			0,9	1,5	**1,6**	2,3	3,2
6	Schutzabdeckung, Boden, Pappe	m²	2	2	**3**	3	3
			2	2	**2**	2	3
7	Spachtelung/Armiervlies, Putz	m²	4	6	**7**	8	9
			3	5	**6**	6	8
8	Vorbehandlung Putz, spachteln/schleifen/grundieren	m²	0,6	1,4	**1,9**	2,9	4,7
			0,5	1,2	**1,6**	2,4	4,0
9	Vorbehandeln Gipsplatten, spachtel/schleifen/grundieren	m²	0,7	1,2	**1,2**	1,4	1,8
			0,6	1,0	**1,0**	1,2	1,5
10	Untergrund vorbehandeln, teilspachteln/schleifen	m²	1	3	**3**	4	5
			1	2	**2**	3	4
11	Raufasertapete, Wand	m²	4	6	**7**	8	12
			3	5	**6**	7	10
12	Raufasertapete, Decke	m²	4	6	**7**	9	15
			3	5	**6**	8	12
13	Raufasertapete, lineare Bauteile	m	0,9	2,0	**2,2**	4,7	8,1
			0,7	1,7	**1,9**	4,0	6,8
14	Raufaser, Dispersionsbeschichtung	m²	6	8	**9**	11	16
			5	7	**7**	9	14
15	Glasfasergewebe, Wand/Decke	m²	7	9	**10**	11	12
			6	7	**8**	9	10
16	Glasfasergewebe, Dispersionsbeschichtung	m²	10	14	**15**	19	25
			8	12	**12**	16	21
17	Tapezieren, Kleinflächen	m	0,4	1,2	**1,5**	1,9	2,6
			0,3	1,0	**1,3**	1,6	2,2
18	Stundensatz Geselle / Facharbeiter, Tapezierarbeiten	h	27	35	**39**	41	50
			22	29	**33**	35	42

Nr.	Kurztext / Langtext						Kostengruppe
▶	▷	ø netto €	◁	◀	[Einheit]	Ausf.-Dauer	Positionsnummer

1 Tapete, 1-lagig, entfernen — KG **394**
Tapete, einlagig, einschl. anhaftender Kleberrückstände entfernen und entsorgen.
Bauteil: .....
Raumhöhe: .....
Tapete: .....

| 1 € | 2 € | **2 €** | 3 € | 4 € | [m²] | ⏱ 0,06 h/m² | 337.000.035 |

© **BKI** Baukosteninformationszentrum; Erläuterungen zu den Tabellen siehe Seite 22
Mustertexte geprüft: Bundesverband Farbe Gestaltung Bautenschutz

Nr.	Kurztext / Langtext							Kostengruppe
▶	▷	ø netto €	◁	◀	[Einheit]		Ausf.-Dauer	Positionsnummer

2 Tapete beschichtet, 1-lagig, entfernen — KG 394
Beschichtete Tapete, einlagig, einschl. anhaftender Kleberrückstände entfernen und entsorgen.
Bauteil: .....
Raumhöhe: .....
Tapete: .....
Beschichtung: .....

2€	2€	**2€**	3€	4€	[m²]	⏱ 0,07 h/m²	337.000.036

3 Tapete, mehrlagig, entfernen — KG 394
Tapete, mehrlagig, einschl. anhaftender Kleberrückstände entfernen und entsorgen.
Bauteil: .....
Raumhöhe: .....
Tapete: .....

2€	2€	**3€**	4€	5€	[m²]	⏱ 0,10 h/m²	337.000.037

4 Schutzabdeckung, Inneneinrichtung — KG 397
Schutzabdeckung von Einrichtungsgegenständen, für Tapezierarbeiten, inkl. vorhalten, wieder entfernen und entsorgen, Ränder überlappt und staubdicht verschlossen durch Abkleben.
Abdeckung: Textil oder Folie
Vorhaltedauer: 4 Wochen

0,6€	1,2€	**1,4€**	1,5€	1,9€	[m²]	⏱ 0,05 h/m²	337.000.038

5 Schutzabdeckung, Boden, Folie/Schutzvlies — KG 397
Schutzabdeckung von Böden, für Tapezierarbeiten, inkl. vorhalten, wieder entfernen und entsorgen, Ränder überlappt und staubdicht verschlossen durch Abkleben.
Abdeckung: reißfeste Folie
Vorhaltedauer: 4 Wochen

0,9€	1,5€	**1,6€**	2,3€	3,2€	[m²]	⏱ 0,04 h/m²	337.000.039

6 Schutzabdeckung, Boden, Pappe — KG 397
Schutzabdeckung von Böden, für Tapezierarbeiten, inkl. vorhalten, wieder entfernen und entsorgen, Ränder überlappt und staubdicht verschlossen durch Abkleben.
Abdeckung: Pappe
Vorhaltedauer: 4 Wochen

2€	2€	**2€**	2€	3€	[m²]	⏱ 0,04 h/m²	337.000.040

7 Spachtelung/Armiervlies, Putz — KG 345
Untergrund aus Putzflächen mit Grundierung und Armiervlies und Feinspachtel für Tapezierarbeiten vorbereiten.
Einbauort: .....
Raumhöhe: .....
Putz: .....
Oberflächenqualität: .....
Angeb. Fabrikat: .....

3€	5€	**6€**	6€	8€	[m²]	⏱ 0,12 h/m²	337.000.041

LB 337
Tapezierarbeiten

Nr.	Kurztext / Langtext				[Einheit]	Ausf.-Dauer	Kostengruppe Positionsnummer
▶	▷	ø netto €	◁	◀			

Kosten:
Stand 2.Quartal 2018
Bundesdurchschnitt

8 Vorbehandlung Putz, spachteln/schleifen/grundieren, KG **345**
Verputzte Wand- und Deckenflächen teilspachteln und schleifen, als Untergrundvorbehandlung für Tapezierung, einschl. Grundierung der Putzflächen, Flächenanteil bis 30%.
Gef. Oberflächenqualität: **Q2 / Q3 / Q4** nach BFS Merkblatt
Raumhöhe: .....
Grundierung: .....
Raumhöhe: .....
Putzart: .....
Angeb. Fabrikat: .....
0,5€   1,2€   **1,6**€   2,4€   4,0€   [m²]   ⏱ 0,06 h/m²   337.000.042

9 Vorbehandeln Gipsplatten, spachtel/schleifen/grundieren KG **345**
Wand- und Deckenflächen aus Gipsplatten spachteln, schleifen und grundieren, als Untergrundvorbehandlung für die Tapezierung.
Gef. Oberflächenqualität: **Q2 / Q3 / Q4** nach BFS Merkblatt
Grundierung: .....
Untergrund: Gipsplattenflächen
Raumhöhe: .....
Angeb. Fabrikat: .....
0,6€   1,0€   **1,0**€   1,2€   1,5€   [m²]   ⏱ 0,02 h/m²   337.000.043

10 Untergrund vorbehandeln, teilspachteln/schleifen KG **345**
Teilspachteln und Schleifen von Wand- und Deckenflächen, als Untergrundvorbereitung für Beschichtung.
Untergrund: .....
Raumhöhe: .....
Flächenanteil: bis ..... %
1€   2€   **2**€   3€   4€   [m²]   ⏱ 0,06 h/m²   337.000.044

11 Raufasertapete, Wand KG **345**
Raufasertapete, aus Papierlagen mit strukturbildenden Holzspänen, auf vorbehandelte Flächen auf Stoß kleben, zur nachfolgenden Beschichtung mit Dispersionsfarbe.
Einbauort: Wände
Raumhöhe: .....
Untergrund: .....
Körnung: **RG / RM / RF nach BFS-Information 05-01**
Angeb. Fabrikat: .....
3€   5€   **6**€   7€   10€   [m²]   ⏱ 0,12 h/m²   337.000.045

12 Raufasertapete, Decke KG **353**
Raufasertapete, aus Papierlagen mit strukturbildenden Holzspänen, auf vorbehandelte Flächen auf Stoß kleben, zur nachfolgenden Beschichtung mit Dispersionsfarbe.
Einbauort: Decken
Raumhöhe: .....
Untergrund: .....
Körnung: **RG / RM / RF nach BFS-Information 05-01**
Angeb. Fabrikat: .....
3€   5€   **6**€   8€   12€   [m²]   ⏱ 0,15 h/m²   337.000.046

▶ min
▷ von
ø Mittel
◁ bis
◀ max

Nr.	Kurztext / Langtext							Kostengruppe
▶	▷	ø netto €	◁	◀	[Einheit]	Ausf.-Dauer	Positionsnummer

13 Raufasertapete, lineare Bauteile — KG 345

Raufasertapete, aus Papierlagen mit strukturbildenden Holzspänen, auf vorbehandelte Flächen auf Stoß kleben, zur nachfolgenden Beschichtung mit Dispersionsfarbe. Abrechnung nach m.
Bauteile: Stützen, Pfeiler, Lisenen, Laibungen u.dgl.
Höhe: .....
Bauteilbreite: ..... cm
Untergrund: .....
Körnung: **RG / RM / RF nach BFS-Information 05-01**
Angebotenes Produkt: .....

| 0,7€ | 1,7€ | **1,9€** | 4,0€ | 6,8€ | [m] | ⏱ 0,06 h/m | 337.000.047 |

14 Raufaser, Dispersionsbeschichtung — KG 345

Raufasertapete und nachfolgende Dispersions-Erstbeschichtung, auf Wand- oder Deckenflächen, einschl. Grundierung, Raufasertapete auf Stoß kleben.
Untergrund: .....
Tapete: Raufasertapete
Körnung: **RG / RM / RF nach BFS-Information 05-01**
Dispersionsfarbe: lösemittel- und weichmacherfrei
Nassabrieb: .....
Farbe: .....
Farbcode: .....
Glanzgrad: .....
Raumhöhe: 2,75 m
Angeb. Fabrikat: .....

| 5€ | 7€ | **7€** | 9€ | 14€ | [m²] | ⏱ 0,24 h/m² | 337.000.048 |

15 Glasfasergewebe, Wand/Decke — KG 345

Glasfasertapete auf vorbehandelte Flächen auf Stoß kleben, zur nachfolgenden Beschichtung mit Dispersionsfarbe.
Einbauort: .....
Raumhöhe: .....
Tapete: Glasfasergewebe
Untergrund: **Beton / glatter Putz / Gipsplattenflächen**
Oberfläche: .....
Angeb. Fabrikat: .....

| 6€ | 7€ | **8€** | 9€ | 10€ | [m²] | ⏱ 0,14 h/m² | 337.000.049 |

LB 337
Tapezierarbeiten

Kosten:
Stand 2.Quartal 2018
Bundesdurchschnitt

Nr.	Kurztext / Langtext				[Einheit]	Ausf.-Dauer	Kostengruppe Positionsnummer
▶	▷	ø netto €	◁	◀			

16 Glasfasergewebe, Dispersionsbeschichtung KG **345**

Glasfasertapete und nachfolgende Dispersions-Erstbeschichtung, auf Wand- oder Deckenflächen, einschl. Grundierung, Glasfasertapete auf Stoß kleben.
Untergrund: **Beton / glatter Putz / Gipsplattenflächen**
Bauteil: .....
Tapete: Glasfasergewebe
Oberfläche: .....
Dispersionsfarbe: lösemittel- und weichmacherfrei
Nassabrieb: .....
Beschichtungsgänge: zweimal
Farbcode: .....
Glanzgrad: **glänzend / mittlerer Glanz / matt / stumpfmatt**
Raumhöhe: .....
Angeb. Fabrikat: .....

| 8€ | 12€ | **12€** | 16€ | 21€ | [m²] | 0,20 h/m² | 337.000.051 |

17 Tapezieren, Kleinflächen KG **345**

Tapezieren von Kleinflächen bis 2,5m², wie Nischenrückflächen, Pfeiler, Stützen, Lisenen über 1,0m Breite u. dgl.
Raumhöhe: .....
Tapete: .....

| 0,3€ | 1,0€ | **1,3€** | 1,6€ | 2,2€ | [m] | 0,05 h/m | 337.000.052 |

18 Stundensatz Geselle / Facharbeiter, Tapezierarbeiten

Stundenlohnarbeiten für Vorarbeiter, Gesellen, Facharbeiter und Gleichgestellte, sowie ähnliche Fachkräfte. Leistung nach besonderer Anordnung der Bauüberwachung. Anmeldung und Nachweis gemäß VOB/B.

| 22€ | 29€ | **33€** | 35€ | 42€ | [h] | 1,00 h/h | 337.000.053 |

▶ min
▷ von
ø Mittel
◁ bis
◀ max

LB 338 Vorgehängte hinterlüftete Fassaden

Vorgehängte hinterlüftete Fassaden — Preise €

Nr.	Positionen	Einheit	▶	▷	ø brutto € / ø netto €	◁	◀
1	Wanddämmung entfernen, MW	m²	4	8	**9**	11	13
			4	6	**8**	9	11
2	Außenwandbekleidung entfernen, Holz	m²	12	14	**17**	21	23
			10	12	**15**	18	19
3	Außenwandbekleidung entfernen, Faserzementplatten	m²	10	12	**14**	17	18
			8	10	**12**	15	15
4	Unterkonstruktion, Traglattung	m²	8	10	**11**	13	18
			6	9	**10**	11	15
5	Unterkonstruktion, Holz-UK zweilagig	m²	12	24	**31**	40	63
			10	20	**26**	33	53
6	Fassadendämmung, Mineralwolle, VHF	m²	20	27	**29**	33	40
			17	23	**25**	28	34
7	Unterkonstruktion, Leichtmetall	m²	31	49	**56**	77	118
			26	41	**47**	65	99
8	Winddichtung, Polyestervlies	m²	9	13	**14**	27	42
			8	11	**12**	22	35
9	Fassadenbekleidung, Holz, Stülpschalung	m²	76	91	**98**	121	155
			64	77	**83**	102	131
10	Fassadenbekleidung, Faserzement-Tafeln	m²	81	123	**139**	154	202
			68	103	**117**	130	170
11	Fassadenbekleidung, Faserzement-Stülpdeckung	m²	78	109	**126**	141	178
			65	92	**106**	118	150
12	Fassadenbekleidung, Metall, Wellblech	m²	49	58	**61**	64	72
			41	49	**51**	54	60
13	Stundensatz Facharbeiter, vorgehängte Fassaden	h	48	57	**61**	67	79
			40	48	**52**	56	66

Kosten: Stand 2.Quartal 2018 Bundesdurchschnitt

▶ min
▷ von
ø Mittel
◁ bis
◀ max

Nr.	Kurztext / Langtext							Kostengruppe Positionsnummer
▶	▷	ø netto €	◁	◀	[Einheit]	Ausf.-Dauer		

1 Wanddämmung entfernen, MW — KG **394**
Wärmedämmung an Außenwand entfernen und anfallenden Bauschutt entsorgen.
Einbauart: .....
Dämmung: Mineralwolle
Dämmdicke: .....

4€ 6€ **8**€ 9€ 11€ [m²] ⏱ 0,05 h/m² 316.001.098

2 Außenwandbekleidung entfernen, Holz — KG **394**
Bekleidung auf Außenwand aus Holz einschl. Unterkonstruktion entfernen und anfallenden Bauschutt entsorgen.
Bekleidung: .....
Unterkonstruktion: .....

10€ 12€ **15**€ 18€ 19€ [m²] ⏱ 0,15 h/m² 316.001.097

Nr. Kurztext / Langtext							Kostengruppe	
▶	▷	ø netto €	◁	◀	[Einheit]	Ausf.-Dauer	Positionsnummer	

3 Außenwandbekleidung entfernen, Faserzementplatten — KG **394**

Bekleidung auf Außenwand aus kleinformatigen Faserzementplatten, nicht asbesthaltig, einschl. Unterkonstruktion entfernen und anfallenden Bauschutt entsorgen.
Bekleidung: .....
Unterkonstruktion: .....

▶	▷	ø	◁	◀	[Einheit]	Ausf.-Dauer	Positionsnummer
8€	10€	**12€**	15€	15€	[m²]	⏱ 0,40 h/m²	338.000.021

4 Unterkonstruktion, Traglattung — KG **335**

Traglattung für Fassadenbekleidung, inkl. Befestigungsmittel.
Art der Bekleidung: .....
Untergrund: .....
Holzart: Nadelholz
Sortierklasse: S10
Lattenquerschnitt: ..... mm
Lattenabstand: .....

6€	9€	**10€**	11€	15€	[m²]	⏱ 0,12 h/m²	338.000.022

5 Unterkonstruktion, Holz-UK zweilagig — KG **335**

Lattung für Fassadenbekleidung, bestehend aus senkrechter sowie waagrechter Lattung, inkl. Befestigungsmittel.
Art der Bekleidung: .....
Untergrund: .....
Holzart: Nadelholz, Sortierklasse: S10
Lattenquerschnitte: ..... mm
Lattenabstände: .....

10€	20€	**26€**	33€	53€	[m²]	⏱ 0,16 h/m²	338.000.023

6 Fassadendämmung, Mineralwolle, VHF — KG **335**

Wärmedämmung der vorgehängten, hinterlüfteten Fassade, aus Mineralwolle, einlagig, durchgehend wasserabweisend, dicht gestoßen zwischen Unterkonstruktion.
Dämmstoff: MW
Anwendung: WAB
Nennwert der Wärmeleitfähigkeit: 0,035 W/(mK)
Brandverhalten: Klasse **A1 / A2**
Dämmschichtdicke: 100-220mm
Angeb. Fabrikat: .....

17€	23€	**25€**	28€	34€	[m²]	⏱ 0,24 h/m²	338.000.024

7 Unterkonstruktion, Leichtmetall — KG **335**

Aluminium-Unterkonstruktion für hinterlüftete Außenwandbekleidung, justierbar und geeignet für großformatige Wandtafeln, bestehend aus Wandwinkeln und Tragprofilen. Befestigung in bauseitigem Grund mit Dübeln und Schrauben. Profilarten und -abstände, Abmessungen von Fest- und Gleitpunkten sowie alle Verbindungs- und Verankerungsmittel gemäß statischer Berechnung.
Abstand UK bis VK Bekleidung: .....
Untergrund: .....
Fassadenhöhe: .....
Angeb. Fabrikat: .....

26€	41€	**47€**	65€	99€	[m²]	⏱ 0,24 h/m²	338.000.025

LB 338 Vorgehängte hinterlüftete Fassaden

Kosten:
Stand 2.Quartal 2018
Bundesdurchschnitt

Nr.	Kurztext / Langtext						Kostengruppe	
▶	▷	ø netto €	◁	◀	[Einheit]	Ausf.-Dauer	Positionsnummer	

8 Winddichtung, Polyestervlies KG **335**

Winddichtung der vorgehängten Fassadenbekleidung, mit Unterspannbahn aus armiertem Polyestervlies, UV-beständig und diffusionsoffen, inkl. Anschlüsse an durchdringende Bauteile.
Unterspannbahn: .....
Sd-Wert: bis 0,10 m
Rissfestigkeit: größer 250N/50 mm
Wassersäule: größer 200 mm
Brandverhalten: Klasse .....
Farbe: schwarz
Angeb. Fabrikat: .....

| 8 € | 11 € | **12 €** | 22 € | 35 € | [m²] | ⏱ 0,12 h/m² | 338.000.026 |

9 Fassadenbekleidung, Holz, Stülpschalung KG **335**

Fassadenbekleidung mit Stülpschalung aus Holz, als vorgehängte, hinterlüftete Fassade, auf vorhandene Unterkonstruktion, Befestigung sichtbar mit nichtrostenden Schrauben.
Unterkonstruktion: .....
Fassadenbekleidung: .....
Ausführung: Bretter dreiseitig gehobelt, an Unterseite einfach gefalzt
Brettdicke: .....
Brettbreite: .....
Oberfläche: .....
Holzschutz: .....

| 64 € | 77 € | **83 €** | 102 € | 131 € | [m²] | ⏱ 0,76 h/m² | 338.000.027 |

10 Fassadenbekleidung, Faserzement-Tafeln KG **335**

Fassadenbekleidung mit großformatigen Faserzement-Tafeln, als vorgehängte, hinterlüftete Fassade, auf vorhandene Unterkonstruktion. Tafeln mit vorgebohrten Befestigungspunkten inkl. aller Befestigungsmittel, Schneide- und Bohrarbeiten.
Unterkonstruktion: .....
Plattentyp: .....
Mindestrohdichte: 1,65 g/cm³
Brandverhalten: A
Tafeldicke: .....
Tafelgröße: .....
Fugenbreite: .....
Oberfläche: .....
Oberflächenschutz: .....
Kantenausbildung: .....
Farbe: .....
Befestigung: .....
Befestigungsart: .....
Angeb. Fabrikat: .....

| 68 € | 103 € | **117 €** | 130 € | 170 € | [m²] | ⏱ 0,30 h/m² | 338.000.028 |

▶ min
▷ von
ø Mittel
◁ bis
◀ max

Nr.	Kurztext / Langtext							Kostengruppe
▶	▷	ø netto €	◁	◀	[Einheit]		Ausf.-Dauer	Positionsnummer

11 Fassadenbekleidung, Faserzement-Stülpdeckung — KG 335

Fassadenbekleidung mit großformatigen Faserzement-Tafeln, als vorgehängte, hinterlüftete Fassade, als Stülpdeckung mit senkrechte Fugen und hinterlegen Fugenband, in der Überdeckung befestigt, auf vorhandene Unterkonstruktion; inkl. aller Befestigungsmittel, Schneide- und Bohrarbeiten.
Unterkonstruktion: Holz-UK
Befestigungsuntergrund: .....
Platten: .....
Brandverhalten: A
Tafeldicke: 10 mm
Tafelgröße: .....
Zuschnitt aus Tafelgröße: .....
Fugenbreite: .....
Oberfläche: strukturiert
Oberflächenschutz: deckend beschichtet
Kantenausbildung: .....
Farbe: .....
Befestigung: in der Überdeckung
Angeb. Fabrikat: .....

| 65 € | 92 € | **106** € | 118 € | 150 € | [m²] | ⌚ 0,46 h/m² | 338.000.031 |

12 Fassadenbekleidung, Metall, Wellblech — KG 335

Fassadenbekleidung mit Wellblech-Fassadenplatten, als vorgehängte, hinterlüftete Fassade, vertikal auf vorhandene Metall-Unterkonstruktion, Längs- und Querstöße überlappend, mit sichtbarer Befestigung. Konstruktion mit unterem Einhängeblech und inkl. aller Befestigungsmittel, Schneide- und Bohrarbeiten.
Unterkonstruktion: .....
Plattentyp: Stahl-Wellblech
Profil: 18/76 mm
Blechdicke: .....
Tafelbreite: .....
Oberfläche: .....
Farbton: .....
Hafte: .....
Einhängeblech: .....
Angeb. Fabrikat: .....

| 41 € | 49 € | **51** € | 54 € | 60 € | [m²] | ⌚ 0,30 h/m² | 338.000.029 |

13 Stundensatz Facharbeiter, vorgehängte Fassaden

Stundenlohnarbeiten für Vorarbeiter, Facharbeiter und Gleichgestellte (z. B. Spezialbaufacharbeiter, Baufacharbeiter, Obermonteure, Monteure, Gesellen, Maschinenführer, Fahrer und ähnliche Fachkräfte). Leistung nach besonderer Anordnung der Bauüberwachung. Anmeldung und Nachweis gemäß VOB/B.

| 40 € | 48 € | **52** € | 56 € | 66 € | [h] | ⌚ 1,00 h/h | 338.000.030 |

LB 339 Trockenbauarbeiten

Kosten:
Stand 2.Quartal 2018
Bundesdurchschnitt

▶ min
▷ von
ø Mittel
◁ bis
◀ max

Trockenbauarbeiten — Preise €

Nr.	Positionen	Einheit	▶	▷ ø brutto € ø netto €	◁	◀
1	Montagewand abbrechen, GK	m²	12 10	17 14	**21** **18**	26 22	34 28
2	Deckenkleidung abbrechen, GK	m²	10 8	16 14	**20** **17**	24 20	28 23
3	Unterdecke abbrechen, GK	m²	8 7	13 11	**16** **14**	20 16	25 21
4	Verkofferung abbrechen, GK	m²	12 10	17 14	**22** **19**	27 22	31 26
5	Zwischensparrendämmung, MW 032, 100mm	m²	17 14	19 16	**23** **19**	28 24	31 26
6	Zwischensparrendämmung, MW 032, 120mm	m²	19 16	22 18	**26** **22**	32 27	35 30
7	Zwischensparrendämmung, MW 032, 140mm	m²	22 19	26 22	**31** **26**	38 32	43 36
8	Zwischensparrendämmung, MW 035, 100mm	m²	14 12	16 14	**20** **17**	25 21	28 23
9	Zwischensparrendämmung, MW 035, 120mm	m²	17 14	18 15	**23** **19**	28 23	30 26
10	Zwischensparrendämmung, MW 035, 140mm	m²	18 15	22 18	**26** **22**	32 27	35 29
11	Decke, abgehängt, GK, einlagig	m²	34 28	43 36	**48** **40**	54 45	71 59
12	Decke, abgehängt, GK, doppellagig	m²	38 32	48 40	**53** **45**	60 50	74 62
13	Montagewand, Holz, 100mm, GK einlagig, MW	m²	70 59	74 63	**78** **65**	87 73	98 82
14	Montagewand, Metall, 100mm, GK einlagig, MW	m²	49 41	62 52	**67** **57**	74 62	88 74
15	Montagewand, Metall, 125mm, GK zweilagig, MW, EI 30	m²	50 42	65 55	**70** **59**	81 68	104 87
16	Montagewand, Metall, 150mm, GK zweilagig, MW, EI 30	m²	52 43	65 55	**71** **60**	82 69	109 92
17	Montagewand, Metall, 100mm, GKF zweilagig, MW, EI 90	m²	45 38	67 57	**75** **63**	89 75	132 111
18	Montagewand, Metall, 200mm, GKF zweilagig, Ständerwerk doppelt, EI 90	m²	41 34	69 58	**83** **69**	90 76	108 91
19	Montagewand, Metall, 125mm, GKF einlagig, Ständerwerk doppelt, MW, EI 30	m²	70 59	95 80	**103** **87**	113 95	138 116
20	Innenwand, Gipsbauplatte	m²	53 45	62 52	**64** **53**	68 57	75 63
21	Anschluss, Montagewand, Dach-/Wandschräge	m	3 2	7 6	**9** **8**	11 10	15 13

© BKI Baukosteninformationszentrum; Erläuterungen zu den Tabellen siehe Seite 22
Mustertexte geprüft: Fachverband der Stuckateure für Ausbau und Fassade Baden-Württemberg

Kostenstand: 2.Quartal 2018, Bundesdurchschnitt

Trockenbauarbeiten — Preise €

Nr.	Positionen	Einheit	▶	▷ ø brutto € / ø netto €		◁	◀
22	Anschluss, Montagewand, gleitend	m	6	14	**19**	29	51
			5	12	**16**	24	43
23	Ecken, Kantenprofil, Montagewand	m	4	8	**10**	13	24
			3	7	**8**	11	20
24	Türöffnung, Montagewand	St	30	54	**62**	77	120
			26	46	**52**	65	101
25	Fensteröffnung, Montagewand	St	27	54	**65**	73	89
			23	45	**54**	61	74
26	Vorsatzschale, GK/GF, Feuchträume	m²	41	52	**57**	71	102
			35	44	**48**	59	86
27	Vorsatzschale, GK/GF, MW	m²	33	51	**59**	74	121
			28	43	**49**	62	101
28	Vorsatzschale, GK/GF	m²	19	47	**56**	67	99
			16	39	**47**	56	84
29	Verkofferung/Bekleidung, Rohrleitungen	m	43	58	**64**	77	100
			36	49	**54**	65	84
30	Installationskanal, GKF-Platte, EI 30	m	56	71	**78**	87	101
			47	59	**65**	73	85
31	Trockenputz, GK-Verbundplatte, Dämmung	m²	29	37	**40**	54	76
			24	31	**34**	46	63
32	Trockenputz, GK-Platte 12,5mm	m²	20	31	**37**	45	65
			17	26	**31**	38	54
33	GK-/GF-Bekleidung, einlagig, auf Unterkonstruktion	m²	20	30	**33**	40	53
			17	25	**28**	33	45
34	GKF-Bekleidung, doppelt, EI 90, vorh. Unterkonstruktion	m²	67	88	**96**	123	178
			56	74	**81**	103	150
35	Bekleidung, CaSi-Platten	m²	68	96	**107**	126	157
			57	81	**90**	106	132
36	Fensterlaibung, GK	m	14	20	**23**	30	41
			12	17	**20**	25	35
37	GK-Platte imprägniert	m²	2	3	**3**	4	7
			1	2	**3**	4	5
38	Trockenestrich, GF-Platten	m²	32	39	**43**	50	62
			27	33	**36**	42	52
39	Spachtelung, GK-Platten, Qualitätserhöhung	m²	5	7	**9**	10	13
			4	6	**8**	8	11
40	Stundensatz Facharbeiter, Trockenbau	h	47	55	**58**	61	68
			40	46	**49**	52	57
41	Stundensatz Helfer, Trockenbau	h	39	46	**50**	53	58
			33	39	**42**	44	49

© **BKI** Baukosteninformationszentrum; Erläuterungen zu den Tabellen siehe Seite 22
Mustertexte geprüft: Fachverband der Stuckateure für Ausbau und Fassade Baden-Württemberg

LB 339 Trockenbauarbeiten

Kosten:
Stand 2.Quartal 2018
Bundesdurchschnitt

Nr.	Kurztext / Langtext					[Einheit]	Ausf.-Dauer	Kostengruppe Positionsnummer
▶	▷	ø netto €	◁	◀				

1 Montagewand abbrechen, GK — KG 394
Montagewand aus Metallständerprofilen, beidseitig mit Gipskartonplatten beplankt, abbrechen und anfallenden Bauschutt entsorgen.
Wandaufbau: .....
Beplankung: .....
Wandhöhen: .....

| 10€ | 14€ | **18**€ | 22€ | 28€ | [m²] | ⌀ 0,25 h/m² | 339.000.088 |

2 Deckenkleidung abbrechen, GK — KG 394
Plattenbekleidung aus Gipskarton an Decken einschl. Unterkonstruktion abbrechen und anfallenden Bauschutt entsorgen.
Bekleidung: 12,5 mm, einlagig
Einbauhöhe: .....
Unterkonstruktion: .....

| 8€ | 14€ | **17**€ | 20€ | 23€ | [m²] | ⌀ 0,28 h/m² | 339.000.089 |

3 Unterdecke abbrechen, GK — KG 394
Abgehängte Unterdecke aus Gipskartonplatten auf Metallprofilen abbrechen und anfallenden Bauschutt entsorgen.
Deckenaufbau: .....

| 7€ | 11€ | **14**€ | 16€ | 21€ | [m²] | ⌀ 0,28 h/m² | 339.000.090 |

4 Verkofferung abbrechen, GK — KG 394
Verkofferung von Rohrleitungen einschl. Unterkonstruktion abbrechen und anfallenden Bauschutt entsorgen.
Beplankung: ..... aus Gipsplatte Typ A..... mm
Untergrund: .....
Abmessungen: .....

| 10€ | 14€ | **19**€ | 22€ | 26€ | [m²] | ⌀ 0,30 h/m² | 339.000.091 |

A 1 Zwischensparrendämmung, Mineralwolle 032   Beschreibung für Pos. 5-7
Wärmedämmung aus Mineralwolle zwischen den Sparren als nachträgliche Dämmmaßnahme von innen einbauen.
Material: Mineralwolle, MW
Brandverhalten: Klasse A1
Anwendungsgebiet: DZ
Wärmeleitfähigkeit: 0,032

5 Zwischensparrendämmung, MW 032, 100mm — KG 363
Wie Ausführungsbeschreibung A 1
Sparrenabstand: ..... mm
Anzahl der Lagen: einlagig
Dämmdicke: 100 mm
Angeb. Fabrikat: .....

| 14€ | 16€ | **19**€ | 24€ | 26€ | [m²] | ⌀ 0,20 h/m² | 339.000.095 |

▶ min
▷ von
ø Mittel
◁ bis
◀ max

Nr.	Kurztext / Langtext						Kostengruppe
▶	▷	ø netto €	◁	◀	[Einheit]	Ausf.-Dauer	Positionsnummer

6 Zwischensparrendämmung, MW 032, 120mm — KG 363
Wie Ausführungsbeschreibung A 1
Sparrenabstand: ..... mm
Anzahl der Lagen: einlagig
Dämmdicke: 120 mm
Angeb. Fabrikat: .....

| 16€ | 18€ | **22€** | 27€ | 30€ | [m²] | ⏱ 0,20 h/m² | 339.000.096 |

7 Zwischensparrendämmung, MW 032, 140mm — KG 363
Wie Ausführungsbeschreibung A 1
Sparrenabstand: ..... mm
Anzahl der Lagen: einlagig
Dämmdicke: 140 mm
Angeb. Fabrikat: .....

| 19€ | 22€ | **26€** | 32€ | 36€ | [m²] | ⏱ 0,22 h/m² | 339.000.097 |

A 2 Zwischensparrendämmung, Mineralwolle, 035 — Beschreibung für Pos. 8-10
Wärmedämmung aus Mineralwolle zwischen den Sparren als nachträgliche Dämmmaßnahme von innen einbauen.
Material: Mineralwolle, MW
Brandverhalten: Klasse A1
Anwendungsgebiet: DZ
Wärmeleitfähigkeit: 0,035

8 Zwischensparrendämmung, MW 035, 100mm — KG 363
Wie Ausführungsbeschreibung A 2
Sparrenabstand: ..... mm
Anzahl der Lagen: einlagig
Dämmdicke: 100 mm
Angeb. Fabrikat: .....

| 12€ | 14€ | **17€** | 21€ | 23€ | [m²] | ⏱ 0,20 h/m² | 339.000.092 |

9 Zwischensparrendämmung, MW 035, 120mm — KG 363
Wie Ausführungsbeschreibung A 2
Sparrenabstand: ..... mm
Anzahl der Lagen: einlagig
Dämmdicke: 120 mm
Angeb. Fabrikat: .....

| 14€ | 15€ | **19€** | 23€ | 26€ | [m²] | ⏱ 0,22 h/m² | 339.000.093 |

10 Zwischensparrendämmung, MW 035, 140mm — KG 363
Wie Ausführungsbeschreibung A 2
Sparrenabstand: ..... mm
Anzahl der Lagen: einlagig
Dämmdicke: 140 mm
Angeb. Fabrikat: .....

| 15€ | 18€ | **22€** | 27€ | 29€ | [m²] | ⏱ 0,22 h/m² | 339.000.094 |

LB 339 Trockenbauarbeiten

Kosten:
Stand 2.Quartal 2018
Bundesdurchschnitt

Nr.	Kurztext / Langtext					[Einheit]	Ausf.-Dauer	Kostengruppe Positionsnummer
▶	▷	ø netto €	◁	◀				

11 Decke, abgehängt, GK, einlagig — KG 353

Unterdecke aus Gipsplatten, als abgehängte Decke, einschl. Unterkonstruktion. Wandanschlussausbildung in gesonderter Position.
Unterkonstruktion: Metallprofile CD 60/27/06, UD 28/27/06
Abhängung: Schnellabhänger
Bekleidung: Gipskartonplatte, Typ A
Plattendicke: 12,5 mm
Oberfläche: Qualitätsstufe Q2
Einbauhöhe: ..... m
Abhänghöhe: bis ..... m
Angeb. Fabrikat: .....

▶	▷	ø	◁	◀			
28€	36€	**40€**	45€	59€	[m²]	⏱ 0,52 h/m²	339.000.099

12 Decke, abgehängt, GK, doppellagig — KG 353

Unterdecke aus Gipskartonplatten, als abgehängte Decke, einschl. Unterkonstruktion. Wandanschlussausbildung in gesonderter Position.
Unterkonstruktion: Metallprofile CD 60/27/06, UD 28/27/06
Abhängung: Schnellabhänger
Bekleidung: Gipskartonplatten GK, Typ A
Plattendicke: 2x 12,5 mm
Oberfläche: Qualitätsstufe Q2
Einbauhöhe: ca. 2,80 m
Abhänghöhe: bis 0,50 m
Angeb. Fabrikat: .....

| 32€ | 40€ | **45€** | 50€ | 62€ | [m²] | ⏱ 0,60 h/m² | 339.000.100 |

13 Montagewand, Holz, 100mm, GK einlagig, MW — KG 342

Nichttragende Trennwand, als beidseitig beplankte Holzständerwand, mit Dämmschicht aus Mineralwolleplatten, abrutschsicher und dicht gestoßen, einschl. Verspachteln und Schleifen von Fugen und Befestigungsmitteln.
Boden: Estrich
Unterkonstruktion: Einfach-Ständerwerk aus Holzprofilen
Profilquerschnitt: 75 x 75 mm
Ständerabstand: 62,5 cm
Beplankung: Gipskartonplatte Typ .....
Plattendicken je Seite: 1x 12,5 mm
Oberfläche: Qualitätsstufe Q2
Dämmung: Mineralwolle MW
Nennwert der Wärmeleitfähigkeit: 0,040 W/(mK)
Strömungswiderstand: mind. 5kPa s/m²
Dämmschichtdicke: 40 mm
Anschlüsse: .....
Brandschutz: EI 30
Brandbelastung: .....
Wanddicke: 85 mm
Wandhöhe: .....
Einbaubereich: .....
Angeb. Fabrikat: .....

| 59€ | 63€ | **65€** | 73€ | 82€ | [m²] | ⏱ 0,50 h/m² | 339.000.101 |

▶ min
▷ von
ø Mittel
◁ bis
◀ max

© BKI Baukosteninformationszentrum; Erläuterungen zu den Tabellen siehe Seite 22
Mustertexte geprüft: Fachverband der Stuckateure für Ausbau und Fassade Baden-Württemberg

Nr.	Kurztext / Langtext					Kostengruppe		
▶	▷	ø netto €	◁	◀	[Einheit]	Ausf.-Dauer	Positionsnummer	

14 Montagewand, Metall, 100mm, GK einlagig, MW KG **342**

Nichttragende innere Trennwand, als beidseitig beplankte Montagewand, mit Dämmschicht aus Mineralwolleplatten, abrutschsicher und dicht gestoßen, einschl. Verspachteln und Schleifen von Fugen und Befestigungsmitteln.
Boden: Estrich
Unterkonstruktion: Einfach-Ständerwerk aus verzinkten Stahlblech-Profilen
Profilgröße: 75 mm
Beplankung: Gipskartonplatte Typ ....
Plattendicken je Seite: 1x 12,5 mm
Oberfläche: Qualitätsstufe Q2
Dämmung: Mineralwolle MW
Nennwert der Wärmeleitfähigkeit: 0,040 W/(mK)
Strömungswiderstand: mind. 5kPa s/m²
Dämmdicke: 40 mm
Anschlüsse:
Wandhöhe: bis 3,00 m
Einbaubereich: .....
Angeb. Fabrikat: .....

| 41 € | 52 € | **57 €** | 62 € | 74 € | [m²] | ⏱ 0,50 h/m² | 339.000.102 |

15 Montagewand, Metall, 125mm, GK zweilagig, MW, EI 30 KG **342**

Nichttragende innere Trennwand, als beidseitig beplankte Metallständerwand, mit Dämmschicht aus Mineralwolleplatten, abrutschsicher und dicht gestoßen, einschl. Verspachteln und Schleifen von Fugen und Befestigungsmitteln.
Boden: .....
Unterkonstruktion: Einfach-Ständerwerk aus verzinkten Stahlblech-Profilen
Profilgröße: 75 mm
Beplankung: Gipskartonplatte Typ .....
Plattendicken je Seite: 2x 12,5 mm
Oberfläche: gef. Qualitätsstufe Q2
Dämmung: Mineralwolle MW-WI
Brandverhalten: Klasse A
Nennwert der Wärmeleitfähigkeit: 0,040 W/(mK)
Strömungswiderstand: mind. 5kPa s/m²
Dämmschichtdicke: 60 mm
Anschlüsse: .....
Brandschutz: EI 30
Brandbelastung: beidseitig
Wanddicke: 125 mm
Wandhöhe: bis 4,00 m
Einbaubereich: .....
Angeb. Fabrikat: .....

| 42 € | 55 € | **59 €** | 68 € | 87 € | [m²] | ⏱ 0,65 h/m² | 339.000.103 |

LB 339 Trockenbauarbeiten

Kosten:
Stand 2.Quartal 2018
Bundesdurchschnitt

Nr.	Kurztext / Langtext					Kostengruppe	
▶	▷	ø netto €	◁	◀	[Einheit]	Ausf.-Dauer	Positionsnummer

16   **Montagewand, Metall, 150mm, GK zweilagig, MW, EI 30**   KG **342**

Nichttragende innere Trennwand, als beidseitig beplankte Montagewand mit Dämmschicht aus Mineralwolleplatten, abrutschsicher und dicht gestoßen, einschl. Verspachteln und Schleifen von Fugen und Befestigungsmitteln.
Boden: .....
Unterkonstruktion: Einfach-Ständerwerk aus verzinkten Stahlblech-Profilen
Profilgröße: 100 mm
Beplankung: Gipskartonplatte Typ .....
Plattendicken je Seite: 2x 12,5 mm
Oberfläche: Qualitätsstufe Q2
Dämmung: Mineralwolle MW-WI
Brandverhalten: Klasse A
Nennwert der Wärmeleitfähigkeit: 0,040 W/(mK)
Strömungswiderstand: mind. 5kPa s/m²
Dämmdicke: mind. 80 mm
Anschlüsse: .....
Brandschutz: EI 30
Brandbelastung: beidseitig
Wanddicke: 150 mm
Wandhöhe: bis 4,00 m
Einbaubereich: .....
Angeb. Fabrikat: .....

| 43 € | 55 € | **60 €** | 69 € | 92 € | [m²] | ⏱ 0,65 h/m² | 339.000.104 |

▶ min
▷ von
ø Mittel
◁ bis
◀ max

Nr.	Kurztext / Langtext					Kostengruppe		
▶	▷	ø netto €	◁	◀	[Einheit]	Ausf.-Dauer	Positionsnummer

17 Montagewand, Metall, 100mm, GKF zweilagig, MW, EI 90   KG **342**

Nichttragende innere Trennwand, als beidseitig beplankte Montagewand, mit Dämmschicht aus Mineralwolleplatten, abrutschsicher und dicht gestoßen, einschl. Verspachteln und Schleifen von Fugen und Befestigungsmitteln.
Boden: **Estrich / Rohboden**
Unterkonstruktion: Einfach-Ständerwerk aus verzinkten Stahlblech-Profilen
Profilgröße: 50 mm
Beplankung: Gipskartonplatte Typ DF -Feuerschutzplatte
Plattendicke je Seite: 2x 12,5 mm
Oberfläche: gef. Qualitätsstufe Q2
Dämmung: Mineralwolle MW-WI
Brandverhalten: Klasse A
Nennwert der Wärmeleitfähigkeit: 0,040 W/(mK)
Strömungswiderstand: mind. 5kPa s/m^2
Dämmschichtdicke: mind. 40 mm
Rohdichte Dämmung: .....
Anschlüsse: .....
Brandschutz: EI 90
Brandbelastung: beidseitig
Schalldämmung: R_w, R=50dB
Wärmedurchgangskoeffizient: 0,61 W/(m^{2}K)
Wanddicke: 100 mm
Wandhöhe: bis 4,00 m
Einbaubereich: .....
Angeb. Fabrikat: .....

| 38 € | 57 € | **63** € | 75 € | 111 € | [m²] | ⏱ 0,65 h/m² | 339.000.105 |

LB 339 Trockenbauarbeiten

Kosten:
Stand 2.Quartal 2018
Bundesdurchschnitt

▶ min
▷ von
ø Mittel
◁ bis
◀ max

Nr.	Kurztext / Langtext							Kostengruppe
▶	▷	ø netto €	◁	◀		[Einheit]	Ausf.-Dauer	Positionsnummer

18 Montagewand, Metall, 200mm, GKF zweilagig, Ständerwerk doppelt, EI 90   KG 342

Nichttragende innere Trennwand, als beidseitig beplankte Installationswand mit doppeltem Ständerwerk, mit Dämmschicht aus Mineralwolleplatten, abrutschsicher und dicht gestoßen, einschl. Verspachteln und Schleifen von Fugen und Befestigungsmitteln.
Boden: Estrich / Rohboden
Unterkonstruktion: Doppelständerwerk aus verzinkten Stahlblech-Profilen
Profilgröße: 75 mm
Beplankung: Gipskartonplatte -Typ DF Feuerschutzplatte
Plattendicke je Seite: 2x 12,5 mm
Oberfläche: gef. Qualitätsstufe Q2
Dämmung: Mineralwolle MW-WI
Brandverhalten: Klasse A
Nennwert der Wärmeleitfähigkeit: 0,040 W/(mK)
Strömungswiderstand: mind. 5kPa s/m²
Dämmschichtdicke: 2x 60 mm
Anschlüsse: starrer Anschluss
Brandschutz: EI 90
Brandbelastung: beidseitig
Schalldämmung: R_w, R=52dB
Wärmedurchgangskoeffizient: 0,60 W/(m²K)
Wanddicke: über 200 mm
Wandhöhe: bis 3,00 m
Einbaubereich: .....
Angeb. Fabrikat: .....

| 34€ | 58€ | **69€** | 76€ | 91€ | | [m²] | ⏱ 1,00 h/m² | 339.000.106 |

19 Montagewand, Metall, 125mm, GKF einlagig, Ständerwerk doppelt, MW, EI 30   KG 342

Nichttragende innere Trennwand, als beidseitig beplankte Installationswand mit doppeltem Ständerwerk, mit Dämmschicht aus Mineralwolleplatten, abrutschsicher und dicht gestoßen, einschl. Verspachtelung von Fugen und Befestigungsmitteln.
Boden: **Estrich / Rohboden**
Unterkonstruktion: Doppelständerwerk aus verzinkten Stahlblech-Profilen
Profilgröße: 100 mm
Beplankung: Gipskartonplatte, Typ DF -Feuerschutzplatte
Plattendicke je Seite: 2x 12,5 mm
Oberfläche: Qualitätsstufe Q2
Dämmung: MW-WI, Brandverhalten: Klasse A, Wärmeleitfähigkeit: 0,040 W/(mK)
Strömungswiderstand: mind. 5kPa s/m²
Dämmschichtdicke: 80 mm
Anschlüsse: .....
Brandschutz: EI 30
Brandbelastung: beidseitig
Schalldämmung: R_w, R=52dB
Wärmedurchgangskoeffizient: 0,60 W/(m²K)
Wanddicke: 125 mm
Wandhöhe: bis 2,75 m
Einbaubereich: .....
Angeb. Fabrikat: .....

| 59€ | 80€ | **87€** | 95€ | 116€ | | [m²] | ⏱ 0,90 h/m² | 339.000.107 |

Nr.	Kurztext / Langtext						Kostengruppe	
▶	▷	ø netto €	◁	◀	[Einheit]	Ausf.-Dauer	Positionsnummer	

20 Innenwand, Gipsbauplatte KG **342**
Nichttragende Trennwand aus Gipsbauplatten, eingebaut auf Rohdecke.
Wanddicke: ..... mm
Brandschutz: .....
Brandbelastung: .....
Brandverhalten: Klasse A1
Rohdichte: ..... kg/m³
Geforderte Oberfläche: Q2, für späteren Putzauftrag
Wandanschluss: .....
Einbaubereich: .....
Wandhöhe: .....
Angeb. Fabrikat: .....

| 45€ | 52€ | **53€** | 57€ | 63€ | [m²] | ⏱ 0,60 h/m² | 339.000.108 |

21 Anschluss, Montagewand, Dach-/Wandschräge KG **342**
Anschluss der nichttragenden Montagewand an Dachschräge. Abrechnung nach Länge des Anschlusses, in der Schräge gemessen.
Wanddicke: .....
Wandhöhe: von .... bis ....
Wand beidseitig: ..... beplankt
Gipsplatte: 12,5 mm
Dachschrägenneigung: .....°

| 2€ | 6€ | **8€** | 10€ | 13€ | [m] | ⏱ 0,20 h/m | 339.000.109 |

22 Anschluss, Montagewand, gleitend KG **342**
Gleitender Anschluss für Montagewand, bis 20mm, einschl. aller notwendiger Profilschienen.
Anschluss: .....
Breite, Höhe: .....
Brandschutz: .....

| 5€ | 12€ | **16€** | 24€ | 43€ | [m] | ⏱ 0,30 h/m | 339.000.110 |

23 Ecken, Kantenprofil, Montagewand KG **342**
Eckausbildung der Montagewand, im Grundriss rechtwinklig, Ausführung mit Eck- / Kantenprofil.

| 3€ | 7€ | **8€** | 11€ | 20€ | [m] | ⏱ 0,18 h/m | 339.000.111 |

24 Türöffnung, Montagewand KG **342**
Türöffnung in Gipsplatten-Montagewand herstellen, mit Türpfosten aus UA-Profilen, einschl. aller erforderlicher Türpfostenwinkelprofile bzw. verstärkten Profile bei Wandhöhen über 2.600mm und schweren Türblättern.
Tür-Baurichtmaß (B x H): 750 x 2.000 bis 1.000 x 2.125 mm
Wandhöhe: .....
Wanddicke: ..... mm

| 26€ | 46€ | **52€** | 65€ | 101€ | [St] | ⏱ 0,50 h/St | 339.000.112 |

LB 339 Trockenbauarbeiten

Kosten:
Stand 2.Quartal 2018
Bundesdurchschnitt

Nr.	Kurztext / Langtext					[Einheit]	Ausf.-Dauer	Kostengruppe Positionsnummer
▶	▷	ø netto €	◁	◀				

25 Fensteröffnung, Montagewand KG **342**

Fensteröffnung in Gipsplatten-Montagewänden mit Rand aus UA-Profilen, einschl. aller erforderlicher Spezial-Profile bzw. verstärkten Profilen bei Wandhöhen über 2.600mm.
Baurichtmaß (B x H): 750 x 2.000 bis 1.000 x 2.125 mm
Wandhöhe: .....
Wanddicke: ..... mm

| 23€ | 45€ | **54**€ | 61€ | 74€ | [St] | ⏱ 0,50 h/St | 339.000.113 |

26 Vorsatzschale, GK/GF, Feuchträume KG **345**

Nichttragende innere, freistehende Vorsatzschale, als Installationswand/Schachtwand im Nassbereich, mit Dämmschicht aus Mineralwolle, abrutschsicher und dicht gestoßen, einschl. Verspachteln und Schleifen von Fugen und Befestigungsmitteln.
Befestigung: frei stehend zwischen Stb-Boden und Stb-Decke
Unterkonstruktion: Einfach-Ständerwerk aus verzinkten Stahlblech-Profilen
Profilgröße: ..... mm
Beplankung: .....
Plattendicken einseitig: 12,5 mm
Oberfläche: gef. Qualitätsstufe Q2
Dämmung: Mineralwolle MW-WI
Brandverhalten: Klasse A
Nennwert der Wärmeleitfähigkeit: 0,040 W/(mK)
Strömungswiderstand: mind. 5kPa s/m²
Dämmschichtdicke: ..... mm
Anschluss: starrer Anschluss
Wanddicke: ..... mm
Wandhöhe: bis 2,75 m
Angeb. Fabrikat: .....

| 35€ | 44€ | **48**€ | 59€ | 86€ | [m²] | ⏱ 0,40 h/m² | 339.000.114 |

▶ min
▷ von
ø Mittel
◁ bis
◀ max

Nr.	Kurztext / Langtext					Kostengruppe	
▶	▷	ø netto €	◁	◀	[Einheit]	Ausf.-Dauer	Positionsnummer

27 Vorsatzschale, GK/GF, MW   KG **345**

Nichttragende innere, freistehende Vorsatzschale oder Schachtwand, schalldämmend, mit Dämmschicht aus Mineralwolle, abrutschsicher und dicht gestoßen, einschl. Verspachtelung von Fugen und Befestigungsmitteln.
Befestigung: .....
Unterkonstruktion: Einfach-Ständerwerk aus verzinkten Stahlblechprofilen
Profilgröße: .....
Beplankung: .....
Plattendicken einseitig: ....., je 12,5 mm
Oberfläche: gef. Qualitätsstufe Q2
Dämmung: .....
Brandverhalten: Klasse A
Nennwert der Wärmeleitfähigkeit: 0,040 W/(mK)
Strömungswiderstand: mind. 5kPa s/m²
Dämmschichtdicke: .....
Anschlüsse: starrer Anschluss
Schalldämmung: R_w, R= ..... dB
Flächenbezogene Masse: ..... kg/m²
Wanddicke: .....
Wandhöhe: .....
Einbaubereich: .....
Angeb. Fabrikat: .....

| 28€ | 43€ | **49**€ | 62€ | 101€ | [m²] | ⏱ 0,45 h/m² | 339.000.115 |

28 Vorsatzschale, GK/GF   KG **345**

Nichttragende innere, freistehende Vorsatzschale oder Schachtwand, einschl. Verspachteln und Schleifen von Fugen und Befestigungsmitteln.
Befestigung: .....
Unterkonstruktion: Einfach-Ständerwerk aus verzinkten Stahlblechprofilen
Profilgröße: ..... mm
Beplankung: .....
Plattendicken einseitig: ....., je 12,5 mm
Oberfläche: gef. Qualitätsstufe Q2
Anschluss: starrer Anschluss ..... m
Brandschutz: EI 30
Brandbelastung: einseitig
Wanddicke: .....
Wandhöhe: .....
Angeb. Fabrikat: .....

| 16€ | 39€ | **47**€ | 56€ | 84€ | [m²] | ⏱ 0,40 h/m² | 339.000.116 |

LB 339 Trockenbauarbeiten

Nr.	**Kurztext** / Langtext						Kostengruppe
▶	▷ ø netto € ◁ ◀				[Einheit]	Ausf.-Dauer	Positionsnummer

29 Verkofferung/Bekleidung, Rohrleitungen — KG 345

Verkofferung/Bekleidung von Installationsleitungen, mit Hohlraumdämmung aus Mineralwolle, einschl. Verspachteln und Schleifen. Abrechnung der notwendigen Eck- / Kantenprofile und V-Fräsungen nach getrennter Position.
Unterkonstruktion: .....
Höhe Verkofferung: .....
Abwicklung: .....
Plattenbekleidung: .....
Plattendicke: 12,5 mm
Oberfläche: gef. Qualitätsstufe Q2
Dämmung: Mineralwolle MW
Brandverhalten: Klasse A1, 30 kg/m³, 5kPa x s/m²
Angeb. Fabrikat: .....

| 36€ | 49€ | **54€** | 65€ | 84€ | [m] | 0,40 h/m | 339.000.117 |

30 Installationskanal, GKF-Platte, EI 30 — KG 353

Kabelkanal aus Gips-Feuerschutzplatten, mit Glasfaservlies ummantelt, eingebaut auf Gipsplattenstreifen unter Rohdeck, einschl. Verspachteln und Schleifen von Fugen und Befestigungen
Brandbelastung: .....
Unterkonstruktion: innenliegende Stahlprofile
Beplankung: doppelt
Platten: Gips- Feuerschutzplatte Typ .....
Plattendicke: ..... mm
Brandschutz: EI 30
Kabelquerschnitt innen (B x H): ..... x ..... (mm)
Geforderte Oberfläche: Q2

| 47€ | 59€ | **65€** | 73€ | 85€ | [m] | 0,50 h/m | 339.000.118 |

31 Trockenputz, GK-Verbundplatte, Dämmung — KG 345

Wandbekleidung aus Gips-Verbundplatten mit aufkaschierter Dämmschicht, auf vorbereitete Wandflächen, einschl. Verspachteln und Schleifen.
Wand: .....
Untergrund: .....
Befestigung: .....
Verbundplatte: .....
Gipsplattendicke: 12,5 mm
Dämmschicht: .....
Dämmdicke: ..... mm
Nennwert der Wärmeleitfähigkeit: ..... W/(mk)
Geforderte Oberfläche: Qualitätsstufe Q2
Baustoffklasse: E
Einbauhöhe: bis 3,20 m
Angeb. Fabrikat: .....

| 24€ | 31€ | **34€** | 46€ | 63€ | [m²] | 0,40 h/m² | 339.000.119 |

Kosten: Stand 2.Quartal 2018 Bundesdurchschnitt

▶ min
▷ von
ø Mittel
◁ bis
◀ max

Nr.	**Kurztext** / Langtext							Kostengruppe
▶	▷	**ø netto €**	◁	◀	[Einheit]	Ausf.-Dauer	Positionsnummer

32 Trockenputz, GK-Platte 12,5mm KG **345**
Wandbekleidung als Trockenputz aus Gipsplatten, auf vorbereitete Wandflächen, Anschlüsse ringsum, an Boden und Wände starr, einschl. Verspachteln und Schleifen
Wand: .....
Untergrund: .....
Befestigung: .....
Trockenputz- Gipsplatten: Typ A, einlagig, 12,5 mm
Brandverhalten: Klasse A2-s1
Geforderte Oberfläche: Qualitätsstufe Q2
Einbauhöhe: bis 3,50 m
Angeb. Fabrikat: .....
17€   26€   **31**€   38€   54€   [m²]   ⏱ 0,35 h/m²   339.000.120

33 GK-/GF-Bekleidung, einlagig, auf Unterkonstruktion KG **364**
Einlagige Bekleidung von Wand oder Decke mit imprägnierten Gipskartonplatten, auf vorhandener Unterkonstruktion, einschl. Verspachteln und Schleifen.
Bauteil: .....
Befestigungsuntergrund: .....
Achsmaß: .....
Beplankung: .....
Plattendicke: 1x 12,5 mm
Einbauhöhe: bis 3,00 m
Oberfläche: Qualitätsstufe Q2
Angeb. Fabrikat: .....
17€   25€   **28**€   33€   45€   [m²]   ⏱ 0,32 h/m²   339.000.121

34 GKF-Bekleidung, doppelt, EI 90, vorh. Unterkonstruktion KG **345**
Zweilagige Bekleidung von Wand oder Decke mit Gipsplatten, auf vorhandener Unterkonstruktion, einschl. Verspachteln und Schleifen.
Bauteil: .....
Befestigungsuntergrund: .....
Achsmaß: .....
Beplankung: Gipskarton-Feuerschutzplatten
Plattendicke: 2x 12,5 mm
Brandschutz: EI 90
Brandbelastung: von unten, in Verbindung mit der Dachkonstruktion aus Holzsparren und harter Bedachung
Einbauhöhe: bis 3,00 m
Oberfläche: Qualitätsstufe Q2
Angeb. Fabrikat: .....
56€   74€   **81**€   103€   150€   [m²]   ⏱ 0,50 h/m²   339.000.122

LB 339 Trockenbauarbeiten

Nr.	Kurztext / Langtext				[Einheit]	Ausf.-Dauer	Kostengruppe Positionsnummer
▶	▷ ø netto € ◁ ◀						

Kosten: Stand 2.Quartal 2018 Bundesdurchschnitt

35 Bekleidung, CaSi-Platten — KG 364

Wandbekleidung zur Innenwandsanierung aufgrund von Kondensationsfeuchtigkeit. Befestigung mit Klebemörtel vollflächig mit Zahnspachtelauftrag, Anschlüsse in starrer Ausführung.
Wand: .....
Untergrund: .....
Befestigung: Klebemörtel .....
Trockenputz: CaSi-Platten
Geforderte Oberfläche: Qualitätsstufe Q2
Einbauhöhe: bis 3,50 m
Angeb. Fabrikat: .....

| 57€ | 81€ | **90€** | 106€ | 132€ | [m²] | ⏱ 0,80 h/m² | 339.000.098 |

36 Fensterlaibung, GK — KG 336

Fensterlaibung mit Gipskartonplatten bekleiden, einschl. Ausbildung der Ecken und Übergänge an Wandbekleidung mit Kantenschutzprofil.
Platte: Gipskartonplatte
Plattendicke: 12,5 mm
Untergrund: .....
Laibungstiefe: .....
Abwicklung: .....
Oberfläche: Q2
Angeb. Fabrikat: .....

| 12€ | 17€ | **20€** | 25€ | 35€ | [m] | ⏱ 0,20 h/m | 339.000.123 |

37 GK-Platte imprägniert — KG 342

Mehrpreis für die Verwendung von imprägnierten Gipskartonplatten, anstelle normaler Gipskartonplatten.
Plattendicke: 12,5 mm
Einbauort: .....
Angeb. Fabrikat: .....

| 1€ | 2€ | **3€** | 4€ | 5€ | [m²] | ⏱ 0,08 h/m² | 339.000.124 |

38 Trockenestrich, GF-Platten — KG 352

Trockenestrich aus Gipsfaserplatten mit Stufenfalz, Stöße versetzt, Brandbelastung von der Deckenoberseite, Boden geeignet zur Aufnahme von Weich- oder Parkettbelag.
Untergrund: .....
Dämmschicht / Trennlage: .....
Platten: Gipsfaserplatte GF..... lagig
Plattendicke: 18 mm
Baustoffklasse: A2
Randabwicklung: .....
Türdurchgänge: 1 Durchgang, Größe .....
Angeb. Fabrikat: .....

| 27€ | 33€ | **36€** | 42€ | 52€ | [m²] | ⏱ 0,30 h/m² | 339.000.125 |

▶ min
▷ von
ø Mittel
◁ bis
◀ max

Nr.	Kurztext / Langtext						Kostengruppe
▶	▷	ø netto €	◁	◀	[Einheit]	Ausf.-Dauer	Positionsnummer

39 Spachtelung, GK-Platten, Qualitätserhöhung — KG 345

Spachtelung der Oberfläche mit Qualitätsstufe Q2, zum Erreichen einer höheren Qualitätsstufe, bei Wandbekleidung aus Gipskartonplatten, geeignet für direkten Farbanstrich der Oberfläche.
Geforderte Qualität: .....

| 4 € | 6 € | **8 €** | 8 € | 11 € | [m²] | ⏱ 0,10 h/m² | 339.000.126 |

40 Stundensatz Facharbeiter, Trockenbau

Stundenlohnarbeiten für Vorarbeiter, Facharbeiter und Gleichgestellte (z. B. Spezialbaufacharbeiter, Baufacharbeiter, Obermonteure, Monteure, Gesellen, Maschinenführer, Fahrer und ähnliche Fachkräfte). Leistung nach besonderer Anordnung der Bauüberwachung. Anmeldung und Nachweis gemäß VOB/B.

| 40 € | 46 € | **49 €** | 52 € | 57 € | [h] | ⏱ 1,00 h/h | 339.000.127 |

41 Stundensatz Helfer, Trockenbau

Stundenlohnarbeiten für Werker, Helfer und Gleichgestellte (z. B. Baufachwerker, Helfer, Hilfsmonteure, Ungelernte, Angelernte). Leistung nach besonderer Anordnung der Bauüberwachung. Anmeldung und Nachweis gemäß VOB/B.

| 33 € | 39 € | **42 €** | 44 € | 49 € | [h] | ⏱ 1,00 h/h | 339.000.128 |

C Gebäudetechnik

Titel des Leistungsbereichs	LB-Nr.
Wärmeversorgungsanlagen - Betriebseinrichtungen	340
Wärmeversorgungsanlagen - Leitungen, Armaturen, Heizflächen	341
Gas- und Wasseranlagen - Leitungen, Armaturen	342
Abwasseranlagen - Leitungen, Abläufe, Armaturen	344
Gas-, Wasser-, und Entwässerungsanlagen - Ausstattung, Elemente, Fertigbäder	345
Dämm- und Brandschutzarbeiten an technischen Anlagen	347
Leuchten und Lampen	358
Aufzüge	369

LB 340 Wärmeversorgungsanlagen - Betriebseinrichtungen

Wärmeversorgungsanlagen - Betriebseinrichtungen — Preise €

Kosten: Stand 2.Quartal 2018, Bundesdurchschnitt

▶ min ▷ von ø Mittel ◁ bis ◀ max

Nr.	Positionen	Einheit	▶ min	▷ von	ø brutto € / ø netto €	◁ bis	◀ max
1	Heizkessel ausbauen, Stahl, bis 50kW	St	181 / 152	240 / 202	**267** / **224**	307 / 258	323 / 271
2	Gas-Brennwerttherme, Wand, bis 15kW	St	3.201 / 2.690	3.702 / 3.111	**4.820** / **4.050**	5.677 / 4.771	6.547 / 5.502
3	Gas-Brennwerttherme, Wand, bis 25kW	St	3.360 / 2.824	3.980 / 3.344	**5.047** / **4.241**	5.732 / 4.817	6.609 / 5.553
4	Gas-Brennwerttherme, Wand, bis 50kW	St	3.690 / 3.101	4.329 / 3.638	**5.265** / **4.424**	6.470 / 5.437	7.327 / 6.157
5	Gas-Niedertemperaturkessel, bis 25kW	St	4.307 / 3.619	5.000 / 4.202	**5.267** / **4.426**	5.614 / 4.718	6.934 / 5.827
6	Gas-Niedertemperaturkessel, bis 50kW	St	4.630 / 3.891	5.412 / 4.548	**5.599** / **4.705**	6.277 / 5.275	8.758 / 7.359
7	Gas-Niedertemperaturkessel, bis 70kW	St	5.755 / 4.836	7.435 / 6.248	**8.081** / **6.791**	8.638 / 7.259	12.129 / 10.192
8	Gas-Brennwertkessel, bis 150kW	St	8.620 / 7.243	10.493 / 8.818	**11.568** / **9.721**	14.237 / 11.964	17.534 / 14.734
9	Gas-Brennwertkessel, bis 225kW	St	11.261 / 9.463	13.223 / 11.111	**14.252** / **11.977**	15.194 / 12.768	17.660 / 14.841
10	Gas-Brennwertkessel, bis 400kW	St	18.101 / 15.211	20.357 / 17.106	**21.506** / **18.072**	21.682 / 18.220	26.838 / 22.553
11	Öl-Niedertemperaturkessel, bis 50kW	St	4.236 / 3.560	5.160 / 4.337	**5.401** / **4.538**	5.747 / 4.830	7.307 / 6.141
12	Öl-Niedertemperaturkessel, bis 150kW	St	5.667 / 4.762	6.669 / 5.605	**6.914** / **5.810**	7.906 / 6.644	9.281 / 7.800
13	Heizöltank, stehend	St	1.551 / 1.303	7.060 / 5.933	**8.818** / **7.410**	14.720 / 12.370	25.136 / 21.123
14	Heizöltank, stehend, 3.000l	St	4.200 / 3.530	6.001 / 5.043	**8.334** / **7.003**	9.334 / 7.844	12.564 / 10.558
15	Holz/Pellet-Heizkessel, bis 25kW	St	6.112 / 5.136	9.415 / 7.912	**11.438** / **9.612**	12.369 / 10.394	14.404 / 12.105
16	Holz/Pellet-Heizkessel, bis 50kW	St	10.294 / 8.650	13.887 / 11.670	**15.273** / **12.834**	16.102 / 13.531	18.662 / 15.682
17	Holz/Pellet-Heizkessel, bis 120kW	St	17.332 / 14.564	25.082 / 21.077	**27.815** / **23.374**	30.331 / 25.488	36.991 / 31.085
18	Pellet-Fördersystem, Förderschnecke	St	938 / 788	1.021 / 858	**1.029** / **865**	1.057 / 888	1.113 / 935
19	Flach-Solarkollektoranlage, thermisch, bis 10m²	St	5.761 / 4.841	7.764 / 6.525	**8.349** / **7.016**	10.686 / 8.980	11.521 / 9.682
20	Flach-Solarkollektoranlage, thermisch, 10-20m²	St	8.211 / 6.900	10.720 / 9.008	**11.404** / **9.583**	14.369 / 12.075	15.167 / 12.746
21	Flach-Solarkollektoranlage, thermisch, 20-30m²	St	11.836 / 9.946	16.253 / 13.658	**17.666** / **14.845**	21.553 / 18.111	22.966 / 19.299

© **BKI** Baukosteninformationszentrum; Erläuterungen zu den Tabellen siehe Seite 22
Mustertexte 2016 geprüft: Zentralverband Sanitär Heizung Klima (ZVSHK)

Kostenstand: 2.Quartal 2018, Bundesdurchschnitt

Nr.	Kurztext / Langtext							Kostengruppe
▶	▷	ø netto €	◁	◀		[Einheit]	Ausf.-Dauer	Positionsnummer

1   Heizkessel ausbauen, Stahl, bis 50kW   KG **494**

Heizkessel ausbauen und entsorgen, sowie eingebundene Leitungen verschließen.
Wärmeleistung: bis 50 kW
Betriebsmittel: .....
Gewicht: .....
Abmessung: ....
Aufstellort: .....

| 152€ | 202€ | **224€** | 258€ | 271€ | | [St] | ⏱ 3,00 h/St | 340.000.053 |

A 1   Gas-Brennwerttherme, Wand   Beschreibung für Pos. **2-4**

Brennwertkessel, für geschlossene Heizungsanlage, wandhängende Montage, einschl. sicherheitstechnischer Einrichtungen, mit MSR in digitaler Ausführung; einschl. interner Verdrahtung.
Kesselkörper: Metall
Betriebsmittel: Erdgas

2   Gas-Brennwerttherme, Wand, bis 15kW   KG **421**

Wie Ausführungsbeschreibung A 1
Wärmeleistung: 9-15 kW, modulierend 30-100%
Auslegungsvorlauftemperatur: **bis 75 / 85**°C
Max. zulässiger Betriebsdruck: **4 / 6 / 10** bar
Heizmedium: Wasser
Norm-Nutzungsgrad bei 40 / 30°C: **102 / über 108**% (bezogen auf den unteren Heizwert)

| 2.690€ | 3.111€ | **4.050€** | 4.771€ | 5.502€ | | [St] | ⏱ 3,80 h/St | 340.000.054 |

3   Gas-Brennwerttherme, Wand, bis 25kW   KG **421**

Wie Ausführungsbeschreibung A 1
Wärmeleistung: 16-25 kW, modulierend 30-100%
Auslegungsvorlauftemperatur: **bis 75 / 85**°C
Max. zulässiger Betriebsdruck: **4 / 6 / 10** bar
Heizmedium: Wasser
Norm-Nutzungsgrad bei 40 / 30°C: **102 / über 108**% (bezogen auf den unteren Heizwert)

| 2.824€ | 3.344€ | **4.241€** | 4.817€ | 5.553€ | | [St] | ⏱ 3,80 h/St | 340.000.055 |

4   Gas-Brennwerttherme, Wand, bis 50kW   KG **421**

Wie Ausführungsbeschreibung A 1
Wärmeleistung: 26-50 kW, modulierend 30-100%
Auslegungsvorlauftemperatur: **bis 75 / 85**°C
Max. zulässiger Betriebsdruck: **4 / 6 / 10** bar
Heizmedium: Wasser
Norm-Nutzungsgrad bei 40 / 30°C: **102 / über 108**% (bezogen auf den unteren Heizwert)

| 3.101€ | 3.638€ | **4.424€** | 5.437€ | 6.157€ | | [St] | ⏱ 4,10 h/St | 340.000.063 |

LB 340 Wärmeversorgungsanlagen - Betriebseinrichtungen

Kosten:
Stand 2.Quartal 2018
Bundesdurchschnitt

Nr.	Kurztext / Langtext							Kostengruppe
▶	▷	ø netto €	◁	◀		[Einheit]	Ausf.-Dauer	Positionsnummer

A 2 Gas-Niedertemperaturkessel
Beschreibung für Pos. **5-7**

Niedertemperatur-Heizkessel, für geschlossene Heizungsanlage, für stehende Montage, einschl. sicherheitstechnischer Einrichtungen, mit MSR in digitaler Ausführung; einschl. interner Verdrahtung.
Kesselkörperabmessung: .....
Gesamtabmessungen: ..... (mit Kesselregulierung)
Gesamtgewicht: ..... kg
Kesselkörper: Metall
Betriebsmittel: Erdgas

5   Gas-Niedertemperaturkessel, bis 25kW KG **421**
Wie Ausführungsbeschreibung A 2
Wärmeleistung: 15-25 kW, zweistufig 50% / 100%
Auslegungsvorlauftemperatur: bis 95°C
Auslegungsrücklauftemperatur: **bis 45 / 60**°C
Max. zulässiger Betriebsdruck: **4 / 6 / 10** bar
Heizmedium: Wasser
Norm-Nutzungsgrad bei 75 / 60°C: **96 / 98**% (bezogen auf den unteren Heizwert)
3.619€   4.202€   **4.426**€   4.718€   5.827€   [St]   ⏱ 4,20 h/St   340.000.056

6   Gas-Niedertemperaturkessel, bis 50kW KG **421**
Wie Ausführungsbeschreibung A 2
Wärmeleistung: 26-50 kW, zweistufig 50% / 100%
Auslegungsvorlauftemperatur: bis 95°C
Auslegungsrücklauftemperatur: **bis 45 / 60**°C
Max. zulässiger Betriebsdruck: **4 / 6 / 10** bar
Heizmedium: Wasser
Norm-Nutzungsgrad bei 75 / 60°C: **96 / 98**% (bezogen auf den unteren Heizwert)
3.891€   4.548€   **4.705**€   5.275€   7.359€   [St]   ⏱ 6,40 h/St   340.000.064

7   Gas-Niedertemperaturkessel, bis 70kW KG **421**
Wie Ausführungsbeschreibung A 2
Wärmeleistung: 51-70 kW, zweistufig 50% / 100%
Auslegungsvorlauftemperatur: bis 95°C
Auslegungsrücklauftemperatur: **bis 45 / 60**°C
Max. zulässiger Betriebsdruck: **4 / 6 / 10** bar
Heizmedium: Wasser
Norm-Nutzungsgrad bei 75 / 60°C: **96 / 98**% (bezogen auf den unteren Heizwert)
4.836€   6.248€   **6.791**€   7.259€   10.192€   [St]   ⏱ 8,40 h/St   340.000.065

▶ min
▷ von
ø Mittel
◁ bis
◀ max

Nr.	Kurztext / Langtext					Kostengruppe	
▶	▷ ø netto € ◁ ◀				[Einheit]	Ausf.-Dauer	Positionsnummer

A 3 Gas-Brennwertkessel   Beschreibung für Pos. **8-10**

Gas-Brennwertkessel für geschlossene Heizungsanlagen; für den Betrieb mit gleitend abgesenkter Kesselwasser-Temperatur ohne untere Begrenzung, modulierender Brenner, mit Edelstahl-Heizflächen. Alle abgasberührten Teile, wie Brennkammer, Nachschaltheizflächen und Abgassammelkasten, aus Edelstahl. Kesselkörper allseitig wärmegedämmt, Ummantelung aus Stahlblech, epoxidharzbeschichtet. Kessel mit schwenkbarer Kesseltür, einschl. Erdgas-Unit-Brenner, Reinigungsdeckel am Abgassammelkasten, Gegenflanschen mit Schrauben und Dichtungen an allen Stutzen, Wärmedämmung, Brennkammerschauglas. inkl. elektronischer Kesselkreisregelung, komplett mit allen Fühlern, Thermostaten und dem Sicherheitstemperaturbegrenzer.

340
341
342
344
345
347
358
369

8   Gas-Brennwertkessel, bis 150kW   KG **421**
Wie Ausführungsbeschreibung A 3
Kesselkörperabmessung: .....
Gesamtabmessungen: ..... (mit Kesselregulierung)
Gesamtgewicht: ..... kg
Kesselkörper: .....
Betriebsmittel: Erdgas
Max. Nennwärmeleistung: ..... kW
Feuerungst. Wirkungsgrad: bis 108%
Abgasseitiger Widerstand: ..... mbar
Zul. Vorlauftemperatur: bis **90 / 100**°C
Max. zulässiger Betriebsdruck: **4 / 6 / 10** bar
Wasserinhalt: ..... Liter
Abgasrohr, lichte Weite: ..... mm
7.243 €   8.818 €   **9.721 €**   11.964 €   14.734 €   [St]   ⏱ 5,80 h/St   340.000.066

9   Gas-Brennwertkessel, bis 225kW   KG **421**
Wie Ausführungsbeschreibung A 3
Kesselkörperabmessung: .....
Gesamtabmessungen: ..... (mit Kesselregulierung)
Gesamtgewicht: ..... kg
Kesselkörper: .....
Betriebsmittel: Erdgas
Max. Nennwärmeleistung: ..... kW
Feuerungst. Wirkungsgrad: bis 108%
Abgasseitiger Widerstand: ..... mbar
Zul. Vorlauftemperatur: bis **90 / 100**°C
Max. zulässiger Betriebsdruck: **4 / 6 / 10** bar
Wasserinhalt: ..... Liter
Abgasrohr, lichte Weite: ..... mm
9.463 €   11.111 €   **11.977 €**   12.768 €   14.841 €   [St]   ⏱ 6,70 h/St   340.000.067

LB 340 Wärmeversorgungsanlagen - Betriebseinrichtungen

Kosten:
Stand 2.Quartal 2018
Bundesdurchschnitt

Nr.	Kurztext / Langtext				[Einheit]	Kostengruppe
▶	▷	ø netto €	◁	◀		Ausf.-Dauer Positionsnummer

10   Gas-Brennwertkessel, bis 400kW — KG **421**
Wie Ausführungsbeschreibung A 3
Kesselkörperabmessung: .....
Gesamtabmessungen: ..... (mit Kesselregulierung)
Gesamtgewicht: ..... kg
Kesselkörper: .....
Betriebsmittel: Erdgas
Max. Nennwärmeleistung: ..... kW
Feuerungst. Wirkungsgrad: bis 108%
Abgasseitiger Widerstand: ..... mbar
Zul. Vorlauftemperatur: bis **90 / 100**°C
Max. zulässiger Betriebsdruck: **4 / 6 / 10** bar
Wasserinhalt: ..... Liter
Abgasrohr, lichte Weite: ..... mm
15.211 €   17.106 €   **18.072** €   18.220 €   22.553 €   [St]   ⏱ 8,00 h/St   340.000.068

A 4   Öl-Niedertemperaturkessel   Beschreibung für Pos. **11-12**
Niedertemperatur-Öl-Heizkessel, für Heizöl, mit Gebläsebrenner, CE-zertifiziert und bauartgeprüft, für geschlossene Heizungsanlagen; für den Betrieb mit gleitend abgesenkter Kesselwassertemperatur, untere Begrenzung 40°C. Kesselkörper allseitig wärmegedämmt durch 100 mm starke Verbundwärmedämmung; Ummantelung aus Stahlblech, epoxidharzbeschichtet. Zweistufiger Brenner mit schalldämmender Brennerhaube. Der Brenner ist auf die Nenn-Wärmeleistung des Heizkessels einreguliert und warm geprüft; Kesselkreisregelung. Eventuell Zusatz: Witterungsgeführte, digitale Kessel- und Heizkreisregelung für ein-, zweistufigen oder modulierenden Betrieb (je nach Kesseltyp), für den Betrieb mit gleitend abgesenkter Kesselwassertemperatur. Die Regelung enthält: Anlagenschalter, Schornsteinfeger-Prüfschalter, Brennerstörlampe, TÜV-Taste, elektronischen Maximaltemperaturbegrenzer, Temperaturregler und Sicherheitstemperaturbegrenzer.

11   Öl-Niedertemperaturkessel, bis 50kW — KG **421**
Wie Ausführungsbeschreibung A 4
Kesselkörperabmessung: .....
Gesamtabmessungen: ..... (mit Kesselregulierung)
Gesamtgewicht: ..... kg
Kesselkörper: Stahl
Heizöl: EL
Max. Nennwärmeleistung: ..... kW
Zul. Vorlauftemperatur: bis **95 / 110 / 120**°C
Max. zulässiger Betriebsdruck: **4 / 6** bar
Abgasstutzen-Durchmesser (außen): ..... mm
Norm-Nutzungsgrad: 75 / 60°C: 95% (Heizwassertemperatur)
3.560 €   4.337 €   **4.538** €   4.830 €   6.141 €   [St]   ⏱ 6,20 h/St   340.000.057

▶ min
▷ von
ø Mittel
◁ bis
◀ max

Nr.	Kurztext / Langtext						Kostengruppe
▶	▷ ø netto € ◁ ◀				[Einheit]	Ausf.-Dauer	Positionsnummer

12 Öl-Niedertemperaturkessel, bis 150kW KG **421**
Wie Ausführungsbeschreibung A 4
Kesselkörperabmessung: .....
Gesamtabmessungen: ..... (mit Kesselregulierung)
Gesamtgewicht: ..... kg
Kesselkörper: Stahl
Heizöl: EL
Max. Nennwärmeleistung: ..... kW
Zul. Vorlauftemperatur: bis **95 / 110 / 120**°C
Max. zulässiger Betriebsdruck: **4 / 6** bar
Abgasstutzen-Durchmesser (außen): ..... mm
Norm-Nutzungsgrad: 75 / 60°C: 95% (Heizwassertemperatur)
4.762 €   5.605 €   **5.810** €   6.644 €   7.800 €   [St]   ⏱ 8,80 h/St   340.000.069

A 5 Heizöltank, stehend Beschreibung für Pos. **13-14**
Heizöllagerbehälter in stehender Ausführung, für oberirdische Lagerung im Gebäude. Leckschutzauskleidung mit Bauartzulassung. Überwachung mit Vakuum. Eventueller Zusatz: Heizölauffangbehälter, Entlüftungsleitung, Füllleitung, Entlüftungshaube, Grenzwertgeber, Tankinhaltsanzeiger, Tankeinbaugarnitur, Sicherheitsrohr, Doppelpumpenaggregat, Absperrkombination, Filterkombination, Schnellschlussventile, Kugelhähne, Motor- und Schutzschalter, Elektroleitungen, Bezeichnungsschilder, Doppelkugel-Fußventil.

13 Heizöltank, stehend KG **421**
Wie Ausführungsbeschreibung A 5
Behälter: **Stahl / GKF**
Brutto-Lagervolumen: ..... Liter
Abmessung: .....
Einbringung: **am Stück / geteilt**, mit Unterstützungskonstruktion
1.303 €   5.933 €   **7.410** €   12.370 €   21.123 €   [St]   ⏱ 2,00 h/St   340.000.070

14 Heizöltank, stehend, 3.000l KG **421**
Wie Ausführungsbeschreibung A 5
Behälter: **Stahl / GKF**
Brutto-Lagervolumen: 3.000 Liter
Abmessung: .....
Einbringung: **am Stück / geteilt**, mit Unterstützungskonstruktion
3.530 €   5.043 €   **7.003** €   7.844 €   10.558 €   [St]   ⏱ 2,20 h/St   340.000.058

LB 340 Wärmeversorgungsanlagen - Betriebseinrichtungen

Kosten:
Stand 2.Quartal 2018
Bundesdurchschnitt

Nr.	Kurztext / Langtext					Kostengruppe
▶	▷ ø netto € ◁ ◀				[Einheit] Ausf.-Dauer	Positionsnummer

A 6   Holz/Pellet-Heizkessel Beschreibung für Pos. **15-17**

Heizkessel für geschlossene Warmwasserheizungsanlagen für Festbrennstoff zur Erzeugung von Warmwasser. Kesselkörper aus Metall, für stehende Montage, einschl. sicherheitstechnischer Einrichtungen. Anschlussstutzen für Vor-, Rücklauf, Entlüftung, Füllung, Entleerung. Mit CE-Registrierung und Bauartzulassung.

15   Holz/Pellet-Heizkessel, bis 25kW   KG **421**
Wie Ausführungsbeschreibung A 6
Kesselkörperabmessung: .....
Gesamtabmessungen: ..... (mit Kesselregulierung)
Gesamtgewicht: ..... kg
Kesselkörper: .....
Brennstoff: .....
Wärmeleistung: ..... kW
Auslegungsvorlauftemperatur: bis 110°C
Max. zulässiger Betriebsdruck: **6 / 10 / 16 / 25** bar
Heizmedium: Wasser
Norm-Nutzungsgrad bei 75 / 60°C: **92 / 94**% (bezogen auf den unteren Heizwert)
Wasserinhalt: ..... Liter
5.136€   7.912€   **9.612**€   10.394€   12.105€   [St]   ⏱ 5,00 h/St   340.000.059

16   Holz/Pellet-Heizkessel, bis 50kW   KG **421**
Wie Ausführungsbeschreibung A 6
Kesselkörperabmessung: .....
Gesamtabmessungen: ..... (mit Kesselregulierung)
Gesamtgewicht: ..... kg
Kesselkörper: .....
Brennstoff: .....
Wärmeleistung: ..... kW
Auslegungsvorlauftemperatur: bis 110°C
Max. zulässiger Betriebsdruck: **6 / 10 / 16 / 25** bar
Heizmedium: Wasser
Norm-Nutzungsgrad bei 75 / 60°C: **92 / 94**% (bezogen auf den unteren Heizwert)
Wasserinhalt: ..... Liter
8.650€   11.670€   **12.834**€   13.531€   15.682€   [St]   ⏱ 5,20 h/St   340.000.071

▶ min
▷ von
ø Mittel
◁ bis
◀ max

Nr.	Kurztext / Langtext					Kostengruppe	
▶	▷ ø netto € ◁ ◀				[Einheit]	Ausf.-Dauer	Positionsnummer

17 Holz/Pellet-Heizkessel, bis 120kW KG **421**

Wie Ausführungsbeschreibung A 6
Kesselkörperabmessung: .....
Gesamtabmessungen: ..... (mit Kesselregulierung)
Gesamtgewicht: ..... kg
Kesselkörper: .....
Brennstoff: .....
Wärmeleistung: ..... kW
Auslegungsvorlauftemperatur: bis 110°C
Max. zulässiger Betriebsdruck: **6 / 10 / 16 / 25** bar
Heizmedium: Wasser
Norm-Nutzungsgrad bei 75 / 60°C: **92 / 94**% (bezogen auf den unteren Heizwert)
Wasserinhalt: ..... Liter

| 14.564€ | 21.077€ | **23.374**€ | 25.488€ | 31.085€ | [St] | ⏱ 6,00 h/St | 340.000.072 |

18 Pellet-Fördersystem, Förderschnecke KG **421**

Beschickungssystem für Pelletfeuerungen als Förderschnecke mit Antrieb und Steuerung. Lagerbodenschnecke mit ziehendem Antrieb und Übergabetrichter für Beschickung des Kessels mit Brennstoff. Antriebseinheit mit Stirnradgetriebemotor. Auswurf mit Revisionsdeckel, Sicherheitsendschalter und Fallrohr/Adapter zur nachfolgenden Fördereinrichtung. Schnecke und Kanal Stahl, geschweißt. Rohrförderschnecke für Pellets, Steigungswinkel bis 65°. Ziehender Antrieb mit Auswurf über einer Fallstrecke. Der Antrieb erfolgt über Stirnradgetriebemotor. Steuerung im Schaltkasten vorverkabelt.
Lagerbodenschnecke: ..... m
Schneckendurchmesser: ..... mm
waagrechte Länge: ..... m
Durchmesser Förderschnecke: max. 120 mm
Länge der Rohrförderschnecke: ..... m
Max. Förderkapazität: ..... kg/h
Anschluss 230 V 50 Hz; 0,5 kW

| 788€ | 858€ | **865**€ | 888€ | 935€ | [St] | ⏱ 0,60 h/St | 340.000.073 |

A 7 Flach-Solarkollektoranlage, thermisch Beschreibung für Pos. **19-21**

Flachkollektor für Heizung in Aufdachmontage mit konstruktiver Verankerung sowie systembedingten Befestigungsmitteln und gedämmter Solarpumpenregelgruppe. Module mit korrosions- und witterungsbeständigem Rahmen und mit hochselektiver Vakuumbeschichtung, rückseitig hochtemperaturbeständige Wärmeschutzdämmung, mit durchgehender Wanne, hochtransparentes, gehärtetes Solarsicherheitsglas, mit Bauartzulassung, 2 Fühlerhülsen für Fühler. Leistung einschl. Anschlussfittinge für Kupferrohr sowie sämtlicher Verbindungs- und Dichtungsmaterialien und ca. 40m fertigisolierter Solaranschlussleitungen mit Dachdurchführungen und Frostschutz-Befüllung.

19 Flach-Solarkollektoranlage, thermisch, bis 10m² KG **421**

Wie Ausführungsbeschreibung A 7
Frostschutz-Befüllung (Menge, Art und Mischungsverhältnis): .....
Kollektor-Neigungswinkel: min/max 15-75°
Mindest-Ertrag: 500 kWh/(m²a) gemäß Prüfverfahren nach EN12975-2
Maximaler Betriebsdruck: 10 bar
Aperturfläche: bis 10 m²
Ausführung gemäß nachfolgender Einzelbeschreibung: .....

| 4.841€ | 6.525€ | **7.016**€ | 8.980€ | 9.682€ | [St] | ⏱ 4,90 h/St | 340.000.060 |

340
341
342
344
345
347
358
369

LB 340 Wärmeversorgungsanlagen - Betriebseinrichtungen

Kosten:
Stand 2.Quartal 2018
Bundesdurchschnitt

Nr. ▶ ▷	Kurztext / Langtext ø netto € ◁ ◀	[Einheit]	Ausf.-Dauer	Kostengruppe Positionsnummer
20	**Flach-Solarkollektoranlage, thermisch, 10-20m²**			KG **421**
	Wie Ausführungsbeschreibung A 7			
	Frostschutz-Befüllung (Menge, Art und Mischungsverhältnis):			
	Kollektor-Neigungswinkel: min/max 15-75°			
	Mindest-Ertrag: 500 kWh/(m²a) gemäß Prüfverfahren nach EN12975-2			
	Maximaler Betriebsdruck: 10 bar			
	Aperturfläche: 10 bis 20 m²			
	Ausführung gemäß nachfolgender Einzelbeschreibung:			
	6.900€ 9.008€ **9.583€** 12.075€ 12.746€	[St]	⏱ 5,80 h/St	340.000.061
21	**Flach-Solarkollektoranlage, thermisch, 20-30m²**			KG **421**
	Wie Ausführungsbeschreibung A 7			
	Frostschutz-Befüllung (Menge, Art und Mischungsverhältnis):			
	Kollektor-Neigungswinkel: min/max 15-75°			
	Mindest-Ertrag: 500 kWh/(m²a) gemäß Prüfverfahren nach EN12975-2			
	Maximaler Betriebsdruck: 10 bar			
	Aperturfläche: 20 bis 30 m²			
	Ausführung gemäß nachfolgender Einzelbeschreibung:			
	9.946€ 13.658€ **14.845€** 18.111€ 19.299€	[St]	⏱ 7,00 h/St	340.000.062

▶ min
▷ von
ø Mittel
◁ bis
◀ max

| 340 |
| 341 |
| 342 |
| 344 |
| 345 |
| 347 |
| 358 |
| 369 |

LB 341 Wärmeversorgungsanlagen - Leitungen, Armaturen, Heizflächen

Kosten: Stand 2.Quartal 2018 Bundesdurchschnitt

- ▶ min
- ▷ von
- ø Mittel
- ◁ bis
- ◀ max

Preise €

Nr.	Positionen	Einheit	▶	▷	ø brutto € ø netto €	◁	◀
1	Röhrenradiator ausbauen, bis 50kg	St	17 14	23 19	**27** **22**	31 26	37 31
2	Röhrenradiator ausbauen, 50-100kg	St	25 21	33 28	**39** **33**	45 38	48 41
3	Flachheizkörper ausbauen, bis 50kg	St	10 8	20 17	**24** **20**	27 23	51 43
4	Gewinderohrleitung, ausbauen, DN15-25	m	3 2	6 5	**7** **6**	8 7	16 13
5	Gewinderohrleitung, ausbauen, DN65-100	m	3 2	13 11	**16** **13**	18 15	24 20
6	Kupferrohrleitung, ausbauen, 18-22mm	m	4 4	5 4	**6** **5**	7 6	8 7
7	Kompaktheizkörper, Stahl, H=500, L=bis 700	St	147 124	184 155	**189** **159**	222 186	269 226
8	Kompaktheizkörper, Stahl, H=600, L=bis 700	St	166 139	223 187	**241** **203**	247 207	287 241
9	Kompaktheizkörper, Stahl, H=900, L=bis 700	St	200 168	285 239	**307** **258**	346 290	480 403
10	Kompaktheizkörper, Stahl, H=900, L=bis 2.100	St	474 398	603 507	**614** **516**	792 665	980 824
11	Rohrleitung, C-Stahlrohr, DN15	m	12 9,7	14 12	**16** **13**	17 14	20 17
12	Rohrleitung, C-Stahlrohr, DN20	m	16 13	18 16	**20** **17**	21 18	24 20
13	Rohrleitung, C-Stahlrohr, DN25	m	22 18	25 21	**26** **22**	26 22	29 25
14	Rohrleitung, C-Stahlrohr, DN32	m	25 21	32 27	**32** **27**	33 28	37 31
15	Rohrleitung, C-Stahlrohr, DN40	m	27 23	39 33	**43** **36**	46 39	63 53
16	Rohrleitung, C-Stahlrohr, DN50	m	31 26	47 40	**56** **47**	59 50	75 63

Nr.	Kurztext / Langtext				[Einheit]	Ausf.-Dauer	Kostengruppe Positionsnummer
	▶	▷	ø netto €	◁	◀		

1 Röhrenradiator ausbauen, bis 50kg — KG **494**
Röhrenradiator entleeren, ausbauen und anfallenden Bauschutt entsorgen, einschl. Verschließen der Anschlussleitung.
Größe: bis 50 kg

| 14€ | 19€ | **22€** | 26€ | 31€ | [St] | ⏱ 0,55 h/St | 341.000.060 |

2 Röhrenradiator ausbauen, 50-100kg — KG **494**
Röhrenradiator entleeren, ausbauen und anfallenden Bauschutt entsorgen, einschl. Verschließen der Anschlussleitung
Größe: 50-100 kg

| 21€ | 28€ | **33€** | 38€ | 41€ | [St] | ⏱ 0,80 h/St | 341.000.061 |

© **BKI** Baukosteninformationszentrum; Erläuterungen zu den Tabellen siehe Seite 22
Mustertexte 2016 geprüft: Zentralverband Sanitär Heizung Klima (ZVSHK)

Kostenstand: 2.Quartal 2018, Bundesdurchschnitt

Nr.	Kurztext / Langtext					[Einheit]	Ausf.-Dauer	Kostengruppe Positionsnummer
▶	▷	ø netto €	◁	◀				

3	Flachheizkörper ausbauen, bis 50kg							KG **494**

Flachheizkörper entleeren, ausbauen und anfallenden Bauschutt entsorgen, einschl. Verschließen der Anschlussleitung.
Größe: bis 50 kg

8€	17€	**20€**	23€	43€		[St]	⏱ 0,50 h/St	341.000.062

4	Gewinderohrleitung, ausbauen, DN15-25							KG **494**

Entleerte Gewinderohrleitung einschl. Befestigung ausbauen und anfallenden Bauschutt entsorgen, einschl. Verschließen der Anschlussleitung.
Durchmesser: DN15-25

2€	5€	**6€**	7€	13€		[m]	⏱ 0,15 h/m	341.000.063

5	Gewinderohrleitung, ausbauen, DN65-100							KG **494**

Entleerte Gewinderohrleitung, einschl. Befestigung ausbauen und anfallenden Bauschutt entsorgen, einschl. Verschließen der Anschlussleitung.
Durchmesser: DN65-100

2€	11€	**13€**	15€	20€		[m]	⏱ 0,33 h/m	341.000.064

6	Kupferrohrleitung, ausbauen, 18-22mm							KG **494**

Entleerte Kupferrohrleitung, einschl. Befestigung ausbauen und anfallenden Bauschutt entsorgen, einschl. Verschließen der Anschlussleitung.
Durchmesser: DN18-22 mm

4€	4€	**5€**	6€	7€		[m]	⏱ 0,18 h/m	341.000.065

A 1	Kompaktheizkörper, Stahl						Beschreibung für Pos. **7-10**	

Kompaktheizkörper als Plattenheizkörper, Sickenteilung 33 1/3mm. Übergreifende obere Abdeckung und geschlossene seitliche Blenden. Zweischichtlackierung, lösungsmittelfrei im Heizbetrieb, entfettet, eisenphosphoriert, grundiert mit kathodischem Elektrotauchlack und elektrostatisch pulverbeschichtet, Rückseite mit vier Befestigungslaschen (ab Baulänge 1.800mm = 6St). Einschl. Montageset, bestehend aus Bohrkonsolen, Abstandshalter und Sicherungsbügel zur Befestigung sowie Blind- und Entlüftungsstopfen. Mit Lieferung, fachgerechter Montage sowie Montagezubehör, einschl. Einschraubventil mit Voreinstellung.

7	Kompaktheizkörper, Stahl, H=500, L=bis 700							KG **423**

Wie Ausführungsbeschreibung A 1
Material: Stahlblech St. 12.03
Blechstärke: 1,25 mm
Farbe: weiß
Anschlüsse: G 1/2 **vertikal links / rechts**
Betriebsdruck: max. **4 / 6 / 10** bar
Medium: Heißwasser bis **110 / 120**°C
Bautiefe: ..... mm
Bauhöhe: 500 mm
Baulänge: bis 700 mm
Fabrikat: .....
Typ: .....
Normwärmeabgabe: ..... W

124€	155€	**159€**	186€	226€		[St]	⏱ 1,00 h/St	341.000.066

LB 341 Wärmeversorgungsanlagen - Leitungen, Armaturen, Heizflächen

Kosten:
Stand 2.Quartal 2018
Bundesdurchschnitt

Nr.	Kurztext / Langtext							Kostengruppe
▶	▷	ø netto €	◁	◀		[Einheit]	Ausf.-Dauer	Positionsnummer

8 Kompaktheizkörper, Stahl, H=600, L=bis 700 — KG **423**

Wie Ausführungsbeschreibung A 1
Material: Stahlblech St. 12.03
Blechstärke: 1,25 mm
Farbe: weiß
Anschlüsse: G 1/2 **vertikal links / rechts**
Betriebsdruck: max. **4 / 6 / 10** bar
Medium: Heißwasser bis **110 / 120**°C
Bautiefe: ..... m
Bauhöhe: 600 mm
Baulänge: bis 700 mm
Fabrikat: .....
Typ: .....
Normwärmeabgabe: ..... W

| 139€ | 187€ | **203**€ | 207€ | 241€ | [St] | ⏱ 1,00 h/St | 341.000.067 |

9 Kompaktheizkörper, Stahl, H=900, L=bis 700 — KG **423**

Wie Ausführungsbeschreibung A 1
Material: Stahlblech St. 12.03
Blechstärke: 1,25 mm
Farbe: weiß
Anschlüsse: G 1/2 **vertikal links / rechts**
Betriebsdruck: max. **4 / 6 / 10** bar
Medium: Heißwasser bis **110 / 120**°C
Bautiefe: ..... mm
Bauhöhe: 900 mm
Baulänge: bis 700 mm
Fabrikat: .....
Typ: .....
Normwärmeabgabe: ..... W

| 168€ | 239€ | **258**€ | 290€ | 403€ | [St] | ⏱ 1,00 h/St | 341.000.068 |

10 Kompaktheizkörper, Stahl, H=900, L=bis 2.100 — KG **423**

Wie Ausführungsbeschreibung A 1
Material: Stahlblech St. 12.03
Blechstärke: 1,25 mm
Farbe: weiß
Anschlüsse: G 1/2 **vertikal links / rechts**
Betriebsdruck: max. **4 / 6 / 10** bar
Medium: Heißwasser bis **110 / 120**°C
Bautiefe: ..... mm
Bauhöhe: 900 mm
Baulänge: 1401 bis 2.100 mm
Fabrikat: .....
Typ: .....
Normwärmeabgabe je Glied: ..... W

| 398€ | 507€ | **516**€ | 665€ | 824€ | [St] | ⏱ 1,30 h/St | 341.000.069 |

▶ min
▷ von
ø Mittel
◁ bis
◀ max

Nr.	Kurztext / Langtext						Kostengruppe	
▶	▷	ø netto €	◁	◀		[Einheit]	Ausf.-Dauer	Positionsnummer

A 2 Rohrleitung, C-Stahlrohr — Beschreibung für Pos. **11-16**

Rohrleitung in Stangen, geschweißte Ausführung, Rohre außen grundiert mit Kunststoffmantel aus Polypropylen, einschl. Fittings, Materialwechsel bei Armaturen etc. bis DN50, falls nicht separat aufgeführt.

---

11 Rohrleitung, C-Stahlrohr, DN15 KG **422**
Wie Ausführungsbeschreibung A 2
C-Stahlrohr: .....
Werkstoff: RSt. 34-2
Farbe: ..... / **cremeweiß RAL 9001**
Nennweite: 18 x 1,2 mm

| 10€ | 12€ | **13€** | 14€ | 17€ | | [m] | ⏱ 0,18 h/m | 341.000.075 |

12 Rohrleitung, C-Stahlrohr, DN20 KG **422**
Wie Ausführungsbeschreibung A 2
C-Stahlrohr: .....
Werkstoff: RSt. 34-2
Farbe: ..... / **cremeweiß RAL 9001**
Nennweite: 22 x 1,5 mm

| 13€ | 16€ | **17€** | 18€ | 20€ | | [m] | ⏱ 0,22 h/m | 341.000.074 |

13 Rohrleitung, C-Stahlrohr, DN25 KG **422**
Wie Ausführungsbeschreibung A 2
C-Stahlrohr: .....
Werkstoff: RSt. 34-2
Farbe: ..... / **cremeweiß RAL 9001**
Nennweite: 28 x 1,5 mm

| 18€ | 21€ | **22€** | 22€ | 25€ | | [m] | ⏱ 0,25 h/m | 341.000.073 |

14 Rohrleitung, C-Stahlrohr, DN32 KG **422**
Wie Ausführungsbeschreibung A 2
C-Stahlrohr: .....
Werkstoff: RSt. 34-2
Farbe: ..... / **cremeweiß RAL 9001**
Nennweite: 35 x 1,5 mm

| 21€ | 27€ | **27€** | 28€ | 31€ | | [m] | ⏱ 0,28 h/m | 341.000.072 |

15 Rohrleitung, C-Stahlrohr, DN40 KG **422**
Wie Ausführungsbeschreibung A 2
C-Stahlrohr: .....
Werkstoff: RSt. 34-2
Farbe: ..... / **cremeweiß RAL 9001**
Nennweite: 42 x 1,5 mm

| 23€ | 33€ | **36€** | 39€ | 53€ | | [m] | ⏱ 0,33 h/m | 341.000.071 |

340
341
342
344
345
347
358
369

LB 341
Wärmeversorgungsanlagen - Leitungen, Armaturen, Heizflächen

Nr.	Kurztext / Langtext				[Einheit]	Ausf.-Dauer	Kostengruppe Positionsnummer
▶	▷	ø netto €	◁	◀			
16	**Rohrleitung, C-Stahlrohr, DN50**						KG **422**

Wie Ausführungsbeschreibung A 2
C-Stahlrohr: .....
Werkstoff: RSt. 34-2
Farbe: ..... / **cremeweiß RAL 9001**
Nennweite: 54 x 1,5 mm

| 26€ | 40€ | **47**€ | 50€ | 63€ | [m] | ⏱ 0,36 h/m | 341.000.070 |

Kosten:
Stand 2.Quartal 2018
Bundesdurchschnitt

▶ min
▷ von
ø Mittel
◁ bis
◀ max

| 340 |
| **341** |
| 342 |
| 344 |
| 345 |
| 347 |
| 358 |
| 369 |

LB 342
Gas- und Wasseranlagen - Leitungen, Armaturen

Kosten:
Stand 2.Quartal 2018
Bundesdurchschnitt

▶ min
▷ von
ø Mittel
◁ bis
◀ max

Gas- und Wasseranlagen - Leitungen, Armaturen — Preise €

Nr.	Positionen	Einheit	▶	▷ ø brutto € ø netto €	◁	◀
1	Stahlrohrleitung ausbauen, 12-25mm	m	2 2	6 5	**7** **6**	8 6	16 14
2	Stahlrohrleitung ausbauen, 32-50mm	m	3 2	8 6	**9** **8**	10 9	17 15
3	Stahlrohrleitung ausbauen, 65-100mm	m	4 3	10 8	**12** **10**	13 11	22 18
4	Leitung, Metallverbundrohr, DN10	m	6,5 5,4	11 8,9	**13** **11**	15 12	17 15
5	Leitung, Metallverbundrohr, DN15	m	8,9 7,5	14 12	**17** **14**	18 15	23 19
6	Leitung, Metallverbundrohr, DN20	m	12 9,8	17 14	**20** **17**	24 20	30 25
7	Leitung, Metallverbundrohr, DN25	m	13 11	21 18	**26** **22**	28 24	34 29
8	Leitung, Metallverbundrohr, DN32	m	18 15	26 22	**31** **26**	36 31	43 36
9	Leitung, Metallverbundrohr, DN40	m	39 32	44 37	**47** **40**	49 41	55 47
10	Leitung, Kupferrohr, 15mm	m	14 12	19 16	**21** **18**	23 19	27 22
11	Leitung, Kupferrohr, 18mm	m	17 14	21 18	**23** **19**	25 21	30 25
12	Leitung, Kupferrohr, 22mm	m	19 16	23 20	**25** **21**	28 24	37 31
13	Leitung, Kupferrohr, 28mm	m	21 18	27 23	**30** **26**	34 29	43 36
14	Leitung, Kupferrohr, 35mm	m	29 24	36 30	**39** **33**	41 34	53 45
15	Leitung, Kupferrohr, 54mm	m	42 35	53 45	**61** **51**	64 54	75 63

Nr.	Kurztext / Langtext					[Einheit]	Ausf.-Dauer	Kostengruppe Positionsnummer
	▶	▷	ø netto €	◁	◀			

1 Stahlrohrleitung ausbauen, 12-25mm   KG **494**
Entleerte Stahlrohrleitung einschl. Befestigung ausbauen und anfallenden Bauschutt entsorgen. Anschluss-
leitung verschließen.
Durchmesser: 12-25 mm

| 2€ | 5€ | **6**€ | 6€ | 14€ | [m] | ⏱ 0,15 h/m | 342.000.069 |

2 Stahlrohrleitung ausbauen, 32-50mm   KG **494**
Entleerte Stahlrohrleitung einschl. Befestigung ausbauen und anfallenden Bauschutt entsorgen. Anschluss-
leitung verschließen.
Durchmesser: 32-50 mm

| 2€ | 6€ | **8**€ | 9€ | 15€ | [m] | ⏱ 0,20 h/m | 342.000.070 |

Nr.	**Kurztext** / Langtext						Kostengruppe	
▶	▷	**ø netto €**	◁	◀	[Einheit]	Ausf.-Dauer	Positionsnummer	

3   Stahlrohrleitung ausbauen, 65-100mm KG **494**
Entleerte Stahlrohrleitung einschl. Befestigung ausbauen und anfallenden Bauschutt entsorgen. Anschlussleitung verschließen.
Durchmesser: 32-50 mm

| 3€ | 8€ | **10€** | 11€ | 18€ | [m] | ⏱ 0,20 h/m | 342.000.071 |

A 1   Leitung, Metallverbundrohr Beschreibung für Pos. **4-9**
Metallverbundrohr aus Mehrschichtverbundwerkstoff (PE, Aluminium, PE), für Trinkwasser warm und kalt, einschl. Dichtungs- und Befestigungsmittel. Form- und Verbindungsstücke (Fittings) werden gesondert vergütet. Längskraftschlüssige Verbindung durch Verpressen des Rohrs auf den Fitting.

4   Leitung, Metallverbundrohr, DN10 KG **412**
Wie Ausführungsbeschreibung A 1
Nennweite: DN10
Außendurchmesser: 16 mm
Wandstärke: 2 mm
Lieferung: **Stangen / Ringen**
Verlegehöhe: **3,50 / 5,00 / 7,00** m über Fußboden

| 5€ | 9€ | **11€** | 12€ | 15€ | [m] | ⏱ 0,28 h/m | 342.000.077 |

5   Leitung, Metallverbundrohr, DN15 KG **412**
Wie Ausführungsbeschreibung A 1
Nennweite: DN15
Außendurchmesser: 20 mm
Wandstärke: 2 mm
Lieferung: **Stangen / Ringen**
Verlegehöhe: **3,50 / 5,00 / 7,00** m über Fußboden

| 7€ | 12€ | **14€** | 15€ | 19€ | [m] | ⏱ 0,28 h/m | 342.000.076 |

6   Leitung, Metallverbundrohr, DN20 KG **412**
Wie Ausführungsbeschreibung A 1
Nennweite: DN20
Außendurchmesser: 26 mm
Wandstärke: 3 mm
Lieferung: **Stangen / Ringen**
Verlegehöhe: **3,50 / 5,00 / 7,00** m über Fußboden

| 10€ | 14€ | **17€** | 20€ | 25€ | [m] | ⏱ 0,28 h/m | 342.000.075 |

7   Leitung, Metallverbundrohr, DN25 KG **412**
Wie Ausführungsbeschreibung A 1
Nennweite: DN25
Außendurchmesser: 32 mm
Wandstärke: 3 mm
Lieferung: **Stangen / Ringen**
Verlegehöhe: **3,50 / 5,00 / 7,00** m über Fußboden

| 11€ | 18€ | **22€** | 24€ | 29€ | [m] | ⏱ 0,28 h/m | 342.000.074 |

LB 342
Gas- und Wasseranlagen - Leitungen, Armaturen

Kosten:
Stand 2.Quartal 2018
Bundesdurchschnitt

▶ min
▷ von
ø Mittel
◁ bis
◀ max

Nr.	Kurztext / Langtext				[Einheit]	Ausf.-Dauer	Kostengruppe Positionsnummer
▶	▷ ø netto €	◁	◀				

8   Leitung, Metallverbundrohr, DN32   KG **412**
Wie Ausführungsbeschreibung A 1
Nennweite: DN32
Außendurchmesser: 40 mm
Wandstärke: 3,5 mm
Lieferung: **Stangen / Ringen**
Verlegehöhe: **3,50 / 5,00 / 7,00** m über Fußboden

| 15€ | 22€ | **26€** | 31€ | 36€ | [m] | ⏱ 0,28 h/m | 342.000.073 |

9   Leitung, Metallverbundrohr, DN40   KG **412**
Wie Ausführungsbeschreibung A 1
Nennweite: DN40
Außendurchmesser: 50 mm
Wandstärke: 4 mm
Lieferung: **Stangen / Ringen**
Verlegehöhe: **3,50 / 5,00 / 7,00** m über Fußboden

| 32€ | 37€ | **40€** | 41€ | 47€ | [m] | ⏱ 0,28 h/m | 342.000.072 |

10   Leitung, Kupferrohr, 15mm   KG **412**
Kupferrohr, blank, in Stangen, einschl. Rohrverbindung löten / pressen, mit Aufhängung.
Aufhängung Oberkante Rohr: bis **3,50 / 5,00 / 7,00 / .....** m
Nennweite: 15 mm
Wandstärke: 1 mm

| 12€ | 16€ | **18€** | 19€ | 22€ | [m] | ⏱ 0,25 h/m | 342.000.083 |

11   Leitung, Kupferrohr, 18mm   KG **412**
Kupferrohr, blank, in Stangen, einschl. Rohrverbindung löten / pressen, mit Aufhängung.
Aufhängung Oberkante Rohr: bis **3,50 / 5,00 / 7,00 / .....** m
Nennweite: 18 mm
Wandstärke 1 mm

| 14€ | 18€ | **19€** | 21€ | 25€ | [m] | ⏱ 0,25 h/m | 342.000.082 |

12   Leitung, Kupferrohr, 22mm   KG **412**
Kupferrohr, blank, in Stangen, einschl. Rohrverbindung löten / pressen, mit Aufhängung.
Aufhängung Oberkante Rohr: bis **3,50 / 5,00 / 7,00 / .....** m
Nennweite: 22 mm
Wandstärke: 1 mm

| 16€ | 20€ | **21€** | 24€ | 31€ | [m] | ⏱ 0,25 h/m | 342.000.081 |

13   Leitung, Kupferrohr, 28mm   KG **412**
Kupferrohr, blank, in Stangen, einschl. Rohrverbindung löten / pressen, mit Aufhängung.
Aufhängung Oberkante Rohr: bis **3,50 / 5,00 / 7,00 / .....** m
Nennweite: 28 mm
Wandstärke: 1,5 mm

| 18€ | 23€ | **26€** | 29€ | 36€ | [m] | ⏱ 0,25 h/m | 342.000.080 |

Nr.	Kurztext / Langtext				[Einheit]	Ausf.-Dauer	Kostengruppe Positionsnummer
▶	▷	ø netto €	◁	◀			
14	**Leitung, Kupferrohr, 35mm**						KG **412**
	Kupferrohr, blank, in Stangen, einschl. Rohrverbindung löten / pressen, mit Aufhängung. Aufhängung Oberkante Rohr: bis **3,50 / 5,00 / 7,00 / .....** m Nennweite: 35 mm Wandstärke: 1,5mm						
24€	30€	**33**€	34€	45€	[m]	⏱ 0,25 h/m	342.000.078
15	**Leitung, Kupferrohr, 54mm**						KG **412**
	Kupferrohr, blank, in Stangen, einschl. Rohrverbindung löten / pressen, mit Aufhängung. Aufhängung Oberkante Rohr: bis **3,50 / 5,00 / 7,00 / .....** m Nennweite: 54 mm Wandstärke: 2 mm						
35€	45€	**51**€	54€	63€	[m]	⏱ 0,25 h/m	342.000.079

LB 344 Abwasseranlagen - Leitungen, Abläufe, Armaturen

Preise €

Kosten: Stand 2.Quartal 2018 Bundesdurchschnitt

- ▶ min
- ▷ von
- ø Mittel
- ◁ bis
- ◀ max

Nr.	Positionen	Einheit	▶	▷	ø brutto € ø netto €	◁	◀
1	Gussrohrleitung ausbauen, DN40-100	m	11 9	14 12	**16** **14**	19 16	24 20
2	Gussrohrleitung ausbauen, DN125-200	m	14 12	19 16	**22** **18**	25 21	29 25
3	Stahlrohrleitung ausbauen, DN40-100	m	7 6	12 10	**14** **12**	17 14	21 17
4	Kunststoff-Rohrleitung, ausbauen, DN40-100	m	4 3	8 7	**9** **8**	11 9	18 15
5	Abwasserleitung, Guss, DN70	m	32 27	37 31	**39** **33**	40 34	44 37
6	Abwasserleitung, Guss, DN100	m	42 36	50 42	**54** **46**	58 49	67 56
7	Abwasserleitung, Guss, DN125	m	52 44	64 54	**71** **60**	81 68	93 78
8	Abwasserleitung, Guss, DN150	m	59 49	81 68	**97** **82**	99 83	103 86
9	Abwasserleitung, HT-Rohr, DN50	m	13 11	14 12	**15** **13**	17 14	19 16
10	Abwasserleitung, HT-Rohr, DN70	m	18 15	21 18	**22** **18**	25 21	29 24
11	Abwasserleitung, HT-Rohr, DN100	m	22 18	26 22	**28** **23**	30 25	36 30
12	Abwasserleitung, PE-Rohr, DN70	m	17 14	21 18	**23** **19**	25 21	35 29
13	Abwasserleitung, PE-Rohr, DN100	m	20 17	24 20	**25** **21**	27 23	37 31
14	Abflussleitung, PP-Rohr, DN50, schallgedämmt	m	20 16	24 20	**29** **24**	32 27	38 32
15	Abflussleitung, PP-Rohr, DN75, schallgedämmt	m	21 18	27 23	**31** **26**	38 32	42 35
16	Abflussleitung, PP-Rohr, DN90, schallgedämmt	m	25 21	31 26	**36** **30**	42 35	50 42
17	Abflussleitung, PP-Rohr, DN110, schallgedämmt	m	26 22	32 27	**37** **31**	46 39	54 45
18	Abwasserkanal, PVC-U, DN100	m	18 15	30 25	**33** **28**	40 34	54 45
19	Abwasserkanal, PVC-U, DN150	m	30 25	40 33	**43** **36**	51 43	67 57

Nr.	Kurztext / Langtext				[Einheit]	Ausf.-Dauer	Kostengruppe Positionsnummer
	▶	▷	ø netto €	◁	◀		

1 Gussrohrleitung ausbauen, DN40-100 KG **494**
Gussrohrleitung einschl. Befestigung ausbauen und anfallenden Bauschutt entsorgen.
Nennweite: DN40-100

| 9€ | 12€ | **14**€ | 16€ | 20€ | [m] | ⏱ 0,33 h/m | 344.000.065 |

© BKI Baukosteninformationszentrum; Erläuterungen zu den Tabellen siehe Seite 22
Mustertexte 2016 geprüft: Zentralverband Sanitär Heizung Klima (ZVSHK)

Kostenstand: 2.Quartal 2018, Bundesdurchschnitt

Nr.	Kurztext / Langtext							Kostengruppe
▶	▷	ø netto €	◁	◀		[Einheit]	Ausf.-Dauer	Positionsnummer

2 Gussrohrleitung ausbauen, DN125-200 KG **494**
Gussrohrleitung einschl. Befestigung ausbauen und anfallenden Bauschutt entsorgen.
Nennweite: DN125-200

| 12€ | 16€ | **18€** | 21€ | 25€ | | [m] | ⏱ 0,42 h/m | 344.000.066 |

3 Stahlrohrleitung ausbauen, DN40-100 KG **494**
Stahlrohrleitung einschl. Befestigung ausbauen und anfallenden Bauschutt entsorgen.
Nennweite: DN40-100

| 6€ | 10€ | **12€** | 14€ | 17€ | | [m] | ⏱ 0,26 h/m | 344.000.067 |

4 Kunststoff-Rohrleitung, ausbauen, DN40-100 KG **494**
Rohrleitung aus Kunststoffrohren einschl. Befestigung ausbauen und anfallenden Bauschutt entsorgen.
Material: .....
Nennweite: DN40-100

| 3€ | 7€ | **8€** | 9€ | 15€ | | [m] | ⏱ 0,27 h/m | 344.000.068 |

5 Abwasserleitung, Guss, DN70 KG **411**
Abwasserleitungen aus Gussrohren zur Entwässerung innerhalb von Gebäuden, einschl. Verbindungen und Befestigungen.
Nennweite: DN70
Schutzschicht: Zweikomponenten-Epoxid-Beschichtung
Schutzfarbe: Grundbeschichtung, rotbraun
Rohrverbindung: .....
Befestigung: .....
Verlegehöhe: bis ..... m

| 27€ | 31€ | **33€** | 34€ | 37€ | | [m] | ⏱ 0,40 h/m | 344.000.069 |

6 Abwasserleitung, Guss, DN100 KG **411**
Abwasserleitungen aus Gussrohren zur Entwässerung innerhalb von Gebäuden, einschl. Verbindungen und Befestigungen.
Nennweite: DN100
Schutzschicht: Zweikomponenten-Epoxid-Beschichtung
Schutzfarbe: Grundbeschichtung, rotbraun
Rohrverbindung: .....
Befestigung: .....
Verlegehöhe: bis ..... m

| 36€ | 42€ | **46€** | 49€ | 56€ | | [m] | ⏱ 0,50 h/m | 344.000.070 |

7 Abwasserleitung, Guss, DN125 KG **411**
Abwasserleitungen aus Gussrohren zur Entwässerung innerhalb von Gebäuden, einschl. Verbindungen und Befestigungen.
Nennweite: DN125
Schutzschicht: Zweikomponenten-Epoxid-Beschichtung
Schutzfarbe: Grundbeschichtung, rotbraun
Rohrverbindung: .....
Befestigung: .....
Verlegehöhe: bis ..... m

| 44€ | 54€ | **60€** | 68€ | 78€ | | [m] | ⏱ 0,50 h/m | 344.000.071 |

LB 344 Abwasseranlagen - Leitungen, Abläufe, Armaturen

Nr.	Kurztext / Langtext							Kostengruppe
▶	▷	ø netto €	◁	◀	[Einheit]		Ausf.-Dauer	Positionsnummer

8 Abwasserleitung, Guss, DN150 KG **411**

Abwasserleitungen aus Gussrohren zur Entwässerung innerhalb von Gebäuden, einschl. Verbindungen und Befestigungen.
Nennweite: DN150
Schutzschicht: Zweikomponenten-Epoxid-Beschichtung
Schutzfarbe: Grundbeschichtung, rotbraun
Rohrverbindung: .....
Befestigung: .....
Verlegehöhe: bis ..... m

49€   68€   **82**€   83€   86€   [m]   ⏱ 0,50 h/m   344.000.072

A 1 Abwasserleitung, HT-Rohr Beschreibung für Pos. **9-11**

HT-Abwasserrohre mit Steckmuffensystem zur Entwässerung innerhalb von Gebäuden und zur Ableitung von aggressiven Medien.
Chemische Beständigkeit: Resistent gegenüber anorganischen Salzen, Laugen und Milchsäuren in Konzentrationen, wie sie zum Beispiel in Laborwässern vorhanden sind. Material heißwasserbeständig, lichtstabilisiert, dauerhaft schwer entflammbar.

9 Abwasserleitung, HT-Rohr, DN50 KG **411**

Wie Ausführungsbeschreibung A 1
Material: Polypropylen (PP)
Nennweite: DN50
Wandstärke: 1,8 mm
Rohrverbindung: mit werkseitig eingebautem Lippendichtring
Befestigung: .....

11€   12€   **13**€   14€   16€   [m]   ⏱ 0,30 h/m   344.000.073

10 Abwasserleitung, HT-Rohr, DN70 KG **411**

Wie Ausführungsbeschreibung A 1
Material: Polypropylen (PP)
Nennweite: DN70
Wandstärke: 1,9 mm
Rohrverbindung: mit werkseitig eingebautem Lippendichtring
Befestigung: .....

15€   18€   **18**€   21€   24€   [m]   ⏱ 0,30 h/m   344.000.074

11 Abwasserleitung, HT-Rohr, DN100 KG **411**

Wie Ausführungsbeschreibung A 1
Material: Polypropylen (PP)
Nennweite: DN100
Wandstärke: 2,7 mm
Rohrverbindung: mit werkseitig eingebautem Lippendichtring
Befestigung: .....

18€   22€   **23**€   25€   30€   [m]   ⏱ 0,35 h/m   344.000.075

Kosten:
Stand 2.Quartal 2018
Bundesdurchschnitt

▶ min
▷ von
ø Mittel
◁ bis
◀ max

Nr.	Kurztext / Langtext				[Einheit]	Ausf.-Dauer	Kostengruppe Positionsnummer
▶	▷	ø netto €	◁	◀			

12   Abwasserleitung, PE-Rohr, DN70   KG 411
Abwasserleitung aus PE-Rohr, heißwasserbeständig und körperschallgedämmt, zur Verlegung in Gebäuden, einschl. Verbindungen und Rohrbefestigungen.
Nennweite: DN70
Rohrverbindung: .....
Befestigung: .....

| 14€ | 18€ | **19€** | 21€ | 29€ | [m] | ⏱ 0,30 h/m | 344.000.076 |

13   Abwasserleitung, PE-Rohr, DN100   KG 411
Abwasserleitung aus PE-Rohr, heißwasserbeständig und körperschallgedämmt, zur Verlegung in Gebäuden, einschl. Verbindungen und Rohrbefestigungen.
Nennweite: DN70
Rohrverbindung: .....
Befestigung: .....

| 17€ | 20€ | **21€** | 23€ | 31€ | [m] | ⏱ 0,34 h/m | 344.000.077 |

A 2   Abflussleitung, PP-Rohre, schallgedämmt   Beschreibung für Pos. **14-17**
Schallgedämmte Abflussleitung PP-Rohr für Entwässerungsanlagen innerhalb von Gebäuden. Einsetzbar bis 95°C (kurzzeitig); geeignet zur Ableitung chemisch aggressiver Abwässer mit einem pH-Wert von 2 bis 12. Rohrverbindungen sind bis zu einem Wasserüberdruck von 0,5 bar dicht.

14   Abflussleitung, PP-Rohr, DN50, schallgedämmt   KG 411
Wie Ausführungsbeschreibung A 2
Nennweite: DN50

| 16€ | 20€ | **24€** | 27€ | 32€ | [m] | ⏱ 0,28 h/m | 344.000.078 |

15   Abflussleitung, PP-Rohr, DN75, schallgedämmt   KG 411
Wie Ausführungsbeschreibung A 2
Nennweite: DN75

| 18€ | 23€ | **26€** | 32€ | 35€ | [m] | ⏱ 0,28 h/m | 344.000.079 |

16   Abflussleitung, PP-Rohr, DN90, schallgedämmt   KG 411
Wie Ausführungsbeschreibung A 2
Nennweite: DN90

| 21€ | 26€ | **30€** | 35€ | 42€ | [m] | ⏱ 0,28 h/m | 344.000.080 |

17   Abflussleitung, PP-Rohr, DN110, schallgedämmt   KG 411
Wie Ausführungsbeschreibung A 2
Nennweite: DN110

| 22€ | 27€ | **31€** | 39€ | 45€ | [m] | ⏱ 0,32 h/m | 344.000.081 |

18   Abwasserkanal, PVC-U, DN100   KG 411
Abwasserkanal aus PVC-U-Rohren mit homogenen Vollwandrohren, für Schmutzwasserleitung. Verlegung in vorh. verbauten Graben. Die Bettung wird gesondert vergütet.
Nennweite: DN100
Baulänge: ..... m
Grabentiefe: bis 1,00 m

| 15€ | 25€ | **28€** | 34€ | 45€ | [m] | ⏱ 0,40 h/m | 344.000.082 |

**LB 344
Abwasseranlagen
- Leitungen,
Abläufe,
Armaturen**

Nr.	Kurztext / Langtext						Kostengruppe	
▶	▷	ø netto €	◁	◀	[Einheit]	Ausf.-Dauer	Positionsnummer	

19 **Abwasserkanal, PVC-U, DN150**   KG **411**
Abwasserkanal aus PVC-U-Rohren mit homogenen Vollwandrohren, für Schmutzwasserleitung. Verlegung in vorh. verbauten Graben. Die Bettung wird gesondert vergütet.
Nennweite: DN100
Baulänge: ..... m
Grabentiefe: bis 1,00 m

| 25€ | 33€ | **36**€ | 43€ | 57€ | [m] | ⏱ 0,50 h/m | 344.000.083 |

Kosten:
Stand 2.Quartal 2018
Bundesdurchschnitt

▶ min
▷ von
ø Mittel
◁ bis
◀ max

| 340 |
| 341 |
| 342 |
| **344** |
| 345 |
| 347 |
| 358 |
| 369 |

LB 345
Gas-, Wasser- und Entwässerungsanlagen - Ausstattung, Elemente, Fertigbäder

Kosten:
Stand 2.Quartal 2018
Bundesdurchschnitt

▶ min
▷ von
ø Mittel
◁ bis
◀ max

Gas-, Wasser- und Entwässerungsanlagen - Ausstattung, Elemente, Fertigbäder — Preise €

Nr.	Positionen	Einheit	▶	▷	ø brutto € ø netto €	◁	◀
1	Montageelement ausbauen	St	30 25	38 32	**44** **37**	51 43	55 47
2	Badewanne ausbauen	St	45 38	53 45	**63** **53**	72 60	117 99
3	Duschwanne ausbauen	St	29 25	35 30	**42** **35**	48 40	50 42
4	Waschtisch ausbauen	St	17 14	25 21	**29** **25**	34 28	40 34
5	WC-Anlage ausbauen	St	17 15	28 24	**33** **28**	38 32	46 39
6	Waschtischbatterie ausbauen	St	8 6	10 9	**11** **10**	13 11	14 12
7	Handwaschbecken, Keramik	St	63 53	115 97	**134** **113**	212 179	371 312
8	Waschtisch, Keramik 500x400mm	St	117 98	272 229	**326** **274**	405 341	609 511
9	Waschtisch, Keramik, 600x500mm	St	121 102	240 202	**263** **221**	438 368	707 594
10	Einhebel-Mischbatterie	St	139 117	218 183	**247** **208**	333 280	435 366
11	Handtuchspender, Stahlblech	St	54 45	81 68	**93** **78**	168 141	253 213
12	Badewanne, Stahl, 170cm	St	221 186	332 279	**378** **318**	481 404	656 551
13	Badewanne, Stahl 180	St	316 266	494 415	**534** **448**	725 609	924 776
14	Badewanne, Stahl 200	St	939 789	1.087 913	**1.149** **965**	1.268 1.066	1.452 1.220
15	Einhebelbatterie, Badewanne	St	59 49	185 155	**259** **217**	394 331	538 452
16	WC, wandhängend	St	197 166	262 221	**301** **253**	367 309	480 403
17	WC-Sitz	St	50 42	105 88	**114** **96**	140 118	181 152
18	Duschwanne, Stahl, 80x80	St	164 138	221 186	**246** **207**	275 231	358 301
19	Duschwannen, Stahl 90x80	St	187 157	294 247	**331** **278**	391 329	546 459
20	Duschwannen, Stahl 90x90	St	237 199	378 317	**415** **349**	544 457	704 591
21	Duschwannen, Stahl 100x80	St	387 325	560 471	**609** **512**	686 577	775 651
22	Duschwanne, Stahl 100x100	St	346 291	485 408	**578** **486**	634 533	874 735
23	Einhandmischarmatur, Dusche	St	165 138	460 386	**471** **396**	584 490	747 628
24	Duschabtrennung, Kunststoff	St	711 598	925 777	**1.008** **847**	1.039 873	1.493 1.255

© **BKI** Baukosteninformationszentrum; Erläuterungen zu den Tabellen siehe Seite 22
Mustertexte 2016 geprüft: Zentralverband Sanitär Heizung Klima (ZVSHK)

Kostenstand: 2.Quartal 2018, Bundesdurchschnitt

Gas-, Wasser- und Entwässerungsanlagen - Ausstattung, Elemente, Fertigbäder — Preise €

Nr.	Positionen	Einheit	▶	▷ ø brutto € / ø netto €		◁	◀
25	Montageelement, WC	St	187 / 157	240 / 202	**268** / **226**	301 / 253	358 / 301
26	Montageelement, Waschtisch	St	113 / 95	162 / 136	**176** / **148**	224 / 188	303 / 255
27	Haltegriff, Edelstahl, 600 mm	St	73 / 62	107 / 90	**109** / **92**	152 / 128	188 / 158
28	Duschhandlauf, Messing	St	– / –	373 / 313	**495** / **416**	630 / 530	– / –
29	Stützklappgriff, Edelstahl, 775mm	St	358 / 301	415 / 349	**458** / **385**	500 / 420	557 / 468
30	Waschtisch, behindertengerecht	St	229 / 192	259 / 218	**305** / **256**	412 / 346	564 / 474
31	WC, behindertengerecht	St	631 / 530	754 / 634	**877** / **737**	1.052 / 884	1.315 / 1.105
32	Hygiene-Spül-WC	St	3.163 / 2.658	3.778 / 3.174	**4.393** / **3.691**	5.271 / 4.429	6.369 / 5.352
33	WC-Spülkasten, mit Betätigungsplatte	St	171 / 144	191 / 161	**217** / **183**	254 / 214	311 / 261
34	WC-Betätigung, berührungslos	St	384 / 323	474 / 399	**565** / **475**	678 / 570	875 / 736
35	Nachrüstaufsatz, Hygiene-Spül-WC	St	1.054 / 886	1.155 / 970	**1.255** / **1.055**	1.606 / 1.350	2.008 / 1.687
36	Nachrüstung Türeinstieg Badewanne (Bestand)	St	– / –	1.079 / 907	**1.255** / **1.055**	1.456 / 1.223	– / –
37	Stützgriff, fest, WC	St	327 / 275	369 / 310	**461** / **388**	554 / 465	623 / 523
38	Stützgriff, fest, WC mit Spülauslösung	St	482 / 405	540 / 454	**581** / **488**	639 / 537	726 / 610
39	Stützgriff, klappbar, WC	St	366 / 307	449 / 377	**554** / **466**	670 / 563	759 / 638
40	Stützgriff, fest, Waschtisch	St	256 / 215	318 / 267	**388** / **326**	477 / 401	531 / 446
41	Stützgriff, klappbar, Waschtisch	St	369 / 310	423 / 355	**445** / **374**	503 / 422	551 / 463

Nr.	Kurztext / Langtext					[Einheit]	Ausf.-Dauer	Kostengruppe Positionsnummer
	▶	▷	ø netto €	◁	◀			

1 Montageelement ausbauen — KG **494**
Montageelement für Sanitärausstattung ausbauen und anfallenden Bauschutt entsorgen.
Ausstattung: …..
25 €   32 €   **37 €**   43 €   47 €   [St]   ⏱ 0,78 h/St   345.000.034

2 Badewanne ausbauen — KG **494**
Badewanne einschl. Ablaufgarnitur ausbauen und anfallenden Bauschutt entsorgen.
Abmessung: …..
38 €   45 €   **53 €**   60 €   99 €   [St]   ⏱ 2,00 h/St   345.000.035

© BKI Baukosteninformationszentrum; Erläuterungen zu den Tabellen siehe Seite 22
Mustertexte 2016 geprüft: Zentralverband Sanitär Heizung Klima (ZVSHK)
Kostenstand: 2.Quartal 2018, Bundesdurchschnitt

LB 345
Gas-, Wasser- und Entwässerungsanlagen
- Ausstattung, Elemente, Fertigbäder

Kosten:
Stand 2.Quartal 2018
Bundesdurchschnitt

▶ min
▷ von
ø Mittel
◁ bis
◀ max

Nr.	Kurztext / Langtext					[Einheit]	Ausf.-Dauer	Kostengruppe Positionsnummer
▶	▷	ø netto €	◁	◀				

3 Duschwanne ausbauen — KG **494**
Duschwanne einschl. Ablaufgarnitur ausbauen und anfallenden Bauschutt entsorgen.
Abmessung: .....
25€ 30€ **35€** 40€ 42€ [St] ⏱ 1,25 h/St 345.000.036

4 Waschtisch ausbauen — KG **494**
Waschtisch einschl. Zu- und Ablaufgarnitur ausbauen und anfallenden Bauschutt entsorgen. Anschlussleitungen verschließen.
Abmessung: .....
14€ 21€ **25€** 28€ 34€ [St] ⏱ 0,66 h/St 345.000.037

5 WC-Anlage ausbauen — KG **494**
WC-Anlage nach dem Entleeren ausbauen und anfallenden Bauschutt entsorgen. Anschlussleitungen verschließen.
15€ 24€ **28€** 32€ 39€ [St] ⏱ 0,70 h/St 345.000.038

6 Waschtischbatterie ausbauen — KG **494**
Waschtischbatterie ausbauen und anfallenden Bauschutt entsorgen. Anschlussleitungen verschließen.
6€ 9€ **10€** 11€ 12€ [St] ⏱ 0,23 h/St 345.000.039

7 Handwaschbecken, Keramik — KG **412**
Handwaschbecken mit Überlauf aus Sanitärporzellan installieren, einschl. Befestigung und Schallschutzset.
Größe: ..... x ..... cm
Farbe: .....
53€ 97€ **113€** 179€ 312€ [St] ⏱ 0,90 h/St 345.000.064

8 Waschtisch, Keramik 500x400mm — KG **412**
Waschtisch mit Überlauf aus Sanitärporzellan installieren, einschl. Befestigung und Schallschutzset.
Größe: ca. 500 x 400 mm
Farbe: .....
98€ 229€ **274€** 341€ 511€ [St] ⏱ 0,90 h/St 345.000.065

9 Waschtisch, Keramik, 600x500mm — KG **412**
Waschtisch mit Überlauf aus Sanitärporzellan installieren, einschl. Befestigung und Schallschutzset.
Größe: ca. 600 x 500 mm
Farbe: .....
102€ 202€ **221€** 368€ 594€ [St] ⏱ 1,20 h/St 345.000.066

10 Einhebel-Mischbatterie — KG **412**
Einhand-Waschtischarmatur mit Keramikkartusche und Zugstangen-Ablaufgarnitur einbauen, einschl. Temperaturbegrenzer und Schnellmontagesystem.
Farbe: .....
Fabrikat: .....
Typ: .....
117€ 183€ **208€** 280€ 366€ [St] ⏱ 0,80 h/St 345.000.067

Nr.	Kurztext / Langtext						Kostengruppe	
▶	▷	ø netto €	◁	◀	[Einheit]	Ausf.-Dauer	Positionsnummer	

11 Handtuchspender, Stahlblech — KG 611

Handtuchspender für Papierhandtücher, für Wandaufbau, inkl. Befestigungsmaterial.
Größe Papierhandtücher: **250 / 500**
Handtücher in: **Lagen-Falzung**
Gehäuse: **Stahlblech**
Lackiert: **weiß / Standardfarbe**
Vorratsbehälter: **offen / verschließbar**
Gehäuseabmessungen: 285 x 160 x 150 mm

| 45€ | 68€ | **78€** | 141€ | 213€ | [St] | ⏱ 0,45 h/St | 345.000.041 |

12 Badewanne, Stahl, 170cm — KG 412

Badewannenanlage bestehend aus: 1x Badewanne Stahl emailliert, 1x Badewannenfüße oder Träger für oben beschriebene Badewanne; 1x Rolle Wannenprofil-Dämmstreifen für Bade- und Duschwannen, aus Polyethylen-Schaumstoff, oberseitig mit Silikonfolie kaschiert, Ab- und Überlaufgarnitur, Grund- und Fertigset für Normalwannen.
Farbe: .....
Größe: 170 x 80 cm

| 186€ | 279€ | **318€** | 404€ | 551€ | [St] | ⏱ 1,80 h/St | 345.000.068 |

13 Badewanne, Stahl 180 — KG 412

Badewannenanlage bestehend aus: 1x Badewanne Stahl emailliert, 1x Badewannenfüße oder Träger für oben beschriebene Badewanne; 1x Rolle Wannenprofil-Dämmstreifen für Bade- und Duschwannen, aus Polyethylen-Schaumstoff, oberseitig mit Silikonfolie kaschiert, Ab- und Überlaufgarnitur Grund- und Fertigset für Normalwannen.
Farbe: .....
Größe: 180 x 80 cm

| 266€ | 415€ | **448€** | 609€ | 776€ | [St] | ⏱ 2,00 h/St | 345.000.048 |

14 Badewanne, Stahl 200 — KG 412

Badewannenanlage bestehend aus: 1x Badewanne Stahl emailliert, 1x Badewannenfüße oder Träger für oben beschriebene Badewanne; 1x Rolle Wannenprofil-Dämmstreifen für Bade- und Duschwannen, aus Polyethylen-Schaumstoff, oberseitig mit Silikonfolie kaschiert, Ab- und Überlaufgarnitur Grund- und Fertigset für Normalwannen.
Farbe: .....
Größe: 200 x 80 cm

| 789€ | 913€ | **965€** | 1.066€ | 1.220€ | [St] | ⏱ 2,40 h/St | 345.000.049 |

15 Einhebelbatterie, Badewanne — KG 412

Einhandmischer für Wandmontage, eigensicher gegen Rückfließen, aus Metall verchromt, Kugelmischsystem mit Griff, Luftsprudler und Rosetten, einschl. Temperaturbegrenzer.

| 49€ | 155€ | **217€** | 331€ | 452€ | [St] | ⏱ 0,80 h/St | 345.000.069 |

**LB 345
Gas-, Wasser- und Entwässerungs- anlagen
- Ausstattung, Elemente, Fertigbäder**

Kosten:
Stand 2.Quartal 2018
Bundesdurchschnitt

▶ min
▷ von
ø Mittel
◁ bis
◀ max

Nr.	Kurztext / Langtext							Kostengruppe
▶	▷	ø netto €	◁	◀	[Einheit]	Ausf.-Dauer	Positionsnummer	

16 WC, wandhängend KG **412**
WC-Anlage, bestehend aus: 1x Tiefspülklosett aus Sanitärporzellan, wandhängend, einschl. Befestigung und Schallschutzset.
Länge: ..... m
Breite: ..... m
Farbe: .....
166€   221€   **253**€   309€   403€   [St]   ⏱ 1,80 h/St   345.000.070

17 WC-Sitz KG **412**
WC-Sitz einschl. Deckel und Scharniere.
Scharniere: **Edelstahl- / Kunststoff**
Farbe: .....
Material: ....
42€   88€   **96**€   118€   152€   [St]   ⏱ 0,20 h/St   345.000.071

18 Duschwanne, Stahl, 80x80 KG **412**
Duschwannenanlage bestehend aus:
1x Duschwanne Stahlemaille, Füße für Duschwanne
1x Rolle Wannenprofil-Dämmstreifen für Bade- und Duschwannen, aus Polyethylen-Schaumstoff, oberseitig mit Silikonfolie kaschiert
1x Ablaufgarnitur für Duschwannen mit Haube
Größe: 80 x 80 x 6 cm
Farbe: .....
Ablaufbreite: 40 x 50 mm
138€   186€   **207**€   231€   301€   [St]   ⏱ 1,40 h/St   345.000.072

19 Duschwannen, Stahl 90x80 KG **412**
Duschwannenanlage bestehend aus:
1x Duschwanne Stahlemaille inkl. Füße für Duschwanne
1x Rolle Wannenprofil-Dämmstreifen für Bade- und Duschwannen, aus Polyethylen-Schaumstoff, oberseitig mit Silikonfolie kaschiert
1x Ablaufgarnitur für Duschwannen mit Haube
Größe: 90 x 80 x 6 cm
Farbe: .....
Ablaufbreite: 40 x 50 mm
157€   247€   **278**€   329€   459€   [St]   ⏱ 1,40 h/St   345.000.042

20 Duschwannen, Stahl 90x90 KG **412**
Duschwannenanlage bestehend aus:
1x Duschwanne Stahlemaille inkl. Füße für Duschwanne
1x Rolle Wannenprofil-Dämmstreifen für Bade- und Duschwannen, aus Polyethylen-Schaumstoff, oberseitig mit Silikonfolie kaschiert
1x Ablaufgarnitur für Duschwannen mit Haube
Größe: 90 x 90 x 6 cm
Farbe: .....
Ablaufbreite: 40 x 50 mm
199€   317€   **349**€   457€   591€   [St]   ⏱ 1,40 h/St   345.000.043

Nr.	Kurztext / Langtext					Kostengruppe	
▶	▷ ø netto € ◁ ◀				[Einheit]	Ausf.-Dauer	Positionsnummer

21 Duschwannen, Stahl 100x80 — KG 412

Duschwannenanlage bestehend aus:
1x Duschwanne Stahlemaille inkl. Füße für Duschwanne
1x Rolle Wannenprofil-Dämmstreifen für Bade- und Duschwannen, aus Polyethylen-Schaumstoff, oberseitig mit Silikonfolie kaschiert
1x Ablaufgarnitur für Duschwannen mit Haube
Größe: 100 x 80 x 6 cm
Farbe: .....
Ablaufbreite: 40 x 50 mm

| 325€ | 471€ | **512**€ | 577€ | 651€ | [St] | 1,40 h/St | 345.000.044 |

22 Duschwanne, Stahl 100x100 — KG 412

Duschwannenanlage bestehend aus:
1x Duschwanne Stahlemaille inkl. Füße für Duschwanne
1x Rolle Wannenprofil-Dämmstreifen für Bade- und Duschwannen, aus Polyethylen-Schaumstoff, oberseitig mit Silikonfolie kaschiert
1x Ablaufgarnitur für Duschwannen mit Haube
Größe: 100 x 100 x 6 cm
Farbe: .....
Ablaufbreite: 40 x 50 mm

| 291€ | 408€ | **486**€ | 533€ | 735€ | [St] | 1,40 h/St | 345.000.073 |

23 Einhandmischarmatur, Dusche — KG 412

Unterputz-Brausearmatur, Einhandmischer für Wandmontage, eigensicher gegen Rückfließen, aus Metall verchromt, Kugelmischsystem mit Griff, Luftsprudler und Rosetten, einschl. Temperaturbegrenzer.
Anschluss: DN15

| 138€ | 386€ | **396**€ | 490€ | 628€ | [St] | 0,80 h/St | 345.000.074 |

24 Duschabtrennung, Kunststoff — KG 611

Duschabtrennung für Duschwanne, als Einzelanlage. Tür mit schmutzabweisender Beschichtung. Rahmen aus Kunststoff, mit Seitenwänden. Befestigung mit Wandanschlussprofil, wassergeschützt angesetzt. Mit Befestigungs- und Dichtmaterial.
Tür: Drehtür / Schiebefalztür
Kunststoff: **klar / mit Dekor mit schmutzabweisender Beschichtung**
Rahmen Farbe: **weiß / Standardfarbe**
Seitenwände: **1 / 2**
Breite Eingang: 800 mm
Breite Seitenteil: 800 mm
Höhe: 2.000 mm

| 598€ | 777€ | **847**€ | 873€ | 1.255€ | [St] | 2,00 h/St | 345.000.050 |

**LB 345
Gas-, Wasser- und Entwässerungsanlagen
- Ausstattung, Elemente, Fertigbäder**

Kosten:
Stand 2.Quartal 2018
Bundesdurchschnitt

▶ min
▷ von
ø Mittel
◁ bis
◀ max

Nr.	**Kurztext** / Langtext							**Kostengruppe**
▶	▷	ø netto €	◁	◀	[Einheit]	Ausf.-Dauer	Positionsnummer

25 Montageelement, WC KG **419**
WC-Element für wandhängendes WC, Rahmen aus Stahl, pulverbeschichtet mit verstellbaren Fußstützen, verzinkt für einen Fußbodenaufbau von 0-20cm mit UP-Spülkasten, Betätigungsplatte mit Befestigungsrahmen, umstellbar auf Spül-Stopp-Funktion, für Betätigung von vorn. Vormontierter Wasseranschluss, Eckventil, schallgeschützter Klemm-/ Pressanschluss aus Rotguss. C-Anschlussbogen, WC-Anschlussgarnitur, einschl. Klein- und Befestigungsmaterial.
Wasseranschluss: Rp 1/2
Anschlussbogen: DN90 / 100
157 €   202 €   **226 €**   253 €   301 €   [St]   ⌚ 1,00 h/St   345.000.075

26 Montageelement, Waschtisch KG **419**
Waschtisch-Element, für Waschtisch mit Einlocharmatur, Rahmen aus Stahl, pulverbeschichtet, mit schallgeschützter Befestigung für Wandscheiben, Ablaufbogen, Gumminippel, Befestigungsmaterial für Element (Bodenbefestigung) und Waschtisch, selbstbohrende Schrauben für Befestigung an Ständerwand, einschl. Klein- und Befestigungsmaterial.
Ablaufbogen: DN40 / 50
Gumminippel: 40 / 30
95 €   136 €   **148 €**   188 €   255 €   [St]   ⌚ 0,90 h/St   345.000.076

27 Haltegriff, Edelstahl, 600 mm KG **412**
Haltegriff aus Edelstahl, gebürstet, mit Befestigung.
Grifflänge: 600mm
Griffdurchmesser: 32 mm
Wandabstand: 50 mm
Belastung max.: 200 kg
Angeb. Fabrikat: .....
62 €   90 €   **92 €**   128 €   158 €   [St]   ⌚ 0,28 h/St   345.000.045

28 Duschhandlauf, Messing KG **412**
Duschhandlauf mit 90° Winkel aus verchromten Messingrohr mit Befestigung.
Höhenverstellbarkeit: ..... mm
Seitenverstellbarkeit: ..... mm
Rohrdurchmesser: 32 mm
Angeb. Fabrikat: .....
– €   313 €   **416 €**   530 €   – €   [St]   ⌚ 0,40 h/St   345.000.046

29 Stützklappgriff, Edelstahl, 775 mm KG **412**
Stützklappgriff in u-Form aus Edelstahl, gebürstet, mit Befestigung.
Grifflänge: 775 mm
Griffdurchmesser: 32 mm
Tiefe hochgeklappt: 205 mm
Belastung max.: 150 kg
Angeb. Fabrikat: .....
301 €   349 €   **385 €**   420 €   468 €   [St]   ⌚ 0,35 h/St   345.000.047

Nr.	**Kurztext** / Langtext							Kostengruppe
▶	▷	**ø netto €**	◁	◀	[Einheit]	Ausf.-Dauer	Positionsnummer

30 Waschtisch, behindertengerecht — KG **412**

Waschbecken, als barrierefreie Ausführung unterfahrbar DIN 18040, aus Sanitärporzellan, glasiert, weiß, mit wasserabweisender Beschichtung, mit Loch für Einlocharmatur, mit Überlauf, für Ablaufventil, inkl. Befestigung und Schallschutzset.
Breite: über 500 bis 550 mm
Ausladung: über 450 bis 500 mm
Fabrikat: .....
Typ: .....

| 192 € | 218 € | **256 €** | 346 € | 474 € | [St] | ⏱ 1,25 h/St | 345.000.051 |

31 WC, behindertengerecht — KG **412**

Tiefspül-WC, wandhängend an Installationselement, als barrierefreie Ausführung DIN 18040, aus Sanitärporzellan, spülrandlos, glasiert, weiß, mit wasserabweisender Beschichtung, inkl. WC-Sitz und Rückenstütze und Schallschutzset.
Spülwasserbedarf: 6 Liter
Abgang: waagrecht
Fabrikat: .....
Typ: .....

| 530 € | 634 € | **737 €** | 884 € | 1.105 € | [St] | ⏱ 2,00 h/St | 345.000.052 |

32 Hygiene-Spül-WC — KG **412**

Tiefspül-WC mit ausfahrbarer Unterdusche und Benutzerkennung, als barrierefreie Ausführung DIN 18040, aus Sanitärporzellan, glasiert, in weiß, spülrandlos, wandhängend. Abgang waagrecht, mit Klosettsitz und Deckel mit Schließdämpfung und Geruchsabsaugung, mit Ventilator und Aktivkohlefilter, mit integriertem Wassererwärmer und Warmluftfön, Temperaturen einstellbar. Befestigung wandhängend, an Installationselement, mit Schallschutz DIN 4109. Inklusive Eckventil und Metallanschlussschlauch, sowie mit Elektroanschluss.
Spülwasserbedarf: 6 Liter
Wasseranschluss: DN15
Abgang: waagrecht
Zusätzliche Ausführungsoptionen: .....
Fabrikat: .....
Typ: .....

| 2.658 € | 3.174 € | **3.691 €** | 4.429 € | 5.352 € | [St] | – | 345.000.053 |

33 WC-Spülkasten, mit Betätigungsplatte — KG **412**

Unterputz-Spülkasten aus Kunststoff mit wassersparender Zweimengenspültechnik, schwitzwasserisoliert, für Wasseranschluss links, rechts oder hinten mittig, inkl. Betätigungsplatte für Betätigung von vorne, mit 2-Mengenauslösung, Befestigungsrahmen und Befestigung.
Inhalt: **3 / 6** Liter
Geräuschklasse: I
Größe: ..... x ..... x ..... cm
Farbe: .....

| 144 € | 161 € | **183 €** | 214 € | 261 € | [St] | ⏱ 0,85 h/St | 345.000.054 |

LB 345
Gas-, Wasser- und Entwässerungsanlagen - Ausstattung, Elemente, Fertigbäder

Kosten:
Stand 2.Quartal 2018
Bundesdurchschnitt

▶ min
▷ von
ø Mittel
◁ bis
◀ max

Nr. ▶	Kurztext / Langtext ▷ ø netto € ◁ ◀	[Einheit]	Kostengruppe Ausf.-Dauer	Positionsnummer

34   WC-Betätigung, berührungslos KG **412**
Spülarmatur für Klosetts zur berührungslosen Betätigung, elektronisch gesteuert, mit Spülstromautomatik, mit Vorabsperrung und Eingangsverschraubung, Bemessungsbetriebsspannung 230V AC, Geräuschverhalten DIN 4109 Gruppe I, mit Prüfzeichen, für Spülkasten mit elektrischer Auslösung, Spüldauer einstellbar.
Ausführungsoptionen: .....
Fabrikat: .....
Typ: .....
323€   399€   **475**€   570€   736€   [St]   ⏱ 0,30 h/St   345.000.055

35   Nachrüstaufsatz, Hygiene-Spül-WC KG **412**
Nachrüst-Aufsatz für Tiefspül-WC mit ausfahrbarer Unterdusche und Benutzerkennung, mit Klosettsitz und Deckel mit Schließdämpfung und Geruchsabsaugung, mit Ventilator und Aktivkohlefilter, mit integriertem Wassererwärmer und Warmluftfön, Temperaturen einstellbar. Befestigung: auf bestehender WC-Keramik, mit Elektroanschluss.
Wasseranschluss: DN15
Zusätzliche Ausführungsoptionen: .....
Fabrikat: .....
Typ: .....
886€   970€   **1.055**€   1.350€   1.687€   [St]   ⏱ 3,00 h/St   345.000.056

36   Nachrüstung Türeinstieg Badewanne (Bestand) KG **412**
Einbau einer Wannentür in eine bestehende Badewanne, Türöffnung nach innen, mit mechanischer Verriegelung, bestehende Badewanne aus **Acryl / Stahl**.
Lichte Türbreite: 500 bis 600 mm
Lichte Türhöhe: 400 bis 500 mm
Türmaterial: **Kunststoff / Sicherheitsglas**
Ausführungsoptionen: .....
Fabrikat: .....
Typ: .....
–€   907€   **1.055**€   1.223€   –€   [St]   ⏱ 8,00 h/St   345.000.057

37   Stützgriff, fest, WC KG **412**
Stützgriff, fest, für WC, aus Kunststoff mit Stahlkern, inkl. Befestigung mit Flansch, Schrauben verdeckt.
Farbton: weiß
Ausladung: 850 mm,
Belastbar: bis 100 kg am Griffvorderteil
Zusätzliche Ausführungsoptionen: .....
Fabrikat: .....
Typ: .....
275€   310€   **388**€   465€   523€   [St]   ⏱ 0,30 h/St   345.000.058

Nr.	Kurztext / Langtext					[Einheit]	Ausf.-Dauer	Kostengruppe Positionsnummer
▶	▷	ø netto €	◁	◀				

38 Stützgriff, fest, WC mit Spülauslösung — KG **412**

Stützgriff, fest, für WC, aus Kunststoff mit Stahlkern, mit Spülauslösung, manuell, inkl. Befestigung mit Flansch, Schrauben verdeckt.
Farbton: weiß
Ausladung: 850 mm
Belastbar: bis 100 kg am Griffvorderteil
Zusätzliche Ausführungsoptionen: ....
Fabrikat: .....
Typ: .....

| 405 € | 454 € | **488** | 537 € | 610 € | [St] | 0,50 h/St | 345.000.059 |

39 Stützgriff, klappbar, WC — KG **412**

Stützklappgriff, klappbar, für WC, aus Kunststoff mit Stahlkern, mit Arretierung und Fallbremse, inkl. Befestigung mit Flansch, Schrauben verdeckt.
Farbton: weiß
Ausladung: 850 mm
Belastbar: bis 100 kg am Griffvorderteil
Zusätzliche Ausführungsoptionen: .....
Fabrikat: .....
Typ: .....

| 307 € | 377 € | **466 €** | 563 € | 638 € | [St] | 0,35 h/St | 345.000.060 |

40 Stützgriff, fest, Waschtisch — KG **412**

Stützgriff, fest, für Waschtisch, aus Kunststoff mit Stahlkern, inkl. Befestigung mit Flansch, Schrauben verdeckt.
Farbton: weiß
Ausladung: 600 mm
Belastbar: bis 100 kg am Griffvorderteil
Fabrikat: .....
Typ: .....

| 215 € | 267 € | **326 €** | 401 € | 446 € | [St] | 0,35 h/St | 345.000.062 |

41 Stützgriff, klappbar, Waschtisch — KG **412**

Stützklappgriff, klappbar, für Waschtisch, aus Kunststoff mit Stahlkern, mit Arretierung und Fallbremse, inkl. Befestigung mit Flansch, Schrauben verdeckt.
Farbton: weiß
Ausladung: 600 mm
Belastbar: bis 100 kg am Griffvorderteil
Fabrikat: .....
Typ: .....

| 310 € | 355 € | **374 €** | 422 € | 463 € | [St] | 0,42 h/St | 345.000.063 |

LB 347 Dämm- und Brandschutzarbeiten an technischen Anlagen

Kosten:
Stand 2.Quartal 2018
Bundesdurchschnitt

▶ min
▷ von
ø Mittel
◁ bis
◀ max

Dämm- und Brandschutzarbeiten an Technischen Anlagen — Preise €

Nr.	Positionen	Einheit	▶	▷ ø brutto € / ø netto €		◁	◀
1	Kompaktdämmhülse, Rohrleitung DN15	m	7,2 / 6,1	9,2 / 7,8	**10** / **8,5**	12 / 10,0	15 / 12
2	Kompaktdämmhülse, Rohrleitung DN20	m	8,6 / 7,3	12 / 9,7	**14** / **12**	15 / 13	18 / 15
3	Kompaktdämmhülse, Rohrleitung DN25	m	13 / 11	17 / 15	**18** / **15**	23 / 19	27 / 23
4	Rohrdämmung, MW-alukaschiert, DN15	m	5,5 / 4,7	13 / 11	**15** / **13**	19 / 16	26 / 21
5	Rohrdämmung, MW-alukaschiert, DN20	m	6,8 / 5,7	17 / 15	**20** / **16**	25 / 21	35 / 29
6	Rohrdämmung, MW-alukaschiert, DN25	m	11 / 8,9	18 / 16	**23** / **19**	29 / 25	40 / 33
7	Rohrdämmung, MW-alukaschiert, DN32	m	15 / 13	25 / 21	**30** / **25**	33 / 27	43 / 36
8	Rohrdämmung, MW-alukaschiert, DN50	m	19 / 16	27 / 22	**32** / **27**	36 / 30	47 / 40
9	Rohrdämmung, MW-alukaschiert, DN65	m	24 / 21	35 / 29	**41** / **35**	47 / 39	65 / 55
10	Brandschutzabschottung, R90, DN15	St	15 / 12	22 / 19	**27** / **23**	27 / 23	35 / 29
11	Brandschutzabschottung, R90, DN20	St	39 / 33	43 / 36	**44** / **37**	46 / 39	52 / 44
12	Brandschutzabschottung, R90, DN25	St	40 / 34	47 / 39	**48** / **41**	50 / 42	55 / 46
13	Brandschutzabschottung, R90, DN32	St	47 / 39	49 / 41	**55** / **46**	64 / 54	67 / 56
14	Brandschutzabschottung, R90, DN40	St	58 / 49	63 / 53	**69** / **58**	74 / 62	88 / 74
15	Brandschutzabschottung, R90, DN50	St	97 / 82	104 / 87	**109** / **91**	113 / 95	127 / 106
16	Brandschutzabschottung, R90, DN65	St	105 / 89	113 / 95	**122** / **102**	127 / 107	140 / 117
17	Wärmedämmung, Schrägsitzventil, DN15	St	13 / 11	16 / 13	**19** / **16**	23 / 20	25 / 21
18	Wärmedämmung, Schrägsitzventil, DN20	St	18 / 15	21 / 18	**26** / **22**	30 / 25	33 / 28
19	Wärmedämmung, Schrägsitzventil, DN25	St	22 / 18	26 / 22	**31** / **26**	40 / 33	41 / 35
20	Wärmedämmung, Schrägsitzventil, DN32	St	23 / 19	30 / 25	**34** / **29**	43 / 37	46 / 39
21	Wärmedämmung, Schrägsitzventil, DN40	St	31 / 26	38 / 32	**45** / **38**	51 / 43	58 / 49

© **BKI** Baukosteninformationszentrum; Erläuterungen zu den Tabellen siehe Seite 22
Mustertexte 2016 geprüft: Zentralverband Sanitär Heizung Klima (ZVSHK)

Kostenstand: 2.Quartal 2018, Bundesdurchschnitt

Nr.	Kurztext / Langtext							Kostengruppe
▶	▷	ø netto €	◁	◀	[Einheit]	Ausf.-Dauer	Positionsnummer

A 1 Kompaktdämmhülse, Rohrleitung   Beschreibung für Pos. **1-3**

Wärmedämmung für Rohrleitungen haustechnischer Anlagen auf Rohfußboden (gegen beheizte Räume oder auf Zusatzdämmung). Kompaktdämmhülsen in Anti-Körperschall-Ausführung. Zur Verlegung im Dämmbereich des Fußbodenaufbaus. Polsterlage aus miteinander vernadelten Kunststoff-Fasern und geschlossenzelligem Polyethylen mit reißfestem Gittergewebe.

1   Kompaktdämmhülse, Rohrleitung DN15   KG **422**

Wie Ausführungsbeschreibung A 1
Wärmeleitfähigkeit: 0,040 W/(mK)
Normalentflammbar: B2
Nennweite: DN15
Dämmschichtdicke 1/2 gemäß EnEV: 13 mm
Bauhöhe: 36 mm

| 6€ | 8€ | **9**€ | 10€ | 12€ | [m] | ⏱ 0,05 h/m | 347.000.005 |

2   Kompaktdämmhülse, Rohrleitung DN20   KG **422**

Wie Ausführungsbeschreibung A 1
Wärmeleitfähigkeit: 0,040 W/(mK)
Normalentflammbar: B2
Nennweite: DN20
Dämmschichtdicke 1/2 gemäß EnEV: 13 mm
Bauhöhe: 40 mm

| 7€ | 10€ | **12**€ | 13€ | 15€ | [m] | ⏱ 0,05 h/m | 347.000.016 |

3   Kompaktdämmhülse, Rohrleitung DN25   KG **422**

Wie Ausführungsbeschreibung A 1
Nennwert der Wärmeleitfähigkeit: 0,040W/(mK)
Normalentflammbar: B2
Nennweite: DN25
Dämmschichtdicke 1/2 gemäß EnEV: 20 mm
Bauhöhe: 51 mm

| 11€ | 15€ | **15**€ | 19€ | 23€ | [m] | ⏱ 0,05 h/m | 347.000.017 |

A 2 Rohrdämmung, Mineralwolle, alukaschiert   Beschreibung für Pos. **4-9**

Wärmedämmung einschl. Ummantelung an Rohrleitungen für Heizung, Warmwasser und Zirkulation nach EnEV in Gebäuden. Dämmung aus Mineralwolle, Baustoffklasse 1 A (nichtbrennbar), als Matte, auf verzinktem Drahtgeflecht mit verzinktem Draht versteppt, Befestigen mit Stahlhaken aus dem Werkstoff des Drahtgeflechts. Längs- und Rundstöße mit selbstklebender Aluminiumfolie überklebt.

4   Rohrdämmung, MW-alukaschiert, DN15   KG **422**

Wie Ausführungsbeschreibung A 2
Oberkante Dämmung über Gelände / Fußboden: **bis 3,50 / bis 5,00** m
Rohrleitung: Stahl, schwarz
Nennweite: DN15
Dämmstärke Wärmedämmung: 100% nach EnEV
Dämmschichtdicke: 20 mm
Nennwert der Wärmeleitfähigkeit: 0,035 W/(mK) bei 40°C

| 5€ | 11€ | **13**€ | 16€ | 21€ | [m] | ⏱ 0,30 h/m | 347.000.002 |

LB 347
Dämm- und Brandschutzarbeiten an technischen Anlagen

Nr.	Kurztext / Langtext				[Einheit]	Ausf.-Dauer	Kostengruppe Positionsnummer
▶	▷ ø netto € ◁ ◀						

5 **Rohrdämmung, MW-alukaschiert, DN20** — KG **422**
Wie Ausführungsbeschreibung A 2
Oberkante Dämmung über Gelände / Fußboden: **bis 3,50 / bis 5,00** m
Rohrleitung: Stahl, schwarz
Nennweite: DN20
Baustoffklasse: 1 A
Dämmstärke Wärmedämmung: 100% nach EnEV
Dämmschichtdicke: 20 mm
Nennwert der Wärmeleitfähigkeit: 0,035 W/(mK) bei 40°C

| 6€ | 15€ | **16€** | 21€ | 29€ | [m] | ⏱ 0,30 h/m | 347.000.015 |

6 **Rohrdämmung, MW-alukaschiert, DN25** — KG **422**
Wie Ausführungsbeschreibung A 2
Oberkante Dämmung über Gelände / Fußboden: bis 3,50m / bis 5,00 m
Rohrleitung: Stahl, schwarz
Nennweite: DN25
Baustoffklasse: 1 A
Dämmstärke Wärmedämmung: 100% nach EnEV
Dämmschichtdicke: 30 mm
Nennwert der Wärmeleitfähigkeit: 0,035 W/(mK) bei 40°C

| 9€ | 16€ | **19€** | 25€ | 33€ | [m] | ⏱ 0,30 h/m | 347.000.008 |

7 **Rohrdämmung, MW-alukaschiert, DN32** — KG **422**
Wie Ausführungsbeschreibung A 2
Oberkante Dämmung über Gelände / Fußboden: **bis 3,50 / bis 5,00** m
Rohrleitung: Stahl, schwarz
Nennweite: DN32
Dämmstärke Wärmedämmung: 100% nach EnEV
Dämmschichtdicke: 40mm
Nennwert der Wärmeleitfähigkeit: 0,035 W/(mK) bei 40°C

| 13€ | 21€ | **25€** | 27€ | 36€ | [m] | ⏱ 0,30 h/m | 347.000.009 |

8 **Rohrdämmung, MW-alukaschiert, DN50** — KG **422**
Wie Ausführungsbeschreibung A 2
Oberkante Dämmung über Gelände / Fußboden: **bis 3,50m / bis 5,00** m
Rohrleitung: Stahl, schwarz
Nennweite: DN50
Dämmstärke Wärmedämmung: 100% nach EnEV
Dämmschichtdicke: 50 mm
Nennwert der Wärmeleitfähigkeit: 0,035 W/(mK) bei 40°C

| 16€ | 22€ | **27€** | 30€ | 40€ | [m] | ⏱ 0,30 h/m | 347.000.011 |

Kosten:
Stand 2.Quartal 2018
Bundesdurchschnitt

▶ min
▷ von
ø Mittel
◁ bis
◀ max

Nr.	Kurztext / Langtext					Kostengruppe	
▶	▷ ø netto € ◁ ◀				[Einheit]	Ausf.-Dauer	Positionsnummer

9 Rohrdämmung, MW-alukaschiert, DN65   KG **422**

Wie Ausführungsbeschreibung A 2
Oberkante Dämmung über Gelände / Fußboden: **bis 3,50 / bis 5,00** m
Rohrleitung: Stahl, schwarz
Nennweite: DN65
Dämmstärke Wärmedämmung: 100% nach EnEV
Dämmschichtdicke: 70 mm
Nennwert der Wärmeleitfähigkeit: 0,035 W/(mK) bei 40°C

21€	29€	**35€**	39€	55€	[m]	0,30 h/m	347.000.012

A 3 Brandschutzabschottung, R90   Beschreibung für Pos. **10-16**

Brandschutzabschottung von Rohrleitungen haustechnischer Anlagen aus **Stahl / Kupfer** nach MLAR / LAR, zur Montage in Wand / Decke / leichter Trennwand. Dämmstoff Mineralwolle, nicht brennbar. Zur Verlegung in rundem Wanddurchbruch, ohne Hüllrohr, Verfüllung des Ringspalts mit Mörtel MG III, beidseitige Weiterführung der Dämmung.

10 Brandschutzabschottung, R90, DN15   KG **422**

Wie Ausführungsbeschreibung A 3
Feuerwiderstandsklasse: R90
Montagehöhe: bis **3,50 / 5,00 / 7,00** m über Fußboden
Ringspalt: bis 15 mm
Außendurchmesser der Rohrleitung: 18 mm
Außendurchmesser Schott: 60 mm
Dämmlänge: 1.000 mm

12€	19€	**23€**	23€	29€	[St]	0,40 h/St	347.000.031

11 Brandschutzabschottung, R90, DN20   KG **422**

Wie Ausführungsbeschreibung A 3
Feuerwiderstandsklasse: R90
Montagehöhe: bis **3,50 / 5,00 / 7,00** m über Fußboden
Ringspalt: bis 15 mm
Außendurchmesser der Rohrleitung: 22 mm
Außendurchmesser Schott: 60 mm
Dämmlänge: 1.000 mm

33€	36€	**37€**	39€	44€	[St]	0,40 h/St	347.000.032

12 Brandschutzabschottung, R90, DN25   KG **422**

Wie Ausführungsbeschreibung A 3
Feuerwiderstandsklasse: R90
Montagehöhe: bis **3,50 / 5,00 / 7,00** m über Fußboden
Ringspalt: bis 15 mm
Außendurchmesser der Rohrleitung: 28 mm
Außendurchmesser Schott: 80 mm
Dämmlänge: 1.000 mm

34€	39€	**41€**	42€	46€	[St]	0,40 h/St	347.000.033

LB 347 Dämm- und Brandschutzarbeiten an technischen Anlagen

Kosten:
Stand 2.Quartal 2018
Bundesdurchschnitt

Nr.	Kurztext / Langtext				[Einheit]	Ausf.-Dauer	Kostengruppe Positionsnummer
▶	▷ ø netto € ◁ ◀						
13	**Brandschutzabschottung, R90, DN32**						KG **422**
Wie Ausführungsbeschreibung A 3							
Feuerwiderstandsklasse: R90							
Montagehöhe: bis **3,50 / 5,00 / 7,00** m über Fußboden							
Ringspalt: bis 15 mm							
Außendurchmesser der Rohrleitung: 35 mm							
Außendurchmesser Schott: 80 mm							
Dämmlänge: 1.000 mm							
39 €	41 €	**46** €	54 €	56 €	[St]	⏱ 0,40 h/St	347.000.034
14	**Brandschutzabschottung, R90, DN40**						KG **422**
Wie Ausführungsbeschreibung A 3							
Feuerwiderstandsklasse: R90							
Montagehöhe: bis **3,50 / 5,00 / 7,00** m über Fußboden							
Ringspalt: bis 15 mm							
Außendurchmesser der Rohrleitung: 48 mm							
Außendurchmesser Schott: 100 mm							
Dämmlänge: 1.000 mm							
49 €	53 €	**58** €	62 €	74 €	[St]	⏱ 0,40 h/St	347.000.035
15	**Brandschutzabschottung, R90, DN50**						KG **422**
Wie Ausführungsbeschreibung A 3							
Feuerwiderstandsklasse: R90							
Montagehöhe: bis **3,50 / 5,00 / 7,00** m über Fußboden							
Ringspalt: bis 15 mm							
Außendurchmesser der Rohrleitung: 63 mm							
Außendurchmesser Schott: 130 mm							
Dämmlänge: 1.000 mm							
82 €	87 €	**91** €	95 €	106 €	[St]	⏱ 0,40 h/St	347.000.036
16	**Brandschutzabschottung, R90, DN65**						KG **422**
Wie Ausführungsbeschreibung A 3							
Feuerwiderstandsklasse: R90							
Montagehöhe: bis **3,50 / 5,00 / 7,00** m über Fußboden							
Ringspalt: bis 15 mm							
Außendurchmesser der Rohrleitung: 76 mm							
Außendurchmesser Schott: 180 mm							
Dämmlänge: 1.000 mm							
89 €	95 €	**102** €	107 €	117 €	[St]	⏱ 0,40 h/St	347.000.037

▶ min
▷ von
ø Mittel
◁ bis
◀ max

Nr.	Kurztext / Langtext					Kostengruppe		
▶	▷	ø netto €	◁	◀	[Einheit]	Ausf.-Dauer	Positionsnummer	

A 4 Wärmedämmung, Schrägsitzventil   Beschreibung für Pos. **17-21**

Wärmedämmschalen, universell einsetzbar für alle gängigen Schrägsitz- und KFR-Typen. Bestehend aus einem zusammenklappbaren Formteil aus Polyethylen mit kratzfester Oberfläche aus PE-Gittergewebe. Entleerungsöffnungen vorgeprägt, Lieferung incl. Verschlussclipsen, mit handelsüblichen Klebern diffusionsdicht verschließbar.

17 Wärmedämmung, Schrägsitzventil, DN15   KG **422**
Wie Ausführungsbeschreibung A 4
Baustoffklasse: B1
Wärmeleitwert 0,034 W/(mK): bei 10°C und 0,040 W/(mK) bei 40°C
Wasserdampfdiffusionsfaktor μ: 5.000
Temperaturbereich: -80°C bis +100°C
Abmessungen (L x B x H): 130 x 70 x 112 mm
Nennweite: DN15

| 11€ | 13€ | **16€** | 20€ | 21€ | [St] | ⏱ 0,10 h/St | 347.000.024 |

18 Wärmedämmung, Schrägsitzventil, DN20   KG **422**
Wie Ausführungsbeschreibung A 4
Baustoffklasse: B1
Baustoffklasse: B1 Wärmeleitwert 0,034 W/(mK): bei 10°C und 0,040 W/(mK) bei 40°C
Wasserdampfdiffusionsfaktor μ: 5.000
Temperaturbereich: -80°C bis +100°C
Abmessungen (L x B x H): 130 x 70 x 112 mm
Nennweite: DN20

| 15€ | 18€ | **22€** | 25€ | 28€ | [St] | ⏱ 0,10 h/St | 347.000.025 |

19 Wärmedämmung, Schrägsitzventil, DN25   KG **422**
Wie Ausführungsbeschreibung A 4
Baustoffklasse: B1
Wärmeleitwert 0,034 W/(mK): bei 10°C und 0,040 W/(mK) bei 40°C
Wasserdampfdiffusionsfaktor μ: 5.000
Temperaturbereich: -80°C bis +100°C
Abmessungen (L x B x H): 145 x 80 x 130 mm
Nennweite: DN25

| 18€ | 22€ | **26€** | 33€ | 35€ | [St] | ⏱ 0,10 h/St | 347.000.026 |

20 Wärmedämmung, Schrägsitzventil, DN32   KG **422**
Wie Ausführungsbeschreibung A 4
Baustoffklasse: B1
Wärmeleitwert 0,034 W/(mK): bei 10°C und 0,040 W/(mK) bei 40°C
Wasserdampfdiffusionsfaktor μ: 5.000
Temperaturbereich: -80°C bis +100°C
Abmessungen (L x B x H): 195 x 137 x 203 mm
Nennweite: DN32

| 19€ | 25€ | **29€** | 37€ | 39€ | [St] | ⏱ 0,10 h/St | 347.000.027 |

**LB 347
Dämm- und Brand-
schutzarbeiten an
technischen
Anlagen**

Nr.	Kurztext / Langtext				[Einheit]	Ausf.-Dauer	Kostengruppe Positionsnummer
▶	▷	ø netto €	◁	◀			
21	**Wärmedämmung, Schrägsitzventil, DN40**						KG **422**

Wie Ausführungsbeschreibung A 4
Baustoffklasse: B1
Wärmeleitwert 0,034 W/(mK) bei 10°C und 0,040 W/(mK) bei 40°C
Wasserdampfdiffusionsfaktor µ: 5.000
Temperaturbereich: -80°C bis +100°C
Abmessungen (L x B x H): 196 x 163 x 230 mm
Nennweite: DN40

| 26€ | 32€ | **38**€ | 43€ | 49€ | [St] | ⏱ 0,10 h/St | 347.000.028 |

Kosten:
Stand 2.Quartal 2018
Bundesdurchschnitt

▶ min
▷ von
ø Mittel
◁ bis
◀ max

| 340 |
| 341 |
| 342 |
| 344 |
| 345 |
| **347** |
| 358 |
| 369 |

LB 358
Leuchten und Lampen

Preise €

Nr.	Positionen	Einheit	▶ min	▷ von	ø brutto € / ø netto €	◁ bis	◀ max
1	Decken-/Wandleuchte, LED, Feuchtraum	St	88 / 74	108 / 91	**116** / **97**	121 / 102	144 / 121
2	Einbauleuchte, LED, 39W	St	134 / 113	159 / 134	**183** / **154**	221 / 186	238 / 200
3	Pendelleuchte, LED 47W, bis 598mm	St	189 / 159	233 / 196	**262** / **221**	288 / 242	341 / 286
4	Pendelleuchte, LED 47W, bis 1.198mm	St	234 / 197	290 / 244	**323** / **271**	381 / 320	441 / 370
5	Einbaudownlight, LED, 9W	St	40 / 34	48 / 40	**57** / **48**	64 / 54	71 / 60
6	Einbaudownlight, LED, 17,8W	St	46 / 39	56 / 47	**62** / **52**	76 / 64	82 / 69

Kosten:
Stand 2.Quartal 2018
Bundesdurchschnitt

Nr.	Kurztext / Langtext					Kostengruppe
▶	▷	ø netto €	◁	◀	[Einheit] Ausf.-Dauer	Positionsnummer

1 Decken-/Wandleuchte, LED, Feuchtraum   KG **445**

Decken-/Wandleuchte für Feuchtraum, Gehäuse aus Kunststoff (Polycarbonat), innenliegende Halterung, Stahlblech, weiß lackiert, Refraktor Kunststoff (PMMA oder PC), innenprismatisch.
Abmessung: ..... (bis 1.278 mm)
Leuchtmittel: LED 28 W
Lichtfarbe: 840, neutralweiß
Leuchtenlichtstrom: 3.350 lm
Elektrische Ausstattung: Betriebsgerät
Schutzart: IP 66
Schutzklasse: I
Spannung: 220-240 V / 50-60 Hz
Farbe: Lichtgrau
Zubehör: Befestigungsmaterial
Angeb. Fabrikat: .....

| 74€ | 91€ | **97€** | 102€ | 121€ | [St] | ⏱ 0,35 h/St | 358.000.043 |

▶ min
▷ von
ø Mittel
◁ bis
◀ max

Nr.	Kurztext / Langtext					Kostengruppe		
▶	▷	ø netto €	◁	◀	[Einheit]	Ausf.-Dauer	Positionsnummer

2 Einbauleuchte, LED, 39W KG **445**

Einbauleuchte in abgehängter Decke, Gehäuse aus Aluminium, Diffusor und Lightguide aus vergilbungsfreiem PMMA (opal), seitliche Lichteinkopplung mit LED-Betriebsgerät extern.
Abmessung: ..... (bis 1.233 mm)
Abstrahlwinkel: 60°
Leuchtmittel: LED 39 W
Lichtfarbe: 830, warmweiß
Leuchtenlichtstrom: 3.600 lm
Lebensdauer: 50.000h (L70/B10)
Schutzart: IP 20
Schutzklasse: II
Spannung: 220-240V / 50-60 Hz
Für Deckenstärke: 10-25mm
Gehäusefarbe: weiß
Zubehör: Befestigungsmaterial
Angeb. Fabrikat: .....

| 113€ | 134€ | **154€** | 186€ | 200€ | [St] | ⏱ 0,60 h/St | 358.000.044 |

A 1 Pendelleuchte, LED Beschreibung für Pos. **3-4**

Pendelleuchte, Abdeckung aus Stahlblech, pulverbeschichtet, Rahmen aus Aluminium, eloxiert, Diffusor aus Kunststoff (PMMA) opal, seitliche Lichteinkopplung mit LED, mit 2-Punkt-Stahlseilabhängung, stufenlos höhenverstellbar.
Abstrahlwinkel: 120°
Leuchtmittel: LED 47 W
Lichtfarbe: 830, warmweiß
Leuchtenlichtstrom: 4.300 lm
Schutzart: IP 40
Schutzklasse: I
Spannung: 100-240V / 50-60Hz
Gehäusefarbe: aluminium, eloxiert
Zubehör: Befestigungsmaterial

3 Pendelleuchte, LED 47W, bis 598mm KG **445**

Wie Ausführungsbeschreibung A 1
Abmessung: ..... (bis 598 mm)
Angeb. Fabrikat: .....

| 159€ | 196€ | **221€** | 242€ | 286€ | [St] | ⏱ 0,50 h/St | 358.000.045 |

4 Pendelleuchte, LED 47W, bis 1.198mm KG **445**

Wie Ausführungsbeschreibung A 1
Abmessung: ..... (bis 1.198 mm)
Angeb. Fabrikat: .....

| 197€ | 244€ | **271€** | 320€ | 370€ | [St] | ⏱ 0,50 h/St | 358.000.046 |

LB 369 Aufzüge

Kosten:
Stand 2.Quartal 2018
Bundesdurchschnitt

Aufzüge — Preise €

Nr.	Positionen	Einheit	▶ min	▷ von	ø brutto € / ø netto €	◁ bis	◀ max
1	Personenaufzug bis 630kg, behindertengerecht, Typ 2	St	–	37.149	**52.083**	66.955	–
			–	31.217	**43.768**	56.265	–
2	Personenaufzug bis 1.275kg, behindertengerecht, Typ 3	St	–	65.261	**75.050**	86.345	–
			–	54.841	**63.067**	72.559	–
3	Bettenaufzug, 2.500kg	St	68.997	84.867	**94.086**	95.275	118.769
			57.981	71.317	**79.064**	80.063	99.806
4	Sitzlift, Treppe innen, gerade	St	–	4.330	**7.656**	10.429	–
			–	3.639	**6.433**	8.764	–
5	Sitzlift, Treppe innen, kurvig	St	–	8.773	**12.782**	18.951	–
			–	7.372	**10.742**	15.925	–
6	Plattformlift, Treppe innen, gerade	St	–	10.354	**12.814**	18.574	–
			–	8.701	**10.768**	15.609	–
7	Plattformlift, Treppe innen, kurvig	St	–	16.089	**21.586**	25.226	–
			–	13.520	**18.140**	21.198	–
8	Plattformlift, Treppe außen, gerade	St	–	14.935	**17.846**	20.131	–
			–	12.550	**14.997**	16.916	–
9	Hublift, Förderplattform, 1,5m	St	–	6.168	**12.048**	14.207	–
			–	5.184	**10.125**	11.939	–
10	Hublift, Förderplattform, 3,0m	St	–	16.064	**19.767**	21.210	–
			–	13.499	**16.611**	17.823	–
11	Plattformaufzug, bis 2Etagen, barrierefrei, verglast, außen	St	–	27.629	**37.764**	46.624	–
			–	23.218	**31.734**	39.180	–
12	Stundensatz Facharbeiter, Förderanlagen	h	47	73	**80**	99	148
			39	61	**68**	83	124
13	Stundensatz Helfer, Förderanlagen	h	35	52	**61**	86	114
			30	44	**51**	72	95

▶ min
▷ von
ø Mittel
◁ bis
◀ max

© **BKI** Baukosteninformationszentrum; Erläuterungen zu den Tabellen siehe Seite 22

Nr.	Kurztext / Langtext							Kostengruppe	
▶	▷	ø netto €	◁	◀		[Einheit]	Ausf.-Dauer	Positionsnummer	

1	Personenaufzug bis 630kg, behindertengerecht, Typ 2							KG **461**	

Seilaufzug, behindertengerecht EN 81-70, 630kg Nutzlast, als Personenaufzug elektrisch betrieben EN 81-1, liefern und betriebsfertig montieren. Ausführung gemäß anliegender Einzelbeschreibungen.
Türbreite: mind. 90 cm
Fahrkorbbreite: mind. 110 cm
Fahrkorbtiefe: mind. 210 cm
Typ: Personenaufzug EN81-70 barrierefrei / behindertengerecht, Nutzung durch 1 Rollstuhlbenutzer mit Begleitperson nach EN 12183 oder durch elektrisch angetriebenen Rollstuhl der Klassen A oder B DIN EN 12184
Gruppengröße: 8 Personen
Gruppensteuerung: Auf-/Abwärts-Sammelsteuerung
Geschwindigkeit: **1,6 / 1,0 / 0,5** m/s
Nennlast: 630 kg
Anzahl der Fahrten / Fahrzeit je Tag: ca. **1,5 / 3,0 / 6,0** (Stunden je Tag) nach VDI 4707 Bl.1
Schallwert 1 Meter vom Antrieb entfernt: max. ..... dB(A)
Schalwert in der Kabine während der Fahrt: max. 51 dB(A)
Schallwert 1 Meter vor geschlossener Schachttür: max. ..... dB(A)
Brandschutz: Türen **ohne Brandanforderung / E120 nach EN81-58,** Türausbildung gem. DIN DIN 18091
Anzahl Haltestellen: ..... Geschosse
Summe Zugänge: ..... Zugänge
Schachtausführung: Betonschacht nach EN81
Schachtbreite: ..... mm
Schachttiefe: ..... mm
Schachtgrubentiefe: ..... mm
Schachtkopfhöhe: ..... mm
Förderhöhe: ..... mm
Aufzugsantrieb: im Schacht / im gesonderten Maschinenraum
Antrieb / Kabinenausstattung / Ausführung Schachtkorb und Türen, gemäß Einzelbeschreibung
Bieterangaben:
Motor: Energieeffizienzklasse ....., mit ..... kW
Nennstrom: .....
Anlaufstrom: .....
Hersteller / Typ des Antriebes: .....
Hersteller / Typ des Motors: .....
Hersteller / Typ der Steuerung: .....
Hersteller / Typ des Fahrkorbes: .....
Hersteller / Typ der elektronischen Steuerung: .....

–€	31.217 €	**43.768** €	56.265 €	–€	[St]	⏱ 220,00 h/St	369.000.001

340
341
342
344
345
347
358
369

LB 369
Aufzüge

Nr.	**Kurztext** / Langtext	Kostengruppe
▶ ▷ ø netto € ◁ ◀	[Einheit] Ausf.-Dauer	Positionsnummer

2 — **Personenaufzug bis 1.275kg, behindertengerecht, Typ 3** — KG **461**

Seilaufzug, krankentrage und behindertengerecht EN 81-70, 1000kg Nutzlast, als Personenaufzug für 13 Personen, elektrisch betrieben EN 81-1, liefern und betriebsfertig montieren. Ausführung gemäß anliegender Einzelbeschreibungen, Anlagen-Nr.: .....
Typ: Personenaufzug EN81-70 Tabelle 1 Typ 3, barrierefrei / behindertengerecht und krankentragegerecht, Nutzung durch 1 Rollstuhlbenutzer und weitere Personen, mit der Möglichkeit des Wenden des Rollstuhls der Klasse A oder B oder der Gehhilfe bzw. des Rollators
Gruppengröße: 13 Personen
Gruppensteuerung: Auf-/Abwärts-Sammelsteuerung
Geschwindigkeit: **1,6 / 1,0 / 0,5** m/s
Nennlast: 1.275 kg
Anzahl der Fahrten / Fahrzeit je Tag: ca. **1,5 / 3,0 / 6,0** (Stunden je Tag) nach VDI 4707 Bl.1
Schallwert 1 Meter vom Antrieb entfernt: max. ..... dB(A)
Schallwert in der Kabine während der Fahrt: max. 51 dB(A)
Schallwert: Meter vor geschlossener Schachttür max. ..... dB(A)
Brandschutz: Türen **ohne Brandanforderung / E120 nach EN81-58**
Anzahl Haltestellen: .... Geschosse
Summe Zugänge: ..... Zugänge
Schachtausführung: Betonschacht nach EN81
Schachtbreite: ..... mm
Schachttiefe: ..... mm
Schachtgrubentiefe: ..... mm
Schachtkopfhöhe: ..... mm
Förderhöhe: ..... mm
Aufzugsantrieb: im Schacht / im gesonderten Maschinenraum
Bieterangaben:
Motor: Energieeffizienzklasse ....., mit ..... kW
Nennstrom: .....
Anlaufstrom: .....
Türbreite: mind. 90 cm,
Fahrkorbbreite: mind. 200 cm
Fahrkorbtiefe: mind. 140 cm
Hersteller / Typ des Antriebes: .....
Hersteller / Typ des Motors: .....
Hersteller / Typ der Steuerung: .....
Hersteller / Typ des Fahrkorbes: .....
Hersteller / Typ der elektronischen Steuerung: .....

–€   54.841 €   **63.067 €**   72.559 €   –€   [St]   240,00 h/St   369.000.002

Kosten:
Stand 2.Quartal 2018
Bundesdurchschnitt

▶ min
▷ von
ø Mittel
◁ bis
◀ max

Nr.	Kurztext / Langtext						Kostengruppe
▶	▷	ø netto €	◁	◀	[Einheit]	Ausf.-Dauer	Positionsnummer

3 Bettenaufzug, 2.500kg KG **461**

Seilaufzug, Bettenaufzug, elektrisch betrieben EN 81-1, liefern und betriebsfertig montieren. Ausführung gemäß anliegender Einzelbeschreibungen, Anlagen-Nr.: .....
Einsatzempfehlung: Bettenaufzug gem. DIN 15309, in Krankenhäuser und Kliniken, Bettengröße 1,00 x 2,30 m, mit Geräten für die medizinische Versorgung und Notbehandlung der Patienten,
mit Begleitperson am Kopfende und/oder seitlich stehend. Ausführung barrierefrei EN81-70
Gruppengröße: 33 Personen
Gruppensteuerung: Auf-/Abwärts-Sammelsteuerung
Geschwindigkeit: **1,0 / 0,5** m/s
Nennlast: 2.500 kg
Anzahl der Fahrten / Fahrzeit je Tag: ca. ..... (Stunden je Tag) nach VDI 4707 Bl.1
Schallwert 1 Meter vom Antrieb entfernt: max. ..... dB(A)
Schallwert in der Kabine während der Fahrt: max. 51 dB(A)
Schallwert 1 Meter vor geschlossener Schachttür: max. ..... dB(A)
Brandschutz: E120 nach EN81-58
Anzahl Haltestellen: ..... Geschosse
Zugänge: ..... Zugänge / Türen gegenüber: ..... Geschosse
Schachtausführung: Betonschacht nach EN81
Schachtbreite: 2.775 mm
Schachttiefe: 3.250 mm
Schachtgrubentiefe: ..... mm
Schachtkopfhöhe: ..... mm
Förderhöhe: ..... mm
Aufzugsantrieb: **im Schacht / im gesonderten Maschinenraum**
Bieterangaben:
Motor: Energieeffizienzklasse ....., mit ..... kW
Nennstrom: .....
Anlaufstrom: .....
Hersteller / Typ des Antriebes: .....
Hersteller / Typ des Motors: .....
Hersteller / Typ der Steuerung: .....
Hersteller / Typ des Fahrkorbes: .....
Hersteller / Typ der elektronischen Steuerung: .....
57.981 € 71.317 € **79.064** € 80.063 € 99.806 €   [St]   260,00 h/St   369.000.003

LB 369 Aufzüge

Nr.	Kurztext / Langtext					Kostengruppe	
▶	▷	ø netto €	◁	◀	[Einheit]	Ausf.-Dauer	Positionsnummer

A 1 Sitzlift, Treppe innen
Beschreibung für Pos. 4-5

Sitzlift mit Stangenantrieb für Treppen im Innenbereich, mit außenseitiger Stützenmontage auf Treppenstufen, gepolsterten Sitz, klappbar, mit Rücken- und beidseitiger Armlehne, mit Gurt und Fußbrett.
Förderlänge: ..... m (1 Wohngeschoss)
Neigungswinkel: 0-....°
Betrieb: Zahnstangenantrieb, Akkumotor 0,36 kW
Tragfähigkeit: 125 kg
Fahrgeschwindigkeit: max. 0,11 m/s
Stromversorgung: 230 V / 50 Hz
Steuerung: Totmannsteuerung
Bedienung: Fernbedienung und Taster, Joystick auf Lehne
Fahrschiene: Stahlrohr, pulverbeschichtet

Kosten:
Stand 2.Quartal 2018
Bundesdurchschnitt

4 Sitzlift, Treppe innen, gerade   KG **461**
Wie Ausführungsbeschreibung A 1
Treppenlauf: gerade
– €   3.639 €   **6.433** €   8.764 €   – €   [St]   –   369.000.004

5 Sitzlift, Treppe innen, kurvig   KG **461**
Wie Ausführungsbeschreibung A 1
Treppenlauf: kurvig
– €   7.372 €   **10.742** €   15.925 €   – €   [St]   –   369.000.005

A 2 Plattformlift, Treppe
Beschreibung für Pos. 6-8

Plattformlift mit Fahrschiene und Antriebsseil, für Treppen mit Plattformrückwand und äußerer Wandbefestigung, Plattform mit Auffahrrampen, automatischen Sicherheitsbügel und Bedieneinheit.
Nutzgröße: mind. 860 mm x 650 mm
Förderlänge: ..... m (1 Wohngeschoss)
Neigungswinkel: 0-....°
Betrieb: Seilantrieb, bis 2,2 kW
Tragfähigkeit: 250 kg
Fahrgeschwindigkeit: max. 0,52 m/s
Stromversorgung: 230 V / 50 Hz
Steuerung: Totmannsteuerung
Bedienung: Außenbefehlsgeber, Bedienpaneel
Schlüsselaktivierung: **ja / nein**
Fahrschiene: Stahlrohrpaar, pulverbeschichtet

▶ min
▷ von
ø Mittel
◁ bis
◀ max

6 Plattformlift, Treppe innen, gerade   KG **461**
Wie Ausführungsbeschreibung A 2
Einbauort: innen
Treppenlauf: gerade
– €   8.701 €   **10.768** €   15.609 €   – €   [St]   –   369.000.006

7 Plattformlift, Treppe innen, kurvig   KG **461**
Wie Ausführungsbeschreibung A 2
Einbauort: innen
Treppenlauf: kurvig
– €   13.520 €   **18.140** €   21.198 €   – €   [St]   –   369.000.007

Nr.	Kurztext / Langtext						Kostengruppe	
▶	▷	ø netto €	◁	◀	[Einheit]	Ausf.-Dauer	Positionsnummer

8   Plattformlift, Treppe außen, gerade   KG **461**

Wie Ausführungsbeschreibung A 2
Einbauort: außen
Treppenlauf: gerade

| –€ | 12.550€ | **14.997€** | 16.916€ | –€ | [St] | – | 369.000.008 |

A 3   Hublift, Förderplattform   Beschreibung für Pos. **9-10**

Hublift mit Förderplattform und Fördermast, Konstruktion selbsttragend, mit Wandbefestigung, Geländer mit Ausfachung, Bekleidungen aus Metall, sowie oberer Sicherheitstüre mit Blechbekleidung zur Sturzabsicherung und mitfahrender Sicherheitstüre.
Zugänge: gegenüber, 90° versetzt
Nutzgröße: 1.100 x 1.400 mm
Schachtgrube: .....
Betrieb: Spindelantrieb, 1,5 kW
Tragfähigkeit: 340 kg
Fahrgeschwindigkeit: max. 0,005 m/s
Stromversorgung: 230 V / 50 Hz
Steuerung: Totmannsteuerung
Bedienung: Wippschalter
Schlüsselaktivierung: **ja/nein**
Rahmen der Antriebseinheit und Türen: Aluminium, eloxiert
Geländer: Edelstahl
Ausfachung: Stahlblech, pulverbeschichtet
Farbe: .....
Bekleidung: .....

9   Hublift, Förderplattform, 1,5m   KG **461**

Wie Ausführungsbeschreibung A 3
Einbauort: **Hochparterre / versetzte Geschossebene, innen/außen**
Förderhöhe: bis 1,5 m

| –€ | 5.184€ | **10.125€** | 11.939€ | –€ | [St] | – | 369.000.009 |

10   Hublift, Förderplattform, 3,0m   KG **461**

Wie Ausführungsbeschreibung A 3
Einbauort: ....., **innen/außen**
Förderhöhe: bis 3,0 m

| –€ | 13.499€ | **16.611€** | 17.823€ | –€ | [St] | – | 369.000.010 |

LB 369
Aufzüge

Nr.	Kurztext / Langtext						[Einheit]	Ausf.-Dauer	Kostengruppe Positionsnummer
▶	▷	ø netto €	◁	◀					

Kosten:
Stand 2.Quartal 2018
Bundesdurchschnitt

A 4 Personenaufzug, Plattform, verglast, barrierefrei — Beschreibung für Pos. 11

Aufzugsanlage mit Senkrechtplattform und Seitenschutz, Aufzugstraggerüst aus Stahlprofilen mit Verglasung, Automatiktüren, Bedienelementen, Ausstattungen und Klappsitz. Die Inbetriebnahme mit Schlüsselschalter am Bedientableau an Zugang, Sicherheitseinrichtung mit Not-Stopptaster, Notruf, Notruftonsignal, Notlicht und Notablass bei Stromausfall.
Einbauort: außen
Tragfähigkeit: 400 kg
Geschwindigkeit: 0,15 m/s
Bedienung: Tableaus
Stromversorgung: 230 V / 50 Hz
Steuerung: Totmann-Steuerung, Selbsterhaltungsteuerung
Schachtkonstruktion: Stahlprofile, lackiert
Verglasung: Wärmeschutzglas, Sicherheitsverglasung
U-Werte, Hüllflächen: .....
Schachtgrubentiefe: .....
Türen: .....

11 Plattformaufzug, bis 2Etagen, barrierefrei, verglast, außen — KG 461
Wie Ausführungsbeschreibung A 4
Haltestellen: 2
Förderhöhe: bis 15 m

▶	▷	ø	◁	◀	[Einheit]	Ausf.-Dauer	Positionsnummer
–€	23.218€	**31.734€**	39.180€	–€	[St]	–	369.000.011

12 Stundensatz Facharbeiter, Förderanlagen
Stundenlohnarbeiten für Facharbeiter, Spezialfacharbeiter, Vorarbeiter und jeweils Gleichgestellte. Leistung nach besonderer Anordnung der Bauüberwachung. Nachweis und Anmeldung gemäß VOB/B.

39€	61€	**68€**	83€	124€	[h]	⏱ 1,00 h/h	369.000.012

13 Stundensatz Helfer, Förderanlagen
Stundenlohnarbeiten für Werker, Fachwerker und jeweils Gleichgestellte. Leistung nach besonderer Anordnung der Bauüberwachung. Nachweis und Anmeldung gemäß VOB/B.

30€	44€	**51€**	72€	95€	[h]	⏱ 1,00 h/h	369.000.013

▶ min
▷ von
ø Mittel
◁ bis
◀ max

D Freianlagen

Titel des Leistungsbereichs	LB-Nr.
Landschaftsbauarbeiten	303
Landschaftsbauarbeiten - Pflanzen	304
Straßen, Wege, Plätze	380

LB 303 Landschaftsbauarbeiten

Landschaftsbauarbeiten — Preise €

Kosten: Stand 2.Quartal 2018, Bundesdurchschnitt

▶ min ▷ von ø Mittel ◁ bis ◀ max

Nr.	Positionen	Einheit	▶	▷	ø brutto € / ø netto €	◁	◀
1	Baugelände abräumen	m²	1	3	**5**	5	7
			1	3	**4**	4	6
2	Baugelände abräumen, entsorgen	t	102	149	**168**	201	244
			86	125	**141**	169	205
3	Betonfundamente aufnehmen, entsorgen	m³	117	151	**160**	184	197
			98	127	**135**	155	166
4	Dränleitung DN100, ausbauen entsorgen	m	–	8	**9**	11	–
			–	6	**8**	9	–
5	Dränleitung DN100, ausbauen, seitlich lagern	m	–	7	**9**	10	–
			–	6	**7**	9	–
6	Baum herausnehmen, transportieren, einschlagen	St	84	109	**122**	126	158
			71	91	**103**	106	133
7	Strauch herausnehmen, transportieren, einschlagen, 60-100cm	St	11	14	**15**	18	21
			9	12	**13**	15	18
8	Strauch herausnehmen, transportieren, einschlagen, 100-150cm	St	20	25	**27**	29	32
			17	21	**22**	24	27
9	Maschendrahtzaun demontieren bis 1,5m, entsorgen	m	5	7	**7**	8	10
			4	5	**6**	7	8
10	Metallzaun abbrechen, entsorgen	m	8	12	**14**	16	18
			6	10	**12**	13	15
11	Maschendrahtzaun abbrechen bis 1,5m, entsorgen	m	7	9	**11**	12	14
			6	8	**9**	10	12
12	Rutsche abbauen	St	–	147	**160**	184	–
			–	124	**135**	155	–
13	Klettergerüst abbauen	St	–	77	**84**	98	–
			–	65	**70**	82	–
14	Schaukel abbauen	St	95	120	**129**	135	159
			80	101	**108**	113	134
15	Sandkasten abbauen	m²	–	69	**83**	95	–
			–	58	**70**	80	–
16	Baumschutz, Brettermantel, bis 50cm	St	40	47	**48**	50	54
			34	39	**41**	42	46
17	Baumschutz, Durchmesser bis 100cm	St	52	70	**77**	99	137
			44	59	**64**	84	115
18	Wurzelbereichschutz, Baum	m²	–	37	**40**	47	–
			–	31	**33**	40	–
19	Bauzaun aufstellen	m	6	9	**10**	11	17
			5	8	**8**	10	14
20	Baum fällen, bis StD 15cm, entsorgen	St	45	64	**72**	80	96
			38	54	**60**	67	80
21	Baum fällen, bis StD 30cm, entsorgen	St	96	127	**138**	162	196
			80	107	**116**	136	165
22	Baum fällen, bis StD 50cm, entsorgen	St	109	144	**161**	191	247
			92	121	**136**	160	208
23	Baum fällen, über StD 50cm, entsorgen	St	157	201	**225**	251	306
			132	169	**189**	211	258

© BKI Baukosteninformationszentrum; Erläuterungen zu den Tabellen siehe Seite 22
Mustertexte geprüft: Deutsche Gesellschaft für Garten- und Landschaftskultur e.V.

Kostenstand: 2.Quartal 2018, Bundesdurchschnitt

Landschaftsbauarbeiten — Preise €

Nr.	Positionen	Einheit	▶	▷	ø brutto € ø netto €	◁	◀
24	Baugelände roden	m²	10 8	12 10	**12** **10**	13 11	15 13
25	Baum roden, Durchmesser StD 30cm, entsorgen	St	96 81	128 107	**139** **117**	161 135	172 145
26	Gerodete Fläche planieren	m²	– –	2 2	**2** **2**	2 2	– –
27	Grasnarbe abschälen	m²	1 1	3 3	**4** **3**	10 8	17 15
28	Aufwuchs entfernen	m²	1 1	2 2	**2** **2**	3 2	4 3
29	Oberboden abtragen, entsorgen	m³	16 13	18 15	**19** **16**	21 17	24 20
30	Oberboden lösen, lagern	m³	8 6	9 8	**10** **8**	11 10	15 13
31	Oberboden liefern, einbauen	m³	24 20	29 25	**32** **27**	35 29	42 35
32	Oberboden liefern, andecken	m³	23 20	28 24	**31** **26**	33 27	42 35
33	Oberboden auftragen, lagernd	m³	6 5	9 8	**11** **9**	12 10	15 13
34	Füllboden liefern, einbauen	m³	15 12	18 15	**19** **16**	21 17	25 21
35	Fundamentaushub, bis 1,25m, lagern, GK1	m³	21 18	27 22	**28** **23**	31 26	37 31
36	Fundamentaushub, bis 1,25m, entsorgen, GK1	m³	26 22	34 28	**34** **28**	42 35	50 42
37	Feinplanum, Rasenfläche	m²	1 1	2 1	**2** **2**	2 2	3 3
38	Ansaat, Gebrauchsrasen	m²	0,6 0,5	0,7 0,6	**0,8** **0,7**	0,9 0,8	1,3 1,1
39	Ansaat, Spielrasen	m²	1,0 0,8	1,4 1,2	**1,6** **1,4**	2,0 1,7	2,6 2,2
40	Fertigrasen liefern, einbauen	m²	8 7	10 8	**10** **8**	11 9	13 11
41	Rasenfläche ausbessern	m²	– –	25 21	**27** **23**	32 27	– –
42	Rasenfläche düngen	m²	0,4 0,3	0,5 0,4	**0,5** **0,4**	0,6 0,5	0,7 0,6
43	Fertigstellungspflege, Rasenflächen	m²	1 0,9	2 1,5	**2** **1,8**	2 1,8	3 2,6
44	Feinplanum, Pflanzfläche	m²	0,7 0,6	1,3 1,1	**1,5** **1,3**	1,9 1,6	2,8 2,3
45	Pflanzgrube für Kleingehölz 20x20x20	St	2,5 2,1	2,7 2,3	**2,9** **2,4**	3,2 2,7	3,4 2,9
46	Pflanzgrube ausheben, bis 0,80x0,80m	St	15 13	23 20	**26** **22**	29 25	39 33
47	Pflanzgrube ausheben, bis 1,00x1,00m	St	19 16	26 22	**29** **24**	35 29	44 37

LB 303 Landschaftsbauarbeiten

Landschaftsbauarbeiten — Preise €

Nr.	Positionen	Einheit	▶ min	▷ von	ø brutto € / ø netto €	◁ bis	◀ max
48	Pflanzgrube ausheben, bis 1,50x1,50m	St	28	42	**46**	56	70
			24	35	**39**	47	59
49	Pflanzgrube ausheben, bis 2,00x2,00m	St	47	59	**62**	70	92
			39	49	**52**	59	77
50	Pflanzgrube verfüllen, Pflanzsubstrat	St	26	39	**44**	47	55
			22	32	**37**	40	47
51	Pflanzgrube verfüllen, Baumsubstrat	St	40	47	**50**	59	71
			34	39	**42**	50	60
52	Vegetationsflächen lockern, fräsen	m²	0,6	0,9	**1,0**	1,5	2,2
			0,5	0,8	**0,9**	1,3	1,9
53	Bodenverbesserung, Rindenhumus	m²	1	2	**2**	2	3
			1	2	**2**	2	3
54	Hochstamm/Solitär, liefern/pflanzen, 100-125cm	St	30	57	**70**	84	105
			25	48	**59**	70	88
55	Hochstamm/Solitär, liefern/pflanzen, 150-200cm	St	62	102	**118**	153	205
			52	86	**99**	129	172
56	Fertigstellungspflege, Baum	St	34	43	**47**	55	68
			29	36	**39**	46	57
57	Strauch einschlagen	St	2	3	**3**	4	5
			2	2	**3**	3	4
58	Hochstamm einschlagen	St	9	11	**11**	13	14
			8	9	**10**	11	12
59	Heckenpflanzen nach Einschlag pflanzen	St	3	4	**5**	5	6
			3	4	**4**	4	5
60	Strauchpflanzen nach Einschlag pflanzen	St	3	5	**5**	6	9
			2	4	**4**	5	7
61	Solitär/Hochstamm nach Einschlag pflanzen	St	17	20	**15**	24	29
			14	17	**13**	20	24
62	Bodendecker und Stauden nach Einschlag pflanzen	m²	3	3	**3**	4	4
			2	3	**3**	3	3
63	Fertigstellungspflege, Sträucher	St	39	53	**60**	64	73
			33	44	**50**	54	61
64	Pflanzflächen wässern, bauseits vorhanden	m²	0,8	1,3	**1,6**	1,9	2,4
			0,7	1,1	**1,3**	1,6	2,0
65	Pflanzflächen wässern, liefern	m²	0,9	2,0	**2,5**	3,2	4,5
			0,8	1,7	**2,1**	2,7	3,7
66	Pflanzenverankerung, zwei Baumpfähle	St	31	40	**44**	51	67
			26	34	**37**	43	57
67	Pflanzenverankerung, Pfahl-Dreibock	St	44	60	**68**	81	109
			37	50	**57**	68	92
68	Viereck-Drahtgeflecht, 0,80m	m	16	21	**24**	25	31
			14	18	**20**	21	26
69	Viereck-Drahtgeflecht, 1,25m	m	33	35	**37**	39	42
			28	30	**31**	33	35
70	Viereck-Drahtgeflecht, 2,00m	m	43	62	**67**	77	101
			36	52	**57**	64	85
71	Stabgitterzaun, 0,80m	m	40	49	**58**	71	82
			33	41	**49**	60	69

Kosten:
Stand 2.Quartal 2018
Bundesdurchschnitt

▶ min
▷ von
ø Mittel
◁ bis
◀ max

© **BKI** Baukosteninformationszentrum; Erläuterungen zu den Tabellen siehe Seite 22
Mustertexte geprüft: Deutsche Gesellschaft für Garten- und Landschaftskultur e.V.

Kostenstand: 2.Quartal 2018, Bundesdurchschnitt

Landschaftsbauarbeiten — Preise €

Nr.	Positionen	Einheit	▶	▷	ø brutto € ø netto €	◁	◀
72	Stabgitterzaun, 1,40m	m	54	63	**71**	83	95
			46	53	**60**	70	80
73	Stabgitterzaun, 1,80m	m	61	71	**85**	94	103
			51	60	**71**	79	87
74	Drehflügeltor, einflüglig, lichte Weite 1,1m, Höhe 1,2m	St	827	1.000	**1.030**	1.089	1.213
			695	841	**866**	915	1.019
75	Drehflügeltor, zweiflüglig, lichte Weite 2,5m, Höhe 1,2m	St	1.791	2.165	**2.194**	2.314	2.571
			1.505	1.820	**1.844**	1.945	2.161
76	Stahltor, einflüglig, beschichtet	St	853	1.038	**1.172**	1.230	1.539
			717	872	**985**	1.033	1.294
77	Stahltor, zweiflüglig, beschichtet	St	1.183	1.443	**1.498**	1.670	2.025
			994	1.212	**1.258**	1.403	1.702
78	Zaunpfosten, Stahlrohr	St	34	50	**56**	65	84
			29	42	**47**	54	71
79	Poller, Beton	St	369	401	**428**	442	469
			310	337	**360**	372	394
80	Spielgerät, Einfachschaukel	St	1.707	2.229	**2.461**	2.692	3.289
			1.434	1.873	**2.068**	2.262	2.764
81	Spielgerät, Federwipptier	St	1.020	1.255	**1.284**	1.363	1.560
			857	1.055	**1.079**	1.145	1.311
82	Fassaden-Flachrinne, DN100	m	130	145	**153**	164	191
			109	122	**129**	138	161
83	Spielsand auswechseln, bis 40cm	m³	7	13	**13**	16	23
			6	11	**11**	14	19
84	Entwässerungsrinne, Polymerbeton	St	237	289	**310**	360	448
			199	243	**261**	303	376
85	Entwässerungsrinne, Kl. A, Beton/Gussabdeckung	m	66	93	**110**	136	187
			56	78	**92**	114	157
86	Entwässerungsrinne, Kl. B, Beton/Gussabdeckung	m	90	101	**104**	111	122
			75	84	**88**	93	102
87	Entwässerungsrinne, Klasse A, DN100	m	91	118	**128**	146	154
			77	99	**108**	123	129
88	Abdeckung, Entwässerungsrinne, Guss, D400, Bodenindikator	St	77	97	**105**	109	122
			65	81	**89**	92	102
89	Ablaufkasten, Klasse A, DN100	St	178	215	**234**	278	292
			149	181	**196**	234	245
90	Stundensatz Facharbeiter, Landschaftsbauarbeiten	h	51	59	**60**	64	71
			43	49	**51**	54	60
91	Stundensatz Helfer, Landschaftsbauarbeiten	h	39	44	**47**	53	63
			33	37	**40**	45	53

LB 303 Landschaftsbauarbeiten

Kosten:
Stand 2.Quartal 2018
Bundesdurchschnitt

▶ min
▷ von
ø Mittel
◁ bis
◀ max

Nr.	Kurztext / Langtext					Kostengruppe		
▶	▷	ø netto €	◁	◀	[Einheit]	Ausf.-Dauer	Positionsnummer	

1 Baugelände abräumen — KG **214**
Freimachen des gesamten Baufeldes und der benötigten Flächen. Roden von Vegetation, Gehölzen und Bäume bis zu einem Stammdurchmesser von 20cm in 1,00m Höhe gemessen. Einschließlich Stubbenrodung und Abbruch unterirdischer Bauwerke und Fundamente bis jeweils 1m³ Größe, sortenreine Trennung der anfallenden Abfallstoffe und Lagerung zur Entsorgung, Abfuhr oder Wiederverwendung auf der Baustelle. Maschinenarbeit möglich.
1€   3€   **4€**   4€   6€   [m²]   ⊙ 0,05 h/m²   303.000.217

2 Baugelände abräumen, entsorgen — KG **212**
Baugelände von unbelasteten Steinen, Schutt und Unrat abräumen. Räumgut entsorgen.
Maschineneinsatz: **ja / nein**
86€   125€   **141€**   169€   205€   [t]   ⊙ 2,90 h/t   303.000.225

3 Betonfundamente aufnehmen, entsorgen — KG **212**
Betonfundament jeder Art einschl. Unterbeton und Rückenstütze aufnehmen, abfahren und entsorgen.
Abmessung (L x B x H): ..... x ..... x ...... cm
98€   127€   **135€**   155€   166€   [m³]   ⊙ 1,85 h/m³   303.000.266

4 Dränleitung DN100, ausbauen entsorgen — KG **594**
Dränleitung aus Kunststoff, außer Betrieb, ausbauen und entsorgen, ohne Aushubarbeiten
Kunststoff: PVC-U
Nennweite: DN100
Tiefe: bis 1,50 m
–€   6€   **8€**   9€   –€   [m]   ⊙ 0,15 h/m   303.000.275

5 Dränleitung DN100, ausbauen, seitlich lagern — KG **594**
Dränleitung aus Kunststoff, außer Betrieb, ausbauen, säubern und seitlich lagern, ohne Aushubarbeiten
Kunststoff: PVC-U
Nennweite: DN100
Tiefe: bis 1,50 m
Förderweg: bis .....
–€   6€   **7€**   9€   –€   [m]   ⊙ 0,20 h/m   303.000.276

6 Baum herausnehmen, transportieren, einschlagen — KG **574**
Baum herausnehmen, mit Ballen, transportieren und bis zur Wiedereinpflanzung artgerecht einschlagen.
Stammumfang: bis 20 cm
Kronenbreite: bis 200 cm
Ballengröße: ..... cm
Förderweg: ..... m
71€   91€   **103€**   106€   133€   [St]   ⊙ 2,55 h/St   303.000.206

7 Strauch herausnehmen, transportieren, einschlagen, 60-100cm — KG **574**
Strauch herausnehmen, mit Ballen, transportieren und bis zur Wiedereinpflanzung artgerecht einschlagen.
Größe: bis 60 bis 100 cm
Förderweg: ..... m
9€   12€   **13€**   15€   18€   [St]   ⊙ 0,30 h/St   303.000.267

Nr.	Kurztext / Langtext					Kostengruppe		
▶	▷ ø netto € ◁ ◀				[Einheit]	Ausf.-Dauer	Positionsnummer	

8 Strauch herausnehmen, transportieren, einschlagen, 100-150cm — KG **574**

Strauch herausnehmen, mit Ballen, transportieren und bis zur Wiedereinpflanzung artgerecht einschlagen.
Größe: 100 bis 150 cm
Förderweg: ..... m

17€	21€	**22€**	24€	27€	[St]	⏱ 0,60 h/St	303.000.208

9 Maschendrahtzaun demontieren bis 1,5m, entsorgen — KG **212**

Zaun einschl. Stahlpfosten demontieren, abfahren und entsorgen. Leistung inkl. Führen des Entsorgungsnachweises.
Material: Maschendrahtzaun, kunststoffummantelt, inkl. Stahlpfosten
Zaunhöhe: bis 1,50 m
Zaunlänge: ..... m

4€	5€	**6€**	7€	8€	[m]	⏱ 0,25 h/m	303.000.192

10 Metallzaun abbrechen, entsorgen — KG **212**

Zaun einschl. Stahlpfosten aufnehmen, abfahren, entsorgen. Leistung inkl. Führen des Entsorgungsnachweises.
Material: Stahl
Zaunhöhe: ..... m
Zaunlänge: ..... m
Maschineneinsatz: **ja / nein**

6€	10€	**12€**	13€	15€	[m]	⏱ 0,15 h/m	303.000.218

11 Maschendrahtzaun abbrechen bis 1,5m, entsorgen — KG **212**

Zaun einschl. Stahlpfosten und Fundamente abbrechen, abfahren und entsorgen. Leistung inkl. Führen des Entsorgungsnachweises.
Material: Maschendrahtzaun, kunststoffummantelt
Zaunhöhe: bis 1,50 m
Zaunlänge: ..... m

6€	8€	**9€**	10€	12€	[m]	⏱ 0,30 h/m	303.000.191

12 Rutsche abbauen — KG **594**

Kinderrutsche mit Leiter, Stützen, Verankerungen inkl. Fundamente abbauen, entsorgen.
Material: **Blech / Kunststoff**
Höhe: bis 2,00 m

–€	124€	**135€**	155€	–€	[St]	⏱ 2,30 h/St	303.000.264

13 Klettergerüst abbauen — KG **594**

Klettergerüst, gerade, aus Stahlrohr mit Leiter, Stützen, Verankerungen sowie Fundamenten abbauen und entsorgen.
Höhe: bis 2,00 m

–€	65€	**70€**	82€	–€	[St]	⏱ 1,20 h/St	303.000.268

14 Schaukel abbauen — KG **594**

Schaukel mit Verankerungen sowie Fundamenten abbauen und entsorgen.
Material: **Stahl / Holz**
Höhe: bis 2,50 m

80€	101€	**108€**	113€	134€	[St]	⏱ 1,20 h/St	303.000.265

© **BKI** Baukosteninformationszentrum; Erläuterungen zu den Tabellen siehe Seite 22
Mustertexte geprüft: Deutsche Gesellschaft für Garten- und Landschaftskultur e.V.

LB 303 Landschaftsbauarbeiten

Nr.	Kurztext / Langtext							Kostengruppe
▶	▷	ø netto €	◁	◀	[Einheit]	Ausf.-Dauer	Positionsnummer

15 Sandkasten abbauen — KG **594**
Sandkasten inkl. Einfassung, Sand und evtl. Abdeckung abbrechen und entsorgen. Die Deponiegebühr wird auf Nachweis vergütet.

| –€ | 58€ | **70€** | 80€ | –€ | [m²] | ⏱ 1,40 h/m² | 303.000.273 |

16 Baumschutz, Brettermantel, bis 50cm — KG **211**
Gefährdete Bäume über Gelände gegen mechanische Schäden schützen, während der gesamten Bauzeit.
Stammdurchmesser: bis 50 cm
Material: Brettermantel inkl. Polsterung
Höhe: 2,00 m

| 34€ | 39€ | **41€** | 42€ | 46€ | [St] | ⏱ 1,00 h/St | 303.000.256 |

17 Baumschutz, Durchmesser bis 100cm — KG **211**
Gefährdete Bäume über Gelände gegen mechanische Schäden schützen, während der gesamten Bauzeit.
Stammdurchmesser: bis 100 cm

| 44€ | 59€ | **64€** | 84€ | 115€ | [St] | ⏱ 0,92 h/St | 303.000.193 |

18 Wurzelbereichschutz, Baum — KG **397**
Schutz des Wurzelbereiches von Bäumen vor Druckschäden, bei befristeter Belastung durch Baumschinen, Baustelleneinrichtungen und Materiallager. Vollflächig mit Vlies und Natursand abdecken, Auflage von untereinander fest verbunden Bohlen.
Abdeckung: Dicke 25 cm
Natursand: 0/2
Bohlen: Dicke 40 mm

| –€ | 31€ | **33€** | 40€ | –€ | [m²] | ⏱ 0,60 h/m² | 303.000.215 |

19 Bauzaun aufstellen — KG **591**
Bauzaun als Schutzzaun aufstellen, vorhalten und beseitigen.
Zaunhöhe: 2,00 m
Material: Baustahlgewebe
Vorhaltedauer: ..... Wochen

| 5€ | 8€ | **8€** | 10€ | 14€ | [m] | ⏱ 0,18 h/m | 303.000.219 |

20 Baum fällen, bis StD 15cm, entsorgen — KG **214**
Baum fällen inkl. Wurzelwerk roden und entsorgen.
Stammdurchmesser gemessen 1,00m über Gelände.
Standortbedingung: .....
Baumart: .....
StD: bis 15 cm
Baumhöhe: ..... m
Baum: **frei fallend / stückweise abnehmen**
Maschineneinsatz: **ja / nein**

| 38€ | 54€ | **60€** | 67€ | 80€ | [St] | ⏱ 1,60 h/St | 303.000.220 |

Kosten:
Stand 2.Quartal 2018
Bundesdurchschnitt

▶ min
▷ von
ø Mittel
◁ bis
◀ max

Nr.	Kurztext / Langtext						Kostengruppe	
▶	▷	ø netto €	◁	◀	[Einheit]	Ausf.-Dauer	Positionsnummer	

21 Baum fällen, bis StD 30cm, entsorgen — KG **214**
Baum fällen inkl. Wurzelwerk roden und entsorgen. Stammdurchmesser gemessen 1,00m über Gelände.
Standortbedingung: .....
Baumart: .....
StD: bis 30 cm
Baumhöhe: ..... m
Baum: **frei fallend / stückweise abnehmen**
Maschineneinsatz: **ja / nein**

| 80€ | 107€ | **116**€ | 136€ | 165€ | [St] | ⏱ 2,50 h/St | 303.000.221 |

22 Baum fällen, bis StD 50cm, entsorgen — KG **214**
Baum fällen inkl. Wurzelwerk roden und entsorgen. Stammdurchmesser gemessen 1,00m über Gelände.
Standortbedingung: .....
Baumart: .....
StD: bis 50 cm
Baumhöhe: ..... m
Baum: **frei fallend / stückweise abnehmen**
Maschineneinsatz: **ja / nein**

| 92€ | 121€ | **136**€ | 160€ | 208€ | [St] | ⏱ 3,20 h/St | 303.000.222 |

23 Baum fällen, über StD 50cm, entsorgen — KG **214**
Baum fällen inkl. Wurzelwerk roden und entsorgen. Stammdurchmesser gemessen 1,00m über Gelände.
Standortbedingung: .....
Baumart: .....
StD: über 50 cm
Baumhöhe: ..... m
Baum: **frei fallend / stückweise abnehmen**
Maschineneinsatz: **ja / nein**

| 132€ | 169€ | **189**€ | 211€ | 258€ | [St] | ⏱ 3,80 h/St | 303.000.223 |

24 Baugelände roden — KG **214**
Baugelände roden von Büschen, Hecken und Bäumen. Stammdurchmesser gemessen 1,00 m über Gelände.
StD: bis 10 cm

| 8€ | 10€ | **10**€ | 11€ | 13€ | [m²] | ⏱ 0,30 h/m² | 303.000.224 |

25 Baum roden, Durchmesser StD 30cm, entsorgen — KG **214**
Baum fällen inkl. Wurzelstock fräsen und entsorgen. Stammdurchmesser gemessen 1,00m über Gelände.
Standortbedingung: .....
Baumart: .....
Stammdurchmesser: 25-35 cm
Baumhöhe: ..... m
Baum: **frei fallend / stückweise abnehmen**
Maschineneinsatz: **ja / nein**

| 81€ | 107€ | **117**€ | 135€ | 145€ | [St] | ⏱ 2,55 h/St | 303.000.269 |

LB 303 Landschaftsbauarbeiten

Kosten: Stand 2.Quartal 2018, Bundesdurchschnitt

Legende:
- ▶ min
- ▷ von
- ø Mittel
- ◁ bis
- ◀ max

Nr.	Kurztext / Langtext	▶	▷	ø netto €	◁	◀	[Einheit]	Ausf.-Dauer	Kostengruppe / Positionsnummer
26	**Gerodete Fläche planieren** Gerodete Fläche planieren, inkl. verfüllen der Stubbenlöcher mit vorhandenem Boden mit einer Bodengruppe. Bodengruppe: ..... Stubbenlöcher: Tiefe bis 0,50 m	–€	2€	**2€**	2€	–€	[m²]	0,04 h/m²	KG **397** 303.000.216
27	**Grasnarbe abschälen** Grasnarbe abtragen, auf Miete setzen, alle anfallenden Stoffe sind zu entsorgen. Abrechnung in der Abwicklung. Schichtdicke: bis 5 cm Bodengruppe: ..... Maschineneinsatz: **ja / nein**	1€	3€	**3€**	8€	15€	[m²]	0,04 h/m²	KG **214** 303.000.226
28	**Aufwuchs entfernen** Aufwuchs, Gräser und Kräuter mähen und Schnittgut entsorgen. Wuchshöhe: bis 70 cm	1€	2€	**2€**	2€	3€	[m²]	0,02 h/m²	KG **214** 303.000.227
29	**Oberboden abtragen, entsorgen** Oberboden inkl. Vegetationsdecke, in vorhandener Dicke abtragen, laden und entsorgen.	13€	15€	**16€**	17€	20€	[m³]	0,15 h/m³	KG **511** 303.000.228
30	**Oberboden lösen, lagern** Oberboden einschl. Vegetationsdecke abtragen und im Baustellenbereich in Mieten locker aufsetzen.	6€	8€	**8€**	10€	13€	[m³]	0,10 h/m³	KG **512** 303.000.229
31	**Oberboden liefern, einbauen** Oberboden frei von keimfähigen Samen und Schadstoffen, liefern und profilgerecht einbauen. Auftragsdicke: bis 30 cm Ebenflächigkeit unter der 4-m Latte: +/-3 cm Abrechnung nach Lieferschein	20€	25€	**27€**	29€	35€	[m³]	0,18 h/m³	KG **571** 303.000.230
32	**Oberboden liefern, andecken** Oberboden frei von keimfähigen Samen und Schadstoffen, liefern und profilgerecht andecken. Bereich: ..... Andeckung: Dicke ..... cm	20€	24€	**26€**	27€	35€	[m³]	0,19 h/m³	KG **571** 303.000.185
33	**Oberboden auftragen, lagernd** Lagernder Oberboden laden, fördern und im Baustellenbereich wieder einbauen. Auftragsdicke: ..... cm Förderweg: 500 m	5€	8€	**9€**	10€	13€	[m³]	0,10 h/m³	KG **571** 303.000.231

Nr.	Kurztext / Langtext					Kostengruppe	
▶	▷ ø netto € ◁ ◀				[Einheit]	Ausf.-Dauer	Positionsnummer

34 Füllboden liefern, einbauen — KG **311**
Erdwälle mit zu lieferndem Füllboden herstellen. Material verdichtungsfähig, unbelastet und für Bepflanzung geeignet. Grobplanie und Gefällemodellierung.
Böschungen: bis 60 °
Böschungshöhe: bis 3,00 m

| 12 € | 15 € | **16 €** | 17 € | 21 € | [m³] | ⊙ 0,12 h/m³ | 303.000.257 |

35 Fundamentaushub, bis 1,25m, lagern, GK1 — KG **322**
Aushub Einzel- und Streifenfundament, Boden maschinell lösen, laden, fördern und auf Baustelle lagern, für Wiedereinbau; Fundamentsohle durch Handschachtung planieren.
Gesamtbreite: ..... m
Gesamtlänge: ..... m
Gesamtabtragstiefe: bis 1,25 m
Förderweg: ..... m
Baumaßnahmen der Geotechnischen Kategorie 1 DIN 4020.
Homogenbereich: 1
Homogenbereich 1 oben: ..... m
Homogenbereich 1 unten: ..... m
Anzahl der Bodengruppen: ..... St
Bodengruppen DIN 18196: .....
Massenanteile der Steine DIN EN ISO 14688-1: über ..... % bis ..... %
Massenanteile der Blöcke DIN EN ISO 14688-1: über ..... % bis ..... %
Konsistenz DIN EN ISO 14688-1: .....
Lagerungsdichte: .....
Homogenbereiche lt.: .....
Mengenermittlung nach Aufmaß an der Entnahmestelle.

| 18 € | 22 € | **23 €** | 26 € | 31 € | [m³] | ⊙ 0,42 h/m³ | 303.000.258 |

36 Fundamentaushub, bis 1,25m, entsorgen, GK1 — KG **322**
Aushub Einzelfundament / Streifenfundament, lösen, fördern, laden, Aushub mit LKW des AN zur Verwertungsanlage abfahren.
Gesamtbreite: ..... m
Gesamtlänge: ..... m
Gesamtabtragstiefe: bis 1,25 m
Förderweg: ..... m
Baumaßnahmen der Geotechnischen Kategorie 1 DIN 4020.
Homogenbereich: 1
Homogenbereich 1 oben: ..... m
Homogenbereich 1 unten: ..... m
Anzahl der Bodengruppen: ..... St
Bodengruppen DIN 18196: .....
Massenanteile der Steine DIN EN ISO 14688-1: über ..... % bis ..... %
Massenanteile der Blöcke DIN EN ISO 14688-1: über ..... % bis ..... %
Konsistenz DIN EN ISO 14688-1: .....
Lagerungsdichte: .....
Homogenbereiche lt.: .....
Abrechnung: nach Verdrängung / auf Nachweisrapport / Wiegescheine der Deponie

| 22 € | 28 € | **28 €** | 35 € | 42 € | [m³] | ⊙ 0,40 h/m³ | 303.000.259 |

303
304
380

LB 303 Landschaftsbauarbeiten

Kosten:
Stand 2.Quartal 2018
Bundesdurchschnitt

▶ min
▷ von
ø Mittel
◁ bis
◀ max

Nr.	Kurztext / Langtext					[Einheit]	Ausf.-Dauer	Kostengruppe Positionsnummer
▶	▷	ø netto €	◁	◀				

37 — Feinplanum, Rasenfläche — KG 574
Feinplanum für Rasenfläche. Steine, Unrat ab 3cm und schwerverrottbare Pflanzenteile ablesen, Unkraut ausgraben. Anfallende Stoffe sind zu entsorgen.
Abweichung der Ebenheit: +/-3 cm

| 1€ | 1€ | **2€** | 2€ | 3€ | [m²] | ⏱ 0,03 h/m² | 303.000.232 |

38 — Ansaat, Gebrauchsrasen — KG 575
Rasenansaat mit Regel-Saatgutmischung als Gebrauchsrasen in zwei Arbeitsgängen.
RSM-Mischung: .....
Saatgutmenge: 25 g/m²
Angeb. Fabrikat: .....

| 0,5€ | 0,6€ | **0,7€** | 0,8€ | 1,1€ | [m²] | ⏱ 0,01 h/m² | 303.000.234 |

39 — Ansaat, Spielrasen — KG 575
Rasenansaat mit Regel-Saatgutmischung als Spielrasen in zwei Arbeitsgängen.
RSM-Mischung: .....
Saatgutmenge: 25 g/m²
Angeb. Fabrikat: .....

| 0,8€ | 1,2€ | **1,4€** | 1,7€ | 2,2€ | [m²] | ⏱ 0,01 h/m² | 303.000.233 |

40 — Fertigrasen liefern, einbauen — KG 575
Fertigrasen als Rollrasen mit Regel-Saatgutmischung.
RSM-Mischung: .....
Dicke: ..... cm
Bodengruppe: .....

| 7€ | 8€ | **8€** | 9€ | 11€ | [m²] | ⏱ 0,28 h/m² | 303.000.271 |

41 — Rasenfläche ausbessern — KG 595
Rasenfläche ausbessern. Untergrund an Fehlstellen lockern, mit Rasensaat neu ansäen.
Saatgutmenge: 30 g/m²

| –€ | 21€ | **23€** | 27€ | –€ | [m²] | ⏱ 0,07 h/m² | 303.000.205 |

42 — Rasenfläche düngen — KG 575
Düngung der Rasenfläche mit langsam wirkendem Rasendünger nach dem ersten Schnitt.
Menge: 5 g/m²
Angeb. Fabrikat: .....

| 0,3€ | 0,4€ | **0,4€** | 0,5€ | 0,6€ | [m²] | ⏱ 0,02 h/m² | 303.000.272 |

43 — Fertigstellungspflege, Rasenflächen — KG 575
Fertigstellungspflege für Rasenflächen in mind. 5 Mähgängen, inkl. Entsorgung des Schnittguts. Die Schnitte müssen bei einer Wuchshöhe von 6-10cm durchgeführt werden. Der Schnittzeitpunkt ist mit der Bauleitung abzustimmen.

| 0,9€ | 1,5€ | **1,8€** | 1,8€ | 2,6€ | [m²] | ⏱ 0,01 h/m² | 303.000.274 |

Nr.	Kurztext / Langtext				[Einheit]	Ausf.-Dauer	Kostengruppe Positionsnummer
▶	▷	ø netto €	◁	◀			

44 Feinplanum, Pflanzfläche — KG 574

Feinplanum für Pflanzfläche herstellen. Steine, Unrat ab Durchmesser 3cm und schwerverrottbare Pflanzenteile ablesen, Unkraut ausgraben. Anfallende Stoffe sind zu entsorgen.
Abweichung der Ebenheit: +/-3 cm

| 0,6€ | 1,1€ | **1,3€** | 1,6€ | 2,3€ | [m²] | 0,03 h/m² | 303.000.235 |

45 Pflanzgrube für Kleingehölz 20x20x20 — KG 571

Pflanzgrube für Kleingehölz ausheben und verdrängten Boden zu Gießrändern aufhäufeln oder seitlich einplanieren.
Grubensohle bis zur Pflanzung sauber halten.
Grubensohle lockern: Tiefe bis 10cm
Größe: 20 x 20 x 20 cm
Bodengruppe: .....

| 2€ | 2€ | **2€** | 3€ | 3€ | [St] | 0,20 h/St | 303.000.194 |

A 1 Pflanzgrube ausheben — Beschreibung für Pos. 46-49

Pflanzgrube für Solitärbaum, Hochstamm ausheben und verdrängten Boden zu Gießrändern aufhäufeln, überschüssigen Boden seitlich einplanieren. Grubensohle 20cm tief lockern und bis zur Pflanzung sauber halten.

46 Pflanzgrube ausheben, bis 0,80x0,80m — KG 571

Wie Ausführungsbeschreibung A 1
Größe: 80 x 80 cm
Bodengruppe: .....

| 13€ | 20€ | **22€** | 25€ | 33€ | [St] | 0,28 h/St | 303.000.236 |

47 Pflanzgrube ausheben, bis 1,00x1,00m — KG 571

Wie Ausführungsbeschreibung A 1
Größe: 100 x 100 cm
Bodengruppe: .....

| 16€ | 22€ | **24€** | 29€ | 37€ | [St] | 0,32 h/St | 303.000.237 |

48 Pflanzgrube ausheben, bis 1,50x1,50m — KG 571

Wie Ausführungsbeschreibung A 1
Größe: 150 x 150 cm
Bodengruppe: .....

| 24€ | 35€ | **39€** | 47€ | 59€ | [St] | 0,50 h/St | 303.000.238 |

49 Pflanzgrube ausheben, bis 2,00x2,00m — KG 571

Wie Ausführungsbeschreibung A 1
Größe: 200 x 200 cm
Bodengruppe: .....

| 39€ | 49€ | **52€** | 59€ | 77€ | [St] | 0,80 h/St | 303.000.239 |

50 Pflanzgrube verfüllen, Pflanzsubstrat — KG 574

Pflanzgrube mit Pflanzsubstrat verfüllen.
Schichtdicke: bis 50 cm
Angeb. Fabrikat: .....

| 22€ | 32€ | **37€** | 40€ | 47€ | [St] | 0,07 h/St | 303.000.240 |

303
304
380

© BKI Baukosteninformationszentrum; Erläuterungen zu den Tabellen siehe Seite 22
Mustertexte geprüft: Deutsche Gesellschaft für Garten- und Landschaftskultur e.V.
Kostenstand: 2.Quartal 2018, Bundesdurchschnitt

LB 303 Landschaftsbauarbeiten

Kosten:
Stand 2.Quartal 2018
Bundesdurchschnitt

Nr.	Kurztext / Langtext				[Einheit]	Ausf.-Dauer	Kostengruppe Positionsnummer
▶	▷	ø netto €	◁	◀			

51   Pflanzgrube verfüllen, Baumsubstrat   KG 574
Pflanzgrube der Bäume mit Baumsubstrat verfüllen.
Substrat: Humus-Basis Mischung
Körnung: 0/16
Schichtdicke: 30 cm
Angeb. Fabrikat: .....

| 34€ | 39€ | **42**€ | 50€ | 60€ | [St] | ⏱ 0,07 h/St | 303.000.241 |

52   Vegetationsflächen lockern, fräsen   KG 572
Vegetationsflächen kreuzweise lockern durch Fräsen. Steine, Unrat ab Durchmesser 5cm, schwerverrottbare Pflanzenteile ablesen und Unkraut ausgraben. Anfallende Stoffe sind zu entsorgen.
Tiefe: bis 15 cm
Bodengruppe: .....

| 0,5€ | 0,8€ | **0,9**€ | 1,3€ | 1,9€ | [m²] | ⏱ 0,01 h/m² | 303.000.195 |

53   Bodenverbesserung, Rindenhumus   KG 571
Bodenverbesserung der Vegetationsfläche mit Rindenhumus. Material gleichmäßig aufbringen und einarbeiten.
Material: gütegesichert RAL-GZ250/1-3
Dicke: 5 cm

| 1€ | 2€ | **2**€ | 2€ | 3€ | [m²] | ⏱ 0,05 h/m² | 303.000.196 |

54   Hochstamm/Solitär, liefern/pflanzen, 100-125cm   KG 574
Hochstamm in Solitärqualität mit Drahtballen liefern und pflanzen, einschl. Ausheben und Wiederverfüllen der Pflanzgrube sowie Herstellen der Baumscheibe mit Gießrand. Der überschüssige Boden ist im Baustellenbereich einzubauen.
Gehölzeart: .....
Stammhöhe: 100-125 cm
Pflanzgrube: doppelte Ballengröße
Bodengruppe: .....

| 25€ | 48€ | **59**€ | 70€ | 88€ | [St] | ⏱ 1,60 h/St | 303.000.242 |

55   Hochstamm/Solitär, liefern/pflanzen, 150-200cm   KG 574
Hochstamm in Solitärqualität mit Drahtballen liefern und pflanzen, einschl. Ausheben und Wiederverfüllen der Pflanzgrube sowie Herstellen der Baumscheibe mit Gießrand. Der überschüssige Boden ist im Baustellenbereich einzubauen.
Gehölzeart: .....
Stammhöhe: 125-150 cm
Pflanzgrube: doppelte Ballengröße
Bodengruppe: .....

| 52€ | 86€ | **99**€ | 129€ | 172€ | [St] | ⏱ 1,90 h/St | 303.000.243 |

▶ min
▷ von
ø Mittel
◁ bis
◀ max

Nr.	Kurztext / Langtext					Kostengruppe	
▶	▷ ø netto € ◁ ◀				[Einheit]	Ausf.-Dauer	Positionsnummer

56 Fertigstellungspflege, Baum KG **574**

Fertigstellungspflege gem. DIN 18916 der Hochstamm, Solitär:
– Wässern mit ausreichend Wasser mindestens 100l/Baum
– Pflanzfläche, Pflanzscheiben lockern hierbei sind die Besonderheiten des Bewuchs zu beachten
– unerwünschter Aufwuchs ist abzutrennen und zu entfernen
– Steine Durchmesser größer 5cm und Unrat aus gelockerten Flächen sind abzulesen
– Verankerungen sind zu überprüfen und gegebenenfalls nachzubessern
– Trockene oder beschädigte Planzenteile abschneiden und entfernen
– Pflanzenschnitt entsprechend den Besonderheiten der betreffenden Pflanzenart durchführen
– Wunden an Gehölze behandeln
Die Leistung umfasst 5 Arbeitsgänge im Jahr, Fertigstellungspflege für 1 Jahr nach erfolgter Pflanzung. Zusätzlich erforderlich werdende Pflegegänge werden auf Nachweis vergütet.

29€   36€   **39**€   46€   57€   [St]   ⏱ 0,95 h/St   303.000.244

57 Strauch einschlagen KG **574**

Strauchpflanze liefern und auf der Baustelle gem. Angaben des AG bis zur Verwendung einschlagen. Lieferung wird gesondert vergütet.
Bodengruppe: .....

2€   2€   **3**€   3€   4€   [St]   ⏱ 0,30 h/St   303.000.209

58 Hochstamm einschlagen KG **574**

Hochstamm liefern und auf der Baustelle gem. Angaben des AG bis zur Verwendung einschlagen. Lieferung wird gesondert vergütet.
Bodengruppe: .....

8€   9€   **10**€   11€   12€   [St]   ⏱ 1,15 h/St   303.000.210

59 Heckenpflanzen nach Einschlag pflanzen KG **574**

Heckenpflanzen bauseits lagernd, aus Einschlagort entnehmen und gem. Pflanzplan in vorbereiteten Pflanzgraben pflanzen. Die Pflanzgrube ist mit seitlich lagerndem Boden zu verfüllen. Ein Gießrand ist herzustellen. Anwässern nach Bedarf.
Gehölzart: .....

3€   4€   **4**€   4€   5€   [St]   ⏱ 0,10 h/St   303.000.211

60 Strauchpflanzen nach Einschlag pflanzen KG **574**

Strauchpflanzen bauseits lagernd, aus Einschlagort entnehmen und gem. Pflanzplan in vorbereitete Pflanzgrube pflanzen. Die Pflanzgrube ist mit seitlich lagerndem Boden zu verfüllen. Ein Gießrand ist herzustellen. Anwässern nach Bedarf.
Gehölzart: .....

2€   4€   **4**€   5€   7€   [St]   ⏱ 1,00 h/St   303.000.212

61 Solitär/Hochstamm nach Einschlag pflanzen KG **574**

Solitär/Hochstamm bauseits lagernd, aus Einschlagort entnehmen und gem. Pflanzplan in vorbereitete Pflanzgrube pflanzen. Die Pflanzgrube ist mit seitlich lagerndem Boden zu verfüllen. Ein Gießrand ist herzustellen. Anwässern nach Bedarf.
Gehölzart: .....

14€   17€   **13**€   20€   24€   [St]   ⏱ 1,10 h/St   303.000.213

© **BKI** Baukosteninformationszentrum; Erläuterungen zu den Tabellen siehe Seite 22
Mustertexte geprüft: Deutsche Gesellschaft für Garten- und Landschaftskultur e.V.

Kostenstand: 2.Quartal 2018, Bundesdurchschnitt

LB 303 Landschaftsbauarbeiten

Kosten:
Stand 2.Quartal 2018
Bundesdurchschnitt

Nr.	Kurztext / Langtext				[Einheit]	Ausf.-Dauer	Kostengruppe Positionsnummer
▶	▷	ø netto €	◁	◀			

62 — Bodendecker und Stauden nach Einschlag pflanzen — KG 574

Bodendecker und Stauden bauseits lagernd, aus Einschlagort entnehmen und gem. Pflanzplan in vorbereitete Pflanzgrube pflanzen. Die Pflanzgrube ist mit seitlich lagerndem Boden zu verfüllen. ein Gießrand ist herzustellen. Anwässern nach Bedarf.
Gehölzart: .....

| 2€ | 3€ | **3€** | 3€ | 3€ | [m²] | ⏱ 0,30 h/m² | 303.000.214 |

63 — Fertigstellungspflege, Sträucher — KG 574

Entwicklungspflege gem. DIN 18916 Sträucher:
– Wässern mit ausreichend Wasser mindestens 100l/Strauch
– Die Leistung beginnt nach der Abnahmen und geht über die Dauer von zwei Vegetationsperioden
– Die erforderlichen Teilleistungen sind ohne Anordnung nach den Erfordernissen rechtzeitig auszuführen
– Die Teilleistung ist mit der Bauleitung abzustimmen und dem AG vor Beginn anzuzeigen
Die Leistung umfasst mind. 5 Pflegegängen pro Vegetationsperiode.
Abrechnung nach Stundenzettel.

| 33€ | 44€ | **50€** | 54€ | 61€ | [St] | ⏱ 1,20 h/St | 303.000.245 |

64 — Pflanzflächen wässern, bauseits vorhanden — KG 574

Zusätzliche Wassergänge der Pflanzfläche aus bauseits vorhandenen Zapfstellen. Die Anzahl der Arbeitsgänge ist abhängig von den natürlichen Niederschlägen und mit AG abzustimmen.
Menge je Arbeitsgang: 25 l/m²
Entfernung der Zapfstellen: ..... m

| 0,7€ | 1,1€ | **1,3€** | 1,6€ | 2,0€ | [m²] | ⏱ 0,02 h/m² | 303.000.246 |

65 — Pflanzflächen wässern, liefern — KG 574

Pflanzfläche wässern mit zu lieferndem Wasser. Die Anzahl der Arbeitsgänge ist abhängig von den natürlichen Niederschlägen und mit AG abzustimmen.
Menge je Arbeitsgang: 25 l/m²

| 0,8€ | 1,7€ | **2,1€** | 2,7€ | 3,7€ | [m²] | ⏱ 0,05 h/m² | 303.000.190 |

66 — Pflanzenverankerung, zwei Baumpfähle — KG 574

Pflanzenverankerung von Straßenbäumen im Straßenraum mit zwei senkrechten Baumpfählen, Zopf und Bindegurt.
Pfähle: unbehandelt, weißgeschält
Pfahllänge: 300 cm
Zopfdicke: 4-5 cm
Bindegut: Kokosstrick, mitteldick (12 g/m)
Angeb. Fabrikat: .....

| 26€ | 34€ | **37€** | 43€ | 57€ | [St] | ⏱ 0,80 h/St | 303.000.247 |

▶ min
▷ von
ø Mittel
◁ bis
◀ max

Nr.	Kurztext / Langtext					Kostengruppe	
▶	▷	ø netto €	◁	◀	[Einheit]	Ausf.-Dauer	Positionsnummer

67 Pflanzenverankerung, Pfahl-Dreibock — KG 574

Pflanzenverankerung von Straßenbäumen mit Pfahl-Dreibock mit Rahmen aus Halbrundhölzern, Zopf und Bindegurt. Die drei Baumpfähle sind oben im Dreieck zu versteifen.
Pfähle: unbehandelt, weißgeschält.
Pfahllänge: 300 cm
Zopfdicke: 4-5 cm
Bindegut: Kokosstrick, mitteldick (12 g/m)
Angeb. Fabrikat: .....

| 37€ | 50€ | **57€** | 68€ | 92€ | [St] | ⏱ 1,00 h/St | 303.000.248 |

A 2 Viereck-Drahtgeflecht — Beschreibung für Pos. **68-70**

Drahtgeflechtbespannung aus kunststoffummanteltem Viereckdrahtgeflecht mit Rundrohrpfosten, Abdeckkappen, End- und Eckstreben. Leistung einschl. Fundament- und Verspannarbeiten, einschl. Erdarbeiten. (Beschreibung der Homogenbereiche nach Unterlagen des AG.)

68 Viereck-Drahtgeflecht, 0,80m — KG 531

Wie Ausführungsbeschreibung A 2
Anzahl Eckstreben: ..... St
Anzahl Endstreben: 4 St
Betonfundamente: C12/15
Fundamentmaße (L x B x T): ..... x ..... x ..... cm
Zaunhöhe: 0,80 m
Pfostendurchmesser: 60 mm
Farbe: grün
Maschenweite: ..... mm
Pfostenabstand: 2,50 m

| 14€ | 18€ | **20€** | 21€ | 26€ | [m] | ⏱ 0,20 h/m | 303.000.249 |

69 Viereck-Drahtgeflecht, 1,25m — KG 531

Wie Ausführungsbeschreibung A 2
Anzahl Eckstreben: ..... St
Anzahl Endstreben: 4 St
Betonfundamente: C12/15
Fundamentmaße (L x B x T): ..... x ..... x ..... cm
Zaunhöhe: 1,25 m
Pfostendurchmesser: 60 mm
Farbe: grün
Maschenweite: ..... mm
Pfostenabstand: 2,50 m

| 28€ | 30€ | **31€** | 33€ | 35€ | [m] | ⏱ 0,20 h/m | 303.000.250 |

303
304
380

LB 303 Landschaftsbauarbeiten

Kosten:
Stand 2.Quartal 2018
Bundesdurchschnitt

Nr.	Kurztext / Langtext							Kostengruppe
▶	▷	ø netto €	◁	◀	[Einheit]		Ausf.-Dauer	Positionsnummer

70 Viereck-Drahtgeflecht, 2,00m — KG 531
Wie Ausführungsbeschreibung A 2
Anzahl Eckstreben: ..... St
Anzahl Endstreben: 4 St
Betonfundamente: C 12/15
Fundamentmaße (L x B x T): ..... x ..... x ..... cm
Zaunhöhe: 2,00 m
Pfostendurchmesser: 60 mm
Farbe: grün
Maschenweite: ..... mm
Pfostenabstand: 2,50 m

| 36 € | 52 € | **57 €** | 64 € | 85 € | [m] | ⏱ 0,30 h/m | 303.000.251 |

A 3 Stabgitterzaun — Beschreibung für Pos. 71-73
Stabgitterzaun aus Doppelstabmatte und waagrechten Doppelstäben, an den Kreuzpunkten im Rechteckverbund doppelt verschweißt. Pfosten aus feuerverzinktem, profiliertem Stahlblech mit PVC-U Abdeckkappen. Leistung inkl. Erd- und Fundamentarbeiten. (Beschreibung der Homogenbereiche nach Unterlagen des AG.)

71 Stabgitterzaun, 0,80m — KG 531
Wie Ausführungsbeschreibung A 3
Fundamentmaße (L x B x T): ..... x ..... x ..... cm
Zaunhöhe: 1,20 m
Feldlänge: 0,80 m
Pfostenquerschnitt: 60 x 40 x 2 mm
Füllung: senkrecht 6 mm, waagrecht 8 mm
Maschenweite: 50 x 200 mm
Oberfläche: verzinkt
Angeb. Fabrikat: .....

| 33 € | 41 € | **49 €** | 60 € | 69 € | [m] | ⏱ 0,30 h/m | 303.000.186 |

72 Stabgitterzaun, 1,40m — KG 531
Wie Ausführungsbeschreibung A 3
Fundamentmaße (L x B x T): ..... x ..... x ..... cm
Zaunhöhe: 1,40 m
Feldlänge: 2,50 m
Pfostenquerschnitt: 60 x 40 x 2 mm
Füllung: senkrecht 6 mm, waagrecht 8 mm
Maschenweite: 50 x 200 mm
Oberfläche: verzinkt
Angeb. Fabrikat: .....

| 46 € | 53 € | **60 €** | 70 € | 80 € | [m] | ⏱ 0,34 h/m | 303.000.187 |

▶ min
▷ von
ø Mittel
◁ bis
◀ max

Nr.	Kurztext / Langtext							Kostengruppe
▶	▷	ø netto €	◁	◀	[Einheit]	Ausf.-Dauer	Positionsnummer

73 **Stabgitterzaun, 1,80m** KG **531**
Wie Ausführungsbeschreibung A 3
Fundamentmaße (L x B x T): ..... x ..... x ..... cm
Zaunhöhe: 1,80 m
Feldlänge: 2,50 m
Pfostenquerschnitt: 60 x 40 x 2 mm
Füllung: senkrecht 6 mm, waagrecht 8 mm
Maschenweite: 50 x 200 mm
Oberfläche: verzinkt
Angeb. Fabrikat: .....
51€   60€   **71**€   79€   87€   [m]   ⏱ 0,37 h/m   303.000.188

74 **Drehflügeltor, einflüglig, lichte Weite 1,1m, Höhe 1,2m** KG **531**
Drehflügeltor für Stabgitterzaun, 1-flüglig, feuerverzinkt, mit Drückergarnitur, beidseitig fest, aus nicht-rostendem Stahl, gebürstet.
Lichte Weite: 1,10 m
Höhe 1,20 m
Gesamtpfostenlänge: 1,70 m
Pulverbeschichtung: Farbe RAL nach Wahl des AG
Betonfundamente: C 20/25
695€   841€   **866**€   915€   1.019€   [St]   ⏱ 1,50 h/St   303.000.260

75 **Drehflügeltor, zweiflüglig, lichte Weite 2,5m, Höhe 1,2m** KG **531**
Drehflügeltor für Stabgitterzaun, 2-flüglig, feuerverzinkt, mit Drückergarnitur, beidseitig fest, aus nicht-rostendem Stahl, gebürstet.
Lichte Weite: 2,50 m
Höhe: 1,20 m
Gesamtpfostenlänge: 1,70 m
Pulverbeschichtung: Farbe RAL nach Wahl des AG
Betonfundamente: C20/25
1.505€   1.820€   **1.844**€   1.945€   2.161€   [St]   ⏱ 1,50 h/St   303.000.261

76 **Stahltor, einflüglig, beschichtet** KG **531**
Einflügliges Stahltor mit Torsäulen und waagrechten Querstreben aus Rohrprofilen, verzinkt und beschichtet, mit Torfeststellung. Leistung einschl. Abdeckung sowie Grund- und Ankerplatte zum Einbetonieren. Lieferung und Montage als komplette Leistung.
Torbreite: 1,50 m
Torhöhe: 1,20 m
Torsäulen: Quadratprofile
Abmessung: 180 x 180 x 5 mm
Torrahmen: Rechteckprofile
Abmessung: 80 x 40 x 3mm
Torbeschlag: Knauf, Rundrosetten
Material: .....
Scharniere: angeschraubt
Beschichtung: Pulverlack
Farbe: .....
717€   872€   **985**€   1.033€   1.294€   [St]   ⏱ 5,20 h/St   303.000.252

LB 303 Landschaftsbauarbeiten

Kosten:
Stand 2.Quartal 2018
Bundesdurchschnitt

Nr.	Kurztext / Langtext				[Einheit]	Kostengruppe
▶	▷ ø netto € ◁ ◀				Ausf.-Dauer	Positionsnummer

77 — Stahltor, zweiflüglig, beschichtet — KG 531

Zweiflügliges Stahltor mit Gang- und Standflügel, Torsäulen und waagrechten Querstreben aus Rohrprofilen, verzinkt und beschichtet, mit Torfeststellung. Kantriegel mit Bodenverankerung nur bei geöffnetem Gangflügel zu betätigen. Leistung einschl. Abdeckung sowie Grund- und Ankerplatte zum Einbetonieren. Lieferung und Montage als komplette Leistung.
Torbreite: 5,00 m
Torhöhe: 1,60 m
Teilung: mittig
Gangflügel: links
Torsäulen: Quadratprofile
Abmessung: 200 x 200 x 5 mm
Torrahmen: Rechteckprofile
Abmessung: 80 x 40 x 3 mm
Torbeschlag: Knauf, Rundrosetten
Material: .....
Türbänder: verstellbar, M 20
Beschichtung: Pulverlack
Farbe: .....

| 994 € | 1.212 € | **1.258 €** | 1.403 € | 1.702 € | [St] | ⏱ 7,40 h/St | 303.000.189 |

78 — Zaunpfosten, Stahlrohr — KG 531

Zaunpfosten aus Stahlrohr, feuerverzinkt und zinkphosphatiert, mit schwarzer Kunststoffkappe.
Durchmesser: 40 mm
Länge: 200 cm
Fundamenttiefe: 50 cm

| 29 € | 42 € | **47 €** | 54 € | 71 € | [St] | ⏱ 0,30 h/St | 303.000.253 |

79 — Poller, Beton — KG 531

Absperrpfosten aus Beton, Einbau in befestigter Fläche, einschl. Erd- und Fundamentarbeiten. (Beschreibung der Homogenbereiche nach Unterlagen des AG.)
Fundament: .....
Höhe über OK-Gelände: 0,90-1,00 m
Pfosten: 40 x 40 cm
Angeb. Fabrikat: .....

| 310 € | 337 € | **360 €** | 372 € | 394 € | [St] | ⏱ 1,05 h/St | 303.000.197 |

80 — Spielgerät, Einfachschaukel — KG 552

Spielgerät als Gerüstschaukel liefern und aufbauen, inkl. Nebenarbeiten.
Sicherheitssitz: Gummi mit Aluminiumeinlage
Aufhängung: Einpunktaufhängung, lückenlos
Kettenaufnahme: Klemmadapter, Edelstahl
Einschließlich Fundament, Ausführung, Maße und Betongüte nach Angaben des Herstellers.
Liefernachweis: .....
Angebt. Fabrikat: .....

| 1.434 € | 1.873 € | **2.068 €** | 2.262 € | 2.764 € | [St] | ⏱ 3,20 h/St | 303.000.255 |

▶ min
▷ von
ø Mittel
◁ bis
◀ max

Nr.	Kurztext / Langtext							Kostengruppe
▶	▷	ø netto €	◁	◀	[Einheit]	Ausf.-Dauer	Positionsnummer

81   Spielgerät, Federwipptier   KG **552**

Spielgerät als Federwipptier liefern und aufbauen, inkl. Nebenarbeiten. Liefern und fachgerecht nach Angaben des Herstellers aufbauen, inkl. aller Fundament- und Nebenarbeiten.
Liefernachweis: .....
Angeb. Fabrikat: .....

| 857€ | 1.055€ | **1.079€** | 1.145€ | 1.311€ | [St] | ⏱ 2,85 h/St | 303.000.254 |

82   Fassaden-Flachrinne, DN100   KG **541**

Flachrinne zur Entwässerung vor Fassaden mit Maschenrostabdeckung verzinkt, inkl. Formstücke und Anschlussarbeiten. Rinne mit bituminösen Abdichtung auf der Bodenplatte.
Nennweite: DN100
Belastungsklasse: A 15
Bauhöhe: 150 mm
Baulänge: 1,00 m
Bettungsdicke: ..... cm
Schlitzweite: ..... mm
Angeb. Fabrikat: .....

| 109€ | 122€ | **129€** | 138€ | 161€ | [m] | ⏱ 0,42 h/m | 303.000.198 |

83   Spielsand auswechseln, bis 40cm   KG **526**

Sandkastenfüllung durch güteüberprüftes Material austauschen. Aushub zur Abfuhr seitlich lagern und unbelasteten Sand liefern und einbringen.
Aushubtiefe: bis 40 cm
Füllhöhe: bis 40 cm

| 6€ | 11€ | **11€** | 14€ | 19€ | [m³] | ⏱ 0,20 h/m³ | 303.000.270 |

84   Entwässerungsrinne, Polymerbeton   KG **541**

Entwässerungsrinne im Außenbereich aus Polymerbeton mit Kantenschutz aus verzinktem Stahl, schraubloser Arretierung, Rinnensohle mit 0,5% Eigengefälle und Gitterrostabdeckung.
Belastungsklasse: .....
Nennweite: .....
Baulänge: ..... cm
Bauhöhe: ..... cm
Bettungsdicke: ..... cm
Abgang: .....
Angeb. Fabrikat: .....

| 199€ | 243€ | **261€** | 303€ | 376€ | [St] | ⏱ 0,46 h/St | 303.000.199 |

LB 303 Landschaftsbauarbeiten

Nr.	Kurztext / Langtext					[Einheit]	Ausf.-Dauer	Kostengruppe Positionsnummer
▶	▷	ø netto €	◁	◀				

85 Entwässerungsrinne, Kl. A, Beton/Gussabdeckung KG **541**
Entwässerungsrinne im Außenbereich als Kastenrinne aus Betonfertigteilen, Brückenklasse 60, mit Abdeckung aus Gusseisen, Rinnensohle mit 0,3 bis 0,5% Eigengefälle. Rinnenversetzung in Beton C8/10 mit beidseitiger Rückenstütze.
Belastungsklasse: A
Nennweite: .....
Baulänge: ..... cm
Bauhöhe: ..... cm
Bettungsdicke: 10 cm
Rückenstütze: 15 cm
Angeb. Fabrikat: .....

| 56€ | 78€ | **92€** | 114€ | 157€ | [m] | 0,46 h/m | 303.000.200 |

86 Entwässerungsrinne, Kl. B, Beton/Gussabdeckung KG **541**
Entwässerungsrinne im Außenbereich als Kastenrinne aus Betonfertigteil, Brückenklasse 60, mit Abdeckung aus Gusseisen, Rinnensohle mit 0,3 bis 0,5% Eigengefälle inkl. Formstücke. Rinnenversetzung in Beton C8/10 mit beidseitiger Rückenstütze.
Belastungsklasse: B
Nennweite: .....
Baulänge: ..... cm
Bauhöhe: ..... cm
Bettungsdicke: 10 cm
Rückenstütze: 15 cm
Angeb. Fabrikat: .....

| 75€ | 84€ | **88€** | 93€ | 102€ | [m] | 0,46 h/m | 303.000.201 |

87 Entwässerungsrinne, Klasse A, DN100 KG **541**
Entwässerungsrinne für Niederschlagswasser vor rollstuhlbefahrbaren Hauszugängen.
Belastungsklasse: A
Nennweite: 100
Mindesttiefe: 150 mm
Bettung: C12/15
OK Rinnenabdeckung 2 cm unter OKFF

| 77€ | 99€ | **108€** | 123€ | 129€ | [m] | 0,45 h/m | 303.000.202 |

88 Abdeckung, Entwässerungsrinne, Guss, D400, Bodenindikator KG **541**
Abdeckung für Entwässerungsrinne aus Gusseisen, nach DIN 32984 für Bodenindikatoren im öffentlichen Raum, schraublos arretiert. Passend zu System.
Nennweite: DN200
Klasse: A15 bis D400
Profilstruktur: **Leitstreifen / Aufmerksamkeitsfeld**
Angeb. Fabrikat: .....

| 65€ | 81€ | **89€** | 92€ | 102€ | [St] | 0,18 h/St | 303.000.203 |

Kosten:
Stand 2.Quartal 2018
Bundesdurchschnitt

▶ min
▷ von
ø Mittel
◁ bis
◀ max

Nr.	Kurztext / Langtext					Kostengruppe
▶	▷ ø netto € ◁ ◀				[Einheit]	Ausf.-Dauer Positionsnummer

89 Ablaufkasten, Klasse A, DN100 — KG **541**

Ablaufkasten zu Entwässerungsrinne für Fußgänger- und Radfahrerverkehr, inkl. Anschluss an Abwasserleitung an KG-Rohr DN100.
Belastungsklasse: A
Nennweite: 100
Mindesttiefe: 150 mm
Bettung: C12/15

| 149€ | 181€ | **196**€ | 234€ | 245€ | [St] | ⏱ 0,40 h/St | 303.000.204 |

90 Stundensatz Facharbeiter, Landschaftsbauarbeiten

Stundenlohnarbeiten für Vorarbeiter, Facharbeiter und Gleichgestellte (z. B. Spezialbaufacharbeiter, Baufacharbeiter, Obermonteure, Monteure, Gesellen, Maschinenführer, Fahrer und ähnliche Fachkräfte). Leistung nach besonderer Anordnung der Bauüberwachung. Anmeldung und Nachweis gemäß VOB/B.

| 43€ | 49€ | **51**€ | 54€ | 60€ | [h] | ⏱ 1,00 h/h | 303.000.262 |

91 Stundensatz Helfer, Landschaftsbauarbeiten

Stundenlohnarbeiten für Werker, Helfer und Gleichgestellte (z. B. Baufachwerker, Helfer, Hilfsmonteure, Ungelernte, Angelernte). Leistung nach besonderer Anordnung der Bauüberwachung. Anmeldung und Nachweis gemäß VOB/B.

| 33€ | 37€ | **40**€ | 45€ | 53€ | [h] | ⏱ 1,00 h/h | 303.000.263 |

303
304
380

LB 304 Landschaftsbauarbeiten - Pflanzen

Landschaftsbauarbeiten; Pflanzen — Preise €

Kosten: Stand 2.Quartal 2018, Bundesdurchschnitt

▶ min
▷ von
ø Mittel
◁ bis
◀ max

Nr.	Positionen	Einheit	▶ min	▷ von	ø brutto € / ø netto €	◁ bis	◀ max
1	Heckenpflanze, Hainbuche	St	11 / 9	13 / 11	**13** / **11**	15 / 12	18 / 15
2	Heckenpflanze, Buchsbaum	St	6 / 5	7 / 6	**7** / **6**	8 / 7	11 / 9
3	Heckenpflanze, Liguster	St	3 / 3	4 / 4	**5** / **5**	7 / 6	10 / 8
4	Heckenpflanze, Kirschlorbeer	St	22 / 18	32 / 27	**37** / **31**	45 / 38	59 / 50
5	Heckenpflanze, Eibe bis 100cm	St	31 / 26	41 / 35	**47** / **40**	54 / 45	63 / 53
6	Solitärbaum, Säulen-Hainbuche	St	109 / 91	144 / 121	**154** / **129**	156 / 131	203 / 171
7	Solitärbaum, Rotblühende Rosskastanie	St	296 / 249	398 / 335	**415** / **349**	445 / 374	519 / 436
8	Solitärbaum, Spitz-Ahorn	St	257 / 216	348 / 292	**377** / **317**	416 / 349	507 / 426
9	Solitärbaum, Feld-Ahorn	St	228 / 192	309 / 260	**343** / **288**	363 / 305	459 / 386
10	Solitärbaum, Vogelkirsche	St	234 / 196	281 / 236	**304** / **256**	322 / 271	371 / 312
11	Solitärbaum, Winterlinde	St	280 / 235	345 / 290	**384** / **322**	418 / 352	485 / 407
12	Solitärbaum, Wald-Kiefer	St	281 / 236	475 / 399	**486** / **408**	512 / 430	643 / 540
13	Solitärbaum, Hänge-Birke	St	253 / 213	294 / 247	**306** / **258**	327 / 275	373 / 313
14	Solitärbaum, Hainbuche	St	260 / 219	286 / 240	**296** / **248**	335 / 282	389 / 327
15	Solitärbaum, gemeine Esche	St	212 / 178	253 / 213	**276** / **232**	291 / 244	336 / 282
16	Solitärbaum, gemeine Eberesche	St	164 / 138	231 / 194	**263** / **221**	310 / 261	407 / 342
17	Solitärbaum, Baum-Hasel	St	220 / 185	262 / 220	**281** / **237**	326 / 274	381 / 320
18	Solitärbaum, Scharlach-Blühende Rosskastanie	St	285 / 239	370 / 311	**391** / **329**	395 / 332	513 / 431
19	Obstgehölz, Apfel in Sorten	St	156 / 131	237 / 199	**259** / **218**	316 / 265	413 / 347
20	Obstgehölz, Zier-Apfel `Evereste`	St	208 / 175	273 / 229	**314** / **264**	382 / 321	476 / 400
21	Obstgehölz, Zier-Apfel `Eleyi`	St	40 / 34	57 / 48	**60** / **51**	67 / 56	85 / 71
22	Obstgehölz, Straßenbaum Stadt-Birne, StU 16-18cm	St	297 / 250	390 / 327	**423** / **355**	441 / 371	547 / 460
23	Obstgehölz, japanische Blütenkirsche, StU 12-14cm	St	242 / 203	277 / 233	**305** / **256**	314 / 264	347 / 292
24	Weidentunnel, Silber-Weide	St	2 / 2	4 / 4	**5** / **4**	6 / 5	8 / 6

© BKI Baukosteninformationszentrum; Erläuterungen zu den Tabellen siehe Seite 22
Mustertexte geprüft: Deutsche Gesellschaft für Garten- und Landschaftskultur e.V.

Kostenstand: 2.Quartal 2018, Bundesdurchschnitt

Nr.	Positionen	Einheit	▶	▷ ø brutto € / ø netto €		◁	◀
25	Strauchpflanze, Purpur-Weide	St	1	3	3	4	7
			1	2	2	3	5
26	Strauchpflanze, Kupfer-Felsenbirne	St	31	39	43	45	56
			26	33	36	38	47
27	Strauchpflanze, Gewöhnliche Haselnuss	St	21	23	26	29	35
			17	20	21	24	29
28	Strauchpflanze, Rhododendron in Sorten	St	33	41	46	48	57
			28	34	39	40	48
29	Strauchpflanze, Hängende Felsenbirne	St	82	93	97	103	115
			69	78	82	86	96
30	Strauchpflanze, Hortensie in Sorten	St	11	15	17	19	25
			10	13	14	16	21
31	Strauchpflanze, Flieder in Sorten	St	33	50	57	64	89
			27	42	47	54	75
32	Strauchpflanze, Kornelkirsche	St	30	38	39	47	60
			25	32	33	39	50
33	Strauchpflanze, Europäische Eibe	St	55	84	100	114	160
			46	71	84	96	135
34	Strauchpflanze, Heckeneibe	St	24	53	53	70	96
			20	44	44	59	81
35	Strauchpflanze, Berberitze in Sorten	St	12	16	18	18	22
			10	13	15	15	18
36	Strauchpflanze, Zwergmispel in Sorten	St	2	3	3	4	5
			1	2	2	3	5
37	Strauchpflanze, Rotdorn in Sorten	St	27	36	42	49	65
			23	30	35	41	55
38	Strauchpflanze, Immergrüne Heckenkirsche	St	1	2	2	4	5
			1	2	2	3	4
39	Strauchpflanze, rote Heckenkirsche	St	2	4	4	6	9
			1	3	4	5	8
40	Strauchpflanze, wilde Rosen in Sorten	St	3	4	4	4	5
			3	3	3	4	4
41	Strauchpflanze, Heckenrose	St	1	3	3	5	8
			1	2	3	4	7
42	Staude, Ziergräser in Sorten	St	1	2	2	3	4
			1	2	2	2	3
43	Staude, Feinhalm-Chinaschilf	St	4	4	4	5	5
			3	4	4	4	5
44	Staude, Kleines Immergrün	St	1	2	2	2	3
			1	1	2	2	2
45	Staude, Frauenmantel	St	2	2	2	2	3
			1	2	2	2	2
46	Staude, Balkan-Storchenschnabel	St	1	2	2	2	3
			1	1	2	2	2
47	Staude, Weißer Blut-Storchenschnabel	St	1	2	2	2	2
			1	1	2	2	2
48	Staude, Pracht-Storchenschnabel	St	1	2	3	3	4
			1	2	2	3	3

LB 304 Landschaftsbauarbeiten - Pflanzen

Kosten:
Stand 2.Quartal 2018
Bundesdurchschnitt

▶ min
▷ von
ø Mittel
◁ bis
◀ max

Nr.	Kurztext / Langtext					[Einheit]	Ausf.-Dauer	Kostengruppe Positionsnummer
▶	▷	ø netto €	◁	◀				
1	**Heckenpflanze, Hainbuche**							**KG 574**
Hainbuche - Carpinus betulus liefern und pflanzen. Pflanzqualität: Strauch 2x verpflanzt mit Ballen Höhe: 100-150 cm Bodengruppe:								
9€	11€	**11€**	12€	15€	[St]	⏱ 0,17 h/St	304.000.112	
2	**Heckenpflanze, Buchsbaum**							**KG 574**
Buchsbaum - Buxus sempervierens liefern und pflanzen. Pflanzqualität: Strauch 2x verpflanzt **mit Ballen / im Container** Höhe: 20-25 cm Bodengruppe:								
5€	6€	**6**€	7€	9€	[St]	⏱ 0,17 h/St	304.000.113	
3	**Heckenpflanze, Liguster**							**KG 574**
Liguster - Ligustrum vulgare liefern und pflanzen. Pflanzqualität: Strauch 2x verpflanzt **mit Ballen / im Container** Höhe: 20-25 cm Bodengruppe:								
3€	4€	**5**€	6€	8€	[St]	⏱ 0,17 h/St	304.000.114	
4	**Heckenpflanze, Kirschlorbeer**							**KG 574**
Kirschlorbeer - Prunus laurocerasus liefern und pflanzen. Pflanzqualität: Strauch 2x verpflanzt ohne Ballen mit 5-7 Trieben Höhe: 80-100 cm Bodengruppe:								
18€	27€	**31**€	38€	50€	[St]	⏱ 0,17 h/St	304.000.115	
5	**Heckenpflanze, Eibe bis 100cm**							**KG 574**
Gewöhnliche Eibe - Taxus baccata liefern und einpflanzen. Pflanzqualität: Heckenpflanze 5x verpflanzt mit Drahtballen Höhe: bis 100 cm Bodengruppe:								
26€	35€	**40**€	45€	53€	[St]	⏱ 0,19 h/St	304.000.158	
6	**Solitärbaum, Säulen-Hainbuche**							**KG 574**
Säulen Hainbuche - Carpinus betulus Fastigiata, liefern, in herzustellende Pflanzgrube pflanzen, einschl. Pflanzenverankerung. Pflanzqualität: Hochstamm 3x verpflanzt mit Drahtballen Stammumfang: 10-12 cm Bodengruppe: ..... Pflanzenverankerung: Pfahl-Zweibock Pfähle: unbehandelt Bindegut: Kokosstrick								
91€	121€	**129**€	131€	171€	[St]	⏱ 2,60 h/St	304.000.111	

Nr.	Kurztext / Langtext							Kostengruppe
▶	▷	ø netto €	◁	◀	[Einheit]	Ausf.-Dauer	Positionsnummer

7 Solitärbaum, Rotblühende Rosskastanie KG **574**
Rotblühende Rosskastanie - Aecsulus carnea, liefern, in herzustellende und wieder zu verfüllende Pflanzgrube pflanzen.
Pflanzqualität: Hochstamm 4x verpflanzt mit Drahtballen
Stammumfang: 18-20 cm
Bodengruppe: .....
249€   335€   **349**€   374€   436€   [St]   ⏱ 2,60 h/St   304.000.116

8 Solitärbaum, Spitz-Ahorn KG **574**
Spitzahorn - Acer platanoides, liefern, in herzustellende und wieder zu verfüllende Pflanzgrube pflanzen.
Pflanzqualität: Hochstamm 4x verpflanzt mit Drahtballen
Stammumfang: 18-20 cm
Bodengruppe: .....
216€   292€   **317**€   349€   426€   [St]   ⏱ 2,60 h/St   304.000.117

9 Solitärbaum, Feld-Ahorn KG **574**
Feld-Ahorn - Acer campestre, liefern, in herzustellende und wieder zu verfüllende Pflanzgrube pflanzen.
Pflanzqualität: Hochstamm 3x verpflanzt mit Drahtballen
Stammumfang: 18-20 cm
Bodengruppe: .....
192€   260€   **288**€   305€   386€   [St]   ⏱ 2,60 h/St   304.000.118

10 Solitärbaum, Vogelkirsche KG **574**
Vogelkirsche - Prunus avium, liefern, in herzustellende und wieder zu verfüllende Pflanzgrube pflanzen.
Pflanzqualität: Hochstamm 4x verpflanzt mit Drahtballen
Stammumfang: 20-22 cm
Bodengruppe: .....
196€   236€   **256**€   271€   312€   [St]   ⏱ 3,40 h/St   304.000.119

11 Solitärbaum, Winterlinde KG **574**
Winterlinde - Tilia cordata, liefern, in herzustellende und wieder zu verfüllende Pflanzgrube pflanzen.
Pflanzqualität: Hochstamm 4x verpflanzt mit Drahtballen
Stammumfang: 25-30 cm
Höhe: 400-500 cm
Breite: 200-300 cm
Bodengruppe: .....
235€   290€   **322**€   352€   407€   [St]   ⏱ 3,40 h/St   304.000.120

12 Solitärbaum, Wald-Kiefer KG **574**
Wald-Kiefer - Pinus sylvestris, liefern, in herzustellende und wieder zu verfüllende Pflanzgrube pflanzen.
Pflanzqualität: Hochstamm 4x verpflanzt mit Drahtballen
Stammumfang: 18-20 cm
Höhe: 100-150 cm
Bodengruppe: .....
236€   399€   **408**€   430€   540€   [St]   ⏱ 2,60 h/St   304.000.121

LB 304 Landschaftsbauarbeiten - Pflanzen

Kosten:
Stand 2.Quartal 2018
Bundesdurchschnitt

▶ min
▷ von
ø Mittel
◁ bis
◀ max

Nr. ▶	Kurztext / Langtext ▷ ø netto € ◁ ◀	[Einheit]	Ausf.-Dauer	Kostengruppe Positionsnummer

13 Solitärbaum, Hänge-Birke — KG **574**
Sand Birke - Betula pendula, liefern, in herzustellende und wieder zu verfüllende Pflanzgrube pflanzen, einschl. Pflanzenverankerung.
Pflanzqualität: Hochstamm 3x verpflanzt
Stammumfang: 16-18 cm
Bodengruppe: .....

| 213€ | 247€ | **258**€ | 275€ | 313€ | [St] | ⏱ 3,00 h/St | 304.000.122 |

14 Solitärbaum, Hainbuche — KG **574**
Hainbuche - Carpinus betulus, liefern, in herzustellende und wieder zu verfüllende Pflanzgrube pflanzen, einschl. Pflanzenverankerung.
Pflanzqualität: Hochstamm 3x verpflanzt
Stammumfang: 16-18 cm
Bodengruppe: .....

| 219€ | 240€ | **248**€ | 282€ | 327€ | [St] | ⏱ 3,00 h/St | 304.000.123 |

15 Solitärbaum, gemeine Esche — KG **574**
Gemeine Esche - Fraxinus excelsior, liefern, in herzustellende und wieder zu verfüllende Pflanzgrube pflanzen.
Pflanzqualität: Hochstamm 3x verpflanzt mit Drahtballen
Stammumfang: 16-18 cm
Bodengruppe: .....

| 178€ | 213€ | **232**€ | 244€ | 282€ | [St] | ⏱ 2,00 h/St | 304.000.124 |

16 Solitärbaum, gemeine Eberesche — KG **574**
Gemeine Eberesche - Sorbus aucuparie, liefern, in herzustellende und wieder zu verfüllende Pflanzgrube pflanzen.
Pflanzqualität: Hochstamm 3x verpflanzt mit Drahtballen
Stammumfang: 16-18 cm
Bodengruppe: .....

| 138€ | 194€ | **221**€ | 261€ | 342€ | [St] | ⏱ 2,00 h/St | 304.000.125 |

17 Solitärbaum, Baum-Hasel — KG **574**
Baum-Hasel - Corylus colurna, liefern, in herzustellende und wieder zu verfüllende Pflanzgrube pflanzen.
Pflanzqualität: Hochstamm 3x verpflanzt mit Drahtballen
Stammumfang: 16-18 cm
Bodengruppe: .....

| 185€ | 220€ | **237**€ | 274€ | 320€ | [St] | ⏱ 2,00 h/St | 304.000.126 |

18 Solitärbaum, Scharlach-Blühende Rosskastanie — KG **574**
Blühende Rosskastanie - Aesculus carnea, liefern, in herzustellende und wieder zu verfüllende Pflanzgrube pflanzen.
Pflanzqualität: Hochstamm 3x verpflanzt mit Drahtballen
Stammumfang: 16-18 cm
Bodengruppe: .....

| 239€ | 311€ | **329**€ | 332€ | 431€ | [St] | ⏱ 2,00 h/St | 304.000.127 |

Nr.	Kurztext / Langtext						Kostengruppe	
▶	▷	ø netto €	◁	◀	[Einheit]	Ausf.-Dauer	Positionsnummer	

19   Obstgehölz, Apfel in Sorten   KG **574**
Obstgehölze in Sorten, liefern, in herzustellende und wieder zu verfüllende Pflanzgrube pflanzen.
Pflanzqualität: Hochstamm 3x verpflanzt mit Drahtballen
Stammumfang: 16-18 cm
Bodengruppe: .....
131€   199€   **218**€   265€   347€   [St]   ⏱ 2,30 h/St   304.000.128

20   Obstgehölz, Zier-Apfel `Evereste`   KG **574**
Zier-Apfel - Malus Evereste, liefern, in herzustellende und wieder zu verfüllende Pflanzgrube pflanzen.
Pflanzqualität: Hochstamm 3x verpflanzt mit Drahtballen
Stammumfang: 16-18 cm
Bodengruppe: .....
175€   229€   **264**€   321€   400€   [St]   ⏱ 2,30 h/St   304.000.129

21   Obstgehölz, Zier-Apfel `Eleyi`   KG **574**
Zier-Apfel - Malus Eleyi, liefern, in herzustellende und wieder zu verfüllende Pflanzgrube pflanzen.
Pflanzqualität: Hochstamm 3x verpflanzt mit Drahtballen
Stammumfang: 16-18 cm
Bodengruppe: .....
34€   48€   **51**€   56€   71€   [St]   ⏱ 2,30 h/St   304.000.130

22   Obstgehölz, Straßenbaum Stadt-Birne, StU 16-18cm   KG **574**
Kleiner / mittel großer Stadt- / Straßenbaum
Stadt-Birne - Pyrus calleryana 'Chanticleer' liefern, in herzustellende und wieder zu verfüllende Pflanzgrube pflanzen.
Pflanzqualität: Hochstamm 3x verpflanzt mit Drahtballen
Stammumfang: 16-18 cm
Bodengruppe: .....
250€   327€   **355**€   371€   460€   [St]   ⏱ 2,30 h/St   304.000.131

23   Obstgehölz, japanische Blütenkirsche, StU 12-14cm   KG **574**
Japanische Blütenkirsche - Prunus serrulata, liefern, in herzustellende und wieder zu verfüllende Pflanzgrube pflanzen.
Pflanzqualität: Hochstamm 3x verpflanzt mit Drahtballen
Stammumfang: 12-14 cm
Bodengruppe: .....
203€   233€   **256**€   264€   292€   [St]   ⏱ 1,80 h/St   304.000.132

24   Weidentunnel, Silber-Weide   KG **574**
Silber-Weide - Salix alba, liefern und pflanzen. Pflanzruten als Weidentunnel mit einander verflechten.
Material: geeignet für Einbau als Weidentunnel
Qualität: zweijährig, schlank und gleichmäßig biegsam
Äste: Länge ca. 3,00 m
2€   4€   **4**€   5€   6€   [St]   ⏱ 0,08 h/St   304.000.133

LB 304 Landschaftsbauarbeiten - Pflanzen

Kosten: Stand 2.Quartal 2018 Bundesdurchschnitt

Nr.	Kurztext / Langtext				[Einheit]	Ausf.-Dauer	Kostengruppe Positionsnummer
▶	▷ ø netto € ◁ ◀						
25	**Strauchpflanze, Purpur-Weide**						KG **574**
	Purpur-Weide - Salix purpurea, liefern, in herzustellende und wieder zu verfüllende Pflanzgrube pflanzen. Pflanzqualität: Strauchpflanze 4 Triebe ohne Ballen Höhe: 100-150 cm Bodengruppe:						
	1€ 2€ **2€** 3€ 5€				[St]	⌚ 0,65 h/St	304.000.134
26	**Strauchpflanze, Kupfer-Felsenbirne**						KG **574**
	Kupfer-Felsenbirne - Amelanchier lamarckii, liefern, in herzustellende und wieder zu verfüllende Pflanzgrube pflanzen. Pflanzqualität: Strauchpflanze 3x verpflanzt 3-5 Triebe mit Ballen Höhe: 100-150 cm Bodengruppe:						
	26€ 33€ **36€** 38€ 47€				[St]	⌚ 0,95 h/St	304.000.135
27	**Strauchpflanze, Gewöhnliche Haselnuss**						KG **574**
	Gewöhnliche Haselnuss - Corylus avellana, liefern, in herzustellende und wieder zu verfüllende Pflanzgrube pflanzen. Pflanzqualität: Strauchpflanze 3x verpflanzt mit Ballen Höhe: 125-150 cm Bodengruppe:						
	17€ 20€ **21€** 24€ 29€				[St]	⌚ 0,95 h/St	304.000.137
28	**Strauchpflanze, Rhododendron in Sorten**						KG **574**
	Rhododendron in Sorten, liefern, in herzustellende und wieder zu verfüllende Pflanzgrube pflanzen. Pflanzqualität: Strauchpflanze im Container ..... Höhe: 40-50 cm Bodengruppe:						
	28€ 34€ **39€** 40€ 48€				[St]	⌚ 0,25 h/St	304.000.138
29	**Strauchpflanze, Hängende Felsenbirne**						KG **574**
	Hängende Felsenbirne - Amelanchier laevis, liefern, in herzustellende und wieder zu verfüllende Pflanzgrube pflanzen. Pflanzqualität: Strauchpflanze 3x verpflanzt mit Drahtballen Höhe: 125-150 cm Bodengruppe:						
	69€ 78€ **82€** 86€ 96€				[St]	⌚ 0,95 h/St	304.000.136
30	**Strauchpflanze, Hortensie in Sorten**						KG **574**
	Hortensien - Hydrangea in Sorten, liefern, in herzustellende und wieder zu verfüllende Pflanzgrube pflanzen. Pflanzqualität: Strauchpflanze 2x verpflanzt im Container 3 l Höhe: 40-60 cm Bodengruppe:						
	10€ 13€ **14€** 16€ 21€				[St]	⌚ 0,20 h/St	304.000.139

▶ min
▷ von
ø Mittel
◁ bis
◀ max

Nr.	Kurztext / Langtext						Kostengruppe	
▶	▷	ø netto €	◁	◀	[Einheit]	Ausf.-Dauer	Positionsnummer	

31 Strauchpflanze, Flieder　　　　　　　　　　　　　　　　　　　　　KG **574**
Gemeiner Flieder - Syringa vulgaris, liefern, in herzustellende und wieder zu verfüllende Pflanzgrube pflanzen.
Pflanzqualität: Strauchpflanze 3x verpflanzt mit Ballen
Höhe: 125-150 cm
Bodengruppe: .....

| 27€ | 42€ | **47**€ | 54€ | 75€ | [St] | 0,25 h/St | 304.000.140 |

32 Strauchpflanze, Kornelkirsche　　　　　　　　　　　　　　　　　　KG **574**
Kornellkirsche - Cornus mas, liefern, in herzustellende und wieder zu verfüllende Pflanzgrube pflanzen.
Pflanzqualität: Strauchpflanze 3x verpflanzt mit Ballen
Höhe: 150-175 cm
Bodengruppe: .....

| 25€ | 32€ | **33**€ | 39€ | 50€ | [St] | 0,25 h/St | 304.000.141 |

33 Strauchpflanze, Europäische Eibe　　　　　　　　　　　　　　　　KG **574**
Gewöhnliche Eibe - Taxus baccata, liefern, in herzustellende und wieder zu verfüllende Pflanzgrube pflanzen.
Pflanzqualität: Strauchpflanze 5x verpflanzt mit Drahtballen
Höhe: 80-100 cm
Bodengruppe: .....

| 46€ | 71€ | **84**€ | 96€ | 135€ | [St] | 0,30 h/St | 304.000.142 |

34 Strauchpflanze, Heckeneibe　　　　　　　　　　　　　　　　　　　KG **574**
Heckeneibe - Taxus media, liefern, in herzustellende und wieder zu verfüllende Pflanzgrube pflanzen.
Pflanzqualität: Strauchpflanze 5x verpflanzt mit Drahtballen
Höhe: 80-100 cm
Bodengruppe: .....

| 20€ | 44€ | **44**€ | 59€ | 81€ | [St] | 0,25 h/St | 304.000.143 |

35 Strauchpflanze, Berberitze　　　　　　　　　　　　　　　　　　　KG **574**
Berberitze - Berberis candidula, liefern, in herzustellende und wieder zu verfüllende Pflanzgrube pflanzen.
Pflanzqualität: Strauchpflanze 2x verpflanzt mit Ballen
Höhe: 40-50 cm
Bodengruppe: .....

| 10€ | 13€ | **15**€ | 15€ | 18€ | [St] | 0,25 h/St | 304.000.144 |

36 Strauchpflanze, Zwergmispel　　　　　　　　　　　　　　　　　　KG **574**
Zwergmispel - Cotoneaster dammeri, liefern, in herzustellende und wieder zu verfüllende Pflanzgrube pflanzen.
Pflanzqualität: Strauchpflanze 2x verpflanzt im Container 2 l
Höhe: 40-60 cm
Bodengruppe: .....

| 1€ | 2€ | **2**€ | 3€ | 5€ | [St] | 0,25 h/St | 304.000.145 |

37 Strauchpflanze, Rotdorn　　　　　　　　　　　　　　　　　　　　KG **574**
Rotdorn - Crataegus monogyna , liefern, in herzustellende und wieder zu verfüllende Pflanzgrube pflanzen.
Pflanzqualität: Strauchpflanze 2x verpflanzt mit drahtballen
Höhe: ..... cm
Bodengruppe: .....

| 23€ | 30€ | **35**€ | 41€ | 55€ | [St] | 0,25 h/St | 304.000.159 |

LB 304 Landschaftsbauarbeiten - Pflanzen

Nr. ▶	Kurztext / Langtext ▷ ø netto € ◁ ◀	[Einheit]	Ausf.-Dauer	Kostengruppe Positionsnummer

38 Strauchpflanze, Immergrüne Heckenkirsche KG **574**
Immergrüne Heckenkirsche - Lonicera nitida, liefern, in herzustellende und wieder zu verfüllende Pflanzgrube pflanzen.
Pflanzqualität: Strauchpflanze 2x verpflanzt mit Topfballen
Höhe: 40-60 cm
Bodengruppe: .....

| 1€ | 2€ | 2€ | 3€ | 4€ | [St] | ⏱ 0,25 h/St | 304.000.147 |

39 Strauchpflanze, rote Heckenkirsche KG **574**
Heckenkirsche - Lonicera xylosteum, liefern, in herzustellende und wieder zu verfüllende Pflanzgrube pflanzen.
Pflanzqualität: Strauchpflanze .....x verpflanzt 5 Triebe ohne Ballen
Höhe: 100-150 cm
Bodengruppe: .....

| 1€ | 3€ | 4€ | 5€ | 8€ | [St] | ⏱ 0,65 h/St | 304.000.148 |

40 Strauchpflanze, wilde Rosen in Sorten KG **574**
Wilde Rosen in Sorten liefern und pflanzen.
Pflanzqualität: Strauchpflanze 1x verpflanzt 3-4 Trieb ohne Ballen
Bodengruppe: .....

| 3€ | 3€ | 3€ | 4€ | 4€ | [St] | ⏱ 0,08 h/St | 304.000.152 |

41 Strauchpflanze, Heckenrose KG **574**
Heckenrose - Rosa canina, liefern und pflanzen.
Pflanzqualität: Strauchpflanze 1x verpflanzt 3-4 Triebe ohne Ballen
Höhe: 60-100 cm
Bodengruppe: .....

| 1€ | 2€ | 3€ | 4€ | 7€ | [St] | ⏱ 0,08 h/St | 304.000.151 |

42 Staude, Ziergräser in Sorten KG **574**
Ziergräser in verschiedenen Sorten liefern und pflanzen.
Pflanzqualität: Staude im Topfballen
Bodengruppe: .....

| 1€ | 2€ | 2€ | 2€ | 3€ | [St] | ⏱ 0,04 h/St | 304.000.149 |

43 Staude, Feinhalm-Chinaschilf KG **574**
Feinhalm-Chinaschilf - Miscanthus sinensis, liefern und pflanzen.
Pflanzqualität: Staude im Topfballen
Bodengruppe: .....

| 3€ | 4€ | 4€ | 4€ | 5€ | [St] | ⏱ 0,04 h/St | 304.000.150 |

44 Staude, Kleines Immergrün KG **574**
Kleinblättriges Immergrün - Vinca minor, liefern und pflanzen.
Pflanzqualität: Staude 2x verpflanzt 6-10 Triebe mit Ballen
Bodengruppe: .....

| 1€ | 1€ | 2€ | 2€ | 2€ | [St] | ⏱ 0,04 h/St | 304.000.153 |

Kosten:
Stand 2.Quartal 2018
Bundesdurchschnitt

▶ min
▷ von
ø Mittel
◁ bis
◀ max

Nr.	Kurztext / Langtext						Kostengruppe	
▶	▷	ø netto €	◁	◀	[Einheit]	Ausf.-Dauer	Positionsnummer	

45 Staude, Frauenmantel — KG **574**
Frauenmantel - Alchemilla mollis, liefern und pflanzen.
Pflanzqualität: Staude mit Topfballen
Bodengruppe: .....
1€   2€   **2**€   2€   2€   [St]   ⏱ 0,04 h/St   304.000.154

46 Staude, Balkan-Storchenschnabel — KG **574**
Balkan-Storchenschnabel - Geranium macrorrhizum, liefern und pflanzen.
Pflanzqualität: Staude mit Topfballen
Bodengruppe: .....
1€   1€   **2**€   2€   2€   [St]   ⏱ 0,04 h/St   304.000.155

47 Staude, Weißer Blut-Storchenschnabel — KG **574**
Weißer Blut-Storchenschnabel - Geranium sanguineum, liefern und pflanzen.
Pflanzqualität: Staude mit Topfballen
Bodengruppe: .....
1€   1€   **2**€   2€   2€   [St]   ⏱ 0,04 h/St   304.000.156

48 Staude, Pracht-Storchenschnabel — KG **574**
Pracht-Storchenschnabel - Geranium x magnificum, liefern und pflanzen.
Pflanzqualität: Staude mit Topfballen
Bodengruppe: .....
1€   2€   **2**€   3€   3€   [St]   ⏱ 0,04 h/St   304.000.157

LB 380 Straßen, Wege, Plätze

Kosten: Stand 2. Quartal 2018, Bundesdurchschnitt

Nr.	Positionen	Einheit	▶ min	▷ von	ø Mittel (brutto € / netto €)	◁ bis	◀ max
1	Betonplatten aufnehmen, entsorgen	m²	4 / 3	5 / 5	**6** / **5**	7 / 6	10 / 9
2	Betonpflaster aufnehmen, lagern	m²	6 / 5	8 / 7	**9** / **8**	11 / 9	16 / 13
3	Betonwerksteinplattenbelag abbrechen	m²	9 / 8	11 / 9	**13** / **11**	15 / 13	17 / 14
4	Natursteinpflaster, aufnehmen, lagern	m²	7 / 6	9 / 8	**9** / **8**	10 / 8	12 / 10
5	Betonbordstein aufnehmen, entsorgen	m	8 / 7	10 / 9	**11** / **9**	12 / 10	14 / 12
6	Bordstein, Naturstein, ausbauen, entsorgen	m	– / –	11 / 9	**12** / **10**	14 / 12	– / –
7	Bordstein, Naturstein, ausbauen, lagern	m	4 / 4	6 / 5	**6** / **5**	7 / 6	9 / 7
8	Asphaltbelag aufbrechen, entsorgen	m²	13 / 11	18 / 15	**20** / **17**	23 / 19	30 / 25
9	Abbruch Mauerwerk, Ziegel	m³	67 / 56	86 / 73	**97** / **82**	102 / 86	120 / 101
10	Befestigte Flächen aufnehmen, lagern	m²	7 / 6	8 / 7	**10** / **8**	10 / 9	13 / 11
11	Abbruch, unbewehrte Betonteile	m³	50 / 42	70 / 59	**82** / **69**	88 / 74	105 / 89
12	Treppen/Bordsteine/Kantensteine aufnehmen, entsorgen	m	5 / 5	8 / 7	**8** / **7**	10 / 9	15 / 12
13	Entwässerungsrinne, ausbauen, entsorgen	m	7 / 6	10 / 9	**10** / **9**	13 / 11	16 / 14
14	Tragschicht, Schotter entsorgen	m³	16 / 14	23 / 19	**25** / **21**	28 / 23	32 / 27
15	Schotter aufnehmen, lagern	m²	4 / 3	5 / 4	**5** / **4**	5 / 4	6 / 5
16	Mastleuchte abbrechen, entsorgen	St	– / –	105 / 88	**204** / **172**	281 / 237	– / –
17	Planum herstellen	m²	0,8 / 0,7	1,1 / 1,0	**1,2** / **1,1**	1,7 / 1,5	3,0 / 2,5
18	Untergrund verdichten, Wegeflächen	m²	0,7 / 0,6	1,0 / 0,9	**1,2** / **1,0**	1,6 / 1,3	2,6 / 2,2
19	Untergrund verdichten, Fundamente	m²	0,8 / 0,7	1,2 / 1,0	**1,3** / **1,1**	1,4 / 1,1	1,5 / 1,3
20	Lastplattendruckversuch	St	161 / 135	217 / 182	**225** / **189**	248 / 209	292 / 245
21	Frostschutzschicht, Schotter 0/16, bis 30cm	m²	9 / 8	12 / 10	**13** / **11**	15 / 13	19 / 16
22	Frostschutzschicht, Schotter 0/32, bis 30cm	m²	10 / 8	14 / 12	**15** / **13**	18 / 15	24 / 20
23	Frostschutzschicht, Schotter 0/45, bis 30cm	m²	12 / 10	15 / 13	**17** / **14**	19 / 16	25 / 21

© **BKI** Baukosteninformationszentrum; Erläuterungen zu den Tabellen siehe Seite 22
Mustertexte geprüft: Deutsche Gesellschaft für Garten- und Landschaftskultur e.V.

Straßen, Wege, Plätze — Preise €

Nr.	Positionen	Einheit	▶	▷ ø brutto € ø netto €		◁	◀
24	Frostschutzschicht, RCL 0/56, bis 30cm	m²	10 9	12 10	**13** **11**	14 12	18 15
25	Frostschutzschicht, Kies 0/16, bis 30cm	m²	8 7	11 9	**11** **10**	12 10	15 12
26	Frostschutzschicht, Kies 0/32, bis 30cm	m²	11 9	13 11	**14** **12**	15 13	19 16
27	Frostschutzschicht, Kies 0/45, bis 30cm	m²	12 10	14 12	**16** **13**	17 14	18 15
28	Tragschicht, Schotter 0/16, bis 30cm	m²	8 7	10 8	**10** **9**	12 10	14 11
29	Tragschicht, Schotter 0/32, bis 30cm	m²	9 8	11 10	**13** **11**	14 12	17 14
30	Tragschicht, Schotter 0/45, bis 30cm	m²	12 10	14 11	**14** **12**	18 15	22 19
31	Tragschicht, Kies 0/16, bis 30cm	m²	9 7	10 8	**10** **8**	11 9	13 11
32	Tragschicht, Kies 0/32, bis 30cm	m²	10 8	12 10	**13** **11**	15 13	19 16
33	Tragschicht, Kies 0/45, bis 30cm	m²	13 11	15 13	**16** **14**	19 16	22 18
34	Asphalttragschicht, 10cm	m²	16 13	19 16	**20** **17**	22 19	26 22
35	Rasentragschicht 0/32	m²	7 6	10 8	**12** **10**	13 11	15 13
36	Rasentragschicht 0/45	m²	11 9	16 13	**19** **16**	20 17	26 22
37	Betonplattenbelag, 40x40cm	m²	43 37	52 43	**55** **47**	58 49	68 57
38	Betonplattenbelag, großformatig	m²	50 42	60 50	**65** **54**	81 68	106 89
39	Balkonbelag, Betonwerkstein	m²	70 59	90 75	**101** **85**	115 96	137 115
40	Pflasterdecke, Betonpflaster	m²	32 27	37 31	**38** **32**	40 34	43 36
41	Rasenpflaster aus Beton	m²	41 34	45 38	**48** **40**	51 43	58 48
42	Pflasterdecke, Granit, 8x8	m²	76 64	87 73	**92** **77**	95 79	105 88
43	Pflasterdecke, Granit 9x9	m²	95 80	104 87	**109** **92**	119 100	133 112
44	Pflasterdecke, Granit 10x10	m²	105 88	109 92	**118** **99**	128 107	138 116
45	Pflasterdecke, Granit, 11x11	m²	109 92	120 101	**126** **106**	128 107	139 117
46	Pflasterzeile, Granit, einzeilig, 15x17x17	m	32 27	37 31	**40** **33**	47 40	64 54
47	Plattenbelag, Granit, 60x60cm	m²	65 55	76 64	**81** **68**	88 74	106 89

© **BKI** Baukosteninformationszentrum; Erläuterungen zu den Tabellen siehe Seite 22
Mustertexte geprüft: Deutsche Gesellschaft für Garten- und Landschaftskultur e.V.

Kostenstand: 2.Quartal 2018, Bundesdurchschnitt

LB 380 Straßen, Wege, Plätze

Preise €

Kosten: Stand 2.Quartal 2018 Bundesdurchschnitt

Nr.	Positionen	Einheit	▶ min	▷ von	ø Mittel brutto € netto €	◁ bis	◀ max
48	Plattenbelag, Basalt, 60x60cm	m²	–	151	**173**	–	–
			–	127	**145**	–	–
49	Plattenbelag, Travertin, 60x60cm	m²	99	111	**122**	125	158
			83	93	**102**	105	133
50	Plattenbelag, Sandstein, 60x60cm	m²	104	121	**131**	136	151
			88	102	**110**	114	127
51	Pflasterzeile, Granit, dreizeilig	m	41	52	**54**	73	94
			35	44	**46**	61	79
52	Pflasterzeile, Großformat, einzeilig	m	26	32	**32**	36	44
			22	27	**27**	31	37
53	Bordstein, Beton, 12x15x25cm, L=100cm	m	28	31	**32**	33	37
			24	26	**27**	28	31
54	Bordstein, Beton, 12x15x30cm, L=100cm	m	30	35	**39**	39	45
			25	30	**33**	33	38
55	Bordstein, Beton, 8x25cm, L=100cm	m	22	26	**26**	29	34
			18	21	**22**	24	28
56	Bordstein, Beton, 10x25cm, L=100cm	m	24	25	**26**	26	30
			20	21	**22**	22	25
57	Bordstein, Granit	m	39	57	**59**	68	88
			33	48	**50**	57	74
58	Blockstufe, Beton, 100x35x15cm	St	102	152	**169**	181	212
			86	128	**142**	152	178
59	Pflastersteine schneiden, Beton	m	14	16	**17**	21	28
			12	14	**15**	18	23
60	Plattenbelag schneiden, Beton	m	15	16	**17**	19	24
			12	14	**15**	16	20
61	Wassergebundene Decke	m²	12	14	**15**	15	19
			10	11	**12**	13	16
62	Schotterrasen herstellen	m²	11	14	**15**	19	27
			9	12	**13**	16	23
63	Weg-/Beetbegrenzung, Aluminium, gerade	m	27	36	**43**	44	55
			23	31	**36**	37	46
64	Weg-/Beetbegrenzung, Aluminium, Bogen	m	62	81	**87**	95	104
			52	68	**73**	80	87
65	Weg-/Beetbegrenzung, Aluminium, Stoßverbinder	St	51	66	**72**	79	84
			43	55	**60**	67	71
66	Weg-/Beetbegrenzung, Aluminium, Eckverbinder, Außenecke 90°	St	34	38	**40**	42	47
			29	32	**33**	35	39
67	Weg-/Beetbegrenzung, Aluminium, Erdnagel	St	15	20	**21**	24	26
			13	17	**18**	20	22
68	Winkelstützmauerelement, Beton, Höhe 55cm	m	92	119	**132**	155	199
			77	100	**111**	130	167
69	Winkelstützmauerelement, Beton, Höhe 105cm	m	193	216	**222**	226	267
			162	181	**187**	190	225
70	Winkelstützmauerelement, Beton, Höhe 155cm	m	244	292	**315**	357	436
			205	246	**265**	300	367

© **BKI** Baukosteninformationszentrum; Erläuterungen zu den Tabellen siehe Seite 22
Mustertexte geprüft: Deutsche Gesellschaft für Garten- und Landschaftskultur e.V.

Straßen, Wege, Plätze

Nr.	Positionen	Einheit	▶	▷ ø brutto € / ø netto €		◁	◀
71	Gabionen, 50x50x50cm	St	–	101	**109**	123	–
			–	85	**92**	104	–
72	Gabionen, 100x50x50cm	St	–	143	**155**	180	–
			–	120	**131**	152	–
73	Gabionen, 100x100x100cm	St	–	316	**351**	389	–
			–	265	**295**	327	–
74	Gabionen, 150x100x50cm	St	–	193	**201**	232	–
			–	162	**169**	195	–
75	Trockenmauer als Stützwand - Bruchsteinmauerwerk	m	248	281	**296**	331	346
			209	236	**248**	278	291
76	Trockenmauer als freistehende Mauer- Granitblöcke - Findlinge	m	195	227	**247**	284	299
			164	191	**207**	238	251
77	Natursteinmauerwerk als Außenwand	m	135	167	**180**	198	229
			114	140	**151**	166	193
78	Rippenplatten, 30x30x8, Rippenabstand 40x7, mit Fase, weiß	m²	96	114	**124**	139	160
			81	96	**105**	116	135
79	Rippenplatten, 30x30x8, Rippenabstand 50x6, ohne Fase, weiß	m²	–	102	**113**	134	–
			–	85	**95**	113	–
80	Rippenplatten, 30x30x8, Rippenabstand 50x6, ohne Fase, anthrazit	m²	–	128	**136**	169	–
			–	107	**114**	142	–
81	Rippenplatten, 30x30x8, Rippenabstand 50x7, mit Fase, anthrazit	m²	–	119	**134**	161	–
			–	100	**113**	135	–
82	Rippenplatte, 20x10x8, Rippenabstand 40x2, mit Fase, weiß	m	–	95	**100**	116	–
			–	80	**84**	97	–
83	Noppenplatten, 30x30x8, 32 Noppen, mit Fase, Kegel, anthrazit	m²	–	113	**119**	145	–
			–	95	**100**	122	–
84	Noppenplatten, 30x30x8, 32 Noppen, mit Fasen, Kegel, weiß	m²	–	113	**121**	138	–
			–	95	**101**	116	–
85	Noppenplatten, 30x30x8, 32 Noppen, mit Fase, Kugel, weiß	m²	–	107	**117**	142	–
			–	90	**99**	119	–
86	Noppenplatten, 30x30x8, 32 Noppen, mit Fase, Kugel, anthrazit	m²	–	113	**123**	149	–
			–	95	**103**	125	–
87	Leitstreifen Rippenplatte, einreihig	m	296	344	**347**	376	418
			248	289	**292**	316	352
88	Aufmerksamkeitsfeld, 90x90cm, Noppenplatte	m²	123	141	**148**	161	179
			103	118	**124**	135	150
89	Einstiegsfeld, 90x90cm, Noppenplatte	m²	–	135	**152**	182	–
			–	114	**128**	153	–

© **BKI** Baukosteninformationszentrum; Erläuterungen zu den Tabellen siehe Seite 22
Mustertexte geprüft: Deutsche Gesellschaft für Garten- und Landschaftskultur e.V.

Kostenstand: 2.Quartal 2018, Bundesdurchschnitt

LB 380 Straßen, Wege, Plätze

Straßen, Wege, Plätze — Preise €

Kosten: Stand 2.Quartal 2018 Bundesdurchschnitt

▶ min
▷ von
ø Mittel
◁ bis
◀ max

Nr.	Positionen	Einheit	▶	▷ ø brutto € / ø netto €		◁	◀
90	Rollstuhl-Überfahrtstein, 18x22, L=100cm	m	–	101	**112**	121	–
			–	85	**94**	102	–
91	Tastbordstein, Beton, 25x20, L=50cm	m	–	80	**87**	98	–
			–	67	**73**	82	–
92	Rollbordstein, Beton, 25x20, L=100cm	m	–	85	**89**	107	–
			–	71	**75**	90	–
93	Übergangsbordstein, Beton, dreiteilig, 12x18x30, L=100cm	m	–	115	**124**	141	–
			–	97	**104**	118	–
94	Übergangsbordstein, Beton, dreiteilig, 18x22, L=100cm	m	–	108	**112**	136	–
			–	91	**94**	114	–
95	L-Stufe, Kontraststreifen Beton, 15x38cm, L=120cm	m	–	146	**155**	187	–
			–	123	**131**	157	–
96	L-Stufe, Kontraststreifen PVC, 15x38cm, L=120cm	m	–	117	**131**	154	–
			–	99	**110**	129	–
97	Legestufe, Kontraststreifen Beton, 8x40x120cm	m	111	149	**157**	182	195
			94	125	**132**	153	164
98	Legestufe, Kontraststreifen PVC, 8x40x120cm	m	101	131	**138**	157	172
			85	110	**116**	132	145
99	Winkelstufe, Kontraststreifen Beton, 20x36x120cm	m	109	140	**149**	173	185
			91	118	**125**	145	155
100	Winkelstufe, Kontraststreifen PVC, 20x36x120cm	m	88	117	**123**	142	155
			74	98	**104**	119	131
101	Blockstufe, Kontraststreifen Beton, 20x40x120cm	m	166	172	**175**	183	198
			139	145	**147**	154	167
102	Blockstufe, Kontraststreifen PVC, 20x40x120cm	m	–	144	**150**	176	–
			–	121	**126**	148	–
103	Rampenstufen, Betonfertigteil	St	–	63	**68**	78	–
			–	53	**57**	65	–
104	Taktiles Bodenleitsystem Fräsen, 7 Rillen	m	–	100	**112**	132	–
			–	84	**94**	111	–
105	Taktiles Bodenleitsystem Fräsen, 1 Rille	m	–	36	**39**	45	–
			–	30	**32**	38	–
106	Fräsen eines Aufmerksamkeitsfeldes	St	–	102	**112**	127	–
			–	85	**94**	107	–
107	Richtungsänderung fräsen	St	–	145	**154**	181	–
			–	122	**130**	152	–
108	Maschinenumstellung	St	–	30	**36**	42	–
			–	26	**30**	35	–
109	Überfahrrampe Balkon-/Terrassentüren Höhe bis 125mm	St	–	729	**784**	886	–
			–	613	**659**	744	–

Nr.	Kurztext / Langtext					Kostengruppe	
▶	▷ ø netto € ◁ ◀				[Einheit]	Ausf.-Dauer	Positionsnummer

1 Betonplatten aufnehmen, entsorgen KG **594**
Plattenbelag als Randeinfassung aufnehmen einschl. Bettung und anfallende Stoffe verwerten und recyceln.
Belag: Betonplatten
Maße (L x B x H): 50 x 50 x 5 cm
Bettung: Sand
Bettungsdicke: bis 10 cm
Fugenfüllung: Sand
Maschineneinsatz: **ja / nein**

| 3€ | 5€ | **5€** | 6€ | 9€ | [m²] | ⏱ 0,10 h/m² | 380.000.214 |

2 Betonpflaster aufnehmen, lagern KG **594**
Pflasterdecke einschl. Bettung aufnehmen, Pflaster reinigen und zur Wiederverwendung auf Europalette in Folie stapeln.
Förderweg: bis 50 m
Belag: Betonpflaster
Belagsstärke: bis 8 cm
Bettung: Sand
Dicke: 4 cm
Maschineneinsatz: **ja / nein**

| 5€ | 7€ | **8€** | 9€ | 13€ | [m²] | ⏱ 0,12 h/m² | 380.000.215 |

3 Betonwerksteinplattenbelag abbrechen KG **394**
Betonwerksteinplattenbelag in Sand oder Splitt, ohne Schadstoffbelastung, ausbauen und entsorgen. Die aufgenommenen Stoffe sammeln, auf LKW des AN laden, zur Verwertungsanlage transportieren und entsorgen. Die Entsorgungsgebühren werden vom AN übernommen.
Plattengröße (L x B x H): bis 50 x 50 x 5 cm
Abfallschlüssel nach AVV: 170103 Fliesen/Ziegel/Keramik
Ausführung: mit Geräteeinsatz im Freien
Transportweg: bis ..... km
Anlage (Bezeichnung/Ort): .....

| 8€ | 9€ | **11€** | 13€ | 14€ | [m²] | ⏱ 0,25 h/m² | 380.000.269 |

4 Natursteinpflaster, aufnehmen, lagern KG **594**
Natursteinpflaster aufnehmen, seitlich bis zum Wiedereinbau lagern.
Pflastermaterial: .....
Abmessungen: .....

| 6€ | 8€ | **8€** | 8€ | 10€ | [m²] | ⏱ 0,15 h/m² | 380.000.266 |

5 Betonbordstein aufnehmen, entsorgen KG **594**
Bordsteine mit beidseitiger Rückenstütze einschl. Bettung aufnehmen und anfallende Stoffe laden und entsorgen.
Bordstein: Beton
Maße: 15 x 30 cm
Bettung: Beton C12/15
Dicke: bis 30 cm
Maschineneinsatz: **ja / nein**

| 7€ | 9€ | **9€** | 10€ | 12€ | [m] | ⏱ 0,18 h/m | 380.000.216 |

© BKI Baukosteninformationszentrum; Erläuterungen zu den Tabellen siehe Seite 22
Mustertexte geprüft: Deutsche Gesellschaft für Garten- und Landschaftskultur e.V.

Kostenstand: 2.Quartal 2018, Bundesdurchschnitt

LB 380 Straßen, Wege, Plätze

Nr.	Kurztext / Langtext					[Einheit]	Ausf.-Dauer	Kostengruppe Positionsnummer
▶	▷	ø netto €	◁	◀				

6 Bordstein, Naturstein, ausbauen, entsorgen KG **594**
Bordsteine Naturstein, mit beidseitiger Rückenstütze einschl. Bettung aufnehmen und anfallende Stoffe laden und entsorgen.
Bordstein: .....
Maße: 15 x 30 cm
Maschineneinsatz: **ja / nein**

| –€ | 9€ | **10**€ | 12€ | –€ | [m] | ⏱ 0,15 h/m | 380.000.267 |

7 Bordstein, Naturstein, ausbauen, lagern KG **594**
Bordsteine Naturstein, mit beidseitiger Rückenstütze einschl. Bettung aufnehmen und anfallende Stoffe seitlich laden.
Bordstein: .....
Maße: 15 x 30 cm
Maschineneinsatz: **ja / nein**

| 4€ | 5€ | **5**€ | 6€ | 7€ | [m] | ⏱ 0,15 h/m | 380.000.268 |

8 Asphaltbelag aufbrechen, entsorgen KG **594**
Asphaltbelag streifenförmig aufbrechen, einschl. Unterbau aus Kies-Schotter-Gemisch. Anfallende Stoffe laden, abfahren und fachgerecht entsorgen, einschl. Deponiegebühr.
Material: unbelastetes Bitumen
Asphalt Dicke: bis 15 cm
Breite: 70-100 cm
Unterbau Dicke: ..... cm
Maschineneinsatz: **ja / nein**

| 11€ | 15€ | **17**€ | 19€ | 25€ | [m²] | ⏱ 0,16 h/m² | 380.000.217 |

9 Abbruch Mauerwerk, Ziegel KG **594**
Maschineller Abbruch von Mauerwerk aus Mauersteinen aller Fertigungsklassen als unbelastetes Mauerwerk aller Art. Aufgenommene Stoffe sortenrein getrennt sammeln, ohne Zerkleinerung auf LKW laden. Die Entsorgung wird gesondert vergütet.
Arbeitshöhe bis ..... m
Abbruchtiefe bis ..... m
EWC-Code 170102 Ziegel
EWC-Code 170107 Gemischter Bauschutt

| 56€ | 73€ | **82**€ | 86€ | 101€ | [m³] | ⏱ 0,92 h/m³ | 380.000.212 |

10 Befestigte Flächen aufnehmen, lagern KG **594**
Pflasterbelag aufnehmen, reinigen, laden und bis zur Wiederverwendung auf Europaletten lagenweise im Verband stapeln und bauseitig lagern. Fördern bis 50m Entfernung auf der Baustelle.
Belag: Naturstein / Betonwerkstein
Belagsstärke: bis 8 cm
Bettung: Sand
Dicke: ..... cm
Maschineneinsatz: **ja / nein**

| 6€ | 7€ | **8**€ | 9€ | 11€ | [m²] | ⏱ 0,12 h/m² | 380.000.218 |

Kosten:
Stand 2.Quartal 2018
Bundesdurchschnitt

▶ min
▷ von
ø Mittel
◁ bis
◀ max

Nr.	Kurztext / Langtext					Kostengruppe	
▶	▷	ø netto €	◁	◀	[Einheit]	Ausf.-Dauer	Positionsnummer

11 Abbruch, unbewehrte Betonteile — KG **594**
Maschineller Abbruch von Betonteilen. Stoffe sortenrein getrennt sammeln und ohne Zerkleinerung auf LKW laden.
Material: unbelastetes Mauerwerk
Abbruchtiefe: ..... cm

| 42 € | 59 € | **69 €** | 74 € | 89 € | [m³] | ⏱ 0,90 h/m³ | 380.000.213 |

12 Treppen/Bordsteine/Kantensteine aufnehmen, entsorgen — KG **594**
Betonfertigteile einschl. Fundamente aufnehmen und Stoffe sortenrein laden und entsorgen.
Fertigteile: **Treppen / Bordsteine / Einfassungen / Kantensteine**
Fundamenttiefe: bis 30cm
Maschineneinsatz: **ja / nein**

| 5 € | 7 € | **7 €** | 9 € | 12 € | [m] | ⏱ 0,10 h/m | 380.000.219 |

13 Entwässerungsrinne, ausbauen, entsorgen — KG **594**
Entwässerungsrinne inklusive Bettung ausbauen und entsorgen.
Rinne: DN100
Bettung: Beton
Rückenstütze: Beton
Bettungsdicke: 10 cm

| 6 € | 9 € | **9 €** | 11 € | 14 € | [m] | ⏱ 0,18 h/m | 380.000.210 |

14 Tragschicht, Schotter entsorgen — KG **594**
Zwischengelagerte Schottertragschicht und Frostschutzschicht laden und entsorgen.
Stärke: bis 40 cm

| 14 € | 19 € | **21 €** | 23 € | 27 € | [m³] | ⏱ 0,20 h/m³ | 380.000.220 |

15 Schotter aufnehmen, lagern — KG **594**
Schottertragschicht aufnehmen und lagern Die Oberfläche ist durch abkratzen zu säubern. Position ohne Abfuhr und Entsorgung.
Stärker: bis 30 cm
Körnung: 0/56

| 3 € | 4 € | **4 €** | 4 € | 5 € | [m²] | ⏱ 0,08 h/m² | 380.000.221 |

16 Mastleuchte abbrechen, entsorgen — KG **594**
Mastleuchte, inkl. Fundament und alle Bestandteilen, abbrechen und entsorgen.
Material: Stahl
Höhe über Gelände: bis 5,00 m

| – € | 88 € | **172 €** | 237 € | – € | [St] | ⏱ 3,00 h/St | 380.000.282 |

17 Planum herstellen — KG **520**
Planum für befestigte Fläche herstellen und überschüssigen Boden entsorgen. Beschreibung der Homogenbereiche nach Unterlagen des AG.
Auf- und Abtrag: bis 5 cm
Zulässige Abweichung der Sollhöhe: +/-2 cm

| 0,7 € | 1,0 € | **1,1 €** | 1,5 € | 2,5 € | [m²] | ⏱ 0,02 h/m² | 380.000.224 |

© **BKI** Baukosteninformationszentrum; Erläuterungen zu den Tabellen siehe Seite 22
Mustertexte geprüft: Deutsche Gesellschaft für Garten- und Landschaftskultur e.V.

Kostenstand: 2.Quartal 2018, Bundesdurchschnitt

LB 380 Straßen, Wege, Plätze

Kosten:
Stand 2.Quartal 2018
Bundesdurchschnitt

▶ min
▷ von
ø Mittel
◁ bis
◀ max

Nr.	Kurztext / Langtext							Kostengruppe
▶	▷	ø netto €	◁	◀		[Einheit]	Ausf.-Dauer	Positionsnummer

18 Untergrund verdichten, Wegeflächen — KG **520**
Untergrund für Wegeflächen verdichten, einschl. Ausgleich von Unebenheiten. Beschreibung der Homogenbereiche nach Unterlagen des AG.
Verdichtungsgrad: DPr 100%
Abweichung von der Sollhöhe: +/-3 cm

| 0,6€ | 0,9€ | **1,0€** | 1,3€ | 2,2€ | [m²] | ⏱ 0,02 h/m² | 380.000.222 |

19 Untergrund verdichten, Fundamente — KG **533**
Untergrund für Fundamente verdichten, einschl. Planum. Beschreibung der Homogenbereiche nach Unterlagen des AG.
Verdichtungsgrad: DPr 97%
Abweichung von der Sollhöhe: +/-2 cm

| 0,7€ | 1,0€ | **1,1€** | 1,1€ | 1,3€ | [m²] | ⏱ 0,04 h/m² | 380.000.223 |

20 Lastplattendruckversuch — KG **523**
Lastplattendruckversuch zum Nachweis der geforderten Verdichtung des Bodens. Durchführung und Auswertung sowie Gerätestellung erfolgt durch ein neutrales Prüflabor nach Wahl des Auftragnehmers. Abrechnung je Versuch, inkl. aller Geräte, Honorare und Nebenkosten.

| 135€ | 182€ | **189€** | 209€ | 245€ | [St] | ⏱ 2,90 h/St | 380.000.260 |

21 Frostschutzschicht, Schotter 0/16, bis 30cm — KG **520**
Frostschutzschicht aus Schotter einbauen und profilgerecht verdichten.
Einbauort: .....
Schichtdicke: bis 30 cm
Körnung: 0/16
Sieblinie: .....
Verdichtungsgrad DPr: ..... %

| 8€ | 10€ | **11€** | 13€ | 16€ | [m²] | ⏱ 0,14 h/m² | 380.000.225 |

22 Frostschutzschicht, Schotter 0/32, bis 30cm — KG **520**
Frostschutzschicht aus Schotter einbauen und profilgerecht verdichten.
Einbauort: .....
Schichtdicke: bis 30 cm
Körnung: 0/32
Sieblinie: .....
Verdichtungsgrad DPr: ..... %

| 8€ | 12€ | **13€** | 15€ | 20€ | [m²] | ⏱ 0,14 h/m² | 380.000.226 |

23 Frostschutzschicht, Schotter 0/45, bis 30cm — KG **520**
Frostschutzschicht aus Schotter, einschl. profilgerecht verdichten.
Einbauort: .....
Schichtdicke: bis 30 cm
Körnung: 0/45
Sieblinie: .....
Verdichtungsgrad DPr: ..... %

| 10€ | 13€ | **14€** | 16€ | 21€ | [m²] | ⏱ 0,14 h/m² | 380.000.227 |

Nr.	Kurztext / Langtext							Kostengruppe
▶	▷	ø netto €	◁	◀	[Einheit]	Ausf.-Dauer	Positionsnummer

24 Frostschutzschicht, RCL 0/56, bis 30cm KG **520**
Frostschutzschicht aus Recycling-Baustoff einbauen und profilgerecht verdichten.
Einbauort: Fahr- und Parkbereich
Schichtdicke: bis 30 cm
Körnung: 0/56
Sieblinie: .....
Verdichtungsgrad DPr: ..... %

| 9 € | 10 € | **11 €** | 12 € | 15 € | [m²] | ⏱ 0,14 h/m² | 380.000.228 |

25 Frostschutzschicht, Kies 0/16, bis 30cm KG **520**
Frostschutzschicht aus Kies einbauen und profilgerecht verdichten.
Einbauort: .....
Schichtdicke: bis 30 cm
Körnung: 0/16
Sieblinie: .....
Verdichtungsgrad DPr: ..... %

| 7 € | 9 € | **10 €** | 10 € | 12 € | [m²] | ⏱ 0,14 h/m² | 380.000.229 |

26 Frostschutzschicht, Kies 0/32, bis 30cm KG **520**
Frostschutzschicht aus Kies einbauen und profilgerecht verdichten.
Einbauort: .....
Schichtdicke: bis 30 cm
Körnung: 0/32
Verdichtungsgrad DPr: ..... %

| 9 € | 11 € | **12 €** | 13 € | 16 € | [m²] | ⏱ 0,14 h/m² | 380.000.230 |

27 Frostschutzschicht, Kies 0/45, bis 30cm KG **520**
Frostschutzschicht aus Kies einbauen und profilgerecht verdichten.
Einbauort: .....
Schichtdicke: bis 30 cm
Körnung: 0/45
Verdichtungsgrad DPr: ..... %

| 10 € | 12 € | **13 €** | 14 € | 15 € | [m²] | ⏱ 0,14 h/m² | 380.000.231 |

28 Tragschicht, Schotter 0/16, bis 30cm KG **520**
Tragschicht aus Schotter gemäß ZTV-SoB-STB mit Verdichtungsgrad mind. DPr 95% herstellen. Nachweis der Frostbeständigkeit ist vorzulegen. Verwendung von RCL-Material ist nicht zulässig.
Einbauort: .....
Schichtdicke: bis 30 cm
Körnung: 0/16
Sieblinie: .....
Abweichung der Sollhöhe: +/-1,5 cm

| 7 € | 8 € | **9 €** | 10 € | 11 € | [m²] | ⏱ 0,12 h/m² | 380.000.232 |

LB 380 Straßen, Wege, Plätze

Kosten:
Stand 2.Quartal 2018
Bundesdurchschnitt

Nr.	Kurztext / Langtext					[Einheit]	Ausf.-Dauer	Kostengruppe Positionsnummer
▶	▷	ø netto €	◁	◀				

29 Tragschicht, Schotter 0/32, bis 30cm KG **520**
Tragschicht aus Schotter gemäß ZTV-SoB-STB mit Verdichtungsgrad mind. DPr 95% herstellen. Nachweis der Frostbeständigkeit ist vorzulegen. Verwendung von RCL-Material ist nicht zulässig.
Einbauort: .....
Schichtdicke: bis 30 cm
Körnung: 0/32
Sieblinie: .....
Abweichung der Sollhöhe: +/-1,5 cm

| 8€ | 10€ | **11€** | 12€ | 14€ | [m²] | ⏱ 0,12 h/m² | 380.000.233 |

30 Tragschicht, Schotter 0/45, bis 30cm KG **520**
Tragschicht aus Schotter gemäß ZTV-SoB-STB mit Verdichtungsgrad mind. DPr 95% herstellen. Nachweis der Frostbeständigkeit ist vorzulegen. Verwendung von RCL- Material ist nicht zulässig.
Einbauort: .....
Schichtdicke: bis 30 cm
Körnung: 0/45
Sieblinie: .....
Abweichung der Sollhöhe: +/-1,5 cm

| 10€ | 11€ | **12€** | 15€ | 19€ | [m²] | ⏱ 0,12 h/m² | 380.000.234 |

31 Tragschicht, Kies 0/16, bis 30cm KG **520**
Tragschicht aus Kies mit Verdichtungsgrad mind. 103% herstellen. Nachweis der Frostbeständigkeit ist vorzulegen.
Einbauort: .....
Schichtstärke: bis 30cm
Körnung: 0/16
Sieblinie: .....
Abweichung der Sollhöhe: +/-2 cm

| 7€ | 8€ | **8€** | 9€ | 11€ | [m²] | ⏱ 0,12 h/m² | 380.000.235 |

32 Tragschicht, Kies 0/32, bis 30cm KG **520**
Tragschicht aus Kies mit Verdichtungsgrad mind. 103% herstellen. Nachweis der Frostbeständigkeit ist vorzulegen.
Einbauort: .....
Schichtstärke: bis 30cm
Körnung: 0/32
Sieblinie: .....
Abweichung der Sollhöhe: +/-2 cm

| 8€ | 10€ | **11€** | 13€ | 16€ | [m²] | ⏱ 0,12 h/m² | 380.000.236 |

▶ min
▷ von
ø Mittel
◁ bis
◀ max

Nr.	Kurztext / Langtext				[Einheit]	Ausf.-Dauer	Kostengruppe Positionsnummer
▶	▷	ø netto €	◁	◀			

33 Tragschicht, Kies 0/45, bis 30cm   KG **520**

Tragschicht aus Kies mit Verdichtungsgrad mind. 103% herstellen. Nachweis der Frostbeständigkeit ist vorzulegen.
Einbauort: .....
Schichtstärke: bis 30cm
Körnung: 0/45
Sieblinie: .....
Abweichung der Sollhöhe: +/-2 cm

| 11€ | 13€ | **14€** | 16€ | 18€ | [m²] | ⏱ 0,12 h/m² | 380.000.237 |

34 Asphalttragschicht, 10cm   KG **520**

Asphalttragschicht herstellen, einschl. verdichten.
Mischgutart: AC
Körnung: 0/32
Bindemittel: 50/70 TL Bitumen-StB
Mineralstoff: Basalt-Edelsplitte
Einbauort: .....
Einbaudicke: 10 cm
Verdichtungsgrad: größer / gleich 98%

| 13€ | 16€ | **17€** | 19€ | 22€ | [m²] | ⏱ 0,10 h/m² | 380.000.238 |

35 Rasentragschicht 0/32   KG **520**

Tragschicht für Schotterrasenfläche
Material: Kiesfrostschutzmaterial
Körnung: 0/32
Einbaustärke: ..... cm
Verdichtung: statisch gewalzt
Tragfähigkeit: 45 MN/m²
Ebenflächigkeit unter der 4-m Latte: +/-2 cm

| 6€ | 8€ | **10€** | 11€ | 13€ | [m²] | ⏱ 0,12 h/m² | 380.000.270 |

36 Rasentragschicht 0/45   KG **520**

Tragschicht für Schotterrasenfläche
Material: Kiesfrostschutzmaterial
Körnung: 0/45
Einbaustärke: ..... cm
Verdichtung: statisch gewalzt
Tragfähigkeit: 45 MN/m²
Ebenflächigkeit unter der 4-m Latte: +/-2 cm

| 9€ | 13€ | **16€** | 17€ | 22€ | [m²] | ⏱ 0,12 h/m² | 380.000.271 |

LB 380 Straßen, Wege, Plätze

Kosten:
Stand 2.Quartal 2018
Bundesdurchschnitt

Nr.	Kurztext / Langtext				[Einheit]	Ausf.-Dauer	Kostengruppe Positionsnummer
▶	▷	ø netto €	◁	◀			

37 Betonplattenbelag, 40x40cm — KG 520
Plattenbelag aus Beton im Sandbett verlegen, inkl. abrütteln.
Einbauort: .....
Plattenformat (L x B): 40 x 40 cm
Plattendicke: ..... cm
Oberfläche: .....
Kantenausbildung: .....
Farbe: .....
Verlegeart: .....
Bettungsdicke: ..... cm
Sandkörnung: 0/4
Rasenfuge: 20 mm
Angeb. Fabrikat: .....

▶	▷	ø	◁	◀			
37 €	43 €	**47** €	49 €	57 €	[m²]	⏱ 0,40 h/m²	380.000.239

38 Betonplattenbelag, großformatig — KG 520
Plattenbelag aus Beton mit Bettung aus Brechsand-Splitt-Gemisch verlegen, ohne Lieferung und Fugenfüllung.
Einbauort: .....
Plattenformat (L x B): ..... x ..... cm
Plattendicke: bis 8 cm
Oberfläche: .....
Kantenausbildung: .....
Farbe: .....
Verlegeart: .....
Bettungsdicke: ..... cm
Brechsandkörnung: 0/5
Angeb. Fabrikat: .....

| 42 € | 50 € | **54** € | 68 € | 89 € | [m²] | ⏱ 0,50 h/m² | 380.000.240 |

39 Balkonbelag, Betonwerkstein — KG 352
Plattenbelag aus Betonwerkstein, im Außenbereich auf Betondecke, in ungebundener Bauweise auf Splitt, mit Kreuzfuge und eingekehrtem Sand.
Einbauort: Balkon
Gefälle: .....
Plattenmaterial: Betonwerkstein
Plattenabmessung: ..... mm
Plattendicke: .....
Fugenbreite: ..... mm
Oberfläche: .....
Farbe: .....
Angeb. Fabrikat: .....

| 59 € | 75 € | **85** € | 96 € | 115 € | [m²] | ⏱ 1,00 h/m² | 380.000.272 |

▶ min
▷ von
ø Mittel
◁ bis
◀ max

Nr.	Kurztext / Langtext						Kostengruppe	
▶	▷	ø netto €	◁	◀	[Einheit]	Ausf.-Dauer	Positionsnummer	

40   Pflasterdecke, Betonpflaster   KG **520**

Pflasterdecke aus Betonpflastersteinen mit Bettung aus Sand, ohne Lieferung und Fugenfüllung.
Einbauort: .....
Plattenformat (L x B): ..... x ..... cm
Plattendicke: ..... cm
Verlegeart: .....
Bettungsdicke: ..... cm
Sand Körnung: 0/4

| 27 € | 31 € | **32 €** | 34 € | 36 € | [m²] | ⌀ 0,45 h/m² | 380.000.241 |

41   Rasenpflaster aus Beton   KG **524**

Plattenbelag aus Betonpflastersteinen mit Rasenfugen im Splittbett, einschl. Rasenschnittarbeiten. Die Verfüllung ist mit Splitt bis 5cm unter OK-Belag und die obere Schicht 5cm mit schwarzen Lavasplitt auszuführen.
Rasensteine: Beton
Splitt: 0/3
Lavasplitt: 3/5
Farbe: grau
Steinmaße: ..... cm
Angeb. Fabrikat: .....

| 34 € | 38 € | **40 €** | 43 € | 48 € | [m²] | ⌀ 0,60 h/m² | 380.000.242 |

42   Pflasterdecke, Granit, 8x8   KG **521**

Pflasterdecke für Fußgängerflächen mit Natursteinpflaster im Mörtelbett verlegen, Fugen mit Pflasterfugenmörtel.
Pflastermaterial: Granit
Abmessung (L x B x H): 8 x 8 x 8 cm
Güteklasse: .....
Farbe: .....
Verlegeart: im Verband
Bettungsdicke: ..... cm
Angeb. Fabrikat: .....

| 64 € | 73 € | **77 €** | 79 € | 88 € | [m²] | ⌀ 1,20 h/m² | 380.000.243 |

43   Pflasterdecke, Granit 9x9   KG **521**

Pflasterdecke für Fußgängerflächen mit Natursteinpflaster im Mörtelbett verlegen, Fugen mit Pflasterfugenmörtel.
Pflastermaterial: Granit
Abmessung (L x B x H): 9 x 9 x 9 cm
Güteklasse: .....
Farbe: .....
Verlegeart: im Verband
Bettungsdicke: ..... cm
Angeb. Fabrikat: .....

| 80 € | 87 € | **92 €** | 100 € | 112 € | [m²] | ⌀ 1,15 h/m² | 380.000.244 |

**LB 380
Straßen,
Wege,
Plätze**

Kosten:
Stand 2.Quartal 2018
Bundesdurchschnitt

▶ min
▷ von
ø Mittel
◁ bis
◀ max

Nr.	Kurztext / Langtext							Kostengruppe
▶	▷	ø netto €	◁	◀	[Einheit]	Ausf.-Dauer	Positionsnummer

44 Pflasterdecke, Granit 10x10 KG **521**
Pflasterdecke für Fußgängerflächen aus Natursteinpflaster im Mörtelbett und Fugen mit Pflasterfugenmörtel verlegen.
Pflastermaterial: Granit
Abmessung (L x B x H): 10 x 10 x 10 cm
Güteklasse: .....
Farbe: .....
Verlegeart: im Verband
Bettungsdicke: ..... cm
Angeb. Fabrikat: .....

| 88 € | 92 € | **99** € | 107 € | 116 € | [m²] | ⏱ 1,10 h/m² | 380.000.245 |

45 Pflasterdecke, Granit, 11x11 KG **521**
Pflasterdecke für Fußgängerflächen mi Natursteinen im Mörtelbett und Fugen mit Pflasterfugenmörtel verlegen.
Pflastermaterial: Granit
Abmessung (L x B x H): 11 x 11 x 11 cm
Güteklasse: .....
Farbe: .....
Verlegeart: im Verband
Bettungsdicke: ..... cm
Angeb. Fabrikat: .....

| 92 € | 101 € | **106** € | 107 € | 117 € | [m²] | ⏱ 0,95 h/m² | 380.000.246 |

46 Pflasterzeile, Granit, einzeilig, 15x17x17 KG **520**
Einzeilige Randeinfassung mit Natursteinpflaster im Mörtelbett und Fugen mit Pflasterfugenmörtel.
Pflastermaterial: Granit
Abmessungen (L x B x H): 15 x 17 x 17 cm
Güteklasse: .....
Farbe: .....
Bettungsdicke: ..... cm
Angeb. Fabrikat: .....

| 27 € | 31 € | **33** € | 40 € | 54 € | [m] | ⏱ 0,35 h/m | 380.000.247 |

47 Plattenbelag, Granit, 60x60cm KG **523**
Plattenbelag aus Naturstein barrierefrei DIN 18040/3 in ungebundener Bauweise in Brechsand-Splitt-Gemisch in parallelen Reihen verlegen. Fugen mit Bettungsstoff vollständig einschlämmen.
Plattenmaterial: Granit
Abmessung (L x B): bis 60 x 60 cm
Dicke: 5 cm
Oberfläche: .....
Farbe: .....
Kanten: abgeschrägt
Bettung: Körnung 0/2
Bettungsdicke: 3 bis 5 cm
Angebotener Stein: .....
Steinbruch des angebotenen Materials: .....

| 55 € | 64 € | **68** € | 74 € | 89 € | [m²] | ⏱ 0,80 h/m² | 380.000.273 |

© BKI Baukosteninformationszentrum; Erläuterungen zu den Tabellen siehe Seite 22
Mustertexte geprüft: Deutsche Gesellschaft für Garten- und Landschaftskultur e.V.

Nr.	Kurztext / Langtext							Kostengruppe
▶	▷	ø netto €	◁	◀		[Einheit]	Ausf.-Dauer	Positionsnummer

48 Plattenbelag, Basalt, 60x60cm — KG **523**

Plattenbelag aus Naturstein barrierefrei DIN 18040/3, in ungebundener Bauweise in Brechsand-Splitt-Gemisch in parallelen Reihen verlegen. Fugen mit Bettungsstoff vollständig einschlämmen.
Plattenmaterial: Basalt
Abmessung (L x B): 60 x 60 cm
Dicke: 5 cm
Oberfläche: .....
Farbe: .....
Kanten: abgeschrägt
Bettung: Körnung 0/2
Bettungsdicke: 3 bis 5 cm
Angebotener Stein: .....
Steinbruch des angebotenen Materials: .....

| –€ | 127€ | **145**€ | –€ | –€ | | [m²] | ⏱ 0,80 h/m² | 380.000.274 |

49 Plattenbelag, Travertin, 60x60cm — KG **523**

Plattenbelag aus Naturstein barrierefrei DIN 18040/3, in ungebundener Bauweise in Brechsand-Splitt-Gemisch in parallelen Reihen verlegen. Fugen mit Bettungsstoff vollständig einschlämmen.
Plattenmaterial: Travertin
Abmessung (L x B): 60 x 60 cm
Dicke: 5 cm
Oberfläche: .....
Farbe: .....
Kanten: abgeschrägt
Bettung: Körnung 0/2
Bettungsdicke: 3 bis 5 cm
Angebotener Stein: .....
Steinbruch des angebotenen Materials: .....

| 83€ | 93€ | **102**€ | 105€ | 133€ | | [m²] | ⏱ 0,80 h/m² | 380.000.275 |

50 Plattenbelag, Sandstein, 60x60cm — KG **523**

Plattenbelag aus Naturstein barrierefrei DIN 18040/3, in ungebundener Bauweise in Brechsand-Splitt-Gemisch in parallelen Reihen verlegen. Fugen mit Bettungsstoff vollständig einschlämmen.
Plattenmaterial: Sandstein
Abmessung (L x B): 60 x 60 cm
Dicke: 5 cm
Oberfläche: .....
Farbe: .....
Kanten: abgeschrägt
Bettung: Körnung 0/2
Bettungsdicke: 3 bis 5 cm
Angebotener Stein: .....
Steinbruch des angebotenen Materials: .....

| 88€ | 102€ | **110**€ | 114€ | 127€ | | [m²] | ⏱ 0,80 h/m² | 380.000.276 |

LB 380 Straßen, Wege, Plätze

Kosten:
Stand 2.Quartal 2018
Bundesdurchschnitt

Nr.	Kurztext / Langtext							Kostengruppe
▶	▷	ø netto €	◁	◀	[Einheit]	Ausf.-Dauer	Positionsnummer

51 Pflasterzeile, Granit, dreizeilig — KG **521**

Dreizeilige Randeinfassung als Großsteinpflaster mit Natursteinen im Mörtelbett und Fugen mit Pflasterfugenmörtel.
Pflastermaterial: Granit
Abmessungen (L x B x H): 15 x 17 x 17 cm
Güteklasse: .....
Farbe: .....
Bettungsdicke: ..... cm
Angeb. Fabrikat: .....

35 €   44 €   **46** €   61 €   79 €   [m]   ⏱ 0,40 h/m   380.000.248

52 Pflasterzeile, Großformat, einzeilig — KG **521**

Einzeilige Randeinfassung als Großsteinpflaster in Betonfundament C12/15 herstellen und Fugen mit Pflasterfugenmörtel ausfüllen.
Pflastermaterial: Granit, gebraucht
Pflasterformat (L x B x H): ..... x ..... x ..... cm
Güteklasse: .....
Farbe: .....
Bettungsdicke: ..... cm

22 €   27 €   **27** €   31 €   37 €   [m]   ⏱ 0,30 h/m   380.000.249

53 Bordstein, Beton, 12x15x25cm, L=100cm — KG **520**

Randeinfassung mit Hochbordsteinen aus Beton mit Rückenstütze aus Beton und Unterbeton. Leistung einschl. Passstücke herstellen und Fugen schließen mit Kompriband.
Form: .....
Maße: 12 x 15 x 25 cm
Länge: 100 cm
Farbe: naturgrau
Fundamentdicke: 20 cm
Rückenstütze: einseitig
Rückenstütze Dicke: 15 cm
Fugenbreite: 10 mm

24 €   26 €   **27** €   28 €   31 €   [m]   ⏱ 0,30 h/m   380.000.250

54 Bordstein, Beton, 12x15x30cm, L=100cm — KG **520**

Randeinfassung mit Hochbordsteinen aus Beton mit Rückenstütze aus Beton und Unterbeton. Leistung einschl. Passstücke herstellen und Fugen schließen mit Kompriband.
Form: .....
Maße: 12 x 15 x 30 cm
Länge: 100 cm
Farbe: naturgrau
Fundamentdicke: 20 cm
Rückenstütze: einseitig
Rückenstütze Dicke: 15 cm
Fugenbreite: 10 mm

25 €   30 €   **33** €   33 €   38 €   [m]   ⏱ 0,30 h/m   380.000.251

▶ min
▷ von
ø Mittel
◁ bis
◀ max

Nr.	Kurztext / Langtext					Kostengruppe		
▶	▷	ø netto €	◁	◀	[Einheit]	Ausf.-Dauer	Positionsnummer	

55 Bordstein, Beton, 8x25cm, L=100cm KG **520**
Randeinfassung für Wege-, Pflanz- und Rasenfläche mit beidseitig gefasten Tiefbordsteinen aus Beton mit Rückenstütze aus Beton und Betonbettung. Leistung einschl. Passstücke herstellen und Fugen schließen mit Kompriband.
Form: C, beidseitig gefast
Maße (H x B): 25 x 8 cm
Länge: 100 cm
Farbe: grau
Fundamentdicke: ..... cm
Rückenstütze: beidseitig
Rückenstütze Dicke: ..... cm
Fugenbreite: ..... mm
Höhenversatz: .....

| 18€ | 21€ | **22€** | 24€ | 28€ | [m] | ⏱ 0,32 h/m | 380.000.252 |

303
304
380

56 Bordstein, Beton, 10x25cm, L=100cm KG **520**
Randeinfassung für Wege-, Pflanz- und Rasenfläche mit beidseitig gefasten Tiefbordsteinen aus Beton mit Rückenstütze aus Beton und Betonbettung. Leistung einschl. Passstücke herstellen und Fugen schließen mit Kompriband.
Form: C, beidseitig gefast
Maße (H x B): 25 x 10 cm
Länge: 100 cm
Farbe: grau
Fundamentdicke: ..... cm
Rückenstütze: beidseitig
Rückenstütze Dicke: ..... cm
Fugenbreite: ..... mm
Höhenversatz: .....

| 20€ | 21€ | **22€** | 22€ | 25€ | [m] | ⏱ 0,32 h/m | 380.000.253 |

57 Bordstein, Granit KG **520**
Randeinfassung mit Bordsteinen aus Granit mit beidseitiger Rückenstütze aus Beton und Betonbettung. Leistung einschl. Passstücke herstellen und Fugen schließen mit Kompriband.
Steinmaterial: Granit
Farbe: .....
Form: B7
Bordsteinbreite: 140-150 mm
Oberfläche: spaltrau
Zulässige Abweichung der Breite und Höhe: Klasse H1
Frostbeständigkeit: F1
Fundamentdicke: ..... cm
Rückenstütze: beidseitig
Rückenstütze Dicke: ..... cm
Fugenbreite: ..... mm

| 33€ | 48€ | **50€** | 57€ | 74€ | [m] | ⏱ 0,32 h/m | 380.000.254 |

LB 380 Straßen, Wege, Plätze

Kosten:
Stand 2.Quartal 2018
Bundesdurchschnitt

▶ min
▷ von
ø Mittel
◁ bis
◀ max

Nr.	Kurztext / Langtext					Kostengruppe
▶	▷ ø netto € ◁	◀	[Einheit]	Ausf.-Dauer	Positionsnummer

58 Blockstufe, Beton, 100x35x15cm — KG **534**
Blockstufe als Betonfertigteil, auf vorhandene Fundamente aus Beton.
Einbauort: auf bauseitigem Fundament
Festigkeitsklasse: C20/25
Stufengröße (H x B x L): 15 x 35 x 100 cm
Farbe: hellgrau
Oberfläche: Sichtflächen sandgestrahlt
Kantenausbildung: gefast
Fundamentdicke: mind. 20 cm
Angeb. Fabrikat: .....
86€   128€   **142€**   152€   178€   [St]   ⏱ 0,75 h/St   380.000.255

59 Pflastersteine schneiden, Beton — KG **520**
Schneiden von Pflastersteinbelag aus Beton, einschl. Schnittgut entsorgen. Arbeiten mit diamantbesetzten Trennscheiben. Abrechnung nach Aufmaß.
Steindicke: ..... cm
12€   14€   **15€**   18€   23€   [m]   ⏱ 0,17 h/m   380.000.256

60 Plattenbelag schneiden, Beton — KG **520**
Schneiden von Plattenbelägen aus Betonplatten, einschl. Schnittgut entsorgen. Arbeiten mit Nassschneidegerät.
Steindicke: ..... cm
Abrechnung nach Aufmaß
12€   14€   **15€**   16€   20€   [m]   ⏱ 0,17 h/m   380.000.257

61 Wassergebundene Decke — KG **521**
Wassergebundene Deckschicht auf bauseitiger Tragschicht mit Zugabe von Wasser bis zur vollständigen Bindung.
Oberschicht: Sanddeckschicht
Körnung: 0/3
Dicke: 2 cm
Gefälle: max. 3%
Angeb. Fabrikat: .....
10€   11€   **12€**   13€   16€   [m²]   ⏱ 0,13 h/m²   380.000.258

62 Schotterrasen herstellen — KG **575**
Schotterrasen aus Schotter-Humus-Gemisch, einschl. Abwalzen und Einsanden nach Einsaat.
Schotter: .....
Bodengruppe: .....
Dicke: 20 cm
Angeb. Fabrikat: .....
9€   12€   **13€**   16€   23€   [m²]   ⏱ 0,13 h/m²   380.000.259

Nr.	Kurztext / Langtext					Kostengruppe	
▶	▷ ø netto € ◁ ◀				[Einheit]	Ausf.-Dauer	Positionsnummer

63	Weg-/Beetbegrenzung, Aluminium, gerade					KG **520**	

Wege- und Beeteinfassung aus Aluminium als gerades Profil liefern und unter Beachtung der Einbauhinweise des Herstellers verlegen. Abgestumpfte Oberkante und keilförmige Unterkante.
Profilhöhe: 100 mm
Profillänge: 2.500 mm

23€	31€	**36€**	37€	46€	[m]	⏱ 0,10 h/m	380.000.261

64	Weg-/Beetbegrenzung, Aluminium, Bogen					KG **520**	

Wege- und Beeteinfassung aus Aluminium als Bogenprofil liefern und unter Beachtung der Einbauhinweise des Herstellers verlegen. Abgestumpfte Oberkante und keilförmige Unterkante.
Profilhöhe: 100 mm
Profillänge: im Durchmesser ca. 500 mm

52€	68€	**73€**	80€	87€	[m]	⏱ 0,07 h/m	380.000.262

65	Weg-/Beetbegrenzung, Aluminium, Stoßverbinder					KG **520**	

Alu-Stoßverbinder als Verbinder der Wege- und Beeteinfassung liefern und unter Beachtung der Einbauhinweise des Herstellers verwenden.
Profilhöhe: 90 mm
Profillänge: 100 mm

43€	55€	**60€**	67€	71€	[St]	⏱ 0,05 h/St	380.000.263

66	Weg-/Beetbegrenzung, Aluminium, Eckverbinder, Außenecke 90°					KG **520**	

Eckverbinder für Außenecke 90° aus Aluminium als Verbinder der Wege- und Beeteinfassung liefern und unter Beachtung der Einbauhinweise des Herstellers verwenden.
Profilhöhe: 90 mm
Profillänge: je Schenkel 75 mm

29€	32€	**33€**	35€	39€	[St]	⏱ 0,05 h/St	380.000.264

67	Weg-/Beetbegrenzung, Aluminium, Erdnagel					KG **520**	

Alu-Erdnagel aus Aluminium als Verbinder der Wege- und Beeteinfassung mit Lochstanzung liefern und unter Beachtung der Einbauhinweise des Herstellers verwenden. Gerundet, Oberkante mit Arretiernase, Unterkante spitz zulaufend.
Länge: 300 mm

13€	17€	**18€**	20€	22€	[St]	⏱ 0,01 h/St	380.000.265

68	Winkelstützmauerelement, Beton, Höhe 55cm					KG **533**	

Einfassung aus Winkelstützmauerelementen als Stahlbetonfertigteil, Sichtflächen in Sichtbeton, in Betonbettung.
Winkelhöhe: 55 cm
Fußlänge: 30 cm
Winkelbreite: 50 cm
Festigkeitsklasse: C 30/37
Sichtbeton: glatt
Sichtkanten: gefast
Expositionsklasse: .....
Beton: C12/15
Fundamentdicke: 20 cm
Angeb. Fabrikat: .....

77€	100€	**111€**	130€	167€	[m]	⏱ 0,55 h/m	380.000.174

LB 380 Straßen, Wege, Plätze

Kosten:
Stand 2.Quartal 2018
Bundesdurchschnitt

▶ min	▷ von	ø Mittel	◁ bis	◀ max			

Nr.	Kurztext / Langtext				[Einheit]	Ausf.-Dauer	Kostengruppe Positionsnummer
▶	▷	ø netto €	◁	◀			

69   Winkelstützmauerelement, Beton, Höhe 105cm KG **533**
Einfassung aus Winkelstützmauerelementen als Stahlbetonfertigteil, Sichtflächen in Sichtbeton, in Betonbettung.
Winkelhöhe: 105 cm
Fußlänge: 40 cm
Festigkeitsklasse: C 30/37
Sichtbeton: glatt
Sichtkanten: gefast
Expositionsklasse: .....
Beton: C12/15
Fundamentdicke: 20 cm
Angeb. Fabrikat: .....

| 162 € | 181 € | **187** € | 190 € | 225 € | [m] | ⏱ 0,82 h/m | 380.000.175 |

70   Winkelstützmauerelement, Beton, Höhe 155cm KG **533**
Einfassung aus Winkelstützmauerelementen als Stahlbetonfertigteil, Sichtflächen in Sichtbeton, in Betonbettung.
Winkelhöhe: 155 cm
Fußlänge: 80 cm
Festigkeitsklasse: C 30/37
Sichtbeton: glatt
Sichtkanten: gefast
Expositionsklasse: .....
Beton: C12/15
Fundamentdicke: 20 cm
Angeb. Fabrikat: .....

| 205 € | 246 € | **265** € | 300 € | 367 € | [m] | ⏱ 1,17 h/m | 380.000.176 |

A 1   Gabionen Beschreibung für Pos. **71-74**
Gabionen aus witterungs- und mechanisch beständigem Füllmaterial liefern und einbauen. Gabionen sind aus elektrisch punktgeschweißten Gittermatten hergestellt. Die Einzelteile werden vor Ort ausgelegt und mit Spiralschließen zu einem kompletten Behälter zusammengefügt. Alle Komponenten sind verzinkt.

71   Gabionen, 50x50x50cm KG **533**
Wie Ausführungsbeschreibung A 1
Gabionenbehälter (L x B x H): 50 x 50 x 50 cm
Stahldrahtstärke: 3,5 mm
Maschenweite: 10 x 10 cm
Befüllung: mit frostbeständigem Gestein mit einer Größe größer der Maschenweite. Gabionen, händisch füllen, dichte lagenweise Packungen
Einbauort: .....

| – € | 85 € | **92** € | 104 € | – € | [St] | ⏱ 2,00 h/St | 380.000.277 |

Nr.	Kurztext / Langtext							Kostengruppe
▶	▷	ø netto €	◁	◀	[Einheit]	Ausf.-Dauer	Positionsnummer	

72   **Gabionen, 100x50x50cm**   KG **533**
Wie Ausführungsbeschreibung A 1
Gabionenbehälter (L x B x H): 100 x 50 x 50 cm
Stahldrahtstärke: 3,5 mm
Maschenweite: 10 x 10 cm
Befüllung: mit frostbeständigem Gestein mit einer Größe größer der Maschenweite. Gabionen, händisch füllen, dichte lagenweise Packungen.
Einbauort: .....
–€   120€   **131**€   152€   –€   [St]   ⏱ 2,00 h/St   380.000.278

73   **Gabionen, 100x100x100cm**   KG **533**
Wie Ausführungsbeschreibung A 1
Gabionenbehälter (L x B x H): 100 x 100 x 100 cm
Stahldrahtstärke: 3,5 mm
Maschenweite: 10 x 10 cm
Befüllung: mit frostbeständigem Gestein mit einer Größe größer der Maschenweite. Gabionen, händisch füllen, dichte lagenweise Packungen.
Einbauort: .....
–€   265€   **295**€   327€   –€   [St]   ⏱ 2,00 h/St   380.000.279

74   **Gabionen, 150x100x50cm**   KG **533**
Wie Ausführungsbeschreibung A 1
Gabionenbehälter (L x B x H): 150 x 100 x 50 cm
Stahldrahtstärke: 3,5 mm
Maschenweite: 10 x 10 cm
Befüllung: mit frostbeständigem Gestein mit einer Größe größer der Maschenweite. Gabionen, händisch füllen, dichte lagenweise Packungen.
Einbauort: .....
–€   162€   **169**€   195€   –€   [St]   ⏱ 2,00 h/St   380.000.280

75   **Trockenmauer als Stützwand - Bruchsteinmauerwerk**   KG **533**
Trockenmauer als Stützwand in unregelmäßig und lagerhaften Bruchsteinmauerwerk herstellen. Die Sichtflächen sollen unbearbeitet sein. Aufbau der Mauer, so dass keine Stoßfuge über 2 Schichten geht.
Steinhöhe: 2 bis 20 cm
Steinlänge: mind 1,5 bis 2-fache der Höhe
Mauerwerksdicke an der Krone: über 50 cm
Mauerwerkhöhe: 2,50 m
Gründung, Dimensionierung und Dossierung nach statischem Erfordernis.
Gesteinsart: .....
209€   236€   **248**€   278€   291€   [m]   ⏱ 5,00 h/m   380.000.178

LB 380 Straßen, Wege, Plätze

Kosten:
Stand 2.Quartal 2018
Bundesdurchschnitt

Nr.	Kurztext / Langtext					[Einheit]	Ausf.-Dauer	Kostengruppe Positionsnummer
▶	▷	ø netto €	◁	◀				

76   Trockenmauer als freistehende Mauer- Granitblöcke - Findlinge KG 533

Trockenmauer als freistehende Wand, 2-häuptig mit Findlingen. Die Sichtflächen sollen unbearbeitet sein.
Steindurchmesser: bis 60 cm
Steinlänge: mindestens 1,5 bis 2-fache der Höhe
Mauerwerksdicke an der Krone: über 50 cm
Mauerwerkshöhe: 1,00 Meter
Gründung, Dimensionierung und Dossierung nach statischem Erfordernis.
Gesteinsart…

| 164€ | 191€ | **207€** | 238€ | 251€ | [m] | ⏱ 5,00 h/m | 380.000.179 |

77   Natursteinmauerwerk als Außenwand KG 533

Natursteinmauerwerk als Natursteinmauerwerk Außenwand herstellen. Einseitig sichtbar. Sichtflächen spaltgrau. Mauermörtel MG III, Fugen sind zu glätten.
Mauerwerksdicke: mind. 50cm
Mauerwerkshöhe: bis 2,00 m
Gründung, Dimensionierung und Dossierung nach statischem Erfordernis.
Gesteinsart:…

| 114€ | 140€ | **151€** | 166€ | 193€ | [m] | ⏱ 4,00 h/m | 380.000.180 |

78   Rippenplatten, 30x30x8, Rippenabstand 40x7, mit Fase, weiß KG 521

Blindenleitsystem taktile Rippenplatten aus Beton als Bodenindikator zur behindertengerechten Führung im Bereich der Überquerungsstellen im Außenbereich.
Format (L x B): 30 x 30 cm
Steinstärke: 8 cm
Farbe: Weißbeton
Oberfläche: trapezförmige Rippen, Höhe 4-5 mm
Rippenabstand: 40 x 7, 7 Rippen im Abstand 40 mm, mit Fase
Verband: Halbsteinverband ohne Kreuzfugen

| 81€ | 96€ | **105€** | 116€ | 135€ | [m²] | ⏱ 0,10 h/m² | 380.000.181 |

79   Rippenplatten, 30x30x8, Rippenabstand 50x6, ohne Fase, weiß KG 521

Blindenleitsystem taktile Rippenplatten aus Beton als Bodenindikator zur behindertengerechten Führung im Bereich der Überquerungsstellen im Außenbereich.
Format (L x B): 30 x 30 cm
Steinstärke: 8 cm
Farbe: Weißbeton
Oberfläche: trapezförmige Rippen, Höhe 4-5 mm
Rippenabstand: 50 x 6, 6 Rippen im Abstand 50 mm, ohne Fase
Verband: Halbsteinverband ohne Kreuzfugen

| –€ | 85€ | **95€** | 113€ | –€ | [m²] | ⏱ 0,10 h/m² | 380.000.173 |

▶ min
▷ von
ø Mittel
◁ bis
◀ max

Nr.	Kurztext / Langtext							Kostengruppe
▶	▷	ø netto €	◁	◀	[Einheit]	Ausf.-Dauer	Positionsnummer

80 Rippenplatten, 30x30x8, Rippenabstand 50x6, ohne Fase, anthrazit KG **521**
Blindenleitsystem taktile Rippenplatten aus Beton als Bodenindikator zur behindertengerechten Führung im Bereich der Überquerungsstellen im Außenbereich.
Format (L x B): 30 x 30 cm
Steinstärke: 8 cm
Farbe: anthrazit
Oberfläche: trapezförmige Rippen, Höhe 4-5 mm
Rippenabstand: 50 x 6, 6 Rippen im Abstand 50 mm, ohne Fase
Verband: Halbsteinverband ohne Kreuzfugen

| –€ | 107€ | **114€** | 142€ | –€ | [m²] | 0,10 h/m² | 380.000.177 |

81 Rippenplatten, 30x30x8, Rippenabstand 50x7, mit Fase, anthrazit KG **521**
Blindenleitsystem taktile Rippenplatten aus Beton als Bodenindikator zur behindertengerechten Führung im Bereich der Überquerungsstellen im Außenbereich.
Format (L x B): 30 x 30 cm
Steinstärke: 8 cm
Farbe: anthrazit
Oberfläche: trapezförmige Rippen, Höhe 4-5 mm
Rippenabstand: 50 x 7, 7 Rippen im Abstand 40 mm, mit Fase
Verband: Halbsteinverband ohne Kreuzfugen

| –€ | 100€ | **113€** | 135€ | –€ | [m²] | 0,10 h/m² | 380.000.211 |

82 Rippenplatte, 20x10x8, Rippenabstand 40x2, mit Fase, weiß KG **521**
Blindenleitsystem taktile Rippenplatte aus Beton als Bodenindikator zur behindertengerechten Führung im Bereich der Überquerungsstellen im Außenbereich
Format (L x B): 20 x 10 cm
Steinstärke: 8 cm
Farbe: Weißbeton
Oberfläche: trapezförmige Rippen, Höhe 4-5 mm
Rippenabstand: 40 x 2, 2 Rippen im Abstand 50 mm, mit Fase
Verlegeart: einreihig

| –€ | 80€ | **84€** | 97€ | –€ | [m] | 0,10 h/m | 380.000.182 |

83 Noppenplatten, 30x30x8, 32 Noppen, mit Fase, Kegel, anthrazit KG **521**
Blindenleitsystem taktile Noppenplatten aus Beton als Bodenindikator zur behindertengerechten Führung im Bereich der Überquerungsstellen im Außenbereich.
Format (L x B): 30 x 30 cm
Steinstärke: 8 cm
Farbe: anthrazit
Oberfläche: 32 Noppen diagonal, mit Fasen, Kegelstumpf
Verband: Halbsteinverband ohne Kreuzfugen

| –€ | 95€ | **100€** | 122€ | –€ | [m²] | 0,10 h/m² | 380.000.183 |

303
304
380

LB 380 Straßen, Wege, Plätze

Kosten:
Stand 2.Quartal 2018
Bundesdurchschnitt

Nr.	Kurztext / Langtext						Kostengruppe
▶	▷ ø netto € ◁ ◀				[Einheit]	Ausf.-Dauer	Positionsnummer

84 **Noppenplatten, 30x30x8, 32 Noppen, mit Fasen, Kegel, weiß** — KG **521**
Blindenleitsystem taktile Noppenplatten aus Beton als Bodenindikator zur behindertengerechten Führung im Bereich der Überquerungsstellen im Außenbereich.
Format (L x B): 30 x 30 cm
Steinstärke: 8 cm
Farbe: Weißbeton
Oberfläche: 32 Noppen diagonal, mit Fasen, Kegelstumpf
Verband: Halbsteinverband ohne Kreuzfugen

–€   95€   **101**€   116€   –€   [m²]   ⏱ 0,10 h/m²   380.000.184

85 **Noppenplatten, 30x30x8, 32 Noppen, mit Fase, Kugel, weiß** — KG **521**
Blindenleitsystem taktile Noppenplatten aus Beton als Bodenindikator zur behindertengerechten Führung im Bereich der Überquerungsstellen im Außenbereich.
Format (L x B): 30 x 30 cm
Steinstärke: 8 cm
Farbe: Weißbeton
Oberfläche: 32 Noppen diagonal, mit Fasen, Kugelkalotte
Verband: Halbsteinverband ohne Kreuzfugen

–€   90€   **99**€   119€   –€   [m²]   ⏱ 0,10 h/m²   380.000.185

86 **Noppenplatten, 30x30x8, 32 Noppen, mit Fase, Kugel, anthrazit** — KG **521**
Blindenleitsystem taktile Noppenplatten aus Beton als Bodenindikator zur behindertengerechten Führung im Bereich der Überquerungsstellen im Außenbereich.
Format (L x B): 30 x 30 cm
Steinstärke: 8 cm
Farbe: anthrazit
Oberfläche: 32 Noppen diagonal, mit Fasen, Kugelkalotte
Verband: Halbsteinverband ohne Kreuzfugen

–€   95€   **103**€   125€   –€   [m²]   ⏱ 0,10 h/m²   380.000.186

87 **Leitstreifen Rippenplatte, einreihig** — KG **521**
Orientierungspflasterreihe mit taktil erfassbarer Oberfläche, als Blindenleitsystem für Fußgängerbereiche im Straßenraum.
Steinart: Rippenstein
Maße (L x B x H): ..... x ..... x ..... cm, **mit / ohne** Fase
Farbe: ...
Verlegeart: einreihig

248€   289€   **292**€   316€   352€   [m]   ⏱ 0,55 h/m   380.000.187

88 **Aufmerksamkeitsfeld, 90x90cm, Noppenplatte** — KG **521**
Aufmerksamkeitsfeld/Abzweigfeld an Querungsstellen zur Anzeige von Richtungsänderungen und Abzweigungen aus taktilen Noppeplatte aus Beton herstellen.
Maße des Aufmerksamkeitsfeld/Abzweigfeldes: 90 x 90 cm
Steinart: Noppenplatte
Plattenmaß (L x B x H): ..... x ..... x ..... cm, **mit / ohne** Fase
Farbe: .....
Einbauort: .....

103€   118€   **124**€   135€   150€   [m²]   ⏱ 0,70 h/m²   380.000.188

▶ min
▷ von
ø Mittel
◁ bis
◀ max

Nr.	Kurztext / Langtext							Kostengruppe
▶	▷	ø netto €	◁	◀		[Einheit]	Ausf.-Dauer	Positionsnummer

89 Einstiegsfeld, 90x90cm, Noppenplatte KG **521**
Einstiegsfeld zur Anzeige von Bus-/Bahneinstiegen aus taktilen Noppensteinen aus Beton herstellen.
Maße des Einstiegsfeldes: 90 x 90 cm
Steinart: Noppenstein
Plattenmaß (L x B x H): ..... x ..... x ....., **mit / ohne** Fase
Farbe: .....
Einbauort: .....

| –€ | 114€ | **128**€ | 153€ | –€ | [m²] | ⏱ 0,65 h/m² | 380.000.189 |

90 Rollstuhl-Überfahrtstein, 18x22, L=100cm KG **520**
Bordsteinen aus Beton als Rollstuhl-Überfahrstein.
Witterungswiderstand Klasse: D
Festigkeit Klasse: U
Abriebwiderstand Klasse: I
Gleit / Rutschwiderstand: SRT = 55
Betonfundament: C20/25
Format: 18 x 22 x 100 cm, mit 1 cm Fase
Radius: .....
Farbe: Weißbeton

| –€ | 85€ | **94**€ | 102€ | –€ | [m] | ⏱ 0,30 h/m | 380.000.190 |

91 Tastbordstein, Beton, 25x20, L=50cm KG **520**
Sehbehindertengerechter Bordstein mit Aussparung bzw. der Anpassung an Straßenabläufe
Fundament aus Beton C20/25
Format: 25 x 30 x 50 cm
Farbe: Weißbeton

| –€ | 67€ | **73**€ | 82€ | –€ | [m] | ⏱ 0,30 h/m | 380.000.191 |

92 Rollbordstein, Beton, 25x20, L=100cm KG **520**
Gehbehindertengerechter Bordstein mit Absenkung von 3cm auf 0cm einschl. der Aussparung bzw. der Anpassung an Straßenabläufe.
Fundament aus Beton C20/25
Format: 25 x 20 x 100 cm
Farbe: Weißbeton

| –€ | 71€ | **75**€ | 90€ | –€ | [m] | ⏱ 0,32 h/m | 380.000.192 |

93 Übergangsbordstein, Beton, dreiteilig, 12x18x30, L=100cm KG **520**
Bordstein als dreiteiliger Übergang zwischen Nullabsenkung und Hochbord, einschl. der Aussparung bzw. der Anpassung an Straßenabläufe.
Betonfundament: C20/25
Übergang: 1. Übergangsstein Einbauhöhe 6 cm auf 2. Übergangsstein Einbauhöhe 3 cm auf Schrägstein mit Nullabsenkung
Format: 12 x 18 x 30 cm
Länge je Stein: 100 cm
Farbe: Weißbeton

| –€ | 97€ | **104**€ | 118€ | –€ | [m] | ⏱ 0,38 h/m | 380.000.193 |

**LB 380
Straßen,
Wege,
Plätze**

Nr.	Kurztext / Langtext				[Einheit]	Ausf.-Dauer	Kostengruppe Positionsnummer
▶	▷	ø netto €	◁	◀			

94 Übergangsbordstein, Beton, dreiteilig, 18x22, L=100cm KG **520**
Bordstein als dreiteiliger Übergang zwischen Nullabsenkung und Rundbord, einschl. der Aussparung bzw. der Anpassung an Straßenabläufe
Betonfundament: C20/25
Übergang: 1. Übergangsstein Einbauhöhe 6 cm auf 2. Übergangsstein Einbauhöhe 3 cm auf Schrägstein mit Nullabsenkung
Format: 18 x 22 cm
Länge je Stein: 100 cm
Farbe: Weißbeton

–€   91€   **94**€   114€   –€   [m]   ⏱ 0,38 h/m   380.000.194

95 L-Stufe, Kontraststreifen Beton,15x38cm, L=120cm KG **534**
L-Stufe mit Kontraststreifen als Betonfertigteil Kontraststreifen aus Beton in der Länge der Stufe.
Einbauort: auf bauseitigem Fundament
Festigkeitsklasse: C20/25
Stufengröße (H x B x L): 15 x 38 x 120 cm
Kontraststreifengröße (H x B): **8 x 5 / 5 x 5**
Farbe: grau
Oberfläche: ….
Kantenausbildung: gefast
Fundament: Dicke mind. 20 cm
Angeb. Fabrikat: …..

–€   123€   **131**€   157€   –€   [m]   ⏱ 0,60 h/m   380.000.195

96 L-Stufe, Kontraststreifen PVC,15x38cm, L=120cm KG **534**
L-Stufe mit Kontraststreifen aus PVC als Betonfertigteil Kontraststreifen aus Beton in der Länge der Stufe.
Einbauort: auf bauseitigem Fundament
Festigkeitsklasse: C20/25
Stufengröße (H x B x L): 15 x 38 x 120 cm
Kontraststreifengröße (H x B): 4,3 x 2,2
Farbe: grau
Oberfläche: ….
Kantenausbildung: gefast
Fundament: Dicke mind. 20 cm
Angeb. Fabrikat: …..

–€   99€   **110**€   129€   –€   [m]   ⏱ 0,60 h/m   380.000.196

97 Legestufe, Kontraststreifen Beton, 8x40x120cm KG **534**
Legestufe mit Kontraststreifen als Betonfertigteil, Kontraststreifen aus Beton in der Länge der Stufe.
Einbauort: auf bauseitigem Fundament
Festigkeitsklasse: C20/25
Stufengröße (H x B x L): 8 x 40 x 120 cm
Kontraststreifengröße (H x B): **8 x 5 / 5 x 5** cm
Farbe: grau
Oberfläche: ….
Kantenausbildung: gefast
Fundament: Dicke mind. 20 cm
Angeb. Fabrikat: …..

94€   125€   **132**€   153€   164€   [m]   ⏱ 0,60 h/m   380.000.198

Kosten:
Stand 2.Quartal 2018
Bundesdurchschnitt

▶ min
▷ von
ø Mittel
◁ bis
◀ max

Nr.	Kurztext / Langtext						Kostengruppe
▶	▷ ø netto € ◁ ◀				[Einheit]	Ausf.-Dauer	Positionsnummer

98 Legestufe, Kontraststreifen PVC, 8x40x120cm KG 534
Legestufe mit Kontraststreifen aus PVC als Betonfertigteil, Kontraststreifen aus Beton in der Länge der Stufe.
Einbauort: auf bauseitigem Fundament
Festigkeitsklasse: C20/25
Stufengröße (H x B x L): 8 x 40 x 120 cm
Kontraststreifengröße (H x B): 4,3 x 2,2 cm
Farbe: grau
Oberfläche: ….
Kantenausbildung: gefast
Fundament: Dicke mind. 20 cm
Angeb. Fabrikat: …..

85€   110€   **116**€   132€   145€   [m]   ⏱ 0,60 h/m   380.000.197

99 Winkelstufe, Kontraststreifen Beton, 20x36x120cm KG 534
Winkelstufe mit Kontraststreifen als Betonfertigteil Kontraststreifen aus Beton in der Länge der Stufe.
Einbauort: auf bauseitigem Fundament
Festigkeitsklasse: C20/25
Stufengröße (H x B x L): 20 x 36 x 120 cm
Kontraststreifengröße (H x B): **8 x 5 / 5 x 5** cm
Farbe: grau
Oberfläche: ….
Kantenausbildung: gefast
Fundament: Dicke mind. 20 cm
Angeb. Fabrikat: …..

91€   118€   **125**€   145€   155€   [m]   ⏱ 0,60 h/m   380.000.200

100 Winkelstufe, Kontraststreifen PVC, 20x36x120cm KG 534
Winkelstufe mit Kontraststreifen aus PVC als Betonfertigteil, Kontraststreifen aus Beton in der Länge der Stufe.
Einbauort: auf bauseitigem Fundament
Festigkeitsklasse: C20/25
Stufengröße (H x B x L): 20 x 36 x 120 cm
Kontraststreifengröße (H x B): 4,3 x 2,2 cm
Farbe: grau
Oberfläche: …..
Kantenausbildung: gefast
Fundament: Dicke mind. 20 cm
Angeb. Fabrikat: …..

74€   98€   **104**€   119€   131€   [m]   ⏱ 0,60 h/m   380.000.199

LB 380 Straßen, Wege, Plätze

Kosten:
Stand 2.Quartal 2018
Bundesdurchschnitt

▶ min
▷ von
ø Mittel
◁ bis
◀ max

Nr.	Kurztext / Langtext					Kostengruppe
▶	▷	ø netto €	◁	◀	[Einheit] Ausf.-Dauer	Positionsnummer

101 Blockstufe, Kontraststreifen Beton, 20x40x120cm KG **534**

Blockstufe mit Kontraststreifen als Betonfertigteil. Kontraststreifen aus Beton in der Länge der Stufe.
Einbauort: auf bauseitigem Fundament
Festigkeitsklasse: C20/25
Stufengröße (H x B x L): 20 x 40 x 100 cm
Kontraststreifengröße (H x B): **8 x 5 / 5 x 5 cm**
Farbe: grau
Oberfläche: .....
Kantenausbildung: gefast
Fundament: Dicke mind. 20 cm
Angeb. Fabrikat: .....

139 €   145 €   **147** €   154 €   167 €   [m]   ⏱ 0,60 h/m   380.000.202

102 Blockstufe, Kontraststreifen PVC, 20x40x120cm KG **534**

Blockstufe mit Kontraststreifen aus PVC als Betonfertigteil, Kontraststreifen aus PVC in der Länge der Stufe.
Einbauort: auf bauseitigem Fundament
Festigkeitsklasse: C20/25
Stufengröße (H x B x L): 20 x 40 x 100 cm
Kontraststreifengröße (H x B): 4,3 x 2,2 cm
Farbe: grau
Oberfläche: .....
Kantenausbildung: gefast
Fundament: Dicke mind. 20 cm
Angeb. Fabrikat: .....

–€   121 €   **126** €   148 €   –€   [m]   ⏱ 0,60 h/m   380.000.201

103 Rampenstufen, Betonfertigteil KG **534**

Rampenstufen/Fahrstufen als Betonfertigteil nach der Bund Güteschutz Richtlinie für nicht genormte Betonprodukte BGB-RiNGB in frostbeständigen Fliesenkleber versetzen.
Rampen passend auf vor beschriebenen Stufen versetzen.
Abmessung (L x B x H): ..... x ..... x ..... cm
Angeb. Fabrikat: .....

–€   53 €   **57** €   65 €   –€   [St]   ⏱ 0,45 h/St   380.000.204

104 Taktiles Bodenleitsystem Fräsen, 7 Rillen KG **521**

Fräsen eines taktilen Bodenleitsystems als Bodenindikator zur behinderten gerechten Führung, Rillen abgeschrägt mit 33°.
Rillenanzahl: 7 St
Gesamtbreite: 37 cm
Rillentiefe: 5 mm
Rillenabstand: 2,5 cm
Rillenbreite: 3,2 cm
Fräsart: **geradlinig / Bögen Radius bis 15 m**
Bodenbelag: **Asphalt / Beton**

–€   84 €   **94** €   111 €   –€   [m]   ⏱ 0,22 h/m   380.000.203

Nr.	Kurztext / Langtext							Kostengruppe
▶	▷	ø netto €	◁	◀	[Einheit]		Ausf.-Dauer	Positionsnummer

105 Taktiles Bodenleitsystem Fräsen, 1 Rille — KG 521
Fräsen eines taktilen Bodenindikator vor Treppen und Podeste, Rille abgeschrägt mit 33°.
Rillenanzahl: 1 St
Rillenbreite: 3,2 cm
Bodenbelag: **Asphalt / Beton**

| –€ | 30€ | **32**€ | 38€ | –€ | [m] | ⏱ 0,20 h/m | 380.000.205 |

106 Fräsen eines Aufmerksamkeitsfeldes — KG 521
Fräsen eines Aufmerksamkeitsfeldes als taktilen Bodenindikator an Querungen und Abzweigungen.
Noppen/Quader abgeschrägt mit 33°.
Rasterfeld: 7 x 7 Rillen
Größe: 37 x 37 cm
Bodenbelag: **Asphalt / Beton**

| –€ | 85€ | **94**€ | 107€ | –€ | [St] | ⏱ 0,45 h/St | 380.000.206 |

107 Richtungsänderung fräsen — KG 521
Fräsen einer Richtungsänderung wie Gehrung, Abzweig.
Grad: **größer 90° / kleiner 90°**
Bodenbelag: **Asphalt / Beton**

| –€ | 122€ | **130**€ | 152€ | –€ | [St] | ⏱ 0,20 h/St | 380.000.207 |

108 Maschinenumstellung — KG 521
Maschinenumstellung in Gebäuden, auf Podeste oder schwer zugänglichen Stellen.

| –€ | 26€ | **30**€ | 35€ | –€ | [St] | ⏱ 1,00 h/St | 380.000.208 |

109 Überfahrrampe Balkon-/Terrassentüren Höhe bis 125mm — KG 339
Überfahrrampe für Balkon oder Terrassentür, zweiteilig aus Innen- und Außenrampe mit rutschsicherer Fahrfläche, Außenrampe höhenverstellbar.
Material: Aluminium
Außenrampe: höhenverstellbar von 70 bis 125 mm
Außenrampe: Länge 800 mm
Innenrampe: Höhe 20 bis 50 mm
Innenrampe: Länge 400 mm
Tragkraft: mind. 300 kg
Angeb. Fabrikat: .....

| –€ | 613€ | **659**€ | 744€ | –€ | [St] | ⏱ 0,30 h/St | 380.000.209 |

E Abbruch und Instandsetzung

Titel des Leistungsbereichs	LB-Nr.
Betonerhaltungsarbeiten	381
Abbruch- und Rückbauarbeiten	384
Nachträgliche Querschnittsabdichtung in Mauerwerk	386
Abfallentsorgung, Verwertung und Beseitigung	387

LB 381 Betonerhaltungsarbeiten

Kosten: Stand 2.Quartal 2018, Bundesdurchschnitt

▶ min
▷ von
ø Mittel
◁ bis
◀ max

Nr.	Positionen	Einheit	▶	▷ ø brutto € / ø netto €		◁	◀
1	Trockenstrahlen, Betonfläche, unbeschichtet	m²	12 / 10	12 / 11	13 / 11	14 / 12	15 / 13
2	Feuchtestrahlen, Betonfläche, unbeschichtet	m²	16 / 13	17 / 14	17 / 15	19 / 16	20 / 17
3	Feuchtestrahlen, Beton beschichtet	m²	21 / 18	22 / 19	23 / 20	25 / 21	27 / 23
4	HDWS, Betonflächen, bis Bewehrung	m²	28 / 23	30 / 25	32 / 27	34 / 29	37 / 31
5	HDWS, Betonflächen, hinter Bewehrung	m²	46 / 39	48 / 41	51 / 43	55 / 46	59 / 49
6	Kugelstrahlen, Betonflächen, Boden	m²	28 / 23	29 / 25	31 / 26	33 / 28	35 / 30
7	Betonausbruch, 10x3cm	m	16 / 13	17 / 15	18 / 15	19 / 16	21 / 18
8	Betonausbruch, 20x5cm	m	27 / 23	29 / 25	31 / 26	33 / 28	36 / 30
9	Betonausbruch, Mehrtiefe 1cm	m	3,0 / 2,5	3,2 / 2,7	3,4 / 2,9	3,7 / 3,1	3,9 / 3,3
10	Stemmarbeiten, Kanten, 15x15cm	m	20 / 17	22 / 19	23 / 20	25 / 21	27 / 23
11	Stemmarbeiten, Kanten, 5cm Mehrlänge	m	5 / 4	5 / 4	5 / 5	6 / 5	6 / 5
12	Betonausbruch, bis 0,25m²x3cm	St	41 / 35	44 / 37	46 / 38	49 / 41	53 / 44
13	Betonausbruch, bis 0,50m²x5cm	St	93 / 78	102 / 85	107 / 90	114 / 96	123 / 103
14	Betonausbruch, bis 5cm	m²	155 / 130	169 / 142	178 / 150	190 / 160	205 / 172
15	Betonausbruch, bis 3cm	m²	104 / 88	114 / 96	120 / 101	128 / 108	138 / 116
16	Betonausbruch, Mehrtiefe	m²	21 / 17	25 / 21	26 / 22	28 / 23	31 / 26
17	Bewehrung abtrennen, bis 16mm	St	5 / 4	6 / 5	6 / 5	6 / 5	7 / 6
18	Bewehrung abtrennen, über 16mm	St	6 / 5	7 / 6	7 / 6	8 / 7	9 / 7
19	Bewehrung befestigen, Dübel	St	4 / 4	5 / 4	5 / 4	5 / 5	6 / 5
20	Bewehrung strahlen	m	6 / 5	6 / 5	6 / 5	7 / 6	8 / 6
21	Bewehrung strahlen Sa 2	m	15 / 12	16 / 13	17 / 14	18 / 15	20 / 17
22	Bewehrung strahlen Sa 2 1/2	m	16 / 14	17 / 15	18 / 15	20 / 16	22 / 18
23	Korrosionsschutz, mineralisch	m	8 / 7	9 / 7	9 / 8	10 / 8	11 / 9
24	Korrosionsschutz, Epoxidharz	m	11 / 9	11 / 10	12 / 10	13 / 11	14 / 12

© BKI Baukosteninformationszentrum; Erläuterungen zu den Tabellen siehe Seite 22
Mustertexte geprüft: Deutscher Holz- und Bautenschutzverband e.V.

Kostenstand: 2.Quartal 2018, Bundesdurchschnitt

Betonerhaltungsarbeiten — Preise €

Nr.	Positionen	Einheit	▶	▷ ø brutto € ø netto €		◁	◀
25	Schutzbeschichtung, SPCC	m	13	13	**14**	15	17
			11	11	**12**	13	15
26	Reprofilierung, PCC, bis 0,25m²x3cm	St	26	27	**29**	31	33
			22	23	**24**	26	28
27	Reprofilierung, PCC, bis 0,50m²x5cm	St	59	62	**66**	70	75
			50	52	**55**	59	63
28	Reprofilierung, PCC, bis 3cm, linear	m	14	15	**16**	17	19
			12	12	**13**	14	16
29	Reprofilierung, PCC, bis 5cm, linear	m	27	30	**31**	34	36
			23	25	**26**	28	30
30	Reprofilierung, PCC, Mehrtiefe, linear	m	9,2	10	**11**	11	14
			7,7	8,4	**8,9**	9,5	12
31	Reprofilierung, PCC, flächig bis 3cm	m²	69	73	**77**	82	88
			58	61	**65**	69	74
32	Reprofilierung, PCC, flächig bis 5cm	m²	120	126	**133**	142	153
			101	106	**112**	120	129
33	Reprofilierung, PCC, Mehrtiefe, flächig	m²	27	29	**30**	32	36
			23	24	**25**	27	31
34	Reprofilierung, Kante, 15x15cm, PCC	m	40	42	**44**	48	51
			34	35	**37**	40	43
35	Schalung, Kanten	m	11	12	**13**	14	15
			9	10	**11**	11	13
36	Spritzmörtel, SPCC, 5cm	m²	98	104	**109**	117	126
			83	87	**92**	98	106
37	Spritzmörtel, SPCC, 7cm	m²	154	162	**171**	183	196
			129	136	**143**	153	165
38	Spritzmörtel, SPCC, Mehrtiefe	m²	37	39	**41**	44	49
			31	33	**34**	37	41
39	Tropfkante, Dreikantleisten	m	15	16	**17**	18	21
			12	14	**15**	16	17
40	Füllbeschichtung, Schlämme	m²	20	21	**22**	24	25
			17	18	**19**	20	21
41	Feinspachtelung, 2mm, vollflächig	m²	20	21	**22**	24	27
			17	18	**19**	20	22
42	Feinspachtelung, 3mm, vollflächig	m²	23	25	**26**	28	31
			20	21	**22**	23	26
43	Feinspachtelung, Mehrstärke, vollflächig	m²	4,5	4,7	**5,0**	5,4	6,3
			3,8	3,9	**4,2**	4,5	5,3
44	Grundierung, Betonfläche	m²	5	6	**6**	7	8
			4	5	**5**	6	6
45	Hydrophobierung OS 1	m²	11	12	**12**	13	15
			9	10	**10**	11	12
46	Beschichtung OS 2	m²	19	20	**21**	23	25
			16	17	**18**	19	21
47	Beschichtung OS 4	m²	16	17	**18**	20	21
			14	15	**15**	16	18
48	Beschichtung OS 5a	m²	22	23	**25**	26	28
			19	20	**21**	22	24

© **BKI** Baukosteninformationszentrum; Erläuterungen zu den Tabellen siehe Seite 22
Mustertexte geprüft: Deutscher Holz- und Bautenschutzverband e.V.

Kostenstand: 2.Quartal 2018, Bundesdurchschnitt

LB 381 Betonerhaltungsarbeiten

Betonerhaltungsarbeiten — Preise €

Nr.	Positionen	Einheit	▶ min	▷ von	ø brutto € / ø netto €	◁ bis	◀ max
49	Beschichtung OS 5b	m²	29 / 25	31 / 26	**33** / **27**	35 / 29	38 / 32
50	Beschichtung OS 8	m²	64 / 54	67 / 56	**71** / **59**	76 / 64	81 / 68
51	Beschichtung OS 11a	m²	139 / 116	146 / 123	**154** / **129**	165 / 138	177 / 149
52	Beschichtung OS 11b	m²	111 / 93	117 / 99	**124** / **104**	132 / 111	142 / 119
53	Beschichtung OS 13	m²	81 / 68	86 / 72	**90** / **76**	97 / 81	104 / 87
54	Spachtelung, Rautiefe über 1mm	m²	15 / 13	16 / 14	**17** / **14**	18 / 15	20 / 16
55	Kratzspachtelung, Rautiefe über 5mm	m²	21 / 18	22 / 19	**23** / **20**	25 / 21	28 / 24
56	Beschichtung abstreuen, Quarzsand	m²	3 / 3	4 / 3	**4** / **3**	4 / 3	5 / 4
57	Deckversiegelung, OS	m²	8 / 7	9 / 7	**9** / **8**	10 / 8	11 / 9
58	Deckversiegelung, mit Abstreuung, OS	m²	10 / 9	11 / 9	**11** / **10**	12 / 10	14 / 11

Kosten: Stand 2. Quartal 2018, Bundesdurchschnitt

Nr.	Kurztext / Langtext				[Einheit]	Ausf.-Dauer	Kostengruppe Positionsnummer
▶	▷ ø netto € ◁ ◀						

1 Trockenstrahlen, Betonfläche, unbeschichtet — KG 395

Strahlen mit festen Strahlmittel zum Abtragen und Entfernen loser und mürber Teile. Die Betonoberfläche ist durch Absaugung, bzw. das Abblasen mit ölfreier Druckluft nachzureinigen und vor erneuter Verschmutzung zu schützen. Das Strahlgut ist von den umgebenden Flächen zu sammeln und einschl. des anfallenden Bauschutts entsprechend der behördlichen Auflagen zu entsorgen.

Bauteil: .....
Lage: .....
Oberfläche: .....

10 €   11 €   **11 €**   12 €   13 €   [m²]   ⏱ 0,20 h/m²   381.000.001

2 Feuchtestrahlen, Betonfläche, unbeschichtet — KG 395

Strahlen mit festen Strahlmittel und Wasser zum Abtragen und Entfernen loser und mürber Teile. Nach dem Strahlvorgang ist die Betonoberfläche nachzureinigen und vor erneuter Verschmutzung zu schützen. Das Strahlgut ist von den umgebenden Flächen zu sammeln und einschl. des anfallenden Bauschutts entsprechend der behördlichen Auflagen zu entsorgen.

Bauteil: .....
Lage: .....
Betongüte: .....
Oberfläche: .....

13 €   14 €   **15 €**   16 €   17 €   [m²]   ⏱ 0,20 h/m²   381.000.002

▶ min
▷ von
ø Mittel
◁ bis
◀ max

Nr.	Kurztext / Langtext					Kostengruppe		
▶	▷	ø netto €	◁	◀	[Einheit]	Ausf.-Dauer	Positionsnummer	

3   Feuchtestrahlen, Beton beschichtet — KG 395

Strahlen mit festen Strahlmittel und Wasser zum Abtragen und Entfernen von Beschichtungen, einschl. loser und mürber Teile und leicht ablösender Schichten. Nach dem Strahlvorgang ist die Betonoberfläche nachzureinigen und vor erneuter Verschmutzung zu schützen. Das Strahlgut ist von den umgebenden Flächen zu sammeln und einschl. des anfallenden Bauschutts entsprechend der behördlichen Auflagen zu entsorgen.
Bauteil: .....
Lage: .....
Oberfläche: .....
vorh. Beschichtung: .....

| 18€ | 19€ | **20€** | 21€ | 23€ | [m²] | 0,25 h/m² | 381.000.003 |

4   HDWS, Betonflächen, bis Bewehrung — KG 395

Betonflächen mit Bewehrung durch abtragendes Hochdruckwasserstrahlen bis zur Bewehrungslage für Instandsetzungsarbeiten vorbereiten. Nach dem Strahlvorgang ist die Betonoberfläche nachzureinigen und vor erneuter Verschmutzung zu schützen. Das Strahlgut ist von den umgebenden Flächen zu sammeln und einschl. des anfallenden Bauschutts entsprechend der behördlichen Auflagen zu entsorgen.
Bauteil: .....
Lage: .....
Lage der Bewehrung: .....
Abtragstiefe: bis 2 cm

| 23€ | 25€ | **27€** | 29€ | 31€ | [m²] | 0,39 h/m² | 381.000.004 |

5   HDWS, Betonflächen, hinter Bewehrung — KG 395

Betonflächen mit Bewehrung durch abtragendes Hochdruckwasserstrahlen bis hinter die Bewehrungslage für Instandsetzungsarbeiten vorbereiten. Nach dem Strahlvorgang ist die Betonoberfläche nachzureinigen und vor erneuter Verschmutzung zu schützen. Das Strahlgut ist von den umgebenden Flächen zu sammeln und einschl. des anfallenden Bauschutts entsprechend der behördlichen Auflagen zu entsorgen.
Bauteil: .....
Lage: .....
Lage der Bewehrung: .....
Abtragstiefe: bis 5 cm

| 39€ | 41€ | **43€** | 46€ | 49€ | [m²] | 0,45 h/m² | 381.000.005 |

6   Kugelstrahlen, Betonflächen, Boden — KG 395

Untergrundvorbehandlung von Betonflächen durch Kugelstrahlen mit gleichzeitigem Absaugen zum Reinigen von allen artfremden, den Haftverbund mindernden Teilen. Die Betonoberfläche ist nachzureinigen und vor erneuter Verschmutzung zu schützen. Das Strahlgut und der anfallende Bauschutt sind entsprechend der behördlichen Auflagen zu entsorgen
Lage: .....
Oberfläche: .....

| 23€ | 25€ | **26€** | 28€ | 30€ | [m²] | 0,33 h/m² | 381.000.006 |

LB 381 Betonerhaltungsarbeiten

Nr.	Kurztext / Langtext					Kostengruppe
▶	▷ ø netto € ◁ ◀				[Einheit] Ausf.-Dauer	Positionsnummer

A 1 Betonausbruch
Beschreibung für Pos. **7-9**

Beton ausstemmen, Ränder mit 45° anschrägen, und anfallenden Bauschutt entsorgen.
Bauteil: .....
Lage: .....

7 Betonausbruch, 10x3cm
KG **395**

Wie Ausführungsbeschreibung A 1
Ausbruchbreite: bis 10 cm
Ausbruchtiefe: bis 3 cm

13€ 15€ **15**€ 16€ 18€ [m] ⏱ 0,26 h/m 381.000.007

8 Betonausbruch, 20x5cm
KG **395**

Wie Ausführungsbeschreibung A 1
Ausbruchbreite: bis 20 cm
Ausbruchtiefe: bis 5 cm

23€ 25€ **26**€ 28€ 30€ [m] ⏱ 0,40 h/m 381.000.008

9 Betonausbruch, Mehrtiefe 1cm
KG **395**

Wie Ausführungsbeschreibung A 1
je 1 cm Mehrtiefe

3€ 3€ **3**€ 3€ 3€ [m] ⏱ 0,04 h/m 381.000.009

10 Stemmarbeiten, Kanten, 15x15cm
KG **395**

Stemmarbeiten im Bereich von Kanten, einschl. anfallenden Bauschutt entsorgen.
Bauteil: .....
Schenkellänge: bis 15x15 cm

17€ 19€ **20**€ 21€ 23€ [m] ⏱ 0,37 h/m 381.000.010

11 Stemmarbeiten, Kanten, 5cm Mehrlänge
KG **395**

Stemmarbeiten an Kanten je angefangene 5cm Schenkel-Mehrlänge, einschl. anfallenden Bauschutt entsorgen.

4€ 4€ **5**€ 5€ 5€ [m] ⏱ 0,05 h/m 381.000.011

12 Betonausbruch, bis 0,25m2x3cm
KG **395**

Beton im Bereich der markierten Schadensstellen ausbrechen und freistemmen, Ränder 45° anschrägen, einschl. anfallenden Bauschutt entsorgen.
Bauteil: .....
Lage: .....
Ausbruchtiefe: bis 3 cm
Schadstellen: bis 0,25 m²

Hinweis: Bei der Ausschreibung sind Differenzierung der Abmessungen in 0,01 / 0,1 / 0,25 / 0,5 / 0,75 und 1,0 m² vorzunehmen.

35€ 37€ **38**€ 41€ 44€ [St] ⏱ 0,25 h/St 381.000.012

Kosten:
Stand 2.Quartal 2018
Bundesdurchschnitt

▶ min
▷ von
ø Mittel
◁ bis
◀ max

Nr.	Kurztext / Langtext					Kostengruppe		
▶	▷	ø **netto** €	◁	◀	[Einheit]	Ausf.-Dauer	Positionsnummer	

13 Betonausbruch, bis 0,50m2x5cm KG **395**
Beton im Bereich der markierten Schadensstellen ausbrechen und freistemmen, Ränder 45° anschrägen, einschl. anfallenden Bauschutt entsorgen.
Bauteil: .....
Lage: .....
Ausbruchtiefe: bis 3 cm
Schadstellen: bis 0,5 m²
Hinweis: Bei der Ausschreibung sind Differenzierung der Abmessungen in 0,01 / 0,1 / 0,25 / 0,5 / 0,75 und 1,0 m² vorzunehmen.

| 78 € | 85 € | **90 €** | 96 € | 103 € | [St] | ⏱ 0,35 h/St | 381.000.013 |

A 2 Betonausbruch Beschreibung für Pos. **14-16**
Beton flächig ausstemmen und anfallenden Bauschutt entsorgen.
Bauteil: .....
Lage: .....

14 Betonausbruch, bis 5cm KG **395**
Wie Ausführungsbeschreibung A 2
Ausbruchtiefe: bis 5 cm

| 130 € | 142 € | **150 €** | 160 € | 172 € | [m²] | ⏱ 0,85 h/m² | 381.000.015 |

15 Betonausbruch, bis 3cm KG **395**
Wie Ausführungsbeschreibung A 2
Ausbruchtiefe: bis 3 cm

| 88 € | 96 € | **101 €** | 108 € | 116 € | [m²] | ⏱ 0,85 h/m² | 381.000.014 |

16 Betonausbruch, Mehrtiefe KG **395**
Wie Ausführungsbeschreibung A 2
je 1cm Mehrtiefe

| 17 € | 21 € | **22 €** | 23 € | 26 € | [m²] | ⏱ 0,15 h/m² | 381.000.016 |

17 Bewehrung abtrennen, bis 16mm KG **395**
Freiliegende Bewehrung nach Rücksprache mit Statiker abtrennen und anfallenden Bauschutt entsorgen.
Bauteil: .....
Lage: .....
Bewehrung: bis 16 mm

| 4 € | 5 € | **5 €** | 5 € | 6 € | [St] | ⏱ 0,08 h/St | 381.000.017 |

18 Bewehrung abtrennen, über 16mm KG **395**
Freiliegende Bewehrung, nach Rücksprache mit Statiker, abtrennen und anfallenden Bauschutt entsorgen.
Bauteil: .....
Lage: .....
Bewehrung: über 16 mm

| 5 € | 6 € | **6 €** | 7 € | 7 € | [St] | ⏱ 0,08 h/St | 381.000.018 |

LB 381 Betonerhaltungsarbeiten

Kosten:
Stand 2.Quartal 2018
Bundesdurchschnitt

Nr.	Kurztext / Langtext				[Einheit]	Ausf.-Dauer	Kostengruppe Positionsnummer
▶	▷ ø netto € ◁ ◀						

19 Bewehrung befestigen, Dübel — KG 395
Lose Bewehrung schwingungsfrei mit Dübeln bzw. Haken befestigen.
Bauteil: .....
Lage: .....

| 4€ | 4€ | **4€** | 5€ | 5€ | [St] | ⏱ 0,07 h/St | 381.000.019 |

20 Bewehrung strahlen — KG 395
Freiliegende Bewehrung durch linienförmiges Strahlen mit festen Strahlmitteln vorbehandeln. Das Strahlgut sammeln und einschl. des anfallenden Bauschutts entsprechend der behördlichen Auflagen entsorgen.
Bauteil: .....
Lage: .....
Bewehrung: ..... mm
Einzellängen: bis 1,00 m

| 5€ | 5€ | **5€** | 6€ | 6€ | [m] | ⏱ 0,15 h/m | 381.000.020 |

21 Bewehrung strahlen Sa 2 — KG 395
Freigelegte Bewehrung durch Strahlen für Auftrag vorbereiten. Das Strahlgut sammeln und einschl. des anfallenden Bauschutts entsprechend der behördlichen Auflagen entsorgen.
Bauteil: .....
Lage: .....
Gewähltes Verfahren: .....

| 12€ | 13€ | **14€** | 15€ | 17€ | [m] | ⏱ 0,25 h/m | 381.000.021 |

22 Bewehrung strahlen Sa 2 1/2 — KG 395
Freiliegende Bewehrung durch Strahlen für Auftrag vorbereiten. Das Strahlgut sammeln und einschl. des anfallenden Bauschutts entsprechend der behördlichen Auflagen entsorgen.
Bauteil: .....
Lage: .....
Gewähltes Verfahren: .....

| 14€ | 15€ | **15€** | 16€ | 18€ | [m] | ⏱ 0,38 h/m | 381.000.022 |

23 Korrosionsschutz, mineralisch — KG 395
Korrosionsschutz auf entrostetem Bewehrungsstahl mit kunststoffmodifizierter Zementschlämme.
Bauteil: .....
Lage: .....
Geforderter Reinheitsgrad: Sa 2 1/2
Bewehrung: ..... mm
Angeb. Fabrikat: .....

| 7€ | 7€ | **8€** | 8€ | 9€ | [m] | ⏱ 0,10 h/m | 381.000.023 |

▶ min
▷ von
ø Mittel
◁ bis
◀ max

Nr.	Kurztext / Langtext						Kostengruppe	
▶	▷	ø **netto** €	◁	◀	[Einheit]	Ausf.-Dauer	Positionsnummer	

24	Korrosionsschutz, Epoxidharz						KG **395**

Korrosionsschutz auf entrostetem, trockenem Bewehrungsstahl aus reaktionshärtendem System, mit Absanden der Zweitschicht. Nach Trocknung ist nicht eingebundener Sand abzublasen.
Bauteil: .....
Lage: .....
Geforderter Reinheitsgrad: Sa 2 1/2
Bewehrung: ..... mm
Angeb. Fabrikat: .....

9 €	10 €	**10** €	11 €	12 €	[m]	⏱ 0,15 h/m	381.000.024

25	Schutzbeschichtung, SPCC						KG **395**

Schutzbeschichtung des Korrosionsschutzes der Bewehrung zu Vorbereitung von kunststoffmodifiziertem Spritzmörtelauftrag.
Bauteil: .....
Lage: .....
Angeb. Fabrikat: .....

11 €	11 €	**12** €	13 €	15 €	[m]	⏱ 0,08 h/m	381.000.025

A 3	Reprofilierung, PCC, örtliche Fehlstellen	Beschreibung für Pos. **26-27**

Reprofilieren örtlicher Fehlstellen mit PCC-Instandsetzungsmörtel, einschl. Auftrag einer zementgebundenen, kunststoffmodifizierten Haftbrücke, sowie Schutz gegen Witterungseinflüsse und vorzeitiges Austrocknen.
Bauteil: .....
Lage: .....
Beanspruchungsklasse: .....
Angeb. Fabrikat: .....
Hinweis: Bei der Ausschreibung sind Differenzierung der Abmessungen in 0,01 / 0,1 / 0,25 / 0,5 / 0,75 und 1,0 m² vorzunehmen.

26	Reprofilierung, PCC, bis 0,25m2x3cm						KG **395**

Wie Ausführungsbeschreibung A 3
Ausbruchtiefe: bis 3 cm
Schadstellen: bis 0,25 m²

22 €	23 €	**24** €	26 €	28 €	[St]	⏱ 0,30 h/St	381.000.026

27	Reprofilierung, PCC, bis 0,50m2x5cm						KG **395**

Wie Ausführungsbeschreibung A 3
Ausbruchtiefe: bis 5 cm
Schadstellen: bis 0,50 m²

50 €	52 €	**55** €	59 €	63 €	[St]	⏱ 0,35 h/St	381.000.027

LB 381 Betonerhaltungsarbeiten

Nr.	Kurztext / Langtext							Kostengruppe
▶	▷	ø netto €	◁	◀	[Einheit]	Ausf.-Dauer	Positionsnummer

Kosten: Stand 2.Quartal 2018 Bundesdurchschnitt

A 4 Reprofilierung, PCC — Beschreibung für Pos. 28-30
Reprofilieren linearer Fehlstellen in Teilflächen mit PCC-Instandsetzungsmörtel, einschl. Auftrag einer zementgebundenen, kunststoffmodifizierten Haftbrücke, sowie Schutz gegen Witterungseinflüsse und vorzeitiges Austrocknen.
Bauteil: .....
Lage: .....
Beanspruchungsklasse: .....
Angeb. Fabrikat: .....

28 Reprofilierung, PCC, bis 3cm, linear KG **395**
Wie Ausführungsbeschreibung A 4
Ausbruchtiefe: bis 3 cm
Schadstellen: bis 10 cm
12€   12€   **13**€   14€   16€   [m]   ⏱ 0,25 h/m   381.000.030

29 Reprofilierung, PCC, bis 5cm, linear KG **395**
Wie Ausführungsbeschreibung A 4
Ausbruchtiefe: bis 5 cm
Schadstellen: bis 20 cm
23€   25€   **26**€   28€   30€   [m]   ⏱ 0,30 h/m   381.000.028

30 Reprofilierung, PCC, Mehrtiefe, linear KG **395**
Wie Ausführungsbeschreibung A 4
je 1 cm Mehrtiefe
8€   8€   **9**€   9€   12€   [m]   ⏱ 0,16 h/m   381.000.029

A 5 Reprofilierung, PCC, flächig — Beschreibung für Pos. 31-33
Reprofilieren flächiger Fehlstellen mit PCC-Instandsetzungsmörtel, einschl. Auftrag einer zementgebundenen, kunststoffmodifizierten Haftbrücke, sowie Schutz gegen Witterungseinflüsse und vorzeitiges Austrocknen.
Bauteil: .....
Lage: .....
Ausbruch: flächig
Beanspruchungsklasse: .....
Angeb. Fabrikat: .....

31 Reprofilierung, PCC, flächig bis 3cm KG **395**
Wie Ausführungsbeschreibung A 5
Ausbruchtiefe: bis 3 cm
58€   61€   **65**€   69€   74€   [m²]   ⏱ 0,75 h/m²   381.000.032

32 Reprofilierung, PCC, flächig bis 5cm KG **395**
Wie Ausführungsbeschreibung A 5
Ausbruchtiefe: bis 5 cm
101€   106€   **112**€   120€   129€   [m²]   ⏱ 0,75 h/m²   381.000.033

▶ min
▷ von
ø Mittel
◁ bis
◀ max

Nr.	Kurztext / Langtext					Kostengruppe		
▶	▷	ø netto €	◁	◀	[Einheit]	Ausf.-Dauer	Positionsnummer

33	**Reprofilierung, PCC, Mehrtiefe, flächig**					KG **395**		
Wie Ausführungsbeschreibung A 5								
Ausbruchtiefe: pro cm Mehrtiefe								
23 €	24 €	**25 €**	27 €	31 €	[m²]	⏱ 0,16 h/m²	381.000.034

34	**Reprofilierung, Kante, 15x15cm, PCC**					KG **395**
Reprofilierung von Kanten mit PCC-Mörtel inkl. Schalung.						
Bauteil:						
Lage:						
Schenkellänge: bis 15 x 15 cm						
34 €	35 €	**37 €**	40 €	43 €	[m]	⏱ 0,60 h/m	381.000.035

35	**Schalung, Kanten**					KG **395**
Schalung im Bereich von Kanten, mit Einbau von Dreikantleisten. Abrechnung einseitiger Schalung.						
Bauteil:						
Lage:						
9 €	10 €	**11 €**	11 €	13 €	[m]	⏱ 0,25 h/m	381.000.036

A 6 **Spritzmörtel, SPCC** — Beschreibung für Pos. **36-38**

Flächige Reprofilierung von Stahlbetonflächen mit kunststoffmodifiziertem Zementmörtel (SPCC) im Spritzverfahren, einschl. Schutz gegen Witterungseinflüsse und dem vorzeitigem Austrocknen, sowie Entsorgung des Rückprallgutes.
Betongüte: mind. C20/25
Korngröße: .....
Bauteil: .....
Lage: .....
Gef. Oberfläche: .....
Angeb. Fabrikat: .....

36	**Spritzmörtel, SPCC, 5cm**					KG **395**
Wie Ausführungsbeschreibung A 6						
Ausbruchtiefe: bis 5 cm						
83 €	87 €	**92 €**	98 €	106 €	[m²]	⏱ 1,20 h/m²	381.000.037

37	**Spritzmörtel, SPCC, 7cm**					KG **395**
Wie Ausführungsbeschreibung A 6						
Ausbruchtiefe: bis 7 cm						
129 €	136 €	**143 €**	153 €	165 €	[m²]	⏱ 1,20 h/m²	381.000.038

38	**Spritzmörtel, SPCC, Mehrtiefe**					KG **395**
Wie Ausführungsbeschreibung A 6						
pro cm Mehrtiefe						
31 €	33 €	**34 €**	37 €	41 €	[m²]	⏱ 0,23 h/m²	381.000.039

LB 381 Betonerhaltungsarbeiten

Kosten:
Stand 2.Quartal 2018
Bundesdurchschnitt

Nr.	Kurztext / Langtext					Kostengruppe
▶	▷ ø netto € ◁ ◀				[Einheit]	Ausf.-Dauer Positionsnummer

39 Tropfkante, Dreikantleisten — KG **395**
Tropfkante herstellen mit Dreikantleiste.
Bauteil: .....
Lage: .....

| 12 € | 14 € | **15** € | 16 € | 17 € | [m] | ⏱ 0,32 h/m | 381.000.040 |

40 Füllbeschichtung, Schlämme — KG **395**
Füllbeschichtung auf Basis einer kunststoffmodifizierten Zementschlämme zum Füllen von Poren und Lunkern in zwei Arbeitsgängen mit Abkratzen auf der Oberfläche.
Untergrund: .....
Bauteil: .....
Lage: .....
Angeb. Fabrikat: .....

| 17 € | 18 € | **19** € | 20 € | 21 € | [m²] | ⏱ 0,20 h/m² | 381.000.041 |

A 7 Feinspachtelung, vollflächig — Beschreibung für Pos. **41-43**
Vollflächiges Feinspachteln der Betonflächen mit kunststoffmodifiziertem Zementmörtel zum Füllen von Fehlstellen, Poren und Lunkern, sowie zum Erreichen einer ebenen, gratfreien Oberfläche. Leistung in zwei Arbeitsgängen, mit Kratzspachtelung und Spachtelung, zum Erreichen der geforderten Schichtdicke.
Untergrund: .....
Bauteil: .....
Lage: .....
Rautiefe: .....
Angeb. Fabrikat: .....

41 Feinspachtelung, 2mm, vollflächig — KG **395**
Wie Ausführungsbeschreibung A 7
Schichtdicke: 2 mm über den Spitzen

| 17 € | 18 € | **19** € | 20 € | 22 € | [m²] | ⏱ 0,30 h/m² | 381.000.042 |

42 Feinspachtelung, 3mm, vollflächig — KG **395**
Wie Ausführungsbeschreibung A 7
Schichtdicke: 3 mm über den Spitzen

| 20 € | 21 € | **22** € | 23 € | 26 € | [m²] | ⏱ 0,35 h/m² | 381.000.043 |

43 Feinspachtelung, Mehrstärke, vollflächig — KG **395**
Wie Ausführungsbeschreibung A 7
je cm Mehrstärke

| 4 € | 4 € | **4** € | 5 € | 5 € | [m²] | ⏱ 0,07 h/m² | 381.000.044 |

44 Grundierung, Betonfläche — KG **395**
Grundierung von Betonflächen zur Reduzierung der Saugfähigkeit und zur Verfestigung des Untergrunds.
Bauteil: .....
Lage: .....
Farbe: unpigmentiert
Rautiefe: .....

| 4 € | 5 € | **5** € | 6 € | 6 € | [m²] | ⏱ 0,10 h/m² | 381.000.045 |

▶ min
▷ von
ø Mittel
◁ bis
◀ max

Nr.	Kurztext / Langtext					Kostengruppe	
▶	▷	ø netto €	◁	◀	[Einheit]	Ausf.-Dauer	Positionsnummer

45 Hydrophobierung OS 1 — KG 395

Hydrophobierung von frei bewitterten Betonflächen als vorbeugender Oberflächenschutz auf Silan-/Siloxanbasis in zwei Arbeitsgängen bis zur Sättigung.
Bauteil: .....
Lage: .....
Oberflächenschutz: OS 1
Farbe: unpigmentiert
Angeb. Fabrikat: .....
Auftragsmenge: .....
Prüfzeugnisnummer: .....

| 9 € | 10 € | **10 €** | 11 € | 12 € | [m²] | 0,13 h/m² | 381.000.046 |

46 Beschichtung OS 2 — KG 395

Beschichtung für nicht begeh-/befahrbare und freibewitterte Betonflächen als vorbeugenden Oberflächenschutz in mind. zwei Schichten.
Bauteil: .....
Lage: .....
Rautiefe: 0,2 mm
Versiegelung: OS 2
Hydrophobierungsmittel: Silan-/Siloxanbasis
Mindestschichtdicke: 130 µm
Farbe: .....
Angeb. Fabrikat: .....
Auftragsmengen: .....
Prüfzeugnisnummer: .....

| 16 € | 17 € | **18 €** | 19 € | 21 € | [m²] | 0,28 h/m² | 381.000.047 |

47 Beschichtung OS 4 — KG 395

Beschichtung mit erhöhter Dichtheit für nicht begeh-/befahrbare und freibewitterte Betonflächen mit Kratzspachtel und Oberflächenschutzschicht.
Bauteil: .....
Lage: .....
Rautiefe: 0,2 mm
Beschichtung: OS 4
Mindestschichtdicke: 130 µm
Farbe: .....
Angeb. Fabrikat: .....
Auftragsmengen: .....
Prüfzeugnisnummer: .....

| 14 € | 15 € | **15 €** | 16 € | 18 € | [m²] | 0,21 h/m² | 381.000.048 |

LB 381 Betonerhaltungsarbeiten

Kosten:
Stand 2.Quartal 2018
Bundesdurchschnitt

Nr.	**Kurztext** / Langtext						**Kostengruppe**
▶	▷	ø netto €	◁	◀	[Einheit]	Ausf.-Dauer	Positionsnummer

48   Beschichtung OS 5a
KG **395**

Beschichtung für nicht begeh-/befahrbare und freibewitterte Betonflächen mit mindestens geringer Rissüberbrückungsfähigkeit mit Kratzspachtelung und zwei Oberflächenschutzschichten mit Polymerdispersion.
Bauteil: .....
Lage: .....
Rautiefe: 0,2 mm
Beschichtung: OS 5a
Mindestschichtdicke: 370 µm
Rissüberbrückungskl.: gering, I T
Farbe: .....
Angeb. Fabrikat: .....
Auftragsmengen: .....
Prüfzeugnisnummer: .....

| 19€ | 20€ | **21€** | 22€ | 24€ | [m²] | ⏱ 0,22 h/m² | 381.000.049 |

49   Beschichtung OS 5b
KG **395**

Beschichtung für nicht begeh-/befahrbare und freibewitterte Betonflächen mit mindestens geringer Rissüberbrückungsfähigkeit mit Kratzspachtelung und 2 elastischen Oberflächenschutzschichten aus Polymer/Zementgemisch.
Bauteil: .....
Lage: .....
Rautiefe: 0,2 mm
Beschichtung: OS 5b
Mindestschichtdicke: 2.250 µm
Rissüberbrückungskl.: gering, I T
Farbe: .....
Angeb. Fabrikat: .....
Auftragsmengen: .....
Prüfzeugnisnummer: .....

| 25€ | 26€ | **27€** | 29€ | 32€ | [m²] | ⏱ 0,32 h/m² | 381.000.050 |

50   Beschichtung OS 8
KG **395**

Beschichtung für begeh-/befahrbare, chemisch widerstandsfähige und mechanisch stark belastete Flächen mit Grundierung, Kratzspachtelung und Deckschicht auf Reaktionsharzbasis.
Bauteil: Fahrbahn
Lage: .....
Rautiefe: 0,5 mm
Beschichtung: OS 8
Mindestschichtdicke: 1.750 µm
Rutsch-Bewertungsgruppe: .....
Farbe: .....
Angeb. Fabrikat: .....
Auftragsmengen: .....
Prüfzeugnisnummer: .....

| 54€ | 56€ | **59€** | 64€ | 68€ | [m²] | ⏱ 0,46 h/m² | 381.000.051 |

▶ min
▷ von
ø Mittel
◁ bis
◀ max

Nr.	Kurztext / Langtext					Kostengruppe		
▶	▷	ø netto €	◁	◀	[Einheit]	Ausf.-Dauer	Positionsnummer	

51 Beschichtung OS 11a KG **395**

Beschichtung für begeh-/befahrbare und freibewitterte Flächen mit erhöhter dynamischer Rissüberbrückung mit Grundierung, Kratzspachtelung und Oberflächenschutzschicht auf Reaktionsharzbasis mit Quarzsand.
Bauteil: Fahrbahn
Lage: .....
Rautiefe: 0,5 mm
Beschichtung: OS 11a
Mindestschichtdicke: 3.300 µm
Rissüberbrückungskl.: erhöht, II T+V
Rutsch-Bewertungsgruppe: .....
Farbe: .....
Angeb. Fabrikat: .....
Auftragsmengen: .....
Prüfzeugnisnummer: .....

116 €   123 €   **129** €   138 €   149 €   [m²]   ⏱ 0,58 h/m²   381.000.052

52 Beschichtung OS 11b KG **395**

Beschichtung für begeh-/befahrbare und freibewitterte Flächen mit erhöhter dynamischer Rissüberbrückung mit Grundierung, Kratzspachtelung und Deckversiegelung auf Reaktionsharzbasis mit Quarzsand.
Bauteil: Fahrbahn
Lage: .....
Rautiefe: 0,5 mm
Beschichtung: OS 11b
Mindestschichtdicke: 4.750 µm
Rissüberbrückungskl.: erhöht, II T+V
Rutsch-Bewertungsgruppe: .....
Farbe: .....
Angeb. Fabrikat: .....
Auftragsmengen: .....
Prüfzeugnisnummer: .....

93 €   99 €   **104** €   111 €   119 €   [m²]   ⏱ 0,58 h/m²   381.000.053

53 Beschichtung OS 13 KG **395**

Beschichtung für begeh-/befahrbare, mechanisch belastete und überdachte Flächen mit nicht dynamischer Rissüberbrückung mit Grundierung, Kratzspachtelung und Deckversiegelung auf Reaktionsharzbasis mit Quarzsand.
Bauteil: Fahrbahn
Lage: .....
Rautiefe: 0,5
Beschichtung: OS 13
Mindestschichtdicke: 3.250 µm
Rissüberbrückungskl.: A1 (-10°C)
Farbe: .....
Angeb. Fabrikat: .....
Auftragsmengen: .....
Prüfzeugnisnummer: .....

68 €   72 €   **76** €   81 €   87 €   [m²]   ⏱ 0,54 h/m²   381.000.054

381
384
386
387

© **BKI** Baukosteninformationszentrum; Erläuterungen zu den Tabellen siehe Seite 22
Mustertexte geprüft: Deutscher Holz- und Bautenschutzverband e.V.

LB 381
Betonerhaltungsarbeiten

Kosten:
Stand 2.Quartal 2018
Bundesdurchschnitt

Nr.	Kurztext / Langtext				[Einheit]	Ausf.-Dauer	Kostengruppe Positionsnummer
▶	▷	ø netto €	◁	◀			

54 Spachtelung, Rautiefe über 1mm
KG **395**

Spachtelung auf Betonflächen mit Reaktionsharzmörtel zum Füllen von Fehlstellen, Poren und Lunkern, sowie zum Ausfüllen von Rautiefen über 1mm.
Bauteil: .....
Lage: .....
Angeb. Fabrikat: .....

| 13€ | 14€ | **14€** | 15€ | 16€ | [m²] | ⏱ 0,20 h/m² | 381.000.055 |

55 Kratzspachtelung, Rautiefe über 5mm
KG **395**

Kratzspachtel auf Betonflächen mit Reaktionsharzmörtel bei Vertiefungen über 5mm.
Bauteil: .....
Lage: .....
Angeb. Fabrikat: .....

| 18€ | 19€ | **20€** | 21€ | 24€ | [m²] | ⏱ 0,30 h/m² | 381.000.056 |

56 Beschichtung abstreuen, Quarzsand
KG **395**

Beschichtung mit Quarzsand abstreuen.
System: .....

| 3€ | 3€ | **3€** | 3€ | 4€ | [m²] | ⏱ 0,08 h/m² | 381.000.057 |

57 Deckversiegelung, OS
KG **395**

Deckversiegelung für Oberflächenschutzsystem.
Beschichtungssystem: .....

| 7€ | 7€ | **8€** | 8€ | 9€ | [m²] | ⏱ 0,15 h/m² | 381.000.058 |

58 Deckversiegelung, mit Abstreuung, OS
KG **395**

Deckversiegelung mit Abstreuung aus Quarzsand für Oberflächenschutzsystem.
Beschichtungssystem: .....

| 9€ | 9€ | **10€** | 10€ | 11€ | [m²] | ⏱ 0,13 h/m² | 381.000.059 |

▶ min
▷ von
ø Mittel
◁ bis
◀ max

381
384
386
387

LB 384 Abbruch- und Rückbauarbeiten

Kosten: Stand 2.Quartal 2018, Bundesdurchschnitt

Legende:
- ▶ min
- ▷ von
- ø Mittel
- ◁ bis
- ◀ max

Preise €

Nr.	Positionen	Einheit	▶	▷ ø brutto € / ø netto €		◁	◀
1	Baugelände abräumen, Bewuchs	m²	1 / 0,9	3 / 2,7	**4** / **3,4**	6 / 5,1	9 / 7,9
2	Abbruch, Asphaltdeckschicht	m²	7 / 6	10 / 9	**11** / **9**	11 / 10	14 / 12
3	Fundament abbrechen, Stahlbeton	m³	75 / 63	113 / 95	**151** / **127**	181 / 152	212 / 178
4	Bodenplatte abbrechen, Beton	m³	85 / 72	118 / 99	**158** / **133**	189 / 159	233 / 196
5	Bodenplatte abbrechen, Stahlbeton	m³	112 / 94	172 / 144	**215** / **180**	258 / 216	287 / 241
6	Kelleraußenwände abbrechen, Beton	m³	174 / 146	210 / 177	**242** / **203**	271 / 228	298 / 250
7	Kelleraußenwände abbrechen, Stahlbeton	m³	190 / 160	230 / 193	**264** / **222**	296 / 248	325 / 273
8	Außenwände abbrechen, Stahlbeton	m³	185 / 156	224 / 188	**257** / **216**	288 / 242	317 / 266
9	Außenmauerwerk abbrechen, Ziegel 36,5cm	m³	121 / 102	136 / 114	**160** / **134**	186 / 156	252 / 212
10	Verblendmauerwerk, abbrechen	m²	35 / 29	40 / 33	**50** / **42**	60 / 50	65 / 55
11	Ziegelpflaster abbrechen, Außenbereich	m²	13 / 11	15 / 13	**19** / **16**	23 / 19	25 / 21
12	Außentreppenstufen abbrechen, Beton	St	134 / 113	162 / 137	**187** / **157**	209 / 176	230 / 193
13	Innenwand abbrechen, Gipsdielen, 10cm	m²	25 / 21	29 / 24	**36** / **30**	43 / 36	47 / 40
14	Innenwand abbrechen, Porenbeton, 17,5cm	m²	15 / 13	32 / 27	**40** / **33**	48 / 40	59 / 49
15	Innenwand abbrechen, Mauerwerk 11,5cm	m²	17 / 14	25 / 21	**31** / **26**	37 / 31	48 / 40
16	Innenwand abbrechen, Mauerwerk 24cm	m²	18 / 15	34 / 28	**42** / **35**	51 / 42	59 / 49
17	Innenwand abbrechen, Stahlbeton bis 15cm	m³	170 / 142	205 / 172	**235** / **198**	264 / 222	290 / 243
18	Innenwand abbrechen, Stahlbeton bis 25cm	m³	188 / 158	227 / 191	**261** / **220**	293 / 246	321 / 270
19	Decke abbrechen, Ziegelhohlkörper	m²	32 / 27	37 / 31	**46** / **39**	56 / 47	63 / 53
20	Decke abbrechen, Stb-Hohldielen	m²	– / –	40 / 34	**50** / **42**	60 / 50	– / –
21	Stahlbetonstützen abbrechen	m³	249 / 209	300 / 252	**345** / **290**	387 / 325	425 / 357
22	Geschossdecke abbrechen, Stahlbeton 25cm	m³	196 / 165	244 / 205	**280** / **235**	322 / 271	364 / 306
23	Geschossdecke abbrechen, Hohldielen 25cm	m²	35 / 29	43 / 36	**50** / **42**	56 / 47	67 / 56
24	Stahlbetontreppe abbrechen	St	503 / 423	608 / 511	**699** / **587**	782 / 657	845 / 710

© BKI Baukosteninformationszentrum; Erläuterungen zu den Tabellen siehe Seite 22
Mustertexte geprüft: Deutscher Abbruchverband e.V. (DA)

Kostenstand: 2.Quartal 2018, Bundesdurchschnitt

Abbruch- und Rückbauarbeiten — Preise €

Nr.	Positionen	Einheit	▶	▷	ø brutto € ø netto €	◁	◀
25	Natursteinbelag abbrechen, Mörtelbett	m²	10	14	**18**	21	35
			8	12	**15**	18	30
26	Natursteinbekleidung abbrechen, außen	m²	30	35	**43**	52	58
			25	29	**36**	44	49
27	Fensterbank abbrechen, Naturstein, außen	m	10	12	**14**	16	18
			9	10	**12**	13	15
28	Fensterbank abbrechen, Naturstein, innen	St	11	16	**20**	23	31
			9	13	**17**	20	26
29	Betonwerksteinplattenbelag abbrechen	m²	10	12	**15**	18	19
			9	10	**12**	15	16
30	Betonwerksteinbelag abbrechen	m²	16	19	**24**	29	32
			14	16	**20**	24	27
31	Fensterbank abbrechen, Betonwerkstein, innen	m	–	12	**14**	16	–
			–	10	**12**	14	–
32	Gehwegplatten abbrechen, Betonwerkstein	m²	–	8	**11**	13	–
			–	7	**9**	11	–
33	Innenwandbekleidung entfernen, Holz	m²	6	8	**10**	12	21
			5	7	**9**	10	17
34	Deckenbekleidung entfernen, Holz	m²	11	15	**19**	23	31
			9	13	**16**	19	26
35	Außenwandbekleidung entfernen, Holz	m²	12	14	**17**	21	23
			10	12	**14**	17	19
36	Wanddämmung entfernen, MW	m²	4	7	**9**	11	13
			4	6	**7**	9	11
37	Wanddämmung entfernen, MW alt	m²	4	9	**11**	14	13
			4	8	**10**	12	11
38	Dachdämmung entfernen, MW	m²	4	7	**9**	11	15
			4	6	**8**	9	13
39	Dachdämmung entfernen, MW alt	m²	4	9	**12**	14	15
			4	8	**10**	12	13
40	Lattentrennwand abbrechen	m²	6	11	**14**	16	25
			5	9	**12**	14	21
41	Holzständerwand abbrechen	m²	15	17	**21**	25	28
			12	14	**18**	21	24
42	Holztreppe abbrechen	St	111	146	**182**	218	357
			93	122	**153**	183	300
43	Holzleiter abbrechen	St	7	9	**11**	13	16
			6	8	**9**	11	13
44	Holzhandlauf entfernen	m	7	8	**10**	12	14
			6	7	**8**	10	11
45	Holzfußboden entfernen, Bodenbretter	m²	6	8	**10**	12	22
			5	7	**9**	10	18
46	Holzfußboden entfernen, Bretter/Lagerhölzer	m²	8	10	**12**	15	25
			7	8	**10**	12	21
47	Spanplattenboden abbrechen	m²	10	15	**19**	23	32
			9	13	**16**	19	27
48	Schüttung entfernen, Lagerhölzer	m²	8	9	**11**	13	21
			7	7	**9**	11	18

© **BKI** Baukosteninformationszentrum; Erläuterungen zu den Tabellen siehe Seite 22
Mustertexte geprüft: Deutscher Abbruchverband e.V. (DA)

Kostenstand: 2.Quartal 2018, Bundesdurchschnitt

LB 384 Abbruch- und Rückbauarbeiten

Abbruch- und Rückbauarbeiten — Preise €

Nr.	Positionen	Einheit	▶ min	▷ von ø brutto € / ø netto €	ø Mittel	◁ bis	◀ max
49	Schüttung entfernen, Holzbalkendecke	m²	8	16	**20**	24	29
			7	13	**17**	20	25
50	Fehlboden entfernen	m²	7	10	**13**	16	23
			6	9	**11**	13	19
51	Deckenbalken abbrechen	m	6	9	**11**	13	20
			5	8	**9**	11	17
52	Holzbalkendecke abbrechen	m²	32	58	**73**	88	96
			27	49	**61**	74	81
53	Dachstuhlhölzer abbrechen	m	7	12	**16**	19	25
			6	10	**13**	16	21
54	Bodenabdichtung entfernen, Bitumen, 1-lagig	m²	–	14	**18**	21	–
			–	12	**15**	18	–
55	Bodenabdichtung entfernen, Bitumen, 2-lagig	m²	–	18	**22**	27	–
			–	15	**19**	22	–
56	Bitumenbeschichtung entfernen, Wand	m²	10	14	**18**	21	25
			8	12	**15**	18	21
57	Bitumenbahnen entfernen, Wand	m²	–	20	**24**	29	–
			–	17	**20**	24	–
58	Schutzbahn entfernen, Wand	m²	–	12	**14**	17	–
			–	10	**12**	14	–
59	Dachdeckung entfernen	m²	6	9	**11**	13	16
			5	8	**10**	11	13
60	Faserzement-Wellplattendeckung entfernen	m²	7	9	**10**	12	18
			6	7	**8**	10	15
61	Formziegel entfernen, gemörtelt	m	3	5	**7**	8	14
			2	5	**6**	7	12
62	Dachlattung entfernen	m²	2	3	**3**	4	4
			1	2	**3**	3	3
63	Bitumendachbahn entfernen, 1-lagig	m²	4	8	**9**	11	18
			3	6	**8**	9	15
64	Bitumendachbahn entfernen, 2-lagig	m²	4	10	**13**	15	21
			4	9	**11**	13	17
65	Dachschalung entfernen	m²	8	13	**16**	19	26
			7	11	**13**	16	22
66	Ortgangbrett entfernen	m²	4	7	**9**	11	13
			3	6	**8**	9	11
67	Blechteile entfernen, bis Z 600	m	1	3	**4**	5	8
			1	3	**3**	4	7
68	Schneefanggitter entfernen	m	0,8	2,4	**3,0**	3,3	7,2
			0,7	2,0	**2,6**	2,8	6,1
69	Blitzableiter entfernen	m	–	1	**1**	2	–
			–	1	**1**	1	–
70	Entlüftungsrohr entfernen	St	2	7	**9**	11	21
			1	6	**8**	9	18
71	Laufrost entfernen	m	2	4	**6**	7	10
			2	4	**5**	6	8
72	Dachfenster ausbauen	St	28	54	**68**	82	92
			24	46	**57**	69	77

Kosten: Stand 2.Quartal 2018 Bundesdurchschnitt

▶ min
▷ von
ø Mittel
◁ bis
◀ max

© **BKI** Baukosteninformationszentrum; Erläuterungen zu den Tabellen siehe Seite 22
Mustertexte geprüft: Deutscher Abbruchverband e.V. (DA)

Abbruch- und Rückbauarbeiten — Preise €

Nr.	Positionen	Einheit	▶	▷	ø brutto € ø netto €	◁	◀
73	Dachluke entfernen	St	14	20	**24** **20**	29	41
			12	16		25	35
74	Unterspannbahn entfernen	m²	2	4	**5** **4**	6	6
			2	4		5	5
75	Dachrinne vorgehängt, entfernen	m	2	3	**4** **3**	5	7
			2	3		4	5
76	Kastenrinne entfernen	m	3	4	**6** **5**	7	9
			2	4		6	8
77	Schneefanggitter entfernen	m	3	4	**5** **4**	6	10
			2	3		5	8
78	Fallrohr entfernen	m	1	3	**4** **3**	5	6
			1	3		4	5
79	Standrohr entfernen	St	4	9	**11** **9**	13	24
			3	7		11	21
80	Traufblech entfernen	m	2	2	**3** **2**	3	7
			2	2		3	6
81	Winkelkehle entfernen	m	2	3	**4** **4**	5	8
			2	3		4	7
82	Verwahrung entfernen	m	3	4	**5** **5**	7	11
			2	4		6	9
83	Ortgangverblechung entfernen	m	2	4	**5** **4**	6	10
			2	3		5	9
84	Wandanschlussprofile entfernen	m	4	8	**10** **8**	12	16
			4	7		10	13
85	Fensterblech entfernen	m	2	4	**5** **4**	6	9
			2	3		5	8
86	Blechabdeckung entfernen	m	3	5	**7** **6**	8	12
			2	4		7	10
87	Schornsteinverblechung entfernen	m²	10	16	**21** **17**	25	37
			9	14		21	31
88	Gaubenverblechung entfernen	m²	6	10	**13** **11**	15	25
			5	8		13	21
89	Blech-Dachdeckung entfernen	m²	6	13	**17** **14**	21	30
			5	11		18	25
90	Blechbekleidung entfernen	m²	–	15	**19** **16**	23	–
			–	13		20	–
91	Außenputz abschlagen, Mauerwerk	m²	7	12	**14** **12**	16	23
			6	10		14	20
92	Sockelputz abschlagen	m²	7	11	**12** **10**	14	20
			6	9		12	17
93	Deckenputz abschlagen	m²	10	15	**17** **15**	20	25
			8	13		17	21
94	Bodenfliesen entfernen, Mörtelbett	m²	10	14	**18** **15**	21	29
			8	12		18	24
95	Wandfliesen entfernen, Dickbett	m²	8	13	**16** **14**	20	25
			7	11		16	21
96	Verbundestrich abbrechen, bis 50mm	m²	10	14	**18** **15**	23	28
			8,8	12		19	24

© **BKI** Baukosteninformationszentrum; Erläuterungen zu den Tabellen siehe Seite 22
Mustertexte geprüft: Deutscher Abbruchverband e.V. (DA)

Kostenstand: 2.Quartal 2018, Bundesdurchschnitt

LB 384 Abbruch- und Rückbauarbeiten

Abbruch- und Rückbauarbeiten — Preise €

Kosten:
Stand 2.Quartal 2018
Bundesdurchschnitt

▶ min
▷ von
ø Mittel
◁ bis
◀ max

Nr.	Positionen	Einheit	▶	▷	ø brutto € / ø netto €	◁	◀
97	Verbundestrich abbrechen, bis 70mm	m²	15	20	**25**	31	39
			12	17	**21**	26	32
98	Estrich, schwimmend, abbrechen	m²	12	18	**23**	27	34
			10	15	**19**	23	28
99	Kellerfenster ausbauen, Holz, 0,5m²	St	13	19	**23**	28	56
			11	16	**20**	24	47
100	Fenster ausbauen, Holz, bis 1,5m²	St	23	42	**52**	62	97
			19	35	**44**	52	82
101	Fenster ausbauen, Holz, bis 2,5m²	St	25	53	**66**	79	131
			21	44	**55**	66	110
102	Fenstertür ausbauen, Holz, bis 3,5m²	St	31	67	**83**	100	157
			26	56	**70**	84	132
103	Fenster ausbauen, Kunststoff, bis 1,5m²	St	21	33	**41**	49	64
			17	28	**35**	42	54
104	Fenster ausbauen, Kunststoff, bis 2,5m²	St	25	45	**57**	68	80
			21	38	**48**	57	67
105	Fenstertür ausbauen, Kunststoff, bis 3,5m²	St	45	74	**93**	111	157
			38	62	**78**	93	132
106	Hauseingangstür ausbauen, bis 4,0m²	St	56	102	**128**	153	168
			47	86	**107**	129	141
107	Kelleraußentür ausbauen, bis 2,5m²	St	–	42	**52**	63	–
			–	35	**44**	53	–
108	Innentür, Holz, 1-flüglig, entfernen	St	24	36	**44**	53	63
			20	30	**37**	45	53
109	Wandbekleidung, Holz, entfernen	m²	6	15	**19**	23	32
			5	13	**16**	19	27
110	Deckenbekleidung, Holz, entfernen	m²	–	19	**24**	29	–
			–	16	**20**	24	–
111	Fensterbank ausbauen, Holz, bis 1,5m	St	8	14	**17**	20	30
			7	11	**14**	17	25
112	Fensterbank ausbauen, Holz, bis 2,5m	St	15	22	**27**	32	44
			13	18	**23**	27	37
113	Laibungsbekleidung, Holz, entfernen	m	–	11	**14**	16	–
			–	9	**12**	14	–
114	Montagewand abbrechen, GK	m²	11	16	**21**	25	32
			9	13	**17**	21	27
115	Deckenkleidung abbrechen; GK	m²	10	16	**20**	24	27
			8	13	**17**	20	23
116	Unterdecke abbrechen, GK	m²	8	13	**16**	19	24
			7	11	**13**	16	21
117	Verkofferung abbrechen, GK	m²	12	17	**22**	26	31
			10	14	**18**	22	26
118	Stundensatz Facharbeiter, Abbrucharbeiten	h	40	50	**55**	59	70
			34	42	**46**	49	59
119	Stundensatz Helfer, Abbrucharbeiten	h	34	44	**48**	52	64
			28	37	**41**	44	54

Nr.	**Kurztext** / Langtext							Kostengruppe
▶	▷	**ø netto €**	◁	◀	[Einheit]		Ausf.-Dauer	Positionsnummer

1 Baugelände abräumen, Bewuchs — KG **214**

Baugelände von Gestrüpp, Sträuchern und Bäumen abräumen. Die aufgenommenen Stoffe sammeln, auf LKW des AN laden, zur Verwertungsanlage transportieren und entsorgen. Die Entsorgungsgebühren werden vom AN übernommen.
Sträucher: bis 50 cm Bewuchshöhe
Bäume: bis 15 cm Durchmesser
Abfallschlüssel nach AVV: 170201 Holz
Transportweg: bis ..... km
Anlage (Bezeichnung/Ort): .....

| 0,9 € | 2,7 € | **3,4 €** | 5,1 € | 7,9 € | [m²] | ⏱ 0,10 h/m² | 384.001.080 |

2 Abbruch, Asphaltdeckschicht — KG **212**

Asphaltdeckschicht, nicht schadstoffbelastet, einschneiden und aufbrechen, die aufgenommenen Stoffe sammeln, auf LKW des AN laden, zur Verwertungsanlage transportieren und entsorgen. Die Entsorgungsgebühren werden vom AN übernommen.
Belag: **Ashaltbeton / Splittmastixasphalt**
Flächenlast nach DIN EN 1991-1-1: 0,23 kN/m²/cm
Belagstärke: bis 15 cm
Verwertungsklasse nach RuVA-StB: A
Abfallschlüssel nach AVV: 170302 Bitumengemische
Transportweg: bis ..... km
Anlage (Bezeichnung/Ort): .....

| 6 € | 9 € | **9 €** | 10 € | 12 € | [m²] | ⏱ 0,20 h/m² | 384.001.084 |

3 Fundament abbrechen, Stahlbeton — KG **394**

Fundamente aus Stahlbeton, ohne Schadstoffbelastung, abbrechen und entsorgen. Die aufgenommenen Stoffe sammeln, auf LKW des AN laden, zur Verwertungsanlage transportieren und entsorgen. Die Entsorgungsgebühren werden vom AN übernommen.
Abmessungen: .....
Abfallschlüssel nach AVV: 170101 Beton
Ausführung: mit Geräteeinsatz im Freien
Transportweg: bis ..... km
Anlage (Bezeichnung/Ort): .....

| 63 € | 95 € | **127 €** | 152 € | 178 € | [m³] | ⏱ 2,80 h/m³ | 384.001.088 |

4 Bodenplatte abbrechen, Beton — KG **394**

Bodenplatte aus Beton, ohne Schadstoffbelastung, abbrechen und entsorgen. Die aufgenommenen Stoffe sammeln, auf LKW des AN laden, zur Verwertungsanlage transportieren und entsorgen. Die Entsorgungsgebühren werden vom AN übernommen.
Bauteildicke: .....
Betonfestigkeitsklasse: nach Bestandsunterlagen
Abfallschlüssel nach AVV: 170101 Beton
Ausführung: mit Geräteeinsatz im Freien
Transportweg: bis ..... km
Anlage (Bezeichnung/Ort): .....

| 72 € | 99 € | **133 €** | 159 € | 196 € | [m³] | ⏱ 2,60 h/m³ | 384.001.089 |

LB 384 Abbruch- und Rückbauarbeiten

Nr.	Kurztext / Langtext					[Einheit]	Ausf.-Dauer	Kostengruppe Positionsnummer
▶	▷	ø netto €	◁	◀				

5 Bodenplatte abbrechen, Stahlbeton KG **394**

Bodenplatte aus Stahlbeton, ohne Schadstoffbelastung, abbrechen und entsorgen. Die aufgenommen Stoffe sammeln, auf LKW des AN laden, zur Verwertungsanlage transportieren und entsorgen. Die Entsorgungsgebühren werden vom AN übernommen.
Bauteildicke: .....
Betonfestigkeitsklasse: nach Bestandsunterlagen
Abfallschlüssel nach AVV: 170101 Beton
Ausführung: mit Geräteeinsatz im Freien
Transportweg: bis ..... km
Anlage (Bezeichnung/Ort): .....

| 94€ | 144€ | **180**€ | 216€ | 241€ | | [m³] | ⏱ 3,00 h/m³ | 384.001.090 |

6 Kelleraußenwände abbrechen, Beton KG **394**

Kelleraußenwände aus unbewehrtem Beton, ohne Schadstoffbelastung, in verschiedenen Dicken abbrechen und entsorgen. Die aufgenommenen Stoffe sammeln, auf LKW des AN laden, zur Verwertungsanlage transportieren und entsorgen. Die Entsorgungsgebühren werden vom AN übernommen.
Wanddicke: ..... cm
Abfallschlüssel nach AVV: 170101 Beton
Ausführung: mit Geräteeinsatz im Freien
Transportweg: bis ..... km
Anlage (Bezeichnung/Ort): .....

| 146€ | 177€ | **203**€ | 228€ | 250€ | | [m³] | ⏱ 4,00 h/m³ | 384.001.092 |

7 Kelleraußenwände abbrechen, Stahlbeton KG **394**

Kelleraußenwände aus Stahlbeton, ohne Schadstoffbelastung, in verschiedenen Dicken abbrechen und entsorgen. Die aufgenommenen Stoffe sammeln, auf LKW des AN laden, zur Verwertungsanlage transportieren und entsorgen. Die Entsorgungsgebühren werden vom AN übernommen.
Wanddicke: ..... cm
Abfallschlüssel nach AVV: 170101 Beton
Ausführung: mit Geräteeinsatz im Freien
Transportweg: bis ..... km
Anlage (Bezeichnung/Ort): .....

| 160€ | 193€ | **222**€ | 248€ | 273€ | | [m³] | ⏱ 4,50 h/m³ | 384.001.093 |

8 Außenwände abbrechen, Stahlbeton KG **394**

Außenwände aus Stahlbeton, ohne Schadstoffbelastung, in verschiedenen Dicken abbrechen und entsorgen. Die aufgenommenen Stoffe sammeln, auf LKW des AN laden, zur Verwertungsanlage transportieren und entsorgen. Die Entsorgungsgebühren werden vom AN übernommen.
Wanddicke: ..... cm
Abfallschlüssel nach AVV: 170101 Beton
Ausführung: mit Geräteeinsatz im Freien
Transportweg: bis ..... km
Anlage (Bezeichnung/Ort): .....

| 156€ | 188€ | **216**€ | 242€ | 266€ | | [m³] | ⏱ 4,20 h/m³ | 384.001.094 |

Kosten:
Stand 2.Quartal 2018
Bundesdurchschnitt

▶ min
▷ von
ø Mittel
◁ bis
◀ max

Nr.	**Kurztext** / Langtext						Kostengruppe	
▶	▷	**ø netto €**	◁	◀	[Einheit]	Ausf.-Dauer	Positionsnummer	

9   Außenmauerwerk abbrechen, Ziegel 36,5cm   KG **394**

Außenwand aus verputztem Ziegelmauerwerk, ohne Schadstoffbelastung, abbrechen und entsorgen. Die aufgenommenen Stoffe sammeln, auf LKW des AN laden, zur Verwertungsanlage transportieren und entsorgen. Die Entsorgungsgebühren werden vom AN übernommen.
Wanddicke: 36,5 cm, mit beidseitigem Putz
Format: .....
Verfugung: .....
Abfallschlüssel nach AVV: 170107 Gemische aus Beton, Ziegel, Fliesen und Keramik
Ausführung: mit Geräteeinsatz im Freien
Transportweg: bis ..... km
Anlage (Bezeichnung/Ort): .....

| 102 € | 114 € | **134 €** | 156 € | 212 € | [m³] | ⏱ 2,15 h/m³ | 384.001.095 |

10   Verblendmauerwerk, abbrechen   KG **394**

Verblendmauerwerk aus Mauerwerkssteinen, ohne Schadstoffbelastung, abbrechen und entsorgen. Die aufgenommenen Stoffe sammeln, auf LKW des AN laden, zur Verwertungsanlage transportieren und entsorgen. Die Entsorgungsgebühren werden vom AN übernommen.
Mauerwerk: .....
Dicke: .....
Abfallschlüssel nach AVV: 170107 Gemische aus Beton, Ziegel, Fliesen und Keramik
Ausführung: mit Geräteeinsatz im Freien
Transportweg: bis ..... km
Anlage (Bezeichnung/Ort): .....

| 29 € | 33 € | **42 €** | 50 € | 55 € | [m²] | ⏱ 0,85 h/m² | 384.001.097 |

11   Ziegelpflaster abbrechen, Außenbereich   KG **394**

Ziegelpflaster im Außenbereich, ohne Schadstoffbelastung, abbrechen und entsorgen. Die aufgenommenen Stoffe sammeln, auf LKW des AN laden, zur Verwertungsanlage transportieren und entsorgen. Die Entsorgungsgebühren werden vom AN übernommen.
Einbauort: .....
Abfallschlüssel nach AVV: **170102 Ziegel / 170107 Gemische aus Beton, Ziegel, Fliesen und Keramik**
Ausführung: mit Geräteeinsatz im Freien
Transportweg: bis ..... km
Anlage (Bezeichnung/Ort): .....

| 11 € | 13 € | **16 €** | 19 € | 21 € | [m²] | ⏱ 0,30 h/m² | 384.001.098 |

12   Außentreppenstufen abbrechen, Beton   KG **594**

Außentreppenstufen aus Beton einschl. Unterbau, ohne Schadstoffbelastung, abbrechen und entsorgen. Die aufgenommenen Stoffe sammeln, auf LKW des AN laden, zur Verwertungsanlage transportieren und entsorgen. Die Entsorgungsgebühren werden vom AN übernommen.
Treppenbreite: bis 2,0 m
Stufenabmessung: .....
Abfallschlüssel nach AVV: 170101 Beton
Ausführung: mit Geräteeinsatz im Freien
Transportweg: bis ..... km
Anlage (Bezeichnung/Ort): .....

| 113 € | 137 € | **157 €** | 176 € | 193 € | [St] | ⏱ 4,00 h/St | 384.001.099 |

381
384
386
387

LB 384
Abbruch- und Rückbauarbeiten

Nr.	Kurztext / Langtext						Kostengruppe
▶	▷	ø netto €	◁	◀	[Einheit]	Ausf.-Dauer	Positionsnummer

13 Innenwand abbrechen, Gipsdielen, 10cm — KG **394**

Innenwand aus Gipsdiele, ohne Schadstoffbelastung, abbrechen und entsorgen. Die aufgenommenen Stoffe sammeln, auf LKW des AN laden, zur Verwertungsanlage transportieren und entsorgen. Die Entsorgungsgebühren werden vom AN übernommen.
Wanddicke: 10 cm
Abfallschlüssel nach AVV: 170802 Baustoffe auf Gipsbasis mit Ausnahme derjenigen, die unter 170801* fallen
Ausführung: in allen Geschossen
Transportweg: bis ..... km
Anlage (Bezeichnung/Ort): .....

| 21 € | 24 € | **30 €** | 36 € | 40 € | [m²] | ⏱ 0,55 h/m² | 384.001.100 |

14 Innenwand abbrechen, Porenbeton, 17,5cm — KG **394**

Innenwand aus Porenbeton, ohne Schadstoffbelastung, abbrechen und entsorgen. Die aufgenommenen Stoffe sind getrennt zu sammeln, auf LKW des AN laden, zur Verwertungsanlage transportieren und entsorgen. Die Entsorgungsgebühren werden vom AN übernommen.
Wanddicke: bis 17,5 cm
Abfallschlüssel nach AVV: 170101 Beton
Ausführung: in allen Geschossen
Transportweg: bis ..... km
Anlage (Bezeichnung/Ort): .....

| 13 € | 27 € | **33 €** | 40 € | 49 € | [m²] | ⏱ 0,60 h/m² | 384.001.101 |

15 Innenwand abbrechen, Mauerwerk 11,5cm — KG **394**

Innenwand aus verputztem Mauerwerk, ohne Schadstoffbelastung, abbrechen und entsorgen. Die aufgenommenen Stoffe sammeln, auf LKW des AN laden, zur Verwertungsanlage transportieren und entsorgen. Die Entsorgungsgebühren werden vom AN übernommen.
Mauerwerk: 11,5 cm, mit beidseitigem Putz
Abfallschlüssel nach AVV: 170107 Gemische aus Beton, Ziegel, Fliesen und Keramik
Ausführung: in allen Geschossen
Transportweg: bis ..... km
Anlage (Bezeichnung/Ort): .....

| 14 € | 21 € | **26 €** | 31 € | 40 € | [m²] | ⏱ 0,50 h/m² | 384.001.102 |

16 Innenwand abbrechen, Mauerwerk 24cm — KG **394**

Innenwand aus verputztem Mauerwerk, ohne Schadstoffbelastung, abbrechen und entsorgen. Die aufgenommenen Stoffe sammeln, auf LKW des AN laden, zur Verwertungsanlage transportieren und entsorgen. Die Entsorgungsgebühren werden vom AN übernommen. Leistung einschl. der Abstütz- und Sicherungsmaßnahmen im Bauwerk.
Wanddicke: bis 24 cm, mit beidseitigem Putz
Abfallschlüssel nach AVV: 170107 Gemische aus Beton, Ziegel, Fliesen und Keramik
Ausführung: in allen Geschossen
Transportweg: bis ..... km
Anlage (Bezeichnung/Ort): .....

| 15 € | 28 € | **35 €** | 42 € | 49 € | [m²] | ⏱ 0,50 h/m² | 384.001.103 |

Kosten: Stand 2.Quartal 2018 Bundesdurchschnitt

▶ min
▷ von
ø Mittel
◁ bis
◀ max

Nr.	Kurztext / Langtext						Kostengruppe
▶	▷ ø **netto €** ◁ ◀				[Einheit]	Ausf.-Dauer	Positionsnummer

17 Innenwand abbrechen, Stahlbeton bis 15cm KG **394**

Innenwände aus Stahlbeton, nicht tragend, ohne Schadstoffbelastung, abbrechen und entsorgen. Die aufgenommenen Stoffe sammeln, auf LKW des AN laden, zur Verwertungsanlage transportieren und entsorgen. Die Entsorgungsgebühren werden vom AN übernommen.
Wanddicke: bis 15 cm
Abfallschlüssel nach AVV: 170101 Beton
Ausführung: in allen Geschossen
Transportweg: bis ..... km
Anlage (Bezeichnung/Ort): .....

| 142€ | 172€ | **198€** | 222€ | 243€ | [m³] | ⏱ 4,80 h/m³ | 384.001.104 |

18 Innenwand abbrechen, Stahlbeton bis 25cm KG **394**

Innenwände aus Stahlbeton, tragend, ohne Schadstoffbelastung, abbrechen und entsorgen. Die aufgenommenen Stoffe sammeln, auf LKW des AN laden, zur Verwertungsanlage transportieren und entsorgen. Die Entsorgungsgebühren werden vom AN übernommen.
Wanddicke: bis 25 cm
Abfallschlüssel nach AVV: 170101 Beton
Ausführung: in allen Geschossen
Transportweg: bis ..... km
Anlage (Bezeichnung/Ort): .....

| 158€ | 191€ | **220€** | 246€ | 270€ | [m³] | ⏱ 4,60 h/m³ | 384.001.105 |

19 Decke abbrechen, Ziegelhohlkörper KG **394**

Ziegelhohlkörperdecke einschl. Aufbeton, ohne Schadstoffbelastung, abbrechen und entsorgen. Die aufgenommenen Stoffe sammeln, auf LKW des AN laden, zur Verwertungsanlage transportieren und entsorgen. Die Entsorgungsgebühren werden vom AN übernommen.
Deckendicke: 21 cm
Abfallschlüssel nach AVV: 170107 Gemische aus Beton, Ziegel, Fliesen und Keramik
Ausführung: mit Geräteeinsatz im Freien
Transportweg: bis ..... km
Anlage (Bezeichnung/Ort): .....

| 27€ | 31€ | **39€** | 47€ | 53€ | [m²] | ⏱ 0,70 h/m² | 384.001.108 |

20 Decke abbrechen, Stb-Hohldielen KG **394**

Stahlbeton-Hohldielen-Decke einschl. Aufbeton, ohne Schadstoffbelastung, abbrechen und entsorgen. Die aufgenommenen Stoffe sammeln, auf LKW des AN laden, zur Verwertungsanlage transportieren und entsorgen. Die Entsorgungsgebühren werden vom AN übernommen.
Deckendicke: 15 cm
Abfallschlüssel nach AVV: 170101 Beton
Ausführung: mit Geräteeinsatz im Freien
Transportweg: bis ..... km
Anlage (Bezeichnung/Ort): .....

| –€ | 34€ | **42€** | 50€ | –€ | [m²] | ⏱ 0,70 h/m² | 384.001.109 |

LB 384 Abbruch- und Rückbauarbeiten

Nr.	Kurztext / Langtext							Kostengruppe
▶	▷	ø netto €	◁	◀	[Einheit]	Ausf.-Dauer	Positionsnummer	

21 Stahlbetonstützen abbrechen — KG **394**

Stahlbetonstützen verschiedener Querschnitte, ohne Schadstoffbelastung, abbrechen und entsorgen. Die aufgenommenen Stoffe sammeln, auf LKW des AN laden, zur Verwertungsanlage transportieren und entsorgen. Die Entsorgungsgebühren werden vom AN übernommen.
Abbruchort: .....
Querschnitte: ....
Abfallschlüssel nach AVV: 170101 Beton
Ausführung: mit Geräteeinsatz im Freien
Transportweg: bis ..... km
Anlage (Bezeichnung/Ort): .....

| 209€ | 252€ | **290€** | 325€ | 357€ | [m³] | ⏱ 5,80 h/m³ | 384.001.110 |

22 Geschossdecke abbrechen, Stahlbeton 25cm — KG **394**

Geschossdecken aus Stahlbeton, ohne Schadstoffbelastung, abbrechen und entsorgen. Die aufgenommenen Stoffe sammeln, auf LKW des AN laden, zur Verwertungsanlage transportieren und entsorgen. Die Entsorgungsgebühren werden vom AN übernommen.
Deckendicke: bis 25 cm
Abbruchort: .....
Abfallschlüssel nach AVV: 170101 Beton
Ausführung: mit Geräteeinsatz im Freien
Transportweg: bis ..... km
Anlage (Bezeichnung/Ort): .....

| 165€ | 205€ | **235€** | 271€ | 306€ | [m³] | ⏱ 3,80 h/m³ | 384.001.111 |

23 Geschossdecke abbrechen, Hohldielen 25cm — KG **394**

Geschossdecken aus Stahlbeton-Hohldielen, ohne Schadstoffbelastung, abbrechen und entsorgen. Die aufgenommenen Stoffe sammeln, auf LKW des AN laden, zur Verwertungsanlage transportieren und entsorgen. Die Entsorgungsgebühren werden vom AN übernommen.
Deckendicke: bis 25 cm
Abbruchort: .....
Abfallschlüssel nach AVV: 170101 Beton
Ausführung: mit Geräteeinsatz im Freien
Transportweg: bis ..... km
Anlage (Bezeichnung/Ort): .....

| 29€ | 36€ | **42€** | 47€ | 56€ | [m²] | ⏱ 3,80 h/m² | 384.001.112 |

24 Stahlbetontreppe abbrechen — KG **394**

Stahlbetontreppen, eingeschossig, ohne Schadstoffbelastung, abbrechen und entsorgen. Die aufgenommenen Stoffe sammeln, auf LKW des AN laden, zur Verwertungsanlage transportieren und entsorgen. Die Entsorgungsgebühren werden vom AN übernommen.
Stufenanzahl: 14 Stück
Steigungsverhältnis: 27/18 cm
Laufbreite: bis 1,50 m
Abbruchort: .....
Abfallschlüssel nach AVV: 170101 Beton
Ausführung: mit Geräteeinsatz im Freien
Transportweg: bis ..... km
Anlage (Bezeichnung/Ort): .....

| 423€ | 511€ | **587€** | 657€ | 710€ | [St] | ⏱ 12,00 h/St | 384.001.114 |

Kosten: Stand 2.Quartal 2018 Bundesdurchschnitt

▶ min
▷ von
ø Mittel
◁ bis
◀ max

© BKI Baukosteninformationszentrum; Erläuterungen zu den Tabellen siehe Seite 22
Mustertexte geprüft: Deutscher Abbruchverband e.V. (DA)

Nr.	Kurztext / Langtext						Kostengruppe	
▶	▷	ø netto €	◁	◀	[Einheit]	Ausf.-Dauer	Positionsnummer	

25 Natursteinbelag abbrechen, Mörtelbett — KG 394

Plattenbelag aus Naturwerkstein in Mörtelbett, ohne Schadstoffbelastung, entfernen und entsorgen. Die aufgenommenen Stoffe sammeln, auf LKW des AN laden, zur Verwertungsanlage transportieren und entsorgen. Die Entsorgungsgebühren werden vom AN übernommen.
Konstruktionsdicke: ca. 6 cm
Abfallschlüssel nach AVV: 170103 Fliesen/Ziegel/Keramik
Ausführung: mit Geräteeinsatz **im Freien / im Gebäude**
Transportweg: bis ..... km
Anlage (Bezeichnung/Ort): .....

▶	▷	ø netto €	◁	◀	[Einheit]	Ausf.-Dauer	Positionsnummer
8 €	12 €	**15 €**	18 €	30 €	[m²]	0,20 h/m²	384.001.115

26 Natursteinbekleidung abbrechen, außen — KG 394

Fassadenbekleidung aus Natursteinplatten, ohne Schadstoffbelastung, abbrechen und entsorgen. Die aufgenommenen Stoffe sammeln, auf LKW des AN laden, zur Verwertungsanlage transportieren und entsorgen. Die Entsorgungsgebühren werden vom AN übernommen.
Bekleidung: .....
Plattendicke: bis 50 mm
Befestigung: .....
Abfallschlüssel nach AVV: 170103 Fliesen/Ziegel/Keramik
Ausführung: mit Geräteeinsatz im Freien
Transportweg: bis ..... km
Anlage (Bezeichnung/Ort): .....

▶	▷	ø netto €	◁	◀	[Einheit]	Ausf.-Dauer	Positionsnummer
25 €	29 €	**36 €**	44 €	49 €	[m²]	0,70 h/m²	384.001.119

27 Fensterbank abbrechen, Naturstein, außen — KG 394

Fensterbank aus Naturwerkstein im Außenbereich, ohne Schadstoffbelastung, abbrechen und entsorgen. Die aufgenommenen Stoffe sammeln, auf LKW des AN laden, zur Verwertungsanlage transportieren und entsorgen. Die Entsorgungsgebühren werden vom AN übernommen.
Material: .....
Dicke: 3 cm
Breite: bis 30 cm
Länge: ..... m
Abfallschlüssel nach AVV: 170103 Fliesen/Ziegel/Keramik
Ausführung: mit Geräteeinsatz im Freien
Transportweg: bis ..... km
Anlage (Bezeichnung/Ort): .....

▶	▷	ø netto €	◁	◀	[Einheit]	Ausf.-Dauer	Positionsnummer
9 €	10 €	**12 €**	13 €	15 €	[m]	0,25 h/m	384.001.120

LB 384 Abbruch- und Rückbauarbeiten

Nr.	**Kurztext** / Langtext						Kostengruppe
▶	▷	ø **netto €**	◁	◀	[Einheit]	Ausf.-Dauer	Positionsnummer

28   Fensterbank abbrechen, Naturstein, innen   KG **394**

Fensterbank aus Naturwerkstein im Innenbereich, ohne Schadstoffbelastung, ausbauen und entsorgen. Die aufgenommenen Stoffe sammeln, auf LKW des AN laden, zur Verwertungsanlage transportieren und entsorgen. Die Entsorgungsgebühren werden vom AN übernommen.
Material: .....
Dicke: ..... cm
Breite: ..... cm
Länge: ..... m
Abfallschlüssel nach AVV: 170103 Fliesen/Ziegel/Keramik
Ausführung: mit Geräteeinsatz in allen Geschossen
Transportweg: bis ..... km
Anlage (Bezeichnung/Ort): .....

| 9€ | 13€ | **17€** | 20€ | 26€ | [St] | ⌁ 0,30 h/St | 384.001.121 |

Kosten:
Stand 2.Quartal 2018
Bundesdurchschnitt

29   Betonwerksteinplattenbelag abbrechen   KG **394**

Betonwerksteinplattenbelag in Sand oder Splitt, ohne Schadstoffbelastung, ausbauen und entsorgen. Die aufgenommenen Stoffe sammeln, auf LKW des AN laden, zur Verwertungsanlage transportieren und entsorgen. Die Entsorgungsgebühren werden vom AN übernommen.
Plattengröße: bis 50 x 50 x 5 cm
Abfallschlüssel nach AVV: 170103 Fliesen/Ziegel/Keramik
Ausführung: mit Geräteeinsatz im Freien
Transportweg: bis ..... km
Anlage (Bezeichnung/Ort): .....

| 9€ | 10€ | **12€** | 15€ | 16€ | [m²] | ⌁ 0,25 h/m² | 384.001.122 |

30   Betonwerksteinbelag abbrechen   KG **394**

Bodenbelag aus Betonwerksteinplatten mit Mörtelbett, einschl. Estrich bis auf Rohdecke, ohne Schadstoffbelastung, abbrechen und entsorgen. Die aufgenommenen Stoffe sammeln, auf LKW des AN laden, zur Verwertungsanlage transportieren und entsorgen. Die Entsorgungsgebühren werden vom AN übernommen.
Konstruktionsdicke: bis 12 cm
Ausbauort: .....
Abfallschlüssel nach AVV: 170103 Fliesen/Ziegel/Keramik
Ausführung: mit Geräteeinsatz **im Freien / im Gebäude**
Transportweg: bis ..... km
Anlage (Bezeichnung/Ort): .....

| 14€ | 16€ | **20€** | 24€ | 27€ | [m²] | ⌁ 0,30 h/m² | 384.001.125 |

▶ min
▷ von
ø Mittel
◁ bis
◀ max

31   Fensterbank abbrechen, Betonwerkstein, innen   KG **394**

Fensterbank aus Betonwerkstein im Innenbereich, ohne Schadstoffbelastung, ausbauen und entsorgen. Die aufgenommenen Stoffe sammeln, auf LKW des AN laden, zur Verwertungsanlage transportieren und entsorgen. Die Entsorgungsgebühren werden vom AN übernommen.
Abfallschlüssel nach AVV: 170103 Fliesen/Ziegel/Keramik
Ausführung: mit Geräteeinsatz in allen Geschossen
Transportweg: bis ..... km
Anlage (Bezeichnung/Ort): .....

| –€ | 10€ | **12€** | 14€ | –€ | [m] | ⌁ 0,20 h/m | 384.001.126 |

Nr.	Kurztext / Langtext							Kostengruppe
▶	▷	ø netto €	◁	◀	[Einheit]	Ausf.-Dauer	Positionsnummer

32 Gehwegplatten abbrechen, Betonwerkstein   KG **394**

Gehwegbelag aus Betonwerksteinen in unterschiedlicher Größe mit Unterbau und Einfassungen, ohne Schadstoffbelastung, aufnehmen und entsorgen. Die aufgenommenen Stoffe sammeln, auf LKW des AN laden, zur Verwertungsanlage transportieren und entsorgen. Die Entsorgungsgebühren werden vom AN übernommen.
Plattengröße: .....
Abfallschlüssel nach AVV: **170101 Beton / 170504 Boden/Stein**
Ausführung: mit Geräteeinsatz im Freien
Transportweg: bis ..... km
Anlage (Bezeichnung/Ort): .....

| –€ | 7€ | **9**€ | 11€ | –€ | [m²] | ⏱ 0,12 h/m² | 384.001.127 |

33 Innenwandbekleidung entfernen, Holz   KG **394**

Wandbekleidung aus Holz einschl. der Befestigungshölzer, im Innenbereich, ohne Schadstoffbelastung, entfernen und entsorgen. Die aufgenommenen Stoffe sammeln, auf LKW des AN laden, zur Verwertungsanlage transportieren und entsorgen. Die Entsorgungsgebühren werden vom AN übernommen.
Bekleidung: .....
Ausbauort: .....
Altholzkategorie A II
Abfallschlüssel nach AVV: 170201 Holz
Ausführung: in allen Geschossen
Transportweg: bis ..... km
Anlage (Bezeichnung/Ort): .....

| 5€ | 7€ | **9**€ | 10€ | 17€ | [m²] | ⏱ 0,18 h/m² | 384.001.128 |

34 Deckenbekleidung entfernen, Holz   KG **394**

Deckenbekleidung aus Holz und Holzwerkstoff einschl. Unterkonstruktion, ohne Schadstoffbelastung, entfernen und entsorgen. Die aufgenommenen Stoffe sammeln, auf LKW des AN laden, zur Verwertungsanlage transportieren und entsorgen. Die Entsorgungsgebühren werden vom AN übernommen.
Ausbauort: .....
Altholzkategorie A II
Abfallschlüssel nach AVV: 170201 Holz
Ausführung: in allen Geschossen
Transportweg: bis ..... km
Anlage (Bezeichnung/Ort): .....

| 9€ | 13€ | **16**€ | 19€ | 26€ | [m²] | ⏱ 0,30 h/m² | 384.001.129 |

35 Außenwandbekleidung entfernen, Holz   KG **394**

Wandbekleidung auf Außenwand aus Holz einschl. Unterkonstruktion, ohne Schadstoffbelastung, entfernen und entsorgen. Die aufgenommenen Stoffe sammeln, auf LKW des AN laden, zur Verwertungsanlage transportieren und entsorgen. Die Entsorgungsgebühren werden vom AN übernommen.
Bekleidung: .....
Altholzkategorie A II
Abfallschlüssel nach AVV: 170201 Holz
Ausführung: im Freien
Transportweg: bis ..... km
Anlage (Bezeichnung/Ort): .....

| 10€ | 12€ | **14**€ | 17€ | 19€ | [m²] | ⏱ 0,25 h/m² | 384.001.130 |

LB 384
Abbruch- und Rückbauarbeiten

Kosten:
Stand 2.Quartal 2018
Bundesdurchschnitt

Nr.	Kurztext / Langtext					Kostengruppe
▶	▷ ø netto € ◁ ◀				[Einheit]	Ausf.-Dauer Positionsnummer

36 Wanddämmung entfernen, MW — KG 394
Wärmedämmung aus Mineralwolleplatten mit künstlichen Mineralfasern (KMF), ohne gefährlichen Faseranteil, unter Berücksichtigung, an Außenwand entfernen und entsorgen. Die aufgenommenen Stoffe sammeln, auf LKW des AN laden, zur Verwertungsanlage transportieren und entsorgen. Die Entsorgungsgebühren werden vom AN übernommen.
Einbauart: .....
Dämmung: Mineralwolle
Abfallschlüssel nach AVV: 170604 Dämmstoff
Dämmdicke: .....
Ausführung: im Freien
Transportweg: bis ..... km
Anlage (Bezeichnung/Ort): .....

| 4 € | 6 € | **7 €** | 9 € | 11 € | [m²] | ⏱ 0,10 h/m² | 384.001.131 |

37 Wanddämmung entfernen, MW alt — KG 394
Wärmedämmung aus Mineralwolleplatten mit künstlichen Mineralfasern (KMF), mit gefährlichem Faseranteil (KMF), unter Berücksichtigung TRGS 521, DGUV-Regel 101-004, an Außenwand entfernen und sammeln. Die Mineralwolle in reißfesten Plastiksäcken luftdicht verschließen und lagern. Die Entsorgungsgebühren werden gesondert auf Nachweis abgerechnet.
Einbauart: .....
Dämmung: Mineralwolle
Abfallschlüssel nach AVV: 170603* alter Dämmstoff
Dämmdicke: .....
Ausführung: im Freien
Transportweg: bis ..... km
Anlage (Bezeichnung/Ort): .....

| 4 € | 8 € | **10 €** | 12 € | 11 € | [m²] | ⏱ 0,13 h/m² | 384.001.238 |

38 Dachdämmung entfernen, MW — KG 394
Dämmung aus Mineralwolleplatten mit künstlichen Mineralfasern (KMF), ohne gefährlichen Faseranteil, zwischen Sparren entfernen und entsorgen. Die aufgenommenen Stoffe sammeln, auf LKW des AN laden, zur Verwertungsanlage transportieren und entsorgen. Die Entsorgungsgebühren werden vom AN übernommen.
Dämmmaterial: Mineralwolle
Abfallschlüssel nach AVV: 170604 Dämmstoff
Dämmdicke: bis 100 mm
Ausführung: im Freien
Transportweg: bis ..... km
Anlage (Bezeichnung/Ort): .....

| 4 € | 6 € | **8 €** | 9 € | 13 € | [m²] | ⏱ 0,15 h/m² | 384.001.132 |

▶ min
▷ von
ø Mittel
◁ bis
◀ max

Nr.	Kurztext / Langtext					Kostengruppe		
▶	▷ ø netto € ◁ ◀				[Einheit]	Ausf.-Dauer	Positionsnummer	

39 Dachdämmung entfernen, MW alt — KG 394

Dämmung aus Mineralwolleplatten mit künstlichen Mineralfasern (KMF), mit gefährlichem Faseranteil (KMF), unter Berücksichtigung TRGS 521, DGUV-Regel 101-004, zwischen Sparren entfernen und sammeln. Die Mineralwolle in reißfesten Plastiksäcken luftdicht verschließen und lagern. Die Entsorgungsgebühren werden gesondert auf Nachweis abgerechnet.
Dämmung: Mineralwolle
Abfallschlüssel nach AVV: 170603* alter Dämmstoff
Dämmdicke: bis 100 mm
Ausführung: im Freien
Transportweg: bis ..... km
Anlage (Bezeichnung/Ort): .....

| 4 € | 8 € | **10** € | 12 € | 13 € | [m²] | ⏱ 0,18 h/m² | 384.001.239 |

40 Lattentrennwand abbrechen — KG 394

Lattentrennwand aus Holz in Keller und Speicher, ohne Schadstoffbelastung, demontieren und entsorgen. Die aufgenommenen Stoffe sammeln, auf LKW des AN laden, zur Verwertungsanlage transportieren und entsorgen. Die Entsorgungsgebühren werden vom AN übernommen.
Ausbauort: .....
Altholzkategorie A I
Abfallschlüssel nach AVV: 170201 Holz
Ausführung: in allen Geschossen
Transportweg: bis ..... km
Anlage (Bezeichnung/Ort): .....

| 5 € | 9 € | **12** € | 14 € | 21 € | [m²] | ⏱ 0,20 h/m² | 384.001.134 |

41 Holzständerwand abbrechen — KG 394

Holzständerwand ohne Beplankung, ohne Schadstoffbelastung, abbrechen und entsorgen. Die aufgenommenen Stoffe sammeln, auf LKW des AN laden, zur Verwertungsanlage transportieren und entsorgen. Die Entsorgungsgebühren werden vom AN übernommen.
Ausbauort: .....
Wanddicke: ....
Altholzkategorie A I
Abfallschlüssel nach AVV: 170201 Holz
Ausführung: in allen Geschossen
Transportweg: bis ..... km
Anlage (Bezeichnung/Ort): .....

| 12 € | 14 € | **18** € | 21 € | 24 € | [m²] | ⏱ 0,38 h/m² | 384.001.135 |

LB 384
Abbruch- und Rückbauarbeiten

Kosten:
Stand 2.Quartal 2018
Bundesdurchschnitt

Nr.	Kurztext / Langtext				[Einheit]	Kostengruppe Ausf.-Dauer	Positionsnummer
▶	▷ ø netto € ◁ ◀						

42 Holztreppe abbrechen — KG 394

Holztreppe inkl. der Geländer und Handläufe, ohne Schadstoffbelastung, abbrechen und entsorgen. Die aufgenommenen Stoffe sammeln, auf LKW des AN laden, zur Verwertungsanlage transportieren und entsorgen. Die Entsorgungsgebühren werden vom AN übernommen.
Geschosshöhe: bis 3,00 m
Laufbreite: bis 1,20 m
Steigung: .....
Treppenlänge: .....
Altholzkategorie A II
Abfallschlüssel nach AVV: 170201 Holz
Ausführung: in allen Geschossen
Transportweg: bis ..... km
Anlage (Bezeichnung/Ort): .....

| 93 € | 122 € | **153 €** | 183 € | 300 € | [St] | ⏱ 3,30 h/St | 384.001.136 |

43 Holzleiter abbrechen — KG 394

Holzleiter im Dachraum, ohne Schadstoffbelastung, abbrechen und entsorgen. Die aufgenommenen Stoffe sammeln, auf LKW des AN laden, zur Verwertungsanlage transportieren und entsorgen. Die Entsorgungsgebühren werden vom AN übernommen.
Bauart: .....
Befestigung: .....
Länge: .....
Altholzkategorie A II
Abfallschlüssel nach AVV: 170201 Holz
Ausführung: in allen Geschossen
Transportweg: bis ..... km
Anlage (Bezeichnung/Ort): .....

| 6 € | 8 € | **9 €** | 11 € | 13 € | [St] | ⏱ 0,15 h/St | 384.001.139 |

44 Holzhandlauf entfernen — KG 394

Handlauf aus Holz, inkl. Halterung und Befestigung, ohne Schadstoffbelastung, entfernen und entsorgen. Die aufgenommenen Stoffe sammeln, auf LKW des AN laden, zur Verwertungsanlage transportieren und entsorgen. Die Entsorgungsgebühren werden vom AN übernommen.
Befestigung: .....
Altholzkategorie A II
Abfallschlüssel nach AVV: 170201 Holz
Ausführung: in allen Geschossen
Transportweg: bis ..... km
Anlage (Bezeichnung/Ort): .....

| 6 € | 7 € | **8 €** | 10 € | 11 € | [m] | ⏱ 0,18 h/m | 384.001.140 |

▶ min
▷ von
ø Mittel
◁ bis
◀ max

Nr.	Kurztext / Langtext					Kostengruppe	
▶	▷ ø netto € ◁ ◀				[Einheit]	Ausf.-Dauer	Positionsnummer

45 Holzfußboden entfernen, Bodenbretter KG 394

Fußbodenbretter als Dielen mit Sockelleisten, ohne Schadstoffbelastung, entfernen und entsorgen. Die aufgenommenen Stoffe sammeln, auf LKW des AN laden, zur Verwertungsanlage transportieren und entsorgen. Die Entsorgungsgebühren werden vom AN übernommen.

Ausbauort: .....
Belagsdicke: .....
Altholzkategorie A II
Abfallschlüssel nach AVV: 170201 Holz
Ausführung: in allen Geschossen
Transportweg: bis ..... km
Anlage (Bezeichnung/Ort): .....

| 5€ | 7€ | **9€** | 10€ | 18€ | [m²] | ⏱ 0,18 h/m² | 384.001.141 |

46 Holzfußboden entfernen, Bretter/Lagerhölzer KG 394

Fußbodenbretter auf Lagerhölzer inkl. Sockelleisten, ohne Schadstoffbelastung, ausbauen und entsorgen. Die aufgenommenen Stoffe sammeln, auf LKW des AN laden, zur Verwertungsanlage transportieren und entsorgen. Die Entsorgungsgebühren werden vom AN übernommen.

Ausbauort: .....
Belagsdicke: .....
Befestigungsart: .....
Altholzkategorie A II
Abfallschlüssel nach AVV: 170201 Holz
Ausführung: in allen Geschossen
Transportweg: bis ..... km
Anlage (Bezeichnung/Ort): .....

| 7€ | 8€ | **10€** | 12€ | 21€ | [m²] | ⏱ 0,22 h/m² | 384.001.142 |

47 Spanplattenboden abbrechen KG 394

Spanplattenboden einschl. Unterkonstruktion, ohne Schadstoffbelastung, abbrechen und entsorgen. Die aufgenommenen Stoffe sammeln, auf LKW des AN laden, zur Verwertungsanlage transportieren und entsorgen. Die Entsorgungsgebühren werden vom AN übernommen.

Ausbauort: .....
Plattenboden: bis 25 mm
Unterkonstruktion: .....
Altholzkategorie A II
Abfallschlüssel nach AVV: 170201 Holz
Ausführung: in allen Geschossen
Transportweg: bis ..... km
Anlage (Bezeichnung/Ort): .....

| 9€ | 13€ | **16€** | 19€ | 27€ | [m²] | ⏱ 0,30 h/m² | 384.001.143 |

LB 384 Abbruch- und Rückbauarbeiten

Nr. ▶	Kurztext / Langtext ▷ ø netto € ◁ ◀	[Einheit]	Ausf.-Dauer	Kostengruppe Positionsnummer

48 Schüttung entfernen, Lagerhölzer KG **394**

Schüttung aus gebrochenem Mineralstoff zwischen Lagerhölzern, ohne Schadstoffbelastung, entfernen und entsorgen. Die aufgenommenen Stoffe sammeln, auf LKW des AN laden, zur Verwertungsanlage transportieren und entsorgen. Die Entsorgungsgebühren werden vom AN übernommen.
Ausbauort: .....
Schütthöhe: bis 7 cm
Abfallschlüssel nach AVV: 170101 Beton
Ausführung: in allen Geschossen
Transportweg: bis ..... km
Anlage (Bezeichnung/Ort): .....

7 €   7 €   **9** €   11 €   18 €   [m²]   ⏱ 0,10 h/m²   384.001.144

49 Schüttung entfernen, Holzbalkendecke KG **394**

Schüttung aus gebrochenen Mineralstoff in Holzbalkendecke, ohne Schadstoffbelastung, entfernen und entsorgen. Die aufgenommenen Stoffe sammeln, auf LKW des AN laden, zur Verwertungsanlage transportieren und entsorgen. Die Entsorgungsgebühren werden vom AN übernommen.
Ausbauort: .....
Schütthöhe: bis 15 cm
Abfallschlüssel nach AVV: 170101 Beton
Ausführung: in allen Geschossen
Transportweg: bis ..... km
Anlage (Bezeichnung/Ort): .....

7 €   13 €   **17** €   20 €   25 €   [m²]   ⏱ 0,35 h/m²   384.001.145

50 Fehlboden entfernen KG **394**

Fehlboden aus Holz, ohne Schadstoffbelastung, entfernen und entsorgen. Die aufgenommenen Stoffe sammeln, auf LKW des AN laden, zur Verwertungsanlage transportieren und entsorgen. Die Entsorgungsgebühren werden vom AN übernommen.
Ausbauort: .....
Belagsdicke: .....
Balkenabstand: .....
Altholzkategorie A II
Abfallschlüssel nach AVV: 170201 Holz
Ausführung: in allen Geschossen
Transportweg: bis ..... km
Anlage (Bezeichnung/Ort): .....

6 €   9 €   **11** €   13 €   19 €   [m²]   ⏱ 0,22 h/m²   384.001.146

Kosten:
Stand 2. Quartal 2018
Bundesdurchschnitt

▶ min
▷ von
ø Mittel
◁ bis
◀ max

Nr.	Kurztext / Langtext							Kostengruppe
▶	▷	ø netto €	◁	◀	[Einheit]	Ausf.-Dauer	Positionsnummer

51 Deckenbalken abbrechen KG **394**

Deckenbalken, ohne Schadstoffbelastung, mit notwendigen Abstützmaßnahmen ausbauen und entsorgen. Die aufgenommenen Stoffe sammeln, auf LKW des AN laden, zur Verwertungsanlage transportieren und entsorgen. Die Entsorgungsgebühren werden vom AN übernommen.
Ausbauort: .....
Abmessungen: ....
Altholzkategorie A II
Abfallschlüssel nach AVV: 170201 Holz
Ausführung: in allen Geschossen
Transportweg: bis ..... km
Anlage (Bezeichnung/Ort): .....

| 5€ | 8€ | **9**€ | 11€ | 17€ | [m] | ⏱ 0,15 h/m | 384.001.147 |

52 Holzbalkendecke abbrechen KG **394**

Holzbalkendecke, ohne Schadstoffbelastung, in allen Teilen unter Berücksichtigung der Sicherungsmaßnahmen ausbauen und entsorgen. Die aufgenommenen Stoffe sammeln, auf LKW des AN laden, zur Verwertungsanlage transportieren und entsorgen. Die Entsorgungsgebühren werden vom AN übernommen.
Ausbauort: .....
Balkenquerschnitt: .....
Balkenabstand: .....
Deckenaufbau: .....
Deckendicke: .....
Altholzkategorie A II
Abfallschlüssel nach AVV: 170201 Holz
Ausführung: in allen Geschossen
Transportweg: bis ..... km
Anlage (Bezeichnung/Ort): .....

| 27€ | 49€ | **61**€ | 74€ | 81€ | [m²] | ⏱ 0,90 h/m² | 384.001.149 |

53 Dachstuhlhölzer abbrechen KG **394**

Dachstuhlhölzer, mit Holzschutzmittel, unter Berücksichtigung der Sicherungsmaßnahmen ausbauen. Die aufgenommenen Stoffe sammeln, auf LKW des AN laden, zur Verwertungsanlage transportieren. Die Entsorgung wird gesondert vergütet.
Bauteil: .....
Firsthöhe: .....
Dachform: .....
Dachneigung: .....
Altholzkategorie A IV
Transportweg: bis ..... km
Anlage (Bezeichnung/Ort): .....

| 6€ | 10€ | **13**€ | 16€ | 21€ | [m] | ⏱ 0,50 h/m | 384.001.150 |

LB 384 Abbruch- und Rückbauarbeiten

Nr.	Kurztext / Langtext						Kostengruppe
▶	▷	ø netto €	◁	◀	[Einheit]	Ausf.-Dauer	Positionsnummer

54 Bodenabdichtung entfernen, Bitumen, 1-lagig — KG 394

Bodenabdichtung mit Bitumenbahnen, einlagig, ohne Schadstoffbelastung, entfernen und entsorgen. Die aufgenommenen Stoffe sammeln, auf LKW des AN laden, zur Verwertungsanlage transportieren und entsorgen. Die Entsorgungsgebühren werden vom AN übernommen.
Untergrund: .....
Abfallschlüssel nach AVV: 170302 Bitumengemische
Ausführung: in allen Geschossen
Transportweg: bis ..... km
Anlage (Bezeichnung/Ort): .....

| –€ | 12€ | **15€** | 18€ | –€ | [m²] | ⏱ 0,10 h/m² | 384.001.151 |

55 Bodenabdichtung entfernen, Bitumen, 2-lagig — KG 394

Bodenabdichtung mit Bitumenbahnen, zweilagig, ohne Schadstoffbelastung, entfernen und entsorgen. Die aufgenommenen Stoffe sammeln, auf LKW des AN laden, zur Verwertungsanlage transportieren und entsorgen. Die Entsorgungsgebühren werden vom AN übernommen.
Untergrund: .....
Abfallschlüssel nach AVV: 170302 Bitumengemische
Ausführung: in allen Geschossen
Transportweg: bis ..... km
Anlage (Bezeichnung/Ort): .....

| –€ | 15€ | **19€** | 22€ | –€ | [m²] | ⏱ 0,15 h/m² | 384.001.152 |

56 Bitumenbeschichtung entfernen, Wand — KG 394

Bitumenbeschichtung auf Kelleraußenmauerwerk, ohne Schadstoffbelastung, entfernen und entsorgen. Die aufgenommenen Stoffe sammeln, auf LKW des AN laden, zur Verwertungsanlage transportieren und entsorgen. Die Entsorgungsgebühren werden vom AN übernommen.
Beschichtungsart: .....
Abfallschlüssel nach AVV: 170302 Bitumengemische
Ausführung: in allen Geschossen
Transportweg: bis ..... km
Anlage (Bezeichnung/Ort): .....

| 8€ | 12€ | **15€** | 18€ | 21€ | [m²] | ⏱ 0,20 h/m² | 384.001.153 |

57 Bitumenbahnen entfernen, Wand — KG 394

Bitumenbahnenabdichtung auf Kelleraußenmauerwerk, ohne Schadstoffbelastung, entfernen und entsorgen. Die aufgenommenen Stoffe sammeln, auf LKW des AN laden, zur Verwertungsanlage transportieren und entsorgen. Die Entsorgungsgebühren werden vom AN übernommen.
Bitumenbahn: .....
Abfallschlüssel nach AVV: 170302 Bitumengemische
Ausführung: in allen Geschossen
Transportweg: bis ..... km
Anlage (Bezeichnung/Ort): .....

| –€ | 17€ | **20€** | 24€ | –€ | [m²] | ⏱ 0,20 h/m² | 384.001.154 |

Kosten: Stand 2.Quartal 2018 Bundesdurchschnitt

▶ min
▷ von
ø Mittel
◁ bis
◀ max

Nr.	Kurztext / Langtext					Kostengruppe		
▶	▷	ø netto €	◁	◀	[Einheit]	Ausf.-Dauer	Positionsnummer	

58 Schutzbahn entfernen, Wand   KG **394**

Schutzbahn aus Kunststoff auf den erdberührenden Wandflächen, ohne Schadstoffbelastung, entfernen und entsorgen. Die aufgenommenen Stoffe sammeln, auf LKW des AN laden, zur Verwertungsanlage transportieren und entsorgen. Die Entsorgungsgebühren werden vom AN übernommen.
Schutzbahn: .....
Abfallschlüssel nach AVV: **170904 gemischte Bau- und Abbruchabfälle / 170203 Kunststoff**
Transportweg: bis ..... km
Anlage (Bezeichnung/Ort): .....

| –€ | 10€ | **12€** | 14€ | –€ | [m²] | ⏱ 0,18 h/m² | 384.001.155 |

59 Dachdeckung entfernen   KG **394**

Dachbelag mit Ziegel- oder Betonsteindeckung, ohne Schadstoffbelastung, entfernen und entsorgen. Die aufgenommenen Stoffe sammeln, auf LKW des AN laden, zur Verwertungsanlage transportieren und entsorgen. Die Entsorgungsgebühren werden vom AN übernommen.
Dachdeckung: .....
Dachneigung: .....
Material: .....
Deckungsart: .....
Abfallschlüssel nach AVV: **170101 Beton / 170102 Ziegel / 170904 gemischte Bau- und Abbruchabfälle**
Transportweg: bis ..... km
Anlage (Bezeichnung/Ort): .....

| 5€ | 8€ | **10€** | 11€ | 13€ | [m²] | ⏱ 0,12 h/m² | 384.001.156 |

60 Faserzement-Wellplattendeckung entfernen   KG **394**

Dachdeckung aus Faserzementwellplatten, nicht asbesthaltig, abbrechen und entsorgen. Die aufgenommen Stoffe sammeln, auf LKW des AN laden, zur Verwertungsanlage transportieren und entsorgen. Die Entsorgungsgebühren werden vom AN übernommen.
Plattenart: .....
Unterkonstruktion: .....
Dachneigung: .....
Abfallschlüssel nach AVV: 170101 Beton
Transportweg: bis ..... km
Anlage (Bezeichnung/Ort): .....

| 6€ | 7€ | **8€** | 10€ | 15€ | [m²] | ⏱ 0,20 h/m² | 384.001.159 |

61 Formziegel entfernen, gemörtelt   KG **394**

First- und Grateindeckung mit eingemörtelten Formziegeln, ohne Schadstoffbelastung, entfernen und entsorgen. Die aufgenommenen Stoffe sammeln, auf LKW des AN laden, zur Verwertungsanlage transportieren und entsorgen. Die Entsorgungsgebühren werden vom AN übernommen.
Ziegelformat: .....
Material: .....
Abfallschlüssel nach AVV: 170102 Ziegel
Transportweg: bis ..... km
Anlage (Bezeichnung/Ort): .....

| 2€ | 5€ | **6€** | 7€ | 12€ | [m] | ⏱ 0,12 h/m | 384.001.160 |

LB 384 Abbruch- und Rückbauarbeiten

Kosten:
Stand 2.Quartal 2018
Bundesdurchschnitt

▶ min
▷ von
ø Mittel
◁ bis
◀ max

Nr.	Kurztext / Langtext						Kostengruppe	
▶	▷	ø netto €	◁	◀	[Einheit]	Ausf.-Dauer	Positionsnummer	

62 Dachlattung entfernen — KG 394

Dachlattung, mit Holzschutzmitteln, entfernen. Die aufgenommenen Stoffe sammeln, auf LKW des AN laden, zur Verwertungsanlage transportieren. Die Entsorgung wird gesondert vergütet.
Lattenweite: 320-340 mm
Lattenquerschnitt: .....
Altholzkategorie A IV
Transportweg: bis ..... km
Anlage (Bezeichnung/Ort): .....

| 1€ | 2€ | **3€** | 3€ | 3€ | [m²] | ⏱ 0,06 h/m² | 384.001.161 |

63 Bitumendachbahn entfernen, 1-lagig — KG 394

Einlagige Bitumendachbahn auf Holzschalung, ohne Schadstoffbelastung, entfernen und entsorgen. Die aufgenommenen Stoffe sammeln, auf LKW des AN laden, zur Verwertungsanlage transportieren und entsorgen. Die Entsorgungsgebühren werden vom AN übernommen.
Bitumenbahn: .....
Abfallschlüssel nach AVV: 170302 Bitumengemische
Transportweg: bis ..... km
Anlage (Bezeichnung/Ort): .....

| 3€ | 6€ | **8€** | 9€ | 15€ | [m²] | ⏱ 0,20 h/m² | 384.001.162 |

64 Bitumendachbahn entfernen, 2-lagig — KG 394

Zweilagige Bitumendachbahn auf Holzschalung, ohne Schadstoffbelastung, entfernen und entsorgen. Die aufgenommenen Stoffe sammeln, auf LKW des AN laden, zur Verwertungsanlage transportieren und entsorgen. Die Entsorgungsgebühren werden vom AN übernommen.
Bitumenbahn: .....
Abfallschlüssel nach AVV: 170302 Bitumengemische
Transportweg: bis ..... km
Anlage (Bezeichnung/Ort): .....

| 4€ | 9€ | **11€** | 13€ | 17€ | [m²] | ⏱ 0,24 h/m² | 384.001.163 |

65 Dachschalung entfernen — KG 394

Dachschalung, mit Holzschutzmittel, entfernen. Die aufgenommenen Stoffe sammeln, auf LKW des AN laden, zur Verwertungsanlage transportieren. Die Entsorgung wird gesondert vergütet.
Schalung: .....
Altholzkategorie A IV
Transportweg: bis ..... km
Anlage (Bezeichnung/Ort): .....

| 7€ | 11€ | **13€** | 16€ | 22€ | [m²] | ⏱ 0,35 h/m² | 384.001.164 |

66 Ortgangbrett entfernen — KG 394

Ortgangbrett, mit Holzschutzmittel, entfernen. Die aufgenommenen Stoffe sammeln, auf LKW des AN laden, zur Verwertungsanlage transportieren. Die Entsorgung wird gesondert vergütet.
Abmessung: .....
Befestigung: .....
Altholzkategorie A IV
Transportweg: bis ..... km
Anlage (Bezeichnung/Ort): .....

| 3€ | 6€ | **8€** | 9€ | 11€ | [m²] | ⏱ 0,20 h/m² | 384.001.165 |

Nr.	Kurztext / Langtext						Kostengruppe	
▶	▷ ø netto €	◁	◀		[Einheit]	Ausf.-Dauer	Positionsnummer	

67 Blechteile entfernen, bis Z 600 KG **394**

Blechteile an Dachdeckung, ohne Schadstoffbelastung, entfernen und entsorgen. Die aufgenommenen Stoffe sammeln, auf LKW des AN laden, zur Verwertungsanlage transportieren und entsorgen. Die Entsorgungsgebühren werden vom AN übernommen.
Blechteil: .....
Material: .....
Zuschnitt: .....
Abfallschlüssel nach AVV: 1704.....
Transportweg: bis ..... km
Anlage (Bezeichnung/Ort): .....

| 1€ | 3€ | **3€** | 4€ | 7€ | [m] | ⏱ 0,05 h/m | 384.001.166 |

68 Schneefanggitter entfernen KG **394**

Schneefanggitter, ohne Schadstoffbelastung, entfernen und entsorgen. Die aufgenommenen Stoffe sammeln, auf LKW des AN laden, zur Verwertungsanlage transportieren und entsorgen. Die Entsorgungsgebühren werden vom AN übernommen.
Material: .....
Abfallschlüssel nach AVV: .....
Transportweg: bis ..... km
Anlage (Bezeichnung/Ort): .....

| 0,7€ | 2,0€ | **2,6€** | 2,8€ | 6,1€ | [m] | ⏱ 0,08 h/m | 384.001.167 |

69 Blitzableiter entfernen KG **394**

Blitzableiter inkl. Befestigungen, ohne Schadstoffbelastung, demontieren und entsorgen. Die aufgenommenen Stoffe sammeln, auf LKW des AN laden, zur Verwertungsanlage transportieren und entsorgen. Die Entsorgungsgebühren werden vom AN übernommen.
Abfallschlüssel nach AVV: .....
Transportweg: bis ..... km
Anlage (Bezeichnung/Ort): .....

| –€ | 1€ | **1€** | 1€ | –€ | [m] | ⏱ 0,01 h/m | 384.001.168 |

70 Entlüftungsrohr entfernen KG **394**

Ent- oder Belüftungsrohr in Dachdeckung, ohne Schadstoffbelastung, entfernen und entsorgen. Die aufgenommenen Stoffe sammeln, auf LKW des AN laden, zur Verwertungsanlage transportieren und entsorgen. Die Entsorgungsgebühren werden vom AN übernommen.
Art der Deckung: .....
Material: .....
Abfallschlüssel nach AVV: .....
Transportweg: bis ..... km
Anlage (Bezeichnung/Ort): .....

| 1€ | 6€ | **8€** | 9€ | 18€ | [St] | ⏱ 0,25 h/St | 384.001.169 |

LB 384
Abbruch- und Rückbauarbeiten

Kosten:
Stand 2.Quartal 2018
Bundesdurchschnitt

Nr.	Kurztext / Langtext					Kostengruppe
▶	▷ ø netto € ◁ ◀				[Einheit]	Ausf.-Dauer Positionsnummer

71 Laufrost entfernen KG **394**
Laufrost auf Dach einschl. Stützen, ohne Schadstoffbelastung, entfernen und entsorgen. Die aufgenommenen Stoffe sammeln, auf LKW des AN laden, zur Verwertungsanlage transportieren und entsorgen. Die Entsorgungsgebühren werden vom AN übernommen.
Ausführung: .....
Größe: .....
Abfallschlüssel nach AVV: .....
Transportweg: bis ..... km
Anlage (Bezeichnung/Ort): .....

| 2€ | 4€ | **5€** | 6€ | 8€ | [m] | 0,15 h/m | 384.001.170 |

72 Dachfenster ausbauen KG **394**
Dachfenster einschl. Blechrahmen und Flügel, ohne Schadstoffbelastung, ausbauen und entsorgen. Die aufgenommenen Stoffe sammeln, auf LKW des AN laden, zur Verwertungsanlage transportieren und entsorgen. Die Entsorgungsgebühren werden vom AN übernommen.
Größe: ..... mm
Material: .....
Abfallschlüssel nach AVV: .....
Transportweg: bis ..... km
Anlage (Bezeichnung/Ort): .....

| 24€ | 46€ | **57€** | 69€ | 77€ | [St] | 0,95 h/St | 384.001.171 |

73 Dachluke entfernen KG **394**
Dachluke als Dachausstiegsfenster, ohne Schadstoffbelastung, entfernen und entsorgen. Die aufgenommenen Stoffe sammeln, auf LKW des AN laden, zur Verwertungsanlage transportieren und entsorgen. Die Entsorgungsgebühren werden vom AN übernommen.
Größe: ..... mm
Material: .....
Abfallschlüssel nach AVV: .....
Transportweg: bis ..... km
Anlage (Bezeichnung/Ort): .....

| 12€ | 16€ | **20€** | 25€ | 35€ | [St] | 0,50 h/St | 384.001.172 |

74 Unterspannbahn entfernen KG **394**
Unterspannbahn, ohne Schadstoffbelastung, entfernen und entsorgen. Die aufgenommenen Stoffe sammeln, auf LKW des AN laden, zur Verwertungsanlage transportieren und entsorgen. Die Entsorgungsgebühren werden vom AN übernommen.
Dachneigung: ....
Abfallschlüssel nach AVV: 170203 Bau- und Abbruchabfall, Kunststoff
Transportweg: bis ..... km
Anlage (Bezeichnung/Ort): .....

| 2€ | 4€ | **4€** | 5€ | 5€ | [m²] | 0,07 h/m² | 384.001.173 |

▶ min
▷ von
ø Mittel
◁ bis
◀ max

Nr.	Kurztext / Langtext						Kostengruppe	
▶	▷	ø netto €	◁	◀	[Einheit]	Ausf.-Dauer	Positionsnummer	

75 Dachrinne vorgehängt, entfernen — KG **394**

Vorgehängte Dachrinne einschl. Rinnenhaken, ohne Schadstoffbelastung, demontieren und entsorgen. Die aufgenommenen Stoffe sammeln, auf LKW des AN laden, zur Verwertungsanlage transportieren und entsorgen. Die Entsorgungsgebühren werden vom AN übernommen.
Material: .....
Abfallschlüssel nach AVV: .....
Transportweg: bis ..... km
Anlage (Bezeichnung/Ort): .....

| 2 € | 3 € | **3 €** | 4 € | 6 € | [m] | ⏱ 0,07 h/m | 384.001.174 |

76 Kastenrinne entfernen — KG **394**

Innenliegende Kastenrinne einschl. Rinnenhaken, ohne Schadstoffbelastung, demontieren und entsorgen. Die aufgenommenen Stoffe sammeln, auf LKW des AN laden, zur Verwertungsanlage transportieren und entsorgen. Die Entsorgungsgebühren werden vom AN übernommen.
Material: .....
Abfallschlüssel nach AVV: .....
Transportweg: bis ..... km
Anlage (Bezeichnung/Ort): .....

| 2 € | 4 € | **5 €** | 6 € | 8 € | [m] | ⏱ 0,07 h/m | 384.001.175 |

77 Schneefanggitter entfernen — KG **394**

Schneefanggitter mit Befestigung, ohne Schadstoffbelastung, entfernen und entsorgen. Die aufgenommenen Stoffe sammeln, auf LKW des AN laden, zur Verwertungsanlage transportieren und entsorgen. Die Entsorgungsgebühren werden vom AN übernommen.
Material: .....
Abfallschlüssel nach AVV: .....
Transportweg: bis ..... km
Anlage (Bezeichnung/Ort): .....

| 2 € | 3 € | **4 €** | 5 € | 8 € | [m] | ⏱ 0,05 h/m | 384.001.177 |

78 Fallrohr entfernen — KG **394**

Fallrohr der Dachentwässerung mit Befestigung und Verbindungen, ohne Schadstoffbelastung, zu den Dachrinnen entfernen und entsorgen. Die aufgenommenen Stoffe sammeln, auf LKW des AN laden, zur Verwertungsanlage transportieren und entsorgen. Die Entsorgungsgebühren werden vom AN übernommen.
Material: .....
Nennweite: bis DN100
Abfallschlüssel nach AVV: .....
Transportweg: bis ..... km
Anlage (Bezeichnung/Ort): .....

| 1 € | 3 € | **3 €** | 4 € | 5 € | [m] | ⏱ 0,06 h/m | 384.001.178 |

381
384
386
387

© **BKI** Baukosteninformationszentrum; Erläuterungen zu den Tabellen siehe Seite 22
Mustertexte geprüft: Deutscher Abbruchverband e.V. (DA)
Kostenstand: 2.Quartal 2018, Bundesdurchschnitt

LB 384
Abbruch- und Rückbauarbeiten

Kosten:
Stand 2.Quartal 2018
Bundesdurchschnitt

▶ min
▷ von
ø Mittel
◁ bis
◀ max

Nr.	Kurztext / Langtext				[Einheit]	Ausf.-Dauer	Kostengruppe Positionsnummer
▶	▷	ø netto €	◁	◀			

79 Standrohr entfernen KG **394**
Standrohr der Dachentwässerung, ohne Schadstoffbelastung, abschneiden und entsorgen. Die aufgenommenen Stoffe sammeln, auf LKW des AN laden, zur Verwertungsanlage transportieren und entsorgen. Die Entsorgungsgebühren werden vom AN übernommen.
Nennweite: bis DN100
Rohrlänge: .....
Material: .....
Abfallschlüssel nach AVV: .....
Transportweg: bis ..... km
Anlage (Bezeichnung/Ort): .....

| 3€ | 7€ | **9€** | 11€ | 21€ | [St] | ⏱ 0,12 h/St | 384.001.179 |

80 Traufblech entfernen KG **394**
Traufblech, ohne Schadstoffbelastung, entfernen und entsorgen. Die aufgenommenen Stoffe sammeln, auf LKW des AN laden, zur Verwertungsanlage transportieren und entsorgen. Die Entsorgungsgebühren werden vom AN übernommen.
Zuschnitt: bis 500 mm
Material: .....
Abfallschlüssel nach AVV: 1704....
Transportweg: bis ..... km
Anlage (Bezeichnung/Ort): .....

| 2€ | 2€ | **2€** | 3€ | 6€ | [m] | ⏱ 0,05 h/m | 384.001.180 |

81 Winkelkehle entfernen KG **394**
Winkelkehle aus Blech, ohne Schadstoffbelastung, entfernen und entsorgen. Die aufgenommenen Stoffe sammeln, auf LKW des AN laden, zur Verwertungsanlage transportieren und entsorgen. Die Entsorgungsgebühren werden vom AN übernommen.
Zuschnitt: .....
Material: .....
Abfallschlüssel nach AVV: 1704....
Transportweg: bis ..... km
Anlage (Bezeichnung/Ort): .....

| 2€ | 3€ | **4€** | 4€ | 7€ | [m] | ⏱ 0,06 h/m | 384.001.181 |

82 Verwahrung entfernen KG **394**
Verwahrung aus Blech, ohne Schadstoffbelastung, entfernen und entsorgen. Die aufgenommenen Stoffe sammeln, auf LKW des AN laden, zur Verwertungsanlage transportieren und entsorgen. Die Entsorgungsgebühren werden vom AN übernommen.
Abwicklung: .....
Material: .....
Abfallschlüssel nach AVV: 1704....
Transportweg: bis ..... km
Anlage (Bezeichnung/Ort): .....

| 2€ | 4€ | **5€** | 6€ | 9€ | [m] | ⏱ 0,08 h/m | 384.001.182 |

Nr.	Kurztext / Langtext					Kostengruppe	
▶	▷ ø netto € ◁ ◀				[Einheit]	Ausf.-Dauer	Positionsnummer

83 Ortgangverblechung entfernen   KG **394**

Ortgangverblechung, einschl. Windleiste und Blechabdeckung, ohne Schadstoffbelastung, entfernen und entsorgen. Die aufgenommenen Stoffe sammeln, auf LKW des AN laden, zur Verwertungsanlage transportieren und entsorgen. Die Entsorgungsgebühren werden vom AN übernommen.
Abwicklung: .....
Material: .....
Abfallschlüssel nach AVV: 1704....
Transportweg: bis ..... km
Anlage (Bezeichnung/Ort): .....

| 2€ | 3€ | **4€** | 5€ | 9€ | [m] | ⏱ 0,07 h/m | 384.001.183 |

84 Wandanschlussprofile entfernen   KG **394**

Wandanschlussprofile einschl. Befestigungsmaterial, ohne Schadstoffbelastung, entfernen und entsorgen. Die aufgenommenen Stoffe sammeln, auf LKW des AN laden, zur Verwertungsanlage transportieren und entsorgen. Die Entsorgungsgebühren werden vom AN übernommen.
Befestigung: .....
Material: .....
Abfallschlüssel nach AVV: .....
Transportweg: bis ..... km
Anlage (Bezeichnung/Ort): .....

| 4€ | 7€ | **8€** | 10€ | 13€ | [m] | ⏱ 0,20 h/m | 384.001.184 |

85 Fensterblech entfernen   KG **394**

Fensterblech inkl. Befestigungsmittel, ohne Schadstoffbelastung, entfernen und entsorgen. Die aufgenommenen Stoffe sammeln, auf LKW des AN laden, zur Verwertungsanlage transportieren und entsorgen. Die Entsorgungsgebühren werden vom AN übernommen.
Breite: .....
Material: .....
Abfallschlüssel nach AVV: 1704....
Transportweg: bis ..... km
Anlage (Bezeichnung/Ort): .....

| 2€ | 3€ | **4€** | 5€ | 8€ | [m] | ⏱ 0,07 h/m | 384.001.185 |

86 Blechabdeckung entfernen   KG **394**

Blechabdeckung, ohne Schadstoffbelastung, entfernen und entsorgen. Die aufgenommenen Stoffe sammeln, auf LKW des AN laden, zur Verwertungsanlage transportieren und entsorgen. Die Entsorgungsgebühren werden vom AN übernommen.
Zuschnitt: ca. 600 mm
Material: .....
Abfallschlüssel nach AVV: 1704....
Transportweg: bis ..... km
Anlage (Bezeichnung/Ort): .....

| 2€ | 4€ | **6€** | 7€ | 10€ | [m] | ⏱ 0,12 h/m | 384.001.186 |

LB 384
Abbruch- und Rückbauarbeiten

Nr.	Kurztext / Langtext						Kostengruppe
▶	▷ ø netto € ◁ ◀				[Einheit]	Ausf.-Dauer	Positionsnummer

87 Schornsteinverblechung entfernen KG **394**
Schornsteinverblechung, ohne Schadstoffbelastung, entfernen und entsorgen. Die aufgenommenen Stoffe sammeln, auf LKW des AN laden, zur Verwertungsanlage transportieren und entsorgen. Die Entsorgungsgebühren werden vom AN übernommen.
Schornsteingröße: .....
Abwicklung: .....
Material: .....
Abfallschlüssel nach AVV: 1704....
Transportweg: bis ..... km
Anlage (Bezeichnung/Ort): .....

| 9€ | 14€ | **17€** | 21€ | 31€ | [m²] | ⏱ 0,35 h/m² | 384.001.187 |

88 Gaubenverblechung entfernen KG **394**
Gaubenverblechung einschl. Anschlüsse, ohne Schadstoffbelastung, entfernen und entsorgen. Die aufgenommenen Stoffe sammeln, auf LKW des AN laden, zur Verwertungsanlage transportieren und entsorgen. Die Entsorgungsgebühren werden vom AN übernommen.
Material: .....
Abfallschlüssel nach AVV: 1704....
Transportweg: bis ..... km
Anlage (Bezeichnung/Ort): .....

| 5€ | 8€ | **11€** | 13€ | 21€ | [m²] | ⏱ 0,23 h/m² | 384.001.188 |

89 Blech-Dachdeckung entfernen KG **394**
Dacheindeckung aus Metallblech auf Holzschalung, ohne Schadstoffbelastung, entfernen und entsorgen. Die aufgenommenen Stoffe sammeln, auf LKW des AN laden, zur Verwertungsanlage transportieren und entsorgen. Die Entsorgungsgebühren werden vom AN übernommen.
Deckungsart: .....
Material: .....
Abfallschlüssel nach AVV: 1704....
Transportweg: bis ..... km
Anlage (Bezeichnung/Ort): .....

| 5€ | 11€ | **14€** | 18€ | 25€ | [m²] | ⏱ 0,25 h/m² | 384.001.189 |

90 Blechbekleidung entfernen KG **394**
Blechbekleidung an Außenwänden, ohne Schadstoffbelastung, entfernen und entsorgen. Die aufgenommenen Stoffe sammeln, auf LKW des AN laden, zur Verwertungsanlage transportieren und entsorgen. Die Entsorgungsgebühren werden vom AN übernommen.
Bekleidungsart: .....
Material: .....
Abfallschlüssel nach AVV: 1704....
Transportweg: bis ..... km
Anlage (Bezeichnung/Ort): .....

| –€ | 13€ | **16€** | 20€ | –€ | [m²] | ⏱ 0,30 h/m² | 384.001.190 |

Kosten:
Stand 2.Quartal 2018
Bundesdurchschnitt

▶ min
▷ von
ø Mittel
◁ bis
◀ max

Nr.	**Kurztext** / Langtext					Kostengruppe
▶	▷	**ø netto €** ◁ ◀		[Einheit]	Ausf.-Dauer	Positionsnummer

91 Außenputz abschlagen, Mauerwerk   KG **394**

Außenputz, zweilagig, auf Ziegelmauerwerk, ohne Schadstoffbelastung, abschlagen und entsorgen. Die aufgenommenen Stoffe sammeln, auf LKW des AN laden, zur Verwertungsanlage transportieren und entsorgen. Die Entsorgungsgebühren werden vom AN übernommen.
Putzdicke: bis 30 mm
Haftung: .....
Abfallschlüssel nach AVV: 170904 gemischte Bau- und Abbruchabfälle
Transportweg: bis ..... km
Anlage (Bezeichnung/Ort): .....

6€   10€   **12€**   14€   20€   [m²]   ⏱ 0,25 h/m²   384.001.191

92 Sockelputz abschlagen   KG **394**

Sockelputz, ohne Schadstoffbelastung, abschlagen und entsorgen. Die aufgenommenen Stoffe sammeln, auf LKW des AN laden, zur Verwertungsanlage transportieren und entsorgen. Die Entsorgungsgebühren werden vom AN übernommen.
Putzdicke: bis 30 mm
Haftung: .....
Abfallschlüssel nach AVV: 170904 gemischte Bau- und Abbruchabfälle
Transportweg: bis ..... km
Anlage (Bezeichnung/Ort): .....

6€   9€   **10€**   12€   17€   [m²]   ⏱ 0,23 h/m²   384.001.193

93 Deckenputz abschlagen   KG **394**

Deckenputz, ohne Schadstoffbelastung, abbrechen und entsorgen. Die aufgenommenen Stoffe sammeln, auf LKW des AN laden, zur Verwertungsanlage transportieren und entsorgen. Die Entsorgungsgebühren werden vom AN übernommen.
Putzdicke: bis 30 mm
Untergrund: .....
Haftung: .....
Ausführung: in allen Geschossen
Abfallschlüssel nach AVV: 170904 gemischte Bau- und Abbruchabfälle
Transportweg: bis ..... km
Anlage (Bezeichnung/Ort): .....

8€   13€   **15€**   17€   21€   [m²]   ⏱ 0,25 h/m²   384.001.194

94 Bodenfliesen entfernen, Mörtelbett   KG **394**

Bodenfliesen in Mörtelbett, ohne Schadstoffbelastung, ausbauen und entsorgen. Die aufgenommenen Stoffe sammeln, auf LKW des AN laden, zur Verwertungsanlage transportieren und entsorgen. Die Entsorgungsgebühren werden vom AN übernommen.
Fliesengröße: .....
Mörtelbett: .....
Dicke: bis 5 cm
Ausführung: in allen Geschossen
Abfallschlüssel nach AVV: 170107 Gemische aus Beton, Ziegel, Fliesen und Keramik
Transportweg: bis ..... km
Anlage (Bezeichnung/Ort): ......

8€   12€   **15€**   18€   24€   [m²]   ⏱ 0,20 h/m²   384.001.200

LB 384
Abbruch- und Rückbauarbeiten

Nr.	Kurztext / Langtext				[Einheit]	Ausf.-Dauer	Kostengruppe Positionsnummer
▶	▷	ø netto €	◁	◀			

95 Wandfliesen entfernen, Dickbett KG **394**

Wandfliesen im Dickbett, ohne Schadstoffbelastung, entfernen und entsorgen. Die aufgenommenen Stoffe sammeln, auf LKW des AN laden, zur Verwertungsanlage transportieren und entsorgen. Die Entsorgungsgebühren werden vom AN übernommen.
Fliesengröße: .....
Dicke: bis 4 cm
Ausführung: in allen Geschossen
Abfallschlüssel nach AVV: 170107 Gemische aus Beton, Ziegel, Fliesen und Keramik
Transportweg: bis ..... km
Anlage (Bezeichnung/Ort): .....

| 7€ | 11€ | **14€** | 16€ | 21€ | [m²] | ⏱ 0,22 h/m² | 384.001.204 |

A 1 Verbundestrich abbrechen Beschreibung für Pos. **96-97**

Verbundestrich als Zementestrich, ohne Schadstoffbelastung, abbrechen und entsorgen. Die aufgenommenen Stoffe sammeln, auf LKW des AN laden, zur Verwertungsanlage transportieren und entsorgen. Die Entsorgungsgebühren werden vom AN übernommen.
Ausführung: in allen Geschossen
Abfallschlüssel nach AVV: 170101 Beton
Transportweg: bis ..... km
Anlage (Bezeichnung/Ort): .....

96 Verbundestrich abbrechen, bis 50mm KG **394**

Wie Ausführungsbeschreibung A 1
Estrichdicke: bis 50 mm

| 9€ | 12€ | **15€** | 19€ | 24€ | [m²] | ⏱ 0,25 h/m² | 384.001.206 |

97 Verbundestrich abbrechen, bis 70mm KG **394**

Wie Ausführungsbeschreibung A 1
Estrichdicke: bis 70 mm

| 12€ | 17€ | **21€** | 26€ | 32€ | [m²] | ⏱ 0,40 h/m² | 384.001.207 |

98 Estrich, schwimmend, abbrechen KG **394**

Zementestrich, schwimmend, ohne Schadstoffbelastung, abbrechen und entsorgen. Die aufgenommenen Stoffe getrennt sammeln, auf LKW des AN laden, zur Verwertungsanlage transportieren und entsorgen. Die Entsorgungsgebühren werden vom AN übernommen.
Ausführung: in allen Geschossen
Abfallschlüssel nach AVV: 170101 Beton
Transportweg: bis ..... km
Anlage (Bezeichnung/Ort): .....

| 10€ | 15€ | **19€** | 23€ | 28€ | [m²] | ⏱ 0,35 h/m² | 384.001.209 |

Kosten:
Stand 2.Quartal 2018
Bundesdurchschnitt

▶ min
▷ von
ø Mittel
◁ bis
◀ max

Nr.	Kurztext / Langtext					Kostengruppe	
▶	▷ ø netto € ◁ ◀				[Einheit]	Ausf.-Dauer	Positionsnummer

99 Kellerfenster ausbauen, Holz, 0,5m²   KG **394**

Kellerfenster mit Flügel und Rahmen aus Holz, ohne Schadstoffbelastung, ausbauen und entsorgen. Die aufgenommenen Stoffe sammeln, auf LKW des AN laden, zur Verwertungsanlage transportieren und entsorgen. Die Entsorgungsgebühren werden vom AN übernommen.
Größe: bis 0,5 m²
Material: Holz, deckend beschichtet ....., Isolierverglasung
Transportweg: bis ..... km
Anlage (Bezeichnung/Ort): .....

| 11 € | 16 € | **20** € | 24 € | 47 € | [St] | 0,37 h/St | 384.001.214 |

100 Fenster ausbauen, Holz, bis 1,5m²   KG **394**

Fenster mit Flügel und Fensterrahmen aus Holz, ohne Schadstoffbelastung, ausbauen und entsorgen. Die aufgenommenen Stoffe sammeln, auf LKW des AN laden, zur Verwertungsanlage transportieren und entsorgen. Die Entsorgungsgebühren werden vom AN übernommen.
Größe: bis 1,5 m²
Material: Holz, deckend beschichtet ....., Isolierverglasung
Transportweg: bis ..... km
Anlage (Bezeichnung/Ort): .....

| 19 € | 35 € | **44** € | 52 € | 82 € | [St] | 0,70 h/St | 384.001.215 |

101 Fenster ausbauen, Holz, bis 2,5m²   KG **394**

Fenster mit Flügel und Fensterrahmen aus Holz, ohne Schadstoffbelastung, ausbauen und entsorgen. Die aufgenommenen Stoffe sammeln, auf LKW des AN laden, zur Verwertungsanlage transportieren und entsorgen. Die Entsorgungsgebühren werden vom AN übernommen.
Größe: bis 2,5 m²
Material: Holz, deckend beschichtet ....., Isolierverglasung
Transportweg: bis ..... km
Anlage (Bezeichnung/Ort): .....

| 21 € | 44 € | **55** € | 66 € | 110 € | [St] | 0,80 h/St | 384.001.216 |

102 Fenstertür ausbauen, Holz, bis 3,5m²   KG **394**

Fenstertür mit Flügel und Rahmen aus Holz, ohne Schadstoffbelastung, ausbauen und entsorgen. Die aufgenommenen Stoffe sammeln, auf LKW des AN laden, zur Verwertungsanlage transportieren und entsorgen. Die Entsorgungsgebühren werden vom AN übernommen.
Größe: bis 3,5 m²
Material: Holz, deckend beschichtet ....., Isolierverglasung
Transportweg: bis ..... km
Anlage (Bezeichnung/Ort): .....

| 26 € | 56 € | **70** € | 84 € | 132 € | [St] | 1,00 h/St | 384.001.217 |

LB 384 Abbruch- und Rückbauarbeiten

Kosten:
Stand 2.Quartal 2018
Bundesdurchschnitt

Nr.	Kurztext / Langtext				[Einheit]	Kostengruppe
▶	▷ ø netto € ◁			◀		Ausf.-Dauer Positionsnummer

103 Fenster ausbauen, Kunststoff, bis 1,5m² — KG 394

Fenster aus Kunststoff, mit Flügel und Fensterstock, mit innerer sowie äußerer Fensterbank, ohne Schadstoffbelastung, ausbauen und entsorgen. Die aufgenommenen Stoffe sammeln, auf LKW des AN laden, zur Verwertungsanlage transportieren und entsorgen. Die Entsorgungsgebühren werden vom AN übernommen.
Größe: bis 1,5 m²
Material: Kunststoff ....., Isolierverglasung
Transportweg: bis ..... km
Anlage (Bezeichnung/Ort): .....

| 17 € | 28 € | **35 €** | 42 € | 54 € | [St] | ⏱ 0,80 h/St | 384.001.218 |

104 Fenster ausbauen, Kunststoff, bis 2,5m² — KG 394

Fenster aus Kunststoff, mit Flügel und Fensterstock, mit innerer sowie äußerer Fensterbank, ohne Schadstoffbelastung, ausbauen und entsorgen. Die aufgenommenen Stoffe sammeln, auf LKW des AN laden, zur Verwertungsanlage transportieren und entsorgen. Die Entsorgungsgebühren werden vom AN übernommen.
Größe: bis 2,5 m²
Material: Kunststoff ....., Isolierverglasung
Transportweg: bis ..... km
Anlage (Bezeichnung/Ort): .....

| 21 € | 38 € | **48 €** | 57 € | 67 € | [St] | ⏱ 0,95 h/St | 384.001.219 |

105 Fenstertür ausbauen, Kunststoff, bis 3,5m² — KG 394

Fenstertür aus Kunststoff, mit Flügel einschl. Fensterstock, ohne Schadstoffbelastung, ausbauen und entsorgen. Die aufgenommenen Stoffe sammeln, auf LKW des AN laden, zur Verwertungsanlage transportieren und entsorgen. Die Entsorgungsgebühren werden vom AN übernommen.
Größe: bis 3,5 m
Material: Kunststoff ....., Isolierverglasung
Transportweg: bis ..... km
Anlage (Bezeichnung/Ort): .....

| 38 € | 62 € | **78 €** | 93 € | 132 € | [St] | ⏱ 1,05 h/St | 384.001.220 |

106 Hauseingangstür ausbauen, bis 4,0m² — KG 394

Hauseingangstür mit Rahmen, Türblatt einschl. Türstock, ohne Schadstoffbelastung, ausbauen und entsorgen. Die aufgenommenen Stoffe sammeln, auf LKW des AN laden, zur Verwertungsanlage transportieren und entsorgen. Die Entsorgungsgebühren werden vom AN übernommen.
Größe: bis 4 m²
Material: .....
Transportweg: bis ..... km
Anlage (Bezeichnung/Ort): .....

| 47 € | 86 € | **107 €** | 129 € | 141 € | [St] | ⏱ 1,30 h/St | 384.001.221 |

▶ min
▷ von
ø Mittel
◁ bis
◀ max

Nr.	Kurztext / Langtext							Kostengruppe
▶	▷	ø netto €	◁	◀	[Einheit]		Ausf.-Dauer	Positionsnummer

107 Kelleraußentür ausbauen, bis 2,5m² — KG 394
Kelleraußentür mit Türblatt einschl. Blendrahmen, ohne Schadstoffbelastung, ausbauen und entsorgen. Die aufgenommenen Stoffe sammeln, auf LKW des AN laden, zur Verwertungsanlage transportieren und entsorgen. Die Entsorgungsgebühren werden vom AN übernommen.
Größe: bis 2,5 m²
Material: .....
Transportweg: bis ..... km
Anlage (Bezeichnung/Ort): .....

| –€ | 35€ | **44€** | 53€ | –€ | [St] | ⏱ 0,45 h/St | 384.001.222 |

108 Innentür, Holz, 1-flüglig, entfernen — KG 394
Innentür mit Türfutter, ohne Schadstoffbelastung, ausbauen und entsorgen. Die aufgenommenen Stoffe sammeln, auf LKW des AN laden, zur Verwertungsanlage transportieren und entsorgen. Die Entsorgungs-gebühren werden vom AN übernommen.
Material: Holz, Vollholz / Röhrenspan
Altholzkategorie: A II
Wanddicke: .....
Größe: bis 2,00 m²

| 20€ | 30€ | **37€** | 45€ | 53€ | [St] | ⏱ 0,60 h/St | 384.001.223 |

109 Wandbekleidung, Holz, entfernen — KG 394
Wandbekleidung aus Holzwerkstoff, ohne Schadstoffbelastung, entfernen und entsorgen. Die aufgenommenen Stoffe sammeln, auf LKW des AN laden, zur Verwertungsanlage transportieren und entsorgen. Die Entsorgungs-gebühren werden vom AN übernommen.
Material: .....
Altholzkategorie: A II
Transportweg: bis ..... km
Anlage (Bezeichnung/Ort): .....

| 5€ | 13€ | **16€** | 19€ | 27€ | [m²] | ⏱ 0,55 h/m² | 384.001.224 |

110 Deckenbekleidung, Holz, entfernen — KG 394
Deckenbekleidung aus unbehandelten Holzbrettern, einschl. Sparschalung, ohne Schadstoffbelastung, entfernen und entsorgen. Die aufgenommenen Stoffe sammeln, auf LKW des AN laden, zur Verwertungs-anlage transportieren und entsorgen. Die Entsorgungsgebühren werden vom AN übernommen.
Altholzkategorie: A I
Transportweg: bis ..... km
Anlage (Bezeichnung/Ort): .....

| –€ | 16€ | **20€** | 24€ | –€ | [m²] | ⏱ 0,45 h/m² | 384.001.225 |

381
384
386
387

LB 384 Abbruch- und Rückbauarbeiten

Kosten:
Stand 2.Quartal 2018
Bundesdurchschnitt

Nr.	Kurztext / Langtext				[Einheit]	Ausf.-Dauer	Kostengruppe Positionsnummer
▶ min	▷ von	ø Mittel	◁ bis	◀ max			

111 Fensterbank ausbauen, Holz, bis 1,5m — KG 394

Fensterbank aus Holz im Innenbereich, ohne Schadstoffbelastung, ausbauen und entsorgen. Die aufgenommenen Stoffe sammeln, auf LKW des AN laden, zur Verwertungsanlage transportieren und entsorgen. Die Entsorgungsgebühren werden vom AN übernommen.
Länge: bis 1,5 m
Breite: bis 25 cm
Dicke: bis 4 cm
Altholzkategorie: A II
Transportweg: bis ..... km
Anlage (Bezeichnung/Ort): .....

▶	▷	ø	◁	◀			
7€	11€	**14€**	17€	25€	[St]	0,30 h/St	384.001.226

112 Fensterbank ausbauen, Holz, bis 2,5m — KG 394

Fensterbank aus Holz im Innenbereich, ohne Schadstoffbelastung, ausbauen und entsorgen. Die aufgenommenen Stoffe sammeln, auf LKW des AN laden, zur Verwertungsanlage transportieren und entsorgen. Die Entsorgungsgebühren werden vom AN übernommen.
Länge: bis 2,5 m
Breite: bis 25 cm
Dicke: bis 4 cm
Altholzkategorie: A II
Transportweg: bis ..... km
Anlage (Bezeichnung/Ort): .....

13€	18€	**23€**	27€	37€	[St]	0,35 h/St	384.001.227

113 Laibungsbekleidung, Holz, entfernen — KG 394

Holzbekleidung an Fensterlaibung, einschl. der Befestigungshölzer, ohne Schadstoffbelastung, entfernen und entsorgen. Die aufgenommenen Stoffe sammeln, auf LKW des AN laden, zur Verwertungsanlage transportieren und entsorgen. Die Entsorgungsgebühren werden vom AN übernommen.
Lage: innen
Altholzkategorie: A I
Transportweg: bis ..... km
Anlage (Bezeichnung/Ort): .....

–€	9€	**12€**	14€	–€	[m]	0,12 h/m	384.001.228

114 Montagewand abbrechen, GK — KG 394

Montagewand aus Metallständerprofilen, beidseitig mit Gipskartonplatten beplankt, ohne Schadstoffbelastung, abbrechen und getrennt entsorgen. Die aufgenommenen Stoffe sind getrennt zu sammeln, auf LKW des AN laden, zur Verwertungsanlage transportieren und entsorgen. Die Entsorgungsgebühren werden vom AN übernommen.
Wandaufbau: .....
Beplankung: .....
Abfallschlüssel nach AVV: 170802 Baustoffe auf Gipsbasis und 1704....
Transportweg: bis ..... km
Anlage (Bezeichnung/Ort): .....

9€	13€	**17€**	21€	27€	[m²]	0,28 h/m²	384.001.229

Nr.	Kurztext / Langtext						Kostengruppe	
▶	▷	ø netto €	◁	◀	[Einheit]	Ausf.-Dauer	Positionsnummer	

115 Deckenkleidung abbrechen; GK — KG **394**

Plattenbekleidung aus Gipskarton an Decken mit Unterkonstruktion aus Holz, ohne Schadstoffbelastung, abbrechen und getrennt entsorgen. Die aufgenommenen Stoffe sind getrennt zu sammeln, auf LKW des AN laden, zur Verwertungsanlage transportieren und entsorgen. Die Entsorgungsgebühren werden vom AN übernommen.
Bekleidung: 12,5 mm, einlagig
Abfallschlüssel nach AVV: 170802 Baustoffe auf Gipsbasis und 170201 Holz
Transportweg: bis ..... km
Anlage (Bezeichnung/Ort): .....

| 8 € | 13 € | **17 €** | 20 € | 23 € | [m²] | 0,27 h/m² | 384.001.230 |

116 Unterdecke abbrechen, GK — KG **394**

Abgehängte Unterdecke aus Gipskartonplatten, auf Metallprofilen, ohne Schadstoffbelastung, abbrechen und getrennt entsorgen. Die aufgenommenen Stoffe sind getrennt zu sammeln, auf LKW des AN laden, zur Verwertungsanlage transportieren und entsorgen. Die Entsorgungsgebühren werden vom AN übernommen.
Deckenaufbau: .....
Abfallschlüssel nach AVV: 170802 Baustoffe auf Gipsbasis und 1704....
Transportweg: bis ..... km
Anlage (Bezeichnung/Ort): .....

| 7 € | 11 € | **13 €** | 16 € | 21 € | [m²] | 0,25 h/m² | 384.001.231 |

117 Verkofferung abbrechen, GK — KG **394**

Verkofferung von Rohrleitungen mit Unterkonstruktion aus Metall, ohne Schadstoffbelastung, abbrechen und getrennt entsorgen. Die aufgenommenen Stoffe sind getrennt zu sammeln, auf LKW des AN laden, zur Verwertungsanlage transportieren und entsorgen. Die Entsorgungsgebühren werden vom AN übernommen.
Beplankung: .....
Untergrund: .....
Abmessungen: .....
Abfallschlüssel nach AVV: 170802 Baustoffe auf Gipsbasis und 170201 Holz
Transportweg: bis ..... km
Anlage (Bezeichnung/Ort): .....

| 10 € | 14 € | **18 €** | 22 € | 26 € | [m²] | 0,32 h/m² | 384.001.232 |

118 Stundensatz Facharbeiter, Abbrucharbeiten

Stundenlohnarbeiten für Vorarbeiter, Facharbeiter und Gleichgestellte (z. B. Spezialbaufacharbeiter, Baufacharbeiter, Obermonteure, Monteure, Gesellen, Maschinenführer, Fahrer und ähnliche Fachkräfte). Leistung nach besonderer Anordnung der Bauüberwachung. Nachweis gemäß §15 Nr. 3 VOB/B, Anmeldung gemäß §2 Nr.10 VOB/B.

| 34 € | 42 € | **46 €** | 49 € | 59 € | [h] | 1,00 h/h | 384.001.236 |

119 Stundensatz Helfer, Abbrucharbeiten

Stundenlohnarbeiten für Werker, Helfer und Gleichgestellte (z. B. Baufachwerker, Helfer, Hilfsmonteure, Ungelernte, Angelernte). Leistung nach besonderer Anordnung der Bauüberwachung. Nachweis gemäß §15 Nr. 3 VOB/B, Anmeldung gemäß §2 Nr.10 VOB/B.

| 28 € | 37 € | **41 €** | 44 € | 54 € | [h] | 1,00 h/h | 384.001.237 |

LB 386 Nachträgliche Querschnittsabdichtung in Mauerwerk

Kosten: Stand 2.Quartal 2018 Bundesdurchschnitt

▶ min
▷ von
ø Mittel
◁ bis
◀ max

Nr.	Positionen	Einheit	▶ min	▷ von	ø brutto € / ø netto €	◁ bis	◀ max
1	Außenputz abschlagen, lose haftend	m²	12 / 10	13 / 11	**16** / **13**	19 / 16	20 / 17
2	Außenputz abschlagen, fest haftend	m²	16 / 13	18 / 15	**22** / **19**	27 / 23	29 / 24
3	Beschichtungen entfernen, lose haftend	m²	9 / 8	10 / 8	**11** / **9**	13 / 11	14 / 12
4	Beschichtungen entfernen, fest haftend	m²	12 / 10	13 / 11	**14** / **11**	16 / 14	18 / 15
5	Wandflächen reinigen, abbürsten	m²	5 / 4	6 / 5	**7** / **6**	9 / 7	10 / 8
6	Trockenstrahlen, Flächenreinigung	m²	12 / 10	13 / 11	**13** / **11**	16 / 13	17 / 14
7	Trockenstrahlen, Flächen beschichtet	m²	20 / 16	21 / 18	**23** / **19**	27 / 23	30 / 25
8	Feuchtnebel-Strahlen, Flächenreinigung	m²	13 / 11	15 / 13	**17** / **14**	21 / 17	22 / 19
9	Flächenreinigung, Schlagbohrhammer	m²	14 / 12	15 / 13	**17** / **14**	21 / 17	22 / 19
10	Untergrund aufrauen, Druckluftnadelhammer	m²	8 / 7	8 / 7	**9** / **8**	11 / 9	12 / 10
11	Horizontalsperre, Stahlbleche, bis 13cm	m	70 / 59	75 / 63	**79** / **66**	85 / 71	91 / 76
12	Horizontalsperre, Stahlbleche, bis 25cm	m	94 / 79	100 / 84	**105** / **89**	113 / 95	121 / 102
13	Horizontalsperre, Stahlbleche, bis 38cm	m	116 / 98	124 / 104	**130** / **110**	140 / 117	150 / 126
14	Horizontalsperre, Stahlbleche, bis 50cm	m	155 / 130	165 / 139	**174** / **146**	186 / 156	200 / 168
15	Horizontalsperre, Stahlbleche, bis 70cm	m	194 / 163	207 / 174	**217** / **183**	233 / 196	250 / 210
16	Horizontalsperre, Stahlbleche, bis 100cm	m	276 / 232	294 / 247	**310** / **260**	331 / 278	356 / 299
17	Horizontalsperre, Sägen, weich, bis 13cm	m	68 / 57	73 / 61	**76** / **64**	82 / 69	88 / 74
18	Horizontalsperre, Sägen, weich, bis 25cm	m	74 / 62	79 / 66	**83** / **70**	89 / 75	95 / 80
19	Horizontalsperre, Sägen, weich, bis 38cm	m	86 / 72	91 / 77	**96** / **81**	103 / 87	111 / 93
20	Horizontalsperre, Sägen, weich, bis 50cm	m	103 / 87	110 / 93	**116** / **97**	124 / 104	133 / 112
21	Horizontalsperre, Sägen, weich, bis 70cm	m	137 / 115	146 / 123	**154** / **130**	165 / 139	177 / 149
22	Horizontalsperre, Sägen, weich, bis 100cm	m	211 / 177	225 / 189	**237** / **199**	254 / 213	273 / 229
23	Horizontalsperre, Sägen, mittel, bis 13cm	m	99 / 83	105 / 88	**111** / **93**	118 / 100	127 / 107
24	Horizontalsperre, Sägen, mittel, bis 25cm	m	116 / 98	124 / 104	**130** / **110**	140 / 117	150 / 126

© **BKI** Baukosteninformationszentrum; Erläuterungen zu den Tabellen siehe Seite 22
Mustertexte geprüft: Deutscher Holz- und Bautenschutzverband e.V.

Nachträgliche Querschnittsabdichtung in Mauerwerk — Preise €

Nr.	Positionen	Einheit	▶	▷ ø brutto € / ø netto €		◁	◀
25	Horizontalsperre, Sägen, mittel, bis 38cm	m	125 / 105	134 / 113	**141** / **118**	151 / 127	162 / 136
26	Horizontalsperre, Sägen, mittel, bis 50cm	m	178 / 150	190 / 160	**200** / **168**	214 / 180	230 / 194
27	Horizontalsperre, Sägen, mittel, bis 70cm	m	235 / 197	250 / 210	**264** / **221**	282 / 237	303 / 255
28	Horizontalsperre, Sägen, mittel, bis 100cm	m	328 / 276	351 / 295	**369** / **310**	395 / 332	424 / 357
29	Horizontalsperre, Sägen, hart, bis 13cm	m	107 / 90	114 / 96	**120** / **101**	128 / 108	138 / 116
30	Horizontalsperre, Sägen, hart, bis 25cm	m	125 / 105	134 / 113	**141** / **118**	151 / 127	162 / 136
31	Horizontalsperre, Sägen, hart, bis 38cm	m	172 / 145	184 / 155	**194** / **163**	207 / 174	223 / 187
32	Horizontalsperre, Sägen, hart, bis 50cm	m	264 / 222	282 / 237	**297** / **249**	317 / 267	341 / 287
33	Horizontalsperre, Sägen, hart, bis 70cm	m	342 / 288	366 / 307	**385** / **323**	412 / 346	443 / 372
34	Horizontalsperre, Sägen, hart, bis 100cm	m	445 / 374	474 / 399	**499** / **420**	534 / 449	574 / 483
35	Horizontalsperre, Injektion, bis 25cm	m	71 / 59	79 / 67	**88** / **74**	94 / 79	102 / 85
36	Horizontalsperre, Injektion, bis 38cm	m	86 / 73	97 / 82	**108** / **91**	116 / 97	124 / 104
37	Horizontalsperre, Injektion, bis 50cm	m	102 / 86	115 / 97	**128** / **107**	137 / 115	147 / 124
38	Horizontalsperre, Injektion, bis 70cm	m	118 / 99	133 / 112	**148** / **124**	158 / 133	170 / 143
39	Horizontalsperre, Injektion, bis 100cm	m	181 / 152	204 / 171	**227** / **190**	243 / 204	261 / 219
40	Horizontalsperre, Tränkung, bis 13cm	m	70 / 59	74 / 62	**82** / **69**	87 / 73	94 / 79
41	Horizontalsperre, Tränkung, bis 25cm	m	89 / 74	95 / 80	**105** / **89**	113 / 95	121 / 102
42	Horizontalsperre, Tränkung, bis 38cm	m	98 / 82	110 / 93	**123** / **103**	131 / 110	141 / 118
43	Horizontalsperre, Tränkung, bis 50cm	m	121 / 102	127 / 107	**141** / **118**	151 / 127	162 / 136
44	Horizontalsperre, Tränkung, bis 70cm	m	152 / 127	162 / 137	**181** / **152**	193 / 162	208 / 174
45	Horizontalsperre, Tränkung, bis 100cm	m	217 / 182	232 / 195	**258** / **217**	276 / 232	297 / 250
46	Vertikalsperre, Querwand, Injektion	m	72 / 61	85 / 71	**96** / **81**	111 / 93	120 / 101
47	Vertikalsperre, Querwand, Tränkung	m	70 / 59	82 / 69	**94** / **79**	108 / 90	117 / 98
48	Mauerwerksaustausch, Querwand	m	97 / 82	104 / 88	**112** / **94**	120 / 101	129 / 108

© **BKI** Baukosteninformationszentrum; Erläuterungen zu den Tabellen siehe Seite 22
Mustertexte geprüft: Deutscher Holz- und Bautenschutzverband e.V.

Kostenstand: 2.Quartal 2018, Bundesdurchschnitt

LB 386 Nachträgliche Querschnittsabdichtung in Mauerwerk

Kosten: Stand 2.Quartal 2018 Bundesdurchschnitt

Nachträgliche Querschnittsabdichtung in Mauerwerk — Preise €

Nr.	Positionen	Einheit	▶	▷	ø brutto € / ø netto €	◁	◀
49	Innenputz abschlagen, Mauerwerk	m²	11 / 9	13 / 11	**13** / **11**	16 / 13	17 / 14
50	Bodenflächen abdecken, Folie	m²	2 / 2	2 / 2	**3** / **2**	3 / 3	4 / 3
51	Bodenflächen abdecken, Vlies/OSB	m²	13 / 11	14 / 12	**14** / **12**	17 / 15	22 / 18
52	Mauerwerk abbürsten	m²	3 / 2	3 / 2	**3** / **3**	4 / 3	4 / 3
53	Mauerwerksfugen auskratzen	m²	15 / 13	16 / 13	**17** / **14**	20 / 17	22 / 18
54	Spritzbewurf, Sanierputz, netzförmig	m²	11 / 9	11 / 10	**13** / **11**	15 / 13	16 / 14
55	Spritzbewurf, Sanierputz volldeckend	m²	20 / 17	23 / 19	**25** / **21**	30 / 25	33 / 27
56	Spritzbewurf, Laibungen	m	6 / 5	6 / 5	**7** / **6**	8 / 7	9 / 7
57	Ausgleichsputz, Porengrundputz	m²	30 / 25	32 / 27	**36** / **30**	43 / 36	46 / 39
58	Porengrundputz, Laibungen	m	12 / 10	13 / 11	**14** / **12**	17 / 14	19 / 16
59	Sanierputz, geringe Salzbelastung	m²	60 / 50	64 / 54	**71** / **60**	85 / 72	93 / 78
60	Sanierputz, hohe Salzbelastung	m²	57 / 48	60 / 51	**63** / **53**	76 / 64	82 / 69
61	Sanierputz, Laibungen	m	26 / 22	28 / 23	**31** / **26**	37 / 31	40 / 34

Nr.	Kurztext / Langtext				[Einheit]	Ausf.-Dauer	Kostengruppe Positionsnummer
	▶ ▷ ø netto € ◁ ◀						

1 Außenputz abschlagen, lose haftend — KG **395**
Außenputz, lose haftend, abschlagen, einschl. Flächen nachreinigen und anfallenden Bauschutt entsorgen.
Ausführung: im Freien, Kellerwand
Putzart: .....
Putzdicke: bis 3 cm

10€   11€   **13€**   16€   17€   [m²]   ⏱ 0,27 h/m²   386.000.010

2 Außenputz abschlagen, fest haftend — KG **395**
Außenputz, fest haftend, abschlagen, einschl. Flächen nachreinigen und anfallenden Bauschutt entsorgen.
Ausführung: im Freien, Kellerwand
Putzart: .....
Putzdicke: bis 3 cm

13€   15€   **19€**   23€   24€   [m²]   ⏱ 0,35 h/m²   386.600.011

▶ min
▷ von
ø Mittel
◁ bis
◀ max

Nr.	Kurztext / Langtext							Kostengruppe
▶	▷	ø netto €	◁	◀	[Einheit]		Ausf.-Dauer	Positionsnummer

3 Beschichtungen entfernen, lose haftend — KG 395
Beschichtungen, lose haftend, auf Kelleraußenwand entfernen, einschl. anfallenden Bauschutt entsorgen.
Beschichtung: .....
Abtragsart: ....

| 8€ | 8€ | **9€** | 11€ | 12€ | [m²] | ⏱ 0,60 h/m² | 386.600.012 |

4 Beschichtungen entfernen, fest haftend — KG 395
Beschichtungen, festhaftend, auf Kelleraußenwand entfernen, einschl. anfallenden Bauschutt entsorgen.
Beschichtung: .....
Abtragsart: ....

| 10€ | 11€ | **11€** | 14€ | 15€ | [m²] | ⏱ 0,80 h/m² | 386.600.071 |

5 Wandflächen reinigen, abbürsten — KG 395
Wandflächen aus Mauerwerk durch kräftiges Abbürsten mit Stahlbesen bearbeiten, inkl. absaugen.
Ausführung: Kelleraußenwand
Mauerverband: .....

| 4€ | 5€ | **6€** | 7€ | 8€ | [m²] | ⏱ 0,22 h/m² | 386.600.013 |

6 Trockenstrahlen, Flächenreinigung — KG 395
Strahlen von Mauerwerkswänden mit festen Strahlmitteln ohne Wasser als Flächenreinigung zum Entfernen aller losen und haftungsmindernden Bestandteile, einschl. Strahlgut und anfallenden Bauschutt entsorgen.
Ausführung: Kelleraußenwand
Strahlmittel: .....

| 10€ | 11€ | **11€** | 13€ | 14€ | [m²] | ⏱ 0,20 h/m² | 386.600.014 |

7 Trockenstrahlen, Flächen beschichtet — KG 395
Strahlen von beschichteten Mauerwerk mit festen Strahlmitteln ohne Wasser, zum Entfernen von Beschichtungen, inkl. Entsorgung des Strahlguts und anfallenden Bauschutts.
Ausführung: Kelleraußenwand
Mauerverband: .....
Beschichtung: .....
Strahlmittel: .....

| 16€ | 18€ | **19€** | 23€ | 25€ | [m²] | ⏱ 0,22 h/m² | 386.600.015 |

8 Feuchtnebel-Strahlen, Flächenreinigung — KG 395
Feuchtnebelstrahlen von Mauerwerk als Flächenreinigung zur Entfernung aller losen und haftungsmindernder Bestandteile, einschl. Entsorgung des anfallenden Bauschutts.
Ausführung: Kelleraußenwand
Mauerverband: .....

| 11€ | 13€ | **14€** | 17€ | 19€ | [m²] | ⏱ 0,20 h/m² | 386.600.016 |

9 Flächenreinigung, Schlagbohrhammer — KG 395
Mauerwerksflächen mit Schlagbohrhammer von losen und unreinen Oberflächenbestandteilen reinigen und Entsorgung des anfallenden Bauschutts.
Leistung inkl. nachreinigen durch abkehren, absaugen oder abblasen.
Ausführung: Kelleraußenwand
Mauerverband: .....

| 12€ | 13€ | **14€** | 17€ | 19€ | [m²] | ⏱ 0,20 h/m² | 386.600.017 |

LB 386 Nachträgliche Querschnittsabdichtung in Mauerwerk

Kosten:
Stand 2.Quartal 2018
Bundesdurchschnitt

Nr.	Kurztext / Langtext				[Einheit]	Ausf.-Dauer	Positionsnummer
▶	▷	ø netto €	◁	◀			Kostengruppe

10 Untergrund aufrauen, Druckluftnadelhammer — KG 395
Untergrundflächen aus Mauerwerk mittels Druckluftnadelhammer vorbehandeln, inkl. absaugen.
Ausführung: Kelleraußenwand
Mauerverband: .....

| 7€ | 7€ | **8€** | 9€ | 10€ | [m²] | 0,25 h/m² | 386.600.018 |

A 1 Horizontalsperre, Stahlbleche — Beschreibung für Pos. **11-16**
Horizontalsperre in Wand gegen aufsteigende Feuchtigkeit durch Eintreiben von nichtrostenden Edelstahlplatten in die Mörtelfuge des Mauerwerks. Die Platten sind an den Stößen eine Welle überlappend einzubringen und im endgültigen Zustand bündig abzuschließen. Die Fugen sind mit Quellmörtel kraftschlüssig zu schließen.
Bauteil: Wand, **innen / außen**
min. Eintreibhöhe: .....
Plattendicke: größer 1,5 mm
Arbeitsraum/Arbeitsbereich: .....

Hinweis: Für das Einrammen von Stahlblechen muss der Fugenverlauf sichtbar sein. Bei vorhandenen Putz ist dieser vorher zu entfernen und die Leistung gesondert auszuschreiben.

11 Horizontalsperre, Stahlbleche, bis 13cm — KG 395
Wie Ausführungsbeschreibung A 1
Mauerdicke: bis 13 cm

| 59€ | 63€ | **66€** | 71€ | 76€ | [m] | 0,60 h/m | 386.600.064 |

12 Horizontalsperre, Stahlbleche, bis 25cm — KG 395
Wie Ausführungsbeschreibung A 1
Mauerdicke: bis 25 cm

| 79€ | 84€ | **89€** | 95€ | 102€ | [m] | 0,70 h/m | 386.600.019 |

13 Horizontalsperre, Stahlbleche, bis 38cm — KG 395
Wie Ausführungsbeschreibung A 1
Mauerdicke: bis 38 cm

| 98€ | 104€ | **110€** | 117€ | 126€ | [m] | 0,85 h/m | 386.600.020 |

14 Horizontalsperre, Stahlbleche, bis 50cm — KG 395
Wie Ausführungsbeschreibung A 1
Mauerdicke: bis 50 cm

| 130€ | 139€ | **146€** | 156€ | 168€ | [m] | 1,15 h/m | 386.600.021 |

15 Horizontalsperre, Stahlbleche, bis 70cm — KG 395
Wie Ausführungsbeschreibung A 1
Mauerdicke: bis 70 cm

| 163€ | 174€ | **183€** | 196€ | 210€ | [m] | 1,30 h/m | 386.600.022 |

16 Horizontalsperre, Stahlbleche, bis 100cm — KG 395
Wie Ausführungsbeschreibung A 1
Mauerdicke: bis 100 cm

| 232€ | 247€ | **260€** | 278€ | 299€ | [m] | 1,90 h/m | 386.600.023 |

▶ min
▷ von
ø Mittel
◁ bis
◀ max

Nr.	Kurztext / Langtext						Kostengruppe	
▶	▷	ø netto €	◁	◀	[Einheit]	Ausf.-Dauer	Positionsnummer	

A 2 Horizontalsperre, Sägen
Beschreibung für Pos. **17-22**

Horizontalsperre in Wand gegen aufsteigende Feuchtigkeit im Mauersägeverfahren mit waagrechtem Schnitt und Einbau einer Querschnittsabdichtung. Einbau von statischen Keilen. Fläche abgleichen und Sperre aus Platten- oder Bahnenmaterial einbauen. Restfugen mit hydraulischem, quellfähigem Mörtel auspressen.
Bauteil: Wand, **innen / außen**
min. Schnitthöhe: .....
Arbeitsraum/Arbeitsbereich: .....
Angeb. Verfahren: .....
Sperrschicht: .....
Mauerwerksart: weiches Ziegelmauerwerk

17 Horizontalsperre, Sägen, weich, bis 13cm — KG **395**
Wie Ausführungsbeschreibung A 2
Mauerdicke: bis 13 cm
| 57€ | 61€ | **64€** | 69€ | 74€ | [m] | ⏱ 0,65 h/m | 386.600.065 |

18 Horizontalsperre, Sägen, weich, bis 25cm — KG **395**
Wie Ausführungsbeschreibung A 2
Mauerdicke: bis 25 cm
| 62€ | 66€ | **70€** | 75€ | 80€ | [m] | ⏱ 0,85 h/m | 386.600.024 |

19 Horizontalsperre, Sägen, weich, bis 38cm — KG **395**
Wie Ausführungsbeschreibung A 2
Mauerdicke: bis 38 cm
| 72€ | 77€ | **81€** | 87€ | 93€ | [m] | ⏱ 0,90 h/m | 386.600.025 |

20 Horizontalsperre, Sägen, weich, bis 50cm — KG **395**
Wie Ausführungsbeschreibung A 2
Mauerdicke: bis 50 cm
| 87€ | 93€ | **97€** | 104€ | 112€ | [m] | ⏱ 1,50 h/m | 386.600.026 |

21 Horizontalsperre, Sägen, weich, bis 70cm — KG **395**
Wie Ausführungsbeschreibung A 2
Mauerdicke: bis 70 cm
| 115€ | 123€ | **130€** | 139€ | 149€ | [m] | ⏱ 2,10 h/m | 386.600.027 |

22 Horizontalsperre, Sägen, weich, bis 100cm — KG **395**
Wie Ausführungsbeschreibung A 2
Mauerdicke: bis 100 cm
| 177€ | 189€ | **199€** | 213€ | 229€ | [m] | ⏱ 2,95 h/m | 386.600.028 |

© **BKI** Baukosteninformationszentrum; Erläuterungen zu den Tabellen siehe Seite 22
Mustertexte geprüft: Deutscher Holz- und Bautenschutzverband e.V.

Kostenstand: 2.Quartal 2018, Bundesdurchschnitt

LB 386 Nachträgliche Querschnittsabdichtung in Mauerwerk

Nr.	Kurztext / Langtext							Kostengruppe
▶	▷	ø netto €	◁	◀		[Einheit]	Ausf.-Dauer	Positionsnummer

A 3 **Horizontalsperre, Sägen, mittel** Beschreibung für Pos. **23-28**

Horizontalsperre in Wand gegen aufsteigende Feuchtigkeit im Mauersägeverfahren mit waagrechtem Schnitt und Einbau einer Querschnittsabdichtung. Einbau von statischen Keilen. Fläche mit wasserdichtem Mörtel abgleichen und Sperre aus Platten- oder Bahnenmaterial einbauen. Restfugen mit hydraulischem, quellfähigem Mörtel auspressen.
Bauteil: Wand, **innen / außen**
min. Schnitthöhe: .....
Arbeitsraum: .....
Arbeitsraum/Arbeitsbereich: .....
Sperrschicht: .....
Mauerwerksart: mittelhart, z. B. Sandstein

Kosten:
Stand 2.Quartal 2018
Bundesdurchschnitt

23 Horizontalsperre, Sägen, mittel, bis 13cm KG **395**
Wie Ausführungsbeschreibung A 3
Mauerdicke: bis 13 cm
83€   88€   **93**€   100€   107€   [m]   ⊙ 0,80 h/m   386.600.066

24 Horizontalsperre, Sägen, mittel, bis 25cm KG **395**
Wie Ausführungsbeschreibung A 3
Mauerdicke: bis 25 cm
98€   104€   **110**€   117€   126€   [m]   ⊙ 1,00 h/m   386.600.029

25 Horizontalsperre, Sägen, mittel, bis 38cm KG **395**
Wie Ausführungsbeschreibung A 3
Mauerdicke: bis 38 cm
105€   113€   **118**€   127€   136€   [m]   ⊙ 1,30 h/m   386.600.030

26 Horizontalsperre, Sägen, mittel, bis 50cm KG **395**
Wie Ausführungsbeschreibung A 3
Mauerdicke: bis 50 cm
150€   160€   **168**€   180€   194€   [m]   ⊙ 1,80 h/m   386.600.031

27 Horizontalsperre, Sägen, mittel, bis 70cm KG **395**
Wie Ausführungsbeschreibung A 3
Mauerdicke: bis 70 cm
197€   210€   **221**€   237€   255€   [m]   ⊙ 2,40 h/m   386.600.032

28 Horizontalsperre, Sägen, mittel, bis 100cm KG **395**
Wie Ausführungsbeschreibung A 3
Mauerdicke: bis 100 cm
276€   295€   **310**€   332€   357€   [m]   ⊙ 3,50 h/m   386.600.033

▶ min
▷ von
ø Mittel
◁ bis
◀ max

Nr.	Kurztext / Langtext					Kostengruppe	
▶	▷	ø netto €	◁	◀	[Einheit]	Ausf.-Dauer	Positionsnummer

A 4 Horizontalsperre, Sägen, hart   Beschreibung für Pos. **29-34**

Horizontalsperre in Wand gegen aufsteigende Feuchtigkeit im Mauersägeverfahren mit waagrechtem Schnitt und Einbau einer Querschnittsabdichtung. Einbau von statischen Keilen. Fläche mit wasserdichtem Mörtel abgleichen und Sperre aus Platten- oder Bahnenmaterial einbauen. Restfugen mit hydraulischem, quellfähigem Mörtel auspressen.
Bauteil: Wand, **innen / außen**
min. Schnitthöhe: .....
Arbeitsraum/Arbeitsbereich: .....
Angeb. Verfahren: .....
Sperrschicht: .....
Mauerwerksart: hart, z. B. Basalt-Kalk

29 Horizontalsperre, Sägen, hart, bis 13cm   KG **395**
Wie Ausführungsbeschreibung A 4
Mauerdicke: bis 13 cm
| 90€ | 96€ | **101**€ | 108€ | 116€ | [m] | ⏱ 1,10 h/m | 386.600.067 |

30 Horizontalsperre, Sägen, hart, bis 25cm   KG **395**
Wie Ausführungsbeschreibung A 4
Mauerdicke: bis 25 cm
| 105€ | 113€ | **118**€ | 127€ | 136€ | [m] | ⏱ 1,60 h/m | 386.600.034 |

31 Horizontalsperre, Sägen, hart, bis 38cm   KG **395**
Wie Ausführungsbeschreibung A 4
Mauerdicke: bis 38 cm
| 145€ | 155€ | **163**€ | 174€ | 187€ | [m] | ⏱ 2,10 h/m | 386.600.035 |

32 Horizontalsperre, Sägen, hart, bis 50cm   KG **395**
Wie Ausführungsbeschreibung A 4
Mauerdicke: bis 50 cm
| 222€ | 237€ | **249**€ | 267€ | 287€ | [m] | ⏱ 2,80 h/m | 386.600.036 |

33 Horizontalsperre, Sägen, hart, bis 70cm   KG **395**
Wie Ausführungsbeschreibung A 4
Mauerdicke: bis 70 cm
| 288€ | 307€ | **323**€ | 346€ | 372€ | [m] | ⏱ 3,70 h/m | 386.600.037 |

34 Horizontalsperre, Sägen, hart, bis 100cm   KG **395**
Wie Ausführungsbeschreibung A 4
Mauerdicke: bis 100 cm
| 374€ | 399€ | **420**€ | 449€ | 483€ | [m] | ⏱ 4,70 h/m | 386.600.038 |

© **BKI** Baukosteninformationszentrum; Erläuterungen zu den Tabellen siehe Seite 22
Mustertexte geprüft: Deutscher Holz- und Bautenschutzverband e.V.

Kostenstand: 2.Quartal 2018, Bundesdurchschnitt

LB 386 Nachträgliche Querschnittsabdichtung in Mauerwerk

Kosten:
Stand 2.Quartal 2018
Bundesdurchschnitt

Nr.	Kurztext / Langtext					[Einheit]	Ausf.-Dauer	Kostengruppe Positionsnummer
▶	▷	ø netto €	◁	◀				

A 5 Horizontalsperre, Injektion
Beschreibung für Pos. **35-39**

Horizontalabdichtung in Wand gegen aufsteigende Feuchtigkeit durch Injektion im Niederdruckverfahren über Bohrlöcher und Packer. Die Neigung und Winkel der Bohrlöcher und das Injektionsmittel ist auf Mauerwerksgefüge und -art, sowie die Feuchtebelastung abzustimmen. Der Bohrstaub ist mit Druckluft auszublasen und die Flüssigkeit mittels Druckgerät bis zur Sättigung des Mauerwerks einzupressen. Abschließend sind die Bohrlöcher mit Mörtel zu schließen und die Oberflächen anzugleichen.

Bauteil: Wand, **innen / außen**
Angeb. Verfahren: .....
Arbeitsdruck: ca. 5-10 bar
Bohrlochdurchmesser: 12-18 mm
Bohrtiefe: MW-Dicke bis 5 cm vor Wandende
Bohrlochabstand: 10 bis 12 cm, einseitig
Anzahl Bohrlochreihen: .....
Injektionsmittel: .....
Wirkungsprinzip: .....
Materialverbrauch: .....

35 Horizontalsperre, Injektion, bis 25cm KG **395**
Wie Ausführungsbeschreibung A 5
Mauerdicke: bis 25 cm

| 59€ | 67€ | **74**€ | 79€ | 85€ | [m] | 1,00 h/m | 386.600.039 |

36 Horizontalsperre, Injektion, bis 38cm KG **395**
Wie Ausführungsbeschreibung A 5
Mauerdicke: bis 38 cm

| 73€ | 82€ | **91**€ | 97€ | 104€ | [m] | 1,20 h/m | 386.600.040 |

37 Horizontalsperre, Injektion, bis 50cm KG **395**
Wie Ausführungsbeschreibung A 5
Mauerdicke: bis 50 cm

| 86€ | 97€ | **107**€ | 115€ | 124€ | [m] | 1,60 h/m | 386.600.041 |

38 Horizontalsperre, Injektion, bis 70cm KG **395**
Wie Ausführungsbeschreibung A 5
Mauerdicke: bis 70 cm

| 99€ | 112€ | **124**€ | 133€ | 143€ | [m] | 2,10 h/m | 386.600.042 |

39 Horizontalsperre, Injektion, bis 100cm KG **395**
Wie Ausführungsbeschreibung A 5
Mauerdicke: bis 100 cm

| 152€ | 171€ | **190**€ | 204€ | 219€ | [m] | 3,00 h/m | 386.600.043 |

▶ min
▷ von
ø Mittel
◁ bis
◀ max

Nr.	Kurztext / Langtext							Kostengruppe
▶	▷	ø netto €	◁	◀	[Einheit]	Ausf.-Dauer	Positionsnummer	

A 6 Horizontalsperre, Tränkung — Beschreibung für Pos. **40-45**

Horizontalabdichtung in Wand gegen aufsteigende Feuchtigkeit als Bohrlochtränkung mit Abdichtungsmittel befüllen. Die Neigung und Winkel der Bohrlöcher und das Abdichtungsmittel ist auf Mauerwerksgefüge und -art, sowie die Feuchtebelastung abzustimmen. Der Bohrstaub ist mit Druckluft ausblasen und die Flüssigkeit bis zur Sättigung des Mauerwerks zu verfüllen. Abschließend sind die Bohrlöcher mit Mörtel zu schließen und die Oberflächen anzugleichen.

Bauteil: Wand, **innen / außen**
Bohrlochdurchmesser: 30 mm
Bohrtiefe: MW-Dicke bis 5 cm vor Wandende
Bohrlochabstand: 10 bis 12 cm, einseitig
Anzahl Bohrlochreihen: .....
Injektionsmittel: .....
Wirkungsprinzip: .....
Angeb. Verfahren: .....
Materialverbrauch: .....

40 Horizontalsperre, Tränkung, bis 13cm — KG **395**
Wie Ausführungsbeschreibung A 6
Mauerdicke: bis 13 cm
| 59€ | 62€ | **69€** | 73€ | 79€ | [m] | ⏱ 0,80 h/m | 386.600.068 |

41 Horizontalsperre, Tränkung, bis 25cm — KG **395**
Wie Ausführungsbeschreibung A 6
Mauerdicke: bis 25 cm
| 74€ | 80€ | **89€** | 95€ | 102€ | [m] | ⏱ 1,20 h/m | 386.600.044 |

42 Horizontalsperre, Tränkung, bis 38cm — KG **395**
Wie Ausführungsbeschreibung A 6
Mauerdicke: bis 38 cm
| 82€ | 93€ | **103€** | 110€ | 118€ | [m] | ⏱ 1,70 h/m | 386.600.045 |

43 Horizontalsperre, Tränkung, bis 50cm — KG **395**
Wie Ausführungsbeschreibung A 6
Mauerdicke: bis 50 cm
| 102€ | 107€ | **118€** | 127€ | 136€ | [m] | ⏱ 2,10 h/m | 386.600.046 |

44 Horizontalsperre, Tränkung, bis 70cm — KG **395**
Wie Ausführungsbeschreibung A 6
Mauerdicke: bis 70 cm
| 127€ | 137€ | **152€** | 162€ | 174€ | [m] | ⏱ 2,50 h/m | 386.600.047 |

45 Horizontalsperre, Tränkung, bis 100cm — KG **395**
Wie Ausführungsbeschreibung A 6
Mauerdicke: bis 100 cm
| 182€ | 195€ | **217€** | 232€ | 250€ | [m] | ⏱ 2,80 h/m | 386.600.048 |

© **BKI** Baukosteninformationszentrum; Erläuterungen zu den Tabellen siehe Seite 22
Mustertexte geprüft: Deutscher Holz- und Bautenschutzverband e.V.

Kostenstand: 2.Quartal 2018, Bundesdurchschnitt

LB 386 Nachträgliche Querschnittsabdichtung in Mauerwerk

Kosten:
Stand 2.Quartal 2018
Bundesdurchschnitt

▶	min
▷	von
ø	Mittel
◁	bis
◀	max

Nr.	Kurztext / Langtext						Kostengruppe
▶	▷ ø netto € ◁ ◀				[Einheit]	Ausf.-Dauer	Positionsnummer

46 Vertikalsperre, Querwand, Injektion — KG 395

Vertikalsperre von Querwand gegen eindringende Feuchtigkeit über Außenwand durch Injektion über senkrechte Bohrlochreihe. Die Neigung und Winkel der Bohrlöcher und das Der Bohrstaub ist mit Druckluft ausblasen und die Flüssigkeit bis zur Sättigung des Mauerwerks zu verfüllen. Abschließend sind die Bohrlöcher mit Mörtel zu schließen und die Oberflächen anzugleichen.
Bauteil: Innenwand
Mauerwerksdicke: ..... cm
Abdichtung: .....
Bohrtiefe: MW-Dicke bis 5 cm vor Wandende
Bohrlochabstand: 10 bis 12 cm, einseitig
Anzahl Bohrlochreihen: ....., einreihig
Injektionsmittel: .....
Wirkungsprinzip: .....
Angeb. Verfahren: .....
Materialverbrauch: .....

▶	▷	ø	◁	◀			
61 €	71 €	**81 €**	93 €	101 €	[m]	⏱ 0,90 h/m	386.600.049

47 Vertikalsperre, Querwand, Tränkung — KG 395

Vertikalsperre von Querwand gegen eindringende Feuchtigkeit über Außenwand mit Tränkung über senkrechte Bohrlochreihe. Die Neigung und Winkel der Bohrlöcher und das Der Bohrstaub ist mit Druckluft ausblasen und die Flüssigkeit bis zur Sättigung des Mauerwerks zu verfüllen. Abschließend sind die Bohrlöcher mit Mörtel zu schließen und die Oberflächen anzugleichen.
Bauteil: Innenwand
Mauerwerksdicke: ..... cm
Abdichtung: .....
Bohrtiefe: MW-Dicke bis 5 cm vor Wandende
Bohrlochabstand: 10 bis 12 cm, einseitig
Anzahl Bohrlochreihen: ....., einreihig
Injektionsmittel: .....
Wirkungsprinzip: .....
Angeb. Verfahren: .....
Materialverbrauch: .....

| 59 € | 69 € | **79 €** | 90 € | 98 € | [m] | ⏱ 0,90 h/m | 386.600.050 |

48 Mauerwerksaustausch, Querwand — KG 395

Mauertrennung von nicht aussteifender Querwand, durch Austausch von Mauerwerk einschl. Einbau einer senkrechten Dichtungsbahn zwischen Außen- und Innenwand. Fuge mit einem Quellmörtel verfüllen.
Mauerwerksdicke: ..... cm
Dichtungsbahn: .....

| 82 € | 88 € | **94 €** | 101 € | 108 € | [m] | ⏱ 1,70 h/m | 386.600.051 |

49 Innenputz abschlagen, Mauerwerk — KG 395

Innenputz bis mind. 80 cm über Schadenszone abschlagen. Anfallender Bauschutt regelmäßig zu entsorgen.
Ausführungsort: .....
Mauerwerksart: .....

| 9 € | 11 € | **11 €** | 13 € | 14 € | [m²] | ⏱ 0,55 h/m² | 386.600.052 |

© BKI Baukosteninformationszentrum; Erläuterungen zu den Tabellen siehe Seite 22
Mustertexte geprüft: Deutscher Holz- und Bautenschutzverband e.V.

Kostenstand: 2.Quartal 2018, Bundesdurchschnitt

Nr.	Kurztext / Langtext						Kostengruppe	
▶	▷	ø netto €	◁	◀	[Einheit]	Ausf.-Dauer	Positionsnummer	

50 Bodenflächen abdecken, Folie — KG **395**
Abdecken von Bodenflächen mit Baufolie. Folie an den Rändern verkleben.
Ausführungsort: .....

| 2 € | 2 € | **2 €** | 3 € | 3 € | [m²] | ⏱ 0,03 h/m² | 386.600.053 |

51 Bodenflächen abdecken, Vlies/OSB — KG **395**
Abdecken von Bodenflächen mit OSB-Platten und folienkaschierten Vlies. Platten an Stößen verkleben.
Ausführungsort: .....

| 11 € | 12 € | **12 €** | 15 € | 18 € | [m²] | ⏱ 0,03 h/m² | 386.600.054 |

52 Mauerwerk abbürsten — KG **395**
Feuchte- und salzgeschädigtes Mauerwerk mit Stahlbesen abbürsten, absaugen, und anfallenden Bauschutt entfernen.
Bauteil: .....
Mauerwerk: .....

| 2 € | 2 € | **3 €** | 3 € | 3 € | [m²] | ⏱ 0,05 h/m² | 386.600.055 |

53 Mauerwerksfugen auskratzen — KG **395**
Auskratzen von mürben und losen Mauerwerksfugen, sowie Entsorgen des anfallenden Bauschutts.
Fugentiefe: bis 2 cm
Mauerwerk: .....

| 13 € | 13 € | **14 €** | 17 € | 18 € | [m²] | ⏱ 0,20 h/m² | 386.600.056 |

54 Spritzbewurf, Sanierputz, netzförmig — KG **395**
Spritzbewurf, halbdeckend netzförmig auf gereinigte Wandflächen als Haftbrücke für Sanierputz. Die Mörtelfugen dürfen nicht verfüllt, aber mit Spritzbewurf überdeckt werden.
Mörtelgruppe: CS IV
Angeb. Putzsystem: .....

| 9 € | 10 € | **11 €** | 13 € | 14 € | [m²] | ⏱ 0,10 h/m² | 386.600.070 |

55 Spritzbewurf, Sanierputz volldeckend — KG **395**
Spritzbewurf, volldeckend auf Dichtungsschlämme als Haftbrücke für Sanierputz.
Mörtelgruppe: CS IV
Angeb. Putzsystem: .....

| 17 € | 19 € | **21 €** | 25 € | 27 € | [m²] | ⏱ 0,10 h/m² | 386.600.057 |

56 Spritzbewurf, Laibungen — KG **395**
Vorbeschriebener Spritzbewurf auf Laibungsflächen.
Laibungstiefe: bis 25 cm

| 5 € | 5 € | **6 €** | 7 € | 7 € | [m] | ⏱ 0,03 h/m | 386.600.058 |

57 Ausgleichsputz, Porengrundputz — KG **395**
WTA-Porengrundputz als Ausgleichsputz für Sanierputz. Die Unebenheiten sind flächendeckend auszugleichen, sowie die Oberfläche für die Aufnahme von Sanierputz aufzurauen.
Mörtelgruppe: CS II
Mindestschichtdicke: 10 mm
Angeb. Putzsystem: .....

| 25 € | 27 € | **30 €** | 36 € | 39 € | [m²] | ⏱ 0,50 h/m² | 386.600.059 |

LB 386 Nachträgliche Querschnittsabdichtung in Mauerwerk

Kosten:
Stand 2.Quartal 2018
Bundesdurchschnitt

Nr. ▶	Kurztext / Langtext ▷ ø netto € ◁ ◀	[Einheit]	Ausf.-Dauer	Kostengruppe Positionsnummer
58	**Porengrundputz, Laibungen**			KG **395**
	Vorbeschriebenen Porengrundputz auf Laibungsflächen. Laibungstiefe: bis 25 cm			
	10€ 11€ **12**€ 14€ 16€	[m]	⏱ 0,03 h/m	386.600.060
59	**Sanierputz, geringe Salzbelastung**			KG **395**
	WTA-Sanierputz für Mauerwerk mit geringer Salzbelastung auf Spritzwurf. Mindestschichtdicke: 20 mm, einlagig Mörtelgruppe: CS II Putzoberfläche: ..... Angeb. Putzsystem:			
	50€ 54€ **60**€ 72€ 78€	[m^2]	⏱ 0,50 h/m^2	386.600.061
60	**Sanierputz, hohe Salzbelastung**			KG **395**
	WTA-Sanierputz für Mauerwerk mit hoher Salzbelastung auf Porengrundputz. Mindestschichtdicke: 15 mm, zweilagig Mörtelgruppe: CS II Putzoberfläche: ..... Angeb. Putzsystem:			
	48€ 51€ **53**€ 64€ 69€	[m^2]	⏱ 0,50 h/m^2	386.600.062
61	**Sanierputz, Laibungen**			KG **395**
	Vorbeschriebener Sanierputz auf Laibungsflächen. Laibungstiefe: bis 25 cm Putzoberfläche:			
	22€ 23€ **26**€ 31€ 34€	[m]	⏱ 0,03 h/m	386.600.063

▶ min
▷ von
ø Mittel
◁ bis
◀ max

| 381 |
| 384 |
| **386** |
| 387 |

LB 387
Abfallentsorgung, Verwertung und Beseitigung

Kosten:
Stand 2.Quartal 2018
Bundesdurchschnitt

▶ min
▷ von
ø Mittel
◁ bis
◀ max

Abfallentsorgung, Verwertung und Beseitigung — Preise €

Nr.	Positionen	Einheit	▶	▷	ø brutto € / ø netto €	◁	◀
1	Entsorgung, 170504 Boden/Steine	t	9	17	**21**	24	31
			7	14	**18**	20	26
2	Entsorgung, 170302 Bitumengemisch	t	11	21	**24**	40	65
			9	17	**20**	34	55
3	Entsorgung, 170101 Beton	t	15	21	**24**	32	43
			12	18	**20**	27	36
4	Entsorgung, 170102 Ziegel	t	8,9	12	**14**	19	25
			7,5	10	**12**	16	21
5	Entsorgung, 170107 Gemische	t	17	25	**28**	42	61
			14	21	**24**	35	51
6	Entsorgung, Altholz AIl	t	25	48	**53**	63	81
			21	40	**44**	53	68
7	Entsorgung, 170407 Metall, gemischt	t	28	46	**50**	63	87
			23	39	**42**	53	73
8	Entsorgung, 170904 Bau-/Abbruchabfälle	t	117	210	**251**	309	448
			98	177	**211**	260	376
9	Entsorgung, 170603*, KMF	t	–	91	**105**	122	–
			–	76	**88**	103	–
10	Entsorgung, 170802 Gipsbaustoffe	t	–	116	**169**	257	–
			–	98	**142**	216	–
11	Entsorgung, 170605*, Asbestzement	t	193	204	**227**	273	295
			162	172	**191**	229	248
12	Deponierung, 170101 Beton	t	15	19	**20**	22	26
			12	16	**17**	19	22
13	Deponierung, 170102 Ziegel	t	7,6	10	**12**	14	21
			6,4	8,7	**10**	12	18
14	Deponierung, 170107 Gemische	t	23	27	**30**	34	42
			20	22	**26**	29	35
15	Deponierung, Altholz AIl	t	27	34	**42**	51	71
			23	28	**35**	43	60

Nr.	Kurztext / Langtext				[Einheit]	Kostengruppe Ausf.-Dauer	Positionsnummer
▶	▷ ø netto € ◁ ◀						

1 Entsorgung, 170504 Boden/Steine KG **394**

Boden, Steine und Baggergut, nicht gefährlich, nicht schadstoffbelastet, Zuordnung Z 0 (uneingeschränkter Einbau), nach LAGA TR 2004 Boden, auf Baustelle lagernd, laden, mit LKW des AN zur Verwertungsanlage transportieren und entsorgen. Die Entsorgungsgebühren werden vom AN übernommen.
Transportweg: ..... km
Anlage (Bezeichnung/Ort): .....
Bodengruppen: ..... DIN 18196
Abfallschlüssel (AVA): 170504 Boden/Steine

7€   14€   **18**€   20€   26€   [t]   –   387.000.001

© **BKI** Baukosteninformationszentrum; Erläuterungen zu den Tabellen siehe Seite 22
Mustertexte geprüft: Deutscher Abbruchverband e.V. (DA)

Kostenstand: 2.Quartal 2018, Bundesdurchschnitt

Nr.	**Kurztext** / Langtext							Kostengruppe
▶	▷	**ø netto €**	◁	◀	[Einheit]	Ausf.-Dauer	Positionsnummer

| **2** | **Entsorgung, 170302 Bitumengemisch** | | | | | | | KG **394** |

Bau- und Abbruchabfälle, Bitumengemische, nicht gefährlich, nicht schadstoffbelastet, auf Baustelle lagernd, laden, mit LKW des AN zur Verwertungsanlage transportieren und entsorgen. Die Entsorgungsgebühren werden vom AN übernommen.
Transportweg: ..... km
Anlage (Bezeichnung/Ort): .....
Abfallschlüssel (AVA): 170302 Bitumengemische

| 9€ | 17€ | **20€** | 34€ | 55€ | [t] | – | 387.000.002 |

| **A 1** | **Bau-/Abbruchabfälle, Entsorgung** | | | | | Beschreibung für Pos. **3-8** |

Entsorgung von Bau- und Abbruchabfällen, nicht gefährlich, nicht schadstoffbelastet, Zuordnung Z 0 (uneingeschränkter Einbau), nach LAGA 1997 Bauschutt, auf Baustelle lagernd, laden, mit LKW des AN zur Verwertungsanlage transportieren und entsorgen. Die Entsorgungsgebühren werden vom AN übernommen.
Transportweg: bis ..... km
Anlage (Bezeichnung/Ort): .....

| **3** | **Entsorgung, 170101 Beton** | | | | | | | KG **394** |

Wie Ausführungsbeschreibung A 1
Abfallschlüssel (AVV): 170101 Beton

| 12€ | 18€ | **20€** | 27€ | 36€ | [t] | – | 387.000.003 |

| **4** | **Entsorgung, 170102 Ziegel** | | | | | | | KG **394** |

Wie Ausführungsbeschreibung A 1
Abfallschlüssel (AVV): 170102 Ziegel

| 7€ | 10€ | **12€** | 16€ | 21€ | [t] | – | 387.000.004 |

| **5** | **Entsorgung, 170107 Gemische** | | | | | | | KG **394** |

Wie Ausführungsbeschreibung A 1
Abfallschlüssel (AVV): 170107 Gemische aus Beton, Ziegeln, Fliesen und Keramik

| 14€ | 21€ | **24€** | 35€ | 51€ | [t] | – | 387.000.005 |

| **6** | **Entsorgung, Altholz AII** | | | | | | | KG **394** |

Wie Ausführungsbeschreibung A 1
Altholzkategorie: A II
Abfallschlüssel (AVV): 170201 Bau-/Abbruchabfall Holz

| 21€ | 40€ | **44€** | 53€ | 68€ | [t] | – | 387.000.007 |

| **7** | **Entsorgung, 170407 Metall, gemischt** | | | | | | | KG **394** |

Wie Ausführungsbeschreibung A 1
Abfallschlüssel (AVV): 170407 Metall, gemischt

| 23€ | 39€ | **42€** | 53€ | 73€ | [t] | – | 387.000.008 |

| **8** | **Entsorgung, 170904 Bau-/Abbruchabfälle** | | | | | | | KG **394** |

Wie Ausführungsbeschreibung A 1
Abfallschlüssel (AVV): 170904 gemischte Bau- und Abbruchabfälle

| 98€ | 177€ | **211€** | 260€ | 376€ | [t] | – | 387.000.009 |

LB 387 Abfallentsorgung, Verwertung und Beseitigung

Kosten:
Stand 2.Quartal 2018
Bundesdurchschnitt

▶ min
▷ von
ø Mittel
◁ bis
◀ max

Nr.	Kurztext / Langtext						Kostengruppe
▶	▷ ø netto € ◁ ◀				[Einheit]	Ausf.-Dauer	Positionsnummer

9 Entsorgung, 170603*, KMF — KG 394
Entsorgung von Bau- und Abbruchabfällen, gefährlich, schadstoffbelastet, alte Mineralfaserdämmung mit künstlichen Mineralfasern (KMF), auf Baustelle verpackt lagernd, laden, mit LKW des AN zur Verwertungsanlage transportieren und entsorgen. Die Entsorgungsgebühren werden vom AN übernommen.
Transportweg: bis ..... km
Anlage (Bezeichnung/Ort): .....

| –€ | 76€ | **88€** | 103€ | –€ | [t] | – | 387.000.010 |

10 Entsorgung, 170802 Gipsbaustoffe — KG 394
Entsorgung von Bau- und Abbruchabfällen, nicht gefährlich, schadstoffbelastet durch Sulfat, auf Baustelle lagernd, laden, mit LKW des AN zur Verwertungsanlage transportieren und entsorgen. Die Entsorgungsgebühren werden vom AN übernommen.
Transportweg: bis ..... km
Anlage (Bezeichnung/Ort): .....
Abfallschlüssel (AVV): 170802 Baustoffe auf Gipsbasis

| –€ | 98€ | **142€** | 216€ | –€ | [t] | – | 387.000.011 |

11 Entsorgung, 170605*, Asbestzement — KG 394
Entsorgung von Bau- und Abbruchabfällen, gefährlich, schadstoffbelastet, asbesthaltige Faserzementplatten, auf Baustelle staubdicht verpackt lagernd, laden, mit LKW des AN zur Verwertungsanlage transportieren und entsorgen. Die Entsorgungsgebühren werden vom AN übernommen.
Transportweg: bis ..... km
Anlage (Bezeichnung/Ort): .....
Abfallschlüssel (AVV): 170605* Baustoff, asbesthaltig

| 162€ | 172€ | **191€** | 229€ | 248€ | [t] | – | 387.000.012 |

A 2 Bau-/Abbruchabfälle, Deponierung — Beschreibung für Pos. 12-15
Deponiegebühren für das geordnete Ablagern von nicht gefährlich und nicht schadstoffbelasteten Bauschutt. Die Entsorgungsgebühren werden gegen Nachweis vergütet.
Anlage (Bezeichnung/Ort): .....

12 Deponierung, 170101 Beton — KG 394
Wie Ausführungsbeschreibung A 2
Abfallschlüssel (AVV): 170101 Beton

| 12€ | 16€ | **17€** | 19€ | 22€ | [t] | – | 387.000.013 |

13 Deponierung, 170102 Ziegel — KG 394
Wie Ausführungsbeschreibung A 2
Abfallschlüssel (AVV): 170102 Ziegel

| 6€ | 9€ | **10€** | 12€ | 18€ | [t] | – | 387.000.014 |

14 Deponierung, 170107 Gemische — KG 394
Wie Ausführungsbeschreibung A 2
Abfallschlüssel (AVV): 170107 Gemische aus Beton, Ziegeln, Fliesen und Keramik

| 20€ | 22€ | **26€** | 29€ | 35€ | [t] | – | 387.000.015 |

Nr.	Kurztext / Langtext						Kostengruppe	
▶	▷	ø netto €	◁	◀		[Einheit]	Ausf.-Dauer	Positionsnummer
15	Deponierung, Altholz AII							KG **394**
	Wie Ausführungsbeschreibung A 2							
	Altholzkategorie: A II							
	Abfallschlüssel (AVV): 170201 Bau-/Abbruchabfall Holz							
23 €	28 €	**35** €	43 €	60 €		[t]	–	387.000.016

F
Barrierefreies Bauen

Positionsverweise Barrierefreies Bauen

Barrierefreies Bauen — Preise €

Kosten: Stand 2.Quartal 2018, Bundesdurchschnitt

- ▶ min
- ▷ von
- ø Mittel
- ◁ bis
- ◀ max

Nr.	Positionen	Einheit	▶	▷ ø brutto €	ø netto €	◁	◀
1	Öffnung überdecken, Ziegelsturz	m	22	33	**34**	42	54
	LB 312, Pos. 100, Seite 114		18	27	**29**	36	46
2	Öffnung überdecken; KS-Sturz, 17,5cm	m	26	35	**38**	50	71
	LB 312, Pos. 101, Seite 114		22	30	**32**	42	59
3	Öffnung überdecken, Betonsturz, 24cm	m	32	50	**57**	70	94
	LB 312, Pos. 102, Seite 115		27	42	**48**	59	79
4	Außenbelag, Betonwerksteinplatten	m²	67	85	**91**	94	109
	LB 314, Pos. 27, Seite 152		56	71	**77**	79	91
5	Außenbelag, Naturstein, Pflaster	m²	81	123	**129**	135	165
	LB 314, Pos. 28, Seite 153		68	104	**108**	113	139
6	Außenbelag, Pflasterstreifen	m	22	30	**34**	35	56
	LB 314, Pos. 29, Seite 153		19	25	**28**	30	47
7	Treppe, Blockstufe, Naturstein	m	124	182	**208**	263	365
	LB 314, Pos. 32, Seite 154		104	153	**175**	221	306
8	Treppe, Blockstufe, Betonwerkstein	m	95	145	**168**	205	285
	LB 314, Pos. 33, Seite 154		80	122	**141**	172	239
9	Treppe, Winkelstufe, 1,00m	St	100	133	**160**	177	223
	LB 314, Pos. 34, Seite 155		84	112	**135**	149	187
10	Treppenbelag, Tritt-/Setzstufe	m	106	138	**143**	173	229
	LB 314, Pos. 35, Seite 155		89	116	**120**	145	193
11	Aufmerksamkeitsstreifen, Stufenkante	m	–	43	**49**	61	–
	LB 314, Pos. 36, Seite 155		–	36	**41**	51	–
12	Oberfläche, laserstrukturiert, Mehrpreis	m²	–	32	**38**	52	–
	LB 314, Pos. 40, Seite 156		–	27	**32**	44	–
13	Leitsystem, Rippenfliese/Begleitstreifen, Edelstahl, 200mm	m	–	139	**163**	204	–
	LB 314, Pos. 48, Seite 158		–	117	**137**	171	–
14	Leitsystem, Rippenfliese/Begleitstreifen, Edelstahl, 400mm	m	–	173	**203**	254	–
	LB 314, Pos. 49, Seite 158		–	145	**171**	214	–
15	Aufmerksamkeitsfeld, 600/600, Noppenfliesen, Edelstahl	St	–	220	**259**	323	–
	LB 314, Pos. 50, Seite 159		–	185	**217**	272	–
16	Aufmerksamkeitsfeld, 1200/1200, Noppenfliesen, Edelstahl	St	–	613	**722**	902	–
	LB 314, Pos. 51, Seite 159		–	515	**606**	758	–
17	Verbundabdichtung, streichbar, Wand	m²	8	14	**17**	21	32
	LB 324, Pos. 9, Seite 300		7	12	**14**	18	27
18	Bodenfliesen, 20x20cm	m²	50	65	**69**	80	101
	LB 324, Pos. 11, Seite 301		42	54	**58**	67	85
19	Bodenfliesen, 30x30cm	m²	45	59	**65**	73	93
	LB 324, Pos. 12, Seite 301		38	50	**54**	62	78
20	Wandfliesen, 15x15cm	m²	47	60	**66**	74	86
	LB 324, Pos. 13, Seite 301		40	50	**55**	62	72
21	Wandfliesen, 30x30cm	m²	51	65	**68**	79	104
	LB 324, Pos. 14, Seite 302		43	55	**57**	67	88
22	Bodenfliesen, behindertengerecht, R11	m²	65	77	**83**	90	106
	LB 324, Pos. 20, Seite 304		55	65	**70**	76	89

© BKI Baukosteninformationszentrum

Barrierefreies Bauen — Preise €

Nr.	Positionen	Einheit	▶	▷ ø brutto € / ø netto €	◁	◀
23	Holz-Türelement, T-RS, zweiflüglig	St	2.514	4.645 **5.662**	6.319	9.685
	LB 327, Pos. 9, Seite 341		2.113	3.904 **4.758**	5.310	8.139
24	Innen-Türelement, Röhrenspan, zweiflüglig	St	1.220	1.708 **1.898**	2.280	2.937
	LB 327, Pos. 13, Seite 343		1.025	1.436 **1.595**	1.916	2.468
25	Türblatt, einflüglige Tür, Vollspan	St	221	341 **422**	553	710
	LB 327, Pos. 20, Seite 345		186	287 **354**	465	597
26	Türblätter, zweiflüglig, Vollspan	St	718	909 **1.028**	1.087	1.384
	LB 327, Pos. 21, Seite 345		604	764 **864**	914	1.163
27	Drückergarnitur, Stahl	St	30	47 **58**	69	96
	LB 329, Pos. 3, Seite 359		25	39 **49**	58	80
28	Drückergarnitur, Aluminium	St	34	76 **94**	108	149
	LB 329, Pos. 4, Seite 360		28	64 **79**	91	125
29	Drückergarnitur, Edelstahl	St	121	186 **206**	246	335
	LB 329, Pos. 5, Seite 360		102	156 **173**	207	282
30	Bad-/WC-Garnitur, Aluminium	St	58	83 **95**	116	149
	LB 329, Pos. 6, Seite 360		49	70 **80**	97	125
31	Stoßgriff, Tür, Edelstahl	St	135	201 **218**	270	400
	LB 329, Pos. 7, Seite 361		114	169 **183**	227	336
32	Obentürschließer, einflüglige Tür	St	103	231 **283**	462	908
	LB 329, Pos. 8, Seite 361		87	194 **238**	388	763
33	Obentürschließer, zweiflüglige Tür	St	371	553 **568**	644	908
	LB 329, Pos. 9, Seite 361		312	465 **478**	541	763
34	Türantrieb, kraftbetätigte Tür, einflüglig	St	2.919	3.938 **4.346**	5.078	6.278
	LB 329, Pos. 10, Seite 362		2.453	3.309 **3.652**	4.267	5.275
35	Türantrieb, kraftbetätigte Tür, zweiflüglig	St	2.664	3.873 **4.686**	5.084	6.564
	LB 329, Pos. 11, Seite 362		2.239	3.255 **3.938**	4.272	5.516
36	Fluchttürsicherung, elektrische Verriegelung	St	621	946 **1.018**	1.191	1.613
	LB 329, Pos. 12, Seite 362		522	795 **855**	1.001	1.356
37	Fingerschutz Türkante	St	82	125 **166**	180	209
	LB 329, Pos. 13, Seite 364		69	105 **139**	151	176
38	Türspion, Aluminium	St	10	18 **22**	26	33
	LB 329, Pos. 14, Seite 364		9	15 **19**	21	28
39	Handlauf, Stahl	m	67	88 **96**	110	146
	LB 331, Pos. 2, Seite 375		56	74 **80**	92	123
40	Handlauf, Stahl, Wandhalterung	St	33	52 **58**	74	104
	LB 331, Pos. 3, Seite 375		28	44 **49**	62	88
41	Handlauf, Enden in diverse Ausführungen	St	21	41 **48**	57	71
	LB 331, Pos. 4, Seite 376		18	34 **40**	48	60
42	Handlauf, Ecken/Gehrungen	St	18	40 **52**	64	79
	LB 331, Pos. 5, Seite 376		15	34 **44**	54	67
43	Handlauf, Holz	m	35	78 **91**	107	157
	LB 331, Pos. 6, Seite 376		29	65 **76**	90	132
44	Brüstungs-/Treppengeländer, Lochblechfüllung	m	184	274 **316**	358	451
	LB 331, Pos. 7, Seite 376		154	230 **266**	301	379
45	Treppengeländer, Flachstahlfüllung	m	224	308 **346**	390	486
	LB 331, Pos. 8, Seite 377		188	258 **291**	328	409
46	Balkon-/Terrassengeländer, Außenbereich	m	199	289 **326**	383	526
	LB 331, Pos. 9, Seite 378		167	243 **274**	322	442

Positionsverweise Barrierefreies Bauen

Kosten: Stand 2.Quartal 2018 Bundesdurchschnitt

▶ min
▷ von
ø Mittel
◁ bis
◀ max

Barrierefreies Bauen — Preise €

Nr.	Positionen	Einheit	▶	▷ ø brutto € / ø netto €		◁	◀
47	Haltegriff, Edelstahl, 600 mm	St	73	107	**109**	152	188
	LB 345, Pos. 27, Seite 496		62	90	**92**	128	158
48	Duschhandlauf, Messing	St	–	373	**495**	630	–
	LB 345, Pos. 28, Seite 496		–	313	**416**	530	–
49	Stützklappgriff, Edelstahl, 775mm	St	358	415	**458**	500	557
	LB 345, Pos. 29, Seite 496		301	349	**385**	420	468
50	Waschtisch, behindertengerecht	St	229	259	**305**	412	564
	LB 345, Pos. 30, Seite 497		192	218	**256**	346	474
51	WC, behindertengerecht	St	631	754	**877**	1.052	1.315
	LB 345, Pos. 31, Seite 497		530	634	**737**	884	1.105
52	Hygiene-Spül-WC	St	3.163	3.778	**4.393**	5.271	6.369
	LB 345, Pos. 32, Seite 497		2.658	3.174	**3.691**	4.429	5.352
53	WC-Spülkasten, mit Betätigungsplatte	St	171	191	**217**	254	311
	LB 345, Pos. 33, Seite 497		144	161	**183**	214	261
54	WC-Betätigung, berührungslos	St	384	474	**565**	678	875
	LB 345, Pos. 34, Seite 498		323	399	**475**	570	736
55	Nachrüstaufsatz, Hygiene-Spül-WC	St	1.054	1.155	**1.255**	1.606	2.008
	LB 345, Pos. 35, Seite 498		886	970	**1.055**	1.350	1.687
56	Nachrüstung Türeinstieg Badewanne (Bestand)	St	–	1.079	**1.255**	1.456	–
	LB 345, Pos. 36, Seite 498		–	907	**1.055**	1.223	–
57	Stützgriff, fest, WC	St	327	369	**461**	554	623
	LB 345, Pos. 37, Seite 498		275	310	**388**	465	523
58	Stützgriff, fest, WC mit Spülauslösung	St	482	540	**581**	639	726
	LB 345, Pos. 38, Seite 499		405	454	**488**	537	610
59	Stützgriff, klappbar, WC	St	366	449	**554**	670	759
	LB 345, Pos. 39, Seite 499		307	377	**466**	563	638
60	Stützgriff, fest, Waschtisch	St	256	318	**388**	477	531
	LB 345, Pos. 40, Seite 499		215	267	**326**	401	446
61	Stützgriff, klappbar, Waschtisch	St	369	423	**445**	503	551
	LB 345, Pos. 41, Seite 499		310	355	**374**	422	463
62	Personenaufzug bis 630kg, behindertengerecht, Typ 2	St	–	37.149	**52.083**	66.955	–
	LB 369, Pos. 1, Seite 513		–	31.217	**43.768**	56.265	–
63	Personenaufzug bis 1.275kg, behindertengerecht, Typ 3	St	–	65.261	**75.050**	86.345	–
	LB 369, Pos. 2, Seite 514		–	54.841	**63.067**	72.559	–
64	Sitzlift, Treppe innen, gerade	St	–	4.330	**7.656**	10.429	–
	LB 369, Pos. 4, Seite 516		–	3.639	**6.433**	8.764	–
65	Sitzlift, Treppe innen, kurvig	St	–	8.773	**12.782**	18.951	–
	LB 369, Pos. 5, Seite 516		–	7.372	**10.742**	15.925	–
66	Plattformlift, Treppe innen, gerade	St	–	10.354	**12.814**	18.574	–
	LB 369, Pos. 6, Seite 516		–	8.701	**10.768**	15.609	–
67	Plattformlift, Treppe innen, kurvig	St	–	16.089	**21.586**	25.226	–
	LB 369, Pos. 7, Seite 516		–	13.520	**18.140**	21.198	–
68	Plattformlift, Treppe außen, gerade	St	–	14.935	**17.846**	20.131	–
	LB 369, Pos. 8, Seite 517		–	12.550	**14.997**	16.916	–
69	Hublift, Förderplattform, 1,5m	St	–	6.168	**12.048**	14.207	–
	LB 369, Pos. 9, Seite 517		–	5.184	**10.125**	11.939	–

Barrierefreies Bauen — Preise €

Nr.	Positionen	Einheit	▶	▷ ø brutto € ø netto €		◁	◀
70	Hublift, Förderplattform, 3,0m	St	–	16.064	**19.767**	21.210	–
	LB 369, Pos. 10, Seite 517		–	13.499	**16.611**	17.823	–
71	Plattformaufzug, bis 2Etagen, barrierefrei, verglast, außen	St	–	27.629	**37.764**	46.624	–
	LB 369, Pos. 11, Seite 518		–	23.218	**31.734**	39.180	–
72	Fassaden-Flachrinne, DN100	m	130	145	**153**	164	191
	LB 303, Pos. 82, Seite 539		109	122	**129**	138	161
73	Entwässerungsrinne, Polymerbeton	St	237	289	**310**	360	448
	LB 303, Pos. 84, Seite 539		199	243	**261**	303	376
74	Entwässerungsrinne, Kl. A, Beton/Gussabdeckung	m	66	93	**110**	136	187
	LB 303, Pos. 85, Seite 540		56	78	**92**	114	157
75	Entwässerungsrinne, Kl. B, Beton/Gussabdeckung	m	90	101	**104**	111	122
	LB 303, Pos. 86, Seite 540		75	84	**88**	93	102
76	Entwässerungsrinne, Klasse A, DN100	m	91	118	**128**	146	154
	LB 303, Pos. 87, Seite 540		77	99	**108**	123	129
77	Abdeckung, Entwässerungsrinne, Guss, D400, Bodenindikator	St	77	97	**105**	109	122
	LB 303, Pos. 88, Seite 540		65	81	**89**	92	102
78	Ablaufkasten, Klasse A, DN100	St	178	215	**234**	278	292
	LB 303, Pos. 89, Seite 541		149	181	**196**	234	245
79	Betonplattenbelag, 40x40cm	m²	43	52	**55**	58	68
	LB 380, Pos. 37, Seite 564		37	43	**47**	49	57
80	Betonplattenbelag, großformatig	m²	50	60	**65**	81	106
	LB 380, Pos. 38, Seite 564		42	50	**54**	68	89
81	Balkonbelag, Betonwerkstein	m²	70	90	**101**	115	137
	LB 380, Pos. 39, Seite 564		59	75	**85**	96	115
82	Pflasterdecke, Betonpflaster	m²	32	37	**38**	40	43
	LB 380, Pos. 40, Seite 565		27	31	**32**	34	36
83	Plattenbelag, Granit, 60x60cm	m²	65	76	**81**	88	106
	LB 380, Pos. 47, Seite 566		55	64	**68**	74	89
84	Plattenbelag, Basalt, 60x60cm	m²	–	151	**173**	–	–
	LB 380, Pos. 48, Seite 567		–	127	**145**	–	–
85	Plattenbelag, Travertin, 60x60cm	m²	99	111	**122**	125	158
	LB 380, Pos. 49, Seite 567		83	93	**102**	105	133
86	Plattenbelag, Sandstein, 60x60cm	m²	104	121	**131**	136	151
	LB 380, Pos. 50, Seite 567		88	102	**110**	114	127
87	Rippenplatten, 30x30x8, Rippenabstand 40x7, mit Fase, weiß	m²	96	114	**124**	139	160
	LB 380, Pos. 78, Seite 574		81	96	**105**	116	135
88	Rippenplatten, 30x30x8, Rippenabstand 50x6, ohne Fase, weiß	m²	–	102	**113**	134	–
	LB 380, Pos. 79, Seite 574		–	85	**95**	113	–
89	Rippenplatten, 30x30x8, Rippenabstand 50x6, ohne Fase, anthrazit	m²	–	128	**136**	169	–
	LB 380, Pos. 80, Seite 574		–	107	**114**	142	–
90	Rippenplatten, 30x30x8, Rippenabstand 50x7, mit Fase, anthrazit	m²	–	119	**134**	161	–
	LB 380, Pos. 81, Seite 575		–	100	**113**	135	–

Positionsverweise Barrierefreies Bauen

Kosten:
Stand 2.Quartal 2018
Bundesdurchschnitt

▶ min
▷ von
ø Mittel
◁ bis
◀ max

Barrierefreies Bauen — Preise €

Nr.	Positionen	Einheit	▶	▷	ø brutto € / ø netto €	◁	◀
91	Rippenplatte, 20x10x8, Rippenabstand 40x2, mit Fase, weiß	m	–	95	**100**	116	–
	LB 380, Pos. 82, Seite 575		–	80	**84**	97	–
92	Noppenplatten, 30x30x8, 32 Noppen, mit Fase, Kegel, anthrazit	m²	–	113	**119**	145	–
	LB 380, Pos. 83, Seite 575		–	95	**100**	122	–
93	Noppenplatten, 30x30x8, 32 Noppen, mit Fasen, Kegel, weiß	m²	–	113	**121**	138	–
	LB 380, Pos. 84, Seite 575		–	95	**101**	116	–
94	Noppenplatten, 30x30x8, 32 Noppen, mit Fase, Kugel, weiß	m²	–	107	**117**	142	–
	LB 380, Pos. 85, Seite 576		–	90	**99**	119	–
95	Noppenplatten, 30x30x8, 32 Noppen, mit Fase, Kugel, anthrazit	m²	–	113	**123**	149	–
	LB 380, Pos. 86, Seite 576		–	95	**103**	125	–
96	Leitstreifen Rippenplatte, einreihig	m	296	344	**347**	376	418
	LB 380, Pos. 87, Seite 576		248	289	**292**	316	352
97	Aufmerksamkeitsfeld, 90x90cm, Noppenplatte	m²	123	141	**148**	161	179
	LB 380, Pos. 88, Seite 576		103	118	**124**	135	150
98	Einstiegsfeld, 90x90cm, Noppenplatte	m²	–	135	**152**	182	–
	LB 380, Pos. 89, Seite 576		–	114	**128**	153	–
99	Rollstuhl-Überfahrtstein, 18x22, L=100cm	m	–	101	**112**	121	–
	LB 380, Pos. 90, Seite 577		–	85	**94**	102	–
100	Tastbordstein, Beton, 25x20, L=50cm	m	–	80	**87**	98	–
	LB 380, Pos. 91, Seite 577		–	67	**73**	82	–
101	Rollbordstein, Beton, 25x20, L=100cm	m	–	85	**89**	107	–
	LB 380, Pos. 92, Seite 577		–	71	**75**	90	–
102	Übergangsbordstein, Beton, dreiteilig, 12x18x30, L=100cm	m	–	115	**124**	141	–
	LB 380, Pos. 93, Seite 577		–	97	**104**	118	–
103	Übergangsbordstein, Beton, dreiteilig, 18x22, L=100cm	m	–	108	**112**	136	–
	LB 380, Pos. 94, Seite 577		–	91	**94**	114	–
104	L-Stufe, Kontraststreifen Beton, 15x38cm, L=120cm	m	–	146	**155**	187	–
	LB 380, Pos. 95, Seite 578		–	123	**131**	157	–
105	L-Stufe, Kontraststreifen PVC, 15x38cm, L=120cm	m	–	117	**131**	154	–
	LB 380, Pos. 96, Seite 578		–	99	**110**	129	–
106	Legestufe, Kontraststreifen Beton, 8x40x120cm	m	111	149	**157**	182	195
	LB 380, Pos. 97, Seite 578		94	125	**132**	153	164
107	Legestufe, Kontraststreifen PVC, 8x40x120cm	m	101	131	**138**	157	172
	LB 380, Pos. 98, Seite 579		85	110	**116**	132	145
108	Winkelstufe, Kontraststreifen Beton, 20x36x120cm	m	109	140	**149**	173	185
	LB 380, Pos. 99, Seite 579		91	118	**125**	145	155
109	Winkelstufe, Kontraststreifen PVC, 20x36x120cm	m	88	117	**123**	142	155
	LB 380, Pos. 100, Seite 579		74	98	**104**	119	131
110	Blockstufe, Kontraststreifen Beton, 20x40x120cm	m	166	172	**175**	183	198
	LB 380, Pos. 101, Seite 580		139	145	**147**	154	167

Barrierefreies Bauen — Preise €

Nr.	Positionen	Einheit	▶	▷	ø brutto € ø netto €	◁	◀
111	Blockstufe, Kontraststreifen PVC, 20x40x120cm	m	–	144	**150**	176	–
	LB 380, Pos. 102, Seite 580		–	121	**126**	148	–
112	Rampenstufen, Betonfertigteil	St	–	63	**68**	78	–
	LB 380, Pos. 103, Seite 580		–	53	**57**	65	–
113	Taktiles Bodenleitsystem Fräsen, 7 Rillen	m	–	100	**112**	132	–
	LB 380, Pos. 104, Seite 580		–	84	**94**	111	–
114	Taktiles Bodenleitsystem Fräsen, 1 Rille	m	–	36	**39**	45	–
	LB 380, Pos. 105, Seite 581		–	30	**32**	38	–
115	Fräsen eines Aufmerksamkeitsfeldes	St	–	102	**112**	127	–
	LB 380, Pos. 106, Seite 581		–	85	**94**	107	–
116	Richtungsänderung fräsen	St	–	145	**154**	181	–
	LB 380, Pos. 107, Seite 581		–	122	**130**	152	–
117	Maschinenumstellung	St	–	30	**36**	42	–
	LB 380, Pos. 108, Seite 581		–	26	**30**	35	–
118	Überfahrrampe Balkon-/Terrassentüren Höhe bis 125mm	St	–	729	**784**	886	–
	LB 380, Pos. 109, Seite 581			613	**659**	744	–

G Brandschutz

Positionsverweise Brandschutz

Kosten:
Stand 2.Quartal 2018
Bundesdurchschnitt

▶ min
▷ von
ø Mittel
◁ bis
◀ max

Brandschutz — Preise €

Nr.	Positionen	Einheit	▶	▷ ø brutto € / ø netto €		◁	◀
1	Sicherheitsdachhaken, verzinkt	St	15	20	**21**	25	27
	LB 322, Pos. 67, Seite 265		13	17	**18**	21	23
2	Sicherheitstritt, Standziegel	St	63	82	**91**	102	112
	LB 322, Pos. 68, Seite 265		53	69	**77**	86	94
3	WDVS, Brandbarriere, bis 300mm	m	9	12	**13**	14	16
	VERWEIS 323000286		7	10	**11**	12	13
4	Fluchttürsicherung, elektrische Verriegelung	St	621	946	**1.018**	1.191	1.613
	LB 329, Pos. 12, Seite 362		522	795	**855**	1.001	1.356
5	Stahltür, Brandschutz, T30 RS, zweiflüglig	St	1.593	2.735	**3.162**	3.642	4.541
	LB 331, Pos. 14, Seite 381		1.339	2.298	**2.657**	3.060	3.816
6	Stahltür, Brandschutz, EI 90-C, 875x2.000/2.125	St	1.453	1.870	**2.005**	2.214	2.756
	LB 331, Pos. 15, Seite 383		1.221	1.571	**1.685**	1.860	2.316
7	Stahltür, EI 90-C, zweiflüglig	St	3.642	4.508	**4.865**	5.408	6.509
	LB 331, Pos. 16, Seite 384		3.060	3.789	**4.089**	4.545	5.470
8	Brandschutzverglasung, Innenwände	m²	170	357	**389**	419	528
	VERWEIS 332000036		143	300	**327**	352	444
9	Montagewand, Holz, 100mm, GK einlagig, MW	m²	70	74	**78**	87	98
	LB 339, Pos. 13, Seite 450		59	63	**65**	73	82
10	Montagewand, Metall, 125mm, GK zweilagig, MW, EI 30	m²	50	65	**70**	81	104
	LB 339, Pos. 15, Seite 451		42	55	**59**	68	87
11	Montagewand, Metall, 150mm, GK zweilagig, MW, EI 30	m²	52	65	**71**	82	109
	LB 339, Pos. 16, Seite 452		43	55	**60**	69	92
12	Montagewand, Metall, 100mm, GKF zweilagig, MW, EI 90	m²	45	67	**75**	89	132
	LB 339, Pos. 17, Seite 453		38	57	**63**	75	111
13	Montagewand, Metall, 200mm, GKF zweilagig, Ständerwerk doppelt, EI 90	m²	41	69	**83**	90	108
	LB 339, Pos. 18, Seite 454		34	58	**69**	76	91
14	Montagewand, Metall, 125mm, GKF einlagig, Ständerwerk doppelt, MW, EI 30	m²	70	95	**103**	113	138
	LB 339, Pos. 19, Seite 454		59	80	**87**	95	116
15	Installationskanal, GKF-Platte, EI 30	m	56	71	**78**	87	101
	LB 339, Pos. 30, Seite 458		47	59	**65**	73	85
16	GKF-Bekleidung, doppelt, EI 90, vorh. Unterkonstruktion	m²	67	88	**96**	123	178
	LB 339, Pos. 34, Seite 459		56	74	**81**	103	150
17	Brandschutzabschottung, R90, DN15	St	15	22	**27**	27	35
	LB 347, Pos. 10, Seite 503		12	19	**23**	23	29
18	Brandschutzabschottung, R90, DN20	St	39	43	**44**	46	52
	LB 347, Pos. 11, Seite 503		33	36	**37**	39	44
19	Brandschutzabschottung, R90, DN25	St	40	47	**48**	50	55
	LB 347, Pos. 12, Seite 503		34	39	**41**	42	46
20	Brandschutzabschottung, R90, DN32	St	47	49	**55**	64	67
	LB 347, Pos. 13, Seite 504		39	41	**46**	54	56
21	Brandschutzabschottung, R90, DN40	St	58	63	**69**	74	88
	LB 347, Pos. 14, Seite 504		49	53	**58**	62	74

© BKI Baukosteninformationszentrum

Kostenstand: 2.Quartal 2018, Bundesdurchschnitt

Brandschutz — Preise €

Nr.	Positionen	Einheit	▶	▷ ø brutto € ø netto €		◁	◀
22	Brandschutzabschottung, R90, DN50	St	97	104	**109**	113	127
	LB 347, Pos. 15, Seite 504		82	87	**91**	95	106
23	Brandschutzabschottung, R90, DN65	St	105	113	**122**	127	140
	LB 347, Pos. 16, Seite 504		89	95	**102**	107	117

Anhang

Regionalfaktoren

Regionalfaktoren Deutschland

Diese Faktoren geben Aufschluss darüber, inwieweit die Baukosten in einer bestimmten Region Deutschlands teurer oder günstiger liegen als im Bundesdurchschnitt. Sie können dazu verwendet werden, die BKI Baukosten an das besondere Baupreisniveau einer Region anzupassen.
Hinweis: Alle Angaben wurden durch Untersuchungen des BKI weitgehend verifiziert. Dennoch können Abweichungen zu den angegebenen Werten entstehen. In Grenznähe zu einem Land-/Stadtkreis mit anderen Baupreisfaktoren sollte dessen Baupreisniveau mit berücksichtigt werden, da die Übergänge zwischen den Land-/Stadtkreisen fließend sind. Die Besonderheiten des Einzelfalls können ebenfalls zu Abweichungen führen.
Für die größeren Inseln Deutschlands wurden separate Regionalfaktoren ermittelt. Dazu wurde der zugehörige Landkreis in Festland und Inseln unterteilt. Alle Inseln eines Landkreises erhalten durch dieses Verfahren den gleichen Regionalfaktor. Der Regionalfaktor des Festlandes erhält keine Inseln mehr und ist daher gegenüber früheren Ausgaben verringert.

Land- / Stadtkreis / Insel	Bundeskorrekturfaktor
Ahrweiler	1,025
Aichach-Friedberg	1,083
Alb-Donau-Kreis	1,011
Altenburger Land	0,910
Altenkirchen	0,936
Altmarkkreis Salzwedel	0,834
Altötting	0,947
Alzey-Worms	1,003
Amberg, Stadt	0,988
Amberg-Sulzbach	0,991
Ammerland	0,907
Amrum, Insel	1,481
Anhalt-Bitterfeld	0,628
Ansbach	1,047
Ansbach, Stadt	1,092
Aschaffenburg	1,074
Aschaffenburg, Stadt	1,108
Augsburg	1,085
Augsburg, Stadt	1,076
Aurich, Festlandanteil	0,784
Aurich, Inselanteil	1,312
Bad Dürkheim	1,045
Bad Kissingen	1,071
Bad Kreuznach	1,058
Bad Tölz-Wolfratshausen	1,169
Baden-Baden, Stadt	1,033
Baltrum, Insel	1,312
Bamberg	1,057
Bamberg, Stadt	1,074
Barnim	0,910
Bautzen	0,884
Bayreuth	1,055
Bayreuth, Stadt	1,127
Berchtesgadener Land	1,079
Bergstraße	1,029
Berlin, Stadt	1,036
Bernkastel-Wittlich	1,103
Biberach	1,015
Bielefeld, Stadt	0,937
Birkenfeld	0,992
Bochum, Stadt	0,895
Bodenseekreis	1,030
Bonn, Stadt	1,006
Borken	0,920
Borkum, Insel	1,099
Bottrop, Stadt	0,906
Brandenburg an der Havel, Stadt	0,858
Braunschweig, Stadt	0,886
Breisgau-Hochschwarzwald	1,061
Bremen, Stadt	1,017
Bremerhaven, Stadt	0,936
Burgenlandkreis	0,821
Böblingen	1,073
Börde	0,822
Calw	1,024
Celle	0,859
Cham	0,895
Chemnitz, Stadt	0,893
Cloppenburg	0,794
Coburg	1,049
Coburg, Stadt	1,126
Cochem-Zell	1,002
Coesfeld	0,951
Cottbus, Stadt	0,801
Cuxhaven	0,856
Dachau	1,126
Dahme-Spreewald	0,906
Darmstadt, Stadt	1,067

Darmstadt-Dieburg	1,031
Deggendorf	1,001
Delmenhorst, Stadt	0,792
Dessau-Roßlau, Stadt	0,846
Diepholz	0,836
Dillingen a.d.Donau	1,054
Dingolfing-Landau	0,966
Dithmarschen	1,037
Donau-Ries	1,005
Donnersbergkreis	1,010
Dortmund, Stadt	0,849
Dresden, Stadt	0,868
Duisburg, Stadt	0,964
Düren	0,965
Düsseldorf, Stadt	0,971
Ebersberg	1,179
Eichsfeld	0,850
Eichstätt	1,090
Eifelkreis Bitburg-Prüm	1,019
Eisenach, Stadt	0,876
Elbe-Elster	0,836
Emden, Stadt	0,787
Emmendingen	1,062
Emsland	0,820
Ennepe-Ruhr-Kreis	0,932
Enzkreis	1,058
Erding	1,079
Erfurt, Stadt	0,871
Erlangen, Stadt	1,075
Erlangen-Höchstadt	1,015
Erzgebirgskreis	0,890
Essen, Stadt	0,942
Esslingen	1,049
Euskirchen	0,959
Fehmarn, Insel	1,195
Flensburg, Stadt	0,922
Forchheim	1,070
Frankenthal (Pfalz), Stadt	0,914
Frankfurt (Oder), Stadt	0,871
Frankfurt am Main, Stadt	1,097
Freiburg im Breisgau, Stadt	1,133
Freising	1,091
Freudenstadt	1,041
Freyung-Grafenau	0,920
Friesland, Festlandanteil	0,895
Friesland, Inselanteil	1,695
Fulda	1,012
Föhr, Insel	1,481
Fürstenfeldbruck	1,196
Fürth	1,103
Fürth, Stadt	0,959

Garmisch-Partenkirchen	1,213
Gelsenkirchen, Stadt	0,877
Gera, Stadt	0,911
Germersheim	1,011
Gießen	1,011
Gifhorn	0,891
Goslar	0,835
Gotha	0,959
Grafschaft Bentheim	0,847
Greiz	0,864
Groß-Gerau	1,020
Göppingen	1,028
Görlitz	0,829
Göttingen	0,837
Günzburg	1,095
Gütersloh	0,948
Hagen, Stadt	0,955
Halle (Saale), Stadt	0,869
Hamburg, Stadt	1,094
Hameln-Pyrmont	0,853
Hamm, Stadt	0,912
Hannover, Region	0,925
Harburg	1,058
Harz	0,800
Havelland	0,882
Haßberge	1,114
Heidekreis	0,872
Heidelberg, Stadt	1,060
Heidenheim	1,041
Heilbronn	1,021
Heilbronn, Stadt	1,021
Heinsberg	0,956
Helgoland, Insel	1,986
Helmstedt	0,900
Herford	0,942
Herne, Stadt	0,953
Hersfeld-Rotenburg	1,020
Herzogtum Lauenburg	0,962
Hiddensee, Insel	1,098
Hildburghausen	0,949
Hildesheim	0,860
Hochsauerlandkreis	0,924
Hochtaunuskreis	1,034
Hof	1,121
Hof, Stadt	1,218
Hohenlohekreis	1,025
Holzminden	0,955
Höxter	0,928
Ilm-Kreis	0,882
Ingolstadt, Stadt	1,094

Jena, Stadt	0,947
Jerichower Land	0,792
Juist, Insel	1,312
Kaiserslautern	0,992
Kaiserslautern, Stadt	0,992
Karlsruhe	1,022
Karlsruhe, Stadt	1,082
Kassel	1,013
Kassel, Stadt	1,020
Kaufbeuren, Stadt	1,074
Kelheim	1,016
Kempten (Allgäu), Stadt	1,008
Kiel, Stadt	0,978
Kitzingen	1,109
Kleve	0,935
Koblenz, Stadt	1,052
Konstanz	1,106
Krefeld, Stadt	0,962
Kronach	1,133
Kulmbach	1,074
Kusel	0,980
Kyffhäuserkreis	0,870
Köln, Stadt	0,940
Lahn-Dill-Kreis	1,021
Landau in der Pfalz, Stadt	1,002
Landsberg am Lech	1,137
Landshut	0,968
Landshut, Stadt	1,143
Langeoog, Insel	1,416
Leer, Festlandanteil	0,799
Leer, Inselanteil	1,099
Leipzig	0,966
Leipzig, Stadt	0,807
Leverkusen, Stadt	0,914
Lichtenfels	1,034
Limburg-Weilburg	0,996
Lindau (Bodensee)	1,115
Lippe	0,913
Ludwigsburg	1,031
Ludwigshafen am Rhein, Stadt	0,918
Ludwigslust-Parchim	0,931
Lörrach	1,111
Lübeck, Stadt	1,013
Lüchow-Dannenberg	0,866
Lüneburg	0,871
Magdeburg, Stadt	0,878
Main-Kinzig-Kreis	1,021
Main-Spessart	1,088
Main-Tauber-Kreis	1,065
Main-Taunus-Kreis	1,026

Mainz, Stadt	1,026
Mainz-Bingen	1,043
Mannheim, Stadt	0,972
Mansfeld-Südharz	0,829
Marburg-Biedenkopf	1,057
Mayen-Koblenz	1,019
Mecklenburgische Seenplatte	0,886
Meißen	0,920
Memmingen, Stadt	1,078
Merzig-Wadern	1,043
Mettmann	0,929
Miesbach	1,234
Miltenberg	1,103
Minden-Lübbecke	0,891
Mittelsachsen	0,924
Märkisch-Oderland	0,885
Märkischer Kreis	0,958
Mönchengladbach, Stadt	0,980
Mühldorf a.Inn	1,072
Mülheim an der Ruhr, Stadt	0,960
München	1,228
München, Stadt	1,459
Münster, Stadt	0,950
Neckar-Odenwald-Kreis	1,043
Neu-Ulm	1,131
Neuburg-Schrobenhausen	1,058
Neumarkt i.d.OPf.	1,039
Neumünster, Stadt	0,813
Neunkirchen	0,987
Neustadt a.d.Aisch-Bad Windsheim	1,133
Neustadt a.d.Waldnaab	0,982
Neustadt an der Weinstraße, Stadt	1,031
Neuwied	0,995
Nienburg (Weser)	0,594
Norderney, Insel	1,312
Nordfriesland, Festlandanteil	1,131
Nordfriesland, Inselanteil	1,481
Nordhausen	0,867
Nordsachsen	0,935
Nordwest-Mecklenburg, Festlandanteil	0,895
Nordwest-Mecklenburg, Inselanteil	1,145
Northeim	0,939
Nürnberg, Stadt	1,004
Nürnberger Land	0,999
Oberallgäu	1,060
Oberbergischer Kreis	0,961
Oberhausen, Stadt	0,892
Oberhavel	0,914
Oberspreewald-Lausitz	0,908
Odenwaldkreis	1,009
Oder-Spree	0,869

Offenbach	0,998
Offenbach am Main, Stadt	1,015
Oldenburg	0,853
Oldenburg, Stadt	0,942
Olpe	1,063
Ortenaukreis	1,040
Osnabrück	0,857
Osnabrück, Stadt	0,890
Ostalbkreis	1,055
Ostallgäu	1,077
Osterholz	0,891
Ostholstein, Festlandanteil	0,945
Ostholstein, Inselanteil	1,195
Ostprignitz-Ruppin	0,853
Paderborn	0,932
Passau	0,939
Passau, Stadt	1,045
Peine	0,879
Pellworm, Insel	1,481
Pfaffenhofen a.d.Ilm	1,061
Pforzheim, Stadt	1,005
Pinneberg, Festlandanteil	0,986
Pinneberg, Inselanteil	1,986
Pirmasens, Stadt	0,957
Plön	0,968
Poel, Insel	1,145
Potsdam, Stadt	0,948
Potsdam-Mittelmark	0,912
Prignitz	0,734
Rastatt	1,024
Ravensburg	1,049
Recklinghausen	0,899
Regen	0,990
Regensburg	1,029
Regensburg, Stadt	1,094
Regionalverband Saarbrücken	1,009
Rems-Murr-Kreis	1,003
Remscheid, Stadt	0,925
Rendsburg-Eckernförde	0,907
Reutlingen	1,057
Rhein-Erft-Kreis	0,972
Rhein-Hunsrück-Kreis	0,989
Rhein-Kreis Neuss	0,901
Rhein-Lahn-Kreis	0,986
Rhein-Neckar-Kreis	1,023
Rhein-Pfalz-Kreis	1,006
Rhein-Sieg-Kreis	0,977
Rheingau-Taunus-Kreis	1,016
Rheinisch-Bergischer Kreis	1,006
Rhön-Grabfeld	1,053
Rosenheim	1,141
Rosenheim, Stadt	1,116
Rostock	0,904
Rostock, Stadt	0,960
Rotenburg (Wümme)	0,806
Roth	1,074
Rottal-Inn	0,951
Rottweil	1,045
Rügen, Insel	1,098
Saale-Holzland-Kreis	0,905
Saale-Orla-Kreis	0,940
Saalekreis	0,912
Saalfeld-Rudolstadt	0,882
Saarlouis	1,015
Saarpfalz-Kreis	0,997
Salzgitter, Stadt	0,807
Salzlandkreis	0,818
Schaumburg	0,891
Schleswig-Flensburg	0,860
Schmalkalden-Meiningen	0,903
Schwabach, Stadt	1,052
Schwalm-Eder-Kreis	0,985
Schwandorf	0,971
Schwarzwald-Baar-Kreis	1,000
Schweinfurt	1,099
Schweinfurt, Stadt	1,029
Schwerin, Stadt	0,932
Schwäbisch Hall	1,013
Segeberg	0,958
Siegen-Wittgenstein	1,043
Sigmaringen	1,049
Soest	0,937
Solingen, Stadt	0,934
Sonneberg	1,006
Speyer, Stadt	1,021
Spiekeroog, Insel	1,416
Spree-Neiße	0,822
St. Wendel	0,997
Stade	0,863
Starnberg	1,336
Steinburg	0,914
Steinfurt	0,907
Stendal	0,745
Stormarn	1,026
Straubing, Stadt	1,121
Straubing-Bogen	0,984
Stuttgart, Stadt	1,108
Städteregion Aachen, Stadt	0,952
Suhl, Stadt	1,003
Sylt, Insel	1,481
Sächsische Schweiz-Osterzgebirge	0,945
Sömmerda	0,853
Südliche Weinstraße	1,025
Südwestpfalz	0,991

Teltow-Fläming	0,898
Tirschenreuth	1,006
Traunstein	1,103
Trier, Stadt	1,077
Trier-Saarburg	1,094
Tuttlingen	1,045
Tübingen	1,049
Uckermark	0,831
Uelzen	0,894
Ulm, Stadt	1,083
Unna	0,934
Unstrut-Hainich-Kreis	0,843
Unterallgäu	1,038
Usedom, Insel	1,086
Vechta	0,878
Verden	0,833
Viersen	0,958
Vogelsbergkreis	0,967
Vogtlandkreis	0,911
Vorpommern-Greifswald, Festlandanteil	0,836
Vorpommern-Greifswald, Inselanteil	1,086
Vorpommern-Rügen, Festlandanteil	0,848
Vorpommern-Rügen, Inselanteil	1,098
Vulkaneifel	1,022
Waldeck-Frankenberg	1,020
Waldshut	1,110
Wangerooge, Insel	1,695
Warendorf	0,946
Wartburgkreis	0,917
Weiden i.d.OPf., Stadt	0,951
Weilheim-Schongau	1,124
Weimar, Stadt	0,947
Weimarer Land	0,927
Weißenburg-Gunzenhausen	1,090
Werra-Meißner-Kreis	1,009
Wesel	0,939
Wesermarsch	0,830
Westerwaldkreis	0,971
Wetteraukreis	1,026
Wiesbaden, Stadt	1,002
Wilhelmshaven, Stadt	0,803
Wittenberg	0,800
Wittmund, Festlandanteil	0,786
Wittmund, Inselanteil	1,416
Wolfenbüttel	0,903
Wolfsburg, Stadt	0,998
Worms, Stadt	0,907
Wunsiedel i.Fichtelgebirge	1,050
Wuppertal, Stadt	0,923
Würzburg	1,092
Würzburg, Stadt	1,208

Zingst, Insel	1,098
Zollernalbkreis	1,062
Zweibrücken, Stadt	1,050
Zwickau	0,931

Regionalfaktoren Österreich

Bundesland	Korrekturfaktor
Burgenland	0,843
Kärnten	0,868
Niederösterreich	0,848
Oberösterreich	0,865
Salzburg	0,863
Steiermark	0,891
Tirol	0,871
Vorarlberg	0,901
Wien	0,866

Anhang

Stichwortverzeichnis Positionen

A

Abbinden/Aufstellen, Bauschnittholz, Dach 171
Abbinden/Aufstellen, Konstruktionsvollholz, Decken 171
Abbund, Kehl-/Gratsparren 172
Abdeckung, Entwässerungsrinne, Guss, Bodenindikator 540
Abdichtung, Bodenplatte 186, 187
Abdichtungsanschluss verkleben, Dampfsperrbahn 174
Abdichtungsflächen feinreinigen 188
Abflussleitung, PP-Rohr 487
Ablaufkasten, Klasse A, DN100 541
Abschlussprofil, PVC/Stahl, Außenputz 277
Absenkdichtung, Tür 366
Absetzbecken, Wasserhaltung 66
Absperreinrichtung, Kanal, Gusseisen 82
Absturzsicherung, Seitenschutz 39
Abstützung, freistehendes Gerüst 47
Abwasserkanal, PVC-U 77, 487, 488
Abwasserleitung abbrechen 72
Abwasserleitung, Guss0 485, 486
Abwasserleitung, HD-PE-Rohre 81
Abwasserleitung, HT-Rohr 486
Abwasserleitung, PE-Rohr 487
Abwasserleitung, PP-Rohre 81
Abwasserleitung, PVC-U 77, 78
Abwasserleitung, SML-Rohre 80
Abwasserleitung, Steinzeug 75, 77
Algenbeseitigung, Mauerwerk 100
Ansaat 530
Antenne demontieren 239, 253
Arbeitsgerüst 48
Arbeitsräume verfüllen, verdichten 62
Asbestzementdeckung 205
Asphalt schneiden 71
Asphaltbelag aufbrechen 558
Asphalttragschicht 563
Attika/Mauerabdeckung 257
Aufdachdämmung, EPS 032, kaschiert 217-220
Aufdachdämmung, MW 035, kaschiert 211, 212, 213
Aufdachdämmung, WF 043, kaschiert 220, 221
Auffangnetz 50
Aufmerksamkeitsfeld 159, 576
Aufmerksamkeitsstreifen 155
Aufsparrendämmung PIR 024, Alu kaschiert 216, 217
Aufsparrendämmung PUR 027, Vlies kaschiert 214, 215
Aufsparrendämmung PUR 027, Vlies kaschiert 214
Aufsparrendämmung PUR 028, Vlies kaschiert 213, 214
Aufwuchs entfernen 528
Ausblühungen entfernen 275
Ausgleichsputz 189, 279, 284, 647
Ausgleichsspachtelung 300, 429
Aushub lagernd, entsorgen 62
Aushub Suchgraben 54, 71
Aushub, Rohrgraben, lösen, wiederverfüllen 72

Ausklinkung, Plattenbelag 157
Ausmauerung, Fachwerk 113
Außenbelag 151, 152, 153
Außenjalousie entfernen 369
Außenmauerwerk abbrechen, Ziegel 97, 607
Außenmauerwerk ausbessern 101
Außenmauerwerk, Fehlstellen reparieren 101
Außenputz abschlagen 273, 629, 638
Außenputz ausbessern 276
Außenputz, Unter-/Oberputz, Wand 283
Außentreppenstufen abbrechen, Beton 121, 607
Außenwand, KS L-R, tragend 114
Außenwand, LHlz 36,5cm, tragend 113
Außenwandbekleidung entfernen 163, 442, 443, 613
Außenwände abbrechen, Stahlbeton 122, 606

B

Bad-/WC-Garnitur, Aluminium 360
Badewanne ausbauen 491
Badewanne, Stahl 493
Balkon abbrechen, Stb 122
Balkon-/Terrassengeländer, Außenbereich 378
Balkonbelag, Betonwerkstein 564
Balkonbrett abbeizen, Holz 408
Balkonflächen untersuchen 138
Bau-/Abbruchabfälle 651, 652
Baufuge abdichten, Rollladenkasten 369
Baugelände abräumen 524, 605
Baugelände freimachen 53
Baugelände roden 527
Baugrube sichern, Folienabdeckung 62
Baugrubenaushub 55, 56
Baum fällen, entsorgen 526, 527
Baum herausnehmen, transportieren, einschlagen 524
Baum roden, entsorgen 527
Baumschutz 526
Baureinigung, bei Baubetrieb 397
Bauschild 41
Bauschnittholz C24, Nadelholz, trocken 170
Bauschuttcontainer 41
Baustellenaufzug 39
Baustelleneinrichtung 109, 126
Baustraße 37
Baustrom 38
Bautreppe 39
Bautür 40
Bauwasseranschluss 38
Bauzaun 37, 526
Beschichtung OS 595, 596, 597
Beschichtung, Acrylfarbe, gefüllt 413
Beschichtung, Dispersion 412-414, 417- 419
Beschichtung, Epoxidharz 318
Beschichtung, Fallrohr 417

Beschichtung, Kunstharz 414-423
Beschichtung, rissfüllend, Putz 423
Beschichtung, rissüberbrückend 423
Beschichtung, Silikatfarbe 413, 418
Beschichtung, Silikonfarbe 413
Beschichtungsflächen reinigen 409
Betonausbruch 588, 589
Betonbordstein aufnehmen, entsorgen 557
Betondachsteindeckung ausbessern 208
Betondachsteine umdecken 207
Betonflächen ausbessern, innen 410
Betonflächen reinigen 138
Betonfundamente aufnehmen, entsorgen 524
Betonpflaster aufnehmen, lagern 557
Betonplatten aufnehmen, entsorgen 557
Betonplattenbelag 564
Betonschneidearbeiten 126
Betonstabstahl 144
Betonstahlmatten 143
Betonwerkstein schleifen 152
Betonwerksteinbelag abbrechen 150, 557, 612
Betonwerksteinplatten aufnehmen, lagern 150
Betrieb, Pumpe 65
Bettenaufzug 515
Bewegungsfuge 194, 195, 196, 244
Bewehrung 589, 590
Biberschwanzdeckung 207, 208
Bitumenabdichtung abbrechen 238
Bitumenabdichtung/Dämmung abbrechen 239
Bitumenbahn abbrechen 206
Bitumenbahn entfernen 184, 206, 620
Bitumenbeschichtung entfernen, Wand 184, 620
Bitumendachbahn entfernen 622
Blechabdeckung entfernen 252, 627
Blechbekleidung entfernen 253, 628
Blech-Dachdeckung entfernen 253, 628
Blechkehle 258
Blechteile abbrechen 206
Blechteile entfernen 623
Blindboden, Nadelholz 174, 354
Blitzableiter 206, 239, 253, 623
Blockstufe, Beton 570, 580
Boden kugelstrahlen 429
Bodenabdichtung entfernen 183, 620
Bodenablauf, Gusseisen 82
Bodenaustausch, Liefermaterial 60
Bodenbelag entfernen 427, 428
Bodenbelag reinigen 397
Bodenbelag, Laminat 432
Bodenbelag, PVC 432
Bodeneinschubtreppe ausbauen 164
Bodenflächen abdecken 409, 647
Bodenflächen reinigen 183

Bodenflächen schleifen/kugelstrahlen 184
Bodenfliesen entfernen, 299
Bodenfliesen 301
Bodenfliesen, behindertengerecht, R11 304
Bodenfliesen/Estrich entfernen 299
Bodenplatte abbrechen 121, 605, 606
Bodenplatte, Stahlbeton C25/30 143
Bodentreppe, ungedämmt 349
Bodenverbesserung, Rindenhumus 532
Bohreinrichtung umsetzen 109, 126, 127
Bordstein, Beton 568, 569
Bordstein, Granit 569
Bordstein, Naturstein, ausbauen 558
Brandschutzabschottung 503, 504
Brandschutzverglasung, Innenwände 394
Brettschichtholz, GL24h, Nadelholz, gehobelt 171
Brunnenschacht, Grundwasserabsenkung 65
Brüstungs-/Treppengeländer, Lochblechfüllung 376
Büsche, Kleingehölze roden 53

D

Dachabdichtung ausbessern 240
Dachabdichtung, obere Lage, Wurzelschutz 245
Dachabdichtung, Polymerbitumen-Schweißbahnen 245
Dachabdichtung, Kunststoffbahn, einlagig, Wurzelschutz 246
Dachablauf abbrechen 239
Dachbodendämmung, EPS 133, 135, 136, 137
Dachbodendämmung, MW 132, 133, 134
Dachbodendämmung, PUR 134, 137
Dachbodendämmung, WF 133, 137
Dachdämmung entfernen 614, 615
Dachdeckung entfernen 205, 621
Dachdeckung, Biberschwanz-/Flachziegel 228
Dachdeckung, Dachsteine 228
Dachdeckung, Doppelstehfalz 254
Dachdeckung, Falzziegel, Ton 228
Dachdeckung, Faserzement, Wellplatte 229
Dachdeckung, Schiefer 229
Dachfanggerüst, Gebrauchsüberlassung 49
Dachfenster abbrechen 207
Dachfenster ausbauen 624
Dachfenster/Dachausstieg, ESG, 490x760mm 233
Dachfläche reinigen 240
Dachflächenfenster entfernen 164
Dachlattung entfernen 167, 206, 622
Dachlattung 175, 176, 224, 225
Dachluke abbrechen 207, 624
Dachplattenbelag entfernen 238
Dachrandabschluss entfernen 239
Dachrinne vorgehängt, entfernen 251, 625
Dachrinne 263, 264
Dachschalung abbrechen 206, 622
Dachschalung, Holzspanplatte P5 226

Dachschalung, Nadelholz 226
Dachschalung/Dachpappe entfernen 167
Dachsteinaustausch, einzeln 209
Dachstuhlhölzer 167, 619
Dachziegelaustausch, einzeln 208
Dämmung, Kellerdecke 294, 295
Dampfbremse 174, 222, 241
Dampfsperre 241
Dampfstrahlen temperiert, Fassade 407
Decke abbrechen, Kappendecke 98
Decke abbrechen, Stb-Hohldielen 99, 609
Decke abbrechen, Ziegelhohlkörper 98, 609
Decke, abgehängt, GK 450
Decke, Beton C25/30, Schalung 143
Decken-/Wandleuchte, LED, Feuchtraum 508
Deckenbalken abbrechen 619
Deckenbalken ausbauen 166
Deckenbekleidung entfernen 163, 339, 613
Deckenbekleidung, Holz, entfernen 633
Deckendämmung, GF+PIR 128
Deckendämmung, Mehrschichtplatte 128
Deckendämmung, PIR 129
Deckendurchbruch schließen 109
Deckendurchbruch 108, 109, 124, 125
Deckengewölbe abbrechen, Steine 98
Deckenkleidung abbrechen 448, 635
Deckenputz abschlagen 273, 629
Deckversiegelung 598
Deponiegebühr 41
Deponierung 652, 653
Dichtband, Ecken, Wand/Boden 300
Dichtheitsprüfung, Grundleitung 81
Dichtsatz, Rohrdurchführung 82
Dickschichtlasur 415, 419, 420
Dielenbodenbelag, Laubholzdielen 354
Doppel-Schließzylinder 365
Dränleitung DN 100, ausbauen, seitlich lagern 524
Dränleitung DN100, ausbauen entsorgen 524
Dränleitung, PVC-U 89
Drehflügeltor 537
Drückergarnitur 359, 360
Druckreinigung, Rotordüse, Putzuntergrund 274
Druckrohrleitung 66
Druckwasser temperiert, Fassade 407
Druckwasserstrahlen 188, 284, 311, 407
Dübel entfernen, schließen 410
Dunstrohr-Durchgangsformstück 232
Dunstrohr-Durchgangsziegel0 232
Durchdringung andichten, bituminös 196
Duschabtrennung, Kunststoff 495
Duschhandlauf, Messing 496
Duschwanne ausbauen 492
Duschwanne, Stahl 494, 495

E

Eckausbildung, Gewebewinkel, WDVS 293
Eckausbildung, Kunststoffschiene, WDVS 293
Ecken, Kantenprofil, Montagewand 455
Eckschutzprofil, verzinkt, Außenputz 277
Eckschutzschiene abbrechen 274
Eckschutzschiene 293, 305, 306
Eckschutzwinkel, verzinkt, innen 280
Egalisierung, Boden 184
Einbaudownlight, LED 510
Einbauleuchte, LED, 39W 509
Einblasdämmung, Zellulose 040 169
Einhandmischarmatur, Dusche 495
Einhebelbatterie, Badewanne 493
Einhebel-Mischbatterie 492
Einstiegsfeld, Noppenplatte 576
Einzelfenster reinigen 399
Einzelfundamentaushub, lagern, GK1 58
Einzelriss, Trennlage/Putzträger 278
Einzelriss flexibel 278
Einzelriss starr 277
Entlüftungsrohr entfernen 623
Entsorgung 650, 651, 652
Entwässerungsrinne, Abdeckung Guss 86
Entwässerungsrinne, ausbauen, entsorgen 559
Entwässerungsrinne 85, 86, 539, 540
Erdaushub, Schacht, 2,50m 83
Erstpflege PVC/Lino/Kautschuk 435
Erstreinigung, Bodenbelag 158
Estrich bewehrt, schwimmend, abbrechen 310
Estrich spachteln, ausgleichen 353
Estrich 316, 317
Estrich, schwimmend, abbrechen 310, 630

F

Fachwerksausfachung abbrechen, Mauerwerk 98
Fahrbares Gerüst, Lastklasse 2-3 48
Fallrohr entfernen 251, 625
Fallrohr 261, 262
Faserzement-Wellplattendeckung entfernen 205, 621
Fassade reinigen, Hochdruckreiniger 398
Fassadenbekleidung, Faserzement-Stülpdeckung 445
Fassadenbekleidung, Faserzement-Tafeln 444
Fassadenbekleidung, Holz, Stülpschalung 444
Fassadenbekleidung, Metall, Wellblech 445
Fassadendämmung, Mineralwolle, VHF 443
Fassaden-Flachrinne 539
Fassadengerüst 45, 46
Fassadenreinigung, Dampfstrahlen 274
Fehlboden entfernen 166, 618
Fehlstellen schließen 311, 410
Fehlstellen verputzen 279
Feinplanum 530, 531

Feinspachtelung 594
Fenster abbeizen 407
Fenster ausbauen, Holz 322, 631
Fenster ausbauen, Kunststoff, 322, 632
Fensterbank abbrechen 149, 151, 611, 612
Fensterbank ausbauen 340, 634
Fensterbank, außen, Aluminium, beschichtet 336
Fensterbank, Betonwerkstein, innen 154
Fensterbank, Holz, innen 348
Fensterblech entfernen 252, 627
Fensterbrett beiputzen 276, 280
Fenstergriff, Aluminium 359
Fensterladen, Holz, zweiteilig 372
Fensterleibung, GK 460
Fensteröffnung ausbrechen 104
Fensteröffnung schließen 105
Fensteröffnung, Montagewand 456
Fenstertür ausbauen 322, 631, 632
Fertigparkettbelag, beschichtet 354
Fertigrasen liefern, einbauen 530
Fertigstellungspflege 530, 533, 534
Feuchtestrahlen 274, 586, 587
Feuchtnebel-Strahlen, Flächenreinigung 639
Filter-/Dränageschicht, Vlies/Noppenbahn, Wand 91
Filterschicht, Geotextil, Leitungen 90
Filtervlies, Schutzschicht 198
Fingerschutz Türkante 364
First, Firststein 230, 231
First, Firstziegel, vermörtelt, inkl. Lüfter 231
Firstanschluss, Ziegeldeckung, Formziegel 230
Firstanschlussblech, Titanzink, bis Z 500 257
Flachdachpfannendeckung 208
Flächenreinigung, Schlagbohrhammer 639
Flachheizkörper ausbauen 475
Flach-Solarkollektoranlage, thermisch 471, 472
Fliesen, Klinker AI/AII, frostsicher 303
Fliesen, Spaltplatte AI/AII, frostsicher 303
Fliesenbelag, Feinsteinzeug BIa 302
Fliesenbelag, Steinzeug BIIa/BIIb 302
Fluchttürsicherung, elektrische Verriegelung 362
Flüssigabdichtung, Dach, PU-Harz/Vlies 246
Flüssigabdichtung, Wandanschluss 247
Formstück, Dränleitung, Abzweig 89
Formstück, Dränleitung, Bogen 89
Formstück, Dränleitung, Verschlussstück 89
Formstück, PVC-U, Bogen 78, 79
Formstück, SML, Abzweig 80
Formstück, SML, Bogen 80
Formstück, Steinzeugrohr, Abzweige 76
Formstück, Steinzeugrohr, Bogen 75, 76
Formziegel abbrechen, gemörtelt 205
Formziegel entfernen, gemörtelt 621
Fräsen Aufmerksamkeitsfeld 581

Fries, Plattenbelag 157
Frostschutzschicht, Kies 561
Frostschutzschicht, RCL 561
Frostschutzschicht, Schotter 560
Fugen aufschneiden 138
Fugen hinterfüllen 140
Fugen, elast. Abdichtung, verkleinern 139
Fugen, Folie einlegen 140
Fugen, Kanten als Fase 138
Fugen, verkleinern 139
Fugenabdichtung abdecken, Alu 141
Fugenabdichtung, elastisch 140, 141, 157
Fugenabdichtung, Komprimierband, 20mm 141
Fugenabdichtung, Silikon 244
Fugenabdichtung, W1.1-E 193, 194
Fugenabdichtung, W2.1-E 195
Fugenbänder, komprimiert, entfernen 138
Fugendichtmasse entfernen 138
Fugenflanken säubern 138
Fugenflanken spachteln 139
Fugenflanken vorbereiten 140
Fugenflanken vorstreichen 140
Fugenflanken, Korrosionsschutz 139
Fugenrand spachteln 139
Fugenschnitt, Deckenputz 282
Fugenschnitt, Wandputz 278
Füllbeschichtung, Schlämme 594
Füllboden liefern, einbauen 529
Fundament abbrechen, Stahlbeton 121, 605
Fundament, Ortbeton 142
Fundament-/Grabenaushub, Handaushub 60
Fundamentaushub 57, 529
Fundamentmauerwerk abbrechen, entsorgen 96
Fußbodenbretter aufnehmen/lagern 165

G

Gabionen 572, 573
Gartenzaun abbeizen, Holz 408
Gas-Brennwertkessel 467, 468
Gas-Brennwerttherme 465
Gas-Niedertemperaturkessel 466
Gaubenverblechung entfernen 252, 628
Gebäudebewegungsfugen, WDVS 294
Gebrauchsüberlassung Gerüstverbreiterung 48
Gefälledämmung DAA 243
Gehrungen, Profile, WDVS 293
Gehwegplatten abbrechen, Betonwerkstein 613
Gehwegplatten ausbauen, lagern 54
Geländer abdecken, PE-Folie 409
Geländer reinigen 399
Geländer, gerade, Rundstabholz 350
Generalhaupt-, Generalschlüssel 365
Gerodete Fläche planieren 528

Gerüst umsetzen 46
Gerüstanker 49
Gerüstbekleidung, Staubschutznetz/Schutzgewebe 50
Gerüstplane, Wetterschutzplane 50
Gerüstverbreiterung 48
Geschossdecke abbrechen 123, 610
Gewinderohrleitung, ausbauen 475
Giebelgesims entfernen 167
Gipsputz, Innenwand, einlagig 282, 283
GK-/GF-Bekleidung, einlagig, auf Unterkonstruktion 459
GKF-Bekleidung, doppelt, EI 90, vorh. Unterkonstruktion 459
GK-Platte imprägniert 460
Glasfasergewebe 439, 440
Glasflächen reinigen, Fassadenelemente 398
Grabenverfüllung, Liefermaterial 74
Graffiti-Schutz, Mauerwerk 100
Grasnarbe abschälen 528
Grateindeckung, Ziegel 231, 232
Grundierung, Betonfläche 594
Grundierung, Riss 423
Gruppen-, Hauptschlüssel 366
Gussrohrleitung abbrechen 73
Gussrohrleitung ausbauen 484, 485

H

Haftbrücke, Estrich 312
Haftgrund, Bodenbelag 429
Haftputz, mineralisch, Beton 276
Halb-Schließzylinder 365
Haltegriff, Edelstahl, 600 mm 496
Handaushub 73, 88
Handlauf 349, 375, 376
Handtuchspender 492, 493
Hauseingangstür abbeizen 408
Hauseingangstür ausbauen 322, 632
Haustür, Aluminium/Glasfüllung 335
Haustür, Kunststoff, einfach 335
HDWS, Betonflächen 587
Heckenpflanze 533, 544
Heizestrich abbrechen 310, 311
Heizestrich, CT C25 F4 S65 H45 316
Heizkessel ausbauen, Stahl, bis 50 kW 465
Heizkörper reinigen 399
Heizkörper, abbeizen 412
Heizöltank 469
Hobeln, Bauschnittholz 172
Hochkantlamellenparkett, versiegelt 355
Hochstamm einschlagen 533
Hochstamm/Solitär, liefern/pflanzen 532
Hohlkehle abdichten 189
Hohlkehle, Mörtel 189
Hohlkehle, vorgefertigt 189
Hohlkehlsockel, Dünnbett 305

Hohlstellen abschlagen, Innenputz 275
Hohlstellen prüfen, Innenputz 274
Holz anschleifen/grundieren 407
Holz-/Abdeckleisten 348
Holz/Pellet-Heizkessel 470, 471
Holz-Alufenster, 1-flügig 327
Holz-Alufenster, 2-flügig 328, 329
Holz-Alufenstertür, 1-flügig 330
Holzbalkendecke abbrechen 619
Holzbalkendecke ausbauen 167
Holzboden prüfen 312
Holzboden, Gewebearmierung 312
Holzboden, reinigen/grundieren 312
Holzbodenausgleich, Kunstharz 312
Holzfenster vorbereiten, Beschichtung 407
Holzfenster, 1-flügig 323
Holzfenster, 2-flügig 324, 325
Holzfenstertür, 1-flügig 326
Holzfußboden entfernen 165, 617
Holzhandlauf entfernen 165, 616
Holzleiter abbauen 165
Holzleiter abbrechen 616
Holzschutz, Flächen, farblos 172
Holzsockelleiste ausbauen 353
Holzständerwand abbauen 164
Holzständerwand abbrechen 615
Holztreppe abbauen 164
Holztreppe abbrechen 616
Holztreppe 177
Holztrittstufe entfernen 165
Holz-Türelement, T30, einflügig 343, 344
Holz-Türelement, T-RS, einflügig 340, 341
Holz-Türelement, T-RS, zweiflügig 341
Holz-Umfassungszarge, innen 347
Horizontalsperre, Injektion 644
Horizontalsperre, Sägen 641, 642, 643
Horizontalsperre, Stahlbleche 640
Horizontalsperre, Tränkung 645
Hublift, Förderplattform 517
Hydrophobierung OS 1 595
Hygiene-Spül-WC 497

I

Imprägnierung, hydrophob, Außenputz 412
Innenabdichtung, Wand, Schlämme 193
Innenbelag, Betonwerkstein 156
Innenbelag, Naturstein 156
Innenecke, Verstärkung, Dichtband 185
Innenecke, Verstärkung, Gewebe/Vlies 185
Innenmauerwerk abbrechen, 11,5cm 97
Innenmauerwerk abbrechen, 24cm 98
Innenmauerwerk abbrechen, Porenbeton 97
Innenputz abschlagen, Mauerwerk 646

Innentür abbeizen 411
Innentür abschleifen 411
Innentür, 1-flüglig, entfernen 339
Innentür, Holz, 1-flüglig, entfernen 633
Innen-Türelement, einflüglig 342, 343
Innenwand abbrechen, Gipsdielen 608
Innenwand abbrechen, Gipswandbauplatte 97
Innenwand abbrechen, Mauerwerk 608
Innenwand abbrechen, Porenbeton 608
Innenwand abbrechen, Stahlbeton 609
Innenwand, Gipsbauplatte 455
Innenwand, Hlz 111
Innenwand, KS 111, 112
Innenwand, PP 112, 113
Innenwandbekleidung entfernen, Holz 613
Innenwände abbrechen, Stb. 122
Installationskanal, GKF-Platte, EI 30 458
Isolierverglasungen, 2-fach 391, 392, 393
Isolierverglasungen, 3-fach 393, 394

J

Jalousie/Raffstore, außen 371

K

Kabelgraben ausheben 59, 60
Kabelschutzrohr 63
Kalk-Gipsputz 282, 283
Kalk-Zementputz 282
Kanalprüfung, Kamera 87
Kanalreinigung, Hochdruckspülgerät 87
Kanten fasen, Abdichtung 189
Kantenprofil, Edelstahl, Außenputz 277
Kantholz, Nadelholz 174, 227
Kastenrinne entfernen 251, 625
Kellenschnitt, Innenputz 280
Kelleraußentür ausbauen 322, 633
Kelleraußenwände abbrechen 121, 606
Kellerboden abbrechen, Ziegel 96
Kellerfenster ausbauen, Holz 321, 631
Kellerfußboden, Klinkerbelag überarbeiten 101
Kellerfußboden, Rollschicht überarbeiten 100
Kernbohrung, Mauerwerk 110, 111
Kernbohrung, schräg, Mehrpreis 126
Kernbohrung, Stahlbeton 125
Kernbohrung, Stahlschnitte 126
Kernbohrung, Stb 125, 126
Kiesfangleiste, Lochblech 259
Kiesschicht säubern 238
Kiesschüttung entfernen 238
Kiesschüttung entfernen, wiederaufbringen 238
Klappendeckel abdichten, Rollladenkasten 369
Klebereste entfernen 428
Kleineisenteile, Baustahl S235JR 144

Klettergerüst abbauen 525
Klinkerfassade reinigen, absäuern 99
Klinkermauerwerk reinigen, Dampfstrahlen 99
Kniestock C20/25, Stb 127
Kompaktdämmhülse, Rohrleitung 501
Kompaktheizkörper, Stahl 475, 476
Konstruktionsvollholz KVH®, MH®, sichtbar Nadelholz, 171
Kontaktschicht, Bodenabdichtung 185
Konterlattung, trocken, Dach 223, 224
Kontrollschacht komplett, 3,00m 85
Konus, Kontrollschacht 84
Korkunterlage, Linoleum 431
Korrosionsschutz 590, 591
Kratzspachtelung 312, 598
KS-Sturz 114
Kugelstrahlen, Betonflächen, Boden 587
Kunstharzestrich abbrechen 310
Kunstharzputz, außen 283
Kunststofffenster, 1-flüglig 331, 332
Kunststofffenster, 2-flüglig 333
Kunststoff-Fenstertür, 1-flüglig 334
Kunststoff-Rohrleitung, ausbauen 485
Kupferrohrleitung, ausbauen 475

L

Laibungen dämmen, WDVS 292
Laibungen, Mineralplatten 130
Laibungen, WD-Putz 131
Laibungsbekleidung entfernen 340, 634
Laminatboden entfernen 428
Lastplattendruckversuch 61, 560
Lasur, Dispersion 414, 418
Lasur, Holz 415, 416
Lattentrennwand abbrechen 615
Lattentrennwand demontieren 164
Laubfangkorb, Dachrinnenablauf 260
Laufrost abbrechen 207
Laufrost entfernen 624
Legestufe, Kontraststreifen 578, 579
Leitstreifen Rippenplatte, einreihig 576
Leitsystem, Rippenfliese/Begleitstreifen, Edelstahl 158
Leitung, Kupferrohr 482, 483
Leitung, Metallverbundrohr 481, 482
Leitungsdurchgang, Formziegel 232
Lichtkuppel entfernen, Flachdach 239
Linoleumbelag verschweißen 431
Linoleumbelag 431
L-Stufe, Kontraststreifen 578
Lüfterziegel, trocken verlegt 232
Lüftungsblech, Insektenschutz 264
Lüftungsgitter, Türblatt 365
Lüftungsrohr abbrechen 206
Lüftungsrohr entfernen 238

M

Markise entfernen 369
Maschendrahtzaun abbrechen 525
Maschinenumstellung 581
Massivholzzarge, innen 346
Mastleuchte abrechen, entsorgen 559
Materialaufzug 49
Mauerabdeckung, Natursteinplatten 153
Mauerbewuchs entfernen, Putzflächen 275
Mauerwerk abbürsten 647
Mauerwerk hydrophobieren, außen 100
Mauerwerk schneiden, Wand, KS 110
Mauerwerk schneiden, Wand, Mz 110
Mauerwerk vorbehandeln, Steinverfestiger 100
Mauerwerksaustausch, Querwand 646
Mauerwerksfugen auskratzen 647
Mauerwerksfugen erneuern, außen 101
Mauerwerksfugen verfüllen 275
Mehrschichtplatte 295, 296
Messeinrichtung, Wassermenge 66
Metallflächen anschleifen, innen 412
Metallflächen entrosten 408
Metallflächen reinigen 408
Metallflächen schleifen/grundieren 408, 412
Metallflächen vorbereiten 408
Metallzaun abbrechen, entsorgen 525
Mineralischer Oberputz, WDVS 292
Mobilkran 39
Montageelement ausbauen 491
Montageelement, Waschtisch 496
Montageelement, WC 496
Montagewand abbrechen, GK 448, 634
Montagewand, Holz, GK einlagig, MW 450
Montagewand, Metall, GK einlagig, MW 451
Montagewand, Metall, GKF zweilagig, MW 453, 454
Montagewand, Metall, GK zweilagig, MW 451, 452
Montagewand, Metall, GKF einlagig, MW 454
MW/Spanplatte, Holzdecke 170
MW-Dämmung, Holzbalkendecke 170
MW-Dämmung, Spitzboden 170

N

Nachrüstaufsatz, Hygiene-Spül-WC 498
Nachrüstung Türeinstieg Badewanne (Bestand) 498
Nagelabdichtung, Konterlattung 225
Natursteinbekleidung abbrechen 149
Natursteinbekleidung abbrechen, außen 611
Natursteinbelag abbrechen 148, 611
Natursteinbelag aufnehmen/lagern 148
Natursteinbelag reinigen 151
Natursteinblockstufen, ausbauen/lagern 150
Natursteinflächen ausbessern 151
Natursteinflächen festigen 152

Natursteinmauerwerk als Außenwand 574
Natursteinoberflächen schleifen 152
Natursteinpflaster, aufnehmen, lagern 557
Naturstein-Treppenbelag abbrechen 148
Netzrisse schließen, Epoxidharz 312
Nivellierestrich, Betonboden 312, 313
Noppenplatten, mit Fase, Kegel 575, 576
Noppenplatten, mit Fase, Kugel 576
Notüberlauf, Flachdach 259
Nutzestrich 317

O

Obentürschließer, einflüglige Tür 361
Obentürschließer, zweiflüglige Tür 361
Oberboden abtragen, entsorgen 55, 528
Oberboden abtragen, lagern, 30cm 54
Oberboden auftragen, lagernd 528
Oberboden liefern 528
Oberboden lösen, lagern 528
Oberfläche, laserstrukturiert 156
Oberputz, mineralisch, modifiziert 424
Obstgehölz 547
Öffnung überdecken 114, 115
Öffnungen abdecken, Strahlarbeiten 406
Öffnungen beiputzen 276, 280
Öffnungen schützen, Hartfaserplatten 311
Ölfarbbeschichtung anschleifen 410
Ölfarbe entfernen, Innenputz 410
Öl-Niedertemperaturkessel 468, 469
Organischer Oberputz, WDVS 291
Ortgang, Biberschwanzdeckung, Formziegel 230
Ortgang, Dachsteindeckung, Formziegel 230
Ortgang, Ziegeldeckung, Formziegel 229
Ortgangblech 258
Ortgangbrett abbrechen 206, 622
Ortgangbrett, Windbrett, gehobelt 227
Ortgangverblechung entfernen 252, 627

P

Parkett abdecken 353
Parkettboden abdecken 353
Parkettboden entfernen 353
Parkettboden ölen 356
Parkettboden schleifen 356
Parkettboden wachsen 356
Pellet-Fördersystem, Förderschnecke 471
Pendelleuchte, LED 509
Perimeterdämmung, CG 198
Perimeterdämmung, XPS 197
Personenaufzug, behindertengerecht 513, 514
Personenaufzug, Plattform, verglast, barrierefrei 518
Pflanzenverankerung 534, 535
Pflanzflächen wässern 534

Pflanzgrube ausheben 531
Pflanzgrube für Kleingehölz 531
Pflanzgrube verfüllen 532
Pflasterdecke, Betonpflaster 565
Pflasterdecke, Granit 565, 566
Pflastersteine schneiden, Beton 570
Pflasterzeile, Granit 566, 568
Pflasterzeile, Großformat, einzeilig 568
Pilz-/Algenbefall entfernen, Außenputz 274
Planum herstellen 559
Planum, Baugrube 61
Planum, Wege/Fahrstraßen, verdichten 61
Plattenbelag schneiden, Beton 570
Plattenbelag, Basalt 567
Plattenbelag, Granit 566
Plattenbelag, Sandstein 567
Plattenbelag, Travertin 567
Plattformaufzug, barrierefrei, verglast, außen 518
Plattformlift, Treppe 516, 517
Podestbelag abbrechen, Betonwerkstein 151
Poller, Beton 538
Porengrundputz, Laibungen 648
Profil-Blindzylinder 365
Profilstahl-Konstruktion, Profile IPE 375
Profil-Zylinderverlängerung 365
Pultdachabschluss, Abschlussziegel 231
Pultdachanschluss, Metallblech 231
Pumpensumpf, Betonfertigteil 64
Putzanschlussleiste, verzinkt, Türen, innen 280
Putzarmierung, Edelstahl, außen 277
Putzarmierung, Glasfasergewebe, außen 276
Putzfläche reinigen, innen 411
Putzflächen spachteln, Fehlstellen innen 279
Putzschaden ausbessern 279, 411
Putzträger entfernen 273
Putzträger, Drahtziegelgewebe, innen 275
Putzträger, Rabitzgewebe 280, 282
Putzträger, Rippenstreckmetall 280, 282
Putzträger, Schlitz, Metall verzinkt 103
Putzträger, Streckmetall, außen 276
Putzträger, verzinkt, Innenwand 275
PVC-Fliesen entfernen, verklebt 428

R

Rampenstufen, Betonfertigteil 580
Randstreifen abschneiden 429
Rasenfläche ausbessern 530
Rasenfläche düngen 530
Rasenpflaster aus Beton 565
Rasentragschicht 563
Raufaser, Dispersionsbeschichtung 439
Raufasertapete 438, 439
Raumgerüst 47, 48

Regenwasserklappe, Titanzink 260
Reinigungsrohr, Putzstück 82
Reprofilierung, PCC 591, 592, 593
Richtungsänderung fräsen 581
Riegelschloss, Profil-Halbzylinder 366
Rieselschutzmatte abbrechen 239
Ringanker C20/25, Stb 127
Rinneneinhangstutzen entfernen 251
Rinnenendstück, Rinnenboden 262
Rinnenstutzen 262, 263
Rippenplatten, mit Fase 574, 575
Rippenplatten, ohne Fase 574
Rissfüllung, Verschlämmen 423
Rohrbettung, Sand 0/8mm 74
Rohrdämmung, Mineralwolle, alukaschiert 501, 502, 503
Rohrdurchführung, Faserzementrohr 82
Röhrenradiator ausbauen 474
Rohrgräben/Fundamente verfüllen, Lagermaterial 62
Rohrgrabenaushub, GK1, lagern 74
Rohrleitung, C-Stahlrohr 477, 478
Rohrumfüllung, Kies 0/32mm 74
Rollbordstein, Beton 577
Rollladen entfernen 368
Rollladen, inkl. Führungsschiene, Gurt 371
Rollladenführungsschiene erneuern 370
Rollladengurte auswechseln 370
Rollladen-Gurtwickler ausbauen 369
Rollladenkasten dämmen 369
Rollladenkastendeckel auswechseln 370
Rollladenwelle erneuern 370
Rollstuhl-Überfahrtstein 577
Rückläufiger Stoß, drückendes Wasser 196
Rückstaudoppelverschluss 83
Rutsche abbauen 525

S

Sandfüllung ausbauen, Gewölbedecke 98
Sandkasten abbauen 526
Sandsteinoberfläche scharrieren 152
Sandstrahlen, Altputz 274
Sanierputz, geringe Salzbelastung 648
Sanierputz, hohe Salzbelastung 648
Sanierputz, Laibungen 648
Saugleitungen 66
Saugpumpe, Fördermenge bis 20m³/h 65
Schachtabdeckung anpassen 85
Schachtaufsetzrohr, PP 90
Schachtdeckel 84, 85
Schachtringe, Kontrollschacht 83, 84
Schadstellen abklopfen, innen 410
Schalung, Fundament, rau 142
Schalung, Fundament, verloren 142
Schalung, Furnierschichtholzplatte 173

Schalung, Kanten 593
Schalung, Massivholzplatte 173
Schalung, Nadelholz, gefast, gehobelt 172
Schalung, OSB/3 Feuchtebereich 226
Schalung, OSB/4, Flachpressplatten 173
Schalung, Rauspund, genagelt 172
Schalung, Sperrholz, Feuchtebereich 173
Schaukel abbauen 525
Schiebetürelement, innen 347
Schieferdeckung, entfernen, lagern 205
Schlitz herstellen, Mauerwerk 102
Schlitz schließen, Mauerwerk 102, 103
Schlüssel, Buntbart 366
Schlüsselschrank, wandhängend 366
Schneefanggitter abbrechen 206, 251, 623, 625
Schneefanggitter 253
Schneefangrohr 254
Schnellestrich 317
Schornsteinabdeckung entfernen 252
Schornsteinbekleidung, Winkel-/Stehfalzdeckung 255
Schornstein-Einfassung, Blech 233
Schornsteinverblechung entfernen 252, 628
Schornsteinverwahrung, Metallblech 255
Schotter aufnehmen, lagern 559
Schotterrasen herstellen 570
Schrägschnitte, Bauschnittholz 172
Schrägschnitte, Plattenbelag 157
Schuttabwurfschacht 42
Schüttung entfernen 166, 618
Schutzabdeckung, armierte Baufolie 163
Schutzabdeckung, Bauplane 40
Schutzabdeckung, Boden, Folie/Schutzvlies 437
Schutzabdeckung, Boden, Holzplatten 40
Schutzabdeckung, Boden, Pappe 437
Schutzabdeckung, Inneneinrichtung 437
Schutzbahn entfernen, Wand 184, 621
Schutzbeschichtung, SPCC 591
Schutzestrich abbrechen 311
Schutzwand, Folienbespannung 40
Schutzwand, Holz beplankt 40
Seitenschutz, Arbeitsgerüst 49
Seitenschutz, Treppe 39
Sicherheitsdachhaken, verzinkt 265
Sicherheitstritt, Standziegel 265
Sichern von Leitungen/Kabeln 61
Sickerpackung, Kies, Leitungen 90
Sickerpackung, Kiessand, Leitungen 90
Sickerplatten, Kelleraußenwände 198
Sickerschicht, Kunststoffnoppenbahn 198, 199
Sickerschicht, Perimeter-Dämmplatte, vlieskaschiert 91
Sitzlift, Treppe innen 516
Sockel, Natursteinplatten 156
Sockel-/Fußleiste, Holz 348

Sockelabdichtung, W4-E 193
Sockelabschluss, Aluprofil elox., WDVS 293
Sockelausbildung, Holzleisten 434
Sockelausbildung, Linoleum 434
Sockelausbildung, PVC-Leisten 434
Sockelbekleidung abbrechen, Betonwerkstein 150
Sockeldämmung, XPS 292
Sockelfliesen entfernen 299
Sockelfliesen, Dünnbett 304
Sockelleiste abbrechen, Naturstein 149
Sockelleiste ausbauen/lagern, Naturstein 149
Sockelleiste entfernen 427
Sockelleiste 355, 356
Sockelputz abschlagen 273, 629
Solitär/Hochstamm nach Einschlag pflanzen 533
Solitärbaum 544, 545, 546
Sonnenschutz, Stoff, innen, entfernen 369
Spachtelung faserhaltig, innen 411
Spachtelung quarzhaltig, innen 411
Spachtelung, Dispersion 410, 411
Spachtelung, Gewebe 429
Spachtelung, GK-Platten, Qualitätserhöhung 461
Spachtelung, Rautiefe über 1mm 598
Spachtelung/Armiervlies, Putz 437
Spanplattenboden abbrechen 617
Spanplattenboden ausbauen 165
Sparren aufdoppeln 168
Sperrputz, Zementmörtel 190
Spielgerät 538,r 539
Spielsand auswechseln, bis 40cm 539
Spritzbewurf, Innenmauerwerk 275
Spritzbewurf, Laibungen 647
Spritzbewurf, Sanierputz 647
Spritzbewurf, volldeckend 190
Spritzmörtel, SPCC 593
Spülschacht PP, DN300 90
Stabgitterzaun 536, 537
Stabparkett, versiegelt 355
Stahl-/Kupferblech 260
Stahlbetonstützen abbrechen 122, 610
Stahlbetontreppe abbrechen 123, 610
Stahlgeländer abbeizen 408
Stahlrohrleitung ausbauen 480, 481, 485
Stahltor, einflüglig, beschichtet 537
Stahltor, zweiflüglig, beschichtet 538
Stahltreppe, gerade, einläufig, Trittbleche 385
Stahltür, Brandschutz 381, 383
Stahltür, EI 90-C, zweiflüglig 384
Stahltür, einflüglig 379
Stahltür, zweiflüglig 380
Stahl-Umfassungszarge 378, 379
Standfläche herstellen Hilfsgründung 46
Standgerüst, innen 47

Standrohr 260
Standrohr abschneiden 251
Standrohr entfernen 626
Standrohr, Guss/SML 260
Standrohrkappen, Titanzink/Kupfer 260
Staude 550, 551
Stemmarbeiten, Kanten 588
Stoßgriff, Tür, Edelstahl 361
Strahlen mit Strahlmittel 311, 406
Straßenablauf, Polymerbeton 81
Strauch einschlagen 533
Strauch herausnehmen, transportieren, einschlagen 524, 525
Strauchpflanze 548, 549, 550
Strauchpflanzen nach Einschlag pflanzen 533
Streifenfundamentaushub 58, 59
Streifenfundamente abbrechen, entsorgen 96
Stromerzeuger 66
Sturzauflager stemmen 103, 104
Stützgriff, fest 498, 499
Stützgriff, klappbar 499
Stützklappgriff, Edelstahl 496

T

Taktiles Bodenleitsystem Fräsen 580, 581
Tapete beschichtet, 1-lagig, entfernen 437
Tapete, 1-lagig, entfernen 436
Tapete, mehrlagig, entfernen 437
Tapezieren, Kleinflächen 440
Tastbordstein, Beton 577
Tauchpumpe, Fördermenge bis 10m³/h 65
Terrassenbelag aufnehmen, Betonwerksein 151
Textiler Oberbelag, Kunstfaser/Nadelvlies 430
Textiler Oberbelag, Kunstfaser/Velour/Boucle 430
Tonziegel, Reserve 232
Traglattung, Nadelholz, trocken 175
Tragschicht, Kies 61, 562, 563
Tragschicht, Schotter 561, 562
Tragschicht, Schotter entsorgen 559
Trauf-/Ortgangschalung, NF-Profil, gehobelt 227
Traufblech entfernen 251, 626
Traufblech, Kupfer 264
Traufblech, Titanzink 264
Traufbohle, Nadelholz 226
Traufstreifen, Kupfer 259
Traufstreifen, Titanzink 259
Trenn-/Anschlagschiene, Messing 157
Trennlage entfernen 239, 253
Trennlage, Baumwollfilz 353
Trennlage, Blechflächen, V13 254
Trennlage, Bodenplatte, Folie 61
Trennlage, Estrich, PE-Folie, einlagig 316
Trennlage, Gussasphalt 316
Trennlage, PE-Folie 143

Trennprofil, Metall 433
Trennschiene, Aluminium 305
Trennschiene, Edelstahl 305
Trennschiene, Fliesenbelag 305
Trennschiene, Messing 305
Treppe, Blockstufe, Betonwerkstein 154
Treppe, Blockstufe, Naturstein 154
Treppe, Winkelstufe 155
Treppen/Bordsteine/Kantensteine aufnehmen, entsorgen 559
Treppen/Podeste reinigen 397
Treppenbelag abbrechen, Betonwerkstein 150
Treppenbelag entfernen, verklebt 428
Treppenbelag, Fliesen entfernen 300
Treppenbelag, Tritt-/Setzstufe 155
Treppengeländer, Flachstahlfüllung 377
Treppenkantenprofil, Kunststoff 433
Treppenstufe, Elastischer Bodenbelag 432
Treppenstufe, Holz 349
Treppenstufe, Textiler Belag 433
Trittschalldämmung EPS 314
Trittschalldämmung MW 313, 314
Trittschalldämmung, Randstreifen, MW 158
Trittstufe abbrechen, Naturstein 149
Trockenestrich, GF-Platten 460
Trockenmauer - Granitblöcke - Findlinge 573
Trockenmauer - Bruchsteinmauerwerk 573
Trockenputz, GK-Platte 459
Trockenputz, GK-Verbundplatte, Dämmung 458
Trockenschüttung 313
Trockenstrahlen, Betonfläche, unbeschichtet 586
Trockenstrahlen, Fassade 406
Trockenstrahlen, Flächen beschichtet 639
Trockenstrahlen, Flächenreinigung 639
Tropfkante, Dreikantleisten 594
Tür, Bauzaun 37
Türantrieb, kraftbetätigte Tür, einflüglig 362
Türantrieb, kraftbetätigte Tür, zweiflüglig 362
Türblatt, einflüglig, kunststoffbeschichtet 344, 345
Türblatt, einflüglige Tür, Vollspan 345
Türblätter, zweiflüglig, Vollspan 345
Türdrücker ausbauen 359
Türen reinigen 398
Türöffnung ausbrechen, Mauerwerk 104, 105
Türöffnung ausbrechen, Stb 122
Türöffnung schließen, IW 106
Türöffnung, Montagewand 455
Türspion, Aluminium 364
Türstopper 364

U

Überbrückung, Gebrauchsüberlassung 49
Überbrückung, Gerüst 49
Überfahrrampe Balkon-/Terrassentüren 581

Übergang, Dämmkeile, Hartschaum 243
Übergang, PE/PVC/Steinzeug auf Guss 79
Übergang, PVC-U auf Steinzeug/Beton 79
Übergangsbordstein, Beton, dreiteilig 577
Übergangsprofil, Metall 433
Übergangsprofil/Abdeckschiene, Aluminium 357
Übergangsprofil/Abdeckschiene, Edelstahl 356
Übergangsprofil/Abdeckschiene, Messing 357
Übergangsstück, Steinzeug 76
Überhangblech 256
Überzug C20/25, Stb 127
Unterboden, Holzspanplatte 354
Unterdach, WF, regensicher 223
Unterdecke abbrechen, GK 448, 635
Unterfangung, Fundament 141
Untergrund aufrauen, Drucklufnadelhammer 640
Untergrund egalisieren, Kellerwand 188
Untergrund grundieren 428
Untergrund reinigen 300, 428
Untergrund schleifen 428
Untergrund spachteln 429
Untergrund verdichten 560
Untergrund verfestigen, Tiefengrund 275
Untergrund vorbehandeln, teilspachteln/schleifen 438
Untergrundverfestigung, Grundierung 284
Untergrundvorbereitung, WDVS 284
Unterkonstruktion, Holzbohlen 244
Unterkonstruktion, Holz-UK zweilagig 443
Unterkonstruktion, Kanthölzer, 244
Unterkonstruktion, Leichtmetall 443
Unterkonstruktion, Traglattung 443
Unterspannbahn abbrechen 207
Unterspannbahn entfernen 624
Unterspannbahn, belüftetes Dach 223
Unterzug ausbauen, Holz 166
Unterzug C20/25, Stb 127

V

Vegetationsflächen lockern, fräsen 532
Verankerung, Profilanker, Schwelle 177
Verbau, Rohrgräben 73
Verblendmauerwerk hydrophobieren 100
Verblendmauerwerk imprägnieren 99
Verblendmauerwerk reinigen, Rotationsverfahren 99
Verblendmauerwerk, abbrechen 97, 607
Verbundabdichtung, streichbar, Wand 300
Verbundestrich abbrechen 310, 630
Verbundestrich, CT-C25-F4-V50 318
Verfugung, elastisch 348, 434
Verfugung, Fliesen, Silikon 304
Verglasung, Einfachglas 389
Verglasung, Einscheibensicherheitsglas 389
Verglasung, ESG-Glas 389, 390
Verglasung, Floatglas 389
Verglasung, Verbundsicherheitsglas 390
Verglasung, VSG-Glas 390
Verglasung, Wärmeschutz 391
Verklammerung, Dachdeckung 233
Verkofferung abbrechen, GK 448, 635
Verkofferung/Bekleidung, Rohrleitungen 458
Verstärkung, Kanten, Metallband 190
Vertikalsperre, Querwand 646
Verwahrung entfernen 252, 626
Viereck-Drahtgeflecht 535, 536
Voranstrich, Bodenabdichtung 185
Voranstrich, Dampfsperre 240
Voranstrich, Wandabdichtung 190
Vorbaurollladen, Führungsschiene 370
Vordeckung, Bitumenbahn V13 222
Vordeckung, Stehfalzdeckung 222
Vordeckung, V13, auf Holzschalung 240
Vorsatzschale, GK/GF 456, 457

W

Walzbleianschluss, Blechstreifen 255
Wand, Stahlbeton C25/30, 30cm, Schalung 143
Wandabdichtung, W1.1-E 191
Wandabdichtung, W2.1-E 188, 192
Wandabdichtung, W2.2-E 192
Wandanschluss, gedämmt, zweilagige Abdichtung 246
Wandanschlussblech, Kupfer 255
Wandanschlussblech, Titanzink 256
Wandanschlussprofil entfernen 252, 627
Wandbekleidung entfernen 163, 339, 633
Wandbelag reinigen, Fliesen 398
Wanddämmung entfernen, MW 164, 442, 614
Wanddämmung, GK-Bekleidung 130
Wanddämmung, Mineralplatten 129, 130
Wanddämmung, WD-Putzsystem 131
Wanddurchbruch schließen 107, 108
Wanddurchbruch 106, 107
Wanddurchbrüche, Stb 124
Wandflächen reinigen, abbürsten 188, 639
Wandflächen reinigen, haftungsmind. Stoffe 188
Wandflächen reinigen, lose Bestandteile 188
Wandflächen verfestigen 190
Wandfliesen entfernen 300, 630
Wandfliesen 301, 302
Wandfliesen, Steingut BIII 303
Wandschlitze, Beton 123
Wärmedämmung, DAA 241, 242
Wärmedämmung, Estrich EPS 315
Wärmedämmung, Estrich PUR 315
Wärmedämmung, Schrägsitzventil 505, 506
Warnband, Leitungsgräben 63
Waschtisch ausbauen 492

Waschtisch, Keramik 492
Waschtisch/Duschwanne reinigen 399
Waschtischbatterie ausbauen 492
Waschtisch, behindertengerecht 497
Wassergebundene Decke 570
Wasserhaltung 66
WC, behindertengerecht 497
WC, wandhängend 494
WC-Anlage ausbauen 492
WC-Betätigung, berührungslos 498
WC-Kabine 39
WC-Schüssel/Urinal reinigen 399
WC-Sitz 494
WC-Spülkasten, mit Betätigungsplatte 497
WC-Symbol 366
WD-Putz, Innendämmung 281
WD-Putz, Unter- und Oberputz 281
WDVS bis 20m, MW, Klebeverfahren 287, 288, 289
WDVS bis 20m, Polystyrol, Klebeverfahren 289, 290, 291
WDVS bis 20m, WF, Klebeverfahren 284, 285, 286
WDVS bis 20m, WF, Klebeverfahren 284
WDVS, Brandbarriere 293
Weg-/Beetbegrenzung, Aluminium 571
Weidentunnel, Silber-Weide 547
Winddichtung, Polyestervlies 444
Windrispenband 177
Winkelkehle entfernen 251, 626
Winkelstufe, Kontraststreifen 579
Winkelstützmauerelement, Beton 571, 572
Witterungsschutz, Fensteröffnung 40
Wohndachfenster, 176, 234
Wohnungstür, Holz, Blockzarge 346
Wurzelbereichschutz, Baum 526
Wurzelstock roden 54

Z

Zahnleiste, Nadelholz, gehobelt 227
Zaunpfosten, Stahlrohr 538
Ziegel beidecken, Dachdeckung 233
Ziegelboden reinigen, Besen 99
Ziegelfassade reinigen, Wasser 99
Ziegelpflaster abbrechen, Außenbereich 97, 607
Ziegelwand/Fugen reinigen 274
Zugdraht für Kabelschutzrohr 63
Zuluft-/Insektenschutzgitter, Traufe 227
Zwischenbeschichtung, zusätzlich 413
Zwischenschicht, Rückdurchfeuchtung, MDS 190
Zwischenschicht, Übergang, MDS 189
Zwischensparrendämmung entfernen, MW 164
Zwischensparrendämmung, MW 168, 169, 209, 210, 448, 449